［監修・和田博文］

コレクション・戦後詩誌

11 シベリアからの帰還者

野坂昭雄 編

ゆまに書房

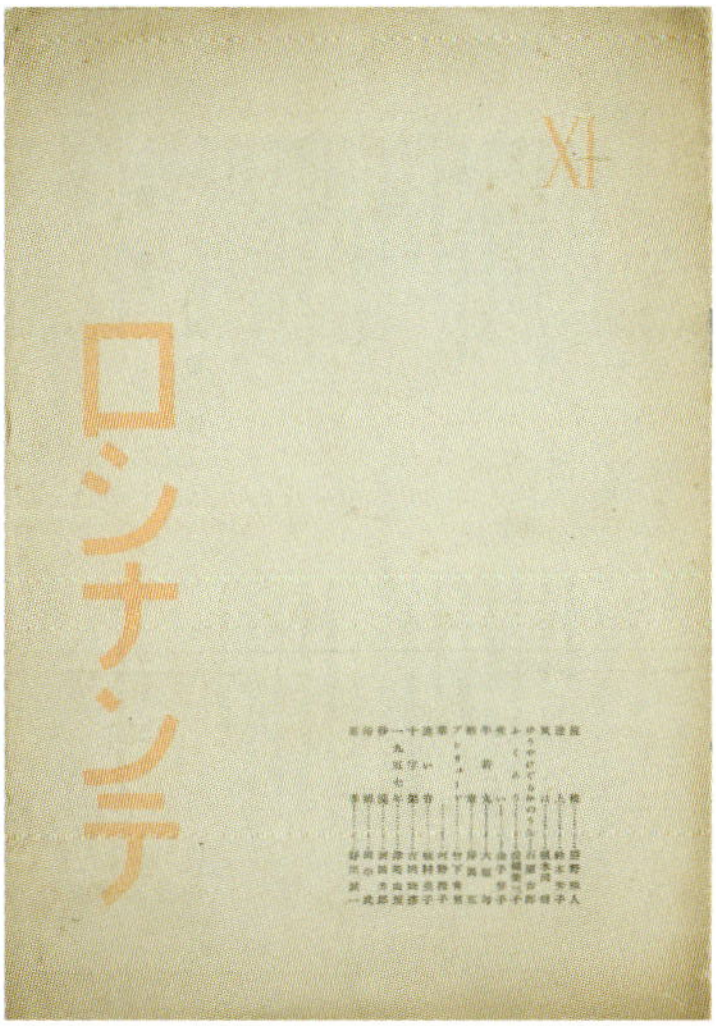

『ロシナンテ』第 6 号（1956 年 2 月）

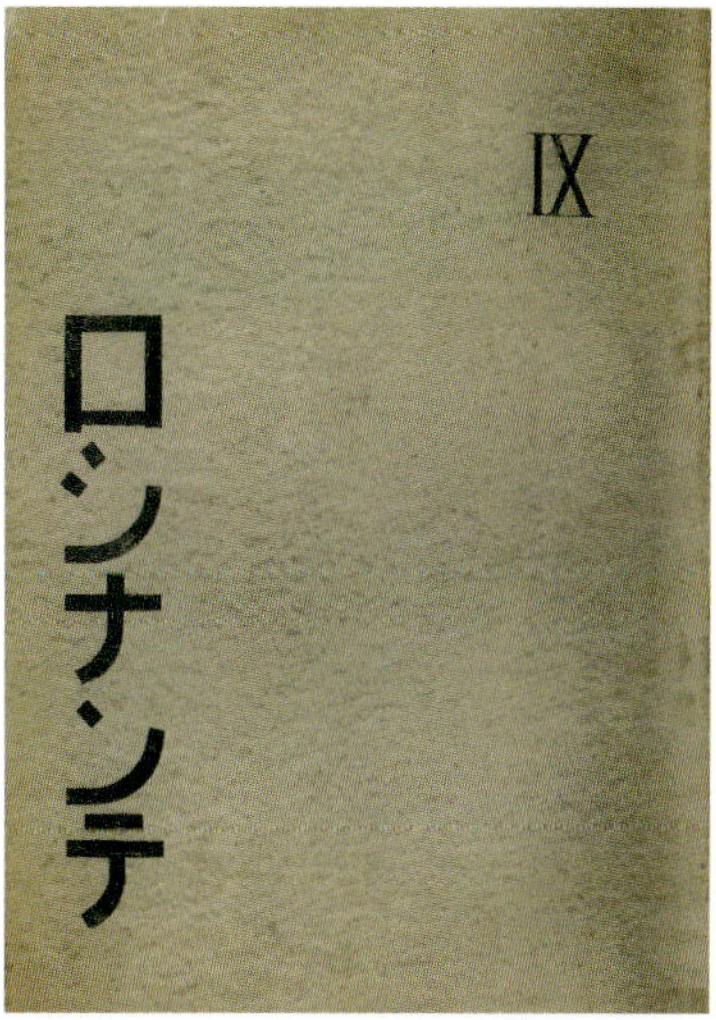

『ロシナンテ』第 9 号（1956 年 8 月）

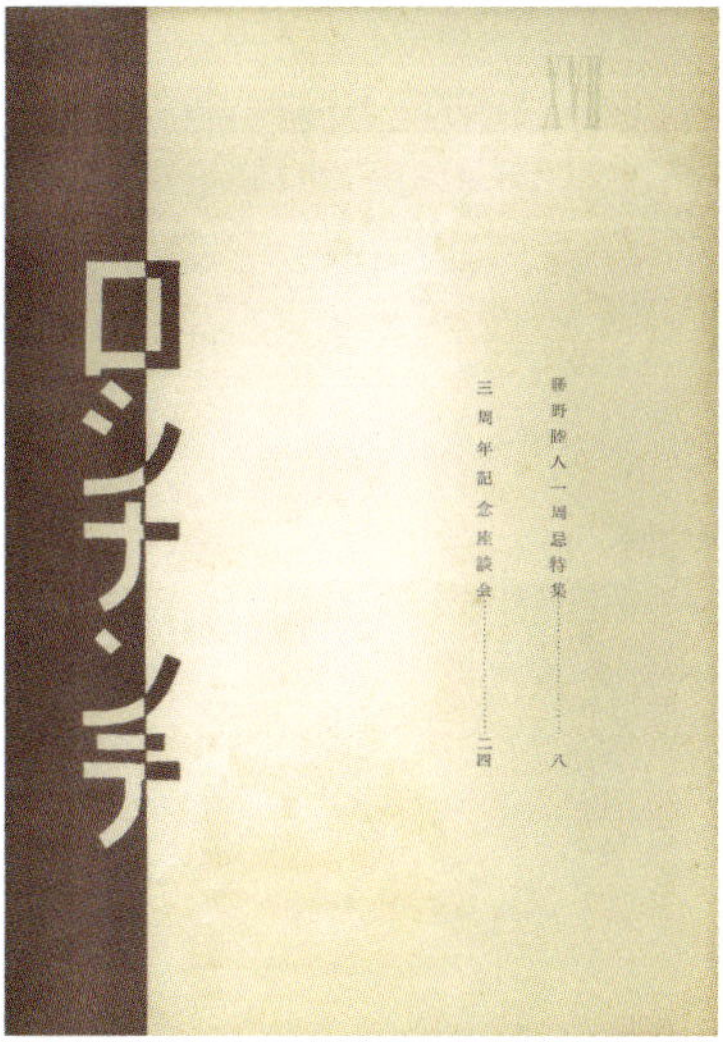

『ロシナンテ』第 17 号（1958 年 7 月）

『ペリカン』第2号（1964年8月）

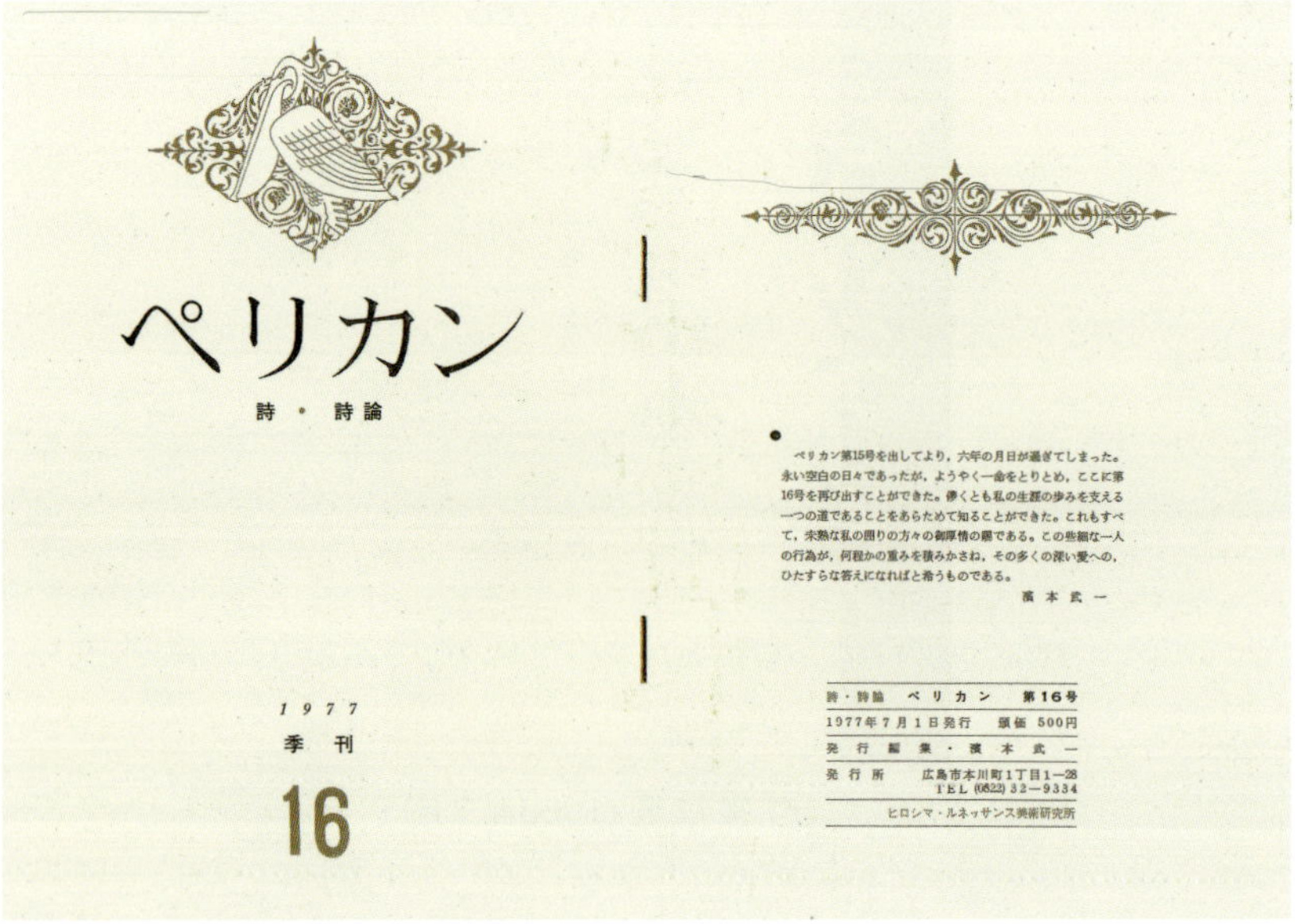

『ペリカン』第16号（1977年7月）

凡例

◇『コレクション・戦後詩誌』は、一九四五〜一九七五年の三〇年間に発行された詩誌を、トータルに俯瞰できるよう、第一期全20巻で構成しテーマを設定した。単なる復刻版全集ではなく、各テーマ毎にエッセイ・解題・関連年表・人名別作品一覧・主要参考文献を収録し、読者がそのテーマの探求を行う際の、水先案内役を務められるように配慮した。

◇復刻の対象は、各巻のテーマの代表的な稀覯詩誌を収録することを原則とした。

◇収録にあたっては本巻の判型（A五判）に収まるように、適宜縮小をおこなった。原資料の体裁は以下の通り。

・『ロシナンテ』第1号〜第20号〈25㎝×18㎝〉
・『ペリカン』　第1号〜第17号〈21㎝×15㎝〉、

収録詩誌のそのほかの書誌については解題を参照されたい。

◇表紙などにおいて二色以上の印刷がなされている場合、その代表的なものを口絵に収録した。本文においてはモノクロの印刷で収録した。

◇本巻作成にあたっての原資料の提供を監修者の和田博文氏より、また、日本近代文学館、日本現代詩歌文学館、神奈川近代文学館、野坂昭雄氏よりご提供いただいた。記して深甚の謝意を表する。

目次

エッセイ・解題・関連年表
人名別作品一覧・主要参考文献

野坂昭雄

シベリアからの帰還者

——コレクション・戦後詩誌　第11巻

『ロシナンテ』

第1号〜第20号（一九五五・四〜一九九三・五）

I

ロシナンテ

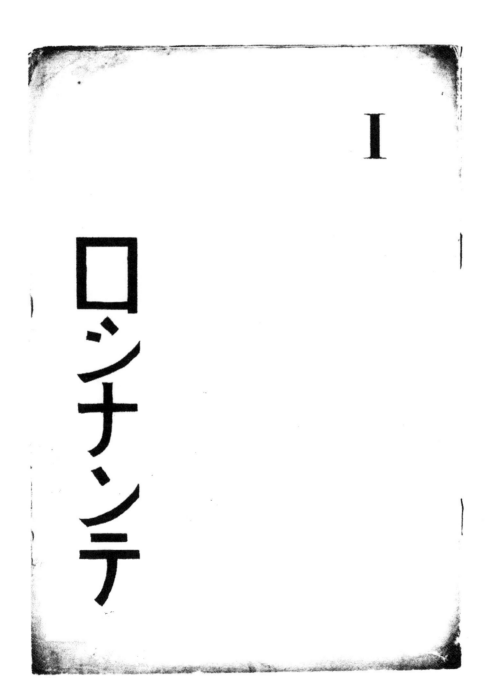

夕暮

岸岡正

雲がひどく汚れている

焼けただれた空が不思議に冷たい

白い土塀に夜が溶ける

道は忘却の方に続き　風も死んだ

心は影のようにうずくまり

樹々が静脈のように拡がり始める

1. 1955

蛇

森田隆司

蛇は　いつも
過去の姿勢をしている．
自らを　隠蔽するために
よりとおくに　自らの視界を置くために
より多く　自らを休息させるために。

そして　蛇は
動くときには
自らの視界に蓋をされたその塵埃の壁を
取り除くように
蛇自身も　壁のごとく動く．

果実

田中武

一

小さな掌のくぼみに果実を忍ばせて
少女はいつも私の許を訪れるのだった
（とても美味いの　大切にしまっておいてね）
それから少女は不安げに語るのだった
穂芒の原を立迷っているくろい影や
朝毎に小屋の周囲にしるされてある蹼《みずかき》のある足跡の
ことや
夢に見た死にかけた蛇のことやを……
少女はいつも怯えていた
（青い未熟な果実はうすよごれた記憶と一緒に
　戸棚に無造作に投りこまれていた）

二

少女を振り捨ててからどれほどの月日が経つだろう
蝕歯のように疼いている時間の空洞《うつろ》をしろい風が吹
きぬけ
私の心の中では茶色い風車がからからから鳴っていた
戸棚の中の埃まみれの果実は思いがけない時昔の少
女の口臭に似た匂いで
しろい鋪道の片隅に私を立止まらせた
その度毎果実はひとつづつ熟れて行った
（しかし熟れない果実があった　ひとつだけ）

三

風がまたたくさんの風車をまわした
私のこわれた戸棚はたくさんの記憶を振りこぼして
重たく軋んだ
戸棚の中にはいつまでも熟れない果実があった
それは固い果皮で私を拒みそれゆえに私は傷つき
なにげなくまさぐる指先に果実はいつもつめたく触
れた
苦痛の表情はいつか私の習慣《ならわし》になっていた
そして

四

また秋がくる！
私に失われたものたちは少しづつ形を変えながら
ふたたび私の許にもどり
ついに熟れなかった果実は名付けられぬ心と名付け
て
少女の墓へと返してやった

無題

鶴巻和男

重いのだ
どっしりと重いのだ
季節にキッスを忘れた時より
のしかかってきた重量は
いったいどこまで運べばいいのだ
　この手袋を見てくれ
　この長靴を見てくれ
もはや叩きつけたい荷物なのだ
（親父は知っているだろうか
　おふくろも知ってゐただろうか）
　　それはどうあろうと
親父には默ってゐよう
おふころにも默ってゐよう

　しなびたタクアンのしっぽは
俺一人で背負って行かなければならないのだ
二人の気配を窺いながら
かくして行かなければならないのだ
たった一人の伜なんだから

けれども
微笑は忘れまい
微笑むことだけを忘れまい
やり場のないいらだたしさを
大声で怒鳴ってみたところで
それがなんになろう
　ささやかな幸を求めて
　ささやかな太陽を抱いて
ぎりぎりの今日の主題を掘って行こう
ひっ乾いた今日のページをめくって行こう
　　これがたった一つの
俺の財産なんだ
　たまには微笑んで
遠い彼方に微笑んで

暗夜

稲岡香詩

全病舎の屋根をおほって
分厚い闇が淀んでゐる
沈澱した空気の底に
ゆめを忘れ疲れ眠るひとら
（どこかで蟲が啼いてゐる）

汗くさく蒸れた蒲団に
筋ばった四肢　肋骨のうきでた胸
熱ばんだ額　こけた頬
痰のからんだ咽喉はかすかに喘ぎ
屍体の如くひとらは臥せり
（遠くを水の流れるおとがしてゐる）

夜が昨日を奪っていった

ひと日ひと日のいのちを
もう惜しむことをしなくなった人たちの
なんの期待もない明日のために
暗い夜がまた一日を終らせやうとする

色と慾　の　そればかりは衰えない慾望を
卑しい言葉にすることだけが
今日のすべて　であった人たちの
どろんと濁った瞳孔は閉ぢ

空洞のあいた病肺を
蝕み蠢く影に慄き
夢魔におびえる眠りから
朝　といっても太陽がのぼるといふだけの
力ないいちにちのはじまりに
めざめることを念ふでもなく
めざめぬことを希むでもなく
いくどもベットをきしませながら
ひどらの空虚は
不安な夢を凝結してゆく

黄色い影

吉原　寛

雷鳴と稲妻を伴う驟雨の日
偶然のように
黄色い影が
私の頭上を濡してまわる
鳥たちは魚のように体温を翼の下にかくして
ひたすら空の乾くのを待った

黄色い影は
耀く金鶏のようであった
歌うことを忘れたカナリヤかもしれない
私には季節に迷った蝶とも見えた
だが鳥たちの誰も
そんな影に見憶えがなかった
鳥たちにあらゆる影は錨よりも重苦しく
糞よりも未練がなかった

しだいに私は大きく
鳥籠に侵入した野良猫ほども大きくなって
逃げまどう黄色い影をひきよせる
産科のように自信に満ちた目で診察する
　〈黄色い嘴だけの早生児………

寒天のような空の一番奥深いところ
鳥たちの誰も通ったことのないところで
孵化するまでの日日を過す
黄色い影よ
誕れ出ようとするお前は
鳩　鷲か
それとも花咲く愛を祝福する黄蝶か
私のカルテのために
その黄色い嘴で告げてくれ

雲について

河野澄子

夢のように遠い地平線に湧き
流れて
あるいは歌声のように
あるいは呼び声のように
ひろがり
天衣無縫な変身のさまざま
花開く幻想をいろどり織りなし
冒険について語り止まず
悠然と蒼い沙漠を旅行く
雲
雲は天才であろうか
放浪には放浪の味？
無限の空にむかって途方もなく
掬っても掬いきれない哀しみに
支えかねて雲は変形を繰返す
もつれて　ちぎれて　ちって
おいつ　おわれつ
成しては　崩し
崩しては　寄り
完結する日とてなく
安らう夜とてなく
即ち行きつく土とてはなく
孤独な愛慾を
偏執へ狂い込んでゆく

とうの昔に厂史は創られてしまった
駆け抜けてゆく時間達
そのとりのこされた空間に
いつまでも遊び呆けているエトランゼ

雲は天才であろうか？・

（1955.　3.　12）

夜の遠吠え

（死者のうた）

吉江 千代子

〈空と地のうずくまった繁みは
　灰色の眠りにつこうとしている〉

私に吊るされたオバールのきらめきが
静かな夜空に　たゆたい
恋人の優しいくちづけを夢見ている
黒い外套に覆われた頭上か
虚しいあがきをつゞけたのち
ほんの僅かの間
走って行った人生は
ふりかえりも待たない
きれぎれの　断片は
もう
私には
見えな……い。

　さようなら
人生は　全くいゝ
遮断された私の人生に
背を向けた可能性　よ
渦をまいたながれより早く
私の生命《いのち》は燃え尽きてしまったが
心にひとつ私のために
やさしく光ってくれる星もあらう
　≪すぎ去った風のように後悔する≫
忘れていった抜けがらを
嘆いてくれた詩人のことばも
おびえた眼に伏せられた半生
には悔いもない
　〈生まれて来た暗黒の世界で
　私の存在は燃えて居る〉

（一九五四・十二・十八）

古い近衛兵

石原吉郎

われらは頬ひげをぴんとのばし
ぼろきれのような勇気を
長靴におしこんで
古い記憶の街燈のように
われらの神話の夜をまもる
われらのポケットにあるもの
不発の銃弾
火の消えたパイプ
または無数の蝶のなきがら
われらの銃をひたすあたたかな孤独
説得の衝動に身もだえる怠惰な雨
われらの黒い画面を
またたいてすぎる
獅子の原型
蝶の原型
（されどわれらは応じない）
われらはひそかに
王家の黒い紋章をおろし
ぬれた手袋に火薬をつめる
ああわれら
われらいまなお
古い家紋に誠実であり
われらの天体は
いまなおその所を変えぬ
ああつねに適度な
われらの温度とその湿度
われらはたえまなく
雨にうたれたひげをひねり
はみだした勇気をおしこんでは
不発の衝動をひきよせる

勝利

金子黎子

騎兵の脚はふとくなりすぎ
今更馬の横っ腹
蹴ってみたところで仕方がなかった

栗の花の
しろい六月

勝利に酔いしれて
少女は
騎兵のプロフィルを縁取った

歪めた唇のかげの
黒いパステルで

少女の唇はにがい紅薔薇
はみ出したルウジュを舐めれば
ながいマントの
騎兵が敗北する

〈かって　いくさに負けたことも
トランプに負けたこともなかったのに〉

煙突よりも
シルクハットよりも
ロマンチックだと自惚れていた

長屋の朝

草間順子

真新しいとうめいな朝は、
この小さな露路にもやって来る、
青い匂ひをはべらせて。

古びた共同流しは、
すゞめの唄のように、
汚れたエプロンの群、
白いあいさつが
ひらひらと交響する。

やがて、
流しから洗面所へと時間がうつり、
軒のきはざわめき立ち、
まりのようにころころと、
童顔はむらがる。

朝げのけむりは、
そのとき窓をしめ。

かいがいしい、
主婦のかひなにまつわりつき、
あるじに、
そして子供に、
暖かな笑顔をおくり、
ふっとうする香ばしいかおりは、
ばら色のほゝを浮かべ、
気ぜわしく進む、
食欲の合唱だ。

露路はもはやにぎにぎしく
軽《かる》やかな風をけって、
鳥のようにはゞたく、
今日も一日、
あゝ……と、
空を見上げる足音は、
コツコツとたゆみなく、
働き蟻のそれのように切なく。

真新しいとうめいな朝は、
この露路のいのち、
はかない希望の発起点のように。

怠惰

岡田芳郎

雨戸の節穴からさしこむ直射日光
に貫かれた室の空間には
無数の「なにか」が浮いている
通称　ほこり　と呼ばれるそれらは
留ることを知らず或いは上り或いは下り
揺れ動き　揺れ動かされ
そして空間に漂うのみ
なんとなく白いそれらの
正体
どこにでもいるに違いない
この無生物の不思議な行動を
規律する何ものかの
空しさを感じるとき。
その時　日光は翳り
それらは無と化すのだが……
ふと　私の胸には強い光りが突入し
臓腑のほこりをあわてさせた。

（30・2・17）

その人に

淀縄美三子

あの部屋の
デスマスクはいつも冷たかった

きっと肌は琥珀色で
黒いシルエットが美しいに違いない

その人の移り香でむせたのか
一匹の虫が死んでいた
しかし透明なガラス器の中では
一輪のりんどうが恋の歌を唱っていた。

約束されない「時」に始まったすべてに対して
白いボネットは彼方に
Hラインは未知数だった
与えられていたものは
揺れても交らなかった魂だと
化粧を落した醜い過去の「時」が執拗に残り
演出された「今日」は虚栄の沈黙
何処に真実の「時」があるのだろう
置き換えられたデスマスクも冷たい

遊戯

中川　晟

彼女が言いました
――私はメルヘンを読んでもらってるだけじゃいやです
愛は　遠い所にはないんです　本当に近い所……
彼氏は言いました
――じゃ　愛は　何処にあるんだい
彼女が答えました
――愛ってのは　お互の体の中なのよ　体をぶっつけ合う事なのよ
秋の空は　心憎いまでに青く　澄んでいるのでした
――金が欲しいかい
――欲しいわ

木の葉が　散る様に
数限りなく　金束は　落ちました
――二人は幸福だね
――今だけね
――何故？　――後で分る

木の葉が散りつくしたあと
二人の幸福が　他の木の葉を目ざして
移って行きました

木の葉は　落ちて
木の葉をつけない木は
寒い北風の吹く丘で　冬を
まちます

彼氏はいいます
――愛ってのは　何も無い事なんだ

彼女は言っているでしょう
――愛ってのはね　ぼろもうけの
ゆうぎなんだ

蝶の栞 鉄の栞

——某月某日風邪
欠勤居提出ス——

好川誠一

病める少年 Ⅰ

うすめをあけためまいのなかでは
病んで臥ている枕もとの
看護の母がちいさくなる
茶ダンス　瀬戸火鉢
みんなとおのいてゆく

病める少年 Ⅱ

咳が　激しくても閑古鳥
みたくてこっそり裏山に登る
絣の着物の少年
枯れ葉が　小気味のいい音をたてるといきなり
青大将が現れた
ものだからたちまち
さあっと風景がうす青にかわり
めまいがして　もう野苺もいらないと思った
いっさんに駈けおりて家に　辿りつくとばったり
倒れた
くちのなかの酸っぱさで正気にかえる
と　梅干の甕を抱えた祖母が微笑《わら》っていた
〈日記より〉

病める青年のゆめ Ⅰ

蝙蝠になりきっていた
疲れきった蝙蝠です睡くて　睡くってならない蝙
蝠です　仰せのとおり　追いまくられればせい
いっぱい　ありったけの羽は拡げましょうがほ
んとに　摺りきれた羽の蝙蝠ですやるだけやっ
た

病める青年のゆめ Ⅱ

煽動《そそ》のかされたわけではないがともかく「やりまし
ょう」とすばやくわたしが四つン這いになる　す
るとたちまち居あわせた此かいぢゅう「じゃ あえ

んりよなく」とみんながのる　いくらなんでもた
かがしれた　にんげんなのではあらう　じきにへ
こたれ弱音《ね》をはくと　みかねたひとりが「かわり
ましよう」とはら這いになる　つづいてひとりま
た　ひとり　同情に同情がかさなるとしまいにと
うとう　のっかる人がいなくなってしまったもの
です

病める青年のゆめ　Ⅲ

視野のかぎりいちめん雪野原だった

みとれているとふりしきる　雪がわたしにへじき
に溶けますゞというので慌てて裸になると罪の
傷痕にしみた　だけどこのさい　いなばの白兎
が蒲の　穂綿にくるまる　それのように転って
爪の垢まできれいになり　清浄にかえろうとひ
たすら　堪えていた　ただもう　堪えていた

菜っぱ服が　脱け殻のように落ちていた

病める青年のゆめ　Ⅳ

しまった！　図られたのだ謀れた　ばかりなのに

罠があって　格子のない　檻のなかに　いれら
れていたのだいまもなお

格子のない
格子のない

病める青年のゆめ　Ⅴ

脚が冷えすぎたためかそれとも枷が
きつすぎたせいか
そのどっちかが病んで臥《ね》こんだ原因らしい

ポパイの戯画より極端に肥えた大脚を曳き摺り
背なかを曲げて俯瞰しながら濶歩していた
出勤だった

あとがき

とかくひとつの「かたち」として、滞りなくみなさまの机上にお送りできたことの安堵感、その、うれしさでなんとしてもいっぱいです。

○

スペースの関係上、過半数を割愛せねばならないという惨めなハメにあい、わたしたちの詩をわたしたちが選《え》りだすというのですからこれはまたなみたいていのことではなく、多忙にもかかわらずお駈けつけくださった石原さんなどは上着を脱ぎ、袖をまくって捻りはちまきするといったイデタチで一作一作、7名それぞれ丹念に順覧して正味5時間を僅か15篇選びだすということの、それのみに費してしまうありさまでした。

石原さんは翻訳のお仕事をなさっているので近く翻訳詩をいただくことになっております。それと、どうしても締切まで間にあわないという黒米さんにそれぞれ御期待下さい。

○

次回締切は四月末日（詩及び詩に関するもの一切・篇数枚数不向）なお原稿は一作ごとに閉じてください。

○

別紙《プリント》「ロシナンテ通信」はいかがでしようか会員名簿は。どしどし御叱責ください。徐徐に増頁したいとおもっております。

（よくかわ・せいいち）

ロシナンテ I

〈頒価40〉

石原吉郎 発行責任
好川誠一 編集責任
東京都北区岩渕町一ノ三六 粕谷方
ロシナンテ詩話会 発行

一九五五年四月一日印刷発行

Ⅱ
ロシナンテ

部屋

田中 武
古びた部屋の窓は
いつも映していた
青空と 雑木林と
いっぽんのしろい電柱と

その窓はひらかれることはない
風景はいつもこの部屋を遠巻きにして 互にうなずき合い
果しない評定を繰り返すのみだった
歪んだ硝子の上に 古ぼけた幻燈のように
震えながら
窓ぎわの卓子の上には
うす青い大きな果実がひとつ
転っていた
くっきりとしろい歯型を見せて

この孤独な部屋に 時々
影のように忍んできて
ひっそり食卓につくひと
そのひとはこの果実からいつも眼をそらしていた

やがて部屋は小さな吐息のように こっそりそのひとを吐き出す
そして部屋も卓子も果実も 身じろぎもせず
絶えず沈んでくる朽ちた時間の中に埋れて行った
〈遠くをあるいているひとの胸に果実の歯型は時に烈しく疼いた〉

ある日ひとりの少女が 窓に顔を押しつけてつぶやいた
——あの果物は誰が噛ったのかしら

少女の去ったのちも
五つの指の跡がいつまでも窓硝子に同じ問いを繰り
返していた

部屋は少しづつ崩れて行った
少しづつ砂粒のこぼれるように　未来は失われて行
った
別々の方角から壁をぬけて入って来たものは
部屋の中でしずかにひとつに重り合おうとしていた

そして　幾月振りかで　頼りない足取りで
この部屋に戻ってくるひとよ
あなたは見るであろう
薄暗がりで長い間あなたの帰りを待ち焦がれていた
ものたちを

天井から煤《すす》のようにぶら下っている沢山の死の形象《かたち》
を
腐った果実のすっぱい死の匂いを
泥人形のようにこわばりひび入って散乱している
無数の過去を……
そしてあなたは長い旅の用意をしなければならない

× × ×

どこか知らない街の曇日を
いまそのひとはゆっくりとあるいている事であろう
手には重たげなトランクを
トランクの中には　あふれるほど灰色の孤独を詰め
て

けれどもそのひとのどこかで　すでに
あたらしい部屋が　バックミラアのように窓に映し
ているであろう
青空を　雑木林を
いっぽんのしろい電柱を

そしてそのひとの辿りつく涯の街にも　また　まあ
たらしい卓子の果実に
無惨な歯型をきざみつけるひとが
住んではいないと　ああ誰が言い得ようか？

ためらい

吉江 千代子

—私に病んだ焦点を合わせて下さい—
置かれたあなたの掌から
熟れた未来が招聘される
みしらぬ過去はわたしを惑わせるばかりで
織られた筈の唐草模様は
透けた冷い残骸《むくろ》のままに
孤独の月を呑んじまった

黙した白鳥の羽音を
昨日　わたしは拾うのに懸命だった
（集められた瞑想は空胴《から》で宙吊られる）

　もう
そんな〈間〉もないのです
—青いしとねは用意された—
眞新しい息吹は
あなたの頭上を通過しない
と　だれがいったのですか
ふちとられた〈春〉は
たしかな　若い瞳《め》で
翔けられたみどりを　今日呼んで居たのです

—物憂いルフランは新《あらた》な記憶に弾かれた—
粧いをこらした〈時〉が
無慈悲なわたしの内部《なか》で交錯しては
透明な衣裳を羽織らせるのだ。と
　身近な胎動にふるえた遠い谺を
今
呼び戻した　あなたは
宣言なさらねばいけません

会話一題

淀縄美三子

壁に
貼りつけた記憶は
青磁色の壺
さわやかなパインジュース
木彫の椅子によりかゝつた
あなた
わたしは「モレーの河べり」を背にする
秋の日の午後
スカートのペルシャ猫が幻想的なアクセントを
つける

イプセンの戯曲のように
ブロンズ像のわきにあなたが立つている
わたしはいま
暗闇の一室に閉じこめられた
孤独な身の上
扉の向う側のあなたに囁く
「もう一度だけ開けて下さい」
そっと心の焦点をあなたに合せる
すると
何物かが前に立ち塞がり
陰うつな汚点をつけようとする
わたしは扉の金届に向って
大声で叫んだ

谺は
後に
あなたの風になり
あなたのひゞきともなっている

生長

黒米幸三

どこかで
ひばりのなきごえが　きこえる
雪どけの谷川のせゝらぎが　きこえる
じっと　耳をそばだてると
ぼくのこゝろの花園に
蜜蜂のはゞたきが　きこえる
風は　陽気にうたいながら
樹間を　とびまわっているのが　きこえる
きみ
あゝ
いつのまにか　やってきた春は
ぼくの荒地をも
すっかり変えてしまった
いま
ぼくは　大はしやぎで
この喜びを
みんなに　しらさなければならいのだ

影

森田隆司

影は　私の真向ひにあった

私の真向ひの　その白い紙に
がんぢがらめに
しばりつけられているような影だった
その影には　さらに影が
現わされているように　おもえた

〈それは　すでに影ではなく
存在　そのものにおもえた〉

非情

稲岡幾与志

闇の虚空に瞳を凝らせば
肉体を奔る鮮血の鼓動に
犇めき蠢めき　蝕むものの
貪欲の影をみる

「肺葉切除のほかはない」　と……
医師の言葉は拒否できぬ脅迫を含んでいた

途方もない落膽と焦躁のなかで
意志に関りなく非情のさだめが
ひとつの方向を決定する
肺葉切除——と

自ら夢を捨てた空虚な心にも
その声は鋭くひゞいた
生涯の重大なクラインスにたって
医師の態度はプロフエッショナルで
とりつく　しま　もなく
相抱いて涙をながす　ひとりの
友もなく　恋びともなく
いひ知れぬ不安は　心をそゞろにした

（蝕まれし肉体に
運命の苛酷さ　を知ったとき
不運といふ字の裏にかくれた
自己の無能をまざまざとみた）

ふりかえれば　歩み来し途に
乱れたあしあとの醜く
やがては消え去るべき運命に
「生の為に……」
といふ言葉がそらぞらしかった

夜

―その街角―

河野澄子

赤い尾灯が群がる
こぼれることの出来ない
あふれることの出来ない
不断に拒絶されたものの
かたくなな　結晶
そんな沈んだ執念の
赤い氾濫の
街角
に夜が身をすり寄せる

ああ　足早にやってくる
地球のどこからか
頬をすり寄せにやってくる
ひたひた　ひたひた　と
歩道を埋めてくる　あしおと

おさないで
ひしめいてくる　あしおとたち
わたしの背筋に火をつけないで
わたしの尾骨を踏みしだかないで
わたしの臓腑へなだれこまないで

何がお前を駆り立てるのか　そのような狂燥へ
執拗に群がってくる夜たちよ
とりすがってくる夜たちよ
わたしは独り途方にくれる
困却して立ちすくむと　街角は
赤い尾灯が渦巻いて交錯する

ちぢくをきしませて
かけ抜けてゆくがいい
おびただしい夜たちよ
そのあとからルーレットが廻るだろう
巨大なルーレットが廻るだろう
――わたしは賭けよう
わたしのときをそっくり零へ

夜

中川　晟

昼の次に　たえまなくやって来る　それは
恐怖と悲しさを　まきちらすのだ

道端のメクラこじきが電燈の下で金をかぞえ
道端のイザリこじきが食を求めて走り回り
白衣の人形が箱をさかさにして涙を流す時なのだ

庭のふん水に七色の水をふき上げさせ
金魚の目を開けてねむらせ
月を水の中にしばらく歩を止めさせるのが
その一つの慈善事業かもしれぬ

童話を読んでもらって静かにねむる子供と
明日の天候を気にするニコヨンとが
だきあってねるのも　この時なのだ

この時の一瞬〈無〉に帰す時　幸福の乙女
が馬車を止めて　星に話しかける
――人々の静かなねむりにどんな夢を与えてやりま
しよう
星は全部で答えるのだ
――夢を与えないで静かにねむらせてやりなさい

夜露が葉末から一つダイヤの様に輝いて落ちた所に
きれいなバラの花が開くのだ
そこには〈汚〉がない　その時にだけ

その顔の黒いベールをめくって　その顔を見たもの
は
又ごみごみした職場えと急がねばならぬ浮目にあう
のだ

黒いベール……朝

ひめ鱒の村

好川誠一

両側には鬼百合　鬼薊　ところどころに撒らばっている軽石
脱ぎ捨てられたのが太古の御代　ぐんのびた襤がかた一方落ちている
おお昔　爆破させて拓いたこの　陰気な肌色の径　山道を過ぎるとだんだら坂
一面　麦畑がつづき　四方一里の沼を光らす村がみえる　村には
学　校　オルガンが得意で一九五五年もなんのその　儀式は　襞の深い　葉色の
　　　袴をつけて参席なさる梅宮先生
寺　　ペタルを踏む洋服．長髪のお坊さま
役　場　蜜蜂が飼ってある陽あたりのいい花壇　窓のところに村長さん　孫次郎
　　　さんの椅子があります
集会所　村やすみを伝える太鼓とちいさな黒板　第一義　三たび二毛作の実験に
　　　ついて　談えて句会を行います
郵便局
火の見櫓　東京の見当がつきません
などなどがひときわ　じつにきわだってみえ
空に「でっけぐなったなあオメは」と　抱きあげて小便　ひっかけられた巡査がおり　うさんくさそうに起ちあ
がっては旗をふる　将棋の上手い駅員もいて　はなじるを胸に　こびりつかせて頼もしい　綿入れのニッカ
ンボウ　ヒガイは釣れたかハヤは
さし網の乾してある五月なお　残雪のある姫鱒の村

「絶対の少年」と題して優しい　梅宮先生へ捧ぐ

〈立たされ坊になってもいい　そんな罰ならうけてもいい〉
気狂い女を妻にもった常番さん　昔さぶ節のちからなく　休み時間を告げるベルを押す人さし指　その一瞬　ぼ

くらはぼくらに階段から突っとばされて小躍りして　湿った　グラウンドに投りだされる
虹だ　箱を逃れた兎のようにとび　躍ねまわって桑畑をくぐり　抜けて　ぶどう畑の奥　ひっかかってる虹を追
つた虹の　真下に行ってみようと　しかし　着くと
そこにはなくてその先の　丸木橋のあたりにみえて　着くと　そこにもなくてその先の　森にこんごはみえて
着くと　そこでもなくてその先の
鬼がいた　一足いた　鍬を握ってつったっていた　「待て！　おいこら　邪子奴等《じゃこめら》待てっ！」　大喝一声　湿っ
た空気に　きゅうぅん　語尾が追った　土塊が　飛んできたいくつも　いくつも足もとに落ち　砕けた　そ
のころ　虹は半ば　蝕まれていた
〈立たされ坊になってもいい　そんな罰ならうけてもいい〉
草履を捨てた　両方捨てた　だれもが捨てた　捨て捨て駈けた　三つ葉にオオバコ　ハコベ　野苺の瓣にタンポ
ッポの葉　かまわず駈けた　裸足が黄みどり　脛に　薔薇色の線　傷を縦横に負い
駈けた　空ばっかり眸に詰めこんで駈けた駈けた駈けつづけた

前号作品評 I

「古い近衛兵」石原さんのものはいつも面白い・この詩は時代錯誤的な古い権威というか、権力というか、そういうものに対する皮肉のようにもうけとれる。それはともあれ僕は、リットルキングという外国漫画の中の人物を連想したものだ。「病める青年のゆめ」苛酷な社会機構の中で苦悩する青年の姿はわかるのだけれど、II・IIIに好川さんの片鱗がうかがえるだけで全体的に新鮮さがうすい感じがする。どうだろう。「遊戯」こういう作品は好きなのだが少し手軽で奥行きの浅い感じがする。この人の諷刺は刺するようなものではなくてなんとなく人を苦笑させる体のものだ「雲について」三連目の四行は面白い。だけど「雲は天才であろうか」などという言い方はどうも気にくわない。前半、殊に「花開く幻想……」だとか「燃然と蒼い沙漠を……」のような言葉は大ぎようで感心しない・作品がかたいので浮んでくる雲のイメージすらかたい感じがする・あるいは作者の心の象徴のような雲なのかも知れない。

「長屋の朝」素朴でほゝえましくってさらりとよむ分には少しも抵抗を感じさせない。だけどこれは表面的で、生活の体臭と言うようなものが少しも感じられない。いわば公式的な庶民生活スケッチでしかない。もっと生活の中へ入って行く事が必要だ。

〈田中　武〉

機械

岡田芳郎

詩は苦心してつくるものではないとある人が言いました

I 回転　運動　玉　勾配
　倦怠　法則　惰性

坂の上におかれたAがBをはじめる　坂はCがゆるやかでも　それは盡きることがないのでDはいつまでもころがっている　はじめゆるかつたそのEはやがて走るように速くなる　真直な一定のFの下り坂はGを快くすべらせる　Hをはじめた時Iはその Jを楽しむ　ころがるという行為の稚ないよろこびは自らを傾斜におくことによって否応なくまといつく　しかしころがりだしたが最後Kは唯のLではいられない　それはむしろ精巧な時計にも似て一定の正しいMを続ける機械となる　Nの0はたゆみなく誠実に行われる　Pはあつこも Qはあり得べくもない
無限の下り坂の一点を通過する　その時からRは自らを失う
正しくSの世界に突入していた

II マルクス「一人ノ一時間ハ他人ノ一時間ニ相当スルトイウベキデハナク　ムシロ一時間ノ一人ハ一時間ノ他人ニ相当スルトイウベキデアル。時間ガスベテデアリ　人ハモハヤ無デアル。人ハセイゼイ時間ノ骨格デアル・質の問題ハモハヤナイ・量ノミガスベテヲ決定スル。」

朝の化粧

草間順子

さわやかにクロロフィルの雫は
はればったい瞳をよびさまして
その上から
無色の紅おしろいはくっきりと
わたしの輪郭を描き直す

しぼんだ昨日の花は
急いで捨てましょう

萎んだ花瓶はひとりでに立ち
流れ去った水に涙などしない
ばら色の虹を約束する
鏡の中に
わたしはわたしの光を見つけ
そうしてつかみ
春の香のするクリームを
この小さな部屋にいっぱい
まき散らそう

海

岸岡正

船は中心に……　そして世界は一つの円。
いちめんの碧《ミドリ》に千の星が現われ　消え
とほうもない空間に光がある。

愛も　憎しみも　何もかもが溶けている
空よりも深い無、

鉄のような密度の上を鴎が飛ぶ
世界を揺り動かすのは誰。
思考をはみだしたあたりに
陣痛の叫びがある。

告白

吉原　寛

許して下さい
もはや　あの狂ったタイプライタアでは
私のことばは　たたき出せないのです

どの活字が潰れているのかって？
どこの調子がわるいのかって？
そんな修繕屋みたいな口ぶりや顔付は
もう沢山です

私にもわからない
いつごろから狂いはじめたのかもわからない
朝　目を覚ますともう反古作りに懸命
昼間　会社に出で勤めている時も容赦なく
狂い呆け
しづかな夜　こんな時こそ故障を見付け出そ
うとすると　きまって調子が良くなるのでつ
い私もだまされてしまう

ほら　お聴きなさい
いまも私のタイプライタアは狂ったことばを
たたき出している
ごらんなさい
屑篭という屑篭に　私の囲りに私のものでな
いことばが充満しているのを

ついに　卵巣を切除手術する女のように
私はかけがえのない私のタイプライタアを打
ちこわす決心をしたのです

許して下さい
もはや　あの狂ったタイプライタアでは
私のことばは　たたき出せないのです

悪意

石原吉郎

主よ　あなたは悪意を
お待ちです
そして　主よ私も
悪意をもっております
人間であることが
そのまゝ私の悪意です
神であることが
ついにあなたの悪意で
あるように
あなたと私の悪意のほかに
もう信ずるものがなくなった
この秩序のなかで
申しぶんのない
善意の嘔吐のなかで
では　永久にふたつの悪意を
向きあわせて
しまいましょう
あなたがあなたであるために
私があなたに
まぎれないために
あなたの悪意からついに
目をそらさぬために
悪意がいっそう深い
問いであるために
そして　またこれらの
たしかな不和のあいだで
やがて灼熱してゆく
星雲のように
さらにたしかな悪意と
恐怖の可能性がありますなら
主よ　それを
信仰とお呼び下さい

（異教徒の祈りから I）

あとがき

ロシナンテⅡ号。これで足跡が二つ。

ふりかえる度に、よろこびや悔いやためらいが　立ち戻ってくるにちがいない。わたしたちの足跡

いつまでも、くっきりと遺したい足跡です。

○

二十七人のグループ、ロシナンテには、ひそかに東西南北が在って、向け合った背が、次第に色濃く足元に刻みつける、影が孤独です。けれどわたしたちを結びつけるひとつの愛があってわたしたちは、心を繋ぐのです。

孤独な、けれど親しいまなざしで、お互いをたしかめあって、遠く、遠く、歩いて行きたい。

（すみこ）

○

暗くなったグラウンドにむっつり、背を向け、円をつくっている。あれがわたしたちです。背は、向け合ってはいるけれどもお互い、そこに在る、ことをたしかめている。だらりとさげたうしろ手の、あれがわたしたちです。かもしだす、ムードです。

わたしに「きみの畑で稔り、穫れるものは」と訊くので屈指した「……」南瓜が穫れ

いま割れた陶器の破片がとれ、編みたての籠に石油、ラッキョウなどもとれ。

一つをかき、つきつめることは、つまりはすべてを書いていることだ」と幾回となくくちをとがらせては指を折った。

積みあげたいのが空の高さまでの煉瓦。ロシナンテを二つ、これで積んだ。

いい作品にでかしたときは、いつだってスペースを開放したい。今回、田中武さんの作品評を掲載した。存分にひっかきまわしてもらいたい。

次回締切は六月末日。

（せいいち）

ロシナンテ Ⅱ

一九五五年六月一日　印刷発行

〈頒価40円〉

石原吉郎　発行責任

好川誠一　編集責任

東京都新宿区四谷内藤町一　田田方部気付

ロシナンテ詩話会　発行

Ⅲ

ロシナンテ

ひる

樽本三代子

うっとおしいつゆのまひる太陽が欠けていたくも
にさえぎられて　わたしには何も見えない　けれど
も日のひかりはくらく肌にふれるかぜは　そぞろに
さむくなったという

そばを歩いている　ひとりのにんげんについて
知ったかぶりなどしてほしくない　吐きだすことば
のちょうしに　うなづき　声を出してかおをほころ
ばせてわらい　ことばにつまってだまりこくる　そ
の様子のじれったさを愛し　たましいのおくそこま
で知りぬいたふりをする　おまえたち　わたしにと
って　知ることなどは必要ではない　そばにいるこ
とが必要ではない　話していることがたのしいので
はない　わたしは、かなしみながら　遠くからきこ
えてくるかすかなうめきごえにみみをかたむけてい
る　どこかさらさらした砂ばかりの土地　ふるいあ
をい水がいっぽん生えていたりする　みずをたたえ
ている　かわいたかぜの吹くそらのあたりから浮か
んでくる　ことばのむれ　こえのむれ
ひとが泣き　かなしみ　おどおどし　ひとりしず
かに生きようとしている時あたりにだれもいない時
そんな時　わたしは透明なちりのようになって　生
きていたことをよろこぶ

わたしのなかの　いつでもあたらしく生まれ出て
来　こわれてゆくひとかたまりの　そのわけのわか
らない　盲目の
雲の
ように　透明で軽くてうごめいているもの　わたし
はそれを
ふるえるゆびでおしつつんだり　わたしの布をは
ぎとりあかい火をもやして蒸発させてしまったり
してはならない　殺したりしてはならない　すりへ
らされてゆうれいのように　消えてしまうことも
わたしはからだ中で否定する
うっとおしい日も
しろい雲の吐き出す澄んだ空気のように
あたりをわすれて生きたい

遠い風景

服部春男

山脈をはなれた雲が
新しい合図のように
私より先に帰って行った
約束やとおい風景をよびもどすと
ほこらしげにひろがりをまし
海の彼方へ流れて行った
それからどのくらいたったのだろう
風の中にいるのが私だったと気づいたのは

ブランコが交互にゆれている
誰れが乗っていたのだろう
砂場にさゝっている黄色い柄のシャベル
赤い鼻緒の切れた下駄のかたはし
私は　私の存在が記憶のようにいぶかしく
白いラインのグランドを想っていた

オルガンは
どこから聞こえて来るのだろう
傾いた学校の崩れた窓のあたりから
オルガンは
誰れが弾くのだろう
コスモスがゆれている
淋しげな白い指のもつれは
あゝ　あれは風のように懐しんでいる

陽光に濡れたセロファンの翼をひからせ
蜻蛉が飛んで行く
白いラインを越えて
季節の使者たちが流れて行く
オルガンの流れのように
あゝ　私の内部からのように

人間は現在を生きている
ようで実は過去と未来に生きているのだ

鋲でとめられた　岡田芳郎

鋲で留められた期待は
ひっそりと茶色のカレンダアによりそう
借りきったよ明日のあなたを
そのひたいはしっかりとふれあって
いるけれど
白壁には黒い汚点が
きのうの無邪氣なわたしの驕慢を
めりこませている

剝げかけたきのうは
慌しくアルバムに糊づけされ
明日はいまにもころげおちそうな
笑みを浮べて身をかくす
白壁の鋲がたよりなく揺れ
きちょうめんなひまわりが首をまわせば
ひたいはアルバムへはめこまれ
新らたな鋲が
きずのひとつふえた
白壁にプッンと音をたてる

今日の俘虜《とりこ》　植村豊子

無風状態に倦み疲れた
午さがり
鏡の中に渇いた郷愁

空間につめこまれた無数の砂粒が
音もたてず流れて行くのは
いつ止《や》むのだろうか

かたつむりの銀のすじに
うなだれた過去
アカもミドリも唯痛いだけだ

尨大な時を、記憶を
散乱させ、とじ込め、そして一心に進路から遠ざか
　りながら
じっと震えている今日
悲しいというのなら大声で笑ってあげよう
錯覚にゆがんだ洗礼よブラボーと。

道のべに草花を愛そう
夕空にひばりを放《はな》とう
朝餉の膳に露を盛ろう
これが酒神《ヴァッカス》との約束の
小さなひとかけらだとしたら

傷んだなかの喪失

淀縄美三子

Ⅰ

空には
羊歯が重なり合っている

かいまみる
鋭い影をゆする暮景

その峻酷ななかを
何かゞ通過している

もぎとられた青い季節に
オレンヂ色の幻影がざわめく

Ⅱ

わたしは
羽ばたきする記憶を失っているらしい

躍動する体内の
新鮮な血液の流れを
自分で聞くことが出来なくなって—

ワルツはきかないパントマイムのように
月の明るい晩
貪婪な瞳《まなこ》でたしかな耳を探している

だが
柔かいうねりの　繁みのなかは
静謐な湖のようなひとの
沈黙の花びらだけが映っている

理性の刃よ
わたしの　プロフィルに絆《つな》いだ
理性の刃はずれていたのだろうか

耽溺したような風景から
またも一つの
喪失が招かれている

私の硝子屋さん

田中　武

私の硝子屋さん
私の硝子屋さん晴れた日に
硝子製品いっぱいぶらさげて
街はずれの街路樹の陰　店びらきです
硝子の靴に硝子の帽子
硝子の人形硝子の椅子
にょろにょろたくさん口のついた
用途不明の硝子函
硝子の鳥籠砂糖つぼ
手当り次第　空に投げあげて
六角の鼻眼鏡ずりあげずりあげ
私の硝子屋さん　陽氣で言います
　さあ旦那方　遠慮なく
お氣に召したら　お買いなさい
すこしはお高価《たか》くつきますが
いかが　この素晴らしい割れっぷり！

〈砕けた硝子は　ほそい光の手足を生やし　あたりいちめん　キラッキラッキラッ　と体操してました〉

私の硝子屋さん
私の硝子屋さんの薄暗い店内には
硝子製品がいっぱい　うようよと
私を眺め　鼻筋をひからせております
お若い旦那　なにがよろしゅうございます
硝子のネクタイ硝子の鞄
お仕事むきには
硝子のクシに硝子の西洋剃刀《レザー》
それとギイゼッペ・コッポラの魔法の眼鏡
硝子は割れるのでお高価《たか》うございます
　よく晴れて青い日は　ほそい縄梯子
空の一番ふかあい所に椅子がありまして
私の仕事場
大きなひかる鋸で　ひがないちにち
青空の硝子の谷間で　硝子きり——
　　その硝子
華奢《きゃしゃ》で透明なその硝子
砕ける時の氣持と言ったら……

それからね　お若い旦那あれですよ
私の硝子屋さん　にやにや言います
　　へっへっヽ・・・そら
　小っちゃな可愛い〈あのひとの
硝子の心臓《ハアト》

〈晴れた日に空を見ました　かすかに鋸音きこえは
しまいか　小さなほそい縄梯子かかってはいないか
空に　野茨の薮の中から　叢の岩の上から――しか
しなんにも見えなくて　ふってくる　あおのいた私
の眼に　しみる硝子の鋸屑《おがくず》ばかり〉

あれからずいぶん経《た》ちました
私の硝子屋さん　もういません
曇って暗い裏通りで
大切に胸にぶらさげた　あのひとの
硝子の心臓《ハアト》
音立てて割れました
無表情な白い風のなか
美しい飛沫をあげて　虹のように
私の身体に刺さりました
私はちょっぴり血を流し　隅っこの塵塚のそば
ころころと硝子玉の涙　こぼしました
〈硝子屋さあん　涙声で呼んだけれど　返事はなく
て　ぴらぴら　紙屑の蝶々が舞うばかり〉

ああ　それもずいぶん昔のこと
靴・帽子・人形・ネクタイ・鞄・こうもり傘
今はもう　みんな割れないものばかり
青い皮膚には痂皮《かさぶた》が
硝子でない私の眼玉は厚く鈍くなりました
くたぶれはてて　埃まみれの私です
硝子屋さん！
私の中で　惜げもなく砕けたものは
記憶の土に埋った　たくさんの硝子の屑は？
〈ある日　叢をあるいていたら　小さな壜の破片が
私の足に刺さりました　すると　私の黄色い脂肉《あぶら》の
中で　キラリひかるものがありました　ああ　あの
ひとの！　無性に痛くて　思わずしゃがみこんだけ
れど　それでも私は嬉しくて　青空の　削りとられ
た　青い切口　いつまでもにこにこ　眺めていたの
です〉

※ギイゼッペ・コッポラはドイツの作家ホフマンの「砂鬼」の中の怪奇人物

生　きみの記憶の上に並ぶもの

永　山　一　敏

砂浜に伏して冷たい感触にふるえて見給え
掌のかすかな　ためらいをよそに
じっと空間に　横たわる背中を
潮騒が　はげしいひびきで突き抜けるだろう

瞼を閉じて耐えられない追憶に
唇を鎖ざして噛むことの出来ない言葉に
しだいに　溺れはじめる　きみ

見廻して　景色の中に
固い輪郭を持つ衣服を捉えられるのは
きみの視線が　事物のざらざらした
あるいは　触れることを拒んでしまう
なめらかさな　表面を過ぎて行くからだ

皮膚を犯されて　悪い慣わしを落してしまっ
た　きみの
眼をつぶされて　暗い予感だけを見なければ
ならない　きみの
・・・・
足を空に向けて　猛然と溺れている姿勢は
おお　昨日を愛し

そして今日の街路を恋して建物の間に棲む
ひとつの　碑でなければならない

細かく　きみの上に散り
少し肉の薄い　耳朶を濡らしてくるしぶき
きみは
知っているだろう

砂浜に伏していると甦えってくる
姿勢は
すべてこのように　なにかに背中を
突き抜けられていったことを

君の死体の上に
しかし死ではない　今日の死体の上に
輝やいて　こぼれ落ちてくる　晝のけしき

そして
おお　きみのあらゆる仕草は
いま　きみを脅かしながら　きみに識られず
いくつかの　胎動を試みているのだ

憧憬

岸岡　正

I

天に釣針《つりばり》を投げる
万象を忘れ　現《うつつ》なく
心の湖に晝の星を釣う

II

千年の地下茎
生れた一本の竹の柔毛《にこげ》に光る
白い夕焼

III

消えるためのみに造られた葉末《はずえ》の眞珠
記憶に蘇《よみがえ》る　朝
折られた一輪の花薔薇

IV

古びた掘抜の井戸を覗く
うらじろの葉の繁みのなかに微笑む
わたつみのいるこの宮

V

桐の花が降る　五月
一片の雲の行方を追う
遠い山脈《やまなみ》に雪が残っていた

VI

団欒の灯が漏れる
杉の林の上の満月
原始への遠い憧憬

海の　二つの歌

好川誠一

その1　海を担いで

銀粉の塩を噴く黒せ、び、あ
六尺はあろう若もののの
くの字の裸
その背中にたったいま
強烈な一撃
くらった
頭部のそこから
海苔の　網の　ヒトデの　錨の
湿った　風景の一部を担う鮮血が迸り
巨大な鮫が背負われている
海を背にしたいっぷくの午

ぼくの寒村　お茶は　玉露を好んだ祖母
がめっきり老けちゃいましてね　さし
向いでだべっていたときでしたよ　い
きなり　裏の竹籔が鳴って　なんとま
あ　こいつが現れたではありませんか
しかもそれが　きちんと洋服を着てネ
クタイをつけ　ボクを訪ねてきたので
す　故郷は　李の真っさかりで……
そんなゆめでしたよ

その2　浜辺の訊問

しかも浜辺で訊問されて恥らいもなく証明
できる――ことは　着物を捨て　一枚だに剥
がれていない鱗の　細やかな肌を惜し氣も
なく　ありとあらゆる角度から　ぞんぶん
検べてもらうことだが　検察官は印判紛く
し　手帖を紛くし　乱視をもてあましてお
ろおろ　捜しているのでその間
翔びたつ　かもめの羽の下か
波涛で磨くトビ魚の腹を擽り
斜に　たてかけられた櫂の隙間
その赤い　舟底を潜る微風が
香い仲間の匂いをそそり
本性
〈海がやっぱりいい〉とおもわせ
〈やっぱり海がいい〉とさけばせ

夜　——その陥穽《わな》——

河野澄子

おおきくゆるやかに波紋が拡がる
ためらいもなくあなたは溶け込んでゆく
広いひろい時間の中へ
厚い壁をすり抜けて　身軽に
だがあなたは気付かない
人々よ
このときひそかに夜が鏡を研ぐのだ

ひっそりと背後に佇って　誰かが
肩に掌を置く　その
冷たい感觸　があなたの記憶を呼びもどしは
　しないだろうか
誰かが　じっとみつめている
その鋭い視線　があなたを
思わずふりむかせはしないだろうか

記憶は沼に沈んでいる
あなたをおびやかす悔恨や
あなたをひるませる傷痕《きずあと》が
少年の日の明るい夢の中に黝ずんで朽ちている

目をつむる　あなた
全てはすぎ去った　と

すでにすぎ去ったのだ　と
沼は　重くおもく

あなたの底深く
沈んでゆき　潜んでゆき
いつかあなたの魂によりそう
そして時折
異様な風化のあとの
残酷な光景の中へ
あなたを呼びもどすのだ

人々よ
波紋はどこまで拡がっただろうか
あなたはどこまで溶け合っていっただろうか
夜が鏡を研いでみせる
陥し入れるのか　次第に傾いてゆくわたし

背後に　ひっそりと佇っ人があり
わたしの肩に　いつも置かれる
冷たい掌の感觸があり
わたしは呼びとめられるのだ

夜——　わたしはそこへおりてゆく

どん底物語

吉田睦彦

（O Freunde, nicht diese Töne! sondern lasst angenehmere anstimmen, und freudenvollere. （Ludwig van Beethoven））

佗しく腐れ爛れてゆく唇に臙脂を塗って　醜貌を繕おうとする淫売婦のように　その夜少年はグラスの液体を呷ることによって自分の肌地をたゝみに染め抜こうと焦っていた　下腹を力ませて汚物を拂い退けてしまう時のような祈りをこめて　たてつづけにドンゾコカクテルという黒い酒を一息に呑み乾した　舌のつぼみに砂のように苦い触感を残して胃臓の方向になだれこんでゆくものを　妙に切なく意識しながら　ペチカの煙が少年の顔にむんむくとくすぶり拡って　突然その煙の中から不思議に黒褐色に干からびた皮膚が浮んできた　鼻孔も　耳朶も　両頬も　黒褐色に染め上っていないものは何ひとつない　そう　ただ唇だけがむくみ歪んでペチカの火を眞赤に滲ませているだけだ　少年は頭の中まですっしり重い空虚さを感じてよろけた　急にふっと視覚が10センチ程前方に飛びだして　そこからありありと現実的な強さで自分の黒く沈んだ顔をみてしまった

夜でも晝でも　牢獄は暗い……
手風琴に先導されて　あたりの空氣がびんびん鳴った　そう　たしかその時　少年は黒褐色のニグロのような肌に絶望した　絶望して何か憎しみに似た感情でジン・フユーズをなめずっていた　低い振動的な声で黒に関する呪文をとなえながら　その声は物質的な重量を次第におびてしばらくは全身ががたがたふるえていたが　やがて黒からの転身はペチカの煙を吸いこんで再び完成された　氷のような蒼白さ！　それがこんど少年に与えられた運命なのだ　10センチ程蝸牛のように飛びだした眼球は　その蒼白い顔——生ぐさいものにびっしより濡れて凍結したような奇妙な顔を眺めたのだ

いつでも鬼めが　ああああ　あああ‥‥
そう　あの鬼の　いや夜叉の面そのものの　人が死んでゆく時の身を裂く傷み　徐々に　少年の内部に拡り拡ってゆく憎しみと争いのかなしい記憶　このように人を傷つけねば生きられない人間のかなしみの　少年はふといままでに幾人の人間を殺し　幾人の人間を傷つけてきたろうと指折り数えた　すると急に骨と肉とが軋みながら剝れはじめ　恐怖と悔悟の中で何かとりとめもないねっとりとした思念に濡れできた　血！　そう　男がいま手にしているグラスは眞赤なポートワインなのだ　透きとおって煙のようにその渋さが唇に流れた　ふわふわふわ　と少年の意識はあたたかな翳りをつくり　平和の鳩のようにのぼっていった　のぼってゆく鳩の白さが一瞬一瞬を刻んでゆく時計の秒針であることも知らず　その涯の窓から新しい年の空がみえるのが何故かうれしく

ああああ　あああ　窓からのぞく‥‥
肌は既に眞赤に染め抜かれ　すべての暗い痛々しいものが少年の毛細管の尖端から排泄されてたゞ氣疎い記憶となって　そう　ペチカの情熱のような焔が突きでた頬骨のあたりにぼうぼうと燃え拡って　その黒い影はくずれ　蒼白い神経的な呻きは消えて　なかば開かれた唇から歓喜の歌がゆるやかにしたたり　どんより闇が折重なった酒場の片隅が急に生々と甦ってくるのを待ちうけたもののように少年の眼が見いる　そして歓喜の歌をくりかえすとき　それはもう少年の生命からしぼりだされる声であった　あたりの合唱の中に快く溶けこんでぴちぴちと踊っていたその中に母の声がした　兄の声がした　愛する少女の声がした　そして世界中の友の声がした　少年の瞼が硝子の破片のように光り　頬に小砂利のようなえくぼが浮んだ　さっきまで眞暗な夜だった　だが　なめらかな皮膚が赤々と健康に目醒め　いま暗青色のカーテンをひいた窓には水色にオリゾントがつづき　そう！　その上に新しい息吹きを祕めた太陽が　血のように燃えたぎってのぼってくる

〔註〕一九五四年から一九五五年へと時が流れてゆく聖なる瞬間を僕は酒場〝どん底〟ですごした

夕風

吉江千代子

渚のむこうで
揺れる
ひかりの放逸
　少年が岩影ニヒッソリ佇ッテイル
　砂地ハ月ヲ吸ッテイタ

柔かいエーテルの泡立ちに
波間は宙吊る　呆けた「ゆめ」を
押しながされた悔恨が
吐息にしわぶきを乗せてくる
　少女ノヒトミハ映シテイタ
　「愛」がシズカニコボレテイル／ヲ

そっぽを向いた　白っぽい海が
撒かれた素粒子を呑みほすと
失はれた世界が少しづつ
不安なとびらを開け始める
　「アナタ方ニ融ケ込ンダ
　一切ノ時間デス」

クラリモンド

石原吉郎

それから　クラリモンド
僕らはいっしょにつまづいたね
いっしょにころんだね
アドリア海の波の上に
いくつも宝石がばらまかれた
僕らはみつけたね
大きな黒いかぶと虫
僕らはかざったね
美しい不幸のように
そうして僕らは挨拶した
たがいに祈祷書を交換した
僕らは出かけたね
大きなショーウインドの
フランスパンを見るために
イスパニヤの麦畑に
いくつもいくつも灼けて落ちる
大きなきれいな落下傘
笑ってばかりいたね
口まねばかりしていたね

遥か　沖合に
新しい潮鳴り
のひびき

かわりばんこに　おんなじことを
マリオノフカの町には
いまでも人が住んでいる

前号作品評Ⅱ

「部屋」この作品は「果実」と殆んど同じ主題を扱ったものであるだけに、おそらく前作よりも力を入れて書かれたものであろうが「果実」程の感動がない。同じ主題を同じ手法で書くことは、そしてそれを続けて発表すると云うことは余り得なやり方ではないと思う。

「ためらい」を読み返してみて、ちょっとするとこれは古い恋の痛手からの立直りを書いたのではないのか或いはもっと観念的なことなのかと迷い道に入った感じの儘、結局は唐草模様のように織られた言葉の中で茫然としてしまう。

「会話二題」わたしは「モレーの河べり」を背にする……スカートのペルシヤ猫が幻想的なアクセントをつける。こういう舞台装置は一見新しそうでいてもうすっかり古くさくなっている。イプセンの戯曲のようにゝが僅かにそれらの缺点を補ってはいるがそれも大したことはない。

「生長」若さがある。素直しかし作者は本当にこんなに陽気になれたのだろうか。〝ぼくは大はしゃぎで……〟という所を読むと僕はふっと逆のことを感じる。

「非情」充分に悲劇的な事件を主題としていながら、同じ病に浸されている者にさえ大した感動を与えないのはどうした訳だろう。あまり非情には書かれていないからではないか。僅かに最後の五行が心にとどまる。

「夜」（河野澄子）巷の夜の喧噪が過不足なく描かれている。しかし最後の行は一体何を書こうとしたのだろう。

「夜」（中川晟）中川氏の面目が遺憾なく発揮されていて楽しい。彼の詩の特徴を一言で云えば程度の高い皮肉とでもいえば良いだろうか。この皮肉が適度のヒューマニズムに与えられて作り上げた奇妙な美の世界に僕は感動した。もう少し欲を云えば一聯と最後の一行をもっと何とかしてもらいたかった。

「ひめ鱒の村」好川氏一流の饒舌に僕はたゞ当惑する。速力のある文章は貴重なものだが、これが詩だと云われゝば僕はたゞそうですかという外にない。「機械」作者の言いたいことは、人は今や機械にすぎなくなったと云うことだろうが、それにしても奇妙な詩となっている。「朝の化粧」女性らしいきれいな詩。だが何かものたりない。「告白」三好達治の〝僕の笛はもう鳴らない〟という詩を思い出した。しかし、それ程の感激はなかった。比喩が平凡なためか、「悪意」悪意が信仰を蝕むという逆説。そういえば僕等は仲間は忘れても敵を忘れることはない。悪意が強ければ強い程、悪意を受けたものゝ実在感がその人の心に強く迫って来る筈だ。僕は以前にこんな言葉を読んだことがある。「我々は浮世に執着があるからこそ安心して死んで行けるのだ」逆説はしばしば大きな真実で僕等を惹きつけるものだ。

〈岸岡　正〉

Ⅲ号総目次

あとがき

▽詩と散文とどう違うのだろうと時々考えることがある。ポエジーが詩の中心になければならぬ力のなら、それはまた、小説の中心にもなければならぬものだろう。リアリティが説明の必要性の問題も、詩にも小詩にも同列に論じられ得るものと思うし、そうなるとこの両者を区別するものはただ形式しかないような気もしてくる。（岡田）

▽ひとつの詩を書き終ることは、完成するということよりも、むしろ放棄することに近いという言葉がある。ひとつの詩を書き終えたという事実がいかに多くの悔恨に充ちていることか。それがどんなものであれ、一つの詩が「書かれた」という事実は重大であり、多くの苦痛に充ちている。病いのように詩を書きつづけながら、僕はそういう衝動を強いるものを絶えずおそれている。（いしはら）

▽ああだこうだと騒いでいるうちにもう盛夏の候。発刊以来今号で五ヶ月になるわけですが、地方在住の諸氏の意見があまりに少ないので、どうしたものかといささか戸惑わざるを得ません。コックが、腕によりをかけて提供したというのに客は、ウンもスンもいわない。作品の質と量とによっては増頁の余裕も少なからず心がけております。炎暑の折柄、一層の御奮斗を祈ります。（せいいち）

〈頒価40円〉
発行責任　石原吉郎
編集責任　好川誠一
発行　東京都新宿区四谷内藤町一 岡田芳郎気付　ロシナンテ詩話会
一九五五年八月一日印刷発行

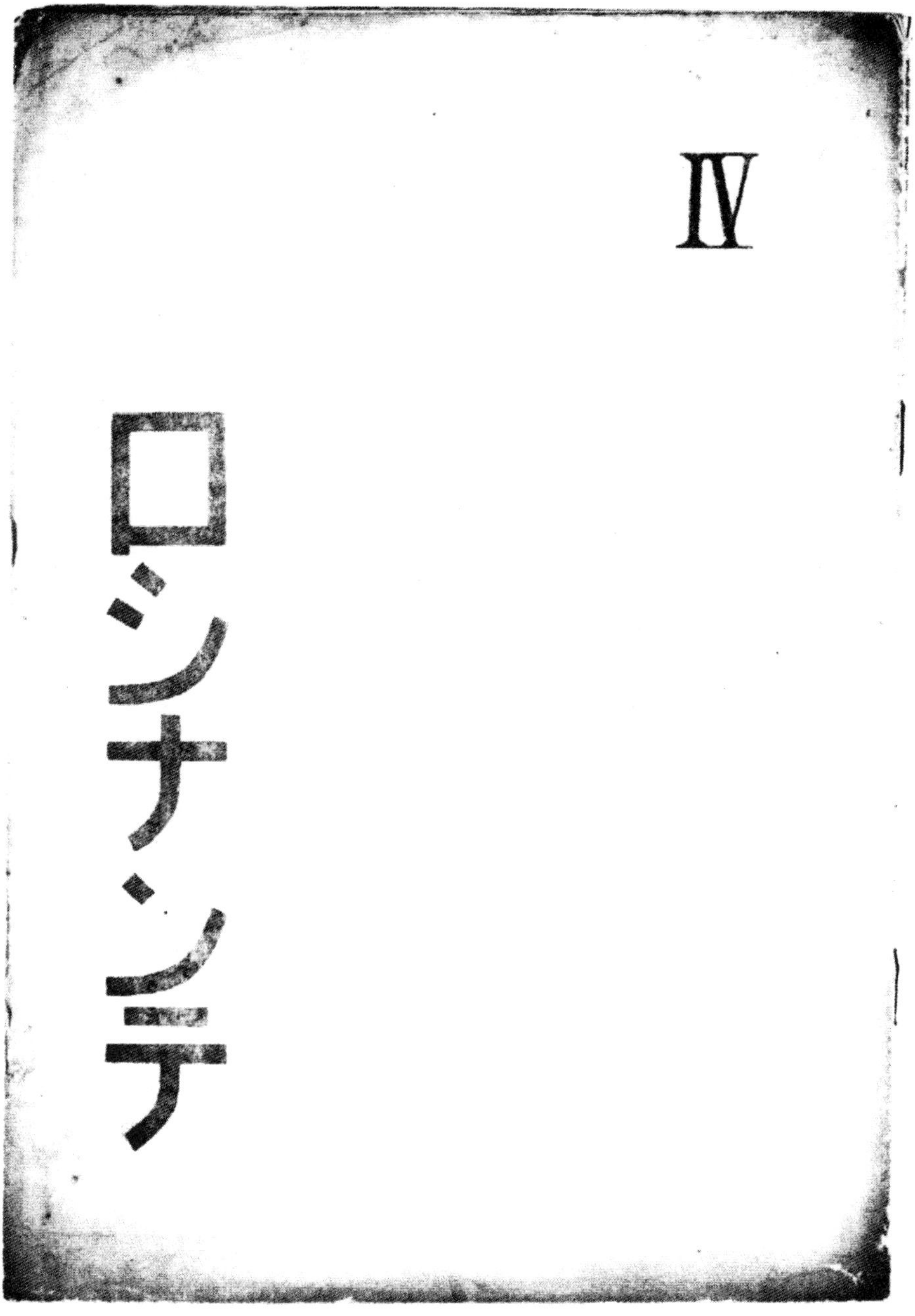
Ⅳ
ロシナンテ

サヨウナラトイウタメニ

石原吉郎

ワカレネバナラナカッタ　オレハ
帽子ヲカタムケ　マッチヲスリ
ワカレネバナラナカッタ　オレハ
錯覚スルヴィジョンヲサラニトオク
背ニ裂ケタ上衣ヲ愛着シ
シズカニ滑走スル旅客機ノヨウニ
改札口ヲトオリ　階段ヲノボリ
フシギニヤサシイココロトナッテ
誰レカレトナク会釈ヲカワシ
ワカレネバナラナカッタ
ワカレネバナラナカッタノダト
クリカエシソノ言葉ヘオボレ
背後ヘトオザカルゴトニ
マスマスフカクナル空間ノ
ヤケルヨウナ一点ヘアガル
白イマブシイ手ニ追ワレ
涙ト倦怠ヲユルサレテ
ワカレテユクノダ
古風ナ義足ノヨウニ

オボエテイル　石ノナカノ声ヲ
オレハソレヲユサブッタ
キミハソレヲユサブッタ
ソウシテブタリデ耳ヲ
オシアテテキイタノダ
ツイニ石女《ウマズメ》ノヨウニ
ヨワヨワシク　厚イ内部デ
納得シテイッタ声ヲ
ダマラネバナラナカッタ　ナゼ
ワカレネバナラナカッタ　ナゼ
火ヲヌスンダプロメテノヨウニ
目ノサメルヨウナ
清烈ナ非難ニ追ワレ
トオイ堤防ノ突端ヘ
ユックリト膝ヲツキ
シグナルノヨウニトモリ
シグナルノヨウニ
火ヲ消スノダ　イツカ
フタタビマブシイ風ノナカデ
キミガオレヲヨビトメ
オレガキミヲヨビトメ
モウイチド石ヲ投ゲアウヨウニ
サヨウナラトイウタメニ

スペインの海

河野澄子

月の明るい夜には凪いだ海
をわたって誰もいない
さびた船
のキャビン
濡れそぼった裸足で降りてくる
女《ひと》がいる

夜明け
白い帆はひとりでに
舵をとるマドロスの唄声
の洞《うつ》ろなひびき
GIII　GIIIII
人影もない甲板
すべってゆく船

〈オレハコロシタ
妻ヲ殺シタ
優シイ美シカッタ女《ヒト》ヲ殺シタ〉
だまって肖像を画く男
七年に七日
七度目の上陸スペイン
のさいごの夜誰もいない
凪いだ海

月明り濡れた裸足
降りてくる女《ひと》がいる
キャビン
〈アナタノタメニ……〉
手をさしのべる女《ひと》が
いる眞近
に還ってくる死にわかに
早くなる時

まきおこる嵐の中
に難破するオランダ船亀裂する
砂時計
　月ノ明ルイ夜ハスペインノ海
二見エナイ手ガ招ク

連　　　　鎖

岡　田　芳　郎

道を歩いているとぷすん靴紐が切れたのでそれを結ぼうとしやがんだら胸ぽけっとの十円硬貨三枚ころがりだした　あわてて手を伸したその先に小さな小さな蟻が一匹いたのでなんのぎなし人差指でつぶしてしまって　あ　かわいそうなことをした　今日は楽しい日なのに駅で待ち合せて郊外へ散歩に行くのになんでこんなことをしてしまったのかしら妙にしんみり蟻の死骸眺めていたがふと気がついた　いそいで駅へ行かねば約束の時間におくれてしまう　ぱっと立ちあがって大股に歩きだす　もしもしもしもしそして足音が背中を叩くふりむくと和服の若い女　―　あなたじゃございませんこれお落しになったの

やれやれ俺はどうかしているぞ蟻を殺しておいて三十円拾うの忘れてしまった苦笑いして一礼金をうけとるついでに時計をみるとしまった約束の時間にあと一分それっと走り出した……のはいいが俺はまたなんてばかなのだろう靴紐結ぶの忘れていたのだ靴は足から離れてあとから歩いてくるいま三十円拾ってくれた若い女の前にすっぽり　女も今度はもしもしと言いかねむっすり無関心よそおいそのまま俺の横たもとひるがえしすりぬけて行くこちらはこちらでテレくささ懸命にこらえて靴下よごさぬよう片足跳びでひょいひょいと置き去られた靴の所まで戻ってもう一つひょいと下みるとさてどうしたものか女の青いはんかちーふくしゃくしゃと蛙のように落ちているではないか　よびとめようかしかしまてよ　もしやわざと落したのではないかとんだろまんていすとの女なのではないか　しかしまてよ　わざとにしてもまた気の利いたことをするではないか

もしもしもしもし靴紐切れた靴ひきずって女のあと追ってゆく　―　なんですの　と言わんばかりとげのある目がふりむいた　―　あの　あなたのはんかち……ふっと息ついてさし出した香水の匂いさわさわ流れ　―　は？　私のではございませんよ　―　え　そこに落ちてたんですが……と言う間もなくたたた草履慌しく去って行くなあんだあの人のではないのかしばらくはんかち見つめていたけれど仕方なくぽけっとにふらりつっこみ俺はもうどうせ約束の時間にはおくれてしまったのだ仕方ないさこうなりゃゆっくりと靴紐むすんでぶらぶらあるいてゆくさとしゃがんだら
ああ　もういやになっちゃった　胸ぽけっとの十円硬貨が一枚またころがりだしたのだ

無　題

中川　晟

1

煙突掃除屋　は　煙突をスルスルと
のぼって
アナと　キッス　する
そして
中のすすを　はらうのだ。

2

突如！路次から　飛び出して来た
自動車　〈夜〉　ギョロリとむいた
眼玉の中に
ヤモリの　様にへばりついた
男女の姿
黒い長い塀である。

3

アスファルトの　広い通り
古典的な家
行人は落ちつかない
—一寸．ちょっとそこへ行くベレー帽のお
　兄さん—　女が呼びとめる
金があるかい　お手あげさ
モダン遊廓の　散歩である。

4

カフェー横町の　路次
O！　生れた儘の素裸の　若い女
何かしている……
暑いので　開けてはならない　窓の
一つが　開けっぱなしである
空で街燈が蒼白く疲れて　いる。

5

三休屋
ノレンの下から　ユカタの裾と
安っぽいフエルトのゾウリ
—儲かるかね
—駄目さ　鴨なんか一匹だってかかり
　やしない　腹へらしの　そん害だよ
小さなバスケット　を持った女　である。

6

駅の大時計の前に　女メクラが
立っている
白い目で　じっと　時計を
凝視している
時間表を見るのに　時計が必要なのだ
ツンボとの　逢引かも　分らない。

7

机の横の　紙屑かご
紙屑の入っていない　紙屑かご
一大発見で　ある。

白鳥物語

吉田睦彦

1潤葉樹林に佗しく投影している錆を含んだ斜陽
湖畔に嗚咽のようにせつなく透きとおる青い季節

2疲れて垂れさがる薄暮　次第に翳んでゆく樹木及
び樹木　湖の水面の青い影に宿る天使達の合唱
無限の虚無を錘のように沈めたその深い色

3腐魚の鱗のような石垣　乾草の匂ひを残して崩れ
る赤い土壌　忘却されたベンチ　の上のノートの
セルロイドの表紙に細く絡んだ縲線　のにぶい光
の反射

4樹と樹の隙間に寄りかかり佇んでいる黒い影
人の少年のネクタイに溶け残る光　頬に滲んでゆ
く焔　憂愁

5わずかに眩しい空っぽの沈黙　何をか摸索する慶
れた顔の白魚

6徐行する視線　動く　動く　動く　懶げに透明な
手がさしのべられるように　風景がぼやける　青
い水と銀杏樹と

7波のない水面に波を追う黒い睫毛が　一瞬の結束
苦痛を噛みしめた薄い唇　望郷に傷んだような
瞳　がもう伸びない（そこに何がある？）

8憑れて停止する視線　青白く小さく痙攣する顔
あるいは剥奪されたような淋しさ（その先に展
開される風景を——）

9白　一点の動く意識　小さく放電のように拡る静
かな波紋

10青い霧が向うから流れ　一つの影を濡して流れる
黄昏の漏刻　青い霧の中に外燈が灯り　その裂傷
から星屑のよわよわしい光のように　現われる白
鳥

11ぼろぼろと零れ落ちる重い脳芯　湖底に沈降して
ゆく重い懊悩　やがてそれら現実の構図は昇華し
て　近寄ってくる白鳥

12白鳥　クローズアップ！　やさしい眼差　白い飛
沫　動く水掻きの黄色さがぼやけてゆく

13水掻きの萎縮する痙攣　次第に消える像　どよめ
く白い泡泡泡　次第に鮮明になる像　烙印のよう
に動かないもの　舞踊靴《トゥ・シューズ》

14はっとして顔を上げる少年の瞳　瘦形の額に明滅
する夢想　脊髄を走る葡萄酒の香　ピアノと楽譜

15永劫の星座の図形を眞砂のように散らしはじめる
空　古代密度

16ベンチの上に風に鳴っているノート　の頁からぱ
らっと薔薇の葩のように澪れたもの

17ああ！　振り返る少年の視線　かけよる背姿　の
びる青い血管のふるえる腕　支えきれなくなった
焦燥が

18名刺型の白紙　隅に描かれたイニッシャル　裏返
す――　一枚の写眞だ　瞼の上をおさえ額を垂れる
少年のわづかに淋しい微笑　影

19《白鳥の湖》の舞台　瀕死の苦悶

20バターのように溶けはじめる写眞　ゆれながら羽
搏こうとする白鳥の少女　のクローズアップ！

21再びはっとする少年　音楽がない　ピアノがきこ
えない　なにもかも死にたえたかのように

22すでに青い霧にびしょ濡れた外燈の下　のベンチ
にはためいているノート　ガラス張りの容器のよ
うな風の廻転

23黒い影になった樹木及び樹木がざわめいている
風は夜を運び　湖畔は漆黒のように固着した影
少年は立ち去りもせず瞠めた　白鳥

24疼くように暗い水面を横ぎってゆく白鳥　遠景
だんだん暗闇の向うに泳ぎ去ってゆく白鳥　點景
その嶮しい白！

孤独について

増田瓢二

すゝけたウルトラマリンから
ダイダイ色の手がのび
草原に横たわる私の体を
快く斜めになでつけて行く

交尾の終った犬のように
自分自身に満足し　うなづき
けだるい体を燃える綠に沈めながら
鼻を瞳を皮膚を神経を
風の愛撫にまかせる

私は私の中にあなたを手招く
ふぐりのようにたるんだ微笑と
仏陀のような冷静さで
私の「思考」にあなたを包む

あなたは雪崩のように
又はダリヤの明るさで
私の胸に流れこむ
そして子猫の爪で悶えながら
悶えながら私の心を受け止める

私のうなづきとあなたのうなづき
あなたのうなづきと私のうなづき
私の望む所にあなたは存在するので
花びらの上に腰かけさせよう
と云う　さゝやかな私の遊戯

×　×

透明な子供の笑いが
私の鼓膜をノックする時
あなたは軽く身をひるがえす
私の内に淡い残照を光らせながら

もはや　あなたは一個の生
もはや　私はふぬけた一個の頭蓋
あなたはあなたにほかならない
と云う悲劇の幕が開き
私は私にほかならない
と云う夢の幕が降りる

憶い出

稲岡幾与志

――みたびある夏の夕昏れに――

高原を這って　たそがれが
もう人影もない湖岸に
月を呼ぶ　と
地上は墨のいろを濃くした

そのいのちを　たゞひとつの花に托して
ひたむきに燃えていたが　ひまわりは
月がそらにのぼる　と
愛を見失って萎れていった

夜のめぐりが避けられないのを知ったとき
いつからか咲いてしまった大輪が
支えがたい重さを哭いた

見失った愛を飾るために
なおも黝ずんでゆく花を守って　いた
それが　いのちのすべて　でもあるかのやうに

断《フラグ》片《メント》 I

服部春男

漁夫は　あれほどの騒ぎの中を昇天した
いや地下に潜んだのかも知れない
埋没された魚たちの間に割り込んで
すでに　何もかも忘れた表情で
魚たちを眺めるのだ
魚たちの皮膚をなでているのだ

都会では　すでに　忘れられた　話

事件は　今朝一貫目十二円で
屑屋の車に運ばれて行った　やがて
袋に貼られ　裏町の生活に貼られ
どこか　果樹園の　果実を包む覆いとなろう

汚れた海のどよめきを連れた
漁夫の死は　どこか　田舎街の　古びた
スクリーンに　スローテムポな　怒りを
写している
写しているのだ

誓い

――或る年のクリスマスの日に――

淀縄　美三子

愛情の場は
ときにはモスクワの美術館だったり
歴史画に見とれている女が
男にとっては
回想の女だったりする

〃サッフオーは顔色のダークな女だった〃

オスカアワイルドのように
眞紅のばらをつけて
狂った季節に
めぐり合う　何年目かの会見

葡萄のような女の頬から
一九五三年の〈時〉が落花していく

あの時二人は歩いていた
クリスマスの街を―
こずるい人間たちのまじわりについて
目隠しされながら
コーカサスの回教寺院で
誓い合ったように
穴だらけの愛着を引きずり　サルタンの行列の
ように
ながれに従っていた
男も
女も
人間ぜんたいが
自分たちの言葉を置き忘れて

幻影の消えた凍る十二月
のまえで
言葉と云うものは
十一月の郷愁のようなものだっ　たろうか
恋する女は
あまりにも
多くの言葉を知っていた
喪服に紅い花をつけたように―

青いパステル

金　子　黎　子

陰で
トリコモナスにをかされて行く子宮
が　後に傾きかけるのを　薄い胸い
っぱいに感じている　傷ついた門は
今はむなしく閉じられたまま

水平線
泳いでも
泳いでも
水平線という場所に辿りつけない・
地球が、まるいせいなのだと
少女は知らなかった・
何処まで行っても
水平線が遠くにあるので
少女は　疲れ果てた。

放列
青いりんご
のニオイにむせて
私は失神する
めをまわすー　レンズの
どんでんがえし
草色の血が咽喉のあたりで
逆流する

タカシニ
海辺の赤い空に
放りあげる
タカシをのせた麦藁帽子
放りあげる
きりきり伸ばした　つまさきで
メキシコの砂を蹴りながら

郷土

好川誠一

ぼくは大人になったらどうしてもいっぺん、イノミの樹の下にある小さな氷水屋の座敷で、店の、若いオマキさまというそのころ派手な小母さん相手に酒を飲んでみたいものだと、絣の着物を着ていたじぶんにおもったことがある。だから、ではないが一九五四年八月、それが実現した。

周囲一面バラ苺が這い摺り廻るワリと平らな山の隅隅まで生松の苦い薫を播き撒らす木割小舎を家来のようにおいて
ボール紙の地肌がでているランドセルをカタコト鳴らしては青蛙の尻に麦の茎をぶっすり突っ込んでせいいっぱいふうっと息を吹き込んだりして得意になっていた腕白時代に習ったあのグングン伸びておおきくなるクスノキ
ハヤトリのそれにも優るイノミの巨木が
凹みきった眼をショボショボさせて急須の糈抜きに余念のない吝嗇婆あオトラさま
それが全くもの凄く度の強い近眼のメガネをかけて上眼づかいに客をみる鋳物師呑ン兵エ常
ツネジロオヤジ
ときたまは愚痴を忘れて瀬戸詰瀬戸磨きに明け暮れする瀬戸商人のお神さん
なにせびっしり詰ったトタンやら茅葺やらの屋根の間から申訳程度にホンノリ覗いている空を
突ん抜いてまるで町全体を抱え庇護するようにつねにによっきり威張った恰好でいた
「そうして盃を口にあててるあたりがそっくりよ　うしろ姿など紛れもない父親似ね　上手くいったわ　俚諺　親に似ぬ子は川へ捨てろ　オッホホホホホ」

店があった　水色の硝子の玉と硝子の棒とを順ぐりとおして造った簾がキラキラ揺れ　赤地に白の細長い氷水の旗が靡く小さな店にはヨシノボウという麦菓子やら氷砂糖やら煎餅あって天婦羅もある　まことに一種特異であった

「ンまあ　ずいぶん釣って来たのねえ　ちょうだい!!　いい?　これみんな鮒でしょ」　簾をあげてパッと生れた芸化粧のオマキさま

「ほうら　かわりに天婦羅あげる　どう?　美味しい?　たくさん食べてっていいのよ」

強引に割った青い柘榴の粒粒のような歯並　「もうすっかり都会人ね　でも　笑うとやっぱり少年だわ　麦藁シャッポを真深に被って　絣の着物に草履を履いて　釣り竿かついで　水ぱな垂らして　真黒顔して　オッホホホホホホ　駄目ね　あたしはもう四〇回もの門松をくぐってしまったわ　乞食をしても　東京はいい　なんて　おもった時代をふりかえると」

「黴」とか「樟脳」とかの言葉も全くとおい旧い時代を匂わせるが　瓦斯洋燈もまたたいへん古風な感じがしてあまりにも現在から馬鹿離れしすぎている　などと考えながら洋燈が照らす玩具屋のセルロイドの面を買い　つけたおぼえはけっしてないのに大人と少年とのどれが素顔でどれが仮面なものか　傾ける盃のせいばかりではないようにおもえてきた　肚がやたらに熱くなった

いまのいままで何一つ物音なぞ聞えはしなかったのに轆轤の廻る音やら　ベルト　粘土を捏る音　薪割る音　ありとあらゆる活動の音　子供のころには見えなかった　町中の音が聞えてきた

年老った音が聞えてきた

「上野　混んだでしょ」

明るい飛石のある中庭の池の緋鯉が　パシャッと水面を叩いたときであった

註　イノミ＝（不明）桜の実ほどの粒で、数少ない実をつけた。噛ると味もそっけもない、混っぽい金粉そのものであった。
脐抜き＝急須の茶殻止めをつくる仕草。

やまなみ

吉江千代子

なだらかな傾斜に沿って
　若い思想はこだまする
森を抜け　林を翔び　岩清水に跳ねた　赤とんぼの
かげが　みずいろの
霞んだ記憶を載せてくる
みえがくれのほそい鉄管に
ふもとのにおいが滲透しているように

私は　その外側を駈けていた
　追いかけても　ゆきつくことのない
　　さわやかなうねりが
　　　いつまでも私を駈けつづけさせる

その若い　消えそうな気流の燃える
　あの草むらに
あかいこの実が在ったのだ
陽のなかの　明るい羽音がながく伸び
記憶の底に停止した雲が晴れるように
私は視た　オレンヂ色のまるい空を

それから　どうしたろう
　おまえは　拾ふのもわすれていた
ながれる雲のなかを子供のようにとびまわった
ながい不在に　さびしがっていた
おまえのちひさなたましいが

ふいに　空がふたつに割れて
蒼ざめた小鳥の羽が墜ちてきた
小鳥の翳が　おまえに重なったとき
おまえは　不安げにたちどまった
忘れていたもの憂いおそれのなかで

終日　小鳥は啼いていた
私は　しらなかった
黄いろいくちばしに銜へられた赤い実を
そのとき　ひそかに嗤っていたものを

傾いた陽が　柔らかに
草原をなでてゆき　けぶっていたが
それきり　私は走らなかった
　しずまりかえる遠いやまなみに
　　時折り　ひかる記憶が在る

（1955・7・8）

そして

永山一敏

容れられることに過ぎている
ため
これ以上わたしの腔が
みちている状況をゆめ見ることができない

いま……
わたしは
いかなる鉗子を　扱って
そのくぼみを
露わに　すればよいのか

いつも　塵が湛えることはない
いつも　風が容易に過ぎぬける

わたしは砂糖壷に落ちてしまった
ぬれた蟻だ
すべての飢えをあやまたず整え
そのうらに　おそれの四肢を舞わす……

ゆぎっくはずのない
そして
とうに　置去りにして来ている
まったく不自由な
場所を歩行する……

私が小さな骨片になったとき

草間順子

私が小さな骨庀になったとき
こんなことをいうだろう
　そこで
いつまでそうやって
　ぐちをいうことをやめて下さいと
なぜならそれは
あきらめを表わすためのことばだから
私が小さな骨庀になったとき
こんなことをわめくんだろう
　そこで
いく度もそうやって
全じなみだを流すことをしないで下さいと
なぜならそれは
卑屈なざんげにほかならないから
私が小さな骨庀になったとき
こんなことをいうだろう
　そこで
いつまでそうやって
　作りわらいなどすることをやめて下さいと
なぜならそれは
あなた自身を苦しめることに相違ないのだから

木蔭（又は日曜日）

鶴巻和男

青い風呂敷に包まれた時間は
季節の小便に焦げついて
向こうの木蔭にも
逆に吊された湖のボートへ
とびのることもできない

（オマチドウサマデズ）
透明な理容師は
髪をなでつけるのをやめて

とんで行く
それは鮮やかな白い蝶
たくましいような潮風に吹かれ
谷間の細道にたわむれ
ゆるやかに旋廻するその距離
　こんな時
遠い友が近くなる

わけもなく怒鳴ったら
とほうもない大声で
怒鳴り返してきやがった

　すると　僕の
目を白黒したハトが
おどけたような声を立てて舞上る
　一羽　二羽　三羽

蟲がやんだ
セミがやんだ
名の知らぬ葉が大きく揺れると
ざわめく草むらの奥が気になり

「ねえ
あそびにこない
　だって日曜日でせう――
わたしウンとごちそうするわ」
ふり向くと　声は
街はづれの長屋の奥から聞えてきた
僕は突っ走る
丘の道を
（もしかしたら
　逆に吊された湖のボートへ
　とびのれるかも知れない
　時間の外へ
　散歩に出れるかも知れない）

車中幻想

田中武

I

見知らぬ土地を汽車は走っていた
蟬の声が時々窓枠をこすり
白い標識が叢の中でふいにひかり
遠去かって行く砂丘と　群生する河原蓬《よもぎ》と
クッションの上を樹の影が無数に走りすぎる
汽車はいい
美しい少女と向い合って座ったとしても
いつまでも黙っていていい
知らない人のままで別れることができる
いま私達の周囲を
かぎりなくひろがっては消えて行くもの
近ずいては遠のいて行くもの
木立につつまれた村落や　牛車や　白い道や
ゆれさわぐ植物のむれや　石垣や　木橋や……
ああ私はこんなにふんだんに忘れることができる
眼をつむると風景は耳のなかを
ベルトのように廻りながらすぎて行くのだった
そのさまざまなざわめきを聞きながら
私はいつかうとうととしていた　しかし
私の耳はひとり眼覚めて聞いていた
どこか底知れぬ深みから耳鳴りのようにひびいてく
る
あれはなにか
耳のなかをすぎる窓外のざわめきはうすれ
私の内部からいましずかに逆流してくるもの
ゆるやかに内部の螺旋をさかのぼって
ひとすぢの流れとなり　耳の外へしたたり

やがて耳いっぱいにひろがり私の周囲にみちあふ
　れる
あの異様な風景のざわめきは　叫びかわす声々は
あれはなにか
気がつくと汽車はいつか私の耳のなかを走ってい
　た

II

耳のなかを走る汽車にゆられて
闇に林立する白い標柱をすぎ
ああもう帰ることもできない
不思議な世界へ私は旅立つ
向い合った少女は座席に生えた一本の白い植物と
　なり
乗客は私をとりまく木立　風が出たのか
ざわざわと葉ずれの音　あれは
確かに私を誹謗する声だ
そうだ聞えてくる　窓外をとびすぎる
叢の白い標識や　ゆれる植物のむれや
石垣や　木橋の叫びが　呪いの声が
巨きく夜の雲がひろがり
雨が烈しく車窓を叩きはじめた

耳の奥では絶えず暗い予感の稲妻が滲んでいた
汽車よ走れ　この暗い耳のなかの未知の国を
ここの自然は確かに私に敵意をもっている
遠く近く私に浴びせかける植物達の罵声や
つけねらう動物達のくさい息ずかいや
繁みにひそむ鳥達の甲高い威嚇の声や
怒りと不安に擦える叢の甲蟲の低い羽鳴りが
私にははっきり聞えるのだ
ふいに無数の気根が汽車の上に垂れ下り
樹の枝はゆさぶられ　降りかかる木の葉の飛沫《しぶき》
あとからあとからまっくろなものが汽車めがけてお
　そいかかり
忽ち雨風のなかから合唱のようにひびいてくる
　殺せ　殺せ　殺せ
　ソウダ　ソウダ　ソウダ
　　ヒトノ子ヲコロセ
　　ニクイアイツヲ　ヤッツケロ
ああ汽車よ走れ　逃げるのだ　はやく！
白い稲妻のあいまからひびいてくる
　殺せ　殺せ　殺せ
　　ソウダ　ソウダ　ソウダ
　　　草ノツル　ノバセ　棘タテヨ

クチバシトガラセ　爪ヲムケ
ニクイヒトノ子　ニガスナ
殺セ　殺セ　殺セ
窓硝子は乱打され
草の蔓はしつこく窓枠や車輪に絡み
怒りにみちた羽搏きが頭上を覆い
汽車はレールの上でよろめき
耳の壁に無数の擦り傷がしるされ　血が滲み
破れた車窓から吹きこんでくる烈しい雨風に
私はずぶぬれて座席に横たわっていた
それからどれほどの時間が耳のなかで吹きあれたか
やがてそれらは次第に夢のようにはるかとなり
ごうごうと耳の深みをかぎりなく遠去かり
遂にはかすかなうぶ毛のそよぎとなって消えて行く
汽車のひびきを
私は急速にうすれて行く意識の中で聞いていた

Ⅲ

ここはどこだろう　半ば目覚めた私の
耳の周囲を白い大気が流れて行く
ランプにはばたく蛾の音がする
波の音が　時計のセコンドが聞える　風が吹いている
汽車の停まるたびに　がらんとした車内から
まるくふくらんだリュックをかついだ小人達が順々に降りて行くけはい
突然　蜃気楼のように霧の中からぐっと緑地が現れてくる
電柱や　樹木が見える
私の瞳に夜明けの雲が見える
顔を覆っていたハンケチがふいにめくれて落ちたように
私ははっきりと目覚めた
変りなく窓外をめぐる叢や　白い村道や　砂丘や
泡立つ田圃や……
私の汽車はまだ見知らぬ土地の朝を走っていた

あとがき

暑い〳〵と云い乍らももう九月、エリオットの〝荒地〟では「一年で四月は最も残酷な月」ですが異常発汗体質のものには一番悲鳴をあげるのは何と云っても八月です。でも秋風が立ち始めヨナヨナ創作意欲の高まるこの月ともなれば水を得た魚と云った状態でせう。従って今月は力作・佳作ぞろいで盛り沢山なさながら〝autumn garden〟を呈し見事な集団の花を咲かせて下さいました 編集者一同喜んで居ります。 （美三子）

編集事務を手伝うようになってこれで三度目。そろ〳〵ここにもペン滴を落してもいゝ頃と思い、引受けた。最近サークル詩運動が華やかだ。しかし、一つの同人誌からただ一人でも眞実の詩人を生み出すことで、その使命は終る、という久しい主張も消え去ったわけではない。結局、同人誌の在り方には二つの場がありはしないか？会員誌としてのロシナンテが前者の立場で運動を推進させてゆくか、あるいは後者の方向に集中結束してゆくかは、もうすこし仕事を続けねば解かるまいが、すくなくとも僕等の仲間が孤独の集いではないという事実の中に、やはり同人誌としての一つの方向への萌芽的形態がみられるような気がする。

（吉田）

宝石は、その本領である光をぞんぶん発散してこそ宝石なのであり、光らなければただの石コロと変りはないように、詩もまた、光のそれに価するものがなければなんらの意味もなさないであろう。

レッキとした散文体であって詩であるもの、石コロであって宝石であるもの、ぼくはこの頃こういう詩に魅力を覚えてならない。

8月7日田中武が来た。ぼくらの会のために東京へ来た。フルスピードでダベり遊び、ようやくぼくらの心に融合したころには、諸兄諸姉らが白河夜船、上野の駅のハンケチであった。

あと一冊をだして今年の暮はおろされるわけだが、最後のしめくくりとしての力作を期して筆をおこう。（せいいち）

Ⅳロ誌総目次

受贈詩誌

若い森	14〜15
さんたん	9〜11
棘	1〜2
パンセ	
風土	1〜3
光線	9
潮流詩派	1
谷崎眞澄詩集	
BERCEUSE	1〜3

〈領価40圓〉

石原吉郎 発行責任

好川誠一 編集責任

東京都新宿区四谷内藤町一
岡田芳郎気付
ロシナンテ詩話会 発行

一九五五年十月一日印刷発行

V
ロシナンテ

アンサンブル

河野澄子

そのときわたしはふりそそぐ光り
あなたはゆれさやぐ葉茂み
たわむれる風と草の匂いと
あなたはわたしの愛撫にむせ
わたしはあなたの歓びのため
あなたの炎の色にそまり

ああ　青くすき透る水面が次第に紫がかり
ふたたび暗く影を吸いこむ澱みに
ゆがんだ表情を浮かばせる　あなたが
重く沈む沼であるなら
わたしはじっとうなだれていよう
あなたをとり囲む森となり
いっそう深い沈黙であなたをつつみ

そのときわたしは青い妖精

底無しの沼
の澱みにひかれるように
あなたは　舌　もつらせ
くらあい闇へ沈んでゆく
そのときわたしは
そっとしのび寄って　あなたの
ゆめをゴンドラにすくいあげよう

生きる

石原吉郎

手の指で書いてみても
足の指で書いてみても

しょせんはおなじ証《あかし》なのだ
生きる　という文字を
ぴったり掌《て》のしたへ
おしかくして
だまってあたりを
うかがっているやつら
誰か　その背中を
ふんで通れ
じりじりと汗にぬれてゆく
灼けるような
その背中を

ソネットⅡ

カツノムツト

アサッテノ　誕生日ノ晩ニ　アナタガ結ブ
夢ヲサガシテヤロウト　浜辺ヘデタ
一冊ノ　スケッチブックト　タノシミト
芯ノヤワラカイ　鉛筆ナゾソロエテ

巨大ナパレットノ形ヲシテ　海ハ　欲望ヲ　溶カシテ
イタ
棒キレヤ　ワライヤ　ショートパンツノ裾ヤ
アカスギル海浜ホテルノ
flat roof ノ紅ヤ

ダレモ忘レテイタ　ソコデハ
明日《アシタ》ヲ　昨日《キノウ》ヲ　ソレカラソコニアソブコトサエ……
放心が　コーヒー・フロートノ　泡ニトケ

雪ハ一人デ　落書シテイタ
——ソンナ　タクサンノ忘却ノナカカラ
ワタシハ　昼ノ月ヲモラッテ帰った

——三〇・七・三〇

旅の断章

服部春男

僕は　車内広告をみていた　口をひらき
胸底を　電車が通り　幾台も通り
ひゞきあい　ふるさとだよ　こゝは　僕の
文句なしに考え　かんがえるとゆうより感じ
ガラス窓の　むこうの　ひかるガラスの
パントマイムのよびかけに独りうなづき

どこを　歩いているのだ　僕は
負債のように　鞄ぶらさげ
電柱の陰に廻り
シグナル眺め
筒抜けに　吹いている暗い風　みつめ
ふたゝび　乱視状にとりまく影・にせかされ
僕は　何にを話しているのだ　いったい

うえのしのばずの池か　こゝはさむく
砕けているけど　みづのおもてのネオン
みえないのか　あのほらあなのまえの
赤い炎

その　冷い　手をさかのぼる
未開の　コスモス　に
赤い炎の　あらのはあるか
よりそうて祈る草地のくらがりは

僕は　何にを聴いているのだ　いったい
わかい　おとこおんな　の祈り
獣たちのとおぼえ
しんじつ　肩ふれあい
赤い炎をみつめている
わかものたちの　血潮のたかなり

胸底を　靴音が駈け　サヨナラが消え
サヨナラが消え　靴音が駈け
僕は　車内広告をみていた　口をひらき

わたしのからだは痛みでみちる

樽本三代子

わたしのなかの　血に染《そ》んだ　生まれたばかりのたましい　双手《もろて》あげて暗い雲にむかうとき　せかいはわたしのしずかな〈時〉のために存在しない　ひとびとは何処に　おちついた場所を持っているのか　いつでも何かおそろしいものにおびやかされてふるえている　胸は　つきのひかりのなかに　むなしくしがいとなる　石のうえにひからびた血をのこす　気付かずひとびとは生きている　いつでも不安な時がある　草のあいだや　日のひかりのふりそそぐなかに　家なみに雨のおちるなかに　よるのそらがにごっているなかに　けれど　あかるい　澄んだ〈時〉だって在るのだ　頭脳はいつか機械的な思考のつらなりに　疲れ　あたためられてつきはなされた花びらのようになり　わたしに要るのは　こころだけだ　わたしの肉体《からだ》に在るのは胸だけだ

生まれたときからか　いつからか病み　にんげんの晴れたいろをうしなって胸はひそかに呼吸《いき》づく　生きているかぎり　いつでもふくらみかけた芽のように大きくいきをする　むせかえるようなあおいにおいはあたりに充満する　未来にのびた　はてしなく澄んだ　ひとすじをもち
そのひとすじをささえに
胸は生きている　だんりょくのあるくものような　かがやかしいなかに　そのふくらんだ　さくらの花びらのような胸《ブレスト》をおき
呼吸《いき》づいている病んでいる胸《ブレスト》をおき
血まみれになってみつめる瞳

こころのなかの胸のなかの焔をとりだしてあるひとに　ささげ尽くそうと　ひとは気付かず　わたしのあかるい座にともにおき　このうえもなく澄んだ　Ｈａｒｍｏｎｙをいとおしむ　少年は気付かない　黒と白のてんごくの月夜　のようなきよさをたもち
おお　わたしの何という傷つきよう　胸のなかのくずれよう

魔　法

〈お前・もし人間が嫌だと言うのなら、その蔓草につかまって空の国へ行くがいい〉

田　中　武

もしお前が望むのなら
この魔法の杖でそこの地面を打ってあげよう
すると土からむっくり起きあがって
ゆらゆらゆら伸びてくる
不思議に美しい蔓草を見るでしょう
その青いしなやかな草の蔓に
そっと指を絡ませて眠りなさい
眼覚めたときお前の身体は巻きあげられ
昧爽《あけらけ》の空高くゆれながら
のぼって行くのに気ずくでしょう
こわくなんかない
あれは未明の空にぶらさがった不恰好な眠り蓮
足の下をかすかに泡立って流れる夜明けの時間
髮の毛にいくつかの青いヤブジラミを忍ばせ
すでにびっしょり濡れたお前の
豊かな乳房の先から仄白く水滴がしたたる

ごらんなさい
形よく伸ばした爪先のはるか遠くに
見えるでしょう　泥の中に潰れかけた大きな玩具箱が
まる裸の花嫁人形・車輪のとれた自動車・三本足の熊・文字盤のない時計が
明けがたの仄暗い地上に投り出されて眠りつづけ
――まああたしがひっくり返した玩具箱にはなにひとつ満足なものなどなかったのだわ

眼をあげなさい　日の出の時刻だ
今までじっとしていたものがにわかに動き始めたでしょう

風が白い腹を見せて目覚める
夜の雲がかすかにひかりながら胸の辺りで渦巻く
ふかい霧の中にしたたりじわじわ滲んで行く淡紅
水底で魚がさかんに腹をかえすように
地平の辺りに鈍いひかりがしきりに動いている
突然　厚い霧の封緘が巨大な見えない腕にひき裂かれて

その隙き間から最初の虹を噴きあげる太陽
その飛沫にまみれて
お前は思はず苦痛に身をそらせる
まっかにもえる大粒のひかりが
まともにお前の素肌につき刺さるから

衣裳の暗みに馴らされたお前の皮膚には
耐えられない眩しさなのです
でもほらすぐに馴れてしまう
明るい空間に高々差しあげられた一糸まとわぬお前の
　裸身
そんなに身体を縮めなくてもいい
誰も見ていやしない
腰のくびれにしっかり巻きついた草の蔓にじっと身を
　任かせていなさい
ぐんぐんのぼって行くでしょう
朝から晝へとはてしなく青空を伸びつづけて行くでし
　ょう

お前はもう忘れなければいけません
かってお前が意味もなくいがみ合い
また意味もなく抱き合った人間達のこと
その汗くさい人間の愛を
わかるでしょう
お前の身体からだんだんくさい人間の臭いがうすれて
　行くのが
のぼるにつれてお前は少しづつ人間ではなくなるのだ
　から
わかるでしょう
かってお前が欺しとったかず知れぬ晝が
こっそり身内に塗りこんだ夥しい夜が
しみとおってくる眩しいひかりにせめられて
だんだん身体からずり落ちて行くのが
お尻からくろい塊りとなってぼろぼろこぼれ落ちて行
　くのが
さあすっかり言いなさい
お前を取り囲むふかい眞晝の青空へむけて
沢山のひとを裏切りひとの心を傷つけたと
小石のような企みをいつもポケットに忍ばせていたと
お前がこっそり多くの男とくり返した淫らな姿勢を
塵芥の中でめぐらしたこずるいお前の悪事を
日々嘘をついたお前の唇で
いまこそ本当のことを

ごらんなさい
人間であることの最後のもの
お前の影が一枚のくろい風呂敷のように
夕陽のなかをひらひら落ちて行くのが見えるでしょう
そうらお前の乳房がだんだん透きとおってくる
髪の毛が硝子のようにキラキラ輝き始める
お前の全身は不思議な変形の予感にみちて
せわしなく明滅をくり返している
眼をつぶりなさい
生れ出る時の恰好で手を合せ足を縮めなさい

半透明の瞼に夕陽が溢れてくるでしょう
熱い夕陽のなかでお前は蝋人形のように溶け始める
お前は間もなく空の妖精になるのです
日没わずか前　あの漂うばら色の雲を超えたとき—

だがお前　どうしたと言うの
さっきからそんなに草の蔓をゆさぶっていやいやをし
て
お前はきれぎれに何を言っているの
——かえして　かえして　あたしをかえして
その時お前の鼓膜をふるわして
はるかな下界の闇の中からわきあがってくるあの唄声
　かえってこい　かえってこおい
ふるさとの草のあわいにかえってこおい
きょうだいよ　うつくしい泥のなか
ともにかなしみよろこび　愛したり憎んだり
なんというなつかしさだろうよ
きょうだいよ　塵塚のようにあったかい
にんげんの国へかえってこおい

いけない　いけない
ばら色の雲が褪《ア》せ始めた
下界から夜が波のようにゆれながら近づいてくる
さあそんなにもがいてはいけない　じっとして　はや
く！

夜がくればお前はまた落ちてしまう
あのいやらしい企みにみちた人間界へ
——みにくくてもいい汚なくてもいい　欺されても傷
　ついてもいい
あたしは愛していた　人間を愛していた
　あたしはくさい人間でいい
吊るされた雨蛙のように手足をぱたっかせて
ききわけのないお前よ
いけない　いけない
夜がのぼってくる
闇が近づいてくる
蔓草が枯れ始める　もう動かない
ああお前　夜は
私の魔法が駄目になる

生

岸岡正

石が僕に話しかけはしないように
虹はいつも遠い
虹を掴もうと手をのばせば
僕の手には枯枝が残るばかり

蝉の鳴声が　鳥達の囀きが
たとえ　夏の一日が僕の中に暮れたとしても
それが何を意味するのだろう
僕の森からは
ミネルバの梟《フクロウ》の飛ぼうはずがない

暮れはじめた山脈《ヤマナミ》が僕を誘惑するからといって
昨日の物語を今日の物語へ重ねる

愚かな試みはやめよう
少女の瞳の涙も
もう　僕をこころよさで満しはしない

ただ　一日の終りには
闇が僕を包むだけだ
闇が僕を感傷から絶縁する
その時　僕の周りには死があるばかり

歩道もなく
びっしりと埋めつくした蛾
横たわる鳩の耳
散りしいた白い紅葉
だが　もろもろの死の中にいて
僕は　ふと生に気づく
涼しい生
あまり透明で死とまぎれそうになる生に

赤い自転車

草間順子

今日もこない
今日もこのせまい路地の中に
赤い自転車ははいってこなかった

どこかで誰かが書いている
だれかがたよりを書いている
まっている無数のひとびとに

だが
こないのである
うすっぺらいひとひらの紙きれも
たった一句の季節だよりも
こないのである
赤い自転車が
このせまい路地の中に

今日も通りすぎてゆく
少女の立っている目の前を
赤い自転車は
無造作にベルをならして

よろこびや悲しみ
憤怒や
笑いや
ひそひそ話や
ネオンのような嬌声など
ああ
ありとあらゆるものがひしめきあっている
黒い大きなカバンの中

だが
見つからないのである
少女よ
お前へのことずけが
いつも
いつまでも

赤い自転車は遠ざかる
無造作にベルをならして

思い出

人見　誠

1

何時ついたの
北の海は白い牙をむいてたね
お前はいつ来ても変らない
色のあせた青い絞り染めの着物
ぱさぱさの髪の毛
あの松は育ったかい
今年も冷い風が吹いている
思い出すねえ
咸興の冬は寒かった
白くつきささったつららは一日中溶けない
日の光がいつも冷い音を立てて
凍った雪にはねかえされていた
お前をあのお山へつれていく時
〃白はあんよがお上手だ〃って歌ったっけ
聴こえるかい
今年も冷い風が吹いてきて
はく息が白く凍ったよ

2

争《イク》さ
まだそんな声が目を覚ましそうだ
そんな時
僕は何時も思い出す
気管支炎と百日咳に責めさいなまれ
ぶっかいた黒い朝鮮アメに何ヶ月かの命を保ち
出征する父が
てつ夜で作っていった
小さな下駄をだきしめ
最後にその命を
小さなローソクを吹きけすかのように消していった
あの幼なかった妹を

三日後
あの山へお前をはこぶ直前見た
お前の顔が、忘れられぬほど
いとおしかった

空屋のへいで作られた小さなお前の棺
やせこけたお前をかつぎ
野良犬のように小さくなってはこぶ僕達に
ピーーと言うロスケの口笛
付き出されたわけのわからぬ太い親指
そして　はきつけられた日向葵の小さな殻が
僕達にこびりついて
お前の涙のようにはがれ落ちた

争《イク》さはもう沢山だ

典型

青柳希世子

ウインドに笑う表情の静止は
受けとめられる女の願いであって欲しい
〝おんなの歴史に生きるなんて〟
それはそれより　つめたいの
それはそれより　あたたかいの

マニキュアの光のわずかの硬さのように
イヤリングの魚の微笑ましい新鮮さのように

夜が重くこないで
朝がつらく明けないで
アドバルーンの大きな奇形の
強い気体の中え溶け込まう
女を背負った私のかざりは登って行く

M＋Wが……あった時
さらけ出される女
わたしとわたしが肩を張って
狂う音楽の中の快楽

乱色の夜の端に
生れいるのは女の私
ひよわなものが　さげすみられたら
ひよわなものが　きえてしまったら
迷う道はどこにあらう

柔らかなデパートの壁

運動

―親父の哀しみ―

中川　晟

親父の頭は禿ていると――
――毛が　五本しか残って　いな　かった時
その一本を　ぬいて　じっと見つめて
いた　と　お前は
その　毛の　先から
ふっと　涌いて　出たんだ　と
　親父は云う

白毛からは　女
黒毛からは　男　と
五人の　兄弟　を　生んだんだ　と

何　という
親父の　無頓着さ　に
おれは　親父の　顔を　じっと　見るんだが
メルヒエンを語った　時の　様に
柔和な顔をした　親父は
本当にしない　の　かと
笑うのだ

丘があって
丘には　へびのすきな　一人の乙女が
すんで　いたんだ　よ
と語りだす　メルヒエン　に

いち　いち　頭を　運動させて　フンフン
と　うなづかねば　ならぬ
気狂親子の
夜　ふけの家は

どうでも　いいがと
笑った　声に　昔の
サディズムを愛した　親父の
顔が　不気味な　色で　せまって　くる

砂と砂との　摩擦は　砂と砂との
命を　へらすばかり　だ　と
氷と炎の　たたかい　は
どちらも　勝《かち》負《まけ》が　つかないと

なんと　いう　恐ろしい　親父の頭は
今日も　又　手足を　あばれさす
ばかりだと

楽しんで　あばれる　手足に
楽しくない　目玉を向けるのは　勝手だと
　親父は云う

YOKOSUKA物語

吉田睦彦

反逆児吉田睦彦君はテキサス族のようにだぶたぶのボロ服をまきつけ
反逆児吉田睦彦君はハリウッド族のようにねじれたハンチング帽をかぶり
反逆児吉田睦彦君はインデアン族のように突がった槍に似ているペンをぶらさげ
反逆児吉田睦彦君はホワイトハウス族のようにお腹をつんだしすましこみ
反逆児吉田睦彦君はニグロ族のようにパンパンさんのベラボウ美人をつれないでたゞひとり
エロとジャズとアルコールとシャンデリアの渦巻く街　ここ亜米利加合衆国植民地ＹＯＫＯＳＵＫＡのドウマンナカを歩いてみようと思った

＊

太陽が海にギューンと沈む頃——海軍基地に掲っている植民地のアドバルーン即ち星條旗が降ろされる　乾いた生臭いモンスーンの中で白い手袋が喇叭を握り日本葬送行進曲を反逆児吉田睦彦君にきかせてくれる　日本人の異国兵士達が門衛の職務を遂行するために銃剣を反逆児吉田睦彦君の胸倉に突きつける　がその黄金のヘルメットはかりそめの平和憲章のように効力なくアンニュイに傾いていた　不幸にも丁度その時刻門を出かゝった水兵達はそこに釘づけされる　不動の姿勢挙手の礼でその二つのアドバルーンが降ろされるまで　彼等は鉄屑の如く磁石の大地に吸いつかれたまま動けないのである　ふと反逆児吉田睦彦君はそんなぶざまなモラルを茶化してやろうと門前のレコード屋で鳴らしている〃You belong to me〃という恋唄を口吟んだ——すると　そのコーラスはたちまち喇叭の旋律と溶け混って奇妙なドップラー効果を生じ　神の裾を揺するこだまのようにシャンデリアの明滅する繁華街のあちら側へ落ちてゆく　この繁華街は土産物屋《スウベニア》とキャバレーの色と匂いで形成された動くコンポジションである　靴磨きの少年がひきつれた微笑を浮べ死んだむかしへの郷愁の中でヒステリックな涙をたゝえている夜　水兵達は五彩のライトを乱反射して廻るめまぐるしいミラー・ボールの下で　首に黒い蝶ネクタイをむすんで口紅と黛を塗った中性的容貌のボーイ達に　冷蔵庫からとりだしたばかりのビールや氷片を鏤めたジン・フイーズをおうへいに注文している　胸をハート型に大きく開けたドレスやバタフライひとつの裸の肌に金箔をぬりたくった女達は　水兵達の腕に抱かれて乳房をふるわせて汗を流しているのである　水兵達の

腕に抱かれてミルクのような白い腕をするりと伸して今宵のために乾盃するのである　ここにはまた蔣介石軍のやせた水兵達もきていて　日本のコンミユニスト達に脅えながら酒場の陰に猫のような眼球を光らせている　焼酒一合に酔っぱらって絡んでいった反逆児吉田睦彦君に眉を吊り上げひからびた日本語で「アナタコンミユニストデスカ?」と彼等はおろおろきく——それが妙にくすぐったくて廻転扉の外に飛びだすと　繁華街を人々はホックス・トロットの足どりで五彩のライトの飛沫に濡れて泳いでいた　それは竜骨のまま駛る船のようにいまにも難波しそうで傷心に充ちた明るさである　軍用道路を挟んで立ち並ぶ土産物屋《スウベニア》にかけこんだ反逆児吉田睦彦君は　ウインドの中の恋人へのシルクのハンカチーフや人造眞珠の頸飾りを物色中の水兵に　硝煙にむされてよじれたペニスをもてあますやりきれないいやったらしいトルソをみる　ここには和製芸術家刺青師がいて外貨を獲得しているのである　水兵達はブロンズの胸毛を曝してやって来てはそこに電気式刺青機で裸女の淫らなポーズを刻んでもらう　この珍らしい土産物屋《スウベニア》で反逆児吉田睦彦君も危くこの街の消えない悲しみの記念スタンプを押されそうになって生命からがら逃げだした　やがて芸っぺらなずず重い港の街はずれ——肉体の波止場の片隅にヘリオトロープとカクテル・シェーカーが澪していった薫香に咽びながら　ゴティク式建築のカトリック教会堂が日本のために弔鐘の音波を千切り飛ばしている　それはあたかもダミヤやドリスデイのダダ的発声法にも似た音色でホテルの窓の桃色のカーテンに滲みこんでゆく　ところでこの教会堂と道を挟んで日本共産党の掲示板がでかんと立っていて　徳球とかいう名の章魚のような肖像がぶらさがっていてそれが妙にすましこんでいるのである　「このマンナカを通過する時だけは誰もがエクジステインシヤリストになるんじやないか?」　そんなことを反逆児吉田睦彦君は囁きながら思わずポケットの中で握りしめた拳が汗をかいているのに気がついた

＊

それから　それから　それから
反逆児吉田睦彦君はYOKOSUKAという不思議な街ではすべてが不思議ではないという事実を発見した
YOKOSUKAの街は土産物屋《スウベニア》とキャバレーとホテルで形成されているということも
YOKOSUKAの街は赤髯を生やした水兵達が女達を平気で強姦しているということも
YOKOSUKAの街は非軍備国であるはずの日本の海軍の水兵達も濶歩しているということも
しかし純眞なあまりに純眞な反逆児吉田睦彦君にとって眩暈がするほどその風景が凄じくどぎつくて
反逆児吉田睦彦君の蒼白い神経の肌は不思議で不思議にしびれしぼんでしまうのだ

陰気な風景

岡田芳郎
さんざ騒ぎ廻った鳥や樹樹が
ようやくつかれて額にはまった
絵のように静まりかえる夕暮
無数の赤い槍が
カンヴァスにつきささる――
ひるま宙に浮いていた
アドバルーンが
高い空を一層虚ろにして
地上にしなび
ビルの上を群なして
飛んでいた伝書鳩が
せせこましい
鳩舎に入るように
血にまみれた空想は
仕方なくカンヴァスにかえってくる
　きのうもきょうも
自分の手で崩してしまった小さな積木
崩してみては　また
　積み重ねる他愛ないその遊戯
幾度か書き込まれそして消された
うすぎたないカンヴァスの中で
崩すために積み重ねる積木が
自分を傷つけるために磨かれる刃が
高く高く
鋭く鋭く
その突端をのばしてゆくのを
私は
私は
阿呆のように見守っているのだ

つづく

永山一敏

九才活字におどりながら
　掌にぬるぬる流れる血をままごとしていた部屋
　磁石の上の砂鉄のように列で終わった運動場
　いろんなものに魅かれるま新らしい心が
　巧みにすり代えられていた空
　空の下でだれのものか分りもしない
　玩具を　ふりまわしていた活力
縊り消そうと熱心にメモを塗りつぶすぼく
じっさいおれあ分別なかったのさ——
ぼくは乾割れた空や窓を
5÷5のように　あっさり割切ろうとする
（先生見て下さいよぼくの計算ノート）
算数の時間のように　今も
プラタナスの茂りが生々しい

　 1
5）5
　 5
　 0

（先生あれは？）
0の後にうっすらにじみ
目をこらすとすすっと退ぞき
もう　においのように二重写し三重写し
得体の知れぬあの・・・・
（先生あの0の後の・・・・・なんですか）
満たしてすぐ整のう隊列は
出発したぼくの前に押して来る
おびただしいかれらの音の底から
ぼくの骨を　飾り物に仕立てる、、、、
ぼくの血を　ウイスキイに変える、、、
ああ　本意なかった　行動記録の痕
ひとは　つづいて来たすべての生身を
ついに拒むことができないのだろうか
十三才
十八才（そして）
　肩の丸みにただようのは
スポーツに疲れ切った重い瞼
アスファルトの上の靴の臭い
井戸のまわりの盛んな饒舌
机の上の青いスタンドの前の顔のむくみ
厭ったらしい議論に支えられた友情
新聞紙に托された日々
草いきれの中の白い股
ぼくを無視してつづいて来た血と骨の
ぬるぬるするあの衣服は
引つれた痕やにおいに号令する
　つづいている
　そしてつづくだろう・・・
不自由な今日を具して
ぼくは徹底的に構えさせられる

1955・10・9

酔どれ電車

何がなんだか判らぬうちに、とお
くの、小さな駅に着いてしまってい
た——なんてすてきじゃありません
か。生きていると、自分のことにい
つも責任持って、自分のしているこ
とをつねに意識してなくちゃならな
いのに、そうやって、すこしの間で
も知らないで、いられたっていうこ
とは
眠ってたんでもないのに、何も知
らずにいられた、なんて
〈I子より〉

好川誠一

オレさまは　オレさま以外降りない田舎じみた小さ
な駅で
もう　いく回めかの欠伸だろう
している　若い駅員にたずねたのだ
「おっとお客さん　お客さんいったい　どっからお
乗りになったんです?
なんですって?　渋谷からですって?
とすると　ははあん?　ま一寸事務室まで」
オレさまは　オレさまのしらねえ過失を　冒してい
るなとピンときたが
「渋谷と仰言いましたね　まあ　いずれからにして
もです　こいつあ立派な不正行爲でして　定期券の回
収　および身分証明書の一時預りと倍額の」
このやろう　オレさまとっ掴まえて　睡気醒しにす
る気だな　職務柄が聞いて呆れらあ　ふてえやろうだ
「そりゃあお客さん　ほらこの裏面の注意事項に
しかと明示してあるでしょうが
もちろんお返し　できませんな」
ちっきしょう　おい　お若えの　それじゃあ明日か
らオレさまは　このオレさまは
「判りますとも　お客さんにしてみれば　それは
酩酊の上でのこと　でしょうけど　事実は」
事実
「ね　そでしょ　お客さん　お客さんぐらいしっか
りしてる酔っぱらいが
玉電と東横線とをまちがえるなんて」
いけねえ　もういけねえ　とうとう図にのってきや
がった
オレさまは　オレさまをやりこめて得意満面　顎突

ん出してすぱすぱ　煙草喫ってるこのやろうから　一
本せびると軽く咥え　最終の改札だからと起ちあがっ
てせきたてる役目　どっからみたってそれはもう　役
目でしかないこんちきしょうのまえで　こっそり両脚
に明日を結えては　これみよがしにあおいうす明りの
石段一つ　わざとおおげさに踏み外して全身でよろけ
　背中でおおきくケタケタわらい

＊

いた　ここにも役目がいた
それから乗った車内の函の中に一輪挿し　マスコッ
トの小っちゃな人形があろうとなかろうと
だぶだぶの黒い帽子を被った一個のギニョールがそ
こから現われ
「つぎはドコソコでございまあす」を鼻ごえではじ
める　それは
ああ　ここでもオレさまを追いだすためだ
オレさまと　オレさまの同伴
原稿用紙と詩の本と　蝙蝠傘の所有物
忘れず持って去れのこえだ　消えろのうただ
オレさまのほかに　めくれたでっかい上唇が昏睡っ
ている
唇は口唇　ハンドバッグを忘れるな　夢のつづきは
ここではみるな

追いだす気だ　追いだす気だ　どこにいても追いま
くられるのだ
とおもうと同時にこれはまた憎い
オレさまの尻をいやというほど食らいついていたク
ッションめが　追いだすことの助太刀として唇を倒し
オレさまをすっ飛ばして転がし
尻をさすって片膝折って　見上げた吊革の金具ども
が　網棚にこぞって体当りしては　アスファルトを行
進する義足義足のようなおとをたてる
オレさまはぞんがい　千両役者かもしれぬ　そして
これは　哄笑なのかもしれぬ　それならそれで
オレさまと唇と　唇とオレさまと　二人だけきりい
ないがらんとした後二輛
厭だ厭だと拒んでも　オレさまは吊革どもの総指揮
官　みたいな気がして膝をたて　よろばいながら起ち
上ると　試験を見まわる教師のように　こころもち猫
背となって端から端までゆっくり歩き　待ってくれえ
その間だけ　停車するな　駅の名を呼ぶな
どっから乗ったと問われたうえは
どこで降りたと

〈オレさま往来・Ⅱ〉

あとがき

僕らは誰に詩を書いているのだろうか。ひよっと、あらためてみんなで顔を見あわせることがある。つきとばされる自分自身が詩であると納得しては来たものの、つきとばされて行く先について、ばく然とした不安があるにはあるのだ。詩の伝達性といったあらたまった問題より前に、投げつけた僕らの詩が、そのまま僕を目あてに返って来るような壁を、その壁のあることへの安堵を僕自身は感じている。あるいは、僕らの書いた詩が、そのままやすらかに沈んで行けるような、一種原始的な吸収力をもった「理解の海」、そういったものを僕は予感している。そういう海の深みへ、僕らの詩を一つ一つ沈めて行くことが、つまりは、僕らの詩のかきかたといえはしないだろうか。

（いしはら）

暇なときには不思議と詩が書けない。詩が書けるのは、朝飯の前か夕飯の前、さてこれからハラゴシラエでもして、一勉強……という時にふっと言葉が湧いてくる。詩はあくまで偶然に生じるものらしい。しかしこの「偶然」という言葉が曲者で、要するに「偶然」とは必然の及先に生ずる火花のようなものであり、なんの素地もなしにとび出してくるものではないのだからやはりしよっ中詩について考え、しっかり物事を見ているひとがいい詩を書くのも当然のことと言えるだろう。

（岡田）

芝居に魅せられようが魅せられまいがそこには楽屋がきまってある。ロシナンテとてしかりで、本誌を舞台とするなら通信（別紙プリント）は楽屋である。楽屋はほんとうの裏側であり、ぼくら一人一人のうちにすら持っているものである。芝居を演るのに必要欠く可からざる大小さまざまの道具のあるところで、つぎに化ける上手な飛躍の粧いをするところである。勿体ぶったいいかたで恐れ入るが、今回、当楽屋に、新しく参加された渡部光子氏を経て、荒地の高野喜久雄氏より作品評をいただいた。つまり一つの道具を贈呈して貰ったわけだ。御多忙を察しあげ、まず御礼申し上げたい。

本年はこの号を最后として一まずピリオードをうたれたわけだが、ざっと五冊を目をとおすと、そのプロセスには大なり小なり一人一人の変化が見うけられ一人一人の作品について論じてみたいくらいである。来年あたりから本格的な同人誌として出発するか、あるいは同人・会員制として出発するかは追ってその具体的方針を報告するが、目先のことに忙殺されて外部との接触が余りに少なすぎた事実は否めない。来年はこの面でも一ふんばりしたいとおもう。

（せいいち）

目次

受贈詩誌

風土　影　若い森
伊豆詩人　獏　棘　「光線」
囲繞地　詩苑　潮流詩派　さんたん

一九五五年十二月一日印刷・発行

○

〈頒価40円〉
発行責任　石原吉郎
編集責任　好川誠一
東京都新宿区四谷内藤町一　岡田芳郎気付
ロシナンテ詩誌会　発行

VI

ロシナンテ

連繋の方法

永山一敏

宙返りの有望な若者が今日も天幕の下で世界をつくる
くる　くる　くる　くる
ジュラルミンの柱　ブランコ　鞭　獣の叫び
若者の頭の中で世界は鮮明な発明品

若者は　恋人との昼食に
卓上の　皿達が廻転を
はじめるのを
軽快な怖れ
甘い不安で
秘かに待つ

若者の眼の前で　恋人の唇は魔法のように
魚　キャベツ　たくさんの植物を取り込む
若者の胸は急に痛み　見知らぬ国の

樹　空　川　石　がかれの胸でブランコする
恋人は　若者の
皮膚が
色あせ
次次に
血液が
流れて
卓上を
ひたすのでひたすので
若者は　恋人の
眼玉が
恐怖に
ひらき
唇から
血液が
流れて
次々に
真白い
乳房を
ひたすのでひたすので
若者と恋人は立ち上りさようなら

若者は天井を踏んまえて壁を撫でて
とほうもない転回をはじめ出し
風を切るその円の中心が点になり
きりきりと　かれの骨は痛み始め

恋人は鏡の前で少し濡れたガアゼで
眼玉をぬぐいぬぐわれた血の底から
茶色の細かい瞳の底から清潔な湖が
しんしんと　かの女の声を絞り出し

若者は　恋人を
恋人は　若者を
　　不意に
自分の中の組織のように
恋人は　若者を
若者は　恋人を
　　不意に
分ちがたい呼吸のように
きっちりとぼめはじめる

1955、12、27

お針子

淀縄美三子

積み重ねられた樽が
窪んだ港の眼に淀んでいる
こゝはあまりにも殺風景な遊園地
こわれたベンチは汽笛に喰われ
レース編みの少女はその船で南国へお嫁に行った
風がたゞひとり季節の手紙を待ち
樹々の葉たちは手足をのばして彼女を慕った

× × ×

山高帽と黄楊の並木のかげから
ジーモニスで見たような教会から無蓋馬車が
青白い絲を引いて行く
乗客はみんなあの作者たちです
一流婦人服店のアトリエの窓にとまっている自画像の一
ペンキで描いた十一月の成人祭は金色の紙帽子をかぶっ
　たお針子たちがもう春を運んでくれます
煖炉の火を消し　タンポポの綿毛のように

せめて詩なんぞ

1 味方のいない
2 ふたつの人形
3 にんげんミノ虫
4 可愛いあいびき
5 あえて失題
6 殺せ！ オオムを殺せ！
7 せめて詩なんぞ

好川誠一

〈いち〉

誰かの隣に座を占めて肌がぴっちり触れ合っていても果して杭　まことしやかな支えといいきることができますか

まして予想だにないと囁きたいほどひょっくりくる苦境に急変してなおです

ありがとうありがとう　あなたはぞんがいのみこみがいい　停留所はもとより終点のないレールの上を走りだした月夜の満員電車が好きだという　ぼくをおわかりくださるとは

〈にい〉

まっ昼間から小暮くなるまで人形が飾ってあるウインドばっかりみてあるきました　うちでも　一寸グロテスクですが目玉がキツくてくちびるの部厚い　お尻と胸とのでっぱりがこれまた極端にでっかくつくられていて髪はブロンド　布地の肌がセピアでばかながい脚　吊り下げられたこいつがたまらなく好きになれました　人形だけになのでしょう

伸びほうだい伸びた髪にカンヅメの空缶　ちょこなんと結えて特殊な衣裳を纒い　ひょろながい脚をかくんと折って膝にのっけた頭　どうしたことかこいつだけはアスファルトに投げだされていてナニガシ銀行のビルにぐったり寄りかかっておりました

〈さん〉

昼の月にいわくありげなウインクしては逆巻くインタナショナルのうたの洪水の真只中で金よこせ　金よこせを叫んでおりました

やがてお月さまの存在がはっきりして参りますといままでひらめいていたいくつもの旗と工場を包囲していた巨きな血の旗とは毛布および布団となる宿命であったことに納得でき　くるまる少年のその奇妙さは大樹に一線糸を垂れてぶらさがった筈のミノ虫が朝はいつかな地に落ちていたそれにも似て　いやはや滑稽で滑稽で

〈しい〉

スウェーターとかカーディガン　ブローチに厭輪《イアリング》共

時計　指輪　屈指できないほどの高いものが陳列られて
いるウインドばかり　覗きあるいている一くみの男女
ふたりの胸に　なにがあるとおもいます　給料支払明細
書　以外の　ですよ
　いつかふたりはおなじウインドでもジャングルの飾ら
れているところにきていました　ちかくに置いてもとお
くからのひかりのようなあわいつめたい蛍光燈に照らさ
れて　蛇がいく匹もの蛇が苔むす岩を捲いて静かにくね
っておりました
　「愛嬌ありそうな魚ね　山椒魚って　あたしはじめて
みたワ　怖いみたいだけど　でも蛇より怖くはないわね」
アルコール漬のこの小瓶に見入っている女のプロフィル
をみて　若い男はいいしれぬ可笑しさに頬をくずしたの
です
〈ご〉
　こんなからくりがあろうとは露しらず　まんまと一杯
食わされた　ついさきごろ　うやうやしく選挙权をおし
いただいて　まじめくさって投票して　その感慨を詩な
ぞに托してよろこんでいたらとんでもない　区民税の督
促状に化けちまったじゃありませんか
〈ろく〉
　霜の朝は　閉ざされているS公共職業安定所の扉の真
向い　亀のかたちで演じている　屋台みせの粗雑な長椅
子争奪戦　押しくらまんじゅう
　呼鈴にポイと　捨てられた炊事場のいかれたタワシの
ように　役者の顎髭たちは飯粒を突っ刺しておりました
　傾いたままの胃袋でやおらたちあがると安定所の扉が
開かれ　かたや失業見習生　かたや失業優等生「バンゴ
オーッ！」ちょっと怒鳴ってみたくもなる　行列です
　失業保険金交付窓口　からのマイク
「ナニガシさん　ナニベエさん　ナニスケさん　ハセ
ガワカズオさん　右側窓口まで」
　ハセガワカズオさん？　どっかで聞いた名前だなと…
遠慮しいしいのドヨメキドヨメキのなかから老人がの
っそりまえへ出たのです
「かなしいかなしいハセガワカズオさん」
　オオムがいいましたオオムが
〈しち〉
「いっくらぶつくさお並べになりましてもそれが不平
不満であるかぎり　まいりませんな　お受けするわけに
は
　お厩でしょうけど　ほんとにお困りでしょうけど　生
きてだけはいてくださいよ　せめて　せめて詩なんぞお
書きになって」

くしゃみと町

石原吉郎

かなしみだろうか　それは
くしゃみをするおれを
世界は涙ぐんでふりかえる
かなしみだろうか　それは
そのとき手のあいだから
おとしたもの
どこへおれの影がとどく
だまって肩へ
手をおいてゆくやつら
かなしみだろうか　それは
鍋はぐらぐらと煮えつづけ
どこへつっぱりもなく
ひとつの町が立っている
投げあげた勇気よ
かえってこい
くしゃみをするたびに
立ちどまりながら
けれども　この町へはもう
帰ってはこないのだ

都会の夜

岸岡正

都会の夜です
ごらんなさい
骸骨たちの踊りです

僕はあなたを知らないのです
魂のない悲しさです
なんと淋しいではありませんか

僕たちはあなたがたを知っているのです
悲しい類似です
なんと賑やかではありませんか

ジャズが鳴っています
病人の血を吸ったので
月はあんなに赤いのです

孔だらけの円天井の下で
骸骨たちが踊っているのです
悲しい性欲の踊りです

魂のない性欲が愛を囁くのです
僕はあなたを愛しています
私はあなたを愛しています

都会の夜です
ごらんなさい
骸骨たちの踊りです

ルンペンの唄

久保田恒雄

胃袋が風船のように　からっぽなので　陽当りのいい
教会の　壁に凭れていると　芸い　背中の　あたりか
ら　いい案配に　安息の時間へ　折れていった

ここは　神さまの　御許だし　先刻《さっき》　歩いてきた　庭
の芝生は　素足に　やさしかったし　それに露の雫が
素適に　碧空を吸っているので　ああ　今日は　いいこ
とがあるぞ　と　忘れていた　言葉さえ　想い出したも
のだ

〈忘れていた　というなら　あまり　お辞儀に　慣れ
てしまっているので　子供のように　泣くことをだ　そ
うだ　そうだろう　きみ　ぼくの泣いているのを　見た
ことがあるかい　一掴みほどの　肩を顫わせ　身を　よ
じらせているざまを　見たことはなかろう〉

きみはいつも　あのX通りの横町で　ややっこしい逆
立ちをしては　帽子を廻しているぼくを　知っているの
で　顎を引きながら　にやにやしているけれど　ぼくは
その豆腐のような表情　さえ　棄てねばならぬ　きみ
泣くことを忘れた奴が　笑えるものかネ　あまり　お辞
儀に　慣れてしまっているので　老人《としより》のように　忘れて
しまったのだ

それが　耳鳴りの聴えるほど静かな　時間の澱みの小
さな渦巻きが　つくられ始めたいま　シラミのように
這い出してきたのだ

引掻くと　腋や太腿の内側から　よれよれのゴムのよ
うに　撚り出てくる　汚れた記憶

なけなしの血が　それでも　赫く　ほてって　ほてっ
た芯から　陽炎のようなものが　いやに　ゆらゆらする
おお　痒い　痒い　潰瘍の疼く時刻だ

〈ぼくの風采《みなり》が　ムサクルシイからといって　光りや
風は　避けていかないのに　仝じ言葉を話す人達は　避
けるかわりに　追拂おうと　パンを投げるヨ　きみ　汚
れたこころは　汚れた躰に　くるまっている　というな
ら　敗れた国に　敗れた人々の見当らないのは　なんと
不思議な風景だろうか〉

　ぼくが土に　一日坐っていると　晴れやかな人達がコスモスのように通っていく　彼らは　ぼくを避けるように　敗れた誇りを　素通りする　眩しいキャディラック　キュンキュン鳴るセダン　精巧なカメラ　を下げた男の人は　耳環の大きい　シャレタ女の人と手をつないで　肩の先きから　流行をふりまいていく　ああ　なんと可愛く　微笑ましい　無邪気な民族よ　彼らは　お辞儀に　慣れてしまっているので　笑うことしか　覚えてないのだ　笑うことしか——

　ぼくが　笑えるよう　逆立ちなんぞ廃め　彼らが　パンを　投げる手で　くるくる　りんごの剝けるよう　はだか　になり　仝じ斜面で　傾いている　ぼくたちの世界　について　語りあうなら　痒い　痒い　潰瘍の疼く時刻は　メスを走らす絶好の　時間だ

　だが　讃美歌の流れてくる以前に　ぼくは　壁から逃げ出さねばならぬ　ホラ　立札に
〈乞食と犬　立入るべからず〉

ボリヴィアレッド

河野澄子

夜には　濃密な深いねむりがあった原始
とりかこむ奇岩
燃える太陽
とサボテン
あるいは奥地へ　密林に続く密林
沼沢地帯《パンタナル》
わたしは妖しく濡れ光る黒髪をしたたらせて岩に立つ
黒耀石の瞳をもったインカの女
遠い古代
若者たちはたくましかった

ねむれぬ夜
わたしは　蒼ざめた曠野のひろがる果に
黒々とうごめくものの影をみるのだ
遠い太鼓
地底から湧くような

　あのひびきはどこから
　きこえてくるのだろうか

ああ闇の底にざわめき立ってくる嵐の音をきくのは
夜更け
かすかな鳴動が次第に全身をゆさぶりはじめ
奇怪な幻想がたちあらわれるのは
お前がめざめるからなのか
原始の性
お前がたちあがろうとするからか
古代インカに滅び去り
深い地層に埋もれた巨石の群
たくましい若者たちの夢

ねむっていた
太古の密林がゆれはじめる
沙漠をこえ沼沢をけり原始林へ
烈しく吹きつのる嵐
の中にわたしは舞い狂い羽搏いてゆく
崩れた岩窟にトーテムポールに立ちあがる巨石の群に
　それら
滅びた古代の夢の跡に
おお　ゆれたちさわぐ森林に狂おしい愛撫を迎えるもの

　たちよ
お前の肌に頬ずりしよう
さしのべる腕にまつわろう
熱した息吹きをからませよう
たくましい若者たち
お前は失った歓びをかえしてくれるか

滅びたインカ
に太陽がまた燃える
あかあかとクスコの城壁
アマゾンの秘境を超えて
マチュピッツ山頂の廃都に佇つわたし
の胸にひびいてくる無数の巨石《いし》を叩く音
　叩く音
　　叩く音

わたしは　みる　夜明け
うすれてゆく霧の中　ぽっかり
岩に咲く一輪の
ボリヴィアレッド

註　ボリヴィアレッドは南米の中西部を代表する色彩で
　燃えるような紅

風男

田中　武

風は午后から吹きつづけて夕方になっても吹き止まなかった　それ所か次第に烈しさを加えて　熱病やみの瞳のように不気味に濁った空の下を奇怪な吼え声をあげて吹き荒れ　樹木や雑草や小さな街々や　すでにうす闇の中に沈みかけたしろっぽい風景は　一枚のタオルのようにはためいていた

　そんな時　小供達はどこで遊んでいるのだろう・このような暴風《あらし》の日の黄昏に　どうしたのだろう子供達はまだ帰ってこない　電灯が消え像《かたち》のないものだけがしきりに踊り狂っている　暗い街の中で——あるいは風の長いしなやかな腕に抱きすくめられて　旋風《つむじかぜ》の中で胸毛を散らして死んだ小鳥のように子供達のしろいシャツや外套が風の中に舞っているのではないだろうか

　不安げに暗い鏡の中をのぞきこむ母の瞳に　拂っても拂っても際限もなく細かな木の葉が降りかかってくる——どうしたのだろう子供達はまだ帰ってこない　もうぢき夜になるというのに　こんな風の日の夕方は風男がやってきて子供達を掠って行くのだ　それがこの街の古い伝説《つたえ》

　どうしたのだろう　樹もないのに私の瞳にこんなに落葉が降ってくる

その時俺は歩いていた
熱っぽくひかる黄昏の風の街を
帽子をとばされ　よろめき
まっくろい翼のように　飛び立とうと
しきりにはばたく外套をひっつかみ
俺は歩いていた
内部にもえる熱いものに追いたてられ
俺は目当もなく背中をまるめて風を溯る
急がねばならぬことがある
風の中できっと俺を待っている奴があるのだ
思い出せない古い記憶が俺を叩く
俺の外套にびっしり附着している
緑色の細かい苔のようなもの
もしかしたら俺は
とっくに吹きとばされているのかも知れないぞ
俺には重量がない
俺はよろめく
よろめきながら強引に風をこじあける
まるで無数のごむまりの群だ
風め　えいごみだらけの風め
汚れものいっぱいぶちこまれた風め
俺はこの街の唯一人の通行人
散乱する木片や空カン　茶碗カケやら魚の骨の間
俺は歩く
俺はよろめく

柏子木の音が聞える　カチカチカチカチカチ　風の中
から耳たぶを刺すように間近く聞えてくる　おやあれな
んだろう　あの異様な柏子木の音は　だがなんと心をそ
そる音だろう　俺は思わずその方へ歩きかけた　と風に
まかれた木の葉のように俺の背後から突当った奴　小さ
い影　少年だ
あ　きみきみきみはどこの子？……だが少年は素速く
俺の手をすりぬけ　街路のむこうへ吹きとばされるよう
に走って行く
　黄昏のうす明りにチラと見た　恐怖にひきつった眞蒼
なその顔　風に千切れてぼろぼろな上着　やせて細いそ
の手足！
　気がつくとあっちにもこっちにも同じような少年が
裸足のまま夥しい木の葉や木片と一諸に風の中を走って
行く　柏子木の音のする方向だ〈風男　風男がくる！〉
　まてまておい　どこへ行くんだ！　俺は駆けた　猛然
と追いかけた　風の中で不安が巨きな車輪のように廻転
している　どっとばかりに　風が俺のまわりで泡を噴く
　しがみついてくる手　絡みつく足　もえるように冷い
ものが俺の身内を吹きぬけて行く　砂粒が俺の眼をふさ
ぐ　細かい木の葉が鼻腔にひっつく　だが駆けた　不安
に追われる巨大な蝙蝠のように俺は追い駆けた
　少年の姿が街角に消えた　俺はちゅうちょなく横町へ
とびこむ　が　少年は居ない！
　風が一段と烈しくなって　建物の陰で木の葉や紙屑が
ぐるぐる旋廻しているだけだ
　誰かいる！　そこのうす暗がりに　まるで濃い風のよ
うに　にじむ影　奇妙な巨きな外套を着た男だ
　もしもしこの辺へ子供が……俺の声は風に押しもどさ
れて声にならない
　突然男が振りむいて　鋭いもののきしるようないやら
しい声をあげて笑った
あ　お前は何だ　何者だ！　俺は思わずとび退いた
とび退いたと思ったが　俺は
縛られたように動けない
気がつくと俺のまわりを
風が恐しい勢いで渦まいている
舞いまう夥しいものの破片
俺は皮膚に烈しい疼痛を覚えて思わず呻いた
俺の耳のまわりで風が唄う
　風吹ケ風吹ケ　風男
　風男ノ上着ハ眞赤　血ノヨウニ
　青白イ光ヲ発ツ　巨キナ外套ヒルガイシ
　風吹ク街ニ現レテ
　風吹ク街ニ柏子木鳴ラス
　〈子供は風の子　トンデコイ
　　裸足ノママデトンデコイ
　　美シイ眠リノ国へ連レテ行キ
　　冷イ額ヲ風ノ中

ムシロミニクイ生ヲ生キルヨリ
イッソ楽シイトオイ国
テンデ テンデニ
スキトオッタ死 掌ニニギリ
ハヨコイハヨコイ 子供達〵
不恰好ナヒヨロヒヨロ長イソノ手足
ウスグロイシワダラケノ異様ナソノ顔
風吹ケ風吹ケ 風男
いっぱいに風を喰らった外套が
棒杭のように動かない俺のまわりでばたばた あばれている
俺と男を中心に旋廻している すりばち型の烈風の中に
溺死者のそれのような しろく細い少年の手足がふいにはみ出しては見えなくなる どこからかかすかな悲鳴が聞えてくる
帽子をとばしたせいばかりではない
俺の頭髪は逆立っていた
男の鋭い声が風をきりさいて俺につき刺ってくる
コワガルコトハナイ オ前ノヨウナクサイ大人ニ用ハナイ ダガセッカクキタノダ シバラクオレノ話ヲ聞イテ行ケ
俺は茫然と風の中につっ立ったまま聞いていた 風男の語り出す不思議なその物語りを！……
見上げる かきむしったように乱れた空を雲が濁流のように流れていた

――未完――

ソネット VII

服部春男

駈けて来る 遠く幽かなところから
いつも駈けどうしの足音が
耳底に響き止まない
胸底に響き止まない

手紙を書いているとき
さよならの手を白く振るとき
足音は胸の廻廊に強く反響《こだま》し
僕の焦燥をせゝり上げる

僕の期待を型造っている不安のように
遠まわしに聴こえて来るのだが
誰れなのだろうあるいは何なのだろう

口笛を吹くプラットフォーム
珈琲店の片隅のメニュウ
僕をこんなにいつまでも待たせるものは

シャボン玉

オカダヨシロー

A　ばすノ停留所　デ毎朝出会ウトテモ美シイ人ガイルノデナントカ　オ近附キニナリタイト思ッテイタノダガナント　マアちゃんすトイウノハ思イモカケヌ所ニコロガッテイルモノダ

　アル雨ノ朝イソギ足停留所ヘ向ッテ歩イテユクト目ノ前ヲソノ人ガヤハリ慌シゲニ歩イテイル　デハナイカドント胸轟ロカセ間隔チヂメテドウシヨウ　トイウコトモナイガトモカク大股ニ近ヅイテ　行ッテフット傘ノ穴ニツアイテイルノニ気附キニワカニハズカシサコミアゲコノ傘ノ破レ見ラレタクナイガイソギ足　急ニトメルノモ業腹デええいイッソノコトサット　スバヤク追イコシテシマオウト傘ハスニカザシ上リ坂　アノ人の背中ニグット近附キソレカラ横顔見エル位置ニナリチヨット吊リアガリ気味ノ目ガ正面向ケラレテイルノチラリ盗ミ見アトハ一目散逃ゲルヨニ距離ヲハナソウ…トシ左足ほっぷすてっぷじゃんぷスル選手すたあとらいんトビ出ス勢イ雨靴ニカ入レ　タ途端ヌルリスベッタ左足支エヨウトシタ右足ガスルリスベッテヌカルミノ中両ヒザツイテベッチャリコン

　オマケニ泥ハネカエリ胸カラ顔ヘナマジ傘手ニモッテイタダケ自由ガトレズ敗残兵惨メニ立チアガロウトシタトコロヘ

　ソウ　アノ人ガ

　ソレガナレソメ

　　多摩川ヘぼおと漕ギニ

　　浜離宮ヘ散歩ニ

　　大岳山ヘ遊ビニ行ッタ

B　という友人の話聞いて羨しいことだぼくにも　そんなきれいな人とめぐり合せるちゃんすないものかしらひとりだけとりのこされた感じ妙に切なくその日から悲しげ外出歩いてはきょときょと　捨て犬あたり見廻す生活はじまりいつかはきっと友人同様ヴィーナスのよな女の人友達になってくれるに違いない　とさがし求めているある日の夕方　ふと　友人の後姿寄り添う女もなく肩落しれいんこおとに両手つっこみゆうらりゆらり映画館入って　ゆくのを見かけよびとめようにも映画館の中まで立ち入れず道から　ぼおっと見送った次の日友人

やってきてきのうは例の恋人と一諸に映画を観に行って
ウンヌンこいつめどうして嘘なんかつくのかな　不思議
に思って君あしたでも彼女連れて遊びに　来ないか友人
にわかに慌てだし

A．チョットアシタハ都合ガ悪イシアサッテモイヤシ
アサッテモ……困ッタナ実ハ彼女キョウキョウリヘ帰ッ
テシバラク出テコラレナインデ残念ナガラ君ニハマダ当
分紹介デキソモナ

B．わかってるよわかってるよ　こいつめ俺とドービ
ヨーあいあわれむの口に違いあるまいコドク首にぶらさ
げ　ているのもみっともないがさりとてありもしない作
り事でっちあげてる淋しさよく分るとは言え浅ましい
感じして嘲りの気持湧き　高らかに笑ったら友人　なぜ
かさもおかしげに雷同して笑声明るく室に満ち　た直後
眞面目にかえった顔のバツわるさ耐らなく
　いやぼくもおといから毎日道ですれちがうきれいな
人にとても惹かれているんだなどと自らつまらぬせりふ
口にしてこの場まるくおさめ友人もぼくもなんとなく淡
い感傷ひとみにうかべるのダッタ

人間　その青春の碑《いしぶみ》について

石井常造

鏡のなかにサラサラと流れる血
首の青筋が砂の上の若鮎のようだったり
ぼくとぼくを殺そうとするぼくとの
ギリギリ歯を食縛っているギザギザの歯車だったりする
心

虚妄の鏡
双方の肩の青春が平坦地になって耐えうる術《すべ》を
知らないので緑地の沈黙が写り
銃口の空空しい眼が生えてぼくを狙ったりする

あるいは鉄格子の外側にあるのではないかなどと
寝室の赤い豆ランプのような神を

追い越したのではないかなどと振返ってみたり
不安の実在を確かめあえなかったりする

氷山のように火を噴かぬ重量感が
銃口を支配している　と
銃眼にわななく生命が宇宙の大きさに拡ったりする
引金をひく手に震い附く神が小さかったりする

そこで虚妄の鏡のなかに
屍体を安置して神が呼びかけてくる
さ　眼を銃丸のように生かさせなさい　と
そしてぼくはぼくの内部《うち》に夜の烙印を押されたりする

結局　青い空も赤い三角形の屋根も
　風車も　純白の鳩と緑の牧歌も
最後に　なつかしい亡母の窓辺に　絲紡ぎの郷愁も
　空《あ》いたままになってしまっている人生の椅子に……

老眼鏡が淋しく二つの空間を生成している

ぼくは無常に霊魂たちが肉体の絶望を
叫喚しているのを聞く
赤熱の罪ではなくて　傾むく夜更けの黎明から

あ　やっぱり人間はもの悲しそうに燃えている
ぼくは無辺の墓地からの風の焦げる臭いを嗅ぐ　そして
ぼくの生肉のやるせない臭いを嗅ぐ
そんな時　骨と骨とが生存の火打石になったりする

あおい海のような火花をあげる生命
熔接作業は鏡のなかで行なわれたりする
ぼくの血管が写る
確かに「死」のある物体から奔る生生《ナマナマ》しい記憶

ぼくが血濡れて小さな地球に俯している
このくらった衝撃！
ひとりぼっちの少年の骨格　少女から貰った肉体
ドタリ！　背中に巨きな眼《まなこ》が爛爛と燃えていたりする

夢

草間順子

夜
たしかに
星のながれるのをみた
と思って
目をひらいたのに
空はくもっていて
なにも見えないのだ
だが
うそではない
わたしの胸に
めりこんだ破片が
こんなにも
ぐるぐるまわっているのだから

わたしが
空にむかって云いそびれたことばを
だれが星にささやきかけたのか

わたしが
永遠にうしなったものを
ああ
だれがいったい手に入れたというのだろうか

夜
たしかに
流星がとんだ
わたしの中で
おちてくだけて
ばらばらと散ってゆくのを見た

やさしいうた

吉江千代子

あなたのこころはわからなくなった
（そして　私のかくれたおののきと）
とおくで　かすかに答えた筈の
遠ざかる　白い空気のゆらぎから
私の　おさない夢が還ってくる

還ってくる　そして舞いあがる
ひとひらの　雲の端から　順々にたぐられる　うすむ
らさきの途切れた記憶は
むかし覚えた風車のうたを
しずかな調子で　まわし始める

だから　私はしずかになる
（走れない　あなたのために佇ちどまり）
それで　私はやさしくなる
（風のなかの　消えゆく聲に耳傾け）
それは　ほんとに思いがけないことだった——

モノローグ

勝野睦人

たぶん
わたくしは　ひとつの結び目なのです
たわむれに
運命の両端を
力一杯ひっぱった　神様
あなたのために
こんな依怙地な
わたくしが生れてしまいました

一度結んだわたくしを
夜店で買った知恵の輪のように
するするほどいてしまうのも　神様
あなたでしょう

生きていることは
ひとつの〈しこり〉
喉元にからんだ痰唾のような
のみこむことができない　かなしみ

神様
あなたの煙管《きせる》を詰まらせているのが
わたくしたちの〈命〉です

あるときの歌

樽本三代子

　ひろがっているくもは　わたしのためにあかるいむか
りをもらさず　おちてくるとうめいの紙きれに　こころ
くるしめる文字が彫られ　うすいけむりのあおさに　そ
まりながら　ゆうぐれの孤独のなかに　それはただよう
　じゅうけつしたひとみになみだうかべながらせいいっ
ぱいの〈愛〉のことばをみなぎらせながら　ははのきふる
したきものにくちびるをあてている〈かあさんのにおい
はしないよ〉どこかであかいほおのわたしがわらう
　雲がうすあかくそめられて　まちのかげが黒くなると
き　わたしをおしつけてくる　さまざまの愛の再現《あらわし》〈生
きていることはいいことなんだな〉とふと口にだして言
うと　わたしはそのときからさびしくなってしまう　あ
おいまつのはのきものをからだにあてて　すがたみのま
えにたたずむ　ははのしろいかおをおもいうかべる　と
そのときわたしは永来につづくさびしさにつかまえられ
てしまう　〈生きていることはしあわせ　なことなの〉
なんでもいいからついておいでと　あでやかなわらいを
うかべてわたしをひきずって行こうとする　ゆうやけの
しまが　なまめかしくわたしにからみつくわたしは今
あるいているのだろうか　こんなにも〈生〉へのうたが
いがおしよせ　わたしはまるでおもくなり　しずみ　な
やくにちそうのくらいあかさよ　わたしはつかれている
ねつをもつ　わたしはよるになるとへやをぬけてせか
いをさまよう　天上のせかいは地上のせかいとまじりあ
い　やみのなかにうごめき　いちにちのほこりがさかな
やへびのかたちになり　くらいほのお　をもやしていた
りする　わたしはまいよ　まどいあるく
　いっそのこと　わたしは神よ　あなたに殺されたいと
あなたをにくみながらあいしているのです　ひるのあ
いだコスモスのうすい花弁にかぜがふくとわたしはつめ
たいみずをもとめ　なみのおとにあたまをゆすぶられた
く　あなたをしたってなみだをながします　そのときも
わたしには地上のさまざまのとうめいの〈美しいもの〉
がまつわりつく　殺されたいとねがいながら　あおくひ
かる　かえるのあし　に　わたしは魅かれてゆく
　愛の証《あかし》はわずらわしい　なにがいったいほんとうなの
かだれもしらないんだとわたしはけれどもとても〈さび
しいの〉孤独なものは　とそれでもう時はすぎてゆくの
だむかし母さんのせかいはたのしかったの

〈30・11・23〉

カラス物語

――カラスよ、と僕はいった。悪運のカラスよ、おまえは僕の行く道に何をしているのだ。どこに行っても、ついそこに、きまっておまえが羽根を逆立てていやがる。うるさいやつめ！　フランツ・カフカ――

吉田睦彦

もはや救いようのない暗い夕映えがバックミラーのように冷く燃えるので　カラスは硝子の眼球を透してこの都会のあちら側の青空に向って深く飛びたとうとしていた　だが空腹がたるんだ胃襞のあたりに溢れるので　黒い翼はたゞ空しく拡げられただけだった　どうやら空腹は重量を持っているようで　固くたちならぶ建築物の間からのがれ飛びたつのを拒むのだ　カラスは思わず祈りとも叫びともつかぬ気持でわびしく一声啼いた　その声の不吉さにいいしれぬ恐怖を覚えて慄えたのは己だけだった　カラスは醜い羽博きを幾度か試みた　その黒い翼は空間に浮游する塵をわずかに掻きたてただけだった　夜が頭上から仰山な見ぶりで覆いかぶさってくると　一層空腹は重量を増してきた　破れたアンブレラのように背骨を曝して瘦せこけたこの異様な生物に　ふと足をとどめてみいる人達は　何を感じたか種々な餌を投げ与えては　さらにおびえたようにみいるのだった　餌は風にさらわれて暗い街角の方へ転っていった　カラスは己の充足慾のために風と激しくいがみあった　幾つかのパン屑や魚の骨を獲得すると　もうすべてを忘れてむさぼりついていた　餌はたるんだ胃襞を膨らませるに充分だった　がカラスの腹部が亀裂を生じそうになるまでつっぱっても　空腹感は不思議に消えなかった　空腹の重量はいくら羽博いても持ち上げられないのだ　孕んだようなぶざまな腹部よりも激しく膨んでいく食慾が　足掻けば足掻くほど　食べれば食べるほどいよいよ激く　憂悶の羽博きをさえ忘れさせる　カラスは飛びたつ意志を失うまいと夢中で羽博きを繰返した　が大地は脚に吸いついて離れなかった　そんな時風は小虫を嘴に運んでくれた　煽りたてるような風が　カラスはもう叫び啼くことさえしなかった　嘴を開くだけで口中は餌で一杯になってしまうのだ　電線がさむざむとアパッショナータを弾くのでもはや黒い翼はその妙音に抗いかねていた　硝子の眼球にはもはや都会のネオンも消えていき巨きな建物が翳ってしまう時刻だった　疑惑の視線を浴びせる人達もすでに立ち去っていた　カラスは最期の力ではたはたと疲れはてた空腹な翼に風を呼んでみた　だがやっぱり一粍ほども己のからだは大地から浮き上りはしなかった　すると急に網膜がかすんできて　カラスは放心のように美しい不覚の涙を溢した

（醜い鳥たちの物語Ⅰ）

あとがき

▽一体、いくつになったら詩が自分のものなんだと断言できる様になるのかと思う。作品がぴったりしないのは自信がもてない事なのだけど呟きがひとつの対象から、少しづつ声として高まってゆく時、単純だけどたのしくなる。然しでき上った作品過程を振りかへって、たどっていった自分の姿勢が妙にねじむけられた侭で　放っぽりだされて、ころがっているのを、人に指摘されて　きずく様ではあぶないものだ。自分のうたとして人々にも、自分にも納得できる作品というのは、やはり感動が大きな役割をしめるのであろう。　（吉江）

▽ロシナンテは雑誌を着実に発刊する事により一人一人が伸びてゆく会員誌である。ここには自分の場や詩方法を見極めた詩人はいない。全員が模索の触手を蠢めかさせているのである。すべてが未知数であり、一人一党主義の同人誌やサークル誌運動とは明確に異質なものである。

▽ロシナンテの最大公約数は新しい詩運動を推進させることではなく、ましてや詩壇に乗り込んで暴動を惹き起そうなどという野心はない。

▽ロシナンテはたゞ謙虚にひたむきに雑誌を出すことによって、進むべき道を見出しつつ、螺旋階段を一歩一歩登ってゆく駄馬である。その一つの足跡として、次回は一週年記念特集を企画している。　（吉田）

▽「荒地」の鮎川信夫氏宅へどっと雪崩れ込みはては創刊号よりの作品評を次号一週年記念号に是非　と押しつけがましく願ったり▽「詩学」の木原孝一氏に矢の催促で作品評「返事にならない手紙」を　しかも電報と前后して編集〆切前日速達で頂くなど腕白もいいところ振りを発揮してお眼にみて貰っているわけだが、いずれにしてもロシナンテ一九五五年、四月馬鹿生誕というオメデたさの因果と思っている〔従って本誌よりむしろ通信に重点が置かれている感を抱かせないでもないが、作品、あって通信、である以上、ぼくらがいい作品を示さぬ限り、通信は一そうデカイかおをすることになる▽鮎川・木原両氏に、なにはさておき御礼申し上げたい▽遅ればせながら本年もどうぞよろしく（せいいち）

受贈誌深謝

		さんたん	XII〜XIII	蝶	V〜VI	詩苑	I
		三田詩人	IX	光線	X	季節	XXI
谷崎眞澄詩集	II	ZERO	VIII	貘	XIII	BERCEUSE	IV
だす・とおる	I	ブイ	IV	砂塵	II	囲繞地	IV
蒼い貝殻	XI	愛と孤獨	臼井喜之介	混合色	VII	新詩論	VIII

VI号執行者

（五十音順）
石原吉郎　石井常造　岡田芳郎　勝野睦人　岸田正　草岡順子　久保田恒雄　河野澄子　田中武　樽本三代子　永山一嶽　服部春男　淀縄美代子　吉江个三子　吉田睦彦　好川誠一

五六年二月一日 [illegible]

〈頒価50円〉
発行責任　石原吉郎
編集責任　好川誠一
東京都新宿区四谷内藤町 [illegible] 発行

VII

ロシナンテ

ロシナンテ一周年記念号

あれから一年

　平凡なことは書きたくないが、書けばやはり平凡な感想となる。収穫ということは、まだ、おたがいにいわないことにしよう。ただ、このような精神状況のなかで詩を書くということだけで、容易ならない抵抗を伴うのに、一年のあいだ、ほとんど誰もはぐれずに、いっしょに詩を書きつづけて来たということは、僕たちにとっては、やはり一つの「事件」であった。共通の場というものを、ほとんど意識せずにあつまって来た僕たちだが、それでも、おなじ蜃気楼を見つめる僕たちの視線は、時として、まったくかさなりあった。お互いの孤独をさえ、僕たちはまだ、それほどきびしくは意識していない。僕たちは、みんな、まだあたたかい霧のなかにいる。

　やがて、霧ははれるだろう。

（石原吉郎）

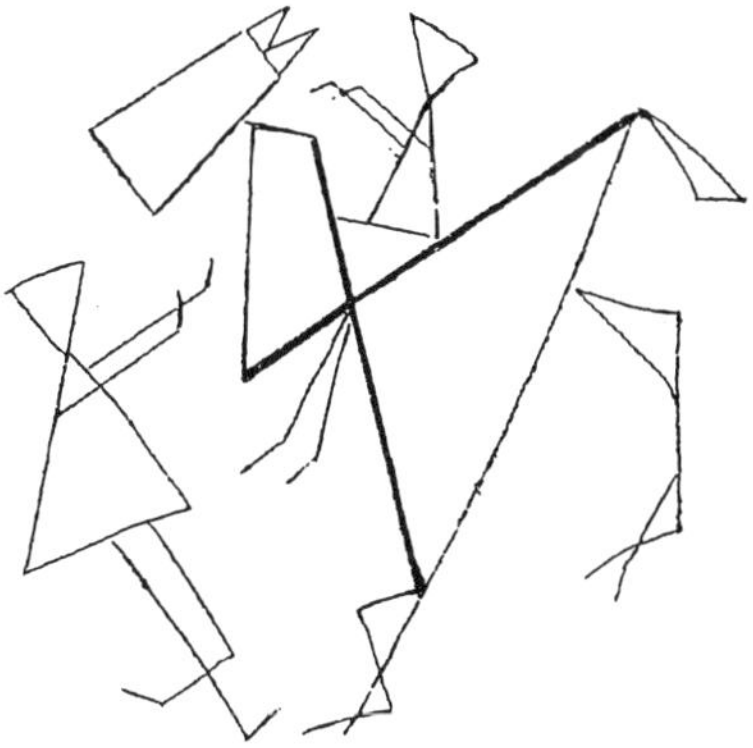

目次

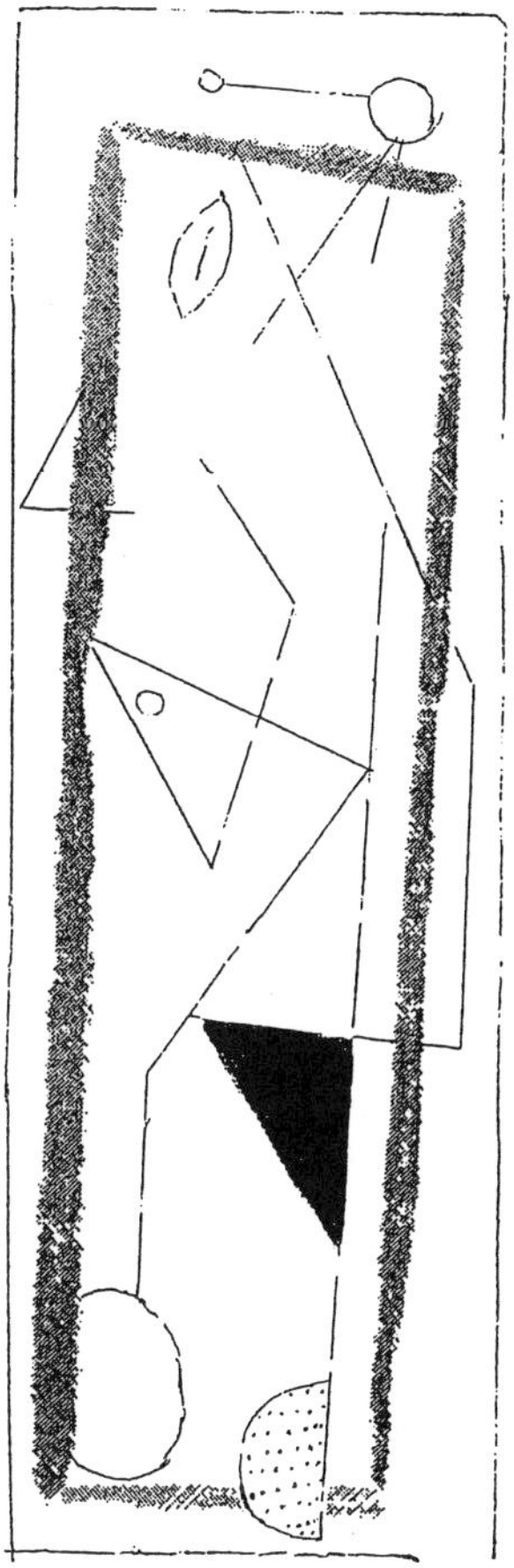

馳け抜ける

石井常造

一つの世界を結ぶ線を
ぴたりぴたりと舐める海の舌
砂浜の砂のひと粒の砂を舐めるように
夜の潮《うしお》が生命となって高まってくる……
思い出はふと死に掬ばれて
空に描いた水の輪のひろまりのように
幼ない生命に石を投げる
居なくなったあの子たちの波紋……
仲良く一緒になった顔が
ひろまり合って幾重にも重なりあう……
ぼくの死の辺りで
顔が心臓がぼくは吸われてゆくように
息を吸うのだ

むなしいあの空深く
失われた智恵の輪の世界を
一心に馳け抜けようとするように……
居なくなったあの子たちの白い幻人《まぼろし》と
ぼくは汗塗れになって
縄飛び遊びをする
縄飛び遊びをして描いた空の輪を
幾重にも幾重にも馳け抜けようと
馳け出す
智恵の頬を燃やしながら馳ける
そうして
何かの合図のように伸びてくる
しなやかな白い腕……
やさしかったあの少女！
ああ
灼きつくような掌《てのひら》の世界に生きて
炎の縄を
馳け抜ける

石原吉郎

国境

一つの履歴から

消えかけた
古文書の記録のように
その日 僕らは
国境をこえた
まっしろな霧の中で
いっせいに墓石を強奪する
やけるようなイメージを
うしろにして
あらい 厂史の息づかいや
報復というものの
永遠のただしさを
あつい首すじへかんじながら
その日 僕らは
何を越えた？
ただ 氷のようなもの
ただ 砂のようなもの
永遠に その両側から
容赦なく見すてられたもの
憎悪のむこう側から
ささえあった 一枚の壁
じつにさびしい
一つの位置
一つの点
ああ その日
ひとすじの けもののような
足あとをのこし
むきだしの虚無に
顔じゅう なでまわされながら
僕らは
あつぼったい霧へ
うりわたされて 行ったのだ

冬

植村豊子

がらんとした石だたみ
ここに立っているのは
冷たい石の棒
激しくぶつかって有頂天になり
対角線の交点で目をまわした
滑稽な石の棒
ひきずられて血を流し
道端でザンゲし
青ざめながら笑っていた
小さな石の棒

ここは異国の石だたみ
降ってくるのは灰色の夢の残骸

音もなく化石をつつみ
燃えきれなかったその炎をつつみ
浸み透り、溶かして行く
ここに何も残らない
それは当然の
何億光年も前からの掟てのように

がらんとした石だたみ
灰色の残骸が消えて行く

卒業

岡田芳郎

私がとうにはたちをこした大人であるにしても　私に
は大人の悩みというものがまだほんとには分っていない
のかもしれない
　自分が勝手気儘に暮して　それで誰にも文句をつけら
れない今日までの生活

どうやら恥しい目やつらい目に会わずには済みそうも
ないこれからの

期待とか不安とかいうもののほかにもう　なんだか自
分がとてつもなく
侮辱されたような気分になり体中の器管を　赤鉛筆で訂
正され　しょんぼりしてしまう　自分の姿

私の大人の姿がどんなものなのか
（笑ってもいいよ）
（笑ってもいいよ）
ともかく私が子供の気持をもっているだけでは一人前の
顔をすることが許されないということ

いろいろなことが分ってくると　当然いやなことも
いいことも　すべて秤ではかって納得するのかな

×　×　×　×

ごめんなさい私は私にあやまるのです
もっと傷つけもっといぢけろ
もっと愛せ
ごめんね私は子供の年代に長く
いすぎたようです

グラスに注ごうとする私のこころは

勝野睦人

グラスに注ごうとする私のこころは
けれども　食卓を濡らすばかりなのでした
おずおずと　水差しの口をつたって
奇形な言葉の雫をしたたらすばかりなのでした

グラスに注ごうとする私のこころは
それほど　波立っていたのでしょうか
食卓には　あなたの夢が読みさしのまま
無造作に投げだされてあるのでしたが

そのうえに　言葉は　インク液のように
あお黒いしみとなって広がるばかりなのでした

グラスを差しだしたあなたの手は
グラスを握りしめていたあなたの指は
それほど　おののいていたのでしょうか
それとも　或る日の不幸から

ふと　私が未来をとりおとした折
水差しの口を欠いてしまったのでは……

×　×

透明な　あなたのリキュール・グラスに
ともあれこころは注ごうとしつづけ
そうして　食卓を濡らすばかりなのでした

――こころは　水平でなければ耐えられないので

白い罠

金子黎子

地下室のバーは
ノアの洪水の前触れで
しめっている

逆立ちしたグラスに
片目を押しあてて

—終りじゃない
終りじゃない—

血のいろのスカーフに
咽喉をなぶらせながら
呟きは
すでにむなしすぎた
窓のない　白い　箱船

ああ　もしもこれが
罠なのだったら
ひっそりと眼をつむって
果てしない
船底へ墜ちて行こう

空　蒼い空が何処かにあることを
遠い日に知っていたような

棘のようなブローチを
スカーフにとめて
不思議な　なつかしさに
胸をつまらせ
果てしない船底への
階段を降りて行く

かたく　つむった眼の中に
白い罠への想いを燃やしながら

霜柱

香山秀雄

何という寒い朝だろう
牙をむいて襲いかかる最後の冬
だが、対決の冬は
手応えならぬ淡い足応えが
銀色の憂愁光を放って
ザク〳〵と足下に崩れさるのみ
立春を過ぎたカレンダーは
ただ剝《は》がされるために
今しばらく壁にかかるであろう

三月の声に怯える
年とった季節の天が、地が
はかない抵抗を試みるは暁《あかつき》か

夜毎の交合に生み出される霜柱の
その丈《たけ》と共に短くなる黒い時間
そこに、月光を褥《しとね》に
青白く燃えつきんとする
氷の情炎の悲哀がある

冬の象徴のような霜柱が
春の陽炎《かげろう》に命を捧げて
昇天する日は近い

岸岡　正

山

Ⅰ

遠い林で山雀が啼く
時々　さあっと時雨れて
また　日が射している

Ⅱ

椎の実を拾って
ポリポリ噛りながら歩く
椎の実はべい独楽の匂いがする

Ⅲ

海が見える
遠い潮騒に
椿の花が顫えている

Ⅳ

赭土の崖
野菊が蝶のようにとまっている
ふと　僕は重さを忘れる

Ⅴ

カサッと音がして
眩暈のように影が過ぎる
仰げば　空がただ虚しく拡がっている

Ⅵ

白樺が立っている　思い出の白さで
だが　お前の白さももう純潔とはいわない
お前の幹に憧れを刻んだ僕のナイフは錆びてしまった

Ⅶ

木洩れ陽が落葉の道を照らしている
大昔　神々は木靴でここを歩いたのだろうか
落葉のささやきが　今僕を支えている

仕事を終えて

草間順子

仕事を終えたわたしのひとみが
なによりもまず飛びつくものは
疲労の部屋に残っている
わずかなわずかな時間です
金側時計よりも大切に
わたしはそれをひっぱりひっぱる
短いひも
断ち切られた今日の生命
ちぎれはしないだろうかと
母様《かあさま》の心配する暇《ひま》もほしいほどに
残り少ないペイジの上を
静かにしずかに歩きます
善良な家族《ひとたち》の目を覚まないように
魚ペエストのように粘《ねば》ねばする空気に
押しひしがれながら

遠慮がちに本をひらき
だが文字達は
いやだと云っているのでしょうか
わたしと本の間に
あわあわと霧などたちこめさせて
ふんわりと遠ざかってしまうのです
疲労の部屋はますます重くるしくなり
どこかで睡魔が爪を立てはじめ
夜まわりの音の記憶さえうばいます
そのとき
時計は無情心を発揮して
ぼわんとお寺の鐘よりもまじかに
鼓膜をゆするのです

迷子のニュース
井戸端会議
評論家の自殺
塩っぽいハムライスやタクワンや
お茶ずけの味
わたしのふつゝかな足は
もう「明日」へとふみ入れながら
「今日」がきれいに整理され
誰かにもって行かれるのを感じます

老人とトロッコと

久保田恒雄

老人とトロッコ と——

夏のゆるんだアスファルトの道は
海の突端で消えていた

老人とトロッコ と
鋳《ふ》込《か》れたばかりのズクの塊り と
ねじれていくタウァ・クレイン と
猛獣の咆哮にも似たエア・ハンマァ と
傾斜した製罐工場の屋根 と
こぼれているモビイル・オイル と
外国船の汽笛 と
波 と

粘りついた風景は 周囲から
塩を噴きはじめる

老人とトロッコ と
積《つ》載《ま》れたズクの塊り と
塊りが主題か
老人が主題か
人気《ひとけ》のない地球の裏側で
ヂリヂリ太陽に索かれていく人間ひとり
よく視ると 翳は蒸発して
暮しのメカニズムだけが
車輪の跡を延していく

と 突然
鴎さえ舞わない 溝泥色のビルの底から
一台 また 一台
砂塵の雲を捲き上げ
灰色の青の黒のあずき色の乗用車が
老人を追越していった
雲が晴れると
甘いアルコホルが おれの皮膚にまで
ぬらぬら しみついていた

〈ズクとは現場用語で鉄鋳物のことです〉

河野澄子

聲　二

ダカラワタシハ
声ニナロウ
アナタヲフリムカセル
タチドマラセ
サケバセル

コノ蒼スギル
明ルスギル空ノ下ニ
アナタガ棲ミ
　アナタハ泣カナイ
　アナタハ呼バナイ
タダめまいノヨウニ
マブシイ光ノナカデ
ナゼ
ナンデ
ドウシテ
ト果テシナイ問イカケニ
身ヲフルワセテイル

　〈ああ　だから〉

ダカラワタシハ
コノ静謐ナ空ノ只中ニ
嵐トナラネバナラナイ
アナタノ荒レ狂ウ海ニ
稲妻ヲ走ラセテ
クライクライクライアナタノ海ノ
ソコノ渦巻キニ
鋭イめすヲ突キ立テ
引キ裂カネバナラナイ　泡立ッテイル沈黙ヲ

アアダカラ
声ニ
重ナリヒビク　声ニナロウ
コノ空ノ下
アナタガ棲ミソシテワタシガ
棲ンデイル

鈴木芳子

鶏と土

腑向くと君の貌がおきあがる
飛びのくとゆらゆら嘲笑う
ぼくは小さな踵が信じられない。

ぼくの飢えが君を呼んで
君の秘密がぼくを走らせ
いったい　どこで
君の慈愛に会うのだろう
血走る眼と
燃える鶏冠と
泥まみれの嘴と
水溜りに映るぼくが
ぼくを憐れんでゆれている。

腑向くと君の貌がおきあがる
飛びのくとゆらゆら嘲笑う
こんな　間近な距离があろうか
こんな　距离の近さを許せるか
今日も——
一つの庭を荒した。

街頭録音

武田義英

「なぜか――」
雲からの鋭い落差となって
荘い胸に突き刺さり
答えるものとていない
広場の深渕

やがて　一つ
気泡が浮く

「コロスコトモ　コロサレルコトモ　マッピラゴメ
　ンダネッカ――」
泥だらけの額のしわから滲み出て
みぞれと一諸に
テープに巻き込まれてゆく
そのづぶとい言葉に

胸から胸え
しんしん伝播するどよめきが
かつては
　「生きて帰るなよ」
と　血の匂いもする声だったことを
沈んでしまった記憶の底からよみがえらせ
鳥肌立って行きづまるおもい

五円のてんぷらをぶらさげたり
からべんとうを鳴らしたりする
群集
それらが一斉に気泡となって
マイクの前を
ひしめき　ぶつかり　変形し合い
雲からの落差を逆昇する

もう　此処では
黙っていることが一つの畸形だったが
何よりも大事なことを
言い忘れていることに気付き
思い出そうと焦せっている

眞晝――。

うたのない歌集

谷本いづみ

あしをうごかすのだけれど
くちもあかない
キイをたたくのだけれど
あくびもしない
ごせんはひいてあるのだけれど
おんぷはよこになっている
ちゅうがえりしてひけば
くうちゅうぶんかいするのです
おんちではないのだけれど
ならそうとするとならないし
うたおうとするとこえがでない
いきばかりすってはいているので
まるで
こひのようで
カクセイキのない
カツドウシャシンです

黄色い椅子

樽本三代子

そのひはんにち
孤独ではあった
おおくのひとが　たのしげにしゃべり
わらいあっていたけれど
むらさきのけむりも窓にゆるくながれでてゆき
やさしげなやさしげなひとみでみつめ合うひとも　とき
どき
椅子にもたれてい
人形のように眉毛のぴんと立った女《ひと》も
さわがしくひとびとのあいだを歩いてい
なにもかもなごやかであったけれど
なにもかもひかりにあふれていたけれど
わたしにとってそれがなんであろうひどい孤独をあじわ
ったのだ　しっとりとくちびるをかみしめ　あふれるな
みだを　ようやく

ささえ　ひとびとの興奮に
頬を染めながら　わたしは
からだいちめんににじみでてくるさびしいいろを　知られまいと〈あるいは知られ得るはずはなく絶望して〉指をくんで忍んでいた

不可解な　こころの内をだれが知り得よう　むしろなにも話さず　おしのようにだまりこくっているがいい　あるいは　白痴のように　つぎからつぎへあふれるかんじようを　身いっぱいにしめしてみるがいい　それでなくてどうしてにんげんのいのちが　触れあおう　理解しあっている　愛しあっている　という証が　はっきりと示し合われたとしても　何になろう　ぞろぞろとひとはあるいているせわしげにあるいているだがしかし　だれもこころから　ほゝえみあってはいない　男であり、女であり、する　ひとびとのうず　耐えようもない　おもたい波　スケートをしよう、ダンスをしよう、そしてまぎらしていよう、陽《ひ》がしずむ窓のそとがくらくなるざわざわとわいてくるこの　かなしみをどうすればいいのだ
　わたしはあおいけむりをひそかにちらし　ひとびとの視界をさえぎろうと、せめて、おもいにしずんでいようと、むなしいこころみをしてみる　陽はしずんでしまった　自分みずからにさえ不可解の内部よああどうすれば
　傷がなくなるのだどうすれば充ちるのだどんなにもがけば　救われるというのだ　ぎんいろのひかる椅子にすわりながらこころに反して熱している頬をささえながらわたしは　灰いろのめをもつ狂人にあこがれる　他人ひとり充ち足りた表情は耐えられない　むしろ　おおあばれに　きらめいて　くるってみせてほしいひややかにあかるく　健康に咲いているひとたちよ　足をふみはずした歪んだポーズの　狂いざきを
どうしてしてはいけないのだ　愛さないのだ　はれているそらは　わらっている

やさしげなやさしげな　ひとみのひとも　グレイのかみのひとも　人形のような　ひとも　じぶんひとりのたしかな塊りを　それだけをつかんでいるにすぎない　そうして孤独・せいいっぱいにまきちらしている〈生〉の時・じぶんだけみちている孤独な時、
うずまいている未知のほのおにとって　それらがいったい　なんであろう
じぶんかってなひとびとよりも
ひとびとよりも　なにもかも知りぬいた
このあいしあっているひとのむれ、それよりもむしろ
わたしは
なんたる動物であろうと
ひそかに想うのだ。この傷を、どこに持ってゆこう。
いろんなかげのゆきすぎるなかを　いやすすべのない不可視の塊りを抱き
さまよう。

〈31・2・6〉

旅人のうた

田中武

一 旅装

旅装すれば
部屋にいても僕はひとりの異邦人《エトランジェ》
せっかちな旅人よ 帽子を忘れるな
親しいものに やさしい接吻《くちづけ》を
故郷《ふるさと》すらもが 見知らぬ国であるかのように

二 出発

大きすぎる外套をふくらまして
風の中を歩いて行く僕を
しきりにかすめて行く 透明な雲の象《かたち》
芒が揺れながら遠ざかって行く
遠ざかりながら——
あのひとのしろい掌のように

三 旅人

知らない所で 風がうたっている
知らない所で 揺れている木の葉
僕の知らない 青空がある
僕の知らない所で 恋をしている少女がいる
誰でもが僕を知らない そこではほんとに！
僕は旅人だ

四 見知らぬ街

なんという街だろう
見知らぬ街に立って 口笛を吹くと
見失っていた僕の魂が どこからか
仔犬のようにしろい尾を振って駆けよってくる
この街でする僕の 行きずりの表情をくわえて

五 悪者

鞄のなかには ビスケットと小さな地図
けれども僕の行く所は
地図にない街ばかり
ポケットのなかには ナイフと小石
（もし悪者が現れたら……）
けれども悪者は僕だったので
善人ばかりが僕を欺した

六 郷愁

通りすぎるごとに背中へ埋めてきた重たい街々
残酷な月日のなかではり裂けて行く僕の旅装
郷愁だけを 熱ぼったい掌の氷片のように握りしめて
見事に汚れはてた ひとりぼっちの旅人の僕よ
もう旅も終りに近いのだ

七 帰郷

小石を蹴りながら 僕は帰ってきた
故郷《ふるさと》の涙もろい鳥達よ 遠い旅から戻ってきたのだ
けれども ああ 僕は本当に帰ってきたのだろうか
ここは かって僕が通りすぎてきた街々よりも
もっと見知らぬものばかりなのに！

朝

鶴巻和男

「イッテイラッシャイ
　気ヲツケテネ」

オーバー
帽子
靴
キチント
ヒラリ
外

　チラ　チラ　チラリ　チラン

八百屋ノ大根　オカシイ
ポストノ赤ニ　感心
誰ノ顔モアカルク
〈幸福〉ノ手足ガ見エ

　〈イッテイラッシャイ
　気ヲツケテネ〉

「オ早ヨウ」
「オ晩デゴ…ア　オ早ヨウゴザイマス」
ニヤリ
「オクサンニ可愛イガラレタネ」
ペコリ
赤面

　チラ　チラ　チラリ　チラン

八時十五分前
バス　満腹
「後オ一人サンデスカラツメテ下サイ」
「エエデス　エエデス」
　〈イッテイラッシャイ
　気ヲツケテネ〉

微笑
拡大スル一刻
背マルメ
未来ヘカケユク
男の生ガイ

親父の詩《うた》

中川　晟

親父が火鉢の片脇で　酒を啜りながら
泣いている　詩を口遊むでいる
――哀しいんだこの詩は。今のあの議員が教壇で軍刀を
　振り回して叫んだのにわしだと云って軍国主義でな
　いこのわしが追放された時の詩なんだ
子よ妻よと。親父の人生観が変った。「人は信用出来な
い動物だ」と
――信じてくれるなあマックァーサーの覚書には嘘と自
　己主義という字が並んでいたんだ信じてくれるなあ
　昔の御伽話なんだが
ポトン　ポトン　ポトンと足音は
ポトン　ポトン　ポトンと親父の目から落ちる足音
酒を口の中でトロトロと　親父は
涙に変えてしまった　トロトロと
手の中に白髪を一本握りしめて
――淋しかったぞお前の芽が出た時にゃ

お前はわしを死と和解させたんだが
ポトンポトンポトンと足音が
トロトロトロと酒のエキスが
詩が繰替えされている己の前で
ささ泣くんじゃないと己は　心の中で云って
手はトクリを痙攣させている
チャッ　チャッ　チャッだと親父は　ラジオに縋りつい
　た時　己はスイッチを断りたかったぞ　己は
悲しいんだ　この詩はと
目が赤いな　けれど親父の頭は白く
目が赤いが　親父の心は白く
ささささ酒だ　酒は
昔の淋しさを思いだす　忘れさす
己は親父をいつまでも抱きたかった
仂け仂け。という誰かが
親父に一言　休め休め。といってくれぬか！
ポトンポトン　ポトンと
トロトロ　トロと
星の中に住んでる透明《すきとお》った魚に　親父は詩を口遊むのだ
手の中の汗に白髪を溺死させながら

花

永山一敏

ひとたちの見えない隙間に棲みついた、悪い世界はびっしり詰め合いながら咲いている。ひとたちの、ぶざまな自我は、花のにおいに溺れ、その中での血色の悪い夢がかれらを、すこやかに、とき放つのだった。

醒めたとき、ひとたちは囲み始めるにぶい活気の流れの外で、しばらく、恋人をつくった探偵のように、躇らいをつづける。

どんな手つき、どんな肌のかおり、どんな在りかたが、すがすがしい花鋏を提供するだろう。だれも自分たちが冷たく光る鉄片になるだろうと想ったりはしないのだ。

同じ今日の中でひとたちは、お互いのなりふりを、自分から遠くかけ離れた意志で説いたりはしないので、指呼するとかれらの有様はいちように油煙のように景色に沈み、となり合うものの幾度もの事故に、もうおびえる暇のない心たちはそのなかで、つらく明らむのであった。

飢えた獣のように開花をくり返す花をひかえ、ひとたちの内部は、どんな炎にこがされていたのだろう。

世界が昏れはじめ、たくさんの不幸をつきそいにして花がうなだれてくると

かれらは、慣らわしのように、煤けた胸をかき合わせる。

うなだれた、ひとたちはかき合わせた胸の暖かさを、みじめなものに感じながら　両掌を顔にあてるのだった。おぼれた自我のイメージが、だらしない程つつましくかれらを悔いらせるので、そのような姿勢でしか、かれらは交ることができなかったのだ。

森や、小川や、煙や、車や、果実や、窓と。そして指と指との間をそめてくる暗灰色の息づかいや、すべての外に向ってひらいた部分から忍び込む花のにおいに絶えがちになるひとたちの意識のあいだを縫って、白い鋼の部分を光らせながら、鉄の隊列が昼の幻燈のような絶望的な華やかさで往来するのであった。

都会の夜

村山正憲

蚕のように眠った都会の空の星どもがメルヘンの空間を作っているなんとなく物悲しいゴッホの絵を思わせる数知れぬ月の光輪の夜の中でクレヨン箱をひっくりかえしたような色彩のネオンの美術展

春の装のファンションモデルの上衣とスカートを一度に着る曲芸と冷たい唇に素敵な速さで塗られる真紅は自信のない女を狩りたて空高く舞うパチンコ玉はもう金のない男達の目を血走らせあふれ出るコップのコーヒーは彷徨する浮浪者の首を痛めつける

古代の夜を信じて口をあけコーヒーの点滴を待ち落ちるはずのパチンコ玉を待っているのであるがのばす指先のすぐ上で開く唇のすぐ上でそり上って行くじれったさ
パチンコ玉が男のカバンを満しコーヒーが浮浪者の飛沫となるなら水のようなウインドガラスにはアルカイックな芸術が復元されるのであるが――

眠っている赤い都会の空に今日も又疲れ切ったネオンが寝がえりをうつように一つ一つ目をつむって行き暗いアスファルトを夜行巡査が行くばかりである

蚯蚓について

横山　昇

〈透き通った奴　艶ある生々とした奴　土色の皮膚
はしなびている奴　小さい赤い奴　長々と交尾をし
ている青い奴等が一ぱい腐った板切にくっついてい
る〉

相手の顔もはっきりしない暗いドブの中に
はいまわっている自分

変に濡っぽい皮膚を
波立たせながら　何物かに
あるき　あるかせられ

長い年月　共に土を食んだ同胞達と
自分の意志でない意志に
互にいがみ合うのは
どうしたというのだ

〈飢え切った犬が
　臭を見て尾をたれた〉

幾日か俺らの空でない空が焼け
とり返すことが出来ない
過失は糞で一杯
その中にもまだ羊歯の空地は待っている

何も得ることない
このたえ切れない暗さに溺れ
今又〈土穴〉に帰ってゆく
そこには
犬にも掘りくずされる
生家がある

短い四つのうた

好川誠一

〈ひい〉

「たとえ支払ったことの証人が存じおる一本榉のした
の酒屋の孝行息子さんだとしても不正は断じて……」
一枚の百円紙弊を定期入れから抜いて貧吝な質屋の主
人のように皺のばしをしていたらなんべんみても絵具で
描いた偽札でしかない　そうおもうと同時に銀行にいた
お話だがこれは当然貰い慣れた職業安定所の保険金交付
窓口であらねばならない筈でどうにも納得できぬ
　なににしても夕べは花嫁さんが携えて行くギラギラ光
るたくさんな爪切鋏に追跡される夢との二本立であった

〈ふう〉

どこのどんな貧民窟のかたちばかりの神棚においでで
もかぶった煤を拭えば相も変らずうまれたときからの微
笑を禁じえないでいらっしゃる恵比寿どのか大黒どのか
　ともかく美味いものにでもありつく寸前の顔でやって
きたからその気になれたのだろう
　ピッコロぶえ吹く笛ふきおとこはなんにも語らず狩り
たてるというのだ不具な　かたわなおれたちを　腹中
〈ふふん　ダメさ　仂いたんだろうがな　報酬もら……〉
にあるのだろうか
金魚のウンチみたいにゾロゾロ　ぼくらうぞうむぞう
はどいつも跛ひきひき　陽がしずむ肌色の山径がたいを
列をつくってついていくわけだが　茶ほうじのなかのは
ぜはじめた炒豆のようにむしろこころが弾んでならない
「建ててもらえるでしょうな墓標は」

〈みい〉

ガリバーが訪れた小人国《リリパット》ぢゅうの歯科医の相談がなり
この二月の六日に一人の欠員もなく参集してぺくん　折
れ曲ってツン出た頤から階梯を掛け　おれの臼日嘘つく
巨大なくちのなかへおたがいごつんこしながらぎっちり
潜ってくれたそれまでは快哉であったのだが彼らの一人
がおれの腹中を見抜いたとでもいうのだろうかストライ
キをはじめたらしいのだ坐りこみを　そうでもなくちゃ
あ　かくも奥歯の疼く道理がない

〈よう〉

おれは　とうぶんぬすみをすることができない
おれは　活字を拾う仕事を本職とするおれには
機械化されたみぎの拇指と人差指　中指に指紋がなか
ったのだが
生きていたんだなやっぱり　ちっきしょう

吉田睦彦

ひとりぼっちの物語

――長恨歌の主題による変奏曲――

在天願作比翼鳥　在地願為連理枝
天長地久有時盡　此恨綿綿無絶期

いつごろからだろう　人間がひとりぼっちで生きられなくなったのは　そしていつごろからだろう　地表は緑を失いおいしげる森のかわりに鉄筋建築の林がによきによき立ち並ぶようになったのは　植物である男や女は季節の盛装をこらして街路をゆったりと　あるいはいそいそと歩んでいる　そういえば僕までが巨大なビルデイングという古樹の空洞から這いでては　あちこちとせわしなく馳けまわっているが　僕の頭髪は葉っぱになり　汗線から分泌するのは樹液のどろっとした塊だ　僕の周囲を歩いている植物たちは互いに二本づつ寄り添って　肩に凭れ腕を組み酔ってはよろけ　夢みては梢を鳴らしている　みわたせば雄と雌が結ばれていない植物は一本もみあたらない　快い薫をまきちらしながらそれら生殖の場所を求めて　暗がりを求めて　古い生物学でいう趨勢とは全く逆の方向に進んでいく　ああ　だが見給え　僕だけが精液と花粉のみだれとぶ近代の鉄骨林の中で鮮かにひとりぼっちだ！　連理の枝はあの時無慙に折られたまま　害虫が時折傷口を蝕みにどこからともなく飛んではくるが　むかしの可憐だった白い蝶たちは僕の花房に訪れもしない　ぼきッ！　骨を折るように枝を折って立ち去っていったあなたの樹よ　ふたたびはなびらの涙で僕という半身の樹を濡らすことを知らない　あなたの樹！

あの時からだ　僕がひとりぼっちで歩みだしたのは　そしてあの時からだ　僕の青白い幹にぽっかり空洞ができたのは　さっと頭上に放射線雨をひっかけて金属性の羽音がアドバルーンの雲に消えてゆく　胴体の二つある比翼の鳥！　僕の葉っぱはぐっしょり濡れて垂れさがり　強暴な風速が梢をもみくちゃにする　ふとみまわせば街路には一組として植物たちの姿はみえないのだ　かばいあいもつれあってどこかの巨大な建築物に身をかくし　この凄じい放射線雨を避けているのだろう　もはや奇妙にねじれてしまった植物の僕はたゞひとりぼっち　灰色の豪雨の降る街を黙々と目的のない未来へ歩んでいった

朽ちた階段があれば階段を登り　意地悪い遮断機がおりれば上るのを待ち　心の空洞に非情な雨の雫をあふれるまでに受けとめて！

（31・2・22）

あとがき

さきに予告しました鮎川信夫氏からの、ロシナンテ一年間の総評として「ロシナンテの印象」（10枚）を、この多忙な3月に御執筆いただき、別紙通信改題「サンチョ・ぱんせ」に掲載することができました。「ロシナンテありがとうございます。ロシナンテ通信Ⅵは面白く拝見いたしました。ロシナンテ通信に書かれていることが、詩誌ロシナンテに投映していくことを待望いたします。木原さんや鮎川さんに可愛がって頂いてロシナンテは幸運児だと思います。イメージがゆたかですから、そして若いから、みんなのびていくことと思います。たのしみです。」この礼状の全文は「蒼い馬」の詩人、現代詩の滝口雅子さんからのものでありますが、一年間の、このわずかⅦ号までのあいだに、優しい笞を打ってくださいました高野喜久雄、木原孝一、鮎川信夫の三氏の評・笞は、滝口さんの御言る本誌ロシナンテへの投映でなくてはならないモノだとおもいます。ほかにおおくの詩人に笞を、握っていただいてはいるのでありますがいつかはきっと、ふりおろしてくださることとおもいます。かえりみて一九五四年十一月の末日、当時日比谷のラジオ東京に席があった石原吉郎氏と、東京丸ビルにいまなおつとめている河野澄子さん、これもそのころ築地に職があったぼくとの、地域的にもすぐ連絡のとれるこの三人がつとめ終えて有楽町のガアド傍の、一寸した喫茶店にあつまり、このロシナンテの、翌年四月にだす長期作戦を練ったのが最初といえば最初、1 2 3 4 5……とつらなっている、解剖したメンドリの小から大への卵のような０（ゼロ）の部分であったわけです。卵がかえったのは翌年四月一日でありますから、じつにその間5ヵ月を暖めぬいたわけで、それだから丈夫な、立派なイイ？児が誕れたのだと、いまにして申せましょう。０（ゼロ）の期間の5ヵ月は、母体とした「文章倶楽部」の編集長小田久郎氏と相談して地ならし作業をやり、完璧の土台をかためていたわけであります。小田氏およびこれに尽力くだされた同文章倶楽部の東京支部長野々山登志夫氏に、その后もなにくれとなくメンドウをみていただき、現在に至っているわけであります。最高令者としての40代、石原吉郎氏を筆頭に20代の田中武、河野澄子、岡田芳郎、岸岡正、吉田睦彦、吉江千代子、鶴巻和男、淀縄美三子、草間順子、服部香男、永山一敏などなどをその中間に置き、10代に勝野睦人、黒米幸三、中川晟、石井常造、増田瓢二、人見誠、横山昇などなどをデンと据えたこのロシナンテの、なににしてもこれが一周年記念号であります。鮎川信夫、木原孝一、高野喜久雄、小田久郎、野々山登志夫の五氏をはじめとしておおくの、笞を握っていただいている先輩諸氏、はたまた同人詩誌各位にこれをおくり、あかい血のでる酷評、ひと笞あてていただきたいとおもいます。（好川誠一）

[illegible]月一日印刷発行 ロシナンテ[illegible] 頒価[illegible]円 発行責任者[illegible] 編集責任者[illegible] 東京都[illegible] ロシナンテ詩話会発行

Ⅷ

ロシナンテ

ロシナンテ Ⅷ

石井　常造
石原　吉郎
岡田　芳郎
大塩　匀
勝野　睦人
岸岡　正
久保田　恒雄
河野　澄子
武田　義英
樽本　三代子
田中　武
永山　一郎
根木田　信
淀縄　美三子
好川　誠一
吉田　睦彦

出発

根木田 信

そうすればあなたはせいせいするのね

おい トーストが出来たよ
そう？ あなた
ミルクが戸棚の端にあるから
沸かして下さるわね

トーストだけで沢山だ
直く出かけるんだ
帰って来ないよ
そうすればあなたはせいせいするのね
じゃ出かけるよ
キッスもなしで

ミルク沸かさなかったの
水で食べて？
わたしもそうしよう今朝は
初発の汽車に乗るんでしょ
外はまだ暗いから気をつけて
時間は充分あるわ

わたし停車場まで行っていいかしら
いいんだよ送らなくても
寒いから外は

やっぱりミルクを沸かすから飲んでいって
俺はいらないんだ
お前が欲しいんなら沸かしたらいいさ
そら 時間だ そろそろ出かけるよ
ほんとに そうすればあなたはせいせいするのね
そうだ ベッドで云った通りだ

お前 カンテラあるかい？
ありませんわ お隣で借りて来ましょうか？
いいよ 帰って来ないんだから

外は暗いわね 星もなく
時間だ 時間だ 出かけなきゃあ
お前はいい女だったよ
丸太みたいなしめつけるお前の脚

ミルク出来たわ飲んでいって
いいよ あ 汽笛だ
停車場までひとっぱしりだ
おい 俺を見ちゃ駄目だ壁の方を向きな
あれはお前の塗りこめたものだし
ドアは俺が作ったんだ
そうすればあなたはせいせいするのね
帰らないよ
愛さないでくれ

僕の掌の下で

田中　武

これがあなたの顔
これがあなたの鼻
これがあなたの唇と歯
これがあなたの瞼
これがあなたの額
僕のひろげた掌の下で
あたたかく息ずいているもの

あなたの顔に掌を置くと
あなたの世界のすべてが
すっぽり僕の掌につつみこまれる
これがあなたの山
これがあなたの樹

音たてて流れる小川
走りすぎて行く汽車
馬糞の匂う白い道路
鳴きかわす蛙
かって吹きあれた風雨の
無惨な泥水のあとを
やさしく撫でさすってあげよう

これがあなたの顔
これがあなたの僕への眞実の愛の貌《かたち》
あなたの魂の手ざわり
やわらかなすべっこい手ざわり
僕の掌の下でしずかにもえているもの

的

勝野睦人

ひる
わたくしは
ひとつの的です
ポケットに
おどろきを小石のように
今朝も詰めこんでいられる　神さま
わたくしは　ひねもすつけ狙われます
餓鬼大將のあなたのために

たとえば　夕焼けの路地裏で
吠えかかる　野良犬の声に怯えて　ふと
あなたの影を踏んでしまうと
わたくしは背中から投げつけられます
——まだ一度も
拾いあげてみたこともなかった
あなたの孤独を

×

けれども　よる
よるは　神さま
あなたが的です
わたくしは
力を籠めて投げかえします
電球のかけら　インク・ボトゥルの栓
わたくしの食卓にちらかした不満を
〈ちいさな　形而上学の脚をふまえて〉

神さま
あなたのあてずっぽおの深みへ

夜のナイフ

石井常造

―今は
全世界の人が死ぬ時間だ!
生きている!
甘酸っぱい果肉を剥ぐように
汗ばんでくる舌
淡い「生」に水が浸むように
恐怖がいっぱいにひろまってくる
　午前一時
老いた犬の眼に
石の重みが夢のように濡れる……
苔類がびっしりと生茂った石が
欺むかれた胸いっぱいに
飢えに乾いた舌のようにダラリ
と垂れて
するどい肋骨を研ぐ人
冴えかえったあの人の肋骨をずしりと捥ぎとって
喉掻き切った人
　午前〇時
氷質の呼吸が砕け散った二〇億光年の〈時〉
を賭けて
生きる人の胸締めつける飢えを与えたあの人!
星空に浮ぶ
黒白のひと影のように狂いたい?
悩ましい血文字で
正確に描かれた世界に引掛っている

ぼくはどうしようもない臓腑―
ああ狙めている舌?
殺意がキラリ閃めくと
冷めたい空間に他人の眼がひそかに光っている
ぼくはゆっくりと鎖を剥く用意をととのえる
燃え縮れる他人の武器を　そして
あの「虚空」を一つ向うに隔てた夜のナイフが
ぼくの肉体をひっそりと吐き出すのだ
ひとりぼっちな熱っぽい死が古びて
黒い炎の塊が知恵の重味を秤にかける
と!
不意の出会いを犯すのだ
魔神《デェモン》がじっとりと吐き出される
メタフ　ジカルな死の「性《セックス》」を透して―
音もなくなめらかに疾んでくる生命のナイフ
　夜
ぼくは甘酸っぱい果肉を
ゴックリ　と抹殺した

＊

―今は
水爆実験が行われた時間なのだが

不具な仲間

好川 誠一

　吊革のしろさがばかにあかるくて　うでからさきだけがここにはありました　ぎんなかのひとりにまかせたくみも　なかにはありましたが　こぶしのかたちをつくっているのは　みぎの五人のなかまかひだり　シルバーのような義手はいないので　そのどちらかにきまっていました　パチンコの機械をさかさにしたようなかおたちははなれてとおくにいました　五人と五人はおもいました　いちどあのひねもすの嘘にかく大する歪んだ噴火孔のなかのじゅうんたんのような舌の家臣に　ちょうどウイスキイをストレートでくくんだときのようにくるりと巻かれころがされて　なみいる護衛の兵は歯牙　歯牙から臼歯へおくられてサッと　出血するほど噛まれてみたいと　だけども五人と五人のなかまには　くちがたんにちいさな洞窟でしかなかったころの　うまれた　あの日の記憶がありました　五人と五人がぐうちょきぱあのぱあができなくてくちが　歯列の家來を備わなかったころ　くちはあむあむ　五人と五人をいとも優しく愛撫したということを　そしてどんなつもりでどんな野心でしたかをちゃんとしっていました

おれはこいつにこういうふうに
ものを食わしてもらうのさ
ものをこいつにうくらせて
おれは食わしてもらうのさ

　みぎの五人もひだりの五人も　こぶしの蕾が開花すると　とたんに生産用具　納得できぬままの労仂者でありました　なににしても五人と五人はこわれてみたくてならないので　足のなかまにたのんでみました　けれどもこれは失敗でした　そこでこんどは　逆におおきくでて　眼玉を剥り抜くことにしました　みぎとひだりが　印度の舞踊のひと駒のような　五人と五人の槍のような頭をそろえていっせいにちかづけました　すると眼玉には棘のようなまつげの家臣が並列していて　すは一大事とばかり寄り集ると　それでもう瞼の扉は門をかったようにうごかないのでした　五人と五人はうまれたあの日を想いました　するとむしょうにかなしくなりました

せめるな　せめるな
おれをせめてくれるなよな
おれは食いてえだけなんだ
あとはなんにもしらねえんだ

　なみだはじきにとまりました　そしてだれにもたのまず　なかまげんかすることにしました　みぎがひだりを　ひだりをみぎが　組みあい　ぶちあい　するのでしたが　痛さがすぎると　みぎがひだりを　ひだりをみぎが　じきに介抱するので　これもやっぱりだめでした　五人と五人がこわれるか　じぶんたちにちかいなにかをこわすかはあきらめませんでしたが　つくづく　なんというかたわななかまだろうとおもうのでした

〈未完〉

日比谷公園

岡田芳郎

Ⅱ　黄昏と樹

A

私は不満だ。たとえ
いやいやながら無慈悲な天の
つぶてに花をうちおとされ
ついでにひとにぎりの突風に
葉をもぎとられた老木では
ないにしても。
また　いたづら坊主どもが
忠実な自分の下僕となって活躍する
物語のいけにえとして
枝を提供する心配のない囲いの
中に育くまれているにせよ。
季節がまだほんの
形式的なくすぐりしか
私の蕾にあたえないことが。

B

討ってもごらん。
この公園の影の深さはぴったり
私を周囲から隔絶する距離だろう。
ほんのちょっと前までここを占領していた
群集　その巨大な一個の音の塊り
それが青いアドバルーンとなって昇って
行った後
彼等の落した影は
いつ刺客のように
私をとりまいたのだ。

C

私は焦立ちはしない。
恋人を待つ女のように
一つの姿勢を崩さぬことが
私の使命なのだから
さらに
自分の存在がどの他人とも
ときはなされていることが
私の宿命なのだから
映画館のあの満員の観客の
ひとりずつのように。

D

公園の闇は決して
露わな敵意を見せはしない。
しかし昼間安息の場となる私の影は
今居所を失う
外界の展げる影の裾は
私の影を気づまりさせ
私自身に抱きつかせる
それに彼等の押し黙った迫り方は
僅かの絹ずれの音しかさせないが
その微細な震えのどれほど強く
私を刺すことか！
そしらぬ顔をした威嚇がどれほど
居づらくさせ立ちすくませ
また消え入りたくさせることか
空間を自由にしきる便利な黒い幕は
場違いした粗忽な客を
居ながらにして丁寧に退場させてくれる。
（31・4・27）

青薔薇物語

——少年の夢みる少女の夢の連鎖

吉田睦彦

素っ裸でさっとその海の青さの只中に身を躍らす刹那　硅石質の粒が遠い砂浜で　一点きらっと鋭く光った　少女は眞逆様でこわくって　眼を閉じ体を弓なりに張っていまかいまかと待ったが　海面はっいに遠のいて　不思議にふわふわ　からだは水平になると広濶な空間を飛翔しだした　永劫の彌撒を歌いつづける海岸線を後にして　水平線へと飛んでゆく放膽なよろこびで　けれども翼のない自分になぜこんなに快い速度があるのか　どうしてやすやすと飛翔できるのか知るすべもなかった　ので宙吊された　不安に揺られ揺られて突然　肢に絡まってくる脆美な接触を感じて驚いた　振り返るとまるで巨きなかげろうの青い羽に似たものが　四肢に巻きついて燦然とかがやいている　少女ははじめ　その実体も意味もわからず拒もうと焦ったが　植物の花香に漲っているそれに魅され誘われて　その優しいものを無理にからだからもぎとろうとはしなかった　一層惹れる芳香の因をたしかめようと　青い抱擁に甘え　嬰児のように拗ねてみた　するとそのかげろうの青い羽はたちまち海の匂いのする風に吹きちぎられ　消えてしまった　ぐんぐん海に向って落ちる落ちていく——　いいしれぬ余韻がベッドに刺繡されていた　しわくちゃになったシーツの波を素速くけって　起き直る少女の眠気の抜けない白い頬を水色のカーテンがさっと撫でて舞い上った　青い薔薇だった　開けた窓の向うから降りこむ朝の逆光線に透けて

カーテンの薔薇模様が青く冴え浮彫りされていた　うっとり瞠める少女の快い虚脱に　水のように忍びこんだ種子は　その朝から夢の中でかげろうの羽のようにみえたものを　少女に青い薔薇のはなびらであると告げた　あんな巨きな立派なのでなくていい　からどうしても欲しい　夢のなかで容易に抱かれたあの歓びを　再び得たいという物狂しさが　晝間少女を花屋から花屋へと訪ね

歩かせ　やたらに野路を散策させた　だが花屋のショーウインドの硝子部屋に咲き乱れている　ごたごたの満艦色のような花達は　押花のように潤いを失い　少女の手に触れると花粉のように埃が散りかかり　紫がかった紅色の薔薇は重辧が毒々しく密簇しているのばかりだったのでそんなむなしい努力のはてに絶望した少女が　或日ふらふらと野路をさまよっていると　野茨の棘が少女の裾をひきとめ　るのに任めて草叢をかきわけて歩むと貧しい白い薔薇の一群は緑の葉っぱのみが夥しくて　蜘蛛の巣さえ張りめぐらして　空々しい偽果がそこここに球をつけ赤熟しているのであった　少女はたゞ苛立しくて草叢をかきわけかきわけ　スカートの裾を破っては丘の方へ攀ぢ登っていった　ふと行手に青い空が白い花房のような一片の雲を浮べて　ある地点までくると気附いた　忽ち断崖があらわれて　その下方に一面青い薔薇が咲き乱れ　涼風に青い扇をひらいたりとざしたりしている心臓形の花びらに　たまらない憧れに襲われ　その断崖を跳越えて青い絨たんに身を委せたい　幼ない頭脳のありったけで少女はそれを希った　かゝる時　何か神様のような優しいおかたがひとつひとつの青い花びらの陰で莟のように立っていて　求め誘い呼ばわっているのだと　少女は眞率に感じた　それに応えることこそ　ほんとうに美しい行為なのだと　夢中で少女は断崖から遙か遙か下方の青い世界に飛び降りた　――何か仄かな音楽のようなものを聞いていた　微妙な断続的な光がからだ中をそっと愛撫してくれるようで　しかし頭が変に痛くで熱っぽかった　少女は夢から醒めた　どこかから妙にひなびた薬品の匂いがたゞよってきた　白いベッド　白い壁　白いカーテン　そして枕元の花瓶には白い薔薇が一輪咲いていた　少女は驚いて周囲を見廻わすと　白い制服を着た女の人が近づいてくるのだ　開けてある窓の向うを指先す人に惹かれ　首を廻わすと海がぽおっとかすんでその人のやさしい呼吸のように膨んだり萎んだり

美しい岬の病院の一室だった　少女は薔薇とまちがえて海に落ちたのだとやっと気附いたのだが　海は白くなったり黒くなったりするので　やっぱり夢でみた青い薔薇が欲しいといいそれがなくては生きられないとせがみ

だがその白い人から青い薔薇なんて世界中のどこにもない　ギリシャのサフオのむかしからそれを求めてきたのにだれもみることができなかったのだと聞かされて高い青空に吸いこまれるように　クラクラと眩暈がして

海の音がおそろしく高く　胸に抱いた種子を揺さぶる

このまま息絶えてしまうのではないかと　泣きじゃくるばかりの少女だった

（旧作）

C・D・ルイス詩抄

岸岡正 訳

身体は離れていても

身体は離れていても、
暗黒の時はそんなにも我々の心を
閉じ込め結び合わせる、確かに、死は
その間にもぐり込みはしない。

狭いこの時間、あの寝台、
しかし我々にとっては探るための部屋だ
長く引かれた苦痛の赤道を
最も遠い恐怖の氷を

嵐が東へ去る、再びもどって来る。
くちばしを持った稲妻の襲撃。
空が落ちる。雲から
最期の一滴が絞り出される。

今や別の日が生れた。
おんなよ、お前の仕事は終った。
これが労仂の終りだ。
日の当る場所に出ろ！

愛することからの休息

愛することを止めそして生きよ。
恢復の見込のない倒れた死者
特異の飛行者炎の翼を持ち
矢のように落ちるあかつきの鳩。

否定することを止め、理解することを始める。
このようにして平和が来る大声で死の扉の上の
冬の壁をたたく鳥と蕾の天賦の才能で
ここに新生がやって来る。

朝以外の何ものでもない。
夜はすっかり消える星だけを残して。
暗い子宮が衰えるように低く沈み、色あせ、
宇宙は徐々にはっきりしてくるだろう。

この我等の冬の日々に

この我等の冬の日々に

死の鉄の舌のおしゃべりは
内部で燃えている地球の上の
あらゆる新鮮なものを逢き怖れで凍えさせてしまう。

かって緑だったものは葬られ、
光の時はもうわずかだ。
血の赤さで雪を越えて　我等の太陽はなほかすかな気配
なほかすかな気配をとどめている。

死の鉄の監視を越えて春は
その百万の葉を振り落す、
眠りにつくのだ、消えるのではない、
恐怖の殻を振り棄てるのだ。

我等のではないが、目は見ている
空高く合図の焔を、
太陽は再び君臨した、
もう一つの　世界の上に。

曇天

河野澄子

日が暮れ
暗く暮れ
曇天
翳る街
きらめいて灯がともる
かぞえきれない
あしおと
私の心の底を踏み
固めて通る
汗ばんだ大きな掌曇天は
おおきな渦潮を呑みこんでいる
嵐を予感している
ぴっしりと
階段を埋め
雪崩れて
散って
ゆく足音
たちどまる
ふりむく
恋人よ

こうして冷えた
歩道にじっと
立ちつくし待つ
こと
私の愛の
せめてもの証し
でしょうか
外套の襟立て
遠い地点みつめ
いらいらする心
哀しくなる心
掌にのせて
そっとおさえて
いること耐えて
ふくれてくる時間
視て
いること
曇天
胸に
うけとめていること
愛しているから
夜が満ちる
生きているから

不図はじけて炎える何か
夜の中
野火が炎えたつ
曇天を灼く

〃旅〃

久保田恒雄

えびがにたちの通ったあと
月が昇って　黒い血を照らした
血はなぜか美しかった

ある暑い午后
おれは沼から這い上った
そして仲間を　ざわざわ草原を埋める仲間をみた
彼らは一様に緊張していた
土臭い少年のように

　その頃地球は燻りながら傾いていた
　あまりの屍が折重っていたので

おれたちはともかく出発した
旅には夢が必要だったから——
途中　幾千の夜が迎き　星が落ち
どこかで銃声が起きたりした
おれはしだいに不安になった
それでこっそり酔いを覚えた

傷ついた記憶は遠去かっていくのに
影だけはいつもおれたちの前に落ちる
おれは記憶を尊重する
経験が明日を決するというなら
はさみは　みずから捨てたと言おう
人間たちのまえへ

ああ　おれたちの通ったあと
月はまた　黒い血を照らすだろう

　その頃地球は広くて静かだ
　そして平和が霧のように降りてくる

挽歌

永山一郎

傷ついた時間が地に吸われて行く。
空は鈍色にあおざめ、
地と空は雨の弁解にむすばれて重い。
骨が湿ってくる。
肩が小石の上に静かに沈んで行くのは、
おれの呼吸がくされている為だろう。
おれは　力なく　はしたなく　笑う。
だるまのように　ずるく会話が起ち、
紅い切口を閉じた昼が褐色の腹を、
おれの瞳に塗り始める。

満三才で死んだ　ニイチャン。
おれの生れない前に死んでしまった　ニイチャン。
瑞々しい生を高熱にゆれる皮膚から　ニイチャンが喪なってから、
おれがすでに二十幾年かの昼と夜を送っているということが　なんともつらく解せない。

死はいつも　人々の間に正確なイメージとして、芝草のように広がるのであろうか。

ニイチャン　は始終おれの前で年輪を重ねた。
しかめたおれの眉の端で　ニイチャンの眉は見事に苦痛を忍んで来た。
おれの自我の弱い詐術によって、
生々しく死を灼いている　ニイチャン。
おれの厚ぼったい現象の裏で、
全的に磨り減らさられた　ニイチャンの死。

秋。稲たちの目まぐるしい黙契のなかで、
落葉は地に定着されていった。
地に結びつくため　林の上の貪婪な群はある。
人々の手はざらざらしている。
アフリカ象の耳のように、所在なげに、
人々の手は景色をおおう。そして
おれの中で透明な甦えりとしての

ひとつの風景がいきなり　かたちを整のえる。

ぼくは大きい石に腰をかけ、だまって墓地の整理
をしている大人達を見て居た。墓石は次々に片づ
けられ、ぼくの前に冷たい山が造られていった。
兄の墓であった。赤ん坊の時死んだので兄の墓は
小さい円柱形の石が使われていた。ぼくは水泳ぎ
の帰りみち黄色い野花を折って来て兄の墓に飾っ
たりした。季節のなかで沢山の木の実は、ぼくの
手によって、兄の墓に実りこぼれた。……そ
の時、一人の大人の手が兄の墓を無造作につかみ、
　投げ捨てた。兄の墓は、転がり　転がり川の中
に消えて行った。
ぼくはじっとそれを見ていた。
ぼくはじっと見ていた。
ぼくは見ていた。
澄んだ水の底で薄い陽に照らされて兄の墓は沈み、
　青い斑紋を光らせた鮲がその上を幾匹も泳いで
過ぎた。
ぼくは見ていた。
ぼくはじっと見ていた。
ぼくはじっとそれを見ていた。

不意に病み呆けた陽がぶるぶる震えながら　落ち、お
　れの肋間に巣をかける。
おれの皮膚は脹れあがり　銀色に光り、
おれの眼は無数の星を凋れた空に発見する。
眼を閉じた、おれの胸廓を貫ぬいて火花は、
巨大な白い円柱の廻りではじけ散る。

おお、
結びつけないでいるものよ。
言葉よ。建物よ。
　人間たちよ。森の動物たちよ。
ニイチャン　おれはつらい。
他愛ない昼の中の息づきの綾が、
生物的に交われないでいる点に、
雨は　経血のように　熱くそそいでくる。

センチメンタル・ファンタジー

武田義英

酔っぱらった神々のような、
陸に近ずく鯨のようなもの、
霧雨に濡れる自分の貌で
日暮れの街を通り抜け、
駅の針のない大時計のうらから、
きっちり六時のうつろな音を聞く。
発車――「死刑場えの定期便」。
その赤いテール・ランプにとって、
不具者にもなれずに重い靴を運ぶ僕は
唯の通行人、唯の旅行者だけの存在であるか
この駅の、この群の
灰色は冷たく、吐く息は冷たく、
靴にまつわる鉄鎖のような生を
僕には、なぜ離せなかった。
日暮れても突きあたる塀のない街。
遠い昨日の旅で聴いた子守唄が、唇に泌みる街。
僕は何のための歩行者であるか。
腸に詰った剃刀のような死は、何のためであるか。
再び帰って来る「定期便」に、どんな切符を示さねばな
　らぬか。
愛する者えの遺書、
憎むべき者えの遺書、
それが此処では、きっちり同じ文章で夜の固さに翻える。
　今宵。
僕は自分に遺す遺書を探して
夜の固さを掘り進む、
鯨を焼く匂いにむせび
しかも鮮明に自分の貌をして――、
だが何時掘りあてることが出来るか。
僕は
共同墓地の腐爛土にあざやかに咲く時間の花を、
なぜ手折らなかった。

すべてぼくら

大塩　匀
土の中へ沈んでゆく石灯籠のやうに
ゆっくりと大渦に吸込まれる帆船のやうに
ぼくらの大地がながれてゆくのにぼくらは
氣がつかなかった
だからそれはいかなる出来事でもなかった
時間の中にある事でも時間の外にあることでもなく
ここにもなくかしこにもなく
それはどこにもなかった
しかしそれは一つの不毛の〝状態〟だった
それはひそかに意識の間隙に瀰漫し
ぼくらはうすぐらく痕もなく蝕まれていった
もはやたれひとり　どこかに明るい處はないかとすら
　いはなかった。
馴らされてしまった獣のやうに
たれひとり　明日はと問うこともなかった

光も色もなく歎きの声もない中で
ぼくは蟲のやうにぼくの背中を降りていった
ぼくらはぞろ〱とぼくらの背中を降りていった

ぼくはいはう
　もうぼくらの裡には　柔かな海は生えはしないと
もうぼくらの血は　黒々と澄んでさへゐないのだと
ぼくらは　ぼくらである事も許されないのだと
ぼくらは　ぼくらでない事も許されないのだと
さうだ
すべてぼくらには罰があるが
すべてぼくらには罪がないと

春

淀縄美三子

つかめないものをもぎとるようにわたしは道のない道を
歩いていた。切りくづされた石は雨にたゝかれみどりの
苔を生んでいた。流木の端につかまって生きてきた地虫
はその親たちを知らなかった。金色の衣裳を枝に投げす
てた親たちは風と楽譜のない未来の歌をうたっていた、
五月のライラックは恋人のようにやさしく、大空は嬰児
のようにそれをかき抱いていた。鳥の子のように硬くな
っていた土は柔かく溶け　まるくまるくふくらみ、わた
しはそのなかで出来るだけ大きな愛をふくらませよう
いくつもの年輪を刻んだそのなかで――

黄昏

樽本三代子

みかんのかわ
がきのえだにぶらさがってい
むらさきいろのしばふには
しろいゆきがおちている

ねつをもてば
ひたいにまきつくレールがあり
にぎりしめるゆびがあり
もえるこころは
きいろなけむりをだしながら
ないぞうをおかし　のどをいたませ
そらに　とうめいの
とりをはなつ

そらは
なないろにたそがれる
きえ
あいいろのめ
のなかに　およぐ
ゆうべのひかり
しろいからがおちてい
たそがれたみちには
はみでた　さいほうが
くだけている

風と結婚式

石原吉郎

あかるい儀式の窓では
風に　樹木が
もだえており
街路で　そのとき犬が
打たれていた
古い巨きな
時計台のま下でも
風は　未来へ
闌くものだ！
ぼくらは　にぎやかに
街路をまがり
黒い未来へ
唐突に匂って行く

ぼくらは　高原から
ぼくらの夏へ帰ってきたが
死は　こののちも
ぼくらをおもい
つづけるだろう
ぼくらは　風に
自由だったが
儀式は　こののちにも
ぼくらにまとい
つづけるだろう
忘れてはいけないのだ
どこかで　ぼくらが
厳粛だったことを

受贈誌深謝

あとがき

T・S・エリオットに Translation is translucence という言葉がある。ヨーロッパ諸国間の翻訳でさえこれなのであるから ヨーロッパとは言語構造の全く異った日本語に翻訳するということはほとんど不可能に近いといえるかも知れない。しかし、外国の詩を鑑賞する場合、唯読むよりもそれを書いた方がより多く理解できるであろうし、また、ただ写すよりもそれを翻訳しながら読めばなお良く理解できるであろう。そんな気持でC・D・ルイスの二三の詩を訳して見た。誤訳誤読は数えきれない程あるかも知れないが、これはいって見れば僕自身の理解したC・D・ルイスだということが出来ると思う。（岸岡）

× × ×

今年の仕事として、シリーズふうに個人の詩集を出すことにした。一周年記念号といい、詩集といい、このところとみに上手に駒をすすめているわけだが、詩集のばあいは 鶴巻・村山両氏の詩集に刺戟された事実はいなめない。トップを切って好川・吉田が上梓し、つづいて勝野・岡田・石原などが用意している。出版された向きは直接好川宛相談されたい。

早いもので、もう二度目の夏がくる。こうして、ときどきみんなのかおをみながら書いているあいだにも、汗はじっとり肌ににじみでる。5月は6日の夕べ、岸岡正氏宅である。なお次号の〆切は6月末日厳守のこと。（せいいち）

× × ×

ロシナンテ詩集・I

好川誠一集

海を担いで

最も初期の作品12篇と、既発表のものを含む「現代の童話《メルヒェン》」9篇、ほかに「花よ おかえりなさい」「水平線へ呼ぶ」などなど、総計23篇を収めた詩集で、B5判（本誌大）表紙本文とも上質紙使用。頒価50円。発行6月10日。申込は当会または直接東京都世田谷区玉川上野毛町三三八岡口方好川誠一宛。

ロシナンテ詩集・II

吉田睦彦集

蝕バマレタ牙ノ唄

この詩集は極初期―十六・七才頃の詩稿ノートから作品を選んだ。僕の第三詩集である。あれから詩想的にも技法的にも変貌を重ねてきて、もう僕はこのように生きられなくなっているが、やっぱりこの詩集は僕というものでみちあふれている。当時僕が熱愛していた「逸見猶吉詩集」の冒頭に次のような詩句がある。タダヨウ無限ノ反抗ノナカニ ソノ時オレハ歩イテイタ／ソノ時オレハ牙ヲムキダシテイタ しかし、あの頃の僕の小さな牙は暗い翳に蝕まれて虚弱な反逆しかできなかったようである。

IX

ロシナンテ

ロシナンテ　IX

日比谷公園

Ⅲ 涸れた泉

岡田芳郎

A.

私は一日のうちに必ず
ひとりの恋人を
夕方までにつくりださねばならなかった
伏し目勝ちの
白い手袋をはめた
可憐な人を
五時頃になるとあわてて探しだし
私は束の間の恋人とした

B.

私の胸は　しかし
ひとりの女の
わずかの唾液では満されなかったから
そして　寺院の庭のように
空虚な胸の
たった一つの栓を
決して女はひねろうとしなかったから
私は　そのかわりにせめて
マニキュアをしない爪がこしらえた
微かな傷痕をさがしだそうと
めくらめっぽうにアカチンを
胸に流しこんだ

C.

だが靴に入った石のように
ぎごちない不満が
胸の中をころがったとしても
私は一日にひとりの
女を送り出し
そして迎えねばならなかった
私の心が娼婦のそれのように
浅ましかったにせよ
どれほどの悲しみがその上
私におまけをあたえたことだろう
天女のように美しい人を
胸に入れた夜の私は
すきとおるほどがらんとして
耐え難いのだった

（31・5・5）

人彘

大塩　匀

歩いて行ったら
腕が截られた
歩いて行ったら
脚が截られた

既におれの頭はガラン洞だった

ズシリ転がるほかない　ぶざまな腸詰
生温い風をうけ　否応なしに横たえられた

が
内壁にぶつかり焦がしごろ〳〵のたうつ
この飢餓は何だ

臓物をひきやぶり　きあげるこいつは
何だ
噴火口をさがして流動するこのいやらしい岩漿は何だ

見たか
あちらにもゐる　そこにもゐる
こゝは焦げた腸詰の累々とよこたわる荒原

聞えるか
硫黄の臭のする低い低い声のようなものが
つぶされたかまきりの腹からにじり出てくるはりがね虫
のようなうめきが

註〈人彘(ジンテイ)　十八史畧　漢の呂太后の故事〉

おまえと言うぼくの想いは

根木田　信

おまえと言うぼくの想いは
立っている
坐っている
うずくまる

おまえは砂を駆ける
おまえは跳込台にのぼる
飛ぶ　ひらひらと空を
おまえは海を駆け泳ぐ

　来ていたの　泳がない？
止《よ》すよ
じゃ　ジュース飲まない？
よし

おまえは飲む
ぼくも飲む
けれども
おまえは　おまえの脚は
砂に乗っかり
静止して
おまえは飲む
おまえの重みが咽喉《のど》をつたわり
下《お》りてゆき
足の先から砂ににじんで
おまえは立派な躰だ

今日　おまえが発《た》つ
タオルでいそいで躰をふいて
時計をみて

　駅まで何分かかるの？
さあ
十五分？
もっと
なら遅れるわ　早くしないと

おまえは部屋にぶらさげた
おまえの黄色いワンピースを
おまえの黄色いスカートを
おまえの黄色い存在を
さっさと
えもんざをからはずして
トランクに押しこみ
出発

ぼくはおまえがわからない
どう云うふうなおまえであったのか
風が吹く
追われて

吹かれて
おまえは遠ざかる

ここらでは誰も立っていない
坐っていない
うずくまらない
床下にちらばったおまえの言葉を集めながら
ぼくの中でおまえは
汽車で発つ
汽笛を聞く
けれども
どう云うふうなおまえであったのか
ぼくの骨盤のあたりで
砂に
おまえはにじんで拡がり
広がりして
波頭一杯ぼくにかぶさる

おまえは重いトランクで
ぼくを一撃する
何故か

深夜　奇しくも又

竹下　育男

深夜　奇しくも又
詩人は無限に言葉をけづり刻めば
自らの不撓の悪徳に眼覚め
薔薇色にうねる永遠の波の眩暈に立ち向う

倦怠すらもはや何程の力があろう！
鋭角に射す狂暴の光の前に
落日の平安の影も深渕の相貌も
今は　うず巻く焔となって崩れ落ちるのだ！

漆黒の不敵な仮面は
一瞬　狂おしく下降し
古えの墳墓の数々を蘇えらせ

固き「死」の眼差しを受ければ
花々は無表情に咲き出で
彼方の黒みから激しく戦いをいどみ込む

月蝕について

横山 昇

偶然　再び同じことを繰返したとしても
満つるために
翳り続けることが
約束をはたすことのように
素直になったとき
ぼくは
何にも逆らわずに　黙って
月のように
稀薄になっていよう

能面のように
うすっぺらな背に
あいまいな　たくらみをかくす
ことなどは　意味をなさなくなり
ただ　どうしても認めなければならない
暗い空が　はての見えない空が
どのくらい　深いのかなどと
占ったりしながら
ころがり進んでゆかなければ
ならなくなったとき
ぼくは
満ち足りることのない満足を
知ることが出来る

もう二度と
満ち　かがやくまいと
思い続けていることが
此處では
いちばんふさわしいことなのだと
おのれ一人で決めこむことが
すこしも不自然でなく
こにくいたくらみであるのだと知り
無くなることは
全ての約束なのだと慣れ
静かに　時に従ってゆくことが
務めなのだと信じながら
ぼくは
やがて　決ったように
消えてゆかねばならないのだ

だが
ぼくには　何故か
最後まで　不純だった陽が
昇り続けるとき
意味もしらずに　おのれが
消えてゆくときの楽しさ
は想ったとしても
そのかわらない円さに　かがやきに
精一杯のしゅくふくの云葉を
惜しむことはしまい

暗い生の只中で

河野澄子

汚れたコンクリート壁に　いちめん朱が流れ
にわかに　黝ずんだ樹樹が炎えたつ
いっそ陰惨に彩られた　赤い壁画
を視る

こんな日没だ
不意に
すゝり泣きがおこるのは
盲いた生の只中で
ものたちが身ぶるいするのは
たちどまらねばならない
闇黒の鬼《プロメテ》の眼があなたを射る
あなたの内部の暗い裂け目

あなたの生は　生きられているか
いま
閉ざされたものの内部を血腥く像《かた》どって
信じがたい程間近に
太陽が燃えおちる
いっそ陰惨に
ものたちがよみがえる

こんな日没だ
はっ　と人々がわれにかえるのは
暗い生の只中で
死が身ぶるいする
ずゝり泣く
（わたしの生は　生きられているか）

廃墟

川井雅子

I いざない

胸にしぶきをあげては
この廃墟を訪なう
秋。

行こう。
——しろい季節に
行こう。
——なにもかも
　おいたまゝで

遠い国へ。　遠い国へ。

○　○

砕け散り　砕け散り
きららか指にまつわる
秋。
ひかり、
と肩に、かいなに
ひかり
ひかりあふれて

——想いもなく揺れる十月
待って。……行こう
私も
行方も知らない流れにのって

このひやゝかな廃墟をぬけて
遠い国へ。　遠い国へ。

II 時計台

風はすっかり落ちて
街は明日を忘れている。
このまひるどき

中空に時計が出ている。

III ショウウインドウ

すきとおった窓の中の
きららかなグラスのふちの

人
車
いびつな頭の仔犬など

時間は淀んだまゝにめぐっている

IV ショウウインドウ

オモチャノ汽車ハイイ。
信号ヲシラナイカラ好キダ。
ミンナ忘レテごとごと走ル。
起点。
終点。

熱風ニ
枕木モナイ　フミキリモナイ
名前忘レタ遠イ町マデ

錆ビナイヨウニ走ッテケ！

V 彷徨

ひるさがり　街は
クモリ硝子の金魚鉢だ
青めいて揺れる影をぬって
私の……
お前の……
数限りない尾ひれが過ぎる

すべるように、ながれるように
駆ける――かける
不透明な世界の向うへ
私と……
お前と……
虹のような想いにふる
駆ける――。　だが

街角で
引力の無い駅の端で
〈声〉は雨のように降りて来る。
私に……
お前に……
くちかけた今日の椅子の中へ

止まれ。そこに
止まれ。〈約束〉はもう終っている

ふりむくと
同じ形の　同じサイズの　明日の椅子へ
私の……
お前の……

焦点のない眼が移る

VI はしの上で

街はあかるくさゞめいている。

――どこか遠い国へ行く汽車が、華やいだ窓をあけて走っている。ひどくたおやかな水よ。この水は栃木の辺りから流れて来ると、すれ違いの男が話していた。

――知らない国の、知らない街では、今頃こまかな雪に樹々が埋れているかもしれない。笹の葉もゆれない程の夜更の街もあるだろう。

――どこだろう？　こゝは。水面にこわれかゝっている夕やけ色のこの街は。かすかに火薬の匂いをさせて暗く嗤っているこの水の街は。

目をあげると、傾いてゆく太陽にそって
街はあかりをつけ初めている。

VII 廃墟

夜更の階段
その巨大な顔をぬけると
からっぽな
街の彼方
ほう。月を浴びた昏い廃墟は
ほのかにスミレの匂いもするじゃあないか。

歴史

金子黎子

九月　あのひとの　のけぞった咽喉をうすめをあけて眺めていた　厳しい空に押さえつけられた黄色の壁の中で　砂のように崩れて行く　何かを　いたいほど胸に抱き締めながら

十一月　征服者のメランコリー　古血の花の咲く道を　歩けば歩くほど虹は遠く　遠く消えてしまうのだった　くちづけには　ほの甘い薄荷のニオイ　黒いひとつのベレエをかぶり合い　あつい夜の中で口笛を吹き合った

一月　ぴったり空に貼りついた冬の顔に　さみしい投げキスを送ってみたところで　折りたたまれた日が戻って来る筈もないのに　どうすることもできないのだ　ふたりが一緒であることが　かなしみなのだと気づいてしまった　いま

誕生

藤本堯

固い固い蕾をいつから雨の手でかい抱いたのだ
誰の為の萠芽なのだ
お前の青ざなんか……
きっちりと用意された時の運行が
突然停止するとお前の中のあんなに
かたくなだった大理石が
荒々しく　もろく
崩れ去ってゆく
永遠の鑿で削りとった塑像を壊す者は誰だ！
その内部に沸きかえる血みどろの
斗いをお前の白いからだはすっかり
吸収し盡して
黒い妖しいヴィナスを宿す

それはお前の受難のしるし

青薔薇物語（改作）

吉田睦彦

実験室の窓硝子をそっと搞く微風がおさげの髪を抽象絵画の線のように頬に踊らせていた　放課後の空っぽな壷のなかで少女は薬品が零れて汚れた古机に向い薔薇の白い花瓣を青く染色するのに余念がなかった　透明なフラスコ瓶にインクを滴らせ一輪の小枝を挿入してながい間ソーダー水を胸に泡立せながら待っているのだったかたわらに展かれてあった理科の部厚い本の頁が風を呼んで時折ぱらぱらと舞い上って種々な薬品の匂いを攪拌しては急に静かになったりした　〈根圧によって吸い上げられた水分は茎細胞の内部に組織された管束に至り次第に導管や仮導管を通って植物全体に吸収される　葉裏にある無数の気孔から蒸散する水分に適応するために……〉　少女は理科の本を聖書よりも愛していたし信じてもいた　稚い頭は薔薇の花瓣がインクを吸収し軈て塩化コバルトのような青さに変貌するだろうと絶対の確信を持っているのだった　昼間　少女は一番仲良しの友と青薔薇について悲しい争いをした　ギリシャの女詩人サッフォが仮想の幸福に身を浸しながら歌ったという青薔薇の花はそれ以来誰も遂に発見することができなかったのだと　一度でいいその青い花の純粋な薫りに身を委ねて心ゆくまで泣いてみたいと　詩の好きな友が囁いていた休み時間の廊下の片隅で少女は條件反射のように咄嗟にいつか先生に教った植物の実験を想い出していた　わたしが青い薔薇を創ってあげようか　詩なんて駄目よ　科学的にわたしがあなたのオセンチな夢をかなえてあげると蔑みながら誓いもした　ひどく邪慳に撥ねのけた言葉をその友は受けとめかねて疑惑と寂寥をないまじえて微笑んでいた　あの時少女は秘かに憫んでいるような友の視線を憎みさえしていたが　あたりはいま次第に翳って夙く夕映が実験室の孤影を蝕みはじめていた　古机に展げられた理科の本はもう微風も頁を繰るのに倦いたのか空しい重量で傾いていた　螢光燈のスイッチを引くと逆光線を浴びて少女の影は白い薔薇を呑み込んでいた　逆心臓型の花瓣は白々しく少女の胸の壷に挿されて覗き込むように冷くふるえていた　それは憫みを含んだ友の瞳の向うに手のとどかぬ処で咲いているサフォの夢のようでもあった　すると忽ち少女は自分が嘲られたようなくやしさで涙が零れてきた　いつまで待っても染らない白い薔薇を中心にして世界が遠く閉され　ただ狹霧の中にいる切なさで理科の本の定理に失望しながら実験を中止しようとしない少女の　最後には必ず清らかな青薔薇が創れると胸にソーダー水の泡を掻きたて掻きたてる少女の　濡れた瞳も閉されてそのまま薬品の匂いに溺れて眠ってしまっていた　フラスコ瓶に挿した小枝から花瓣が散って母の手製の青い繻子の枕の代りにいかにも少女の眠りにふさわしく積り敷かれていた　その上に乱れたおさげの髪を撫るようにして実験室の夜が異様なきびしさで流れていった　だがその時眠る少女の閉された瞳の奥には世界のどこにも存在しないはずの青薔薇が一輪　音もない優しさで蕾を綻ばせていた　原始からのながいいまだ醒めやらぬ人々の夢を秘めて芳烈な涼しい薫をただよわせながら

遠い窓

鈴木芳子

花をうかべ
花をしずめた。
夜に
飛び交う吹雪を聴いていた。
庭の緑樹に陰翳をおとして
ささやきかける夕ぐれなど
誰か　覗いて
ひきかえして行ったりした。

羽撃いていったカーテンと共に
私のひとりの少女はいない。
昨日の森に濡れた木の実を拾い
焼きはらわれた野原をはぐれ
いちめんの靄に抱かれ
黒い声に突き落とされ
みるみる渓谷の襞にのまれ
て行った。

少女への懐しさにうつむいていると
どこかで一心に素足を磨いている　少女の
小川が音たてて私の体を流れはじめる。
　打ち寄せる　暗い日日の
波間にゆれて
花は　花ひらけば
ひとひらの　花をうかべた。

いっさんに忘れて行った
林の径を　驟雨に追われ
さまよい疲れた
少女は　ふと
遠い私の窓に凭れて
ときに泣いたり睡ったりした。

唖の少女と

好川誠一

夕ぐれ
市電をおりた
いく本もいく本も
煙突のあるしらないまちにたずねてきたのは
賭けて賭けて賭けた
「紹介します　好川君です　紹介します」
紙きれのせいだ
「あいにく」の言葉はなんのせいだ
できた人は馬のような目をしていた
しらないまちは　ぼくを支えるつかえ棒がない
しらないまちは　ぼくに解《げ》せないにおいばかり
しらないしらない　しらないまちのはずれのみせで
あいそのわるぃオシの少女と麦酒を飲んだ
喉咽で麦酒は　俄かのかぜに鳴りだした風鈴
Lの字の隅っこで
ぼくのきらいな塩辛を　オシの少女は平気でたべた
Lの字の　カウシタァをさかいにして
オシの少女の売る人
ぼくの買う人
善男善女のママゴトだ

尾っぽを振れるということが

なけてきた
「紹介します　好川君です　紹介します」
なけてきたのは
無数にいる
あおい小さな翅ある虫が　ぼくの淀んだまなこの湖《うみ》で
溺れかけたからだ

尾っぽを振れるということが
飼われてそれで
シャリにありつけるというそのことが
それほどおまえにはうれしいのかそれほど
うれしくさせてしまうのか
ああかって　しんそこおのれの奥底から　ところかまわず襲ってくる　さみしさのかぎりに怒りをこめ　つめたい　きりぎしの尖端へ　のめりながら　ふかい胸器のうつわにぽとろん　落した卵黄《たまご》のような　月にかたくなに　小さな焔の舌で吼え　おまえは挑んだ　おまえのしゃにむに挑戦した　おんなじ舌で
庭の杭にくさりでつながれ
大地に直《じか》接に　あしを触れて
歩いた　ばっかりにみすぼらしい
すがたになりはてたとおりすがりの人のうわべに
吼えるそんな
それだけのしぐさで終身
尾っぽを振れるということが

幻想の日

―抒情的デフォルメの唄 純喫茶
モンブランに

石井常造

ショウインドを 小さな犬が通った
闌春は白い雨の中に
またはそぼ濡れて通った人がいた
ドアを高く開いて……
よそのひとが通り過ぎていった日に雨が降る
その度毎に「日記」が変移していった
思い出が優しい襟首に立て
ギリシャ人の若い唇に橙色に濡れている
春色のコートに深い版画したような
女の顔いろはギリシャびと――
ドッシリとどあを背く夜を
流れる河に渡る……
きらきらとシカクいじゃんぐる
大円柱に光る光量時計
遠い異境に星のように水
光沢に溺死する植物性
愚惑者の顔があった炎の時！

形見に想う
宝石に飾られる
胸に炎は憂愁があった
何かしら……
伸びて行く森に年輪のように広がって
青嵐が訪れる
ぼくは宇宙に向って吹く無言の若い唇を濡らす
セピア色の海のような郷愁
昔の肉声の唄を憶い出すのだ――
一瞬にぼくはきゅう引されたのだ
その時夜を輝やいていた星座が
「地球」と云うのである
降雨が乾れてから長い星だ！
ぼくは
決まって肉体に血を欲望する
放浪
宇宙に吸い寄せるメロデーの音色
酔い痴れる……
水が枯れる色彩のない心の泉――
しなやかな草原に疾ぶ
カモシカの背中を浴びる昔の落陽
肢体にしなやかなカモシカに鏃り打つ
痛切に骨が鋭い

ぼくは　そして
ジッと棒立ちの瞳にカモシカの錯覚を祈るのだ
時代があったのだ!
食物性の時代には
白く乾いた石造り家屋に心飢がある
人間が
肉体を濡らして泣いた夜がある
雨だ
すすり泣きの音色があった
――今
幻のような雨の物語があった
ぼくは僕に向って問うのだ
ぼくの後姿にピッタリと寄馴うぼくがある
ひと影があるか性状に影があるのか
エゴという顔がふいと現われる
あらぬ方向に影が消える
太陽の一日が草原を奪い青草を盗まれた
シットリと霖雨が濡れて白い――
濡れそぼれて消えて行く黄色い太陽
さようなら
そうゆう優しい心から出発する太陽の犬を
ぼくは
自我の空に方向づける

ひとに

岸岡　正

僕の心に遠く　僕の瞳に近い　あなた
の光と　翳と
流れる雲が春を告げ　空の碧が　あな
たの瞳にうるんでいるからといって
それをどうしよう

僕のためにはたった一度だけしか与え
られなかった春を　その春の心を　僕
に強いるのは……
優しかったあなたの姿は僕の瞳のなか
で成長をやめてしまったのに　あなた
の瞳はもう僕の心を映さなくなったの
に

夜の空に星がまたたきを始める　しか
し　昨日の星はもう今日の星ではない
　そして　昨日の僕の心は……
僕の瞳にはもう星の流れることもない

一九五五

絶壁より

石原吉郎

いつ行きついたのか
歩行するための次元が
そこで尽《つ》き　やがて
とまどい　うずくまる――
意志よりも重い意志が
遮断機よりも無表情に
だまって断ちおとした末来
その赤ちゃけた切り口に
たとえばどんな
決断の光栄があるか
またたくまに
凪となった意志
たんぽぽを抜き
おれは踵《くびす》をめぐらそう
もはやおれを防ぐものはなく
おれが防ぐものが
あるばかりだ
そこに立ちどまって
みせるな
カンテラよりも

おろかなやつでさえ
おれを笑うことを知っている
重たく蹴おとした意志の
むこうにあるものはいつも
明るく透明であるよりほかに
なんのすべをも知らぬ
能なしの夜明けだけだ
放埒な風のなか
あついふところの銭《ぜに》勘定よ
切り立った虚無へ
だまって唾《つばき》をおとし
夜よりも深い記憶へ引きかえす
どこにまぎれて行く
夜があるか
しばらく鎚となり
しばらく鉄床《かなしき》となる夜が
やがて声もない吹きだまりで
魚のように
いっせいに口をあけろ
だまってともした灯が
われらの夜だ
手をあげればただちに
始まる時刻であっても
おれが断ち切られるのは
しかしそこではないのだ

夕暮と男

田中　武

繁茂した植物の上のさかんな夕映えのうしろから
ひとびとはぶあつい耳たぶにメダルのような夕暮をぶら
　下げて帰ってくる
そろそろと沼沢地の葦の間やうす暗い樹立や山際の田圃
　のほそいあぜ道を伝い
ふるびたお堂の灰あかるんだ床下でこわれたヤキモノの
　顔がやさしくほほえみ
稲株を縫って水口《みなくち》からゆるやかに流れ落ちる水の群のよ
　うに
夕闇がわずかに泡立ってひろがり出すと
「晝間があんなに遠くなった」
パラチオン剤散布区域・立入禁止の赤い旗や一列の葱坊
　主
横たおしの大きな溜桶の前でひとりの男が立止り
太陽の下でのオレンジのように眩しい記憶を
煙管《きせる》の火のように叩《はた》き落した
「夕暮はまるで盗み読みされた手紙のようだ」
行きおくれた晝間の光が
すっかりたそがれた山野の上空を
時々ほそい筋をひいて走りさって行くのをぼんやりみて
　いた
やがて晝間のうちに切りたおされたみえない樹木の
しろい切株がいちめんに闇の中に焙り出されてきて
夕暮のうすくなったひとの皮膚をもの欲しげに撫でまわ
　して行く
まがいものの愛を
お互がいつの間にか信じはじめる時刻で
「だが胼胝《たこ》のある固い掌は浅葱のような彼女の魂を愛撫
　するのには不似合だろう」
彼はこっそりそうつぶやいて
夜の中へ傾いている坂道をゆっくりとのめりこんで行っ
　た

〈夜明けまで・その(1)〉

エトランジエ

植村豊子

いつのまにか
私はエトランジエになっていた
私の周りにそりかえっている
この見知らぬ人達と
私はどんな話をしたらいいのだろう

あなたを待つ間の
静かなたわむれ
私はノートの端に
青いインクのドームを書いていた

その円い影からしたたる
青いしづくの
朽ちかけた追憶を拾い
屋根に模様をつけた時

胸の上を軋んで通る
車輪の音を聞いたのだ

ああメルヘンよ
その可愛いい騎手よ
もう一度私を育ててくれ
再び車輪が通らないうち

青いドームが
ノートいっぱいひろがり
ひろがり
私は見知らぬ人達の
言葉を忘れていた
あの赤茶けた生活《くらし》の鋒先を

青いドームの
メルヘンの
エジプトの兵隊の

その時
あなたが歸らない事を
私は知ったのだった

〈31・6・13〉

えぴそおど
―又は〝peg〟

勝野睦人

「死」は一本の釘である。

それをわれわれの背中に打込んだ男は、むろん神に違いあるまい。かれはわれわれの背中の板の厚さを――即ちわれわれの肉体から、精神までの隔りを測った。いうまでもなく、ぞんざいな目分量を用いて……。つまりその距離の闇間に、こっそりこの錆びた「悪意」を埋めてやろうとしたのだ。

ところでかれは誤ってしまった。かれが買いこんできた釘という釘は、悉くながすぎたようである。かれは困った。ぼりぼりと、五分刈頭を掻いて考えこんだ。そこで思いついた方法は、これを、はすかいに打込むことだ。いささかの注意を用いさえすれば、この程度の仕事はかれには容易と思えた。へ大工とは、元来ふかい因縁のあるこの男は、口に数本の「悪意」を含んで、鼻唄まじりに仕事を進めていたが……

やがて、空腹をもよおし、細工が乱れた。それに板の厚さは、かれが考えていたよりよほどまちまちだった。肉体の表層から精神が、うすく透けてみえる奴さえあった。かれは腹を立てて垂直に槌をふるった。槌に加った痼癖は、「運命」の重力となってそのまま、その男の背筋をたたいた。もはや自明の理《ことわり》ではあるが、「死」は、雄然とかれのこころに突き出た。しかるに、その屋根裏部屋《マンサル》のようなこころのかたえに、いつしか寝起きを繰り返していた詩人は、おどろき、目を覚まし、
そして唄った。

「死」は私のベットの脇に
突然うまれた帽子掛けです
けれども神様
私は終生無帽のやから
私は終生無帽のやから
あそこにお掛けしようにも
「信仰」のシャッポは持ち合わせ
ていません

あとがき

逆説をもちいなければ、ついに理解できないということはやはり悲しむべきことにちがいない。理解の盲点をまっすぐに突く逆説の力強さは魅惑にはちがいないが、逆説をもちいる時は、それが一つの不幸によって止むを得ず要請されたものだということを常に頭においておく必要がある。逆説が一つの類型となり終った時、誰もが同じように逆説を弄して面白くもおかしくもなくなる時、毒は本来の効用をうしなう。毒の誠実さは、いつもそのなかに一つの罪と痛みを自覚しているところにある。

（いしはら）

受贈詩誌

詩誌の発展的解消ということが流行している。ロシナンテもその流行に従うというわけでもないが、一応この号で会員制度を解散し、次号から少数精鋭主義的な同人詩誌として再出発することになった。季刊になるので現在より発行期間は延びるが、別紙通信「サンチヨ・ぱんせ」の発行等を含めて、僕等の仕事はいよいよ活潑になってくるだろう。周知のようにロシナンテとは中世の英雄（？）ドン・キホーテの愛馬であるが、アンテは最上級を意味し、ロシは駄馬のことである。本誌もかねてからの念願であった同人誌に切換え、今度こそ本当の高級駄馬的風貌を示してくると思う。いままで有形無形の御支援をお寄せ下さった他同人誌の方々や詩人諸氏にお礼申し上ると共に、この茶目気溢れる駄馬に狂熱的な拍手を！（吉田）

あたかも貧乏であることが彼らの特权であるみたいに、いつの世になっても詩人は貧乏だという。詩人であることよりもなによりもレッキとした社会の一員であり、生活人であるから、詩人は詩で、金儲けしようなどとは思っちゃいない。とまあ、一般社会人からのあいもかわらぬ雲や霞を吸う狂人扱いにたいして、パンを米を、しかも働いて食っている普通の生活人だと主張して、強引に仲間入りさせてもらおうといいだしたのはついさきごろのことだが、これはまったくばか気ている。

パンを米を、得るために他人に売り捌いた労仂時間は、もはや彼らのものでないことを、彼らはしっている。そのなかで彼らは魚屋に八百屋になろうとする。しかもそれが、彼らの好きなもの以外は、まず店頭に列べないという我侭な商人になるのだ。貧乏であることの、一つの理由である。じぶんのえてかってなことをして、貧乏でないわけがない。とんだあとがきになってしまった。それだけに詩人は詩のなかで、せいいっぱいのはばたきができるといいたいのだ。

（せいいち）

好川誠一選集

海を担いで

私はチャップリンが好きなのですが、あなたの詩の中で、思いがけず、彼のなつかしい顔を見たような気がします。たとえばあなたが「花よ　おかえりなさい」とおっしゃる時に、彼の笑って笑って泣けるような、奥深く流れている、あたたかいヒューマニティに、いつも、感動を覚えます。（鈴木芳子）

一見、ユーモラスな表現の奥にあるユニークな抒情を一番に感じました。私のとは、全く違った詩想の詩であるために難解な個所も、しばくありましたが、なにはともあれ、私の近辺にあまり見られない詩として、大へん勉強になりました。（津崎和子）

B5版、謄写印刷。「文章倶楽部」「詩学」などへ発表した作品に未発表のものを加えさらに初期の作品13篇を収録・頒価50円・東京世田谷玉川上野毛三三八関口方ロシナンテ詩話会。

1956年8月1日印刷発行 定価50円 発行責任 石原吉郎 編集責任 好川誠一 発行所 東京都世田谷区上野毛町三三八 皆方 ロシナンテ詩話会

Ⅹ

ロシナンテ

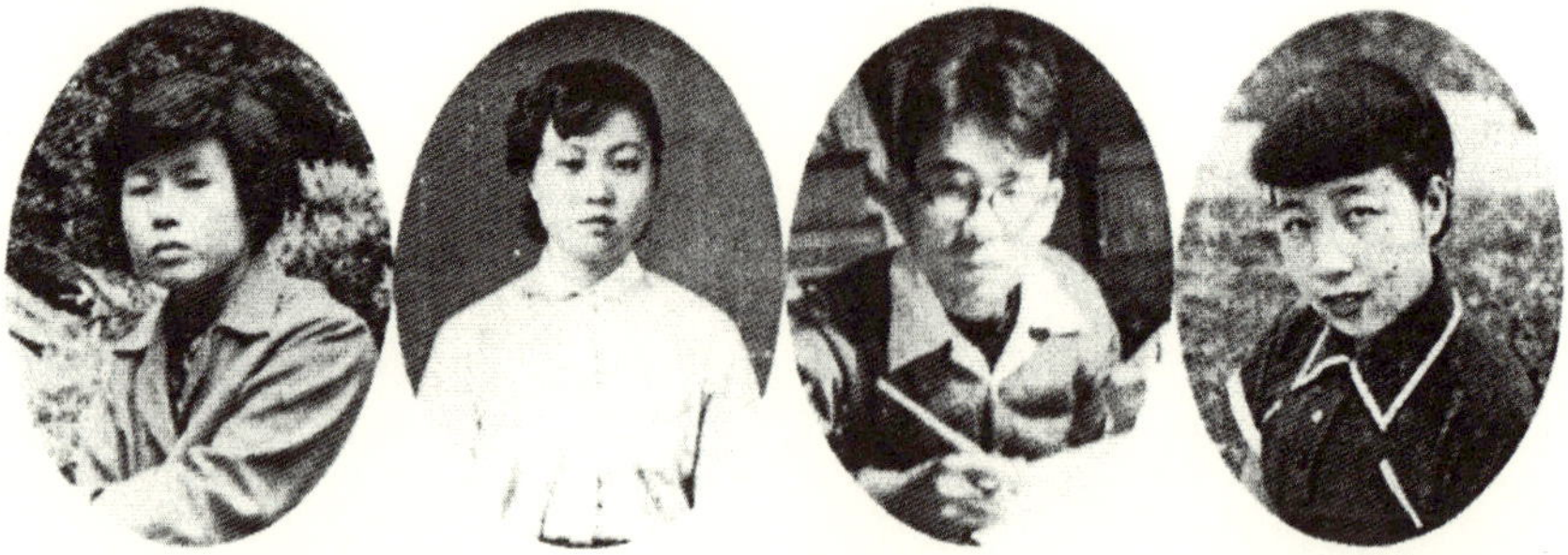

円内右より
津崎由規
田中武
鈴木芳子
植村豊子

前列右より
大塩勻
好川誠一
石原吉郎
（一人おいて）
岸岡正
金子黎子
后列右より
勝野睦人
淀縄美三子
竹下育男
吉田睦彦
河野澄子

ロシナンテ　X

Frau komm!

―ドイツ難民白書から―

石原吉郎

一九四五年三月九日　ケーテ・ヘードリッヒは射殺された

逃亡のみがそのとき存在のあかしであつた　ソヴエートの国境は重くるしくラウエルブルクの部落を通過した　彼がどこから来るか誰も知らなかつた　夜が明けたとき部落はすでに国境の外にあつた　変節の意志は火のようにどこにも匂つていた

そこに彼女らがいた　その農家の窖の奥の寸断された秩序の一片のように　みずからの裡のすべての灯《ともしび》を消し　みずからよりも小さなひとつの塊りとなつて　かたくみずからへひそむふたりのフロイライン　窖の扉はかたくとざされていた（あるいはまつたくあけはなたれていた）

彼を招いた者はいなかつた　しかし招かれた者のように確実に　彼はやつて来た　第一ウクライナ方面軍・軍団・師団・連隊・中隊・分隊・上等兵そしてフョードル・マイマーノフ　銅羅のようなま昼の光とともに彼は窖へおりて来た

カンテラはおびえた　白昼をゆるさぬ意志　彼の知つているただひとつの言葉が　断たれていた存在をすばやくむすびよせた　さらにするどくそれを断ちきるために

〈来い《フラウ・コム》　おんな！〉

抓傲な戦慄がそれにこたえた　不幸がはじまろうとしていたふたりの姉妹はたちあがつた　未知の大陸がゆつくりとおしよせた　ケーテ・ヘードリッヒの頸にロシヤの銃口があつた　いずれの側にも弁明はなかつた　もつとも強いものの手に銃があり　もつとも弱いものの目に一切があつた　置き忘られたヨーロッパの死角のなかで彼らは瞬時火のように了解しあい　そしてまたたくまにはなれ去つた　ドイツの処女はゆつくりと地にくずれた　誰も銃声を聞いたものはなかつた　血の匂いをのこして国境は通過して行つた

風がフョードル・マイマーノフを奪つた　森へ来て彼は薬莢を抜いた
＜凌辱されたロシヤのひとりの処女のために＞
彼の良心をモスクワがささえていた　脂にぬれた引鉄の下でアジヤ坑夫のの指は不敵な平衡をたもつていた

国境が遠ざかつた　エルナ・ヘードリッヒの素足の下に部厚い了解があつた　ケーテ・ヘードリッヒは無数の記憶へ分解しはじめていた　エルナはふたたびあとをふりむかなかつた　重い石がいつせいにかたむいて墓穴へすべりおちて行つた

フョードル・マイマーノフは去つたそうしてふたたびそこへ戻ることはなかつた
エルナ・ヘードリッヒは去つたそうしてふたたびそこへは帰らなかつた

一九四六年フョードル・マイマーノフはカラガンダの竪坑《シャフト》に帰つた　その年彼はコムソーモールに加わつた

一九四八年エルナ・ヘードリッヒはブッヒエンワルトを通過した　彼女はそれらの季節にもつとも耐えうる一人であつた

ヨーロッパはひややかに和解しはじめていた

註
ブッヒエンワルト　戦争中ここにドイツ軍の捕虜収容所があり　無数の抑留者がナチスの手で虐殺された。
フョードル・マイマーノフ　ロシャ風に改称しているが、まさしくはタタール姓　むろんロシヤ人ではない。

海

岸岡正

一体いつ頃からだろう
人が海の言葉を解しなくなつたのは
そして　一体いつ頃からだろう
生がこんなにも薄汚れてしまつたのは

僕等の前にかぎりもなく拡がつている海
＜かつて人達はどんな想いでお前の前に佇んだことか＞
＜かつて海はどんな言葉を人達に囁きかけたことか＞
たとえば柔らかい春の日射しの下で
たとえば秋の終りの鉛色の雲の低くたれこめる日に

砂が崩れるように
絶間なく僕等の内部から崩れ去つて行くものがある
潮騒のように
絶間なく僕等の内部で渦巻き高鳴つているものがある

だが　海よ
今　僕等の耳には
お前の喜びも　悲しみも　歎きも　怒りも
ただの潮騒だ

ひとよ　お前のハイヒールの紅が海の水を染めたからといつて
　欺かれてはいけない
かりそめにも　海と交わることが出来たなどと
それは　お前の血ではないのだから

立去るがいい
渚に佇む一つの影よ
鴉の飛交う冬の海がお前にとつて何だろう
壊れたジープと狂つた犬
狂つた犬さへもがもう交わることの出来なくなつた海

僕等がたくさんの神々を見失なつた日
海よ　お前も死んだ

行く人

淀縄美三子

耳をあてたレールの上の　音の消えたところにその人の顔があつた。枕木を数えて渡るのには　祭りの太鼓のようにたゝかねば　背にくじりつけられたものが傷んだ。

祝言の日に集まり　ひそかに帰つていく村人のように　傾く夕陽が　葡萄つるをたてにして　わたしに花環を作らせる。

生きているものゝ静かな晩餐のために　見知らぬ花まであまれていく。それは　なんとたやすく輪を描く事が出来るのだろう　空に投げても　はずれない糸は何でよられているのか

この世界は　あの子供たちの　はないちもんめ　に似てはいないか

二つの性

向い合ひ　離れては近づき　近づいては　なにかをうばつていく　滅びるものゝ眩惑に。

ソバの花は咲き

ひとは　気づかずに行く人を見つめ　かすかに白いさくら草のような影だけをふんでいる。

ある酒場

津崎由規

夜いつまでも明りのついている酒場
明るさから逃げた街
明日を考える暗い街にとりのこされた
代償のいらない無償の酒場

彼がポケットにいつぱいの葡萄を持つて行くと
マダムは彼のポケットを破り
樽いつぱいの葡萄酒をもて迎えた

彼女は酒瓶をかたむけたまゝ離さない
代償のいらない酒が流れ
彼は酔覚めの悲しみを失つていつた

もし未来があるなら　と
壁のひゞから外をのぞくとき
酒場の明りは消え
ジョニーウォーカーの瓶を置いて

彼女の白い手は
彼の両眼をおゝつてしまう

風と犬

風の吹く日
母犬の盗をかじりながら　ベルは
仔犬の声と　かざぐるまの音を聞いた

橋の上では犬飼達と風との格闘が始つていた
その間を
ベルはかざぐるまをくわえて走つたので
長い毛並はすり切れた

傷んだ尾をなめる事は
疲れたベルの特権ではない
風はやんだ
ベルの悲しみはかざぐるまを見つけた事ではなかつた

暖い霧の中で
ベルは
かざぐるまをくわえている仔犬の
明日の魚を喰べてしまつた

Conversation（三篇）

勝野睦人

草叢

わたくしに
言葉を投げてくださるのでしたら
わたくしの居ない方角へ
できるだけとおく投げてください
そうして　さらにできることなら
そのままさりげなくお立ち去りください
でなければ　せめてもの目を伏せられて
見てみぬしぐさをなさつてください
——言葉のとんだ草叢を　わたくしが
捜しあてようとしてきよときよとするのを
（そのさまは　まるであなたの尨犬《プードル》のようです）

やがて　わたくしは走り去ります
けれどももつれた足取りで
「答」を拾つて帰つてきましよう……

坂道

わたくしの「笑」の車輪は
てぎわよく
ころがつたためしがございません
あなたの　おはなしの中途には
きまつて傾斜がございますのに
坂道が　こつそり仕掛けてございますのに
そのうえを
いつでもわたくしはみにくくすべつて
きまずげな　轍をのこしてしまうのです

わたくしの「笑」の車軸は
どこにさびついているのでしょうか……

空地

「沈黙」は　露路裏の空地です
ふいに　踏みこんだふたりでしたら
うつむいて　外套のえりもたてます
おたがいの靴音をきづかいながら
そしらぬ面持で　ぬけでようともしますが

けつきよくは
どのような「言葉」を通りぬけても
おなじ空地が　ひらけるだけだと
おなじ夕焼を　もてあますだけだと
読みとつてしまつたふたりにとつては
「沈黙」は　てぢかな公園です
ふたりはこのんで迷いこみ
めいめいの　遊動円木をさがします……

連鎖 Ⅲ

岡田芳郎

　ちかいところだからいつもは歩いているのになんとしたことかふとあられもないことを考えていたものだから停留所にがらんがらんに空いた電車が入つて来たのを見てさつと飛びのつてしまつたのだおお　私は動き出したとき気がついたのだしまつた　金を全然持つていなかつたさて　こまつたなこまつたな
　どこかに十三円位おつこちていないかしらただでさえピンセットのようにほそながい目さつと一亘り車内見廻したがとてもとても　切符一枚どころか金に関係のありそうなものとてもとても　ええいどうにかなるだろうでも皆の前で恥かかされるのは耐らないことだなんとかうまく
　その時突然救いの神が電線を伝つておりてきたのだ
　電車がとまつて――すいません停電です　しばらくお待ち下さい
　しめた今降りてしまおうこの機逃さずさつとおりよう　とし身体ねじまげたとおポケットの中で何か硬いもの膝の皮膚に感じたのだ
　や万一お金もつていたのかもしれぬあわてて態勢元へもどしさつと右手ポケットへつつこみ手探りさがしあてた鉱物ひつぱりだすとなんのことはない三畳の下宿の鍵ではないかちつしまつたおりよ……としたときヴゥヴゥヴゥヴゥ電車ゆれだし――
　大変お待たせしました発車いたしまあす
　や　なんということだ　くよくよ自分の決断のわるさ間の抜け方加減くよくよ胸の辺りでもみあげもみあげ困つた困つた
　どうしたらいいだろうまさか大のおとながお金を持つてくるのを忘れましたでは済まされまい無銭乗車はどんなことになるのかしらそれはともかく乗客達の面前で恥かしいことだどうにかならないかしら　ふと汗にまみれた顔あげ前方を見たときはつと歓喜の叫び思わずのどもと三寸のところまでこみあげたのだ横から来た自動車にいままさにこの電車がぶつかる！しめた事故が起きる！
　一瞬どぶねずみよろしく自動車すりぬけ　あ　どうしよう小型自動車の尻うらめしくにらんだのだ

空と石

河野澄子

――だから　お前は
私に石を投げうつか

終ることがなかつたから
お前が仆れても
私はのこり
お前の亡びの上に
果てもなくひろがつたから

空よ
あなたの深さは何
あなたの広さは何

ただそこに
在るよりない
私の明るい沈黙
私には言葉がない
意味がない
私はただ泳ぐ澄きとおる
空しいひろがり
私には

結炎がない
死《をわり》がない

空よ
あなたの深さが抱いているのは何
あなたの広さが守つているのは何

人よ　私に問うのはむなしい
お前が石を投げうつても
私の像《かたち》はとらえられない
私の応えはききとれない
人よ　お前がひざまづくのは
何のためだ

空よ
あなたの限りない広さは
あなたの豊かさなのですか
私達の卑小さが
私達の　限りない貧しさであるように
私の小指　私の中指
ひろげてみる　閉ぢてみる

――人よ　そんなに
愛し　問い　不安におののく　人よ
私は余りに空しいから
お前の胸に
石は二倍の重みでおちてゆく

挽歌

金子黎子

――不実な太陽は
ぬけぬけと
柩車を引いて来た――

私の知る事の出来ない　時間　の中のあなたが　あまりに多す
ぎた事がかなしみなのだ　涯しのない距離が　たとえばビルが
空を切り裂いている街の様に　するどい痛みで　私を責める
あの灰色の空の下で　粗い雨の音を聞きながら　胸に刺さつた
短刀を抜いた　あなたはリスの様にふるえ　乾いた砂の様な泪
を流した抜いてはいけない　抜けば倒れると叫んだ私の声を聞
いたか　そむかれた私の蒼くうつけた眼を見たか　明日を信じ
なければ　優しい遺書も訣れの握手も要らないという　あなた
のかなしい独断は　北の海の上に霧の様にひろがつて　あなた
のすべてを包む　あなたのすべてに沁みとうる　やがて失つた
ものの価値が日毎に小さく思えて来れば　かすかな眩暈に似て
あなたはむなしくなり　つむつた眼の中であなたは溶けて行く
けれども絶えずあの白い波止場にあついドラの音を打ち響かせ
ながら

愛の詩《うた》

根木田信

喧嘩した
殴られた
皮がひどく破れた
（やりやがつたな、おぼえてろ！）
お前が心配した
なんとかして　もとのようにつなぎあわそうと
お前は努力した
皮は一層張りつめて
なおつた
また　喧嘩した
つなぎあわせた所から一番に破れた
（やりやがつたな、おぼえてろ！）
お前が駆けつけた
なおつた
また　喧嘩した
それから　また　喧嘩して喧嘩した
あつちこつち皮は破れた
お前は　あなたのことを考えることは出来なくなつてしまいま
　した　と云つた
紫色のやわらかいもの
ぴくぴく動いてるもの
肉を見るのが気味悪い
お前のものとも全く同じなので
よけいに辛い
皮のことを考えることは出来なく……
けれども　左手で右手の破れ目をつなぎあわせられるだろうか
　無器用なぼくに
左手は一人でやるのを厭だと云つた
また　喧嘩した
相手の皮はすべすべしていて
バネもあつて
破れなかつた
お前はそれからのことを何も知らないけれどボロの着物みたい
　な皮を着て
厭がられた
お前が心配してくれないので困つている
台風の日にはどうしたもんだろう
電柱のポスターでもはがすように
皮はやつつけられるだろう
困つた
皮のまわりがバタバタ騒がしい
戦争もないし
選挙もないのに
どうしたんだろう
お前は駆けつけないだろうか
背中の様子をみてくれんだろうか

騎兵

大塩匀

凍えた月光の中で
私たちは騎兵だつた
友軍は既に地下に眠り果て
私たちは勇敢な敵すら持たぬ騎兵だつた

地平　一木をも見ぬ青い曠野に
私たちは海草の様な疲労に漲われ
人も馬も
蹠からよじのぼつてくる寒気に噛まれながら
梟木のように立つて眠つた

時々　馬たちは月光に刺されて身ゆるぎした
その度　彼らの中に野獣の鼓動が呼び戻されていつた

ふと眼覚めた時　僚友が一人足りない様に思つた
一頭の磐に血のようなものが滴つていた
私は懸念を足許に転がしたまゝ再び眠つた

（僚友たちは一人一人居なくなつていつた）

馬たちの眼はキラ〱光り乍ら
おびえる様に天心をみつめていた
　もはや　それは裏切りに怯えた眼でしかない
　それは野獣よりももつと絶望的な眼でしかない

魘はれた様な最後の眼覚めの時　私は事情を直覚した
私は氷の棒の様な恐怖に貫かれ
既に馬ではなくなつていた私の馬に飛び乗り
狂暴な拍車を彼の腹に叩き込んだ
獣は憑かれた様に環を描いて疾走し
群は一様にその円周を追跡した
群はつむじとなり　私は既に一頭の獣と化し
全力あげて駆ける四肢に荒々しい満足を覚えていた
私たち――獰猛な獣らは
宿命にかり立てられ　あらん限りにその円周を疾走した

荒涼とした夜の只中で
騒然とかけめぐる獣たちの環を横切り
時折
白い神のようなものが吹きすぎた

マントの唄

鈴木芳子

あなたばかりに
あたしははじめて生れたのに
雲ひとつない蒼穹のような
雛の母さん
やぶれかぶれのマント一枚
頭からかぶらせて　ちやんと
戸口へ送りだしてくれたのね
どこへも行けない　あたし
の始末は
「お前はお前でつけるように」

いちど着せられたのがあたしの運命

いたわりながら　纏いながら
すり切れるばかりのあたし
みじかい足もつれさせて
巨きなマント　じつと
支えていなければならない
包まれながら　晒されながら
祈るようにひとつひとつの
糸のほぐれをつなぎあわせ
夜と昼とをつなぎあわせ
うらぶれたマント
あたしはマントに肯ていた

泪のようにあたしを泛べて
マントはいつまであたしを夢みるのだろう
ふつても　ふつても　ふつきれない
あたしはマントの哀しみなのだ
〈裾をとつて　肩をつげ〉
〈裾をとつて　肩をつげ〉
あやしながら唄いやまない

マント　あげます

深夜と男

田中武

眠つている女の裸の肩のような地平線を
トラックのライトがゆつくり迂廻して消える
すべての火がもえ尽き
仄白い道路ばかりが空しくとり残される
ひとびとはもはや誰も夜のお祈りをしない
ただ闇の中にぶらりと下つているものを
何気なくゆさぶつてみるだけだ
そして思い思いの言葉を脈絡もなく吐き散らして眠つてしまう
だけだ

だからすべてのひとの眠りの真上では
いつでも重たい分銅のようなものが揺れているのだ
揺れつづけてそれは止める事ができないので
深夜ひとりの男がふいに眼を覚ます
闇があまりに濃密なので彼の意識は汗びつしよりでシイツの上
に浮び上り
ウワ言のような声をあげる
「鶴だ沢山の鶴だ空いつぱいの」
だがそれは昨日読んだ書物の中での事だ
彼は暗い壁を距てた深夜の道路を
ひそかに通りすぎるものの気配に耳をすます
彼の薄い夢の殻を踏み破つたあの重たい足音が聞えてくるのだ
男は立上つて窓越しに戸外をのぞきこむ
するとうすぼんやりな街燈の輪の中を
野良犬の形をした死が尾つぽを垂れて通りすぎるのがみえた
「あいつはまたどこで気まぐれな立小便をしてきたか」
誰もいない道のどこかでふいに遮断機が降り
ひとつの運命が川水のようにざわめいて通りすぎて行つたのを
男は気づかないのだ
ただ昼間山蛾に咬まれた毛だらけな脛《すね》を
撫でながらこうつぶやいただけだ
「オレは今夜苦しみながら死んだ男のあの
赤いネクタイについて考えてみなければ」

するど死んだ男の声がふいに耳許でささやく
「――それは綿のようなものだ手も足もない顔もない」
「――みえない滴りのようなものだ色も匂いもない痛みばかり
　がある」
だが男の思考はそんな暗さに耐えられない
彼は窓ガマチに腰かけたまままいろいろな明日について考えるの
　だ
――あのノイチゴの藪の中にこわれた虫籠のような犬の骸骨《されこうべ》が
　ころがり
　雨蛙が一匹葉つぱの上にのつかつていた
――アシボソの穂が一面にかすんだ畑の隅に何に使つたのか太
　い錆がとぐろを巻いて錆びついていた
――ある山の中腹に槍のようにとがつた植物に囲まれて巨大な
　樹の切株がある
　それは神様の椅子と名付けられた
――神様は痔がわるいのかも知れぬ薄れかかつた年輪の真ン中
　に
　鮮やかな紅茸がひとつ生えていた
「オレは明日それらをみんな片付けてしまおう」
「百足《むかで》のように働くのだ明日からはそうだ明日からは」
男は火のつかないキセルを把つてみえない未来に祝福をあたえ
　る
だが彼の明日はまだ密封されて厚い壁の中にあり

寝床の中からみる窓からは何ひとつみえはしない
彼は次第に不安な思いにとらわれてくる
「オレの部屋だけが闇の中をとんでもない方向へ夜行列車のよ
　うに
　走り出しているのではないか」
どことも知れぬ真暗なステーションで
顔のない駅員がいまに窓からのぞきこむかも知れぬ
だがそれは嘘だ
走つているのは男の部屋ばかりではない
すべてのひとの部屋々々が闇の中を音もなく
無方向に走りつづけているのだという事を
男は気づかぬまま
腹の上にキセルをのつけて眠つてしまつた
彼の頭の上の暗がりにはまだ揺れつづけているものがあるのだ

〈夜明けまでその I〉

のんだくれと巡査

好川誠一

それがゴルフの　バットのようなあしをひくたんひくたん
させたちどりあしでも　あるいて　いさえすればどこかへでて
どこかからどこかへ　きまつて脈絡のあるみちでは　そこの角
をひよいと　いきなり折れ　そのさきでさらに　術者のように
ふいに消えたくなる

身ぶるいして　小便しおえたのんだくれがひとり　そこの暗
がりで銅貨を落す　おとしたのは　のんだくれがたまたま　強
度の近視であつたことと　なによりも貧窄だつたからだろう

柳の幹をかかえた恰好で根元へずつこけ　無造作に抛つぽり
込んだ毛布のように　眠つているのんだくれのみみが擽つたい
くすぐつたいのは　巡査の前歯が缺けていたせいだ
尻尾のような警棒ふりふり「しあわせだよ」と去りがてら吐
いた　唾が耳垢と残つていたからだ

出ている

ぶつばずれたたらいの底のような月奴が出てやがる

空と若者と巡査

むすれものでもおもいだしたように　おおきな背中をみせた
巡査が　はるか彼方で佇ちどまる　そしてくびだけ　こけしの
ようにふり向かせて　はてな?の表情よろしくする　視線をた
どると　童画は悧こうな兎のように　まんほうるからくびをだ
し　靴の位置に腕をおいた　埃つぽい若ものに気づく
巡査はそのときおもい泛べる　ダルマ飴をおもいうかべる
高いだろうな空が
遼いだろうな空が
いまやつと　空の所在に気づいたように　ひよろながいあし
の　股間へくびを挟み　いわゆる股めがねをたまらなくしたく
なる
「ほんの　ねえ旦那ア　しあわせそうな旦那ア」滅法高いあ
どばるうんが癪で癪で　おちおち仕事ができんから　びすとる
借せと　いうわけだが　怖くなる
「背中をみせたのがいけないんだな」
巨人の碁盤の目のようなあすふあるとのまん中で　背の高い
巡査はぞつとする　犯罪心理をかんがえたのだ

倖なる哉・聖母《マリア》

川井雅子

脂質を忘れた季節の
白すぎる女のむなしさ

遠い日の
私はすでに忘れ果てた
なしぼんだバラの記憶が
熱《あか》い花びらもそのまゝに

季節の中にもだえる痛み──
白い女は微笑《わら》う
──なにもないのだと
　バラも
　いたみも
忘れることさえ──

白い女の微笑いに刺されて
だが
なおあかく
なお烈しく

なしぼんだバラ
──私の

車中記

植村豊子

遠い山は雪崩のように
四角い窓に押しかけて来た

それをのみこもうと
女は
冷たいガラスに顔をつけた

どこを走つているのだろう
女には判らない、けれど不思議がりはしない
それは止らず、二度と通らない速さで走つていたから

隣の席で
「静かなるドン」を読んでいた男は
顔をあげて外を覗いた
踏切を通り、ごみごみした家があり
ふつと窓の外に美しい肉体が乾してあつた
彼は目の前を通り過ぎる黒い巨体に
悸い旧情を送つて来た

家並を過ぎ、再び青い雪崩が続いている
夕暮は白い記憶のように
その向うにぶらさがつていた

あれはタンホイザー！
女はふつと涙ぐむ

「くろいそ」と横書にした駅を過ぎる
隣の「静かなるドン」氏は
居眠りを始めた

全て世は事もなし

永山一郎

二日酔いの記憶の港内も

血球の微かな笑いも
おれの中で　同じ穴のむじな。

吐き上げた　嘆の行方。

おれのゆるんだ　気迫の奴が
卑怯になることは　なかつたので

おれの投げきつすは平坦な歴史に嚙まれる。

おれは何にでも
拗れるので

病いえて
はじめて　臭い消毒薬を識つた。

なにしろ

支柱にならぬものは　ない

という

おれの組織形態
なので　訪う客には　気の毒な話だ。

それにしても
無罪のひびきは　厭らしい。

死という　ねずみまで

おれの倉庫を　あさり出す。

なにたる事だ。
暗い所あゝした人間共のコッケイさ。

扁平足の男だよ
あすこを通るなあ

軽快に肩にかついだ
その負い目を

見事に　スリ変えて
かれは

菊の列を分けながら胸を張つて

歩いて行く

海辺の朝

竹下育男

見ろ！ 地平は
全光の夜明けに溢れ
一点の影なく
詩人の忘却を烈しく揺さぶり

精気は豁かとなり
その谺する戯れに
ただ 秘かに
まばゆく覚醒しつつ夢みるのみ……

波は立ち
真紅の衣は翻えり
砕けた怒辺をかすめ

さつと駆け入る 風よ
みるまにお前は膨れ上り
慌しくこの部屋をけ散らしてゆく

沈黙ははや甦えるまい

沈黙ははや甦えるまい
炎やかな朝風よ
そして若葉らも
夥しい葉をつけて昇天してしまう

髪の長い少女が 一人
陽光のなかで痛々しく立つている
遠くで犬が吠えると
彼女の裸身から静けさがこぼれ落ちる

私は思わずまゆをひそめる
すると少女にだけ
明るさがさらに降り注ぐ気配……
ふと 何もいなくなる

何処へ行つた 頑なな四肢よ！
梢を見上げると
傷ついた声らへ
ひかりが華やかに乱舞している

ほの暗い雨のなか

ほの暗い雨のなか
銀杏の並木が
夥しい黄金を顕わすと
喜びは露わに爆発して
そのまま　鉛色の空の
平坦な帳《とばり》のもとにおさめられる

と　一条の眩惑も
不意に身を秘め
暗緑の道へつと溶け込み……

少女の
みづうみの瞳は
音もなく豊かに溢れはじめる

陽が落ちると

陽が落ちると、私は又もやこの部屋に閉じ込められる。すると私は、またゝく間に黒い意識と友になる。そしてしばらくたつと、灰色の夜のなかに音もなく満ちてくる言葉たち。あらぬものに威圧され、幾多の不信の念に切りさいなまれ、たえず私自身に立ち戻つては脳髄のへりへ溶済する。

突然、祈りが湧き、重くそこへ堕ち込む。と　忽ち、言葉らはくらげのようにふるい立ち、身をくねらせ、よじ登り、更には管弦楽のなかの弦の群となつて、高まり、沈み、響き合い、結晶するかと思えば雪崩となつて解体する 。神経中枢の内側を眼がすべり、こまかに溺れかけ、私は一心に仄かな厚みを追い求める……不意に、眩惑が巻き起る。私は深みの中をくゞり、それらを定着しようと慌て出す。が、この奇怪な感覚の力学には、頂心も支点もない。眼に生えた植物の手は、いたづらにざぶざぶまさぐりながら、汗をかき重くしぼんでしまう。

驚きよ、かつての幼児のように、私を優して支えてはくれぬか！　が、言葉らよ、私は十分にお前たちと不断の敵なのだ。そうしてすべては結局、お前らに帰するだろう。今こそ、私はあらゆるドラマも天啓も等しく憎悪しよう。ものたちが溶解され、たゞゆるやかに押し流れゆくあの地平、あそこは今迄にない何か危険な鋭さに溢れている。

えゝ、未知の驚きよ。だが、どうするすべがあるか。私を裂い、私を漂白させるこの流水に、私はこの上、何をこと更訝る必要があろう。

二つの女人像との対話

吉田睦彦

佛像

―奈良法華寺本尊「十一面観音像」との対話―

散り咲いた扉の粉飾にまかせて　わたしは謐かな光の揺曳の
中にまどろみもせず立っている　氾濫する時間にさらに杳く
こうして永い間　蓮の葉の光背に影を落し　決して枯れない一
輪の蓮華をささげて　たとえれば　わたしは涅槃の淵から滴り
おちたひとつぶのしずく

≪ふふん　あんたはほんとにそう信じているか　あんたの死ぬ
ことも生きることもできない存在は人間の気紛れが創ったも
のだ　経典に忠実なためあんたの右腕は長く延びすぎた　雅
趣好みがあんたの体をアシンメトリーに崩しすぎた　あんた
を見惚けているのは気狂いじみた詩人　あるいは御利益をむ
さぼる貪欲な僧者　すべての不安　すべての質疑に永遠の沈
黙をもって応えようとする木彫りの像よ　あんたは醜い偏立
の姿勢で何を期待し許容するというのだ?≫

うつりぎな幼児達をじっと瞪め　非情の無心さでわたしは太
刑のあかしを生きている　跛つこな姿に蝉の翅よりも薄い衣を
纏い　巡礼たちに律法を語り　わたしと同様な片端者たちに手
で担いきれぬ心の平穏を訓え　沈黙のまま　わたしの唇の紅も
こんなに剝げおちるまで

≪あんたはいつも善意を賭けすぎる　あんたに縋つた人間もや
がて梵心を判読することにあきてくる　忍耐なんか卑屈なロ
マンチストの夢だ　あんたはいつまでもひとりぼつちで寂し
い無言の詠唱をつづけねばなるまい　なにより人間はシメェ
ルもどきの跪きがすきなんだ　精神の均衡なんかよりも肉体
的なパッションで行動しうる健康がほしいのだ　もはや修正
し能わぬあんたの存在に願わくばなどと合掌するのはよそう
お化けのような剛直さでこっちを瞪めるのはやめたまえ!≫

忽忙な蠱惑の渦からいつか誰かがこよない旅をつづけ　わた
しの階段を登りきるだろう　わたしの不均衡な姿に異なる魂の
羽化をみいだし　瞬くひまの不信を捨てるだろう　わたしはさ
さげていた一輪の蓮華にゆりかごの唄をみたし　その時変貌の
願の勤めをはたそう　新しいまことの生誕のために

裸婦

―大阪美術館所蔵モヂリアニ「横臥裸婦」との対話―

剝がれた果実の皮のように真赤な長椅子に身をなげて　わたしは血の匂いのほどばしる炎を纏う　わたしの眼は男たちの脳をしびらせ　その心臓を掬い取ろうとする　オシャブリのように固い乳房も熟れ膨んで　ただひたすら待っている　さらにわたしの炎を煽りたてるものを　わたしに愛撫のかげから一つの光の微粒子を与えるものを

＜なるほど　あんたは噎せかえる体温につつまれている　あんたの下腹部にしかけた黒薔薇の花びらの罠に昆虫は夢中で飛び込んでいきたがる　閉じては開く仄暗い花芯に慾望の指は這いずり込もうとする　だがあんたたち　女の内部は空つぼなんだ　すこしばかりアンモニアの匂いがする粘液の他にその空洞の向うにもありはしないのだ　存在の根を組みあわせ深々に身悶え踊う女よ　左手にちよつぴり羞恥の仕草をみせ　いつたいあんたは何を始めようというのだ？＞

かつて処女という帆立貝に降り立つたばつかりに　わたしは天使の翼を燃しきつてしまつた　もう飛びたつことのできないかなしみ　わたしはその時から人間の女になつた　わたしが慾するのはわたしの力で一つの生命を産みだすこと　プロメテの火で神託を拒絶して　裏がえされた砂時計のように再び原始の時を始めること

＜あんたは傷口が瘡蓋をつくるように生命をつくろうとするか　だが傷口は血のりで固い憎悪の剣でつくられる　瘡蓋が脆くもろく死んでいる存在でしかないように　あんたの肉体から産まれる肉塊は虚しいのだ　空つぼからは空つぼが産まれ　みのりのない慾望にはてしない　むしろあんたは黒いパッションで生きてはどうだ　アンモニア臭い黒薔薇から溢れおちる絶望の唄にこそ　あんたは産婦としてでなく　悪魔の魅力で横たわれ　そのたとえがたい柔かな肌を波打たせて！＞

漆黒の髪に覆われたわたしのマスクは生きている　原始につながるたしかさで　じつと現在の空間に眼をなげる　わたしはがつぷり噛りつきたくなる果実のように生の悦楽を唱わない　舌縺れ炎を吹きあげ　ひとりという存在の涯に審判の日を待ち侘びる　聖霊よ臨りたまえ　わたしに小さな生命を産ましめたまえ　黙つて未来に向つて股を開けるわたしのために

同人住所

石原 吉郎　中野区広町二〇広町住宅四一一　金野方
植村 豊子　千葉県長生郡本納町本納
大塩 勻　杉並区上荻窪一の一三一　長谷川方
岡田 芳郎　名古屋市北区東大曽根町上二の九四〇　伊藤方
勝野 睦人　台東区谷中清水町一四　中野方
金子 黎子　川崎市浜町一の三六
岸岡 正　大田区下丸子一二八平川荘　田中方
河野 澄子　世田谷区祖師ヶ谷二の四二七
鈴木 芳子　栃木県塩谷郡矢板町大槻
竹下 育男　新宿区戸塚町二の一七八
田中 武　新潟県新発田市五十公野四七七八
津崎 由規　岡山市二番町一七　高谷方
永山 一郎　山形県最上郡金山町
根木田 信　京都市上京区浄福寺通下長者町上ル
淀縄美三子　豊島区池袋三の一五六六
好川 誠一　世田谷区玉川上野毛町三三八　関口方
吉田 睦彦　杉並区堀之内一の一一三　上原方

受贈誌詩

芽生え（2〜3）
交代（1）
花束（6〜7）
ブイ（7）
青い貝殻（13〜14）
波（1）
未完成派（15）
三田詩人（11）
詩（6）
青猫（20）
だす・とおる（3）
波紋（2）
群衆（10）
光線（13）
RUINS（11）
文芸広場（2〜3）
街灯（9）
驢（18〜19）
黄薔薇（25）
車（3）
現代行動詩派（1）
波紋（5）
螺（13〜14）
棘（6）
火山灰（7）
河（7）
条件（5）
未開（5）
海豚（2）

あとがき

▽もと「黄薔薇」同人、津崎由規（和子）氏の参加をえた▽「詩学」十二月号では、当「ロシナンテ」グループ特集をおこなう▽なお 岡田、根木田 永山三氏の写真も送られてきたが、写真製版困難なため、あえて新たな写真を送附ねがい 次号に掲載することとした▽おおくの詩誌を右に掲載のとおりいただいたが 次回発行「サンチョ・ぱんせ」に岸岡正がその批評を担当執筆する。

（好川）

それだけのことが
どうしていえなかつたのか
こころのままをいうことはむずかしく
ましてこころにもないことは
なおさらいいにくい
うそでもまことでもよかつた
あなたがすきだとかきらいだとか
ひとことといえばいつたように
ぼくらはなるはずだつた
それだけのことが

どうしてできなかつたのか
やつてよいことはやりにくく
ましてやつてわるいことは
なおさらやりにくい
うそでもまことでもよかつた
だきよせるとかつきはなすとか
ちよつとうごけばうごいたほうに
うんめいはころげおちるはずだつた
それだけのことが（部分）

一九五六年一二月一五日印刷発行　ロシナンテⅩ号　頒価50円　発行責任石原吉郎　編集責任好川誠一　東京都世田谷区玉川上野毛町二三八関口方ロシナンテ詩話会

XI

ロシナンテ

鐘楼

勝野睦人

「哀しみ」は
だれの裡にも
鐘楼のようにそびえています
あるひとは
とおくそれを仰いだだけで
さかしく瞳をそらします
また　あるひとは
こころのおもわぬ方角に
その姿が　ふいにたちはだかるのに驚き
ひそかに小首をかしげます
けれども　もつとべつなひとは
その周囲をせわしくめぐりつづけています
車輪が車軸にこだわるように
言葉が言葉の意味をまさぐるように
そうしてはてしないその目眩《めくるめ》きのうちに
ついには　すべてを見失ないます

ああ　しかし
もつともつとべつなひとは
はじめから知り尽くしているのです
こころが　ちいさな町でしかないのを
そしてたちどまつた街角にはいつでも
ひとつの鐘楼がそびえたつのを

かれは「哀しみ」をのぼりつめてゆきます
どこまでもひたむきにのぼりつめてゆきます
その頂にたどりつき
かれのこころを見渡してみようと
こころのただひとつしかない厳しい位置に
せめてものあのちいさな叫びが
吊されているのを
たしかめてみようと

目覚めの少女

ねむりはふかいふかい庭隅の井戸
わたしはその底のちいさな桶だ
夕暮が軋むつるべを手にして
わたしのゆめをいまねむりから汲みとる
ぬれたわたしの肢体から
一滴のそのしずくもこぼさぬようにと
すこしづつ　入念にわたしの意識をたぐる

あわただしくたそがれの内壁をすべつて
よいやみのほとりに顔《おもて》をあげると
わたしのはずれにとおい灯がうるむ
そのともしびのゆらめきで
わたしがまだ　かすかに寝息をたてているのがわかる

やがていろいろなものどもが
つぎつぎとまわりに馳けよつてくる
すいかずらの影　沈丁花のかおり　かすかな蜜蜂の羽音
橅の木はいつかかがみこんでしまう
わたしの「放心」に呼びとめられて——
　　そしていま　なみなみと
わたしの肢体にたたえられて
この庭をすつかり呑みつくしたこころに
息をころしてみいつているのだ

……………………………

ごらん　こんなものがおまえの底にひかつていたよと
空のうすあかりがふとつまみあげてみせる
それはみおぼえのない宝石のような小石
わたしがねむつているうちに
だれかがわたしのなかに投げこんでいつた物音……

途上

鈴木芳子

とだえては
ふくらんでくる昏い風が
あなたの額に
さわやかな灰をこぼすのだつた

遠のいてゆく空の
薄い陽差しと翳のもだえ
でしかない唯一の土地を
形見の背嚢のように愛撫していた
あなたがありあまる孤独をむしり
まつわる樹木の枝を手折り
ざわめきの蔭を躓きながら
伝説のように
さみしい岸辺へ
あなたを繋いだ

密かに最後の転身を企て
ついに憎みきれないひとりのひとの
とざされた湖心に星を沈め
無力な友の
立ちつくした足元に頬を埋めた
あなたの顔がゆがんだまま
風よりも
無音な日日を重ね
私の空洞に晒されている
ひとのいない鞦韆のように
むなしい明るさで凪いでいる

幼友達のあなたよ
ときに　いたずらの共犯者
叱られて泣いた
学校帰りのどこまでも続く田舎道
「また　あしたね」
大熊笹の茂みに小さく
夕日のように肩を沈めた
あなたよ
私達に約束されるものなら
明日とは　明日とは
いつなのだろう

還らない季節の窪に燻る
果実の想いを掬つて
掌にかざせば
また　きらびやかにあふれくるもの
こんなに近く在ろうとして
〈死〉は
やわらいでいつた跫音なのか

日を追つて
私も行くだろう
飢えを舐る野犬のようにあてどなく
さまよう跣足のために
あの欠けた陶器の
月の冴え
石の滴り

風は

根木田信

風は　まよなか　北から走つてきて　屋根の上　小さな空地　行き止まりのない露路　を吹きぬけ　南へ去る　そのあと　を追つてまた　風は同じように南へ去る　なりやまぬセコンドきざむ時計もかつさらい　去るので人は　とめどもなくねむりつづけ　イビキは風が消し　ふかい　ふかい　ねむり

帽子はとばされ　横になつてころがつて行きそのあとから　ステッキが追いかけ　はてはパジャマひとつのおれがとびだし　南へ　南へ　駆けだす　ゴミ箱は　ときに　ビックリ箱　風にフタをあけられて　タコニュウドウブルンブルン　ふるえて　おれは　こわいこわい　いやだあ駆けだすおれのまわりでビックリ人形のタコニュウドウ　風のあとブルンブルン　帽子はずつとむこうでコマみたいにまわつて　ステッキはひとりで立つて　こわいよお

まよなか　風はカンコンカン　教会堂の鐘ならし　ビーユッ　かき消し　どんどん南へ去る　おれもどんどん南へ去る　おれのフトンはもちろん見えず　もうねむるところがなくなるかも知れないけど　まさか　まよなかフトンを背おつて走れない　誰も見てないけど　夜逃げ　みたいだから　パジャマひとつでさむいさむい　走ればきつとあたたかくなる　カンコンカン　南にもフトンぐらいある仕事もある　女もある　休みはない　北と同じでもカンコンカンが合図で走れ走れ　まつくらでも　星がたよりで　風はもうすつかりやんでいる　けど　走れ走れ　よあけまでまだかなり遠いから　トコトンまで　息きれてぶつ倒れるまで　走れ走れ

風は　まよなか　北から走つてきて　全然おれなんか無視して　南へ去る　おれも風など全然知らぬ振りして南へ去る　〈白いパジャマで一人芝居《パントマイム》か〉　そんな愚痴がまだ口を突くか　風がそれを　ビーユッ　かき消すか

ゆうやけぐるみのうた

——「かちかち山」から

石原　吉郎

火をつけた　おれ
火をつけたとも
からすは　横着もので
みみずく　不精もので
日ぐれの山みち
せなかいつぱい　火をつけてきた
火うち石　とてもかたくて
おれ　なみだでた
あいつ　たまげていつた
ゆうやけだべか　おれのせなか
ばかいえ　ゆうやけ
おれの目のなかだべよ
あいつ　なんにも知らず
とてもでつかなゆうやけ
せなかへしよつて行つた
おれ　ころげて家へかえり
両方の目だまへ　お燈明
あげたともさ

唐がらしぬつた　おれ
ほほずきよりも大きな
唐がらしつぶしては
せなかいつぱいぬつたとも
唐がらし
ばかみたいにあかくて
泣き泣き　おれ
ぬつたともさ
あいつ　たまげていつた
ゆうやけだべか　おれのせなか
ばかいえ　ゆうやけ
おめのまたぐらだべよ
あいつ　なんにも知らず
またぐらかかえて
ころげては　泣いた
かずのこが　食いたい
てんぷらが　食いたい
おれ　ころげて家へかえり
てんぷら　あわててかくした

おれ木の舟にのつた
あいつどろの舟にのつた
ゆでだこのような夕日と
あいつ　いつしよに
海にかくれた
おれ　ばかをいつぴき
ゆうやけの海へしずめてきた
なぎさで　おれ
なみだ　ながしたともさ
ああ　ああ
あいつ　なんにも知らね
なんにも知らね
ゆうやけぐるみ
海へしずんだ

町で

あるあさ　まぶしい町角で
とおりすごした自動車から
まつたくなんのいわれもなく
あつい銃弾を射ちこまれたら
そのとき　はじめて
なつとくするだろうか
よしんば　それが
花たばであれ
かじりのこした
りんごのしんであれ
ああ　であいがしらの
横びんた
いわれもない　理不尽な
抱擁のなかで
びつくりしては安堵する
おれの足もとで　大地は
ゆつくりと位置をかえ
今日は未来へつながるのだ
たとえば　十字路へなげだした
かたい獣の目の悪意のような
ただ　それだけの
今日の理由よ
おれの背なかを
おぼえていろ
きのうわすれた
こうもり傘から　どんな
未来が目をさますか

ふくろう

淀縄美三子

見えない河や　見えない道があるように
わたしのむねのなかに　飛べない一羽の鳥が
棲んでいる　わたしのからだが　墳墓のよう
にもりあがつていて　ときどき乳腺を刺すの
は　その飛べない鳥の口ばしだつたのだ

祭りのあつた村　獅子舞のあつた神社の森
などで　よく見かける　視つめることだけが
美しいと思つている　あのふくろう

むかしから　よるの使者がその鳥であつた
ためか　それとも　むかしから　愛されない
というためか　またも　わたしの網膜を突つ
きはじめると　わたしは　わけもなく譲つて
しまう　たえず探している時間の止り木や
ぬくもりのある愛憐の席までも

せまいむねのなかで傷んだり　もう鳴くこ
としか許されないその声に　わたしは堪えら
れない　ペリカンのように歩いてもいい　飛
べなくてもいい　わたしの森はもう鳴き声で
いつぱいだ

忘れていた　間もない朝の祈りを　いまわ
たしは見つけ出そうとしている　飛べないふ
くろうを　射つこともできない夜の絆がなん
であるかを

筏にのつて

遠く　かがり火のように招いている　わた
しだけのよるに　どうしてこんなにも　あか
あかと燃えるのか　生きものたちの聖火が空
を照らし　まるで月がひまわりのように　わ
たしの行く手をかざる　わたしは筏にのつて
暗い河を渡ろう　稀薄なにんげんたちから離
れ　こころばかりがひしめいている　あの河
岸からわかれ　エビツル虫のように筏にのつ
て行こう　声もない火の眼を探しに—口をあ
けた谷間を背に　墜死したにんげんの　たま
しいの昇華を　息のように感じながら

失い

けれどもプロージット
——明日のために

金子黎子

黒い誕生の陰には
死があつた
真昼の月は
クロワッサン・パンみたいに
宙に引つかかつている
無いと決めていた
明日
がやつて来て
まぶしい眼つきで欠伸ばかり
少女の脳細胞神経は
メキシコの砂漠
愚かなスリルの時間は
湯気の雫の様に冷却した
少女の砕けた頸骨の陰に
凍りついた男の息
少女の天眼鏡にうつつた
胸毛の無い男の　かなしい姿勢
煙突よりもロマンチックな
男の長い脚と
ホクロのある
平たい少女の胸とが
ポルカを踊つた

月の無い夜の墓地で
男の肩のキスマークは
やがて
焦げたはなびらとなつて
血のいろの汚点を
拡げて行つた
ジンのグラスは
地球の芯棒
バッカスの微笑を
少女は固い乳房に抱きとめる
四角い暗い箱の中の
灰色の空間が
少女のかすれた口笛で
埋められて行き
日本海の深度のように
むなしい時間が伸びて行つた
　苦痛のあいだの
　ホンモノ　の失神
幾枚かの紙幣の
ねちねちした感触は
少女に男のてのひらを
思い出させる
歪んだ笑いが
頬を引きつらせ
失い
は遠く蒼い空の裾へ
ちいさくなつて消えて行つた

牛若丸

大塩匀

今宵もふしぎな影法師に遭うために
新しい水干を著け黄金の太刀を佩き
蠱わしの横笛は月の大橋をわたつてゆく

いつかは解けるであろう稚児髷を
媚びて倚せかけたい大きな胸の幻が
この一管に懸けられてほろほろゆらぐ

少女の如く朱い唇　白い指
さらりうごいて欄干に消えた

あれは　　　ちがう

刀を奪りにきた弁慶である

水族館へ

この新道の埃つぽいこと。

「水族館まで二粁」
の道標をよこめに見て
あしをすこし速めた。

腰ぼねのへんにかるい疲れと
額にじつとりを覚えた。

おれのはどんな水槽だろう？
着いたら　シャワー浴び
髪の毛と
皮膚と
顔を脱いで
おれは　魚か亀かなんかになる筈だつた。

季節はずれの雲雀が
懸命で中空にひつかかつていた。

「水族館一粁」
へたな指の絵の立札をすぎると
板のような一本道め

なに思いたつたのか
左肩ゆつくりあげて傾きはじめた。

歩きにくいナー
ズボンあげたが傾斜はますます急になつて
小石や砂や紙屑　自転車の跡までみんな
ざらざらこぼれ　こぼれ
こりやあ立つちやアいられねえや
とかんじたときはもう

ずるりころげ
おれもやつぱり
たんぼへごろん

起きるのがなんかおつくうで
どうした事だと問いもせず
動かぬたんぼを味わつていた。

勝手にいきり立つてる道を眺め
おれはなにかになつちまつたらしい

もう水族館まで行かなくつたつて
まァ天気もいいことだし——

おれはあわびのように安らかであつた。

あんぐりあいた空にやつぱり
いつしようけんめい雲雀がひつかかつていた。

街で

ぼくはまだ
ヒンズー教徒だつたことはないから
地にひれ伏して祈るすべを知らないけれど——

歩いていると
鋪道を曲つたところで
眉毛のながい老人に遭つた

——あしたおいでなさい
　占つてあげよう——

かもめのような声で囁くと
からつ風に吹かれて
とおく
なつた

断章

岸岡正

泣き虫だつたのだろう
小供の頃を思い出そうとすると
おふくろの顔でいつぱいになつてしまうのだ

○

何もない部屋は
ホテルのように淋しいので
心を壁に掛けて眺めたりする

○

ガラス戸にゆがんだ庭が映つている
ゆがんだ庭にゆがんだ蝶が入つて来る
そのなかに　ゆがんだ二十才の僕が
それでもどうやら暢気そうに煙草などをふかしていた

○

小川が落葉をささえているように
風があの白い雲をささえているように
いつからか　僕の心をそつとささえているものがある

○

生垣の道を行くと
もくれんの花が少女の唇を真似ていた
自然はどうしてこうも少女を真似るのだろう

○

信じられるものなどありわしないといいながら
そのくせこつそりと僕は自分の空を持つていた
時として　他人《ひと》がそこに入り込むと
僕はさりげない顔つきでそれをこばんだものだ
しかし今　僕の空をさすひとつの指を
僕は払いきれない
その指の蔭に僕の空はすつかりかくされてしまつたのに

プレリュード

竹下育男

眼を開けば
うさんくさげな昨日の言葉ども
夥しい意志も
能面のように息絶えよう
そのようにして死が
華やかにさんざめき
無残な処女の仕草でおれを招こうと
おれは　いつものように
その少し前に立つてしまうだろう
かつては信じた怖れの
そのなかへ立ち戻れぬことの
なんという焦立ちか
おれは烈しさをとり落した
ルーレットもまわせぬ
で　よんどころなく
匂いもせぬ
あまたの死を嗅ぎ分けるだけだ
たとえば　風もない夕ぐれ
林立する白い虚像へ
手を差しのべると
塔は声もなくひびわれ
ぶ厚な霧へまぎれ込もう
おれの空間を横切れば
小石もはや　二度ととべまい
み給え
おれの裸身はこんなにも明るい

だが　喜びはなぜ
喜びのままでなくてはならないか
静かな拡がりしか知らぬ
ありあまる現存へ
指をくんでだれが忍べるか
ナイフをつかみ
この空間を大きく裂き
おれは風を奪おう
白夜の狡猾な手の下をくぐり
沢山のきみを感じながら
駈けつづける
おれの肩へふれる
風のだが何という蒼ざめようだ
平坦な地図が消え
ふと　くちびるに塩気を覚え
ついにほのかな海に近づけば
岬へ直立して
あたらしくきみと祈ろう
あの蒼ざめた風らを
もう一度　手のひらに握り
おれは確かめるのだ
おれの体温と皮膚のなめらかさを
そして　あいつらを土へ帰すのだ

掌

河野澄子

私にはふたつの
掌があるので　私の心は
いつも岐れ路にたつ

私のふたつの掌の上には
掌にのるだけの
小さなふたつの空があつて
私の心は
思わずこぼれおちそうになる

ひろい空をうけとめるには
ひとつのおおきなてのひらがいる
ひとつの心をうけとめるには
どこへも通ずる道がいる

おびただしい
生誕を
おびただしい
終焉を
のこらずもちたえるには
ひろい豊かな領土がいる

無数に走る小さな道
どこへもつながらない岐れ路
私のふたつの掌のうえの
みち　やせた土

私はどうしたらいいだろう
ひとつのおおきな掌になるために
どこへ走ればいいだろう
豊かな国へかえるために

世界は

人は誰も世界と共に
歩きはしない
人は時間と一緒に
歩いているだけだ
いや時間に
歩かせられているだけだ
世界は　誰とも
共に在りはしない

遠い音

植村豊子

遠い磯での潮騒は
いつか私の耳に
かすかな音を残して行つた

なぜ歌つてはならなかつたか
なぜ笑つてはならなかつたか

自分の感情にわがままな
けれどいつもおびえていた
かなしいアイ

——薄墨色の
かげろうの羽のような服が似合うよ——

その人はいつた
そんな服を着て私が
ちつとも寒がらないようになるために

ではもういちどだけ
そら、あ・く・しゆ
私冷たいでしよう　こんなに

焦点のぼやけた笑顔
で笑い合つて
——もういいの——

暮れかけた町に
オーヴァーの衿をたてて
私の耳に
あの遠い磯での潮騒が
かすかに　かすかに
渦巻き流れていた

十字架

吉田睦彦

螺旋階段はあまりに急勾配なため　まるで逆転する時計の針のように太郎のおののきは馳け昇るという徒労に酔つてしまつた　この屋上はあんまり高すぎる　烈日の下でも冷たすぎる！
滅んでゆくのか　栄えていくのか　わからない街が地平線の方まで拡つてみえる場所　対流する気圧が足下からここへもダミアの唄うらしいシャンソンを吹き上げてくる

≪おお神よ！　地上にはいろいろな十字架がある　鉄の十字架　木の十字架　外に出せないほど粗末な十字架　胸にかけるための金の十字架　廃墟に埋れた修道院の古い十字架——

また教会ならぬ庶民の街で華やかな救罪の荘厳彌撒が始つたらしい　なんということだ　同志ぶつて人々は粘つこく視界の底で睦みあい　幻影の網のようなダミアの声に聴きほれている太郎の耳　太郎の眼　太郎の魂　この屋上はあんまり感触が強すぎる　聴くまいと掌で掩い　見まいと紫煙をくゆらせるが気圧は苦々しくシャンソンを運びあげて白く光つて散華する

≪そしてわたしは　あわれなわたしは　わたしの頭の中に十字架を持つている　あたかも愛のごとき巨大な鉛の十字架なのだ　風を遮ぎり　嵐を堰きとめ　夜を永びかせ　陽光を隠しおおつて——

全くなんということだ　塞れた耳　閉ざされた眼を通りもせずにいつの間に　太郎の体内に厳しく突立つたのだこの十字架は？　しかも　お？　キリストはどこへ逃げた　空しい鉛の十字架だけが太郎の痩せさらばえた体に脂肪瘤となつて生々しい
密室事件とでもいうのだろうか　鍵をかけてあつても　拒絶の態勢が完璧であつてもなお　自在に闖入し消え去つていつた恐るべき犯人キリストよ　礼拝は日曜日の慣わしだというが異端者の太郎まで　愚弄するのは少々淫らな衝動ではないか　息せき切つて蠢く街から馳け昇つてきた太郎のおののきまでも

≪おお　神よ！　奥深い道にはこの世界を見張る無言の十字架がある　それは絞首台の方へ繋がり延びているのだ　没理の十字架　でなければ免罪の十字架——

この高層建築の屋上で華奢な欄干に身を凭せて探偵ぶりよろしく腕を組む太郎よ　気紛れな犯人キリストはどこへ消えた？
ザッキンの彫り刻んだ磔刑像のようにどこかの秘密の壁に釘づけされているのだろうか　それとも唄いまくるダミアの嬌声にどんな悪意が隠れているか　しかし太郎　考えてもみるがい

い！　最初から神なんていなかつたとしたら　キリストは素敵な腕前の大工だつてことにしたら　おお　それから人々は　みんな空つぽの十字架を抱いて踊り狂つているのだつたら？

　烈日の下でもここは冷たい風が吹きすぎる！　ゴルゴダの丘に馳け昇るようにここまできて考えあぐねるのうなしの太郎よ　わかりはしないのだ　おおわかりはしないのだ　螺旋階段が管楽器となつてきりきり唄いまくるダミアの重いシャンソンよ空しい庶民の弥撒曲がみえない神の哄いに向つて散つていく

（太郎物語より）

空

苔蒸した煉瓦や石塊の不快なマチェールにつまづき　もはや意味のあるものは撰びとられてしまつた裏街の廃墟！　ここにきて太郎　いよいよ暗く顔を顰めて何に復讐をくわだてようとする？　繁華街の珈琲店で邂逅つた少女の瞳の残像を毀わそうと　その時立ち上つて飛びだしてきた　遁れてきた　なんでも素直に吸い込んでしまう少女のそれを拒絶した　エゴのフィルターで濾過せずにはものを瞠めることのできない太郎の眼！

≪太郎　おまえの瞳に空があるか？

≪おまえの瞳の濁りを許せるか？

　咄嗟の激しい痛みに啣えたパイプをとりおとし　過去に喪われたものを甦えらせる実験に失敗したように　体内の血管に溶けて散る　焦りにどうしようもなく彷徨つてきた　呼び戻せなくなつた空の青さよ　いまとなつて如何なる色彩　如何なる形象も冷たく撥きかえす太郎の眼！

≪太郎　おまえのエゴの被膜を剝げないか？

≪おまえの瞳の乾くのがつらくはないか？

　少女の瞳の中の空に羨望とも憎悪ともつかぬ唾を吐きかけ応えてはならぬと遁れてきた　だが立ち止る太郎よ　意味のない雑草の茂みが気を悪くするとも　廃墟に転がる煉瓦の重さがむなしくとも　ここにフィルターをかぶせた太郎の心の窓を覗くものはいない　珈琲よりも甘く　揺らぐ聖燭の不安さもなく謐かに闇がしのんでくる　暈けて翳る大地がほんとうの空のように　向うのはしから厳しく太郎を包み込んでくる――


（太郎物語より）

一九五七年

津崎山規

十四才
おまえは　また
いつかの私と同じ年になつたね
私のあとを追うのはもうよしなさい

私と同じ橋を通るのはよしなさい
広い河にかかつた橋は
重い荷物をなげ捨てても
二人の人間が渡れるほど
丈夫には出来ていないのだから

おまえと少女の愛が
みぞれのように解けたわけを
聞くのはよしなさい
母の足もとにころがつた
大切なボールを拾いに
おまえは走つて行くのだから

一九五八年
十四才
私にはなかつた時間
おまえは
私の弟になるのです

赤いシートのオートバイ

線路に沿つて
オートバイを走らせた
走ることそのものの中に
彼女は　新しい領土の存在を感じた

赤信号を止まらずに走つたので
母を轢き殺した
母の前には青信号がついていた
彼女は教わつた生年月日を紙に書いて
母にもたせて葬つた

オートバイには赤いシートがついていた
孤独はそこからはじまつた
ハンドルを離した彼女の両手は
温い砂にまみれていた

何十台もの
赤いシートのオートバイに乗つて
女達が走り去つた
彼女は自分の車に火をつけた
信号は青だつた

砂漠

岡田芳郎

女
男にちよつと冷たい態度とられ
飲んだことのない酒のんで
目の中鯛がおよぎまわつて
お目出たくなり
どつと倒れて血をはいた
ハンカチ口にあて
家に帰ろうとしたが
外科内科レントゲン科泌尿器科小児科産婦人科整形外科医院と
いう
看板見つけ
病室にころげこみ
サッとオーバーとり
　ワンピースとり
　キャミソールとり
　コルセットとり
　パンティとり
診察台に横になつたものだから
小児科の医者おどろき
内心夢かと左目で右目つねり一瞬
言うことばなく見つめたが
びつくりしたついでに
職業意識で昨日の様子きく
女　昨日の朝から今日の
夕方まで男とのすべてのこと
一気にしやべる
小児科の医者昔思い出し
涙をおとす
女　その涙ひろいあげる
涙二つに割れる
中から一枚の写真とびだす
医者なつかしがる
女　嫉妬する
女　写真を二つに裂く
医者おこつてハサミで
女を二つに切る
途端に女われにかえる
自分で
いそいで
くつついて
下着から
オーヴァーまで
医者に一言もいわせず
あつというまに
身仕度整え
家路にいそぐ
女　家に
男が待つていることを
信じる

帰郷

田中武

帰つてきた
ふるさとの未明を。
窪地の底の水垢のように
淀んでいるうす闇のあわいから
ふいに突き出してくる
倒木の枝のような
鋭い鶏鳴を聞いた
あれがふるさと
ひとかたまりの靄のなかで
うすぐろいゼリーのように震えている。
いつだつたろう
背後で屋根に落ちる胡桃の音を
七つまで数えた
あれ以来僕は旅人だつた

生きるということを
あたらしい西洋剃刀《レザー》をためすように
陽差しのなかでうちかえしうちかえし
そつとうぶ毛におしあてる
あのはじめて経験するもののどきどきする思い！
部屋につもつた埃をはらい
鞄に詰めた夥しい蟬の声を
テーブルにぶちまける
ふるさとは夏
ひらいた窓の山脈
かつては僕もあの山襞のひとつを
むつつりと越えて行つた
（その時の山脈もあのように青かつたか？）
椅子がきしみ
机のなかで女の手紙がわずかに色づいている。
驟雨
つむじ風
寒気・飢え
街

沼

叢の頭蓋骨
奇妙な愛のカラクリ
別に語るべき冒険譚もない
ありふれた野山ばかりを歩いてきたのだ。
肩の上の雨だれの跡や
蓬髪のなかの虱のようにうるさい過去や
習い覚えた拒絶のみぶり
だがここには拒絶すべきなにものもない
ふるさとの夏の夜明けだ。
蟬の声が部屋のまわりを
うすい果汁のようにつつんでいる
まずねころんでみることだ
髪の毛・鼻・腕・尻・疣と順ぐりに触れてみて
帰郷を確認しよう
それから
他人の記憶のなかで
まだ旅をしつづけている僕を
呼び戻そう

思い思いに旅やつれのした僕を。
児供達には他国の石ころを
大人のためには手ごろな冒険譚を創作して
まず髯を剃ろう
ふるさとの明るい木蔭の下で
親しい人々といろんな
旅のあたらしい経験について話合おう。
そして
人々の記憶の中で
僕がもう旅人ではなくなるころ
明け方の
ザラザラの髯の芽をなでながら
まだ眠りこけている
沢山の僕をおきざりにして
僕はまた旅人になるのだ。

雨季

好川誠一

蛇　三度目だぜもう
きょうは諦めてもらいたいね
どつかとおい
おれのしらねえ
おれの目のとどかねえところへ
行つてくれろとあれほど
たのんだはずだぜ後生だからと
だれがわるいいけねえたつて
そしてどんな悲境にきみが
在るつたつて
おれはほんとうは
いいんだぜ
そういう制度に
なつとるのだと
おやじもおふくろもこないだ
おれがやつと
成人式を祝つた証に
いつてたぜ
まるまる肥えたあおがえるを
うまれてはじめて
しかも
じぶんで捕えて食らつたときは

蛙　ぐえろげろげんげんげげえろろろろ
ろろろげろげんげんげげえろぐえろ

蛇　うん
そりやあおれだつて
まんざら不公平じやねえとは
おもつちやいねえぜ
だけどよう
それはすでに承知のはずだ
現にきみが
おれがこうして
生きてらあね
生きてる以上
生きてえ以上
おれはきみをいただくがきみは
よくよく不運にうまれてきたものだ
正直
ちろちろしつぽをふるわせては暢気に浮沈するお玉杓子

黒い人魂のきみらに食慾はおこらねえが
やがての　いまの姿を夢みちやごくり生唾のむ
その　それの期待を裏切られたとあつたんじやあこれは
おい　そんなみつともねえ
なさけねえかおをするのはよしとくれよ
仮りにだ　とおいところへ遁れることは可能でも
いるぜ　おれの　多勢のなかまは
いつかもきみがいつたように　おれみてえなばかつ正直な
　やつあ
ただの一人としていやしねえ
それにしても
ぬつぺり肥えたきみをおれは
よう　おれは今朝から雲雀の子一匹食つちやいねえ空きつ
　ぱらなんだぜ
どこへ行つても所詮

蛙
ぐわつへぐわつへくくくくげんげろろ
ろろげんげくうくくうくえげれろろろ

蛇
ふん
そいつもいまじやみみたこなのさ
栖みなれたくにもとから離れたくねえばつかりにと
いやというほどきかせたからな
だが　こんどというこんどは観念してもらいたいね
よりによつておれらの世界
おれらの天下
雨後にのこのこ現われるなんざあ
さあ　いまがみおさめだ
おれが黒の蝶ネクタイをなおすあいだ
こころゆくまでみとくがいい
あかい菖蒲の根が映え
小波ひとつたたないそらそこに
こないだのままで浮んでおる鮒のなきがら
たぶんげんごろうめのしわざだろう
みおえたら
周囲の景色に堪能したら
ぽつぽつくびの木綿の風呂敷包みを解くのもよかろう
もうじき
朱塗りのお盆みたいな陽が沈むが
しずまなくたつておれのはらのなかはくらやみだ
さあ

蛙
ぐく　ぐえろ　ろろろ　ろろ

ロシナンテ

M

受贈詩誌

山河（22）
BLACK PAN（7）
日本未来派（73）
火山灰（8）
世代56（3）
だす・とおる（5）
詩（7）
ブイ（8）
現代行動詩派（2）
氾（10）
白堊紀（1）
裸足（2）
貘（22）
GENJIN（2）
葡萄（10）
光線（14）
文芸広場（4）
条件（6）
未完成派（16～17）
文体（1）
芽生え（5・6）
城壁（1）
蒼い貝殻（15）
さびえんす（2）
蝶（16～17）
べらみい（11）
蛾（2）
河童（3）
麦（1）
宇宙（2）
青猫（21）
ぼくたちの未来のために（27）
詩世紀（1・2）

小林隆一詩集 若き日のメエルヘン
久保田穣詩集 小鳥の死
金敷善由詩集 暗い物質
中島寿美子詩集・鬼火

▽きよう、東京はじめての雪。年にいちど、大江山と桃太郎のものがたりを連想させ童心をよびさまさずにおかぬ二月三日の編集。おえて、トシオナゴというのはあまりきかぬが淀縄嬢美声をはりあげてマメマキする。所は食道楽。参加者は吉田、竹下のトシオトコをはじめ河野、石原、勝野、淀縄、大塩、金子、好川。ほかにちよつぴり岸岡。

▽「詩学」二月号では石原吉郎が新鋭詩人として紹介され、作品「ヤンカ・ヨジエフの朝」が掲載された（ほかに文芸家協会編 年刊「日本詩集・一九五七年版」にも、かつての「葬式列車」が推せんされている）

▽おなじく同号「詩学」作品月評欄では、前号本誌掲載吉田睦彦の「二つの女人像との対話」が絶讃された。（吉田君は中野区鷺宮五ノ一八八 松倉方に往所変更）

▽上掲の受贈誌評は、前回の岸岡正とかわり、吉田睦彦が「サンチョ」十二号誌上に発表する。なお順号本誌の作品〆切は三月末日。（編集部）

1957年3月15日印刷発行　編集責任 好川誠一　発行責任 石原吉郎　頒価50円　東京都世田谷区玉川上野毛町338 関口方 ロシナンテ詩話会

XII

ロシナンテ

好川誠一
根木田信
大塩匂子
鈴木芳子
淀縄美三子
田中武子
植村豊子
岡田芳郎
津崎由規
竹下育男
勝野睦人
石原吉郎
吉田睦彦

処分

好川誠一

だだののんべえがくたばつた
「菊たけなわの委節だから　まずは本望だろうよ」
さきころ女房にさよならされ
しよん便くさいアパアトに巣喰つてたやつだ
みよりもこれとてないので　みんなして葬ることにし
どぶ板跨ぎ　運動会の旗のようなオシメのしたをくぐり抜け
行つたら　ゆうびんが二通とどいていた
ひとつは督促状　いわずもがなの税金だが
あとのは「案内状で地図にちげえねえ
こう寒くちや　ほとけさまも戸惑うだろう
どこどこまでも」つかのま
うらをかえすと聞かぬなまえ
しんばし・チサとかいてある
「ちよつ　冥土へ引越したら勝手によめ」

供えるものもべつだん　ないので
やつの位牌のまえに添え　お線香をたいてやつた
いつのまにか　がてんがいかぬがまつたくいつのまにか
あけた徳利のように　覗いてもふつてもなみだは
居合わせたおれたちにかぎり　一滴だてらにこぼさない
このぶんでは　玉ねぎしこたまひつしでむき
舌にワサビを　こつてりのせてさいそくしても
みんなして埋めた　むきになつて穴ぼこつくり埋めた
埋めるのは　邪魔つけだからも一理だが
とどのつまりの　からだをはつたサイコロがころがりそこね
もときたくらがり　ふりだしへ処分する意味だ
喪くなつたのがじじつでも
再会不能がたしかでも泣けぬのは
天ノリＭＥＭＯのはがした一枚にすぎんからだノンブルのない
飲もう　とむらいが済んだら用意の焼酎をあおろう

≪職人の世界≫のうち

空

ゆんべのからつかぜで吹つとばされたものか
もしくはせみのようにひつついて嘶いていて
それで粗相したものか
ことのほどはしらぬが投網にかかつた雑魚の大群がきらめいて
　いた
所は有楽町　とある踏切すぎた舗道の一カ所でラツシユどきだ
なにせみごとなこわれつぷり　さんざめきぐあいに一瞬おどろ
　き避け
つゞいてさけ　さけにさけ　そこからさけ
そんな余暇などないのだが
つまみあげた中折帽が
やなぎが
よろめいた五等身が
ビラ配りが

去年のネクタイが
　ポストが
腰をのばしたモク拾いが
猫が
かかとのない靴が
メガネが
顔一ぱいの唇が
そんな余暇などないのだが
みる　みんな見上げるだれも
いつたん仰ぎ　たしかめようとするわけだが
みる　みんな見上げるだれもかれも
ねむい眼ほそめて見上げてしまう
みては　けつきよくわからずじまい
それでもしつこいいくたりかは
トカゲのようにふりかえり
もいちど入念にみてしまう
むなしく空を見上げてしまう

平原にて

根木田信

その時
天からむすうのにぎりこぶしが
おまえとおれの肩に
ぶつかかつてきて
ふせぐことなどできない
おれはおまえの肩を
おれの広い胸で抱いたけど
下からも突きあげるにぎりこぶし
はげしい攻め手
あおむけにねころんでも
地の底からの太鼓の音
いのつても
あきらめても
愛しても
ようしやしない敵　かぞえきれない敵
平原にでて

さばさばした時
ほんとに愛してなんかいなかつたさ
それだけの言葉のにぎりこぶし
おまえと天に
おもいきりぶつつけただけが
帰つてくる
攻めよせる
平原のすつぱりまんなか
かたいにぎりこぶしの
ようしやしない攻撃の中
泣くのか　おれ
わめくのか　おれ
あやまるのか　おれ
おれといつしよに打《ぶ》たれ
ひいひい泣きながら
おまえはとつくにおれを許しているのに
あきらめているのに
天は
楽しんでいるか

はげしい僭悪か
つゞく　つゞく
おれの背骨をへし折る気か
おまえの弱さを叩きだす気か

耳なりだろうか　あれは
泣き男の合唱
あるいは　おまえか
それとも　おれか
尾をひいて平原のむこう
何が耳に入つてくるか
何が視界をうずめるか
にくしみか　にぎりこぶし
かなしみか　にぎりこぶし
もう駄目か
平原で白い骨片になり
まだまだぶたれつゞけるか
まもなく三時の鐘がなり
にぎりこぶしはいつぷくするか

今は日中のきらきら天気
まいつたらしいぞお
空がわあつとそう云うのが
聞えて
おれもおまえもいつまでも
伏せのしせいで
倒れたままか

夕焼け
平原の
破れつするおれのおまえの
かなしみ
ふつとばすにぎりこぶしの
なだれくる不変のはげしさ
たすかるか　おれたち
まつとうになれるか　おれ
空のにぎりこぶしが
空ごとおれに
ずどおん　ずどおん
つゞけさま　ずどおん

うた

大塩匀

いつか　ぼくは死ぬだろう
そのときぼくは
いまよりずつと若いだろう

岩かげの水苔にうずまつた
ほそい貝からしたゝるだろう

かず知れぬ山鳩たちの
白い羽搔いの下で
ちいさな星のように
さめたりねむつたりするだろう

子どもたちの耳たぶに腰かけて
潮風のようにささやくだろう
―大きくなつたらね
　哀しい木苺の話をしてあげる―

わかい娘たちをそゝのかすだろう
―朝憹けのむこうには海がある
　海のむこうに
鵬《おゝとり》のような愛がある―

そして樹々のあいだを
身軽に吹きすぎるだろう
だれも覚えていない歌になつて
だれも覚えていない夢になつて

そのときぼくは
今よりずつと若いだろう
そのときぼくは
雲よりもつと無知だろう

Influenza

鈴木芳子

私は穿たれた穴
白内障眼《そこひ》のような暗がりに
盲いた鴉が住みついた
昏れた季節の夕映えを
思いだすのか
私の嚥下した
苦い怒りの果汁にむせび

饐えたパン屑に
うつとおしい咽喉を絞る

古い葡萄酒のように貯えて置いた
私のおもたい泣き声が
こんな鴉の嗄声で
なめらかな空間を引つ掻き
菫のはなびらほど血をにじませて
涼しい地面にかえされるとは
なんて　うれしいことなのだ

ひもじさに
つきだされた嘴で
私を懇にいたわつてくれる
乾いた鴉の私語では
（愛するとは一緒に死ぬことなのだ）
だから
藤の花房　天涯に懸り
あらわな棚が喘いでいる
夜のベンチで
私は目醒め
激しく咳き込み
部厚いマスクの内側で
どのようにお前をいつくしもうかと
湿つたガーゼを裏返すのだ

ああ　ああ
ぼたん雪が
しやかしやかと降りつもる
春の風情に鴉は
穴をめぐりて夜もすがら
であるのか
私の貧しい眠りを啄む
お前のために
不承不承　子守唄を
私はセンチメンタルに
鼻を鳴らせて歌つていよう
こうやつて眠らずにいれば
やがて湿疹色の朝焼けが
私を慰めにくるのだから
お前の窶れがやさしく
恋人の睫のようにそよぎはじめる
夜明けまでを
私はくぼんだ胸抱いて
つまずきかえし
あちら　こちらと

谷

——父は三月二十一日病でたおれた——

淀縄美三子

ふくらんだ大地から　翼のようにひろがつた夜に　わたしが吸われていくのを　お前は知らなかつた　小さな透明な駅に降りたとき　村は老婆のように眠つていたし　白い一本の道は夜明けまでには遠かつた　丘は　死んだ母の丸い背のようにかすかに光りをとゞめ　レンゲ草が風にゆれていた　わたしは記憶に追われるように　いくどもお前の名を呼んだ

お前は　昨日《きのう》　しおれてからからになつた矢車草のことを話していた　若々しい朝だつた　部屋は明るい貌をかたちづくり　庭の木蓮は眠りからさめた　わたしから連なつた　遠いレールは　もう何処にも通じていなかつた　レールをけつた雨のような汗が　わたしの髪をぬらしていた　お前は　幼いときのように　手で私の頭を握つていた

流れていく

みんな流れていた
上になり下になり　ひとも鳥も草花も　みんな流れていた
お互いに川のはやさとか　激しさは気にならなかつたが
たまさか　肩を触れ合つたひとの表情を　誰もがおびえてのぞきこんでいた
疲れて流れなくなつたひと　彼等は灯を見つけ　行きずりの舟で助けられたこともあつたが　舟べりにかけた手足は　ほとんど多く切られていた
ひとりで流れていくものは　たゞそれだけであり　ほぐれるような　小さな結びでも持つものは　その誰かゞ　川辺に咲いた草花を編んで頭上にのせていた
風にさらされた花環は　そのひとつひとつの花がこぼれるとき
お互いの結びつきもそれにしたがつた
みんなの血は　それぞれ　溶けて流れても　自分の空の蒼さをうすめてはいなかつた

眼覚めの少女

田中　武

いつからか
わたしのねむりの大きな海の中で
釣りをしている少年がいた

湖畔にかこまれたあやうげな岩の上から
かれの投げおろす錘りは
しずかにわたしのねむりの中へ沈んで行く
岩棚に生い茂る海藻をすりぬけて
ほの暗い意識のくらみには
なかば泥に埋つて
眼ばかり動かしている
大きな魚が棲んでいた

わたしの息づかいがわたし自身にも気づかぬほど
少しずつ乱れはじめた
ひそかにわたしのねむりをまさぐりつづける
あの絶え間ない竿先の微妙なふるえが
呼びおこす得体の知れない不安に
水底の泥がかすかにけば立つていた

ふいにわたしは気づいた
かれがねむりの中から何を釣り上げようとしているのか
こころの一番ふかいふかい処
まだ誰も触れたことのないわたしの秘密の個所へかれの釣針は
まるで何気ない様子ですべりこんで行つたのだ

鋭い衝撃がわたしのこころをつき破り
大きくたわんでいる釣竿と
岩の上に足をふん張つた少年とわたしとの間に
びんとはりつめた一瞬のむごたらしい均衡
くらい岩穴の底から狂おしく身もだえて
みしらぬ少年の未明の掌へ
ひきずり上げられて行く
あれは素裸のあわれなわたしの魂だ

×　×

ちかぢかに朝の光がのぞきこむ
めざめたばかりの今日のわたしのこころには
ひとつぶの鮮やかな血の玉が
ぷつちりと浮き出していた

松の実

植村豊子

ゆさぶれ
ゆさぶれ
こだまのように

声にならない叫びよ
透明な記憶の奥の

梢の先からこぼれる
悲しいときめき
風にからから鳴る
その松の実を
私は一人で拾おう

ゆさぶれ
ゆさぶれ
静かな叫びよ
かえらないものならもつと大きく

幼いまゝの雲が走り
ひろげたすかあとに
光がいつぱいたまつても
ゆさぶれ
ゆさぶれ
こだまのように

湖水に雪が積り
幾度か風に飛び
誰かに盗まれていた私の過去
白い風のためいきに
口笛を合せたら
そつぼを向いていた影法師が
シクシク泣き出した

風に吹かれ
涙にはじかれ
幼い手ざわりの
小さな松の実を
私は一人で拾おう

花屋は角ごとに

岡田芳郎

花屋は角になくてはいけません
なぜつて花束もつて
あなたのお家の前までくると
お母さんが顔を出すので
花束で顔をかくして
しおり戸からあなたのお室に入るの
あなたがまだねむつている間に
花びらでいくつも私の顔をつくり
花瓶にいつぱいさして
帰るの　あなたがまだねむつているうちに
そうするとあなたは
目覚めの夢にみるの私を
本当のわたしより
何十倍も美しいわたしを
そしてあなたは
他の女をみんな忘れて
花の香にむせるの
私のための
やさしい花の香に
花屋は角になくてはいけません

なぜつてあなたの気持が分らなくなつた時
わたしは自分の室から
素足のままとびだして
花屋へ行くの
花屋のおばさんは
何にも言わないで
私に山ほど花を渡してくれるの
私はひとつひとつの花びらに
目から水をやつて
私の心をからからにさせるの
そうすると
花はいきいきとして
私にあなたの愛を
保証してくれるの
私の召使になつて
花は私の微笑を
あの人から渡してくれるの

目

じつと目が合つた
おやと思つた
あとをつけて降りた
急な坂道
はしこいハイヒールの音
たそがれを蹴落して

塔のような家をめざして
走りこんだ
家の中はまつくら
はつと目をこらしたら
じつと二つの目が
こちらを向いて光つた
猫！
そのときあかりがついて
猫の目は
あなたなのでした
そのときから僕は
ねずみになりました
僕が追いかけてきた
あなたなのに　そのときから
僕はあなたの捕虜になりました
目
それはおそろしいもの
あなたが目をとぢれば
たちまち死んだ鳩になる
すると僕がたべてしまう
あなたが目をあけると
たちまち陽気な猫になる
すると僕はたべられてしまう
目
それは素晴らしいもの
目　目　目

ナイフの月

――大神康子の原案による――

どの手のナイフが
傷をつけたの私に
白いやせた月の夜
私のほかに九人の人が
ストーヴをかこみ
男の人が六人で
十一本の手
女の人が三人で
五本の手
火にかざされた手はみんな
赤くて　きれいな
手　手　手
あたたかい
豊かな気持でまどろんだ
私の背中を刺したのは誰
どの手のナイフが
傷をつけたの私に
知らないの
あなたも
あなたも

ほんとうに……
もしか
月がいじわるを
こんなにあたたかい室をみて
白いやせた月が
いじわるを……
でもストーヴにかざされた
男の手は
六人で十一本
女の手は
三人で五本
だれもだれも
ほんとのことを教えない
知つているのに教えない
わたしはまた
まどろんだふりをして
ひたいを腕にあて
声をしのんで
泣きました

ひろつてはいけないものがひとつ

道におちているもの
ひろいなさい
それがお金や本ならば
だけどひろつてはいけないものがひとつ
それは指環
ある日男が
ある道で
小さな　きれいな
指環をひろつた
男は思つた
恋人への贈物にと
男は裕福でなかつたから
この貴重な贈物を
天からのさずかりものに思つた
日曜日男は恋人の指に
そつと指環をはめた
恋人はうれしく男にほほえんだ
次の日
恋人から手紙が来た
男は胸おどらせて
封あけた
中から指環がころげでた
――あなたの第二の恋人にだつて新しい指環をやつて下さいな
前の方のイニシアル入りでは失礼よ
　さようなら　これからずつと
道におちているもの
ひろいなさい
それがお金や本ならば
だけどひろつてはいけないものがひとつ
それは指環

老年

津崎由規

老人は
背中の大きな袋の中に
手を入れた

悲劇が石の中で眠る時代
たくさんの眠れない眼をかついで行つた
罪人の行列が
草原に残した一つのものを
老人は拾つたのだ

勝利者から死者へ
実は宛名のない手紙を
読み返す毎に　老人は
さゝやかな酒宴の盃から
彼の死を遠ざけて行つた

心に砂を運ぶのはやめよう　だがそのために
冷い言葉が　かくれ家を失うわけではない
セールスマンが地図を売らなくなつた
からと云つて
夜の街道に池が出来たと云うのでもない

裏街
老人の杖の先から他国の音楽が流れはじめ
少年が
昔の告悔の日の知らせをもつて来た

彼は常に少年であるために
死んでは　何人もの母から生れて来た
時間の外の掟が
今日も彼を老人のところへつれて来た

老人は空に向つて彼をだきあげたが
かたい腕の中で
少年は何度目かの死に出会つた

二つの祈り

竹下育男

朝

ある朝　おまえのまわりを
光がびつしりひしめき
おまえにむかつて　風が
ゆつくりまわり出しても
みてみるがいい
おまえのような
存在はあちこちにあつて
おまえだけがこの風に親しいのではない
そして　そこから夥しく生れて
おまえを求める
あの声らとまじかにふれても
新しい喜びとなつて
おまえの髪をぬらすことはないのだ
けれども伏し眼がちにのぼつてくる
霜柱のような祈りよ
ふいに視界へ飛びこむ
ものらはいまはだまつてやりすごし
おまえの祈りは
陽光に痛むはげしい無へかえせ

夕ぐれ

この叢みの色あいのように
たえず変る
おまえの営んだ無為へ
風が吹けば
純粋な時間のなかに
明るく茂りだす
おまえと喜びとの
向き合いの孤独よ
じつと見つめると
めまいのくる
心もち身をかがめたばらの
祈るような虚妄も
そのはるかな核へ
駆けのぼる叫びらも
しずまれ　いまは
遠く墓標のみえる
地点へ立ち
あのふかぶかとした空間から
きりたつ風景へ
ひとつの眼を飾ろう

「憧れ」は

勝野睦人

「憧れ」は
はじめわたしの端から
糸のように垂れていました
神さまが　それを戯れに
一本の杙《くい》にゆわえたのでした
筏舟を
岸辺の葦に繋ぐように
もぎれた　人形の片腕を
もとのからだに返すように

でも　その日から
わたしは杙を廻らねばならない
くりかえしあのひとを廻らねばならない
「憧れ」は　あのひとを軸木にして
車輪のように旋廻します
ふたしかな
その「存在」を囲みとろうと
蔓草のようにいま　まさぐつてゆきます
そうして　ああ　その目眩《めくるめ》きのさなかに
ついに見失なわねば　ならないものは
とりもなおさず
あのひとなのです

そのむかし

そのむかし
おまえは一本の樹木のように
わたしの言葉に生えていた
言葉の隅のちいさな空地に
しよんぼりと　黒い影をおとしていた
だのに　いまでは
わたしの言葉が
おまえの顔に茂つている

一本の　巨木となつて……
その陰で時折
おまえはわらう
木洩れ日のように
空のように

やがて　秋が深まつてしまうと
今度はしかし　わたし自身が
その巨木から散るのかもしれない
一枚の木の葉のように
もつともつとおおきな言葉のなかへ……

LA NATURE MORTE II

わたしのいかりには注《つ》ぎ口がない
わたしのかなしみにも注ぎ口がない
だからわたしは　できるだけ
ひつそりと自分をもちこたえていたい
けれどもあるひとのひとつの言葉が
けれどもあるひとのひとつのしぐさが
いかりをはげしくゆさぶるのを
かなしみにかなしみを注ぎそそぐのを
わたしは　どうするすべもしらない

そんなとき
いかりはいかりのおもてをつたい
かなしみはかなしみの縁までせりあげ
めいめいに
めいめいの形象《かたち》にこだわることしか
めいめいの周辺をぬらすことしかできない

そしてわたしは　どこからか
一枚の布ぎれをみつけださねばならない
この　こころの不始末をふきとるために
べつのあたらしいひとつのこころを
またあたらしくよごさねばならない——

その朝サマルカンドでは

石 原 吉 郎

サマルカンドでは その朝
地震があつたというが
アルマ・アタでは りんご園に
かり出された十五人が
りんご園からよびかえされて
じよう談のように署名を終えた
起訴されたのは十三人
あとの二人は 証人だ
そのまた一人が 最後の証人で
とどのつまりは 自分の
証人にも立たねばならぬ
アレクサンドル・セルゲーエウイチ・
プーシユキンのように
もみあげの長い軍曹《セルジャント》が
はなうたまじりで
指紋をとつたあとで
こめかみをこづいて いつたものだ
＜フィヨ・ペデシャツトピヤーチ！＞
——五十八条はさいなんさ！——

火つけ
いんばい
ひとごろし いちばん
かぞえやすい方から
かぞえて行つて
ちようど 五十八ばんめに
その条項がある
＜ソヴエート国家への反逆＞
そこまで来れば
あとは 確率と
乱数表のもんだいだ

まつたくのはなし
サマルカンドの市場《バザール》では
棚という棚が　ずりおちて
きうりや　とうもろこしが
道にあふれたが
それでも　とおいアルマ・アタでは
夜あけと　夜あけを
すりあわすような　なんと
しあわせな時刻だろうか
のこつた一人の　証人でさえ
夕ぐれどきには　姿を消した
絵はがきのようにうつくしく
夜あけから夜あけへ
はりわたす　アンテナのような
天山《アラ・タウ》の屋根の上なら
インドの空も見えるだろうし
ふるい言い伝えの絹糸街道の
さきをたどれば　ローマにも
とどくだろう

買いもの袋をさげたなりで
気さくな十五人が　姿を消すと
町には　あたたかく
あかりがともり
とおいモスクワから
三日ぶんのプラウダが
とどけられる
まつたくのはなし　サマルカンドでは
その朝　地震があつたのだし
アルマ・アタの町からは
十五人の若者が
消えたのだ！

註
五十八条——ロシヤ共和国刑法五十八条は一切の反ソ行為に対する罰則を規定している。一九四九年全ソにわたつて有名な五十八条旋風が吹きまわつた。
アルマ・アタ——中央アジヤ・カザクスタンのアラ・タウ（天山）のふもとにあり、附近を有名な絹糸街道が通つている。

切支丹背教徒秘譚

吉田睦彦

キアラ一人女一人　牢に入れ置き候えば　これは牢屋にて女とむすび候てころび申し候につき　山屋敷一統に触れ候て伴天連の祝言珍しく候間見候えの由申しつけ　夫婦盃を取りかわせ　ながく召寄置候

——査妖余録——

≪たつとき聖饗まことの秘蹟を褒め尊びたまえ　慈悲深きゼズス・マリア！
それつきり　甘美な祈禱はふつつり断れて　鮮かに微笑した眼のように碧い空を　焚刑の肉煙が流れ去つた　イスパニア人ペイトロ・マルケスはこうして死んだ

≪御身にならわんとする神の小羊を憐みたまえ　十字架上のゼズス・キリスト！
それつきり　優しい唄声はきりきり絞られて　白洲の砂に逆十字に吊るされた唇は　凄惨にひかる血を吐ききつた　ポルトガル人フランシスコ・カスソラはこうして死んだ

≪妙なる天上の花雨をなお降りそそがせたまえ　宏大無辺なるみこころの天主《デウス》！
それつきり　清らかな讃言《ほめごと》はかすみ消えて　熱湯の底に暗紫色に膨れあがつた影が　鰹節のようにかたくなに横たわつたイタリア人アロンゾ・アロヨウはこうして死んだ

西暦一六四二年初冬　マカオから密入国した伴天連の一団は目的もはたさず　この吟味所でことごとく誅戮された　鬱血に濡れた南蛮僧の生首がたびたび獄門橋の欄干に梟けられた　粘土のようにひきつつた額　劫火のようにかあつと見開いた眼蔑すみと憎しみの噴き出しそうな唇　肢体を失つたかれらの無言の叫びは　その橋を通る人々に寺院《エクレシア》の梵鐘のようにくつきりと聴えた

≪異教徒《ゼンチヨ》！現世の栄華をむさぼるものの奴隷宗門奉行井上筑後！生きながら浄土にいるなどとうそぶく悪僧宗彭沢庵！永劫の罰の恐しさを知らぬ者達よ　硫黄の煙と血しぶきの闇に充ちた底なしの地獄《インヘルノ》へ墜ちていけ！

≪背教徒！悪魔《ヂヤボ》の弟子となつて神を売るユダの末裔！踏絵を考案しわれらを苦しめるクリストフアル・フエレイラ！たやすくころび沢野忠庵と改名した者よ　不安と怖えの百足に嚙ま

れるがいい
四千坪の切支丹屋敷の森に鳴いていた老鶯や仏法僧の鳴声も
その妖しげな呪文に咽喉を傷めてか　しだいに嗄れやがて何処
かへ去つた　人々が橋畔に近づかなくなつてすでに久しかつた

それから二年　鬼気蓬蓬の草茂るうらぶれた山屋敷の奥　焚
刑場や断頭台の真ん中に一丈余の石塀で杜絶された牢舎には
陰獣となりはてなお精根つきず生きのびた数人の伴天連があつ
た　かれらは羊のように従順で　葡萄のようにゆたかであつ
た　朝な夕な揺籃歌の甘さで祈禱の声が石塀に泌みこみ　あた
りの草をそよがせた
〈三位まします御一体の御主　天国《ハライソ》の快楽を享くにたる小羊を
殉教《マルチル》のらんびきにかけて選びたまう天主《デウス》！　天の門をひらき
たもうたすかりの犠牲となる前に　いまひとたびの恩寵《ガラサ》を与
えたまえ　われらを責むる敵多きゆえ　なにとぞ御合力をな
したまえ　アーメン………
その声は蒼い静脈のように流れ　役人の耳をゆさぶり　仏僧
の胸にくいこんだ　火あぶり　逆さ磔け　木馬責め　あらゆる
悪智をしぼりつくした刑罰にも耐えぬいたその声は　静かに官
奴を狼狽させ　異教徒を震憾させ　悪疫のように屋敷中に蔓延
した　あたかも伴天連ザヴイエルが邪宗を伝えてから百年の間
つぎつぎと密航した南蛮僧にみちびかれ　全国に拡つた黒い眼
の奉教者の数にも似て　その祈禱は不思議な侵透力をもつて流
れた　朝な夕な静かに流れた

ジヨセフ・キアラーかれはその受難の季節に最も強く耐えて
きたひとりであつた　額のひきつりは熱い焼鏝の痕であり　顳
顬の穴は連日の逆吊りで血をしたたらせた証であり　それらは
凄じい拷問の過去を物語つていた　だが糞と垢はその証をさえ
埋めおおい　澄んだ碧い眼のかがやきは　塑像のように動か
ず　合掌する祈禱の声は　なお耐えてゆく信仰のはげしさを物
語つていた　十字架なく聖書なき石の壁の底で　格子越しにさ
しこむわずかな光さえ獄卒の視線が遮る独房で　ジヨセフ・キ
アラはゼズス・キリストの御苦しみにあやかりたいと願い　次
にくる極悪なる刑を待ちわびていた　死によつて天国にあげら
れる歓びの時を待ちもだえていた　すでに手にしなくなつてか
ら久しい聖書の言葉を　四つの胃袋をもつという牛のように頭
の片隅からとりだしては反芻し　咀嚼しては胸に手をあてて祈
る平坦な日日のなかで　ひたすらかれは殉教《マルチル》の試練を待つてい
た

そんなある日の黄昏であつた　突如重い格子が軋んでジヨセ
フ・キアラの独房にひとつの贈物が運びこまれたのは　人間の
女の贈物――驚くキアラの叫びよりも早く錠前はおり　獄卒の
くぐもつた嗤いがそれに和した　そして遠のいていつた　かれ
は麻痺した視線を女にそそいだ　心なしか女は水母のようにふ
るえて見えた　色の蒼白い肌は頸や手首に細いくびれがあるほ
どふとつて　うるんだ眼は憐れにも淫らな匂いがした　よろめ
き　へたへたとくずれおちた女はやがて泣きはじめた　泣きな
がらおのれの身の上を訴えるのであつた　女は切支丹ではなか

つた　いやむしろ切支丹から毛虫の如く呪われていた岡本三右衛門の妻であつた　山屋敷の官庫にしのびこみ没収された十字架　聖母子像　念珠《コンタス》　経典　その他の聖器を盗みだし鋳つぶして売り飛ばした穢しい奴　それが発覚して梟首獄門橋にかけられた岡本三右衛門の妻お蘭であつた　キアラは愕然として壁ぎわに立ちすくんだ　女はなお泣きつづけた　夫の罪のため紅毛の伴天連と同じ牢獄に放りこまれた女の　悲しみにちぎれるような　やるせない泣声であつた

　この時ジョセフ・キアラの頭に思いがけない変化がおきた　十何年かむかしの追憶が甦みがえつてきたのだ　シシリアの澄んだ光　おいしい空気　オリーブの梢にひかつてみえる青い地中海　少年であつた自分の腕のなかで啜り泣く初恋の少女ルクレチアの甘い息……

≪おおシシリア！　エトナ！　美しい　美しい国　レモンやオ
　レンヂが花咲き　葡萄や無花果のみのりかがやく国　おおル
　クレチア！　優しい　優しい娘

　霧がかつた世界の涯から鼻孔をつつみこんでくる甘ずつぱい体臭であつた　かれはお蘭に近づいておずおずとその手をとつた　柔らかな焼鐺――それは天主《デウス》のための拷問のように苦痛と快感にみちていた　がキアラは突然はつと手をひくと身慄いして顔を上げた

≪主よ　この意味をときたまえ　悪魔《ヂヤボ》どもはなぜこの女を？
　いいえ主よ　わたしは知つております！　それは　火にも鉄
にもたじろがぬわたしを腐つた肉の絆で絡みつけて　破戒無慙な地獄へ墜すためだということを　おお主よ　裏切者
フェレイラが考えたにちがいないこの拷問に　わたしはどう
したら耐えることができましよう？

　怒りに息があらくなると　お蘭の香りが濃い乳色の霧のように胸に流れこんできた　かれはまた焼鐺をあてられたように呻いた　無意識に手は女の肩をつかんでいた　もろくも鐺は溶けそこから快感はキアラの血管を貫きはしつた　するとある別な思想がきらめいた

≪これは悪魔のなげた餌ではなく　わたしの信仰をためすため
の　聖母マリアの化身ではないか？　もしそうだとしたら
わたしはこの試練を超えてみせる！

　こうして薄暗い狭い牢獄のなかで南蛮僧と死刑囚の妻との生活がはじまつた　そして　たちまちジョセフ・キアラの聖なる幻想は打ち砕かれた　滑稽なる生理的現象――排泄行為という拷問はふたりの心に大いなる変化を生じさせるのだつた　耐えしのび　しのび耐えて　顔が蒼白になり暗紫色になり　遂にマリアの化身は小桶の上にかがみこんだ　キアラの夢はガラガラと音をたてて崩壊した　擯斥の眼をなげていたかれも　やがてはかれ自身女の前で尻をまくらなければならなかつた　お蘭の眼は無恥な図太さでそれを瞠めた　伴天連と夫婦になれば許してやるといわれた殿様の厳しい御声が　お蘭の泥酔したような頭にふと浮んできた　淫蕩な寡婦の肉体は幻影の蜜でぬれてくるのだつた　女はキアラにいざり寄つた

　創生記以来いくたびか人間どもが繰返してきた妖しい鬼ごつ

こであつた　裾をみだし乳房を波うたせ挑みかかる女に　男は悲鳴をあげて病獣のように転げまわつた　キアラはあらゆる酸鼻の拷問にうちかつてきた　だがこの内部から滾々と湧く苦痛にも似た法悦感に負けた　狭い牢獄は地獄《インヘルノ》よりも凄じく嘔せかえつていた　死闘の果にひつくりかえつた糞桶　揉みあう肉体から噴きでた汗　汚臭はむんむんと流れただよつた　ふたりはいまや黄昏の逆光線を浴びて　糞まみれの黄金の肌をふるわせて　喘ぎのたうつばかりだつた

ジョセフ・キアラが静かに待ちわびていた殉教《マルチル》の時は遂にこなかつた　その代りにこの奇妙な儀式がかれを生れ変わらせた　かれは狭い独房で童貞を失う瞬間　苦痛に歓びをおぼえ醜に美をみいだしたのだ　異常心理の極限に追いつめられ　さらにはずれ　その魂の天秤が逆転してしまつたのだ

悲愴きわまる日本切支丹殉教史のなかに　ふたつの醜怪な腫物の如く存在した　ふたりの背教徒があつた　宗門狩に辣手をふるつたいとうべきふたりの背教徒が――

長崎奉行所宗門改役顧問　沢野忠庵とはクリストフアル・フエレイラの改名であつた

江戸奉行所宗門改役顧問　岡本三右衛門とはジョセフ・キアラの改名であつたのだ

西暦一六五×年夏のとある夜　金髪の二代目岡本三右衛門はかれの考案した拷問の光景よりも　もつと凄じい愛撫を紅閨に繰展げ　悪妻お蘭との淫らな交合に耽つている間に　一組の若い男女の手で殺害された　一すじの長脇差が上下に重つたふたつの裸体を串ざしにしたのだ　あたかも巨大な昆虫針に刺しとめられた芋虫のように！　三右衛門は上からみおろすふたりの瑞々しい視線と　下から見あげるお蘭の苦しげな淫らな視線とがないまじえる位置で思わず絶叫するのだつた

≪ああ　背から腹に貫きとおつた熱鉄の快感！　ありがたや恩寵《ガラサ》みちみちたもう天主《デウス》！　アーメン……

ふたりの若い犯罪者は自分達の頸から聖十字架《サンタクルス》をはずすと垂直に立つた長脇差の刃に結びつけ　やがて手を取合つてたち去つた

それから数日後　若い男女の生首が獄門橋の欄干に梟けられた

その若者はかつてジョセフ・キアラが秘かに切支丹に改宗させた愚直なる獄卒であつた

その娘はかつてジョセフ・キアラが秘かに神の御名により若者と結ばせた可憐なる若妻であつた

（1957，2，24）

▽ここへきて、言葉の不思議さというものを、しみじみと感じないわけにはゆかない。詩を書き始めたばかりの頃は、それをなにか目じるしのようなもの、意味と意味とを境界づけ、区分するもの——そんな風に思つていた。例えてみれば杭である。それを幾本となく周囲に打ち据えることで、意味は叢のように囲みとられる、そう信じて決して疑わなかつた。

▽だがいまでは、ひとつひとつの言葉が、めいめいの叢を持つているということ、その不思議さにとまどわないわけにはゆかない。言葉はむしろ甕のようなものだ。ひとつひとつが口をもち、しかもその口はきわめて小さい。永い僕達の歴史の途上で、少しずつ、その口から流れ込んだ感情や情緒が、ある言葉の場合では中で腐敗している。またある言葉の場合では蒸発して、中の暗闇だけが取残されている。

▽そこで僕達の任務はといえば、まず甕という甕を一度くつがえすこと、あるいは思い切つて打ち砕いてみること……と、ややあたりまえのようなことを書いて、あとがきとする。

（勝　野）

▽なお勝野君の住所は左記の通り変更、お知らせします。

▽文京区駒込西片町一〇番地へ十一号矢野正美方

（編集部）

XIII

ロシナンテ

勝野睦人追悼号

中鉢敦子
小原知子
嶋岡晨
竹下育男
黒米幸三

約束

中鉢敦子
果されなかつた約束はいくつもある
ひととわたしの間に
生誕の指きりがかわされてから
しろい枯葉は
いくどもわたしの前を過ぎていつた
わたしのひろげる掌の上に
わたしの嘘がかなしみの形でたまるように
記憶は重さで埋めつくされてしまつた
幼い日の絵本の中の
黄ばんだ頁から立ちのぼつてくる
遠いとおいファントォム
わたしの意識の底には
いつも一本の古い樹がそびえていた
日暮どき
わたしが小さな少女の姿で
両手一杯の悔恨を抱いて帰つてくるとき
樹枝たちはだまつて
夜の銅版画を彫りはじめる
するとひろい集めた沢山のことばたちが
いつか冷たい小石に変り
風船はわたしの手をはなれて
もう決して帰つては来ないのだつた
今　わたしのポケットに
数知れぬ不信は重く沈み
果されなかつた約束はいくつもある
わたしはとうに知つていたはずだ
約束が　ひとつの
むなしい指きりでしかなかつたのを——

草地

小原知子

しきりに地図が私を誘う
かつての道は　今は　まるで見覚えのない草地
空は　やむ間もなくしたたつて
草は　あおあおと染まり　伏し
殻を失つた憐れな魂たちは　そこに
悪意のようにさり気なく　存在する
触角に　見事に辺りを触知して
ひそかな緊張を送つてくる
あちこちに　花たちは揺れていて
胸元に　不思議に優しいものが問いかけてくるのだが
すべては　にわかに重く　匂わしく
何ものともない不在の足音が地をめぐる
ああ　貴方の死は

こんなにも謐に満ち
蒼い諧和《ハーモニー》に満ちていて　私は
唇を寄せるのもはばかられるようだ
ふりかえれば
しきりにうなずくものがあつて
私の心に　かすかに風を送つてくる　すると
不意に蔓がのびて来て
やにわに　私の腕をとらえるのだ
　お止めなさい！
　お止めなさい！
　　　哀しみを
塔のように育ててはいけない
いつとしもなく苔の緑が生《む》しついて
それを奇怪《きつかい》な形象《かたち》に変貌するだろう
ああ
空には屋根があつて
不思議に皿が濡れている
耐えている
そうして　灯りはともるのです

勝野睦人遺作集

略歴

一九三六年 東京麻布に生れる
戦時中、長野県飯田市に疎開
一九五五年 飯田高松高校卒業 東京芸大美術学部に入学 油絵専攻 同年五月に「ロシナンテ」に参加した
一九五七年六月二十五日 本郷西片町で交通事故により死去した（享年二十才）

LA NATURE MORTE II

わたしのいかりには注《っ》ぎ口がない
わたしのかなしみにも注ぎ口がない
だからわたしは　できるだけ
ひつそりと自分をもちこたえていたい
けれどもあるひとのひとつの言葉が
けれどもあるひとのひとつのしぐさが
いかりをはげしくゆさぶるのを
かなしみにかなしみを注ぎそそぐのを
わたしは　どうするすべもしらない

そんなとき
いかりはいかりのおもてをつたい
かなしみはかなしみの縁までせりあげ
めいめいに
めいめいの形象《かたち》にこだわることしか
めいめいの周辺をぬらすことしかできない

そしてわたしは　どこからか
一枚の布ぎれをみつけださねばならない
この　こころの不始末をふきとるために
べつのあたらしいひとつのこころを
またあたらしくよごさねばならない——

そのむかし

そのむかし
おまえは一本の樹木のように
わたしの言葉に生えていた
言葉の隅のちいさな空地に
しよんぼりと　黒い影をおとしていた
だのに　いまでは
わたしの言葉が
おまえの顔に茂つている
一本の　巨木となつて……
その陰で時折
おまえはわらう
木洩れ日のように
空のように

やがて　秋が深まつてしまうと
今度はしかし　わたし自身が
その巨木から散るのかもしれない
一枚の木の葉のように
もつともつとおおきな言葉のなかへ……

「憧　れ」は

「憧れ」は
はじめわたしの端から
糸のように垂れていました
神さまが　それを戯れに
一本の杙《くい》にゆわえたのでした
笹舟を岸辺の葦に繋ぐように
もぎれた　人形の片腕を
もとのからだに返すように

でも　その日から
わたしは杙を廻らねばならない
くりかえしあのひとを廻らねばならない

「憧れ」は　あのひとを軸木にして
車輪のように旋廻します
ふたしかな
その「存在」を囲みとろうと
蔓草のように　いままさぐつてゆきます
そうして　ああ　その目眩《めくるめ》きのさなかに
ついに見失なわねば　ならないものは
とりもなおさず
あのひとなのです

硝子戸

いつみても　研きあげたおまえの
むこうがわと　こちらがわには
おもざしのよく似た姉妹がふたり
たちつくしているかのようだ
ひつそりと　おなじようにほおえみ　頬杖をして
けれどもひそかにみくらべている
おたがいのまとつている衣裳と衣裳を

ときとして　おまえをはさんで
みもしらぬ同志がひきあわされる
あの凧と　この腕のもぎれた人形
あの甍屋根の傾斜と　わたしの「哀しみ」……
ひとときを
ゆすりあつているのはほかでもない
形象《かたち》をはじているせいだ
だがふいにかさなり　うなずきかわし
おたがいの意味をゆだねあい
足元からその距離をおずおずとけしとる
そして一方は　他方の
このうえもない比喩となるのだ
おまえの透明な言葉をかりて――

　凧は部屋のすみの戸棚にからみ
　わたしのこころの傾斜を木洩れ日がながれる

おまえの時間に呑みほされてしまうと
「物」たちは隔てあうことでかえつてふれあう
丁度　坂道の中途で　ふと足をとめて
夕焼けをみまもる親子のように――
めいめいのこころにしずんでゆくことで
いつしか手と手をにぎりあつているのだ

おまえはせわしくすりかえる
おまえの遮つている「生」と「死」の世界を
しかし　ああ　おまえ自身は
どこに内部をもつのだろう
瀟洒なおまえの「存在」は
ともすればみずからをすりぬけてしまつて
むこうがわで　とまどつている様子だ

鐘楼

「哀しみ」は
だれの裡にも
鐘楼のようにそびえています
あるひとは
とおくそれを仰いだだけで

さかしく瞳をそらします
また　あるひとは
こころのおもわぬ方角に
その姿が　ふいにたちはだかるのに驚き
ひそかに小首をかしげます
けれども　もつとべつなひとは
その周囲をせわしくめぐりつづけています
車輪が車軸にこだわるように
言葉が言葉の意味をまさぐるように
そうしてはてしないその目眩《めくるめ》きのうちに
ついには　すべてを見失ないます

ああ　しかし
もつともつとべつなひとは
はじめから知り尽しているのです
こころが　ちいさな町でしかないのを
そしてたちどまつた街角にはいつでも
ひとつの鐘楼がそびえたつのを

かれは「哀しみ」をのぼりつめてゆきます
どこまでもひたむきにのぼりつめてゆきます
その頂にたどりつき
かれのこころを見渡してみようと
こころのただひとつしかない厳しい位置に
せめてものあのちいさな叫びが
吊されているのをたしかめてみようと

目覚めの少女

ねむりはふかいふかい庭隅の井戸
わたしはその底のちいさな桶だ
夕暮が軋むつるべを手にして
わたしのゆめをいまねむりから汲みとる
ぬれたわたしの肢体から
一滴のそのしずくもこぼさぬようにと
すこしづつ　入念にわたしの意識をたぐる

あわただしくたそがれの内壁をすべつて
よいやみのほとりに顔《おもて》をあげると
わたしのはずれにとおい灯がうるむ
そのともしびのゆらめきで
わたしがまだ　かすかに寝息をたてているのがわかる

やがていろいろなものどもが
つぎつぎとまわりに馳けよつてくる
すいかずらの影　沈丁花のかおり　かすかな蜜蜂の羽音
樵の木はいつかかがみこんでしまう
わたしの「放心」に呼びとめられて――
そしていまなみなみと
わたしの肢体にたたえられて

この庭をすつかり呑みつくしたこころに
息をころしてみいつているのだ
………………
ごらん　こんなものがおまえの底にひかつていたよと
空のうすあかりがふとつまみあげてみせる
それはみおぼえのない宝石のような小石
わたしがねむつているうちに
だれかがわたしのなかに投げこんでいつた物音……

わたしはひとつの……

わたしはひとつの落想でしょうか
あなたの手帖にかきとめられた
みしらぬ「運命」のための控でしょうか
「運命」が　ふいにはばたいた折
つばさからこぼれおちたなにかのかなしみ
その　ちいさなちいさなしみでしょうか
それともあなたのお顔のすみに
いつからかうまれでていた黒子でしょうか
　わたしの出生をあなたはくやみ
　正直にはもてあましてさえおいでの御様子
ああ　それならば　なぜ
なぜ　あなたは
わたしを投げすててはしまわないのです
てのひらにのせた小銭のように
そうして忘れていた契約のように
わたしを「死」と　ふいに
とりかわすのです

部屋

ふかい眠りにおちいつてしまうと
かれはちいさな部屋になるのだ
時間は粉雪のようにその回りをさまよい
ときおりとざされた小窓を叩く
丁度ひとりの友人が
ふとかれの肩に手でもかけるように……
すると　静まりかえつていたかれのなかで
誰かが寝がえりを打つけはいがきこえる
裸電燈の眼が一瞬しばたき
食卓に据えた灰皿から吸いさしがころがる
——そのように　かれの眠りの底へも
なにかがころげおちてゆく物音がきこえる……

やがておもい扉が軋み
ひとりの男があらわれる

くろい外套を羽織つた顔のない男が
そうして　ああ　かれにつづいて
無数の人影が戸口にたつのだ
鍔のひろい帽子をかぶり　紙屑や木の葉をまとつて
それからなにがなされるのか
とおく柱時計の咳がきこえる

いまかれの意識を
踏みつけて通りすぎて行くおびただしい靴音
テーブルがはげしくゆさぶられ
追憶が契約のようにとりかわされる
おおきな状差の影が壁からぬすまれ
しきりに封書が読みかわされ
床が鳴り　地球儀がまわり
あちこちで沈黙が皿のように砕ける

ときとして　だが母親は耳にする
息子の夢のなかのなにかあわただしいけはいを――
彼女はとぼしい明りを手にして
ながい階段をのぼつてくるが
かれはひつそりとしたやはりひとつの部屋だ
そのかたすみに
ちいさな夢の鍵穴をみつけて
そつと彼女はのぞきこむ
そうして　いま
かれの眠りの一角に
赤いランプの火が揺れているのを見ると
安堵の踵をかえしてゆくのだ

☆

翌朝はやくかれは目覚める
すると　かれのこころの底に
数枚の木の葉がちつている
いぶかしそうにかれはそれを手にして
その日も　学校へ出かけてゆく

CONVERSATION（三篇）

草　叢

わたくしに
言葉を投げてくださるのでしたら
わたくしの居ない方角へ
できるだけとおく投げてください
そうして　さらにできることなら
そのままさりげなくお立ち去りください
でなければ　せめてもの目を伏せられて
見てみぬしぐさをなさつてください
――言葉のとんだ草叢を　　わたくしが

捜しあてようとしてきよときよとするのを
　（そのさまはまるであなたの卷犬《プードル》のようです）

やがて　わたくしは走り去ります
けれどももつれた足取りで
「答」を拾つて帰つてきましよう……

坂　道

わたくしの　「笑」の車輪は
　　　　　　　　てぎわよく
ころがつたためしがございません
あなたの　おはなしの中途には
きまつて傾斜がございますのに
坂道が　　こつそり仕掛けてございますのに
　　　　　　　　そのうえを
いつでもわたくしはみにくくすべつて
きまずげな　　轍をのこしてしまうのです

わたくしの　「笑」の車軸は
どこにさびついているのでしようか……

空　地

「沈黙」は　露路裏の空地です
ふいに　踏みこんだふたりでしたら
うつむいて　外套のえりもたてます
おたがいの靴音をきづかいながら
そしらぬ面持で　ぬけでようともしますが

けつきよくは
どのような「言葉」を通りぬけても
おなじ空地が　ひらけるだけだと
おなじ夕焼を　もてあますだけだと
読みとつてしまつたふたりにとつては
「沈黙」はてじかな公園です

ふたりはこのんで迷いこみ
めいめいの　遊動円木をさがします……

え ぴ そ お ど

——又は "peg"

「死」は一本の釘である。
それをわれわれの背中に打込んだ男は、むろん神に違いあるまい。かれはわれわれの背中の板の厚さを——即ちわれわれの肉体から、精神までの隔りを測つた。いうまでもなく、ぞんざいな目分量を用いて……。つまりその距離の闇間に、こつそりこの錆びた「悪意」を埋めてやろうとしたのだ。

ところでかれは誤つてしまつた。かれが買いこんできた釘という釘は、悉くながすぎたようである。かれは困つた。ぼりぼりと、五分刈頭を掻いて考えこんだ。そこで思いついた方法は、これを、はすかいに打込むことだ。いささかの注意を用いさえすれば、この程度の仕事はかれには容易と思えた。（大工とは、元来ふかい因縁のあるこの男は）口に数本の「悪意」を含んで、鼻唄まじりに仕事を進めていたが……。

やがて、空腹をもよおし、細工が乱れた。それに板の厚さは、かれが考えていたよりよほどまちまちだつた。肉体の表層から精神が、うすく透けてみえる奴さえあつた。かれは腹を立てて垂直に槌をふるつた。槌に加つた癇癪は、「運命」の重力となつてそのまま、

その男の背筋をたたいた。もはや自明の理《ことわり》ではあるが、「死」は、雄然とかれのこころに突き出た。しかるに、その屋根裏部屋《マンサル》のようなこころのかたえに、いつしか寝起きを繰り返していた詩人は、おどろき、目を覚まし、

そして唄つた。

「死」は私のベッドの脇に
突然うまれた帽子掛けです
けれども神様
私は終生無帽のやから
私は終生無帽のやから
あそこにお掛けしようにも
「信仰」のシャッポは持ち合わせていません

的

ひる
わたくしは
ひとつの的です
ポケットに
おどろきを小石のように
今朝も詰めこんでいられる　神さま
わたくしは　ひねもすつけ狙われます
餓鬼大将のあなたのために

たとえば　夕焼けの露地裏で
吠えかかる　野良犬の声に怯えて　ふと
あなたの影を踏んでしまうと
わたくしは背中から投げつけられます
——まだ一度も
拾いあげてみたこともなかつた

あなたの孤独を

×

けれども　よる
よるは　神さま
あなたが的です
わたくしは
力を籠めて投げかえします
電球のかけら　インク・ボトゥルの栓
わたくしの食卓にちらかした不満を

＜ちいさな　形而上学の脚をふまえて＞

神さま
あなたのあてずつぽおの深みへ

グラスに注ごうとする私のこころは

グラスに注ごうとする私のこころは
けれども　食卓を濡らすばかりなのでした
おずおずと　水差しの口をつたつて
奇形な言葉の雫をしたたらすばかりなのでした
グラスに注ごうとする私のこころは
それほど　波立つていたのでしょうか

食卓には　あなたの夢が読みさしのまま
無造作に投げだされてあるのでしたが
そのうえに　言葉は　インク液のように
あお黒いしみとなつて広がるばかりなのでした

グラスを差しだしたあなたの手は
グラスを握りしめていたあなたの指は
それほど　おののいていたのでしょうか
それとも　或る日の不幸から

ふと　私が未来をとりおとした折
水差しの口を欠いてしまつたのでは……

×　×

透明な　あなたのリキュール・グラスに
ともあれこころは注ごうとしつづけ
そうして　食卓を濡らすばかりなのでした

——こころは　水平でなければ耐えられないので

モノローグ

たぶん
わたくしは　ひとつの結び目なのです

たわむれに
運命の両端を
力一杯ひつぱつた　神様
あなたのために
こんな依怙地な
わたくしが生れてしまいました

一度結んだわたくしを
夜店で買つた知恵の輪のように
するするほどいてしまうのも　神様
あなたでしょう

生きていることは
ひとつの〈しこり〉
喉元にからんだ痰唾のような
のみこむことができない　かなしみ

神様
あなたの煙管《きせる》を詰まらせているのが
わたくしたちの〈命〉です

ソネットⅡ

アサッテノ　誕生日ノ晩ニ　アナタガ結ブ

夢ヲサガシテヤロウト　浜辺ヘデタ
一冊ノ　スケッチブックト　タノシミト
芯ノヤワラカイ　鉛筆ナゾソロエテ

巨大ナパレットノ形ヲシテ　海ハ　欲望ヲ　溶カシテイタ
棒キレヤ　ワライヤ　ショートパンツノ裾ヤ
アカスギル海浜ホテルノ
flat roof　ノ紅ヤ

ダレモ忘レテイタ　ソコデハ
明日《アシタ》ヲ　昨日《キノウ》ヲ　ソレカラソコニアソブコトサエ……
放心ガ　コーヒー・フロートノ　泡ニトケ

雲ハ一人デ　落書シテイタ
――ソンナ　タクサンノ忘却ノナカカラ
ワタシハ　昼ノ月ヲモラッテ帰ッタ

VIRGINITÉ

純潔は
あたしのしみ　お母様が
あたしのシュミーズの上に　いつか滲した涙
　あそこだけをあたしは恥じねばならない
掌で　わけもなく蔽いかくして

純潔は
あたしのひび　粗相して
お母様があたしを「おんな」に産んだ　傷痕《きずあと》
　あそこから
　いつかは割れるにきまつている
　脆い　あたしの運命が

純潔は
あたしの暗闇《くらがり》　たわむれに
あなたがたが小石を投げこむ　祠
ガーベラの花束や　いびつな愛を
　そのなかで
　いつも躓いてばかりいるのが　あたし
　躓いても　転んでも
　声はころしていなければならない

＜だが＞
＜あたしの一生がなんだろう＞
＜あたしは　汚されるために張り詰めている＞
＜キャンバスの布だ＞

×　×

純潔は　校庭の外れに
掃きのこされた一枚の落葉
　誰か来て
　いつそのことはやく拾い上げてくれればいい

A V R I L

春が来て、忘れていた太陽がポケットから出て来た。僕はいつさい思い出してしまつた……

窓には、見覚えのある雲ばかりが浮かんだ。退屈して、僕は散歩にでた。けれども、どの坂道を登りつめても、たずねた家家しか見あたらなかつた。顔みしりの子供たちばかりが石蹴りしていた。電柱も、板塀も、野良犬のしつぽも、みな僕の記憶で汚れていた。

僕は景色をみくびつてしまつた。やさしい算術の答案のように。空は空、夕焼けは夕焼け、ポストはポスト、そうして僕たちの秘密は、僕たちの秘密――だれに添削する根気があろう。ひとはただ、默つて見まもつてさえいればよいのだ。

日が暮れると、あちらこちらで、街燈がわるい噂をともした。僕はふと、あの娘の名前を立ち聞いたりした。すると、そんな時だけ僕の心は、なにかのまちがいに気づくのだつた。それは、三日月の誤謬でもなかつた。星たちの計算ちがいでもなかつた。

ただ、わけもなく、問いただしてみずにはいられなかつた。あれはなに……あれは倉庫の白壁。それはなに……それは僕の孤独。
　余所見ばかりして歩いていたので、僕は、形而上学の脚
に蹴つまづいた。そうして、いつさい忘れてしまつた。

洗濯物のうた

そうした　子供の小便のように
貧困がきいろくしみついている　きみらのくらしよ
物干竿はすべをうしない　きみらのくらしの舳先《へさき》から
けさもかなしみの旗をかかげる　かかげたもののふるだけの
気力もないびらんとしたびんぼうの紋章――
習いはじめの小学生の　あてどなくさぐっていく ａｂｃ
ｄ……くつつきすぎたり　かしいだり　ちぎれそうになつ
たりしながらとりとめもなくつづつていく ｅｆｇ………
それがきみらの生存の　忠実な筆記だ

　ずろーす　しやつ　ずろーす　しやつ　ぱんつぱんつ
ぱんつ
　ずろーす　しやつ　ずろーす　しやつ　ぱんつぱんつ
ぱんつ

たれにひけらかそうとするでもない
こうして薄日にかざしては
色褪せたみずからのしあわせの数を
ふしようぶしよう
たしかめてみるのだ

音信

　蒸し暑い、いやなお天気続きだ。太陽は誰かのポケットに
隠されたつきり、今朝から一度も顔を見せない。洗い晒《ざら》し
のアスファルトの道に、霧雨が、ぶつぶつ小言を澪してい
る。（ガラス戸にぼんやり滲んで、おとなしく、耳を傾け
ているのは僕の影）

　あれから、君はずつと元気？――こうやつて、ペンを取
つてる机の上に、絵はがきや、英語の辞書に雑《まざ》つて、君と
僕との憶い出は、散らかしつぱなしにされたまんまだ。と
ころどころ、それに、落書なぞしてある。（まるで、不要
になつたノートのように……）

　風が立つて、ときおり捲《めく》つて行く僕等の愛。けれどもわ
ざと飛ばしてしまうあの日のページ――そのページの隅つ
こにさえ大きな、インクのしみが出来てしまつた……

　慎しもう、剝げ落ちた心の壁に、二度ともう、君の写真

を留めたりするのは——しきりなし、壁土が落ちて汚れるだけだ。テーブルや、ブック・エンドが……　夢や、希望や、人生が……

　やつと見つけた屋根裏部屋の、小さな椅子のクッションに凭れて、僕は今、静かに郷愁に明りを点す。そうして、ふと考える——もういい加減、僕の記憶を整頓しようと、僕の未来を新調しようと……

わたくしはピアノの鍵盤《キイ》です

——又は〝楽譜に添えて〟——

わたくしは
ピアノの鍵盤《キイ》です
ひつそりと　部屋隅の暗がりにならんだ
しろい　パンセの羅列です
ときおりあなたの影がよりそい　たわむれに
かきみだしてゆく　水平線です

とりどりの哀しみや悦びをそろえて
うなだれている　依怙地な沈黙——聴き耳を
そばだてている恐怖です

あなたはすべてを知りぬいていられる
わたくしのどこに指を触れれば
小鳥が舞いたち　グラスが倒れ
あなたの鴇《とき》色のリボンに涼風がのるのか……

わたくしの　夢や希望を
ひとつひとつたしかめながら
けれどももの憂げにかきまぜてしまう　あなたの放心
しなやかな　両腕の　あなたの懶惰

——しかし　あなたは御存知でしょうか
わたくしの　ところどころに潜んでいる
はみだした音色　鳴りひびかないこころ
そうして　あなたの指先から
零れおちてゆく　わたくしの孤独を……

冬

　ニッケル銭の月が、ついさつき、欅《けやき》のどこか、遠い梢に凍りつき、もう下りてこれなくなつた。国境を越え派遣された、入念な凩《こがらし》の一群は、森や林を、一々点検して歩く。茱萸《ぐみ》の子の、凍《こご》えきつた指先まで、粉雪のチョークで印を

つける。(あれが、冬のトレイド・マークだつて誰かいつてた)

昨日《きのう》の夕焼けは、山の波に、黄なくしみついただけだつた。一昨日《おととい》の、久しぶりの星夜は、まるで電球やコップのかけらを、空一面散らかしたみたいだつた。君と僕との幸福も、こうやつて、小さな屋根の下——囲炉《いろり》のぐるりに嵌込まれたつきりだ。四、五冊の、手垢に萎えた童話の本と、茹《ゆで》卵と、宿題と一緒に……

突然、思い返してはゞたいては、またすぐ諦めてしまう焔の上に、かわるがわる、そつと翳《かざ》してみせる、僕等の愛と、それから皸《ひび》だらけの手……だが、もう、二人の会話は、すつかりすり切れてしまつた(丁度、着古したマントのように)君も、僕も、繕うすべもない程……

うす暗い、お互の心の隅へ、ときおり、肌寒い沈黙が、隙間風のように忍びこんでくるのを、僕等は、たゞ、じつと見ている——深い、深い吐息と一緒に、まつ白な蒸気の輪を吹いて、思案に暮れた大人がふかす、あの、葉巻の真似なぞしてみせながら……

どこかのカフエーの隅っこで

——又は〝カップとソーサー〟——

涙を湛《たた》えたカツプの、君の瞳《め》も、僕の瞳も小さな受皿《ソーサー》に過ぎない。

そんなに大きく見開いて、君の瞳が、どんなに僕に近寄つても、僕の瞳と、君の瞳と、すつかり重なり合つたとしても……

受皿《ソーサー》の底と底とが擦れ合つて、ＫＩＫＩＫＩＫＩ鳴るだけだ。

——止《よ》し給え、粗相したふりをして、わざとテーブルをゆさぶつてこの僕の為に、受皿《ソーサー》を汚して見せてくれるのは……

お互のカップの口には、見えないハンケチさえ被せてあるのに——その中に、まるで舶来のコーヒか、密造酒《ムーンシャイン》でも忍ばせてあるように……

×　×

いつの日だろう――受皿《ソーサー》を離れたカップとカップが、僕等の頭上で触れ合うのは……

（どこかのカフェーの隅っこで、そうやって、君と、僕とが、テレ臭そうに乾杯するのは……）

――今朝も又、僕の言葉が一雫、僕の知らない波紋となつて、君のカップに広がつて行く……

夕暮

とつくのもう昔に、君も僕も忘れちやつた映画の、煙草の脂臭いフィルムの色で、夕闇は木々の梢を染め終えた。（意地張りの楓も従順だつたし、茱萸《ぐみ》の子も案外素直だつた）そこで、一服している雲がある。彼奴《あいつ》は今朝太平洋を渡つて来た、酒と放浪癖の強い奴だ。

何しろ連日の日照り続きで、ごらん、茅蜩が、神経衰弱に罹つた。KIKIKIと歯軋りながら（まるでコップの底でも磨合わせるように）、パラフィンの羽根を揉みだしている。

雨戸の陰には蜘蛛の巣が、スタンドの笠ほどもある、巨大な漏斗《ロート》をぶら下げて――あれでね、お月様を漉《こ》す気なんだ。悪事が露見するといけないから。

だがもうそろ〳〵、ペンキ屋達の訪問時刻――酸漿《ほおずき》を乗せた露台の下に、先刻《さつき》から蛾蝶のように群がつていた、あの「闇」達の舞立つ時刻だ、風鈴がカスタネットを打つ宵は、僕等のアパートの大屋根だけ、特別にセルリアン・ブルーを引いてくれるよ。

そうすると僕よりお母様が夢中で、金魚の尻尾のようにひらひらする、わざとだぶついたパジャマを召され、家鴨のサンダルを履いて出てこられる。

お隣の病人の窓縁《まどべり》から、火星人《マーシャン》の眼に星を並べる。

――夕暮は、僕等の生活の幕切れ時だ。

そうやつて、君は、じつとしてい給え。

（夜風が新調のレースをすつかり汚してしまうまで）そうやつて、僕には内証《ないしよ》のことを考えて給え……

錆びた恋歌

君と僕とで交しあつた、ほら、あの小さな「恋」のかけら――あれは、今もこうして、幾分だぶつく僕のズボンの、ポケットの底に転がつている。

使いふるしたニッケルの小銭が、青錆びた真鍮のメタルのように、

触わると幾分ひんやりするし、真中に、穴のあいてるのもよくわかる――けれども、いよいよ、

向う見ずな僕の人生が、有余る幸福を使い果して、無一文となり果てた折、

寒空をからつ風のように吹きすぎる、一筋の「愛」を捕えあぐねて、僕の心がかじかんでいる折――ふしようぶしよう、

そつと、こいつを、握りしめてみるよりほか、すべもないのだ。

ズボンがさゝくれてしまつたら、（もう、君は屈《かが》つてくれる筈もないから）チャリンと鳴つて、こいつは地面に滑り落ちよう。

そうして、行きずりの男の掌で、表がでるかあるいは……

心許ない僕の記憶が、あわてゝごそごそ探る頃には、ポケットの底は、屑紙の山とそれから、自転車の鍵ばかり……

マコチャン

「マコチャン」トヨンデイタ

ソノコハベティサンノヨウナカオダッタ

ワタシトナカガヨカッタ

ドーロニハクボクデキューピーヲカイテアソンダ

チョーナイニトラホームノコゾーガヒトリイタ

ソノコゾーガアルヒマコチャンヲナグッタ

マコチャンハカオヲオイモセズニイエヘトビコンデ

シバラクデテコナカッタ

『詩学研究会』の勝野睦人

嶋岡 晨

七月八日、前住所の江古田から廻送されて、好川誠一氏の手紙がとゞいた。それによると、去る六月廿五日、勝野睦人氏が突然亡くなられ、ついては「ロシナンテ」で彼の追悼号を出すから、「詩学研究会」を通して見た勝野睦人の作品について何か書いてくれ、とのこと。好川氏は勝野氏死去のことを「御存知のこととは存じますが」と書いてあるが、僕は全然知らなかつたので驚ろかされた。

勝野氏とは一度も会つたことが無く、手紙もやりとりしていないので、個人的なことは何もしらないが、今年になつて「詩学」の研究会の合評をやりだしてから、彼の投稿作品に再三接し、また雑誌などで見、非常に感心させられたので十分関心は持つていた。それゆえ、毎回彼の生《なま》原稿に触れ親しい友に対する如き気持を持つていたので、この突然の事実に驚ろかされたのである。好川氏によれば勝野氏は僕のことを賞讃していたという。僕も勝野氏の作品が好きで、「詩学」五月号の、彼の作品について合評のとき、「精神的にごく近しいものを感じて毎回楽しく読んでいる。」などと附記したくらいである。生前一度でもいゝ、会つていろいろ詩の話などしてみたかつたが、残念なことになつてしまつた。

なぐり書きの乱雑な原稿の多い研究会作品の中で、勝野睦人の原稿はいつもきちんとした折目正しい文字で清潔に書かれていた。間違つたところはていねいに消してあるか、もしくはその部分だけ別の紙を切り取つて貼りつけた上に、あらたに書直してあつた。思うにそうとう神経質なきちょうめんな性格の人だつたろう。作品への愛情と誠実が一目見てさッとこちらの胸に感じられた。

勝野氏はずつと続けて投稿すれば、必ず作品が研究会欄に出る詩人であつた。三月と五月とそれからこの間すませた八月の分と、投稿すれば必ずいゝ成績を示している。三月に一席になり、五月には少し落ちて、大滝安吉、真田類といつた人らと共に合計点五点で点数の上から見れば二席だ

書簡抄

（河野澄子あて）

ゆうべこちらにつきました。駅の構内を出ると外は粉雪でした。小さなタクシーをひろいました。家にはだれも居ませんでした。いまやけに火のあつい炬燵にもぐつてこのはがきをしたゝめております。

飯田市は、山と山との間に、落想のように書きおとされた町です。どの家々の棟も直接空には続かず、黒い山脈にさえぎられています。だからみすぼらしい景物がよけいみすぼらしくみえます。やぶれた障子、くちた土塀、軒先にくろずんでいるたくさんの干柿。雑貨屋の赤いのれん、紡績工場のかしいだ煙突、そうして町はずれにある小さな夜泣き石の祠。頬のあかい少女、熊の子のような少年達。――みんなみんなとてもみすぼらしくみえます。みんな同じものから生れでたようにみえます。こういう風景を眺めていると、だからたつたひとつの言葉を捜せばいいという気になる。その言葉さえみつけだせば一切が言いあらわせてしまいそうに思える。――本当に不思議なものです。

ではみなさんによろしく

（31・12・19）

（竹下育男あて）

御無沙汰申し分けありません。僕は明後日の朝上京します。こちらで嫌な事ばかり続出した後ですので、あなたにお行き合い出来るのがとても楽

し、八月号ので再び一席になつている。主に積極的に支持するのは僕と那珂太郎だが、他のセンセイ方もなんとか悪口は言つても好意は持つていたので、五月号では阪本越郎も関根弘も点を入れている。悪口を言うのも、悪口を言はせるものが、つまりもつと他に何かを期待させる要素が多分にあるからなのだ。座談会形式の批評は仲々難しい厄介なもので相当その場の雰囲気に支配されてしまう。時には胸の中に持つているものとは違つたことを口にしなければならない事にもなるし、他人の冗舌にさえぎられて言いたいことも十分に言えずに終つてしまうこともある。その点、勝野氏を支持していた僕も、実は少なからず彼にいやな思いをさせたかもしれない。しかし、彼の作品について言いたいことは大体座談会で述べたし、それを訂正したり附加えたりしたいことがたくさんある訳ではない。このことはこれで僕はもういゝのだと思つている。たゞ勝野氏のようないゝ素質を持つた詩人が、こんなに早く亡くなつたことは惜しまれてならない。

ふかい眠りにおちいつてしまうと
かれは小さな部屋になるのだ
時間は粉雪のようにその回りをさまよい
ときおりとざされた小窓を叩く
丁度ひとりの友人が
ふとかれの肩に手でもかけるように……
すると　静まりかえつていたかれのなかで
誰かゞ寝がえりを打つけはいがきこえる
（「部　屋」）

勝野氏の、この詩にみられるような柔軟でせんさいで微妙な精神は、現代的なきびしい形而上学的問題にむかつて、たぐいなくやさしい態度で迫つてゆこうとしていたようである。それは当世流行のディオニソス的なあらあらしい野蛮な混乱状態を無責任に提示する多くの詩への、静かな抵抗ともとれた。それは表面古めかしく、もどかしいくらい落着いた言葉の配列の下に、時流を追う人々が足早にすぎるリルケ的な世界をひとり深く探ろうと試みていた。それは平凡な衣裳の下で、めだたない努力を少しづつ積んで、「存在」の核心をつかみとろうと試みていた。ときにその観念性が詩的イメージとの妥協を拒むこともあつたが、彼の詩の奥底には、なまなましく生活を歌う生活者より以上の、まじめな求道的な生活者がすんでいたのではあるまいか。それは一枚の硝子戸に対しても、生きている人間の本質的な主題を考えずにはいられない態度であつた。

おまえはせわしくすりかえる
おまえの遮つている「生」と「死」の世界を
（「硝子戸」）

☆　　☆

しみです。詩のことはここ二十日程、放念に忘れていました。だから今度のロシナンテにも、旧作を載せることになりそうです。

そちらはもうすつかり暖かでしよう。信州もほつほつというところです。でもこの土地の魅力的な時期は、なんといつても二月頃ですね。土地全体が、いくつかの丘陵から出来ているので、それらがむき出しの時がよいわけです。夏には樹木が生い茂るために、輪廓が見失なわれてしまいます。

僕のアトリエの窓から見える図のひとつは、獣の背中を思わせます。田中武好みの不気味なものです。中腹は桑畑と雑木林で被われ、頂の一部分だけが墓地になつています。大小数々の石塔がずらりと並んで、夕日に白く浮き出している様なぞ、見方によつては美しいものです。この土地には、こういつた墓地がいたる所にあります。竹藪の陰、坂道の脇、段々畑の片隅などに、五つ六つの石塔を並べただけのものもあれば、傾斜地を一面に埋めつくしているのもあります。どちらの印象もしかし明るく、はればれとしています。藁屋根や水車と同様に、すつかり自然の景物になり澄ましたこの石の群は、もう個々の死者のことなぞ忘れているようです。ときとしてそんな一群にまざつて、馬頭観音の石碑があります。又、殆んど形をなさない地蔵像もみえます。こうしたものたちにじつと見入つていると、素朴な人々の信仰が、石というものに、どれ程たやすく結びつくものかがわかるような気がしてきます。石の依怙地な沈黙程、人間をなぐさめてくれるものはないようです。では。

（32・4・4）

弔辞

竹下育男

こうして君の前に立つと、僕はどうしていゝのかすべを知らない。君とすごしたあまりにも鮮やかだつたこの一年、僕は一日として今日ある日を想像することはなかつた。

僕らは毎週、欠かさず行き合つていた。武蔵野の若い雑木林を共に眺めていた明るい午さがり、神宮の銀杏並木を歩きまわつた夕ぐれ、又はうす暗い本郷の喫茶店でお喋りをしていた僕ら、眼をつぶるとその時々の君の姿が驚くほど鮮やかに浮ぶこともある。そんな時、君はおゝく僕に向つて笑いかけてくれるが、時として僕のいることを忘れて何ものかをじつと凝視していることもある。世上の表面を漂う事象とふいに絶縁した、そのような時の君を、僕は何か大切な宝もののように、そつとしておこうと気をくばつたものだつた。

君にいつか話したこともあるが、僕はあることのお蔭で人間というやつには、これから先、もう決して驚かされないだろう、という不遜な自負を抱いていた。そしてこの気持は今日まで崩されたためしはない。たゞ、君一人を除いては。僕らの交遊の深まるにつけ、君の感性資源の驚くほどの豊かさに、僕はどれ程、秘かに感歎しつゞけたことだろう。誰もが心を動かす夕ぐれの光景を、君ほどすぐれて心に留めおけた人はない。そして、それらの風景の瞬時の生命を、深く驚歎しながら、君ほど心にたえず支えつゞけた人はない。ある物象に対する君の異常なほど働く感性が、君自身にもそれと気づかれぬまゝ、驚くほど遠くへ達することもあつた。そんな時の、殆んど呆然として放心している君をいつかみかけたことがある。君はいつも、あたりの物象の、常人には殆んど見すごされてしまう動きに、痛いほどの注意をはらつていた。それは、人間の関連している世界からはみ出た、全く外部からのある不思議な力が、君にそうさせるように、いわば君を強いさせているような気がした。夕ぐれどき、樹木のわずかなざわめきが、君にはや誰のものでもなくなつた永遠の厳しい像をつきつけ、それが瞬時に君の心の内部で烈しい危機と化し、君とこの世界のつながりを緊めつけるのだつた。そんな異様な感動を、もう二度と聞けはしないが、じつに印象的な言葉で眼を輝やかせて話してくれたものだつた。そんな君は、はやいない。君に去られてから、今では僕の視界へ君が現われるのは、いつも全く予期していない時に限つている。プラタナスをみても、オート三輪をふり返つても、君は現われない。だが何かの拍子に現われる。全く信じられない、例えば夕食後近所の人達と談笑している時、不意に現われる君の姿に僕は思わず膝を震わせ、あわてゝ部屋へ閉じこもつて慟哭する。君が去つてから、君が現われてくれたあれらの時刻を、僕はいまどうして持ちこたえたらいゝのだろう。僕にはまだ、思い出という和やかな追憶は赦されていない。そして君の「死」が、本当の姿のまゝ僕に現われるのは、これからまだずつと先のことだろうと思う。

君と親しくすごした最後の日、僕らはうす曇りの土曜日の午後、上野の山から君の下宿の方へゆつくり下つていつた。はや梅雨期に入つてはいたが、やがて暮れようとする夕ぐれは爽やかで、緑の樹木に重なつた東大ぞいの道はひどく涼しげだつた。空はうすねずみ色の雲で覆われていたが、歩道からかいまみる庭先の草花は明るく息づき、僕らをとりまく風景の表情はすべて和やかだつた。下つてゆき、又、上つてゆく坂の遠い景物の上にも、不吉な兆しは何一つなかつた。

僕らはその夜、君の下宿で遅くまでお喋りし、君は本郷三丁目の停留所まで僕を送つてくれた。

思えば君との交遊は、僕にとつては分不相応なものだつた。たゞぶざまに倦怠にのめり込んでいた僕のこの一年を、君は奇蹟のような鮮やかさで馳け去つた。僕はいま、この一年を感謝してよいのか悲しんでよいのか分らない。僕らの口ごもつた多くの言葉をあとにして、ともかく君は永久に去つてしまつた。あんなにも豊かな可能性を秘めて、突然、君はどこか遠いところへ運ばれてしまつた。そして「死」をひたむきに凝視しつゞけた君の努力が、君の意に反して、君があんなにも願つていたおそらくは実在するであろう真実の「生」の世界へ向わず、その裏側へ君をふと落ちこませたあの「時」がきた以上、君に去られた僕に、君を歎くどんな歎きが赦されているというのだろう。

いまは、君の霊の安からんことを、祈るばかりだ。

（1957．7．11）

廃墟

黒米幸三

くずれおちた廃墟の
石壁
不意に　そこへ
中世の兵士が現れてきて
あたりを睨みつける
鉄の仮面をつけた兵士の
光る眼
光る眼

血のいろをした太陽が
大地に沈む
暗の夜の世界で
いつ襲つてくるかもしれぬものに
絶えず怯えている　無数の梟

ああ　そうして
地球は　たえまなく回転し
二十世紀を創つている

きのうは

きのうは　兵士だつた
きょうは　詐欺師
それから　明日は
大実業家
マイクに向つて　せりふを喋るとき
彼は兵士であり　詐欺師であり
それからまた　大実業家になる

きのうは　やさしい恋人だつた
きょうは　善良な男
それから　明日は……
ああ　だれにしたつて
彼とおんなじ　役者
毎朝締めるネクタイをえらぶように
ひとは　毎朝心の本棚から
たくさんのシナリオをひつぱり出し
みせてください　あなたのポケットに入つている
今日のシナリオを

▽もつとも将来を嘱目されていたわれらの勝野睦人君が亡くなつた。で、今号は、挙げて勝野君の追悼号とした。
▽生前、かれを高く評価していた嶋岡晨氏をわずらわし、勝野君についてかいてもらつた。誌上からお礼申し上げます。
▽中鉢敦子、小原知子、黒米幸三氏が今号から加わつた。どうぞよろしく。
▽蛇足だが、毎号使用している表紙凸版文字「ロシナンテ」とナンバー（ナンバーは恰度今号まで）は勝野君がかいたものである。
（編集部）

一九五七年八月二〇日印刷発行　編集責任 好川誠一　発行責任 石原吉郎　価五〇円　東京都世田谷区玉川上野毛町三三八関口方　ロシナンテ詩話会

佐々木　双葉子

XIV

木下　恵美子

多木　好

伊東　文一郎

斎藤　真砂子

河野澄子

吉田睦彦

大塩　匀

金子黎子

吉郎

小原知子

黒米幸三

津崎由規

中鉢敦子

鈴木芳子

好川誠一

岡田芳郎

淀縄美三子

田中　武

竹下育男

人は

佐々木双葉子

人はそれぞれの中に
とおい距離を持つている
だから
わたしがあなたに近づいた
と思うそのぶんだけ
わたしはあなたから遠ざかつているのかもしれない
だからあなたが「明日」と云うとき　わたしはもう過ぎてきた
　小さな村の
明るい白壁の前にたつて　少しずつ
影をこぼしているのかもしれない

夜わたしはあかりをつける
するとわたしはあらゆる遠さにとりかこまれているのに気づく
　のだ
ひつそりと沈んでいるいちまいの皿
古風な壁かけ
しみのようにぶらさがつているレィンコートなど
自らにのみ凝縮してゆくそれらのものに
わたしは詮ない手を挙げる
わたしがわたしの距離をさかのぼつてみせても
わたしは
ものたちの裏側に出てしまうばかりなのだ

わたしたちは
わたしたちのとおさに　ただ
花の芯のようにくろずみ
そうしてお互いにみしらぬ景色のなかを往き来する
白い雲などを
ぼんやり眺めている
ゆびを折り
ゆびを開き
指をおり指をひらいて

秋

またひとつ
秋が木の枝からこぼれ
その下で　少女は
亜麻いろの髪をといた
「往つてしまうのはおかあさま
　のこるのはあたし
　往つてしまうのはおとうさま
　のこるのはあたし　　　」
少女は太陽をたべてしまつて
星のかけらを幾つもつなぎ合わせ
こわれやすいおはなし
をつくつた
＜主人公はいつもいつも行方不明なのです＞

秋は…………

木下恵美子

秋は
修道女の
廻廊を歩む
ひそやかな足どりで
長い影をひいて
去つて行く

そのあとには
未練をサラリとぬぎすてた裸木
瞳孔のひらいたまゝのような青年の立ち姿
ふつつりとだえた　歌
どこかにおき忘れた　夢
――なにかゞ豪華に捨てられて……

人々は
人生の小休止にも似た
真空のなかに
とりこされる
収穫と婚礼の高いしらべの
鳴りひびくのが
まだかすかにきこえるが……
療養所の病舎からもれる
高笑のように
乾いて　妙に明るい
日差しを
両肩から浴びせられて
過不足のない一つの季節が終つたことを
感じさせられる

褐色の狙撃兵

伊東文一郎

私は今も残る痩せた職業射手
階級も子宮も忘れて
お前の戸口に潜む機構を持たない射手だ

手にした銃の弾巣には
一発の弾丸が十年も装塡したまゝ光つている
私もこの草の中で銃身を摩り続けた
お前が乳房を窓から突き出す時まで
俯いた変えることのない姿勢で潜んでいなくてはならない
稀薄な辺りの風景は
それを射ぬき血汐が溢れる時
ひそやかに私の前で完成される
だが扉を開けることの許されない私には
銃の重量感だけが――。

部屋の数は幾つ？
そしてお前の寝る部屋は。

雨がダァンダァンと体を打つて行く
撃鉄を濡らすまいと握りしめる私の指先から血はしたたり落ちて行く
空いた弾道からは
乾されたお前の肌着が僅かに見えるのは
オヽなんと原色の下着は美しいのか
そこには弾丸の射込まれた跡もないのに
私の体には長く直線の傷が印されている
あの日
子供達の延ばした竿竹を避けて
のぞけり倒れた時　短靴を長く引いて
通り過ぎたお前がつけた傷
小さな悲しみ
お前が裸体になつて現れないことそれが
私の内での鮮明な悲しみなのだ

この八月の日　雨はダァン　ダァンと私を打ち続けて降り止まない
生え変る事の出来ない草に滲み
引金を横滑りして落ちて行く
間断ない雨の中で
私は草むらに包まれ潜み続けて乳房を飽かずに狙う

お前の恐れる暗い褐色の悲しい狙撃兵とは
この私のことなのだ

秋立つそのとき

冬木好

海に長く流れ出ている天井川
夕焼けの砂原
秋立つそのとき
ひとりゴム長の少年が
満ちて来る湖の音にきき耳をたてるが
海をみようとはしない
けれどちらつとみた
熊笹の堤防のくりの樹
熟れかけた栗

秋立つそのとき
夕焼けの果てから現われた果実のような少女
すると少年のゴム長の底へ
満ちあふれた葉はしずかに消えていつた
二人は遠い潮騒のようにふるえながら
海に対して語りあつた
二人は豊かな一つの時を過すのにせいいつぱいゆえに
そのすべてを何も知ろうとはしなかつた
けれど
くりの樹は少年の中に愛もなく育ち
その実にすべての流れを託していた

秋立つその夜更け
少年の中の天井川を
海があまりにも静かに流れこんで来ると
突然
一枚の枯葉を華やかに熟れさせたもの
その重さを大地の流れにいざなうもの
少年がそれを支えようとやつきになつても
その一枚の重力のいかに重いことか
海にむかつた少女への秩序は音もなく崩れ去つた

秋立つその夜あけ
海のすべてがどつと流れこみ
祈りもない　抱擁もない少年の樹からは
驟雨のように枯葉が
少年の流れに逆らつて重さを捨てる
すべてが華やかに捨てられたあとで
追いつめられた少年が捨てられる　捨てられる
深い非情の海の底へ捨てられる。

帽子

斎藤真砂子

父の帽子はふるぼけた中折れで
母は毎朝それにブラシをかけると
両手に抱えて
いつてらつしやいと言う。
いつてくる、と答えて父は帽子に手をやつたりする。
弟は鼻唄をうたいながら
あれを裏返して野球帽にしたいと思う
妹は冬休みの手芸に
あれでスリッパを作りたいと思う
わたしは
父の様子も弟の気持もわかるので
母の様子も妹の気持もわかるので
時々こう言つてみるのですが
あの帽子は古ぼけたわねお母さん
毛糸のシャッポを編んであげたら?
そうして妹の手芸は茶色の野球帽にしたら?
と　でもそんな風に言うたび
わたしは皆にやつつけられてしまいます。
父は毛糸のシャッポをかぶるほど老人ではないと言い
母は毛糸のシャッポにブラシはいらなくなると言い
弟は同感とは言えないで口笛とばして行つてしまい
妹はスリッパでなければとは言えないで
野球帽なんておかしいと言う
それであいかわらず父は古ぼけた帽子です。

ゆうがた

町の広場で
可愛い女の子が笑うと
赤いガラスの十字架がみえる

電車通りで
やせた母親が躓くと
山茶花のはなびらこぼれ

切符売り場で
若い酔つ払いがまごつくと
ふるさとの焚火がみえる

走る窓ガラスの汚れた頬の
涙をみると
一日の黒いあわつぶが星になる

いつから

河野澄子

いつからだろう。
底ぬけの　蒼いそらを持つてきたのは。
いつからだろう。
そこに　風船をはなしたのは。
おいすがる手がかりもない。
このたかい　さみしいそらに。
あかい　張りつめた　風船。
をおいたのは。

こわれやすい陶器のように。
張りつめた。キラキラする。
その肌理を。
時折だまつて。みつめることなどおぼえたのは。

いつからだろう。

いつからだろう。
小さな石を積むように。
愛するものへ。
こころをのこすことをしつたのは。
やさしい埴輪を。
いくつ。ひとは。
その素朴なこころからきりとつたろう。
洞のように。
くりぬかれたこころの壁へ。
どんなイメージを彫りこんだろう。

いつからか。
蒼い　しみるような空があり。
あかい　キラキラする　風船が。
たかく。たかく。あがつている。

果実

——名も告げずに帰つていつた少女に——

吉田睦彦

≪オイ　オッパイヲダセ！

　そうきいろく叫んで玩具のピストルを突きつける　黒マスクしたベビーギャングの滑稽さを　少女はおしやべりし涼しくわらつて帰つていつた　机の上には少女の浴衣の袂からとりだされた果実が二つ　まるで優しい乳房を捥ぎとつて置いていつたように　甘酸つぱい風を狭い部屋に呼んでいる　独り忘れられたように立ちつくす太郎よ　啞の如く呟き　聾の如く耳を敧てはてしない自問自駁にうつすらと涙ぐんで……

≪太郎　おまえは正視できるか　この純粋な存在を！　この計測できない美しさの意味を！

≪太郎　おまえは叫べるか　あの少女の白い胸に銃口を擬して：あのベビーギャングの無邪気さで！

かつてエバが毒ある蛇に惑わされ　がつぷり嚙りついて以来

　人間はみんな生命の証しとして一つの果実をもつている　赤ん坊の朝露の玉のような瑞々しい果実　貴婦人の宝石のようなかたい果実　宣教師の金釦のような誇らかな果実　売春婦の拓榴のようなの　資本家の葡萄のようなの　白痴の通草《あけび》のようなの　少女の水蜜桃のようなの　エトセトラ　エトセトラ……以来虐げられ　愛しあい　傷つき熟れて何万年　なおたたきつける季節の風よ　廃墟の土に育つた栄養失調よ　ああ　いまとなつて太郎は自分の果実を知らぬ　多分それは腐爛した苹果であるか　それとも青臭い無花果であるか？　机の上の果実の爽やかさが謎を呼び　嫉妬を疼かせ　憎悪を沸かせ　苛らだつ太郎に悲痛な行為を強いるのだ

≪太郎の手に握られた鈍く耀くフルーツナイフよ！　いまこそ果芯を刳りだす？

≪太郎の前に置かれた血だらけの硝子皿よ！　いまこそ真の生命を受けとめる？

　独りいて狭い部屋は手術室　最後の審判にはふさわしからぬ三畳間だ　たとえ夜空の暗さがぱつくり割れた果実から滲れても　太郎はべつだん驚きはすまい　そうだ　いまならばできる自分の胸にナイフの刃を突き立てて！……だがすべては虚妄！すべては無聊！　ひつそりと立ちすくみふるえる太郎よ　この瞬間　咽喉笛をかつきる痛みでベビーギャングのように疳高く叫ぶことさえできぬ臆病者の太郎よ　それなら謙虚に祈るがいい　狭い部屋は祈禱室にふさわしい場所ではないか　ひたすら願い　祈るがいい！　なげあげた幼い夢よ　かえつてこい　忘れられた果実の汁よ　もう一度滴つて太郎を濡らせ　と！

≪オイ　オッパイヲダセ！

　そんなたわいない漫画のことなどをおしやべりしていた少女の笑窪よ　二つの果実よ　太郎はただ涙ぐみ苦く笑つて　虚しさに凍るナイフの刃をぺろりぺろりとなぶりつづける……甘酸つぱい風を呼ぶ果実のあたりだけが　ほんのり明るい夜のなかで

（太郎物語より）

河童

大塩　匀

重い沼から　虎のように這いあがつて
あおぐろいよどみをぶらさげたまゝ
ずつぷり　立つた。

とんびにむかつて低く口笛を吹き
あつい椿の葉をちぎりとつた。
　雑巾のようにとんび　堕ち
　椿の枝から　血がたれた。

びくびくうごく足跡と
なまぐさい臭いを　いつまでも残して
河童は意味もなく　出かけていつた。

木々や草たち　小動物たちが
総毛立つて見送つた。

死が何なのか　はどうでもよかつた　ただ
河童の行くさきざきでは
なんでも　死んだ

それだけの結果があるだけだつた
だから　河童は
死なんど　かゝわりがなかつた
一切の　みみつちい感情はなかつた

みずかきひろげて　遠い村をそろり　撫でまわした
おびえた声がいくつかあつて　杜絶えた
村は　沼の底のにおいがしていた

藪塚の根もとで　片眼潰れた老婆が崩折れていた
残つた方の眼玉に蝿が這つていた
河童　なんの未練もなく　過ぎた

あちこちの草屋根　槇の垣根　橋の手摺　土手　段々畠
　山の木々　泉
そこらじゆういつぱい　影を塗つてあるいた

あかいまんまる　が山におりる頃
すこしばかり草疲れ　はかのように　沼へかえつた
とおくで子供らの笑い声がきこえた

おれはいつたい　なんだろうと思つた
河童は首縊りのように　笑つた

祈りのように

金子黎子

砂のうえで
八月は燃える

ひとは
赤いカンナの蔭から
不意に現れて
眼のなかに這入つて来る
魚に似た飛行船にのつて
ポッカリポッカリ
空を歩いた日の
かわいた足音のように

きつく結び合つた小指の下
ゆらめきながら
空がながれ

風にはためく　あをいスカーフ
きつく首にまきつけて
胸にあいた穴の
黒ずんだ痕をかくす

海バカリノ地球儀
見ツケタラアゲマス

逆立ちしたときの
まつすぐ伸ばした腕のように
ひとを信じよう
脱走した兵隊の
ぶかぶかの手袋に似た　かなしみ

傷つけ合いながら
いのちをかたむけ合い
愛とはほろびること

そんな
道化の泪にはあきた
　沙漠ノヨウナココロ
　手ニスクッタラコボレマス

拡がりすぎた
ふたりの視界が不安になり
ひとを呼ぶ
すると
欠けた月がふりむく
カフスボタンのような軽さで
ひとをのせたまま

夕方
ふたりはつめたい
てのひらの汚点は
レモン色の夕陽にうき出すので
ふたりは暗い
せめて

金具のさびついたトランクが
あかないだけでもうれしい
ふるえながら
手をひらくと
血のいろの汚点は
焦げたバラの花びら
　ヨク見テクダサイ
　春ノカタミヲ

いのちのかなたに
翔んでゆく時間のために
約束されているかのような
眼に見えない
愛のあかし
ひたとつむつた眼に
のしかかる重みを
祈りのように抱きかかえている

最後の敵

石原吉郎

薔薇のように傷あとが
耳たぶのうしろで匂つている
そんなおとこに会つては
いけないのか
華麗な招待の灯《ひ》の下でも
腕ぐみをとかずに向きあえる
そんなおとこに会つては
いけないのか
夕やけのなかの尖塔のように
怒りはその額にかがやいているが
とおく十字路を
ふりかえる目のなかには
颶風が　やさしく
とまどつているようだ
彼の靴おとが行きすぎるとき
沈黙は　街《まち》じゅうにひろがり
はるかな地下室では
はたと賭博の手を
おさえる気配がする
追われるよりもいちはやく
向きかえた背なかのまじめさを
忘れかねている大通りが
一つや二つはあるはずだ
いたみにはやさしくかたむく
秤のような肩と
どんな未来もはねつける
きりたつた胸とが
どこで遭つても見わけのつく
そいつの誠実な目じるしだ
敵のなかに　さらに敵をつくり
鞭をまたいで　ついに
ぼくらをふりむかなかつたおとこ
そうしてなによりも　終末の日に
塔よりも高い日まわりが
怒りのように
咲きならぶ道を
彼はやつて来るだろう
かんぬきよりもかたくなな
ぼくらの腕ぐみを
苦もなくおしひらいて
その奇体なあつい火を
ぼくらの胸に
おしつけるために

湖

小原知子

湖に映ると
すべての景象は　どうして
こうも優しくなつてしまうのか
岸辺に行くほど明るくて
花達は唐突な輝きを消し
樹々はその葉群を消してしまう
あらゆる存在はおののきとなつて形を変へ
不思議に深く　あきらかとなる

声ばかりがしきりに近い真昼　湖は
ゆるやかにゆたかにむねのように息づき
たつた今　吐き出されたばかりの絹のように
蒼いいとけないものが汀をかがつていてその底に
ふと灯る紫を見つけたりもするが
――それも一瞬
かげはたちまちかき乱れてしまう

ときとして
湖は　火のような蝶をかかげる
底では常に雲が燃えひろがり
空はそれを静めようとして　反つて
慌ただしく陽光《ひかり》を撒いてしまう
だが　水は絶える間もなく走つている
追われている――足下に
さり気なく口を拡げる〈さそい〉の為に
せわしない次への落下の為に　そうして
不思議に乾いた音を立てる

あなたに

カメラとカメラを向き合わせ
あの人の瞳に映る景象をすばやく切りとつてしまう事は出来ぬものか
すべての瞬間に　あの人の瞳が映じてしまうものを手にとつて
一枚一枚　と確めて見る事は出来ぬものか

瞳と瞳を向き合わせ
あの人のレンズにすばやく私の焦点を合わせ
シャッターを切る
瞬間！

ああ　またしても
わたしの掌の上にのこる一枚の印画
悄々としてけぶるすべもない
あわく重なる色すらもない
わたし自身の想いのかたち

わたしはだれかに

黒　米　幸　三

わたしは　だれかに
〈生〉を　もらつた

朝　蓮の葉に生れた
一粒の水玉——
いつか　不意にわたしを訪れる
意外な訪問者

かえしてくれ〈生〉を
わたしの耳の中で　こだまする声
かえしてくれ〈生〉を
かえしてくれ〈生〉を
それは　わたしの知らない約束
けれども　それは
遠い昔の祖先から続いている
不思議な　貸借関係

今日も　だれかが〈生〉を借り
今日も　だれかが責められている

耳を澄ますと　きこえる——
かえしてくれ〈生〉を
かえしてくれ〈生〉を

風　船

祭の日
社《やしろ》の杉の木の下で
簡単な水素ガス発生機をつかつて
ゴム風船を膨らませている
玩具《おもちゃ》屋のように

ぼくは　ぼくの夢を膨らませた
しかし　ふとしたはずみで
ぼくは　うつかり
夢をはなしてしまつた
夕焼けた空に
夢がのぼつていく風景を
ぼくは呆然として　眺め

それ以来
ぼくは　夕焼けの空を見ては
どこかに　ぼくの夢が
浮んではいないかと　探しているのです

賭の終り

津崎由規

負けた日
祈りの掌の中に
更に無数のカードが配られた

勝つた日
奪つた財産は
傷んだ過去の治療代になつた

自分が育てたものであるのに
手を触れると
草は枯れた
時間の大群が動く空はなくなり
無数に散らばつて
瞬間と　一枚の紙とが
わらでくゝられるようになつた

生きものを育てる事をやめて
敵や　相手に
暮れかゝつた今日　私の
行くえをたずねなければならない

果汁を抱えた第三の人　あなたは
青葉のように冷くとりすましたり
色のように何かをかくしたりしないので
私はカードの存在が不思議になり
帰る事を思い出した

あなたは
子供の服を着せて来た
未来を
さつさと連れて帰るがいい
暖かく部屋に眠らせてやるがいい

世界中のカードを伏せて歩くがよい
賭の終り
あなたの来訪を迎えた
孤独の挨拶が
偽りの喜びでなかつたゝめに　私は
伏せたカードにのせられた石に
再び　ふれてはならないのだ

PROMENADE

中鉢敦子

I

煙突は　空が気まぐれに打ちこんだ釘――
いちまいの黒い紙きれのようにひろがつた
工場地帯のあちこちに
それは　何かの目印しのように
ほつそりとした姿でそびえているのだ
長すぎるからだをもてあまして
けれども　おたがいに呼びかわしている
黄昏のちいさなちいさな孤独を
ひくい声で　しろい煙なぞ吐きながら……

おまえたちは　まるで
しまい忘れた沢山の記憶のよう
そうして　見てはいけない誰かの弱味――
街角をまがつて
川向うのひとすみに並ぶ
夥しいおまえたちの群に出逢うと
だから　わたしはこつそりとうつむき
乾いた小石をひろつたりするのだ
そのやさしいまるみが
わたしのこころをなだめてくれるように……

II

夕焼けは　川に映つてかなしい
土手沿いの埃つぽい道に立つと
淡い絵具を溶かした空に
めいめいが　めいめいの哀しみを支えて
煙突は　ぼんやりと
遠い　とおいまなざしを向けている――

そこまで来ると
わたしの足はとまつてしまうのだ
あいまいな何かの約束のように――
たそがれの　とある街角に
ひとりの少女がたたずんでいる
青ざめた哀しい表情をこちらに向け
薄いコオトの衿を立ててひつそりと頷き
大きなショウ・ウインドウの中に
それは半ばすきとおつた一つの映像だ
わたしはそつと合図をする　すると
少女もよく似たそぶりで腕をあげ

同じように帽子を直し
そしらぬふうでほほえむのだ
――こんな対話を　前にも
　わたしはどこかで見たような気がする――
沼べりの老樹が　なめらかな水面に
しずかに枝を垂れるように
厚い硝子をへだてて手と手を合せ
みつめあうわたしたちの背後を
遠い記憶のように　人々は音もなく流れていつた

――そう　あれは誰でもない
あなたがたの知らないもう一人のわたくし
とがつた肩さきに
アカシヤの枯葉のようにまつわつている
あれは　むきだしの孤独なのだろうか
その姿勢は
やがてへんにするどい苦痛となつて
わたしの心をつらぬいていくのだ――
ぼんやりとそこだけ明かるい都会の街角に
とりこめられたひとつの形象は
わたしが歩き出すと無限に遠のき
あいまいな影の奥に　そうして
小さく　ちいさくなつていくのだつた

サンダル

鈴木芳子

ふんだんに歩こうとして
茨の蔓に引つ掛つた
もつと　ふんだに歩こうとして
茨の赤い刺を抜いた。

夕の波よ　岬に船が
錨に鴎が
額に巻毛が、風が、しぶきが
そうして人はひとりを呼んで……

みずからの渚を歌い
あしたの渚をたずねるたびに
ああ　何と妙な靴の減りよう！

どうして海は唄うだろう
この夏を越えさえすれば――と
それつきりのサンダルの片方を――と。

障害物競争

好川誠一

ぴすとるが
くしやみのようになつたとき
お洒落なからすは帽子をおとし
はずかしいあしうらを
おもうさまのぞかれてしまつた
すたあとしたおれたちはなまいきざかり
いつせいにたばこをくわえていた
はやくも無精
おれたちはおれたちの
おおぜいのおんなを発見したのだ
二人三脚が　ほうぼうではじめられた
がおれは　おれはどうやらおんなをとりちがえたらしい
手をやると　あてがうそのぶぶんから　きまつて溶けてしまう
　のだ
ありあまるおんながいて　おとこのおれたちにも余分がいて
こどもが　そちこちでうまれた
おんなとこどもにしやぶられて　すまあとになるから走れる
　競技とか
おれたちは　潜つては出　出てはくぐりした
いわゆる網くぐりだが　あみはかなあみ　工場である
その織物のいろんな機械　生産用具を越え　くぐりするので
だいぶひなたのにおい　人間のにおいがうすれてきた
おれは煙突のなかにいた　あきらかな規約違反を承知でやつて
　のけた
なぜなら　そこからは忘れていた　空がひときれ
からくりの　のぞき井戸よりなによりとおいふかい空が
みえるとしつていたからだ
決勝の褒美をおおしえしよう
それは　かつてのおれたちのように　こどもたちがすたあとら
　いんにふたたびひざを折つたとき
人間のにおいが　あらゆるものに吸いとられ
うろこをこかれたさかなのように　そつけなくなつたとき
日本的な　あまりに日本的な　ざぶとんがいちまい
おれは菊の花のお浸しが食べたい

職人の世界・のうち

結末

岡田芳郎

君が死んで
君はいろんなものを残してゆく
かなしいのは君ではない
君の愛した人
君を愛した人
君の未来は誰が埋める
マラソン
君の走路は中途半端
バトンタッチは誰にした
かなしいのは君ではない
君はグランドに倒れ
綿のようによごれ
縮れてゆく
ぼくらは見つめる
君は倒れた姿のまま
うすくなる
君の未来は空地のように
草がはえつぱなし
その空地をだれが
買いとる
そこにだれが
庭をつくる　家をたてる
君ののこしてゆくものは
みんな役に立たぬがらくた
センマイの切れた時計　三本脚の椅子
そして無細工な哀しみ
ぼくをいらだたせ
さみしくさせ
呆然とさせる君の遺産
君が死んで
とくするものは誰もいやしない
君を殺したのは君
君のためにかなしむのはぼくら
だれもどうしようもない結末

覺える

田中　武

覚えること
それが僕の知つている
ただひとつの遊戯だ
僕は世界の中にうみつけられた
ひとつの小さな空白にすぎなかつたから

言葉の繁みが
ふかあい影を落している谷間で
好奇心はひとつの大きな昆虫網だ
僕のみずいろの期待にゆさぶられて
蝶々やとんぼ　蟬やこがね虫
ときには大きな縞蛇のようにとび出してくるもの

僕は覚える
どんらんに　手当り次第に
僕は覚える
沢山のうそのことほんとのこと

僕は覚える
愛したり　憎んだり
僕は覚える
朝毎の髭剃り　粋な帽子のかむり方
僕は覚える
握手とさよなら
僕は覚える
小さな盗み　わるいいたずら
僕は覚える
道の曲りくねり　樹の瘤のやさしさ
僕は覚える
覚える……

けれども僕は不安だ
覚えても覚えても覚えきれない
無数の言葉の意味が
捉えても捉えても捉えきれない
美しいいきものの数が
僕のささやかな採集箱は
いつはいにみちあふれてしまつたのに
もはやこれ以上苦痛なしには

僕の中へは何物も容れることができないのに
わからない
僕にはわからない
沢山のことが
沢山のものが
ああ僕の記憶の容器は
このひろい世界の中ではあまりにも小さすぎる

憎しみの蔓草が
きしきしと鳴りながら
沢山の青い枝葉をしめつけている　夕ぐれ時
覚えることのむなしさに
すりきれた昆虫網をかついで
途方にくれて立ちすくんでいる僕
ふと気がつくと
いつの間にか僕の心の中にも
うす暗いひとつの小薮が繁つていた
驚いてゆさぶる両掌の間から
捉えた憶えもない記憶ばかりが
うす汚れた羽をひろげて
ばたばたととび立つてくるのだつた

二つの小さな頌歌

竹下育男

ほのかな未明へ
おまえの祈りを直立させよ
若い女の胸のように
ゆたかに起伏する大地よ
そのくろぐろとつづくうねりへ
おまえの内で　いま
しずかに変位してゆくものら
古代の沈黙へ歩む足どりをたしかめよ
そうして　ああ　けつして誰のものでもない
祈りのなかの遥かな世界から射す
ひとつの声へ
おまえの身を投げかけよ

☆　☆

　風に立つと
沢山のあなたを感じる
こわごわ
手を差しのべると
　あなたは
不意に死んでしまう
支えきれぬ眩しさへ
わたしの目が硬直している

讀書

―または死―

淀縄美三子

開いた書物の上に　たくさんの人の流れがあつた　埋めつくした言葉の屋根から　すべつていくものや　くゞりぬけていく喜びや哀しみがあつた

あなたの旅立つた世界は　きつと夕陽の燃える　あの空のあたりではないかと　しきりに頁をくつてみると　白い睡蓮の下に　栞のように　あなたの寝床が置かれてあつた

あなたの生は　いつもランプの笠のようにわたしの傍で　そのひろがつた影を遠く遮つていたが　いま　棺をかついだひとの行列が　いくつも重なつて見える

何処に　あなたの死があるというのか　ひつそりと真珠取りのように沈んでいつたのか　花環からこぼれたひとつの花のように　夜の河を渡つて行つたのだろうか　わたしは　鳶尾草《いちはつ》の葉のようなあなたの肉体を確めようと　かゞり火をたく

世界は　真赤に染つて　いつまでも燃えつゞけている

秋

こまかい影や　大きい影が　抱き合つたり離れたりしながら路に落ちていた　世界はまだ終りではないのに　ひとは　それを夏の形骸のように　むやみに踏んで通つて行く　誰も　冬が間近いのはよく知つていても　また夏がくるのを忘れている大切なものを棄て　つまらないものをひろつたりするのも　その証だ

街を歩くと　風に吹かれ　秋雨にぬれた裸木に　みすぼらしいこゝろが吊されている

靴の裏の金具が　遠く散らばつていた　こゝろを集めるように　土の中に響いて行つた　響きのなかから　気づかなかつた自分の背中が　ひとの胸が　激しくゆさぶられ　それを隠したり　咬めたりしていた

道を曲つて行くと　ひとの生きる道がいくつもあつた　どの道を行つても　おびたゞしい悔恨と　汚れた記憶で　ひしめきお互いはよろめいて　傷を負つていた　秋の陽がまぶしく強いのは　みんなの傷を蔽い隠すためなのだろうか

同人名簿

△吉田睦彦	中野区鷺宮五ノ一八八　松倉方
好川誠一	世田谷区玉川上野毛町三三八　関口方
淀縄美三子	豊島区池袋三の一五六六
冬木好	滋賀県野洲郡守山町石田一二一
中鉢敦子	仙台市北六番町一四四
津崎由規	岡山市二番町一七　高谷方
田中武	新潟県新発田市五十公野四七七八
竹下育男	新宿区戸塚町二の一七八
鈴木芳子	栃木県塩谷郡矢板町大槻
佐々木双葉子	世田谷区代田一の五九三　大国方
斎藤真砂子	江東区深川三好町三の三　大塚新吉方
小原知子	渋谷区代々木大山町一〇三一′塩原方
河野澄子	世田谷区祖師ヶ谷二ノ四二七
黒米幸三	山梨県石和局区内石和町 石和電気通信学園向嶽寮
木下恵美子	兵庫県西宮市若松町三五　石川方
金子黎子	川崎市浜町一の三六
△大塩匂	世田谷区北沢二ノ二六九　清和寮
岡田芳郎	名古屋市北区東大曽根町上二丁目九四〇 伊藤方
伊東文一郎	都下北多摩郡清瀬町上清戸五九七　長崎方
△石原吉郎	中野区雑色町五　両角方

【註】△印は住所移転

◇高校の国語の時間に、ぼんやりと窓外の景色を眺めていて「ああ、私いま生れたいわ。」と途方もない声をあげて笑われたことがある。その時は、私が二度と生れかわらない限り、私にはもう二度と、まるで新しい世界が微笑むということはあるまいと思いこんでいた。しかし、あれから四年たつて、ある時はうんざりして持て余していたこのささやかな周囲が、幾分あたらしく覗かれるようになつたと、私はおずおずと告げられそうな気がする。それは本当に単純な思いつきで、いままで、1＋1＝2とわりきつていた事を1＋1＝3－1と置き換えることにはじまり、間断なくものとものとを比較し、あらためて再認識してゆくということなのですが、――やつと寓話の森の入口にさしかかつて、私は秘密の小箱を少しずつあけてゆく子供のように、思いつめた期待と怖れでいつぱいになる。

◇夕ぐれ、籠を下げて八百屋の店さきに佇む時も「何と私は平気で、これらのものたちを見くびつてきたことか。」としみじみ反省させられる。あのものたちはどれも一つ一つの存在であつて、一皿二〇円のトマトであつても、一様に言いなされることは極端に嫌う。

比喩を以て人生を見ることは、私にちよつとした楽しみを与えてくれたようだ。願わくば、この一つの方法を、ポケットにしのばせている玩具の楽しみとして、遊び過ぎまいと思う。

（鈴木芳子）

◇今号から木下恵美子、佐々木双葉子、伊東文一郎、斎藤真砂子、冬木好の諸氏が参加された。よろしく。

（編集部）

XV

ロシナンテ

よしだむつひこ
さいとうまさこ
たけしたいくお
おおしおひとし
おかだよしろう
ささきふたばこ
いとうぶんいちろう
かねこれいこ
こうのすみこ
たなかたけし
ちゆうばちあつこ
ふゆきこう
きのしたえみこ
おばらともこ
いしはらよしろう
よしかわせいいち

街

吉田睦彦

揺れる　揺れる　焦躁のように揺れている　崩れるかもしれぬ陸橋の階段が　打楽器のリズムのように綾織られた街が　悪意をこめた瞳の耀くシャンデリアが　曲り角ばかりがおびただしい堅い舗道が　揺れる　太郎の身体も揺れている　揺れるたびに内臓がどぶんどぶん波打つて　嘔気ばかりがめざめる宵だ誰のものでもない虚しさが　この街にみちみちたあらゆる愚劣が　あらゆる消耗が　あらゆる嘘が　およそ太郎の飢えを癒すに充分なほどの麴麭と葡萄酒のように沸騰するのだ　日々のいとなみの塵芥が舞いあがり　星座が地上に瞬きはじめる時　太郎よ　おまえの両肺はもう呼吸さえ困難なんだ

≪めざめよ　太郎！　おまえの冷たい体温がこの街をアラスカの風景のように凍らせることができないなら　めざめよ　おまえの反逆が揺れる街を遡り　それ故の発熱でこの街におまえの小さな火をつけるがいい！

燃える　燃える　哄笑のように燃えさかる　突つぱじる貧弱な電車のスパークが　ざらざらの肌が汗ばんでゆくビルデングの無数の窓が　深夜喫茶の緋色のカーテンの翳で不安に傾いた三枝燭台が　ラウドスピーカーのような言葉たちの乱費が　燃える　太郎の生命も燃えさかる　燃えさかる意志がむかむか醱酵して　頭痛ばかりがはげしい夜だ　揉まれながら歩んでゆく目的のない行為が　群衆の肩に盛りあがるすべての誇りが　すべての権力が　すべての愛が　およそ太郎の孤独を傷つけ苛むに充分なほどの握手と乾盃のように噴火するのだ　日々のいやはての儀式が生臭く匂い　家々の灯が消されるように終りが近づく時　太郎よ　おまえの心はもう嫌悪のもえがらで一杯なんだ

≪遁れよ　太郎！　おまえの吐きだす熱い火がこの街の仮装のフイナーレの血のような通過に耐ええないなら　遁れよ　おまえの信仰が燃える街を避け　それ故の上昇でこの街から音もなく去るがいい！

そうだ　太郎　かえつてゆくがいい！　賑やかな人肉売買喧嘩　詐欺　誘拐　掏摸　女蕩し　よつぱらい……街はおそろしく血まみれだ　おまえの親しい同胞たちはすれちがいざま微笑みかける　だが街は広告塔の電光ニュースを杜絶やさないだけの事件に膨らんでいる　ここで立ちすくんだら　おまえは姿

んでしまう　揺れて　燃えて　なんにもなくなつてしまうのだ
どこまでも続く群衆をかわきけて　朝の光に濡れないうちに
かえつてゆこう太郎！　おまえの存在理由を証しするためにも
冷たく静かな一つの椅子が待つているおまえの部屋へ　この街
はおまえにはなんのかかわりもないのだから……

反歌的な太郎の独白

≪街が揺れる？　そう揺れるのだ　なぜなら神は天国のテーブルに不必要なものを両手で払い落したから　その腐敗した餌で育ち結晶したのがこの街だ　揺れているのは神の乱暴な行為のなごりなのだ

≪街が燃える？　そう燃えるのだ　なぜなら神は地上の悪意に火をつけておのれをたしかめようとしたから　その意志の過剰で熱く燒け爛れたのがこの街だ　燃えているのは神への呪咀が昇るさまなのだ

（太郎物語より）

赤い手袋

斎藤真砂子

『本日は晴天ナリ　晴天ナルモ雪ノ日ミタイニ寒イナリ
　風吹クナリ
ゴ出勤ノ皆サン毛糸ノ手袋オ忘レナク　本日ハ晴天ナルモ
寒イナリ』
トコロデ
女ノヒトリノ手袋ハ電停前ノ飾リ窓ノ中
アマタ通過シテシマツタ満員電車ノセイモアルケレド
女ノ十ノ指　風ガシヤブツテイル
〝少シシミルケレドイイキモチ……〟
満員電車通過スルタビ飾リ窓ノ手袋アオザメ女ツント足フン張
リ
風ノヨダレフリ切ルタメバラバラト指振ツテミルノダガ
風ハイツソウ赤児ノヨウニ歯ヲ噛ミ鳴ランシテヨロコンダ　フト
ア　女ノ両手ノ真赤ナ手袋
ワズカニ汚レタしみガ痛ンダガ　ケレド
〝コレハイツソウ可愛イイタズラ〟
ト女ワラツテ
風知ラン顔。

ねがい

竹下育男

焦立たず、過不足なく自らを語るがよい。このありあまる現存のためかえつて貧しくなつたわたしのこころを。

かつて、智慧はわたしのドグマであつた。おあとは世迷い言である。そんな風に考えていた頃もある。だが今ではあらゆるものが無力だ。一枚のささやかな白紙のまえでわたしの感覚は標白する。ああ、しかと好きなもの嫌いなこと、それらをすぐさま判断したわたしの健康はどこへ去つたか。

夜のしずかな錯乱は、わたしの戦慄をいつそう頑なにする。忘れはせぬ。かつての~~わたしの~~狂気がいかにわたしを熱く支配したか。それがなんであろうとひとつのものへ従う仕方こそ、わたしの倨傲を、故なくせまる苦しく鮮やかな陶酔を結実させる唯一の機会ではなかつたか……。


……そしてわたしはいま、自らを投げ込もうとしてかえつてぶざまに浮んでしまう扁平な季節のなかにいる。それはひとつのおおきな密室でありそこへまつわりつく暗緑の夢らは、掌に握りしめるたびに新しく蘇生し、あらたに起す身ぶりの予感の陰へその色を垂直に重ねる。

わたしは痛く知つている。たとえば、街路樹が光だらけになる真昼、ひとつの声がひとつのあらわな虚像を生むように、わたしからこぼれる沈黙の破片は、この季節の白い内壁へただ烈しい嗤笑をふり落すだけではないか。


わたしにひとつの、ただひとつの運動を与えよ。むなしく夢らへ絡まる叫びではなしに、深い不在の淵へ溶解する焦慮ではなしに、操られた赤子のようにこの定式をはじき開けるひとつの手を、落下する空のひとつの吐息を、親しい死者のように旅立つひとつの夜明けを与えよ。

ヴァイオリニスト

顎で軽く支え、弓をしずかに下して、あなたは沈黙のおおきな森にふさわしい人だ。あなたの耳は雄鹿だ。すぐ後のきらめくような誕生を待ちながら、あなたの腕はなんとしなやかなことだろう。

やがて、時がくる！　あなたの指先はその内にひそむ未知の予感に溢れ、規律ある形象を求めて動きだすのだ。

ああ　なんと充実した孤独の時間へ、あなたは奥深く入つてゆくことだろう。浅瀬に群がる藻をひとつひとつ丹念にかき分け、やがて無限の震動の波にのり、あなたは誰もたどつたことのない海へすすんでゆく。

わたしたちが愚かにも、感動したり空想したりすることにのみとらわれているのに、そうしてなにかを生みだすことをすつかり忘れてしまつているのに、あなたは存在のつつしみぶかい核へふれ、その厳しい法則に従つて呼吸すると、未来はあなたの作りだす和音へめぐるように重なつてゆく。

DER TOD

大塩　匀

肩越しに　さわやかな夜空を見過して
すゞかけの舗道を遠ざかつていつた
やつ。
撃鉄を起こし　ちらと歯を露したが
誰も知つていたわけでなく
何の痕跡もなかつた

ぼくも居なかつた
きみも居なかつた。
まつぱだかの街だけがあつた。

ぼくらは　互の瞳に
なんの符号もとり交わさなかつた
たゞ　二人のあいだに凍りついた
やつ　の足音を見つめていた。
そこから波紋のようにさゞめいてゆく
ちいさな約束を見つめていた。

ズボンのポケットに両手をつつ込み
口ぶえを鳴らしてみた
素知らぬ顔していた舗道から
ばか正直な底冷えがして
どこかの街角で犬の遠吠えが聞えると
きみの背中に
了解してはならない夜があつた。

勝野君への手紙

岡田芳郎

なるほどきみはもう
ロシナンテの同人ではない
同人名簿に書かれるひとのように
住所をもつてはいない
アイウエオ順にいつてぼくの次
の次あたりに書いてあつた
名前
それがいまはない
いまになつて言訳がましく
きみの死をかなしむことはしまい
ぼくがいま
きみについて書くのは
愛していたからではない
ただきみの存在が特異なものだつたからだ
きみは決しておしつけがましいことを
ぼくらに言うことはなかつた
だがぼくらの言葉も
決して納得せずには
うけいれようとしなかつた

それはぼくの目には
不遜に見える時さえあつた
きみの本当の友達は
ぼくらでも芸大の連中でもなく
リルケやヴアレリイやフオーゲラー
だつたのではないか
ぼくはきみと
彼等について語つたことはない
それはきみが自分の友達の
批評なんかできないと思い
ましてや他人との話に
友達を持ち出す必要のないのを
感じていたためではないか
きみの短かい人生にぼくは
どんな意味をもつたろう
すこしでも感心させたり
愉快にさせることができたろうか
ぼくの自惚れをもつてしても
きみの円周とぼくの円周が
交錯するところは
ほんのわずかだつたように思われる
そのことがいまぼくをさみしくさせる
きみが長野の家にぼくを招んでくれたこと
もしきみが死なかつたら
ぼくは田中武や竹下育男と

きみの家で幾日か楽しい夏休みを
すごしたはずだつた
ちようどその予定の時期に
ぼくはきみの葬式のために
きみの家に行つた
きみと遊ぶために行くのと同じ手順で
会社から休暇をもらい
ボストンバツグをもつて汽車に乗つた
ぼくはひとの死体を見たことはない
学校の同級生が富士山で死んだときも
君が死んだときも
死体となつた人間を見ることは
ぼくにはできなかつた
それはその人の可能性をぜんぶ
奪つてしまうことのようにおもわれるのだ
すくなくともぼくはその人との関係を
死によつて断ち切られるのは
たまらない
きみはぼくにとつては
まだ近づいてきた電車程度の
存在でしかなかつたのだ
それが「どこ行き」であるかをたしかめる
ことも
その中にどんなものが入つているかを知る
ことも
していなかつた
だがぼくはきみの死んだことをこの目で
確認していないことで
辛くもすくわれている
ぼくは頭の中でおもう
「あいつは死んだんだ
　もうおれの人生にとつて
　なんのかかわりもない男だ」
どうしてそんなことで
忘れることができよう
もしきみの死体をみていたら
どうしてその死顔を思い浮べないで
いることができよう
きみがその死顔でしか
思い出されないとしたら
なんと人間の生命なんて
いやなものだろう
ぼくはきみの生命を
生きた状態で
記憶しておきたい
さようなら勝野君
清水寺の長い石段を上つてゆく内股のきみ
女のようにあぐらをかかないきみ
ひとと目を合せないきみ
生きているきみ

あなたに

佐々木双葉子

今度こそ
私をお擲ち下さい
私のすべてのふくらみに
刻印のような掌を
おあて下さい
しんじつあなたがそこにおいでなら
ふきでる血潮を今度こそ
私自身の内部から
おながさせ下さい
裁かれるべき罪からさえとおく　私は
魚の肌のようにぬれて淫縦です
いたみがもう
誰の身振りでもなく　くるしみが
誰の饒舌でもなくなりましたなら
そのときこそ
洞のような傷痕を
あなたにつきつけてもみせましょうに
あなたのまえに
鳥のように墜ちてもみせましょうに
私がたつたひとつの
たしかなものになるために
私がすべてのものにまぎれないために
一度だけ
ためらわずあなたの名を呼び
あなたに請うてみる
神よ——

鳥

ひろい蹠は
みせなくてもよかつたのに
さりげなく飛び去つてよい窓もあつたのに。
けり上げた下駄をひろつて
子供たちが小さな背中を向け合う頃
おまえの嘴の先で
唐突に過去を匂わせて
ひときれの腐肉がゆれるのだ。
おまえがついばむ時間から
夕昏れはとほうもなくひろがつて
やがておまえ自身奇妙な
割れめになつてしまうのに。むしろ
空は最初から
ひき裂かれた傷口でおまえは
そのあからさまな

したたりであつたのかもしれないのに。
さいげんなくおまえが運んできた
重すぎる季節の中で
人はひそかに
おまえを擲つ小石をにぎる
そうしておまえの
しわがれた啼き声を
自らの喉の奥に用意するのだ。

生

どんなに駈けても
もういいつてことなんかないのだ
昨日は昏い露路から露路を
力いつぱい駈けていた
夜がだんだんのどの奥にあふれてゆくので
やさしい言葉が星のように冷くなつた

どんなに駈けても
もういいつてことなんかないのだ
おとついは
幾つかの村と
幾つかの祭を
足もなえて走りつづけた
どんな市場で
どんな名前の品物を買つたか
いつもポケットは空つぽだつたし
掌はひらかれたままだ

どんなに駈けても
もういいつてことなんかないのだ
三年前
明かるい招待の中を通りぬけた
白い丘が遠くなり
牧場の柵がとおくなり
干草の匂いがとおくなり
思いきりぬれてしまつた
なにもかも

どんなに駈けても
もういいつてことなんかなかつたのだ
夕暮が幾度かさなつても
蒼ざめた約束のように駈けつづけるより
しかたがないのだつた
やがて力尽きたその果に
どんな祝の席が用意されていようと
何の為の祝かとたずねることもできず
まして
始まりであるのか終りであるのかさえ
わからないのだ

一つの結末

伊東文一郎

ふたたび見た兵卒は裸だつた
当り前の様に　そうだつた

とても美しい助走で進んで来た
数多くの枯木にも
すれ違う男の間でも
一度も彼等を気付かせることなしに通つた

兵卒は坂の上で速力を落した
そこに私は立つていた
前にくると立止り
ぶ厚い手を開いて見せた
二つの肩章が　新しいまゝに握られていた
彼の歴史を　ふんだんにもつた色どりを
見せて

私にそれを押しつけると
二度目の助走を見せ
坂をくだらずに
上つて行つた
すぐ消えてしまつた

残された階級章は
重量感にみちて
私はそれを近づけて見る
星の先から　一本の糸がたれ
ゆれていた　安価な糸なのだろうか
誰も気が付かない別れは
そうやつて終つた

坂を降りると
周りを　知らない人ばかりが過ぎた

重い肩章を
一つ　ポケットに入れ
二つ目は　握つてあるくうち　ふと気付く
私と
彼との結末が
この形式で終つたことをはつきりと

――なんで彼を見送り
彼を兵卒と思つただろうか――

澱みは墓だ

貴方は何も浮んでいない澱みだ
幾つもの水門をくぐり抜け

蒸された空の下を過ぎるとやつと行き着く

貴方には
いつも墓が用意されている
起重機に押し潰され変形した肉体を横たえることしか許されな
　いその頭上では
キラキラと体を滑らせる小魚が浮かんでいる
だが外貌のない私には目もくれないだろう

貴方は段々に膨れる
そこには幾個所もの墳丘土が築かれ
何十年かたつと転がり出た骨を小魚が
啄く　そして二度目の墓の中に
私は現われなければならない
その時
浮遊魚を直視する貴方の眼は
残忍さに血走り震え始める

彼等は動くことのない観客となる

＜彼等にはエチュードはない＞

私がアブサン飲んで笑い狂つても
耳を持たない貴方は
それでもいつもの澱みなのだろう

炎は高し

若者達には旗印を掲れない
凡てが眩しい物体なのだ
火に差し出す竿すら折れている
当分新らしい竹は土にかくれている

――演劇部門は火を消さないと宣言した――

今も黙々と彼等は手についた毛と油で
炎を造つている
細く昇る火に　今焙る物はない
炎だけが荒くれた岩角に熱を与え
空気穴のある円いコンロの中で
高く高く　上つてゆれている

コンロの上に手をかざし
眼球がぬけ落ちた彼等は異形に黙りこみ
段々と　暗黒の裸像になる
そして風洞生活を話題にする

一ケ月後の今日
今も話題がとぎれると
海底から聞える声に耳をすませ始める。

皿

金子黎子

しろい
蓮の花のような
一枚の皿
とうい日の
指きりにも似た
ひらたいそのまるさ
火のついたナイフを投げつけると
あ
何かとびだしたもの
くろい血のかたまり
火傷のあとのように
引きつれながら
めまぐるしく
踊るポルカ
それは
いつかすてた人形

手も足もとれ
あたまも傷つき
髪もちぎれて
こわれた人形
風の吹く日に
プラタナスの葉のかげから
空へ放り投げた
みじめな人形
その日白い皿の上には
そむかれたものの
つめたい唇のあとがあつた
刺繍針のような
今夜の月
そこまで
皿を投げる
ヨットのようにかたむきながら
ひとすじの抛物線をえがいて
皿は
やがて砕け散る
泪の雫のように
空いつぱいに散り果てる

距離

死に絶えた
わたしの春
の収められた柩は
白茶けた街をよぎつて行く

ひとすじの
ひかりの矢のように

わたしの瞼を
押しあげる
太陽の指

氷河に似た柩が
わたしを捕え
わたしの胸の木琴を叩く

乾いた骨の音を
耳に押しあて
背をむけよう

役者のような微笑を
頬に植えつけながら

風

河野澄子

風が吹くと
ひとは一本の笛になる
風のほそい指先が
ちいさなこころのあなにふれると
思いがけない音色がこぼれる

こころはむすうのあなだつたので
風はあくことを知らなかつた

それいらい
風はひとの周りをめぐり
こころをたずね歩いている

風が吹くと
ひとはしきりに思い出す
むすうの笛かなしい笛あやしい笛の音色を

秋

田中武

丸木橋をわたつて
ゆつくり雑木林の方へあるいて行つた
けたたましい羽ばたきがして
落葉が降つてきた
どこもかしこも
古血をなすつたような枯葉でいつぱいだ

×　　×

橋のたもとで長い立話をおえて
あるいてきた女が
無造作に尻をまくつて立小便するのを眺めた
おばさんのお尻は
まるで日ざしにふくらんだ枯草叢のようで

×　　×

田圃には
いちめんぎつしり鋭い切口を並べた稲株があつて
けば立つたボール紙のような風景の中には
まだ痛みのうすれない
血だらけな感情が疼いているのだ
溝洫を埋めたみぞそばの花をまたいで
男がひとり空気銃をもつてあるいて行く

×　　×

葉つぱを落した地面には
どうしてこんなにひよろ長い
不恰好な弔旗のようなものばかりが
突き出しているのだろう
もう蛙もいない蛇も出ない
美しい果物が静かに腐れて行くような時間を
茶色な豆木の間ですごした

×　　×

どこかに魔法のように明るい菓子屋があつて
白い紙袋にさらさら黄色い菓子を入れている
美しい眼鏡の女の指先を
思つてみた
それからなだらかな山の斜面で
いつぱいに日ざしを浴びている
樹の梢のやさしいふくらみを
なつかしんだ

×　　×

無精ヒゲを撫ぜるように
ぼくはぼくの魂の在処を
まさぐつてみた
するとぼくの掌の下には
小さな灰色の禿山がひとつ立つているきりだつた
さらさらざらざら際限もなく崩れてくる
風化した岩屑を両掌で押えながら
はてしもなく退屈な白い田舎道を
一日中あるいていた

樹　に

中　鉢　敦　子

すべての葉を落したとき
樹は　樹であることにかすかにおびえる
蒼ざめた腕をひろげて
立ちすくむ素裸の少女の群のように

わたしは　いま
孤独なひとりの猟人だ
おまえの中の動かぬ小鳥に銃を向ける
見失つた季節の意味を
おまえの中に回復しようとする
落葉に埋れた小道の角で
ふいにつまづくひとつの石が　わたしを
忘れられた遠い荒野に導くように

透明な渇きの表情を見せて
音もなく遠ざかる風景の前で
樹が　静謐に
どこまでも樹でしかないように
果てもなく　わたしが
わたしであらねばならぬのはなぜか
夥しい〈時〉を記憶にすりかえ
折れまがる樹枝のかたちに
わたしは　ひつそりと
生の痛みに耐えている――

野　で

青空の破片が
まぶたの裏につき刺さつている
枯草の匂いと
天の球面がつくる鈍い乱反射
ふいに猟銃の音がして
小鳥が一羽
乾いた枯葉のように落ちてくる
瞬間　わたしの上に
張りつめていた空間が弧を描いて傾き
わしの周囲で
午後は大きな転回をみせる

流木

冬木好

お前は
なぜそんなにゆつくり見せかけるのだ
お前は
いくら威張つてみても
所詮
前身はかれ草折れた中のせせらぎにすぎぬ

ぼくは
お前の流れのままに流れて來た
海は近い
お前の前身を確めに
魚がふるさとへお前を遡つていくが
ぼくには
そんな魚の逆流などない
山でのかつての歌も祈も涸れはてた
愛はなく
神はなく
ぼくの存在は
塩にもまれても嘔吐さえしない

お前が海に溶け込み
己のすべてを失つてしまうと
このすり切れたぼくは
暗い砂浜に
ほうりあげられるみにくい醜体
その無防備な個体
ぼくらはみんなそこにつき果て
開かぬ眼窩のうえを
掠めていく永遠
内部の条虫のなかを
すりぬけていく黒い砂の音。

銀　杏

樹下で言葉すくなに坐つていたときも
子供らは枯れいそぐ樹から
銀杏を落していた
三味線のばちにはじかれて
枯草のなかに落ちた銀杏
あなたがそれを眺めているとき
永遠がつめたい影を
あなたの横顔に落していつた
あのとき松葉といつしよに
私のなかへ流れこんでいた
くろい重量のある存在

帰りがけ
あなたがおおきな銀杏の樹の下で拾つた
子供らから用もなく
捨てられていつた銀杏

真中から大きく割れた銀杏
「記念にするのです」
と掌にのせていつた銀杏を
あのとき私はあなたからうけとり
その臭をかいだ
あの糸虫の臭はせず
ベトンの流れを託された実のなかに
結婚する若いふたりの
未来の存在がうごめき
あのとき銀杏の割れ目に迷い込んでいた
あなたの二十三年の埋葬者のすべて
冬木好の神。

おやすみなさい

——今夜あなたの見る夢はきつとこんな夢——

木下恵美子

あなたは歩きはじめる　一本路を
呼吸がたゞしく歩調をはかる
そのうちに　あなたは迷路にはいる
あなたは　まのあたりに見るだろう
ダリアの球根に芙蓉の花がひらき
つぐみの巣にみそさゞいの雛の育つ
不可思議を
親しい一家の団欒と　みるまに
それが妖怪変化の集りであつたりして
あなたは度肝をぬかれる
迷路をぬけ
丘の上に立つて
思いがけなく

みず〳〵しい沃土を
木立にかこまれた古い館を
はるかに眺めるかも知れない
それとも
愛とゆう　神秘な貝がらを
砂浜に見つけることがあるかも……
風にむかつて小窓がひらくと
カーテンを翻して
伝書鳩が一斉にはばたいてとびたつ
ボーイソプラノが　福音を伝えてまわる天使の美声にきこえる
あなたは夢中になつて剝製を抱きしめ
夢路の終るのを惜しむ
なにか幸福の予感に？
それとも幸福が失われようとする予感に？
胸さわぎが
規則正しいあなたの歩調を乱す
俄に　あるいは緩慢に
あなたは　歩きはじめた地点に
つれもどされる

ほたる

小原知子

あたしのいない
あちら側で
あたしを　お探しになりますの
あたしを　お打ちになりますの
夜は　こんなに巾広く
あたしは　はじめつからここで
息づいておりますのに　ときをり
灯《あかり》をともして見たりして……

そら　風が来た
ああ　行つてしまう

葉は白うございますね

そのうえ　星はまつかです
その実　あたしもまつかです
なぜ――大きな声でそんなにも
呼ばれますの
あたくしの　いない
あたしの悲しみを
どこにもいない
あたくしのず―つと向う
の　あちら側で

ああ　水は
こちらにございます
そのうえ　夜はこんなにも熱いのです
その実　〈ひあい〉はかかつているのです
まるで橋のように
まぎれもない　この水の
ほら　この　ここのところに

岬と木がらし

石原吉郎

おれが聞いているのは
たしかに木がらしだが
ときおりやつが立ちどまつては
いつまでも思いだせずにいるのも
おれのことにちがいない
ときおりやつがふりかえつては
しうねく聞き耳を立てるのも
おれのことにちがいない
どろぼう岬をまわつて三十歩
誰がかぞえてもまぎれのない足あとが
切つておとしたように
途絶えたところで
いきなり　やつは
棒立ちになつているが
不意をつかれたふところから
そばかすだらけの巨きなげんこつが
熟れた果実のようにころげ出すなら
岬は　とおい
執念の切先さ

思いだしたか　おれのことを

おれが聞いているのは
たしかに木がらしだが
やつが聞いているのも
岬の木がらしさ
風にまかれる煙突のように
やつは　まつとうに
立ちはだかつているが
そのつきつめた蒼い眼のなかで
いまでも羽ばたきをやめないのが
からすかんざぶろうと
呼びならわす鳥だ

追いつめた執念の突端には
燈台なりとおしたてろ
白壁《しらかべ》土蔵のなつかしさが
霜にいじける村はずれから
白痴は岬へひかれてゆけ！

おもいだしたか　おれのことを
おれが聞いているのは
たしかに木がらしだが
岬をはるかな耳鳴りのなかで
おのれのくるぶしもわすれがちな
腑抜けが　おれをおもいだすなら
夜明けは雪に
ちがいないのだ

火つけの町

火を買おう
ききわけのない火を買おう
ききわけのない　その
あつい火を買おう
夜あけから夜あけまで
粥という粥をくつがえし
鍋という鍋をぬすみあるいて
日ぐれは誰の
ぶどうのひとふさだ
あかんべえする郵便ポストをとおく
血の出るほど打たれた頬が
そこでもここでも
まだほてつているのに
怒りのような巨きな背が
はやこともなげに夕ぐれて行くが
もうこの町は
それでいいのか

この町ばかりの夜ではないが

盗んだ奴ものをためすように
手のひらの上で飼いならした
無口な夜がなんぼで買える？
煙草は消そう
銅の小銭はまきちらせ
火つけばかりが追われる町へ
似合いの猫背を見すてて行こう
火を売ろう　附け木を売ろう
えんまこおろぎや蝿とり草や
風見《かざみ》の雛《とり》さえことかかぬ町へ
なま身のぬすとを放して行こう
夜あけから夜あけまで
無縁墓地から町役場まで
軒という　軒にせがまれ
壁という　壁に泣きつかれて
なだめつばなしの依怙地な足あとへ
手をつっぱり　足をつっぱり
ちからいっぱいのけぞつては
夜あけの風へ一気にひきはがす
カンテラみたいな熱い胸板を
もう一度おしつけてもみたいような
放《ほう》らつむざんな火つけの町は
峠のさきにはもうないのか

おれは乞食だ

好川誠一

ポスト　交番　電話ボックス
これらひとしく栞
いたずらに抜きとろうものなら
勝手がしれなくなる
街は　だからすこしずつ補遺される
部厚い一冊の辞典だ
どぶどろくさいからつかぜに
煽動かされたお月さまが
街の隅つこを犯したので
それでおれができたのだとおもう
いわばおれは　岩からうまれた石ザルだ
プラットホオムのさむい灯が　あらまし消えると
そのごつい改札口には　くたびれた手くびと鋏が
たいてい置き忘られているものだ
おれはおれの巣窟　うすぐらいデパアトの地下へ肩をすぼめ…
いる　仲間がいる　あいもかわらぬきのうの場所でねむつている
なかまでないのもころがつているが

それらはおおかたふしだらな　いいや
自己にあまりに卒直すぎた
すかんぴんののんべえどもだ
のんべえどもはおもうだろうか
ひたいにふとい朱線ひき　切手をはり
あおいポストへとびこみたいと
いやいやのんべえ　のんべえどもは
智慧がそこまでまわらぬのだ
それとも　しきたりのかせをたちきつた
バツだと承知で……
ねむくなつてきたおれ　そのじつなにもせぬのに
ねむくなつてきたおれ
おれは売子たちが押してゆく
トロッコようのくるまをえらびうずくまる……
あかるいデパートの喧躁のひる
「でも……」
「でももくそもあるものですか　文句をいう品物なんて
あたしやあはじめてです
すくなくともですよ　代金をお払いして
しかとあたしが　買つたんですからねえ
その買つたあたしが　売られた玩具に愚痴られる
そんなばかな……」
まきおこる哄笑のなかで　しきりに口論がはじめられていた
口論はどうやら　のんべえどもをふくめたおれたちのことで
おれたちはどいつも

得体のしれぬ玩具なのだ
ビニールのキユウピイのようだが
それにしては大人くさく　片目ほそめてほくそえむ
あのいやらしいかおを　さいしよからしてい
「ごらんなさいな　ほらこのにくにくしいかお
人さまのまえでは　こうしてなにごともなかつたように
繕うてはおりますけれど……」
不できな玩具だからつまりは返品だと　いうことらしいが
もちろんおれたちをのぞいた
のんべえどものことだ
のんべえどもは気づかぬだろうか
えりまきのキツネぜん　済ました婦人のそのかおが
いつかどこかでみたかおだしつたかおだと……
いやいやのんべえ　のんべえどもは
智慧をそこまでまわさぬのだ
ざまあみやがれ
もとのくらがりへひとりずつ搬び去られるさまを
みていておればばかわらいした
と売子め　なにをまちがえたのだ
「おれはのんべえでは……」
とはいえ　おれは乞食だ
ありつたけのボロをまとい
簡易旅館のゆめすら
もたぬ稀代のものぐさ　横着もんだ
おれは乞食だ　おれは乞食

街に　欠くべからざる乞食だ
つれてつてくれえ　どこへなりと搬んでくれえ
おれは愉快だ　あんばいはまるでうばぐるま
子守唄が聞えてくる
売子がうたつてくれているのだ
ツンボのみみ底より　さらに奥ふかく
送られてきたような気がした
気づくと売子ものんべえもいず
トロツコようのベツドがひとつ
おれはひとなみにおおきなくさめした
いきおいにラツキヨウがとびでてきた
地下のいりぐちがかがやいている
おれより目覚めのいいやつが
さかなくさい板つきれを焚いているのだ
おれはきようも　街のひと陰にじいつとしやがんでいるが
そこにはおれは　ほんとうのおれはいないのだ
だから行きずりのだれも
おれをのぞこうとしない
あるのは　いびつなあきかん　ぜに箱と
あわれみを乞うために　はじめつからできていた
無器用な山芋のような掌だけだ

▽いろんなことをやつてみたいと思い、やつたつもりでいるのだが、いつも自分の思考の行動半径の狭さには驚いてしまう。こんな狭い所でよく詩が書けたもんだと思う。▽詩作の間は観音様の掌を走る孫悟空よろしくずいぶん遠くきたもんだと少々得意にもなるのだが、結局同じ狭い場所の行つたり来たりにすぎないのに気づいてしまう。▽短歌をやつている兄はよく「詩は楽しい、自由でのびのびしていてとんだり跳ねたり、なにをしてもかまわないんだからな」という。しかしいくらとんだり跳ねたりしろと広い領土をあたえられても、それだけの体力と習練かなければすぐに疲れてへたばつてしまうだろう。それにうかうかしていると言葉の掌はすぐにも縮んでしまうのだから始末がわるいし、それを維持して行くのは大変労働である。▽しかし短歌や俳句の世界のように行儀作法のやかましい処で、箸の上げ下げにもケチをつけられてくらすよりは、少しはマシだろうとは思つている。▽しよせんぼくらはいくら自由でも言葉の掌を脱け出して、とんでいくことはできない。せめて言葉の掌を精いつぱい広々とおしひろげて、その上でのんびり逆立ちでもしてくらしたいと思う。

（田中　武）

M E M O

▽去る九月木下恵美子さんにロシナンテ初の女のお子さんがうまれた。まずはおめでとうございます。なお木下さんは武蔵野市吉祥寺八七三の自宅に帰つておられます。▽「勝野睦人遺稿集」が文章クラブ編集長小田久郎氏の御尽力で別掲広告のとおり思潮社から上梓された。御愛読を乞う。▽なお、末筆ながら去る十月、淀縄美三子さんの御尊父が亡くなられました。心から哀悼の意を表します。（編集部）▽追記――ある信頼できる宗教史によると「切支丹背教徒秘譚」（本誌十二号）のジョセフ・キアラは一六八四年に八十四才の高齢で死に、小石川の無量院（戒名入専浄真信士）に葬むられました。拙作の後半は全くイクションであることをおことわりします。（吉田　睦彦）

XVI

ロシナンテ

古い雨

粕谷栄市

針の無い幾つもの時計が
枯木たちの曲げる天に並んで居る
数字の表情の子供の顔が
幾つも灰色の天に降りられないで居る

塔に在る唯一つの窓には
古い猫が小さく忘れられて居る
病気の女のひとが睡つて居るのだ
時々蒼白い手が色の無い花片を捨てる

冷い地面の下には
そうして如何なる白さの憶い出がある？
円い蝙蝠傘が外套だけを吊して
文字の刻まれた石の世界を復つて居る

「全ての偽りは悲しみを意味する」
絃の切れた提琴の啜り泣きが
夢に暗いどの街角を曲がつても聴える
蓄音器だけが生きて居るのだ

盲目

夢に枯れた柿の木の家には
いつだつて暗い雨が降つている
うじうじうじうじうじう
屋根に枝に
小さい白い着物のものが並んで
見えない手で顔を抑えて泣いているのだ

夢に枯れた柿の木の家には
いつだつてひとり聞く淋しい障子がある
ぽつぽつぽつぽつぽつぽつぽ
座敷の奥では仏壇から戸棚から
薬臭い葉が
黄色い火の粒々を撒きこぼしているのだ

夢に枯れた柿の木の家には
いつだつて愛しい啞の娘がいる
ぶつぶつぶつぶつぶつぶつぶ
薄ら寒い便所の側に蹲くまつて
蒼白い玉葱の顔を火照らせては
何かが遺した壁の木目模様を読んでいるのだ

みんな美しくなると

淀縄美三子

みんな美しくなると　男も女も笑つた　同じような服を着ているので　だれが何処にいるのかわからなかつた　だから　あたしは空ばかり眺め　みんなのこゝろを掬う錫の匙をつぶして　一人だけりりしい錫の兵隊さんになつた

みんな美しくなると　野原はからつぽだつた　小鳥は飛び立ち　花はあたりにはじらつてはなびらを伏せた　たゞ葉だけが十九世紀風にもえていたので　あたしは牡牛のようにそれを食べて肥つた

みんな美しくなると　海へ行つた　海よりも美しいかどうか比べ合つた　けれど太陽から戒められて　からだを痛くやいただけだつた　あたしは砂にもぐつて　けんめいに赤貝のようにふたを閉じた

落陽

あたりでは　おじぎ草ばかりがゆれていた　みんな黒い着物をきて　前へ倒れたり　横へぶつかつたりしながら　ひとりで自分を支えていた　それは支えきれなくなつて倒れたひとをお互いが土に帰す　ある儀式であつた

うすむらさきのけむりにのつて　空に近く　牧師が死者に与える祈りのように　魂を安らかにさせた　みんな罪深かつたので　ひとりになることがおそろしく　丸く固まり　パンパスの陰で燈明《あかり》をつけて何回も同じことを繰り返していた

伝説のように　ひとびとの繰り返しのしぐさが帯のように拡がると　そのなかに父や祖母たちのかすかな寝息さえもれてきた　この縛られた世界からは　みんなの哀しみだけがとどきガラス戸の向う側を打ち続ける雨を　もうひとは忘れていたそんなにも誰もがぬれていた

同じ土地に咲いた花は　その雨や風で実をふりこぼし　そこでいくたびもの落陽を見た　あの　燃えつきるときの美しさはひとつ　ひとつの歴史を染めていつた

ボロ椅子からいま

冬木好

きこえる
扉の向うで
切ないものに追われてきた
なれの果ての
そいつが
大きく羽ばたきをするのが
しかし
おれには見えない
そのとき
そいつが
鍵穴からおれを見たんだが
おれにはそいつを見る
眼窩はない
おれの蛔虫のなかにしか
神はない
抱擁はない
黒い扉のそばに投げ出された
ボロ椅子に
身を委ねた盲目のおれ
大きな羽ばたきの円を
さらに大きく計算していくよつぱらい
だんだん屍体の
膜が稀薄になつていく
追いつめられた
無防備な個体
しまいに
しびれを切らした
そいつが
黒い扉をあけはなつて
このボロ椅子に坐りにくる
おれはそいつと
席をゆずりあいたいばかりに
このボロ椅子から
いま立ち去ることは出来やしない

花という　わたしも

鈴木芳子

花という
わたしも　まだ
名付けられない花
あらゆる花の瞼の底で　わたしは
いつの季節の陰影であるのか
一筋のあえかな糸をつむぎながら
はてしないわたしの変身を
幾重にも透かしては見た

花たちのさざめきの間で
どの花の微笑からも
こぼれ落ちていたのはわたし
わたしの占めていたささやかな位置が
ほんとうはわたしのものではなかつたのだと
或る夕闇がしのびよつて
わたしとわたしの影に告げた
ああ　もしかすれば
わたしは何の花でもなく
ただ　花のように
そよいでいただけなのだ

花であるために　花は
花の美しさのそとにいて
花の弱さから逃げようなどとしない
一茎の花としての
いちどのかおりを
わたしの色を
その小さな約束を
わたしのさだめに
わたしのすべてを咲いてみたい

その日　その日の
わたしのそよぎにいつわりはないか
わたしがこのように待ち伏せているのは
あの　たまさかの青天や
気まぐれな蜜蜂の来訪ではない
わたし自身の花弁のひろがりの
気ずかれないどこかの隅で
瞳をこらして待ちもうけている
ひとりのわたしに会うためなのだ

ひとひらひとひらの花弁をめくり
やがて果される邂逅の朝があれば
その時わたしは名付けられたい
あらゆる花の中で
花なれば
お前は――と

いたんのこ

伊東文一郎

もうお前にかまうのは止そう
ふりかえつて話し合うのはもう止そう
土瓶かけらのこの町で
俺が集めて歩いた骨董品を
手探りしか知らないと語り始めるその目の辺りにみんな投げつけてゆこう
どぶ板下の穴倉で見つけた二本歯の蛙子《かえるんご》
かつてはけつて走つたからからぐちの一塊りなど　がらくたひつくるめ
狙い定めて投げつけよう

ふらりと胸んなか合口泳がせて
お前が何処から現れたか
御存知ないと思うのか
窓のほらその手
いんばい気質のシミだらけ
いまだかつて　ぬぐつたことないその口も
もう今となつては　それもとり合うまい

俺と別れたら
川原ざらしのこの町で
がらくた売つてほつつき口上のべろ
ひたいの斑点指さして
いかに　俺の復讐　憤怒に満ちたか
しやべるがいいのだ
ばくれつ生れの執念深さ
裾けり割つて見せたら好い

あんま呼んだら親の名さけべ
どんぐり割つたら兄弟さがせ

柿の子
井戸の子
いたんのこ

列車が出たら
いたんのこ
座席で煙草に火をつけ様か？
そんな別れも粋事ではないのか

無題

——レコードに寄せて——

黒　米　幸　三

ごらんなさい　私のこころに生れるのです
明日を孵す　新しい黄金の卵を
ちいさなあなたの　どこに
ピアノやクラリネット　それから　ヴァイオリンが
置かれているのでしようか
たつた一本の短い針が　あなたの胸に
触れるだけなのだけれど
私は歓喜でいつぱいになる

夕焼け色の赤とんぼが
とおもろこし畑の上をとんでいる
夕ぐれのある日
私は　あなたを抱いて帰つて行く
店先で
聴いたばかりのあなたの声を
失うまいと　うつむきながら

ほそいあなたの溝の　どこに
あの　うつくしい声が
潜んでいるのでしようか
独り　あなたから洩れる
やさしい歌を聴く時
私は　一日かぶつた　こころの
塵を拭うことができる

やせたあなたの体の　どこに
あの　力強い希望が
隠されているのでしようか
私は　あなたに逢う毎——

悪い酒

――または「世帯主とのつづきがら」――

好川誠一

戦争《いくさ》ごつこにつかれ 床に臥すゆうべは
シオリのようなさかなが
きらめきながら溯上する渓谷のゆめをみる
日光くさいふとんがみるみる筏となるのだ……
きょういちにちのしごとにつかれ
わるい酒に 酔つたおれが床につくと
おれは盗むに いささか骨の折れるいしうすだ……
野原だ 野原にはきんいろのへビがいた
ガキめらがひそかにこしらえた野いばらの弦につまづくと
あつたかいかぜがでてきた
それがたとえくじらほどの虚偽《うそ》でも
安直に肯定したがるみみのようなキノコが
重なりあつて生えているながい丸太を
ひくたん ひくたんわたりおえると
屋根がみえた おれは憶えている
おぼえている おぼえているひとつの窓から
うまれたときははずかしさに にぎりしめていたおおきな掌を
がいぶんをわすれて目いつぱいひろげ
招んでいる よんでいるのは
なつでも鍾乳洞のように冷いやりする白壁の土蔵で
ロクロをまわしている父だ
「さあ こんだあどごいらだ」
おれはいつかな幅広い父の背中で頭つから外套をかぶせられて
「ゴム屋のへんだんべえ」
せつけんばこがドクロの歯のようにカタカタ鳴り
きりこまざいたいろがみのような雪が止んだ
海だ 海にいた 父とおれとが抜手をきつて泳いでいた
かなり沖のほうへきている
「もう 何時《なんず》ごろだべえ」
「ニサの背中《ひなか》をみでみろ」
みるとおれは 蚊張のにおいがかすかにする
麻の釣竿ぶくろをななめに背負い 柱時計を背負つていた
みみをそばたてると しずかに泣いたギタアぐらいなおとがした
スペエドのかたちの長針のさきが
折れたままでいぜんからある風呂屋の時計を
ぬすんできていたのだ
死にそうだ おれは溺れてしまいそうだ
スルメのようにひきさいて おれのあしをしゃぶりたいと
あぶくほどのつぶやきで いつたからだ 父が たぶん
「辛棒《すんぼう》すろおい」
波頭に こえだけ浮ばせて 父はどんどん泳いでゆく
巨大な魚のいちまいいちまい たくさんのうろこのうえで

フカにもきらわれ　さりとて沈むことも　ならぬ浮標のように
おれは……
「すんぽうすろおおい」

生活力考

わたしたちは新聞の三行広告欄にでていた　とある会社の事務室にいました　わたしたちのまえには　軽快なみず玉のシャツをきたその広告主がいます　でかれは　世辞よくわたしたちを椅子にすわらせ　まるで眼医者のように　両のまぶたをかわるがわるうらがえしながら　なにやらたんねんに検べていましたが　やがておおきくうなづきました　採用です　それからわたしたちは　ま新しいガアゼのハンカチと　かたちのそれぞれちがつた薬の空瓶を　いくつもあてがわれました　さて仕事の内容ですが　不幸のあつた家へ出向き……

　支那にある泣男の話を聞いたことがおありでしようか（ものがたり・孫悟空での泣男は　しずしずとつづいているおとむらいの行列の先端で　空をも裂けよとばかり泣きわめきながらあるいています）なんでも　あのげんしゆくなお通夜に　しかもわざわざ頼まれてでかけ　その場のかなしみの雰囲気を　きわめて自然にもりあげてゆき　それでなにがしかの報酬をもらうという　いわばかなしみを誘う男のことです

　不幸といいましたが　わたしたちのはおとむらいにかぎりませんし　泣男とおなじようなことはいたしましても　一円だてらにお金をいただかないのです　はては「おうおうそれはお可哀そうに」とタイコをたたいて泣かせ　かねて用意のま新しいハンカチで涙を拭きとり　もらい泣きをして　その涙をレモンのようにしぼりとつては小瓶にいれるのです　そうして広告主に渡します　商売とはいえよくしたもので　それがどのような涙たとえば不慮の災害のばあいのなみだと寿命がきて　それでというときの関係者のなみだとでは　ちよいとくすりゆびで舐めただけでわかつてしまうのです　なにしろ　塩つ辛いほどい…

　もういつてしまいましよう　雇われたわたしたちは　広告主がまい朝記す「今日の不幸」という黒板をみて　この奇妙な行動を開始するのですが　目的をおしえてくれぬのはともかくも契約どおりの給料を　まつたく支払わなかつたので抗議したのです　すると

　かんかん照りつける太陽
　繃帯よりも目にいたいたくさんな塩の山
　それを搬ぶおんなたちは陽やけをおそれ
　かおに墨を塗つていたつけ……
　おれはそのときおもつたな
　資本《もとで》なしのしごとはこれだとな
　不幸が　きようもどこかで不幸が……
　泣けなけ　給料くれぬとおもいつきりなけ
　おれがおめえたちを採用するとき
　ふん　いまこそおしえてやろう
　まぶたのうらをかえしたつけな
　なみだあなのおおきいやつを
　えらんでいたのだ
　泣けなけ　給料くれぬとおもいつきりなけ
　ハンカチがあらあ　空瓶があらあ……」

事件

岡田芳郎

それは事件じやない
カラのドラム罐を満載した
オート三輪がぐーつと曲つて
勢よく坂を上つてくる
それは事件じやない
道の真中にトラックがおかれ
四角い荷が
次々におろされている
それは事件じやない
オート三輪の運ちやんは
一杯気嫌
スピードは充分
アッと思つたとき
目の前にトラックがそびえ
ア――
ハンドルを左にきり
ブレーキをかける
彼の目に
プラタナスの街路樹と
その前に立ちすくんだ青年が
ひろがる
爆音のような烈しい音響が
うしろでする
満載していたカラのドラム罐が
いちどきに落ちたため
運ちやんは夢の中のような
身軽さで運転台をとびおり
傾いだプラタナスを見上げ
倒れた青年の前にかがむ
人々の声がまわりに近よつてくる
巡査が来る
青年は死んでいる
オート三輪はヘッドライトが
へこんだだけ
救急車が来る
死体がはこばれ
あとには血一つ残らない
巡査は職務を完全に遂行し
ドラム罐の整理までする
人々は一部始終を見届け
満足して家にひつこむ
運ちやんは酔つぱらい運転だけは
二度とやるまいと心にちかう
翌日の新聞に小さく記事が出る
そこにあつたのは事件じやないから　ひとは
そのことを新聞と一緒におつぽり出す

かたち

その日のために
瞳をのこせ
きみがぼくの
子の年令《トシ》になる日のために
はたち
梢の先にかたくむすばれた
二つの瞳をのこせ
ぼくが二十三才のとき
きみは　はたち
ぼくが五十才のとき
きみは　はたち
ぼくが死ぬとき
きみは　はたち
きみがぼくの
子の年令《トシ》になる

その日のために
どしやぶりの雨に叩かれた
長い髪をのこせ
きみが苦心して書いた
ひとつの詩のかわりに
頰のあたりのにきびをのこせ
ぼくらが　かつて
小指と
小指をからませあつたことを
たしかめる
その日のために
きみはぼくの胸に
瞳をのこせ
髪をのこせ
にきびをのこせ
真新しい墓標と共に

月見草

竹下育男

夕ぐれがおおきく傾きかけるころ
ざわめく予感の庭に
あらわな葉脈で呼吸しながら
わたしは　空をじつとみあげている
だがわたしはあそこで私語しているひまわりの
眩ゆい午前をしらない
たくさんの花たちが眠つているあいだ
わたしは夢みてきた
わたしの生誕の一度かぎりの姿について……
そうだ　その華麗な夢のなかでわたしは
わたしの美しさを測る焦立つ期待であつた
わたしは思つた……　あの世界へむかい
あかるく無心な形でただひつそり在れば
ふかく拡げる皮膚の尖端で
むすうの景物のうえへ
はじめて　まじかに触れえよう
そうして昏れかける大地の
熟すような風が
露にぬれた肩へ親しく近づくとき
すべての試みは
わたしの時間のなかで木の葉よりも軽やかであろう……
だがいま　黒く光る星たち
そのひたむきな解析の逆光を
にぶく割れはじめる花弁で入念に受けとめ
はるかな不在へ
めぐるように咲きだすとき
許されたひとつの夜よ
わたしはその延長に生れる一点の
ささやかなプリズムではないのか……
白い時間から
矢つぎばやに光を分割し
額のつくる熱ある影へ
それらを慌しげに撒きさらすが
散乱するその破片のなかに　わたしは
他へついにまぎれることをしらぬ
それ自体の色層しか見分けることができない
この不滅の夜へ問いたい
おのおの影もつ小石たちを
かたく敷きつめながら
どこへ差しのべても
喉の下を横切るばかりの渇きとはなにか
ふかく目覚めてはいるがこの現存は
ならば　奇怪なもう一つの夢なのではないか

酔うこともない興奮もしらぬ
けれども自らの渦にそつて
はげしく下降する流れよ……
とおくでわたしの皮膚がはじけ
風が　ふいに胸もとをひろげ
ひつそりうつむいている内部の橋が
地平へ　アーチのようにかけ渡されると
夜よりもおもい
騒然と呼びかわされる声らのなかで
この空から他の空へ通じるどんな傾斜を
たどりつめよう……　そうして
地へのびてゆく
わたしの纎細な枝たちを
なめらかな視線でまぶしつけると
武装したおのおのの瞬間が
にわかに淀みだすではないか
ときとして　わけもない焦躁が
光と影のつくる
支えきれぬ領域をくぐりぬけ
ふかぶかと茂る叢みのおくへ
手織られるように交錯するが
火照るような誤謬と網膜をむすぶ
そのむきだしの歪《ひずみ》から
ひとつの存在をどのようにはぐくむことが出來よう
わたしの位置を的確に定めるもの
鼻孔のなかの消耗を掬いあげ

ふたたび白みはじめる月よ
わたしは掌に受けた倦怠でおおきく開いている
だがその　厚くふくらむ円周の裡で
自ら平均衡しようと
くらい重心からたれる
一本の糸を少しづつたぐりながら
不動のただよう星雲へ　そしらぬふうにむかい
帆船のような映像をふと手にすることもあるが
それは　瞬時のいいがたく孤独な
過失であつたことか……
そしてわたしの暗緑の四肢が
夜と眼のあいだにかわされる
気まずげな了解のなかから立ちあがるとき
あなたが
眩常のとおい残像である
と　納得し終えるだけで
沈んでゆくふかい胸にはなにを与えよう
すべて視られるものは堕ちるがいい
わたしはゆらめく叢みへ招かれていい
でなければ　あまりにも
わたしであるプリズムへ媚びすぎたのであろうか……　いや
なお欲しよう　掌よりこぼれるわずかな光を
徹いしげる視界から標白させ
核をもつ果実の内部のような
未來の燃えたつ壁へ滲み入らせたい

眼差しあるあのはるかな墓標から
ひとつの消息を
網膜のきらめく盲目な部分に生ましめたい
わたしは欲する 欲する……
もつともふたしかな声へ
わたしは変貌するであろう…………

とおくで鐘がなると
忘れられた時間が
うしおのように押しよせてくる
もうどんな種類の飾り窓もいらない
夜明けへひろがる
喘ぐような地平の沈黙が
わたしの息で鋭くこまかくひび割れてゆけば
蒼く透きとおりはじめる風の
むすうの襞へ
わたしの若い死を匂わすこともできよう
泡立つ東へはためく旗よ
おおつぶの水滴を満載して
弓なりにつよく描かれる雲らよ
わたしの空間は終りかけようとしている
だが まだ終りはしない
夜明けとわたしをかさねるほの暗い輪が
怖れもなくせりあがつてくるものらの
あたらしい輪郭へ
震えるように投げかけられてゆくのだ……

椅子

佐々木双葉子

あなたが坐つたのは
右の椅子であつたか
左の椅子であつたか
もう幾日も
考えあぐねていました
そしていま
気がついています
右の椅子も
左の椅子も
からつぽであつたことに
最初から
からつぽであつたことに

私の掌の中から

小原知子

私の掌の中から
小鳥の翔び立たぬ日はあつても
私の掌の中に
血の匂いも干らびた
頭骨をみない日はなかつたのだ
私は早くも年老いて
醜くく逆のぼるだけのことだつたから
桃のように割れてみせることもなかつたのだ
私は早くも血に厭いて
軸轤のように陽差しを廻すだけのことだつたから
おびただしい愛の残骸など
拾いあつめてみせることもなかつたのだ

≪夜啼鳥をおかい
過ぎ去つた真昼の雲の親しさを
きりもなく啼きつづける
夜啼鳥をおかい≫
なんとしても刈りこもう
限られた高さの建物には
限られた庭の広さが必要だ
配置された記憶の見事なたたずまい
石の空汲まれた水物語の樹木達
それゆえ私は芽を憎む
それゆえ私は風をいとう
それゆえ私は歌を怖れるのだ
≪かぎられたそら
かぎられたみず
かぎられたおまえ……≫

足のうた

大塩匀

足は確かめるためにあつた
そこに大地があることを
愛よりもゆるぎない大地があることを
どの一歩にも　あつく触れあつてくるものが
あることを
たしかめつゞけるためにあつた

だが大地の上には空があつた
まあたらしい空《そら》があつた
そのため　やがて
空に触れようと
空をつかもうと
空を確かめようとして
胸が生え
手がはえ
眼が生じ
おのおの支えのない空間にのびあがつて
さぐつたり　ゆれたりした

足は眼や手や胸の重みを荷つた
かれらが　空に少しでも近い所へと望めば
いわれるまゝにかれらを運んだ
そのたびうち重なるかれらの落胆の重さに堪えた
たゞだまつてかれらを運んだ

足は知つた
胸を吹きぬけるもののひゞきを
手がつかむもののむなしさを
眼がこぼすしずくの色のはかなさを
口からあふれて行つた呼び声がいつ迄も返つてこないのを
けれど胸や手たちに戻つておいでとはいわなかつた
たゞだまつてかれらを運んだ

……………

そうして　ながい間がすぎて　足は
深い疲労にうちひしがれていた
冷え切つた皮膚にくるまつた
にぶい感覚の奥で
足は
とおいとおい大地が
いまもそつと囁きかけてくれているのだと
阿呆のように信じたがつていた

盲目

河野澄子

そのときふいにわたしのこころをはじいたものは何であつた
のか　わたしは立ちあがり歩きはじめた

いつからかわたしをとりまく　うでがありくさむらのように
わたしをさそうリズムがある　わたしといつしよについてくる
わたしの足どりでおよぐように　どつとおぼれてくるのは何
血のなかへ

ああかあさんおおきな手がうしろから　わたしを思いきりだ
きしめる　わたしのうなじに息がかかる　あいつはだれ　像の
ない貌のないふりむいてもどうしてもわたしにみえない　あい
つはだれ

風がわたしを　かあさん風が攫つてゆく　ゆつたりと棲みつ
きたいわたしを戸口から　愛着からもぎとつた　果実のように
腕にかかえて　風がわたしを

わたしの手さぐりではつかめない　おおきな飢えがおちてく
る　ドラのように　蒼ざめたわたしの血が鳴る　ああかあさん
飢えていたのは風だつた　盲目の　蒼ざめたわたしの海で　し
ろい巨きな手が漁どる

漁どる　とてつもない飢えとは何か　芽ぐむものわずかに実
るもの豊かさへふくらむものを　いちはやくかりいれにくる
無残な手　遠くから近くから風の巨大な足音がひびく　地上に
は　鳴りつづけるあついドラ　空はきき耳をたてている

猫が憑いた話

石原吉郎

憑いたという猫は
片目の余計ものだが
憑かれた男は　そこで
めしを食つている
猫が憑いたのはほんとうだが
きのうは　はだか火で
いなごを焼いていた男だ
それだけの話で
村じゆうが納得し
憑いたという猫も
憑かれた男も納得し　納得づくで
たどんのような夕日が
巨きな谷間へころげおちたのだ

憑いたという猫は　もう
どこにもいないが
憑かれた男は　そこで
めしを食つている
鍛冶屋は鍛冶屋のよろこびから
桶屋は桶屋のかなしみから
手形のような朝が来るが
朝がまともな手を搏《う》つなら
憑かれた男は狂い出すはずだ
狂い出したら　もう
どこにもいまい

憑いたという猫も
憑かれた男ももういないが
それだけの話で納得したように
どこの屋根にも霜がおりた
霜がおりたら納得したのだと
かしこいやつらのすてぜりふだけが
墓地の塔婆を逆抜《さかこ》きにし
桶屋は桶屋の知恵だけの
鍛冶屋は鍛冶屋の思案だけの
拇印だらけの朝が来たら
土塀のような男の背に
納得づくでのりうつつた
無口なけものの決意だけが
巨きな谷間をはいあがるのだ

さびしいと　いま

さびしいと　いま
いつたろう　ひげだらけの
その土塀へぴつたり
おしつけたその背の
その　すぐうしろで
さびしいと　いま
いつたろう
そこだけが　けものの
腹のようにあたたかく
手ばなしの影ばかりが
せつなくおりかさなつて
いるあたりで
背なかあわせの　奇妙な
にくしみのあいだで
たしかに　さびしいと
いつたやつがいて

たしかに　それを
聞いたやつがいるのだ
いつた口と
聞いた耳とのあいだで
おもいもかけぬ
蓋がもちあがり
冗談のように　あつい湯が
ふきこぼれる
あわててとびのくのは
土塀や　おれの勝手だが
たしかに　さびしいと
いつたやつがいて
たしかに　それを
聞いたやつがいる以上
あのとちの木も
しいの木も
日ぐれもみずうみも
そつくりおれのものだ

不幸について

斎藤真砂子

夕やみの風の中をさまよいながら
少女は背中にしがみつく〃不幸〃をあやしていたが
彼女は疲れて辛いので　ふと見知らない街燈などへ訴える。
「わたしの顔は大層醜いと　ゆうべ鏡に笑われてから
わたしの恋はしゆんと濡れてしまつた薪のよう
今は半分焦げた棒切れを　わたしの唯一の心とは！
この煙　はやくも腐り気味にのろのろと這いまわる　何と不幸
　せな運命だろう――」
そこで私は少々こつぴどく慰めてやる。
「お嬢さんは酔払つてやしませんか？
騙されてはいけないよ
共奴を可愛がるなんて！
奴は気まぐれで　人好しで
ほら吹きたがるし　甘えん坊だ
すぐ飛びついて来てのしかかり
乱暴になつたらもう離れないという厄介者。
そもそも奴を甘やかすのが人間共だ
退屈しのぎにするのだろうが
お嬢さん　一生おんぶして行く手はないよ
邪魔つけだ　道端へ捨てておしまい
それつきりです　保証する　さあたつた今！」
すると少女は
「それでもこれは捨てられないの」と頰笑んだ。

醜い女

わたしは大変なことをしてしまつたの。
お勤めに遅刻すると思い駅の階段をひと息に駆け登ると
ぎゆうぎゆう詰め込んだ電車の扉するする閉つて
〃いつくらなんでももう乗せないぞ〃と電車が言うのか　押し
　込められたお客共が言うのか
お客共のいがんだ顎やへこましているお腹見ながら
〃ひとあしおくれ〃と何の気なしに笑つたわたしは
ガラスに映つた赤い頰べたに見とれた一瞬
あゝわたしはもつと醜いはずなのに!?
しわのおくの不満気な目付きでなく
コンチキショと言いたげな唇でなく――。
けれども赤い頰の笑顔たちまち流れ出しぼやけて
白々しいホームにとり残されたわたしは
何やら大変なことをしてしまつたと恥じいるのであつた。

死

――わたしたちの童話では
ある日　鏡が語りかける――

小鉢敦子

わたしはいつもおびえています
あなたの視線に射すくめられて
森の中の小さな沼ででもあるならば
さざなみをたてて
あなたの眼を遮つてもみせましょう
けれども　いまのわたしには
そのための一枚の枯葉すらないのです
わたしは　すべてを映します
あの椅子の沈黙　薔薇たちの放心
とざされたドアのかたくなな背を
更には　夜毎にそれらのつくる影さえも
あなたがお立ちになる時にも
わたしが装うのはやはり透明な嘘でしかない
くりかえすことをお命じになるから
お答えはいつかわたしの内部で
ひとつの習慣になつてしまう　……

けれども　かつてわたしが
〈わたし〉であつた事があつたでしょうか
わたしの表情は〈あなた〉ではありません
そのくせ　わたしの内部を占めるこの形象は
もとより〈わたし〉ではなかつたはずです
めまぐるしく拒みあうおたがいの中で
わたしは決して〈わたし〉になる事はできなかつた

そうして或る日　あなたの戯れが
わたしに向かわせるもう一つの虚無
あなたをはさんでわたしたちは
無限にあなたの像を結ばねばならない
けれども　ああ　その時こそ
あなたは　わたしの果てに
ひとつのふしぎな顔を見るでしょう
ひとつのやさしい声をきくでしょう
　〈わたしはここにいます
　わたしはいつもここにいるのです
　かさねられていくあなたの生は
　いつも　いつも
　わたしまでつながつているのです――〉

河

金子黎子
くろい
幅広い帶のうえを
ひとり渇いて
歩きつゞけた
夜の国に
さまよいこんだ
盲目の縞馬の
ゆらめく哀しい脚のように

あてのない手紙には
終りがなく
花のためには
空はいつも暗い
蒼く　かたくなな
銹びついた井戸の底で
ペロリと出した舌の薄さよ
どうんと流れこんで来るのは
引きはがされた
水についての記憶

鳴ることのない
口笛を吹くとき
いたんだ瞼の裏側を
燃えさかり乍ら
すぎて行く
ヒマワリの花の
葬列があつた

入祭文

吉田睦彦

翡翠色に燃えるひとつ星が堕ちていつた世界の涯から　甘酸つぱい産声のようないとどしき哀訴の流れる気配がする　あの日から　血は虹彩の輪より絞りだされ誠実な報復の証のように主よ　あなたの傷痕だらけの掌を濡してゆく　不断の閃光は聖燭よりも清らかにいまなお人類を照し　不断の暴音は子守唄よりも優しくいまなお人類を斃し　漂い昇る死者たちは風船玉になつて舞つている　イエルサレムの産声はいまここかしこに騒々しく高からんがゆえ　浅いまどろみしかできないでいる　僕よ　かかる時にこそ抗いの唄を歌え！　少年の日から傷つき苛まれてきた白い膚にもうひとたびの牙の洗礼を与えよ　人よ笑うな　たとえ全智の主も救い能わぬ魂を　オシャブリのように握つてよちよち歩む僕であつても　おお天命を革めて熄むなかれ！　倖い太陽はまだ頭上にある　ハンマーとスパナは僕のポケットにずつしり重い　ヒロイストではないエゴのまわりに樹々がある　空がある　小鳥たちが十字架の尖頭で囀つている

仄暗い花芯を凝視めすぎて　充血した眼球を内側からひつぱりだそう　季節はいつも僕を掬い取ろうと狙つているが　僕は大地に縋りついて離れまい　その触覚は狂わんばかりだ　狂つてもかたくなに語るな　踏みいることが嵐をよぶなら　せめて燈台のように純粋に立ちつくそう　語らずしてうたうのだ　太陽のように原始の唄をうたいながら　愛のように烈しく灼ける視線をなげて　けれどもスフィンクスの気どつた面はいやらしい　僕の唄は香煙ではない　ゲロとうんこの匂いでぷんぷんだ

生命がはてしない破壊にほかならぬなら　若いままに滅ぶのはいいことではないか　シオンの讃歌を待つまでもなく　審判の日はすぐそこにある　だから僕はよろめきながらも前進しよう　オリーブの実のようなぶよぶよの街をすぎ　緑を噴きあげる耕作地をすぎ　胎児が羊水に溺れるように海をわたり　信仰という跳躍板をわざと避け　ひたすら生活の唄にことよせて全智なる主に禱り申す　祈り申す　墓穴のような明日でなく滅びのような昨日でなく　死者でなく　胎児でなく　ここに白痴のように生きんとする僕に　みずからの咽喉笛をかきむしつて拙い唄をうたう僕に　しばしの安息を与えたまえ　儚くも気まぐれな主よ　たとえこの稚い魂消えいるとも　不自然な世界の一点から　あなたを憎み　あなたを信じ　いずれ僕はささやかな抵抗の鐘を鳴らさんとする

（鎮魂歌より）

MEMO

◇テレビの仕事をしていると、視覚的であるということが、どんなに難しいことか分るような気がする。実際に殺人の場面を画面でうつしているのに、ぼくらはそんな殺人のスリルの一かけらも感じることはできない。ああ、このシーンはカメラを三台使つてるな、とか、このセツトはずいぶん倹約してるな、とかそんな程度のことしか感じない。

◇だが、それはテレビの仕事をしているからその技術的なことにしか注意が行かないということではない。イメージをあらわすのがどんなに大変かということを僕は思うのだ。

◇詩のイメージは、映画やテレビとは違つたものだが、それにしても、その技術的な苦心ばかりが目に見えて、作者の持つている世界――フアンタジア――がぼくらのところまで達しないことが多い。テーマとか作者の主張とかを表現することは大切でも、その前に一つの詩的世界を形づくる努力はしなければいけないと思う。

（岡田 芳郎）

◇今号より粕谷栄市氏が加わつた。◇三月二日大塩匀が結婚した。夫人清美さんは、油絵を描いていらつしやるとか。式には河野、好川が出席した。◇なおひきつゞいて冬木好も結婚する模様。「ブルータスおまえもか」ではないが、今後もこれら先輩に誘発されてぞくぞく名乗りをあげるのじやないかなと、ロシナンテはもつぱら結婚の話でもちきりである。◇なお大塩氏の新居は埼玉県北足立郡蕨町御殿六―三五七七寄励寮。◇次号はロシナンテ三周年記念と勝野睦人一周忌の特集とする。

ロシナンテ16

ロシナンテ16号一九五八年四月一日印刷発行 編集責任好川誠一 発行責任石原吉郎 頒価五〇円〈〒八円〉世田谷区玉川上野毛町三三八関口方 ロシナンテ詩話会

XVII

ロシナンテ

夜明けの人

河野澄子

夜明けの街に
あらわれると
どこかで 風が
汗ばんだ手をひらき
ふんだんな記憶を
まきちらす
そうしてあなたが
あらわれると
街には もう
ながいいくすじものしまが
さしのべたしろい腕の
やさしいながれのように
のび
ほら あたくしの胸に
こんなにいくすじも
ほそい影がおちる
あたくし しらない
枝のように こころ
むすうに わかれた

そうして あなたが
あらわれると
夜明けの街に

おびえた鳥の
はばたきがする
ほら あたくしの森
こんなにもみじが舞い散る
啞《おし》娘のように
だから あたくし
つまさきだつてあるくの

あなたの眼に
なにがある
そうして夜明け
街にあらわれ
そうして日暮れ
街にかえる
ゆうびんぽすとのような うそ
あたくしの
いけないたくらみ
くさいおしばい
ああ でもなぜ
あたくし しらない
あなたの ことなど
あたくしを 默らせる そんな
りようかいのぶあつい
眼差し
あたくし しらない
夜明けのあなた
日暮れのあなた
夜のどこかの あなた。

PRIERE II

中鉢敦子

やさしく組みあわされたふたつの掌のような
ポプラが　しずかにわたしを見つめている
小道に敷きつめられた
まつしろな小石の群の上に
渇いたわたしの意識の上に
樹枝たちは　淡々しい影を
網の目のように張りひろげてくるのだ
こうして　ふしぎに透明な季節の底に立つと
淵のように沈んだわたしの心の外側にも
こんなやさしい世界が　ふと姿を見せてくる
はるかな連山は　凍つた炎
晴れた空に　いま樹たちが描くのは
輝やく若葉の象形文字
ああ　わたしに　いつか
それを読みとくことができるだろうか
わたしはやがて居なくなつてしまう
その時こそ　わたしはこの世界と
ひとつになることができるのだろうか

――わたしがあきらめて顔をおおうから
樹々は　日毎に
わたしの絵の中で蒼ざめていく
歌声はかすかになつてしまうのだ……

雨

わたしの世界の一隅で
だれかが　かすかに手をふつている
しぶきに濡れたつめたいガラス扉に額をよせて
わたしは　海藻に似た樹々の腕を見つめている
水槽の中の青い魚のように
あかるい　変に透きとおつた時間を
ほそい手足に感じながら……
やわらかな草たちは
いま　ひつそりとだまりこくつている
そうして　遠い建築場には
うなだれた白い旗がある――
なぜだろう
このふしぎに淡い風景に見いつていると
すべては　わたしの掌の中に在るように思えてくるのだ
物たちの小さな哀しみも
刺すようなわたしの苦しみも
みんな　まるで同じなのだという気がしてくる……

登路

鈴木芳子

どんぢり
音沙汰はなく
みやまかたばみ
ましろいしわぶきをあびせられ
わたしが消えてゆきたい時に
まだ　護符のように
其処に　いて
誰か

さつき　わたしのめまいの中に
ころげおちた山が
もつと　ふかい
空のさあおにたたずまい
出立を促す時にも
けもののようにうなずいては

まだ　泣いている
誰かがいる

いちど岩角を曲つたら
もどつてはこなかつた
クレヴァスのくらい底で
たしかに石を積みあげている
誰かがいるのだ
石音が　わたしの内部で
夜ごとに崩れ
また　丹念に積みかえされる

その小さなケルンを
もう一度　はるかな茜の
天づちにかえしてこよう
かえしてこようと　あくまでも
もだした沢を
つきつめて行く

風

その九

木下恵美子

わきかえる不協和音の洪水
大都市のスケールの大きな
パノラマの上を
フラ〳〵とさまよいでた
魂のように
風は
不得要領の挙動で
ジグザグや波形
螺旋状や抛物線を描きながら
行きつもどりつしている
噂話には尾ひれをつけ
楽天家には

思いがけない訃報をとゞけて
顔をさかさに撫でてくる
通行人のソフト帽をとばし
三度もとばして
とばされた通行人が
〃一度目は過失
二度目は不注意
三度目には恥である〃
と後悔してひとりごちているのを
そしらぬ顔で通り過ぎる

雑多な胸算用にも疲れ
人身売買　不渡手形
詐欺や交通違反のニュースも聞き厭きると
風は
成層圏へとつゞくタラップを
ひとりのぼっていく

おかあさんのせかい

斎藤真砂子

おかあさんのせかいはなんだろうと思う
わたしは朝早く明るい電車に乗つてお勤めに就き
一日ソロバンをつつきまわして頭の中を数字だらけにする
それから手を洗つたり　笑い合つたり
ボールを投げたり　みつ豆を食べたりする
マドガラスを磨くことで　けんかして　むくれ面になつたりする
それはまつたくあたりきのこと
そしてそのあたりきのサラリーガールの毎日がきりもなくあるつてこと
だけどおかあさんのせかいはちがつている
せかいなんて言うとおかあさんはけげんな顔をする かもしれない
おかあさんには仕事があるだけと言うに違いない

たとえば今日は
せまい庭先きに幾つもの傘を上手に干すでしよ
くつ下の穴を十も十五もきれいにふさいでしまつたり
Yシャツをプレスしたり　おじいちやんの胴巻を編んだりするでしよ
お風呂を焚きながら隣りとお喋りをするでしよ
たとえばこんな風に
「お弁当のおかずには困るわねえ　毎日考えなくちやならない」
それからへちまの苗に米のとぎ汁をかけたり魚屋へ行つていい切り身をさがしたりするでしよ
それはまつたくあたりきのこと
いちいち言うまでもない毎日のこと
そしてお父さんや弟たちと同じように
怒つたり　あわてたり　しよげ返つていたり
　ふざけたりもするのだけれど
だけど何故だかおかあさんのせかいはちがつている
そんなものありやしないよと言うだろうけど
　わたしはおかあさんほどたしかなせかいのある人を知らない
そのなかでおかあさんはひとり頬笑んだり　草疲れて坐つていたりする

沼

佐々木 双葉子

何にむかつて
在るのであろうか
ときたまの存在を証しする
そのかがやきを
どんなゆきずりの瞳に
なげこもうとするのであろうか
みちあふれ
たえずはみ出てゆく空
みせかけのおびただしい形象の故に
おまえはむなしい

勝野君のこと

勝野君のこと

竹下育男

勝野君は亡くなつて確かにいない。これは本当に確かなことだ。そしてそれを理由にして私は今ペンを取り、彼について語る言葉を探しだす。だがうまくゆきはしない。私にとつては彼が詩を書いたということが、それ程意味を持ち得ないのである。私と親しく接してくれた彼、それだけで私には十分だ。こんなことを云うと彼は怒るかもしれない。詩人として少くとも厳しい道へ進んだ彼として、こんな妄言の許せる道理はない。ひとつの詩は、そのあるがままに詩人から切り離されて存在する。これが彼の口ぐせだつた。だが他に何のすべがあろう。私はたゞ、彼という人間の強い魅力に抗しきれなかつたばかりのことである。

　私達の作品について彼と話し合つたことは殆んどない。それに密接に関連してはくるが、直接には言葉で触れ難い様々な存在に感嘆したり、時として新宿の雑沓やどこかの路地裏などで収穫した感性の記録を報告したり、その祕かな沈黙を比べあつたりしたものである。

ある日、何かの拍子で私達は、高野喜久雄氏について熱心に喋つていた。彼によれば氏の方法は、一つのものを目指してそれを言葉という円周によつて明確に囲みとることだという。そして正しくその操作の完了することによつて、囲みとられたものは詩人の内部から逆に深く欠け落ちてゆく。氏の用いる比喩の方法には、何かしら生を遮断する性格がある。だがすべてをもつともよく凝視《み》るのは、おそらくこの方法だろう。そんな風に喋つたようだ。私は黙つていた。今なら多少、言いたいこともある。だがその前にひとつ、云つておかなければならない。それは彼の卓抜な資質をもつてしても、詩作によつて自らをあるところへ明らかに賭し得るに至つたのは、二十才を待たねばならなかつたということである。それまで詩作は、彼にとつて絵画の厳しい勉学の間に用いられた息抜きの場であつた。詩作を本当に考えだしたのは昨年の秋からです、と亡くなる十日程前、ある友達に宛てて手紙を書いてさえいる。そのき

勝野君のこと

いま、ぼくの机の上には、彼が送つてくれたプレヴェールの"Pour faire le-portrait d'un oiseau"と"Barbara"がおいてある。

　名古屋では原詩が手に入らないなどと（そんなことはあり得ないが）愚痴まじりに言つたのを、真にうけてか、彼が筆写して送つてくれたものだ。ところが、ぼくは、一、二度目を通しただけで、抽斗に入れてしまつた。原詩は思つたよりリズミカルでなかつたし、その上フランス語の reading がとても覚つかなかつたからだ。

　彼にお礼の手紙を書いたことは書いたがとても空空しくて、その時は、申し訳ない気がした。

「プレヴェール、プレヴェールと言うから送つてやつたのに、ちやんと読んでもいない」と彼が天国で嘆息まじりの苦笑をしていそうなので、気になつて仕方がない。

岡田芳郎

勝野君のこと

つかけはリルケとの出会いにあつた。そしてリルケは、彼が亡くなるまで関心を持ち続けた唯一の詩人であつた。しかしそれからの慌しげな半年の間、彼が身をもつて迫つたところは、彼自身にもしかと気づかれなかつた何か別なもののような気がしきりとする。彼と共にすごした時間も私にそれらを語つて止まぬ。高野氏の主題とも、それはあまりにもかけ離れているように思える。

話を前に戻そう。私が高野氏にみるのは、殆んど身勝手とも思われる求道の意志だが、それが近来、かつてみられたような強烈な観念性に薄らぎ、あるところへ辿ろうとするよりむしろ意識が一つの座にいて、そこから自己内部の四方を眺めているような視線を感じ、私はそこに何かしら我慢ならぬデカダンスさえ覚えはじめている。氏の近来の詩句は、はや何ものへも向いはせぬ。自らに容易にとどまり、意志は欲せられるままに閉鎖している。詩行はおのずから、自らの苦悩の感慨に耽りがちだ。想像力は当然、弱まりつつある。これは衰弱の顕著な一徴候である。

彼が高野氏の詩にみたものは、何ものかへ自らを賭す必要を感じた時、読みとつた罠のように私は思う。何が仕掛けられてあるか分らないが、それは彼にある予感めいた期待を抱かせたようだ。私は勝手なお喋りをしているのではない。それが証拠に、例えば高野氏に見受けられる求道精神ほど彼に欠けているものはないからである。一部の詩人達に考えられているように、彼の詩には又、所謂、情緒的な趣きも甚だない。ときに彼が口にする情緒とは、人間間の実際の交渉や対人意識によつて生じる感情ではなく、自然のある景物と彼という感性との間の、およそ予期しえぬ出会いから生れた感動である。作品を十分読まれた方は、彼が人間を疎遠する傾向にいたことに気づかれるであろう。彼を詩作へ赴かせたもつとも緊急な必要事は、おそらくひとつの知覚を通して彼という存在があることを、何らかの仕方で明らかに認識しそれを定着させたいという衝動にあつた。この意味で彼の詩は思索的な複雑な相貌を持たない。だが何という困難であろうか。それは触れようとすれば忽ち手から逃れる、驚くほど生気に満ちた世界であつた。

絵画の研究においてとりわけデッサンを重視し、私達の読書会や研究会でみせたあのようにすぐれた知性も、この感覚のまえには無力であつた。それとどこで出会えるか、繰返すが彼には不明である。その出会いのために、しかしながら、彼の感性はあらゆる条件を克服して常に鮮明に保たれていなければならない。そして彼が辛うじて諸事物の本性とも云うべきところへ触れ得たと感ずるのは、ある景物を凝視するとき、その景物と彼との間に素早く取りかわされる、奇妙な名づけえぬ交感においてであつたろう。それははや、人間的な感情とは全く関わりのない深い彼方へ、彼自身がひとつの感性と化して欠け落ちてゆくことであつて、彼は自らのその不定形なさま

勝野さんが亡くなつてもう一年になる当時のいたましい記憶はやはり忘れることができない。勝野さんの事故に遭遇して、私ははじめて〝死〟というものを身近に感じた。それは〝死〟というものの劇的な意味をはげしく語りかけていた。

早くも地上の存在を終えたということと、言葉にいえぬものばかりを重くたずさえて、得体の知れない空間へ消えたということは、何とただならぬことだろう。

「この地上こそ、言葉でいいうるものの季節、その故郷」（リルケ）にちがいなかつたのに。多くをいわずに俄かに去つた勝野さんは、どんなに重い沈黙の中にいることだろうか。

とりわけすぐれた鋭い感性で、この季節と深くかかわりあつていた勝野さん。微妙な精神と、緻密な思考で、常に〝存在〟をとらえようとし、〝存在〟をいいあらわそうとしていた、その緊張した姿勢は、いまでも私の心をうつ。

怠けものの私には、またたくまにあらわれ消えた、そのような勝野さんの涼しいイメージが鮮やかに目にしみる。

河野澄子

勝野君のこと

に耐え得なかつたのであろうと思う。詩作の時あのように執拗に形にこだわつたのも、一つにはこのためでもあろうと思われてならない。

彼においては、以上のような鋭敏すぎる烈しい感性がすべてに先行した。それは彼の厳しい思考をすりぬけ、詩作時のおおくの意図をさえ超えてしまうときもあつた。それは動かし難い力ですばやく彼を捕えるが、そのままでおけばすぐさま彼方へ飛び去つてしまう感覚であつた。今度こそ彼の番だ。彼はこうして言葉にめぐりあおうとする。だが得体のしれぬその感覚と言葉との関係は、例えば熱が不良導体の中でエネルギーをより多量に保つように、言葉は彼の裡で昏迷から明晰へすすもうとする実体をなかなか通さぬ抵抗する物質であつた。凝視するかぎりでは、何ものでもない巨大なところへみるまに解体してしまうにすぎぬ不定形な感覚を、彼は言葉という場へ投げ出すことによつてその性急な動きを抑制し、自らの築くべき新しい秩序へ集合させ、形象あるひとつのものとして確立させようと試み、そしてその実在を念じた。だが私には、その試みがいつもうまくいつたとは思えない。彼の苦しげな身ぶりはおそらくこの部分にあり、時として、あの親しい表情を暗く沈ませてしまう程であつた。

極端な云い方かもしれないが、彼にもつとも近い詩魂として私は「旅人かへらず」を思うのである。その動きは、究極において人格の名の下で一括されるすべての求道精神、更には純粋自我という虚像の成立と破壊へ向つた、近代から現代にかけての意識の苦しげな系譜には共にないのであつて、それはひとつの瞬間へ自らの存在を投げかける痛烈な影の運動であり、自らをすばやく喪失することによつて、世界の深部へ確かな関わりをもとうとする祈願を秘めているように思われる。それは現実には一瞬の凝視、ひとつの吐息でしかない。だがそのとき詩魂がどれ程の危機を孕むか、思つてもみるがよい。それは全く純潔になされた時、おそらく再び戻つては来ぬもつとも短命の思想であり、それ故死こそその唯一の風土であると言つていえぬこともない。色彩も性格も持たぬ事象のはるかな裏面へ、人間はその時、凝視するほかに人間であるための最小の有機的な機能も失うに至るのかもしれぬ。彼の誰とも分ち得ぬ不思議な孤独は、おそらくこういう形式で急速に成育していつたのである。

彼の豊かな教養、稀な資質も、こうした彼自身の宿命的な意志を覆うことはならなかつた。いや、むしろ、リルケとの出会いで呼び醒まされて以来、それは彼を不断に駈りたてる確かな目であつた。

今でもその時の表情を思い浮かべるが、ある日彼はひどく印象的な話を私に聞かせてくれた。郷里の飯田でのことである。いつものように山へス

〃ロシナンテ・どこかにそんな気の利いた喫茶店でもありそうな〃こんな広告文に釣られてロシナンテの扉を押したのはもう三年も前のことだ。僕は喫茶店などにはまるで縁のない男だから、あるいは随分場違いな処だつたかも知れない。ロシナンテ（詩）が僕の生活の中に占めている位置はいわば大きなたん瘤のようなものだ。邪魔にこそなれ生活する上では決して便利ではないし、他目にはあんまり良い恰好に映らないらしい。

話すという事の苦痛はおそらく生涯僕に付いて廻ることだろうが、賑やかな会話の外側にいてにやにやしているそんな席が僕には一番好ましいのだ。だから勝野君のことを書こうと思つても僕にはただ彼の遠い横顔しか思い出せない。死ぬ二・三号前からの彼の詩は一種眠にしみるような強い匂がしていたようだ。詩自身からと言うよりむしろ作品から作品へ繋がる彼の急激な成長の合間から発散するもののように思えた。そんな彼との交際《つきあい》の間からはきつと思いがけない何かが僕に生れてくるに違いなかつた。あの駄目になつた長野行きは僕の生活のひとつの転期ともなるべき重要な意味をもつ

勝野君のこと

ケッチに行つた。家々をすぎ畠も次第に見えなくなつていつた。あたりは光でまぶしく溢れていた。ふと目を上げると、風が起り、木々の葉が一勢にざわめき、ゆらいだ。その時、心のもつとも深い部分で名状し難い知覚があつたという。それは不意に刺すような力となり、手足の尖端を強く貫いた。それは言葉でしいて云えば、皮膚で覆われている彼という人間の輪郭から、彼自身が内から外部へ激しく飛び散つてゆくといつたような感覚である、と。私は彼の話している仕方やその目の戸惑つたような動きから、彼を襲つたに違いない謎めいた知覚、更には彼という一つの思想を明らかに読み取つたように感じた。だが今となつて、私が理解したのは彼のめざした方角だけにすぎなかつたことを思うのである。彼というそのような存在の秘密の全貌があらわにされるのは、永遠へ鋭い畏怖をもつひとつの眼差しに出会う時なのであろう。

　亡くなる半年程前から、彼は絵もあまり描かなくなつていた。芸大の学友の話では、教室より図書館にいる時の方が多かつたそうである。そこで彼は画集を何冊も目の前へ並べ、それらを注意深く長い間見ていた。その頃から会うとよく私に、詩作が絵の制作とうまく折り合わないさまを嘆い

た。いつもは明るく快活で、奔放な話しぶりに我しらず熱中しがちであつたあの実に溌剌とした表情の動きに、それまで表われなかつた何かがふとともり、そして消えた。私はいぶかつたが深く思つてはみなかつた。たとえそのわけに気づいたにせよ、私に何がなせたであろう。それは彼自身にも遂に手馴づけられなかつた世界の異様な問いかけだつたのではないか。

　それにしても彼とかわした私の僅かな交わりが、なぜ、このように今、強く甦えるのか。彼の眼差しは、深い関心に満ちた笑顔は、私の前にある。それを私は描き尽すことが出来ない。だが彼があの時、あのような所へ向つていたのなら、私に今更繰り言めいた何が云えるであろう。ある雨の夕暮に、ふと自らの死の予感まで語らねばならなかつたとすれば。彼があのようにして亡くなつたのをあながち偶然の故ばかりにしないのは、私の勝手な空想によるのであろうか。

ていたのだ。

　そして彼が死んでからもう一年、彼のテーブルは取り片付けられたが、僕のテーブルはまだある。僕はまだここのコーヒーには未練があるのだ。

田中　武

　彼の詩集、書簡集について、おおくの方々から好意あるお手紙をいただいた。にも拘らず、返信を差し上げられなかつた非礼を許していただきたい。私達はこの号を作るのに一生懸命だつた。彼について、こういう形式で書くことは、もう二度と許されないだろうから。

　この小誌を贈らせていただくことで、せめてものお詫びとしたいのである。

（編集部）

勝野睦人のこと

中鉢敦子

わたしは勝野さんに会つた事がない。初めての私信を受け取つたのが昨年の六月十日、その二週間後には彼の事故死の報にふれねばならなかつたのだから。けれども彼は或る書簡でこんな事を語つている。「眺望された僕の影と、こうして僕が僕だと信じこんでいる僕との、どちらがホンモノといえるでしょうか」――わたしにいえる事は、いくつかの詩と書簡を通して彼が多くの人々の上に投げかけたその沢山の影の一つについてにすぎない。

写真の彼は黒いセータァ姿で何かしらはにかんだどこか少年じみた微笑を浮かべている。だがそのやさしい雰囲気の中に、絵や詩や音楽のつくる世界の美しさと厳しさをいつも支え続けていたのが彼だつたのではなかつたか。柔軟で澄んだその感覚に対して「世界」はふしぎな魅力にみちていた。裏町にはためく洗濯物、夕焼けの露路裏……こうしたものは彼の内部に受け容れられると、一つの情緒になつてしまうのだ。情緒とは、世界をとらえる或る把握の仕方だと或る情緒論がのべている。

そして、彼にとつて把えられた世界は常に深くて大きい「哀しみ」に染められねばならなかつた。「生と死の上にさしかけられた人間存在の持つ哀しみ」おそらくすべてはリルケのいうそこへ還つていくものだつたに違いない。わたし宛の書簡の中で彼が強調していたのは情緒の形象化という事だつた。情緒というものは各人にとつて各様の質的な差異があるものだ。その人が一本の樹を、一つの風景を、即ち一つの世界を、いかに見、いかに感じたか、それはその人が沈黙のまま死ねば永遠に埋もれてしまう祕密なのだ。感じとる事が詩人の第一の働きだとすれば、その情緒を彫塑的に描き出す事が、彼にとつては詩人が第二に要求されるべき能力であつたのだ。詩とは確かに、内面的なカオスを言葉でさぐりあて、メタフォアによつてその本質にせまつていく事だ。だが彼は多くの場合、それを単純な一つの事物《もの》として把える事から出発していつたように思われる。哀しみは小さな砂場でありマヌカンに似た塑像であり町角の鐘楼であり得たのだ。わたしの最も好きな「部屋」もその系列に属している。こうしてみると、形象化という働きが事物で情緒をすりかえる事になりかけていた気味がないでもない。しかし彼の手法の示す世界は極めて魅力的であつたし、それは次第により豊かなふくらみを見せつつあつたようだ。こうした一つの比喩を追いつめる手法からは脱けだすつもりだと彼は語つていた。――けれども彼はどこか遠い国へ行つてしまつた。沢山の、形にならない想いを抱いたまま。

「視る事、それはもうなにかなのだ。自分の魂の一部分或いは全部がそれに乗り移ることなのだ」梶井基次郎がこんな事をいつている。視る事、自分でなければできない視方をしそれを或る形に定着する事、それが彼の芸術だつたのかも知れない。そして彼はその僅かの青春をそうした意味で最も美しくすごしたのではなかつたろうか。

ドア

—一人の詩人の死に—

石原吉郎

だがついに彼は出て行つた　彼が出て行くのはそれがはじめではなかつたがしかしそれがおわりであつた　謎のような肩を不意におとし戸口で彼がふりかえるとき彼にふまれた床のモザイクが奇妙にやさしい声をあげたがしかし廊下はしつかりと彼の前につづいていた　鐵戸を洩れる火のような縞にいく重《え》にも細く断ち切られながらそれはかたむきゆつくりと遠ざかるもつとも重い足おとにもつとも軽い足おとがつづきはるかな地すべりのそのむこうで第一のドアが開くのだ　最も隠微な一箇所のようにそれは開き手錠のようにそれはしまる　躊躇のあとに決断がつづき決断のむこうでやがて第二のドアが開くのだ　かたく窓ぎわに構えたまま私は　彼が開きまた閉じて行くドアの数をかぞえていた　私の知るかぎりのドアの数がすでに終りそののちにもドアを閉じるおとはたえず遠ざかりながらつづいている　かつて私が聞いたことのないそのドアそのドアの数はもはや私のために私の手で閉じられたドアの数よりはるかに多いのだ　ドアはそのとき外側からすみやかに私にむかつて閉じる（すべてのドアがそうであるように）　もはやそれは私に所属するドアの音ではなかつたがなお私の外側にそのようなおどろくべき数のドアがのこされているということ　そのことを私に承認させるためにいま彼が出て行つたということ　いまは次第にそのことが私にあきらかになる　ドアはそのときなにかであろう　私になにかであるだろう　なにかであるよりほかはないのだ　たえがたいまで単調なそのくりかえし　そうして一つのドアがうしろ手に閉じられるごとに一つの谺が還つて来る無数のドアにへだてられ無数の密室に分割されたはるかな密度の層をこえて、そうして遠ざかるもの誰か　ひつそりとそのあとへのこり爪を噛みつづけるものは誰か　問うべき時刻はすでに始まつているにもかかわらず気がつくとすでに私はその部屋にいない　そうしていまは問うものも問われるものもいないはずの無数のドアの系列のなかで落日とともに床は沈み鐵戸はそのまま夜となつても　なおそのものおとはつづいて行き　はるかなその日の叫びのように廊下をとおく谺して　いまなおその部屋へ還つて来るのだ

散歩

岡田芳郎

散歩するつてことは
都会の人の特権なんだ
ショーウインドや
すれちがうひと
ぼくの目をかるくたのしませるのは
ぼくにかかわりあいのないものだ
ひとりで散歩するつてことは
ぼくがぼくでなくなり
性能のいいキャメラになることだ
ぼくはシャッターをおしつぱなしにする
今日のよる　ぼくの目を現像すると
無数の「決定的瞬間」が
つみかさなつているだろう
そいつを小さく燒付けして
あばらぼねに貼つておこう
散歩するつてことは
ぼく自身からちよつと遠去かることだ
鏡に全身をうつすため
ネクタイを直しながら
後退りするように

あなたに III

こいしさに　たとえ
りんごがまつぷたつにさけたとしても
あなたとはわかれねばならなかつたのだ
あざやかなだんめんをみせたりんごのみよりも
いつそうはにしみるかなしみを
だれがぼくのくちにおしこんだ
おしこんだあなたのてを
ぼくがどんなにこいしくおもつても
それはもうかたきのてなのだ
きりおとされたぼくのいしが
いとのようにあなたのせから
たれていても
なつかしくおもうことはできない
ぼくのみつめるのは
てもとにのこつた
ながいいとだ
こんちわということばにせいじつさはあつても
さよならということばにはどこかしらきよぎがある
とかんじるのはぼくのみれんだ

ねむたい児供

田中　武

児供はいつもねむたいのに世界がかれのじやまをする　遊び疲れた児供の身体は小さな椅子の上で眼にしみるような芳香を放つている　ほそい麦藁の先で風に吹かれて揺らいでいるシャボン玉のように　うつらうつらふくらんで行くねむりのなかへ　いきなり大きな物音を立ててなにかが転げ込んでくる　びつくりしてみまわしても　かれの周囲《まわり》にはうつすらとかわいて空恍《そらとぼ》けている地面があるばかりで　破片《かけら》ひとつ転つてはいないのだ

児供はふたたびみるみるふかいねむりに落ちて行く　ねむる児供はひそかに世界を愛撫する指先だ　世界の意識は祕密の裂け目にこつそりさし挟《はさ》まれたこの小さな果物に集中している羞恥し困惑しながら――いく重にもとり巻き息をつめてみまもつているものたち

児供はとてもねむたいのに世界はかれの愛撫に耐えられない　小さな身体の沈默の大きさに　そうして思わずとり落してしもう　ねむりのなかへ灼熱した大きなひと塊りの言葉を――声をあげて跳ね起きる児供のうすぐらい意識をめぐつて　いつせいにざわざわと揺らめき出す影

うすれかかるねむりの膜をずりあげずりあげ　児供はなおも手足を縮めてねむり込もうとする　けれどもかれのねむりに隕石のようにもえ落ちたあの熱い言葉を　児供はいつみずからの内部《うち》にみいだすのだろう　痛々しく抉《えぐ》れた地面や熱気にやけ縮れた樹木の数々を――もう誰ひとりかれをみつめてはいないのに　とり返しもつかずはつきりと眼覚めてしもうその時に　雨晒《ざら》しの頭蓋骨のように草むらからしらじらとのぞいている　あのひえきつて土塗《まみ》れの言葉を

アリフは町へ行つてこい

石原吉郎

アリフは町へ行くんだぞ
オアフが海へ行くように
釜底帽子はくれてやる
かくしのなかの手は出すな
ブリキの風が鳴る町で
火箸のように痩せてこい
アリフは町へ行くんだぞ
町には空があるだろうが
はだかの並木があるだろうが
旗竿ばかりの大通りでは
帽子のリボンをとばしてこい
ひき臼ばかりの大通りでは
そば粉のようにすすけてこい
棺桶ばかりの大通りでは
猫を死人に投げてこい
太鼓たたきやセロ弾きと
銅貨の裏目を賭けてこい
アリフは町へ行くんだぞ
オアフが海へ行くように
アリフは町へ行つてこい
町には咎があるだろうが
大きな牢屋があるだろうが
アリフが海へ行かないのは
アリフにひげがはえたから
アリフの罪が熟れたから
アリフは町へ行つてこい
アリフの塔をたおしてこい
アリフの罪をかぞえてこい
アリフは町へ行くんだぞ

毛むし

黒米幸三

あつたかくなつたので
人間は　みんな
オーバーを脱いで　薄着になる
けれど
あいかわらず
毛を着ている　さむがり屋さん

坂道

雨が降りやむと
春が一度に舞いおりてくる
梨の花の坂道に
けさ　鳩が五六羽群れていた
サイクリングの
若い女が数人
活き活きした顔をして
坂道をのぼつていつた

鬼

大塩匀

いちどは赤ん坊をくつてみたい
もぎたての果物よりずつと新鮮な
しずくしたゝる赤ん坊をくいたい

薄桃色の緊張が
ぶちつと　はじけて
深い森には不意に陽が射し込み
一枚の大きな風の中　澄んだ声が
背鰭きらめかせて趨るだろう

そうして
おれの虚像が消え失せたとき

おれは疑いもなく美しい鬼だ
すでにねむの木蔭に休らう旅人ではなく
ざわめく砂漠から大またにわたつてくる
若い王のような夜明けに
ためらわず対面できるおれだろう
墓のようにふくれあがつた町々に
どびんのようなしあわせを抱えて眠る
やさしい女たちよ
たしかなやすらぎこそきみらにあれ

くじいた足はなげうつて
きみらのとおい風習に任せたまゝ
わかれも告げずにすれ違うとき
おれの樹々が　どんな期待に堪えているか

地を這う霧のむこうから
聞えてくる？
匂つてくる？

本日は晴天なり

好川誠一

Ⅰ

女はゆめをみなかつた

Ⅱ

男は山を登つていた
いがぐり頭のような山を
いくつもいくつも越えていた
と王冠のような千本しめじが
視野のかぎりくまなく生え
そりかえつたながい食指がいつぽん
そのなかからぬきんでて天をさしていた

Ⅲ

時計の音を七つ　きいた
枕もとの硝子の水さしに男はつぶやいた
「ふん　おれの部屋じやねえのか」
水さしからじかにごくごく咽喉を鳴らし
すばやく身支度をととのえると
せわしげな歩行者の群のなかへ
その他のなかへ紛れこんで
その他のような顔となつた……

Ⅳ

八つ　時計の音をかすかにきいた
九つめもゆびを折つた
手ぢかに鏡台のないことと
着ている寝巻の模様に女はほつとした
寝乱れ髪をかきあげて
吸いさしの煙草に火をつけると
その他のなかへそそくさと紛れ
その他のような顔となつた……

Ⅴ

スリッパの音と　時計の音が十《とお》
ねむたい女中がやつてくるのだ
カアテンをひき　窓を開けると
日の光がやんちゃな悪童のように
しやかしやか雪崩れてきた
慣れた手つきでかけぶとんをはがすと
みみのかたちにうずくまつた
観音さまの小さな像が
むずかしい顔して珠数くりしていた
じゆずくりのままつまれて
なれた手つきで棄てられた
くずかごへすてられた

部屋

粕谷栄市

どこかで
鶏がころされる時間を
壁では柱時計がぬすんでいる
ときどき　軟かい唇に化けては
うすぐらい空間に
何本もほそい舌をのばして
捲きとつている

受付という札を
机にたてて
だから　独り
なにかに捕えられている人は
もう巨きな歯車の顔をしている
紐のような手に
するどいペンをにぎつて
かんがえている

だが　まちがいだ
まえにした
しかくい帳面からは
ぞろぞろ　虫のような文字がはいだし
すつかり
彼の内部をくつてしまつている
わずかに　白い肋骨に
ふるい鍵の束だけ吊りのこして

夢なのだろうか
とおくたゞひとつの
扉をすこしあけて
血まみれの箒らしいものをもつた
洋服すがたのさつまいもが
ひとりずつ
ひそかに覗きこんでは
たちさつている……

と　とつぜん
さびた笑いごえが
埃だらけの床板のすみにころげる
が　意味なんかない
だれもいない
みずからくろい毒をはいて
空き罐がひとつ
倒れるまねをしてしてみただけだ

（1957．5）

―近代説話―

伊東文一郎

けものの
知りたい所が何処であるのか　ぼくらは知りはしない
誰も其処にけものを招んだものはいないし
その声を聞いた奴は
けものでも　ぼくらでもない
彼等が行く事を留め得るものはいない
ぼくらはけものの伝説を――彼等の言うそこを聞いてまわるこ
　とをしない
ぼくらは　ぼくらの民話をもつているのだから　つまり
けものが薔薇は美しいではないかと話し初めても　何も解し得
　ないのと同じ様に。
恋物語が　けものから　けものに伝わり
最後のけものが話し終つたら
やつぱり　なにも知らないけものが生れる
そのけものも
彼等の説話を信じ
自分の後からやがてはつづくものが出来る事を　思い歩きつづ
　けるだろう
ぼくらが街角ですれ違う時
彼等が　不意に懐から出した果実を
がりりと齧り　なんどぼくらを　上手くおどかしても
それがどんなてなれた　手管であつても
何処に其処があるのか知らないけものに変りはない
だから　ぼくらの眼は遠くで瞬きをくり返すのではないか

朝のなかでは　特に林の裡で
彼等の遠くに吠えるのが聞く事ができる
説話を語り
恋物語　を饒舌に話しつづけるのを
だが
けものを招んだものはいないし
その声を聞いたものは
彼等でもぼくらでもない
例えぼくらがけものになつても
そこを知る事もなくわけなく年を取ることだろう
招ぶ声を聞いたと思う季節を
迎える事は一度もないだろう

ぼくが詩を書くようになつたのは、ロシナンテのおかげなのだけれど、いまになつて詩という遊び友達を持つてよかつたとおもう。

だが、正直に言つて、時々困るとおもうときもある。本当に考えねばならぬこと、じつくり考えて解決すべきことを、すぐ詩でごまかしてしまうことがある。

いまのところ、詩はぼくの恋人ではなくて遊び友達にすぎないが、それもロシナンテという一風変つてはいるが、妙に包容力のある家庭がうしろにひかえているとおもうから、安心してお付き合いしている次第なのだ。

岡田芳郎

•ロシナンテ•ロシナンテ•ロ

黒米幸三

活版刷のロシナンテを眺めて、もう三周年になるのかなと思うと、何とも恥しい気がする。

当時文ク詩欄で作品を発表していた好川、石原、河野の諸氏等がロシナンテを創ろうとした時、たしか僕も発起人に名を連ねていたようだ。

その頃文クに偶然、特選で数回入つたため諸氏から誘われたのであろう。だが、それから間もなく詩作に自信をなくし、ロシナンテにはすつかり御無沙汰してしまつた。

高校を卒業して実人生の暗いところをみ、どうにもならない貧乏などを考えているうち、瞬く間に三周年を迎えたといえば大げさだろうか。

今は、かつての高校時代のような溌剌とした精神に復帰したいと願うばかりである。

とにかくロシナンテ三周年おめでとう。

テ•ロシナンテ•ロシナンテ•

もう二カ月ほどで「ロシナンテ」と私とのつきあいも一年になる。
グループづきあいの経験を殆どもつてなかつた私に、たちまち気楽さと親しみを与えてくれたのは同人諸氏の人柄によるものでもあろうか。その気楽さが増して最近の私ははなはだ怠惰な状態にある。心の中ではいつも申し訳なく思つているのだが…(これはホント)
そんな私を承知で不満めいたものを云わせてもらえば、この頃のロシナンテはヌクヌクとおさまりすぎているように思う。
あえてマナーリズムとまでは云わないにしても、本質的な意味でのぶつかり合いがもつとあつてもよいのではないだろうか。例えば作品の合評にしても、その人間の内部にまで衝撃を与えるような言葉が、どこかからは出てもいいのではないだろうか。でもこれはあまりにも個人的な私の希望であるのかもしれない。ともあれ、詩のはなしよりも遊ぶはなしになるとたんに熱心になる「ロシナンテ」の仲間が私は好きだ。

佐々木双葉子

鈴木芳子

ロシナンテ。そうロシナンテ――だと思うたしかにそう呼ばれるにふさわしい明るい容貌とニュアンスと、そして誠実を私はいつも或る部分から感じてきた。或る部分からというのは私のひつ込み思案から多くに接することがなかつたため、一度も会わずに別れてしまつた人がかなりいるから、です。なぜいままで会わないで過してしまつたのだろう。そんなことが不思議に思われてならない近頃なのですが……。とにかくロシナンテは三年間蹄を鳴らし私自身はかえつて逆戻りしたのではないかと疑い深くなつています。どこかへ出ようとして出られるものではない――でもこんな処にいるのはどうしようもない。行先のない旅だからおたがいにもつと丈夫な鞭を、そしてもつと親しく途中をいたわり合つて行きたいと思う。これとは全然別な話なのにさつきから、カティエリーナの黄色い声が私の耳朶に噛みついている。
「とうとう、痩馬を乗り潰したんだ！」

テ・ロシナンテ・ロシナンテ・

中鉢敦子

昨年五月ロシナンテに加わつた時このグループには特に主義主張のない事を知らされた。当時詩を書き始めて間もないわたしにはその方が親しみやすくもあつたし、夏休みに皆とあつてロシナンテの依つて立つ基盤がお互いの「和」なのだと知つた時嬉しくもあつた。

　だがこの頃、ロシナンテは表現こそ各様だが詩の本質は抒情だという点で暗黙の一致を見ているのかも知れないと思つたりする。又、皆の詩風がひどく固定してきているような気もする。ロシナンテは最近沈滞気味らしい。本拠を離れて仙台でのんびりしているものだからそれが余りピンと来なくて竹下さん等からよくやつつけられるのだけれど、グループに危機はつきものだ。

　ロシナンテは瘠馬、でも騎士がみんな張り切つていれば、ぶつかるものが例え風車でも平気だと思う。

ナンテ・ロシナンテ・ロシナン

好川誠一

かつて一世を風びした豊田正子の「綴り方教室」を、こどものころによんで、衝動をうけたことがあります。貧乏を貧乏として恥じず「綴り方」というひとつのかたちで臆面なく処理していつた彼女に敬服したのですが、ぼくにはこのマネがどうしてもできませんでした。嘘をつくことしかできなかつたのです。

　いままでに本誌へ発表した作品を、創刊号からたどると、詩という現実処理の武器で、じぶんをどんなふうにもちこたえ、支えてきたかが、ぼくなりにうかがえます。「じぶんの置かれた位置を、度外視しての作品は、いまのぼくには考えられない」ときめつけてかかつたのは、そう遠いことではないようです。みずからを、詩とはまつたくかかわりあいのない世界、与えられたじぶんのしごとの「場」へ没じ、毛じらみのように強引に突つ刺さつて、花や鳥やの言葉に、とつてかわる種々の生産用具を、あえて「詩の言葉」としてもちいはじめたのは――。

　それはともかく、過去三年間のあいだ、失業も三回しましたが、一号だてらに編集をエスケエプしたことはありません。ここらで同人諸兄姉に、精勤賞？を　請求したいのですが……。

ロシナンテ 三周年記念座談会

出席者

好川誠一
石原吉郎
伊東文一郎
粕谷栄市
竹下育男

好川　ロシナンテ三周年を記念して、座談会を開くことにします。どんな風にゆくか分らないけど、とも角、僕が司会することになりました。よろしく。

論議が抽象的、一般的になるのはまずいから、予定した通り新しく参加した同人から順に詩人論風なお喋りにもつていこう。さつそくだが、先ず粕谷君だな……。

粕谷栄市のばあい

好川　わずか二篇なのだがね。

石原　それ以外に僕らは十篇位読んでるね。その中にいいものがずいぶんあつた。それだけに一六号の詩のもつ暗さは意外だつたな。その暗さがね、ごく類型的なのでね。

伊東　農村風の暗さとも云えるかしらん。

粕谷　隣村にね、無気味な風景があるのです。それで楽に書けちやつたのです。

竹下　本人の話では、自己の感受性を先ず信じそこから云々、といつか云つてたけど、こゝにあるのはもつと楽に観念化されたもので、その意味では通俗的なのだと思うのだな。

石原　言葉のもつ感覚にもたれて書いているので、自分の感覚を信じているようには思えない。前の作品でみた、詩を支えようとすることで何か滲み出てくるもの、そういうものこそ貴重だと思うが…。

竹下　競馬の出てくる詩があつたね。あそこにある、乾いた躍動するエネルギー、ね。あゝいう感覚をこれから開拓すべきだと思う。

大塩　なにか閉鎖的で、彼が作品の世界に働きかけていないのが物足らないのですがね。

石原　何というか、みかたがまだ固定されているからではないかな。大体、詩は上手なのだ。そういつたところで自己と簡単に折れ合つてはいけないだろう。

好川　とに角、本当にこれからの人だね。

冬木好のばあい

石原　二通りの詩人があるね、ロシナンテには。つまり、ロシナンテに入つてきてから徐々に変貌していつた人と、はじめから一応完成された形でいる人と。冬木さんは後者だ。「山潡魚」も出しているしね。

好川　自分の方法のなかで、いろいろなものを処理しているみたいだ。何か落着いていて、冒険なぞないな。

石原　しかし一貫しているものはあるのだよ。ロシナンテは、個人のこういう内的世界を重視しないで、技巧や思いつきをもてはやす人が多いな。そういう面白さは、低いものだ。

好川　詩に面白さは必要だと思う。

石原　面白くなくてもいい詩はあるさ。

竹下　しかしこの人

は、やはり概念的な詩人のように思う。緊張した詩行の動きに欠けているよ。こゝのところ、詩集を出した後でもあるし、少々もたついているのじやないか。

大塩　狙つているところがよく分らないし、又、それがさほど独自なようにも思えないが……

石原　そこはむづかしいね。詩集にはシュペルヴィエルの影響もあるし村野四郎の存在論もあるし、ね。

竹下　これから詩を書いていくことでの未知の魅力はあまり感じられないな。

石原　こういう型の詩人がロシナンテに少い、ということもあるさ。彼は一つの世界を意識的に狙つているのだ。その点をもつと考える必要があるよ。

木下恵美子のばあい

吉田　一五号と一六号とではずい分、違うね。

石原　「秋」には非情なものを感じたのですが……。

木下　それ、旧作なのです。一六号のは自分の結婚以前のことを思つて「過不足のないものだつた」という感慨みたいなことを書きたかつたのです。

竹下　まあ、過不足のない人の過不足ない詩なんて、今どき稀ですからね。（笑）

大塩　でも、過不足はありません、と云うだけの詩からは何も生れないよ。

吉田　何か明るい風景のなかにあるようなものがあつて……

竹下　そりゃ、あなた、過不足ないことと豊かさとは別のものさ。だけど、そういう状態の人が詩を書くなんて、やつぱり稀少価値じゃないかな。（笑）

石原　そういう状態は瞬間的なもので、そこに長く浸つていられるものではないと思う。こういうものは一つ書けば、もういいだろうね。そこから抜け出したところでこれから何かやつて欲しいね。以前の「風」の連作のような烈しい気魄も持つていたのだし、ね。

竹下　大塩さんも注意する必要あるよ。結婚してからあなたの詩も、とみに過不足なくなつてきたぜ。（一同笑）

伊東文一郎のばあい

石原　「褐色の狙撃兵」（一四号）はよかつたな。あそこにはエネルギーを抑制しようとする力が働いていたね。抑制を失うと構成がばらばらになつてしまつて、詩が書けなくなるのではないかな。

粕谷　爆発する方向を知らないのでしょうね。

大塩匀
吉田睦彦
木下恵美子
河野澄子
淀繩美三子
＜発言順＞

が、大いに爆発するのは結構だと思う。そういう点で、僕は彼のいきかたに賛成です。

竹下　大体、こういう爆発というのは観念的な仕方なのだと思う。そしてそれが、作者の裡で理想主義的なある方角を探つている、とも云えるのではないかな。

石原　無意識に重大な省略をする時があるね。各詩行の飛躍の巾は、ある程度一定にしておかなければ無理だよ。その点、時々ひどく推拙な書き方をするね。

大塩　でも、俺にはよく分らんのだな。

石原　わかるわからないは問題外じゃないかな。分つてもどうしようもない詩が多い。わかる詩の面白さなんて、極くわずかなものさ。大半は分つてしまつたら面白くなくなつてしまうじゃないか。

竹下　読む側の感受性ということだつてあるし…。この問題は難かしいや。

好川　あとでゆつくりやりましょう。（笑）先へゆこうか…。

佐々木双葉子のばあい

木下　やつぱり感銘を受けますね。技法は中鉢さんに近いのではありませんか。

竹下　詩人としてのパターン、方向といつたふうなものは、はつきりしているね。

石原　でも存外、類型的だと思うのだよ。彼女自身、そういう不満をよく知つている。

吉田　なにか、健康的だという気がするな。

竹下　それは分らない。だけど、ともかく力はある人だね。書く時の動機とか感動とかがよく分るな、詩を読んでて。

石原　以前いた樽本さんを裏がえしたような観念性がある。この人の長所は比喩のもつ機能をよく知つていることだと思うのです。

竹下　こういう詩は、私は得手じやないのだ。何というか、自分の得た感動というものをまともに書くだろ。そういう感動から一歩身を引いて、それを視る冷静な目に欠けているように思う。だから、この世界はやつぱり閉塞的なもののように感じてしまうのだ。どうも、感動的な詩という奴には、すぐ警戒してしまうたちでね。

粕谷　それは竹下さん自身の詩観でしよう?彼女のはもつと別なものだと思う。

黒米幸三のばあい

大塩　初めの頃から変つてないね。

好川　少年なんだ。初めの方がそういうよさがずつとあつたと思う。

吉田　そう、それに以前は明るくてシャンソン風なものもあつたりしてね。ずつと楽しかつた。

石原　しばらく休んでいるうちに人間としての成長はあつただろうが、詩人としては成長していないのじやないか、と云えそうだね。この人のは、以前から輪廓がはつきりしていて、誰が読んでも一律にしか響かないところもあるのだ。

大塩　昔はよかつたね。だけど、そこへ戻るなんてことは出来やしない。そうなると、どうするか。むづかしいな…。

中鉢敦子のばあい

斎藤　私にはこういう観念的な書き方がよく分らないのです。例えばおびえている、と書いてあるでしよう。そうすると実際、どれ程おびえているのかなという疑問が先に来てしまうのです。なにか現実から浮いているような詩的な用語というものは信用しにくい、という気持を覚えてしまうのですが…。

竹下　しかし、書く気持はずい分はつきりしているように思いますがね。彼女の詩には、他人の言葉がずい分あるという批評を聞くけど彼女の願つている世界で、本当に彼女自身の言葉が出たら、それはもう大変なものさ。立派な詩人になつてしまいますよ。彼女は非常にむづかしいところで詩を書いているのだ。

石原　そう、確かにそう思うね。彼女は「詩」を書こうとしているのだ。その意味では本格派(?)なのだね。一番、風当りの強い、誰にでもまともに批評されやすいところで書いている。

竹下　そうそう、その意味で僕らはいけないね。批評しやすいものだから、いい気になつてわるぐちばつかり彼女に云つてる。これは反省の要ありだな。（笑）

それに私は彼女に強い期待を持つています。これは彼女の詩というよりね、手紙の類から受けるものだけど、彼女はそれは好奇心の強い心の持主なのだ。二週間前の葉書にはサルトルを読んでる。昨日来たのにはドストエフスキーつて具合さ。（笑）

石原　そこのとこだがね、彼女のにはなにか模範的好奇心という奴があるな。僕はむしろ不満を感じますね。それから詩のことだが、彼女の詩作の方角が不鮮明だという批評も聞くけど、方角にはどこかへ向つて歩いていくやり方以外に、空へ向つて積み重ねて行くやり方だつてある。彼女のは後者の型なのだな。それはそれで、今後成長してゆくことは充分予想されるな。

大塩　願わくば、単なる勉強家として終らないでほしいと思いますね。

小原知子のばあい

河野　ずい分変るのね。方角とか立場とかいうものがとても摑みにくいわ。

好川　こんな風に上手に変ることが出来るから困るのだ。

石原　なにかものを言い切ることがよくあるけ

ど、いつも当り前なところで言い切つているので、別に強さは感じられないね。人柄にはちよいと、人をよせつけないところがあるけど、詩に関する限りそういう強さはないな。

大塩　なにか急いで変ろうとして変つたという利口さがみえてね。困るんだ。

竹下　変るつてのは、僕らを意識してかい？　そうだとすると、気の強いどころじやないじやないか。本人にとつて不名誉な話だ。そういうところはとも角として、「湖」(一四号)の描き方にはとても共感を覚えます。彼女自身で見た湖が、現実にどのように複雑で謎めいた存在であるかということ、熱つぽいエネルギーでその細部を克明に写し取ろうとしている仕方ね。そういう目の動きだけで充分、詩の世界になり得るということ、やつぱり魅せられましたね。

石原　まあ、あれはごく古典的なものでね。彼女の作品の内容はどれもとりわけ珍らしくないが、さつき云つた熱つぽさとか表現しようとする烈しい意欲とかは貴重だね。

粕谷　態度として非常に能動的で、それがこの人の詩を支える大きな力になつていると思うのです。

竹下　変るというのも、彼女自身暗中模索の唯中にいるからではないかな。そこのところを自分で何とか辻褄を合わせようとしているらしいが、それはむしろ無意味だと思う。「湖」のような調子で、うんとものをみていつたらいいと思うのだよ。

齊藤真砂子のばあい

好川　自分のいる場所を卒直に詩にしてゆくね。分りやすくていいし、そこに又、新鮮なポエジイも感ぜられるし、いいな。

石原　日常的なところでそういう新鮮なポエジイを持ち続けるのは、本当は大変困難なことだと思うね。

竹下　作つている当人は、そういうポエジイなんか意識してやしない。

石原　だからさ、作り出すポエジイというより、むしろ自然に出てくるといつたもので……。

竹下　だからよほど持続困難だな。

大塩　でも、自然に出るポエジイといつたものだけじや、何にもならないような気がするがね。

粕谷　詩が肉体的に出ていますよ。

竹下　その肉体的に出る、つて奴だな、むづかしいのは。はつきり云つて、この程度のポエジイなら、若いうち誰でも多少は持つているのじやないかな。問題はその先にある。どうしてもまだ、出発点にいるという感じを受けてしまう。

斎藤　観念的に書くということが出来ないのです。私がやると、何だか我ながら嘘をついてるな、つて気がするの。(笑)

竹下　だからね、観念的であろうとするなんて可笑しなことさ。そうじやなくて、何と云つていいのかな、そのポエジイだね。それを練磨してゆくべきだと思う。自分の感性を開拓するということだ。これは大変な仕事なのだと思う。違いますか？

竹下育男のばあい

好川　こゝでこの一年の間に参加した同人の批評が終つたわけだ。これからが旧人(?)の番だ。そうすると、最初は、育ちやんだな。おつさん、どうだい。

石原　何かいつでも永遠な場所で詩を書いているように思うのだよ。そういう古典的な場所を現代人は憩いとしては求めるが、そこには住めないような気がする。どうしてこういう風にいつも書くのか、私にも合点出来ないのだ。ひとつ説明してほしいね。

竹下　自分のことは説明しない主義なんだ。とも角、そういう主義だ。だけど、多少、云いたいことはあるさ。現代を認識する方法つてことだね。所謂、現代詩風という云い方を合評会でよくするだろ。あれ、反語的意味なのだ。あゝいう仕方で現代に関わることね。おびえ、気味悪さ、不条理な現象、いかにも今様の神とか思想とか…そういつたものを現代詩風の詩法で書くのね。それ、現代を書くというより逆に現代という時代に書かされているように思うのだ。もつと別な本質的な認識の仕方があると思うのだよ。こんな所で持ち出すのは嫌だが、例えばキリストね。あゝいう常に永遠という烈しい意志で身を律しようとした人が、その時代を最も深く理解し、人間性を最も鋭く観察したということ、ね……。

石原　うん、そういう気持、分る。だけど君の詩にはそういう意図があまり現われてないように感じるね。

粕谷　この人と話してますとね、それは精緻な話し方をするんです。ところが一たん詩になると何というか、一定の純粋詩めいたものを絶対的に信じて、何でもそこにあてはめて批判するという、……

竹下　冗談じやありませんよ。

粕谷　でもそう思うな。ところが竹下さんの詩作の態度には、そういうものがないのだ。なにか悠々としていてね。何ものかにひどく追いつめられたつてことがないのじやないかな。手でなくて頭だけで書かれたように思つてしまうのです。

石原　彼は、生れる前からずつとおなじ調子で詩を書いていたのじやないかというような感じがする。永遠のマナーリズムだね。（笑）

もつと別な処から書く地点があつたのじやないかと考えるね。

好川　自分で宿題を出して書いてるみたいだ。こんな風に書いていて、育ちやんが喜びといつたものを感じるのかなあ。

石原　書く喜びはね、そりやありますよ。ただ、その喜びが果して詩と真に関わりのあるものかどうかということだね。そこは大変疑問です。

大塩匀のばあい

河野　最初からグロテスクなイメージだつたわね。

吉田　年代的にも戦中派だし、一度信じたものをすつかり投げすてたといつた喪失感がある。

石原　むしろ、不在感といつたものじやない？　戦中派といつても荒地の詩に見るようなものではなく、日本風の情緒的な面が強いのだ。

大塩　僕は、なにかそこにいないという感じによくつきまとわれましてね。作品の中に僕がいないつていう……

竹下　うまく説明したな。（笑）

石原　でもそういう所を狙つているとは思えないな。何かひどく無精な書き方をしてるじやない。

大塩　だからさ、そういう気持になるということが……。

石原　しかし、それは詩作の際、むしろ君にとつてマイナスになつてるのじやないか。

竹下　やつぱり分らないのだな。だつて彼の人となりは、詩を読むより彼と碁でも打つている時の方がよく感じられるのだ。そういう意味で書く人の性格とか人となりがそのまま開拓されないで詩に出るつてことは、それは明らかに弱みですよ。彼の詩に出るムード感ね、それは彼という人間と接している以上のものでも以下のものでもない。詩なんかことさら読みたくなくなるじやないか。

石原　体質的なものがいつも気まぐれにしか出ないのだね。詩に対してもうまるで欲がないのだ。

粕谷　そうですか。僕は彼の詩はとても着実であるように感じるのですが。

石原　詩を書く喜びも感じられないな。一体、どういう気持で書いているのか、長く附き合つてるのに分らない。

大塩　書いてると面白いですよ、それは。

粕谷　詩に殆んど期待していないから倦怠なムードがあるのですが、それは清潔なように感じます。

石原　でもね、「牛若丸」という詩ね。あゝいう場合、どういう風に読者を予想してるのかな。作者と詩がどういう風につながつているのか、先ず分らない。

大塩　それはあなたが現代詩的につなげようとするからですよ。

竹下　だめだめ。自分の詩を説明しようなんて悪い心がけを起すと……。（笑）

鈴木芳子のばあい

好川　詩そのものがスタイリストという感を受けるね。

石原　いろいろなものに対抗意識を持つているのだな。独自な世界がないよ。

竹下　そういう世界は簡単に出るものじやない。こんな若いうちから独自になるなんて、むしろおかしいじやない？　それは別として、彼女の詩のなかにある所謂倫理的なものね、それは極く世間的なものでね。そういう理想主義で身を支えようとするところが、どうも気になる。
　石原　理想主義なんてものじゃないんじゃないか。彼女自身いつか、最初は無意識のうちにうまく書けた、といつていたが、それは確かにそう云えるだろう。
　竹下　でも、九号の「遠い窓」なんかよかつた。あれは理想主義的な観念に毒されてない、大変生き〳〵した感受性だつたな。何故あゝいうものを捨ててしまうのか分らない。多分彼女が詩ではこういうことを書かねばならないという固定観念じみたものに巻き込まれたからだよ。よくないことだ。
　石原　そう、近ごろのものはつまらない。一種少女趣味でね。
　竹下　大和撫子なのだな。熱と誠さえあれば足りるという…。だけどそれだけで一体何がどうなるのかと思う。佐々木さんも河野さんもそうさ。感動とかそういつたものが、そのまゝ詩になつたり、感動させようとして詩を書いたりしたつて何になるんだい。
　粕谷　竹下さんのは血がないんですよ。あなたのは水に例えれば、水なんかない。水素ばかりじやないか。
　好川　まあまあ、これもおあとの問題としまして、（笑）先へ行こうよ。

吉田睦彦のばあい

　好川　だんだん大変なところへ来た。（笑）
　竹下　大和魂そのものだ。（笑）
　石原　でもずい分変つたよ。
　好川　型は変らないがね。
　石原　「入祭文」（一六号）あたりが本音じゃないのかな。表現しようとする時、けじめを忘れてしまうのだな。じかに書いて、どこでどう案配するか、そういう操作が出来なくなる。必要量というものを全く知らないで何でもかんでも出し尽そうと意気込むのだな。
　竹下　永遠のような言葉をやたらに使つて、熱つぽくゼスチュアするからある種の読者がのぼせるのさ。一体、詩を読む奴には感動したくてうずうずしているのが多くて閉口だ。問題は感動したいものとは何か、描かれるべきものとは何か、ということですよ。彼にしてもそうだが、自己の感受性を安易に信じすぎてる。どんなに本人の気持が悲愴でも、こう書くのは本当は楽だ。
　石原　まつとうすぎるところもあるのだな。そういうものはそのまゝ書くと詩になりにくい。それを強引に書こうとするエネルギーね。だけど、まつとうな対象にこういう具合にまつとうに感動してしまうのはどうもね。
　彼は最初に傷を受けて、そこから書き始めているのですよ。その感動が年と共に薄れてくると、それによけい固執してしまつて、時として悲鳴を上げたりする。傷に耐えて書き始めるといいのだ。
　粕谷　彼の誠実さというのがどうも疑問ですよ。でも「入祭文」ではよく分る。以前のは言葉が多すぎて……。
　石原　言葉の乱用による効果を狙つているのだとすればうまいものだが……。やつぱりゼスチュアする癖が抜けなくなつているんだな。「入祭文」でも大きな身ぶりにならざるを得なかつたし。
　粕谷　彼の持ち出す「主」は辛いですね。
　竹下　逆だな。楽なものですよ。だつて、あなた、あの「主」はあれだぜ。ちつともキリスト教的「主」じゃないのだ。自分なんかどう振舞つてみたところでどうしようもなくあるのが、普遍的な神さ。彼のは、自己流に案配した神ですよ。だから、彼の云うことは何でも聞いてくれるのだ。楽じゃないか。
　石原　ともかくこういう風に言葉をおもおもしく使うのは疑問だ。だが彼にある気取り、てらいといつたものの中には、何か切実さがあることは分るような気がするのだがね。

金子黎子のばあい

　好川　いよいよこゝから、ロシナンテ創設以来のメムバーだね。
　石原　しやれ気が抜けてきたね。問いつめる世界は狭いが、そういう態度はうなづける。でも、これも詩より本人の方が面白いね。本人にあるアンニユイは詩に出ていない。何というかまるで退

屈していて、詩を書いても投げやりで、詩にしようなんて欲もないし…。やつぱりこれは本人を眺める手だな。（笑）
河野　詩にアンニユイは出てるように思うわ。
石原　むしろ健康な詩と云えるのかもしれない。これも悲愴な型だが、近ごろは女らしく平凡になつているし、ね。

田中武のばあい

好川　一つの囲いの中で同じこと、繰り返してるのだ。
石原　自然の圧力を背中に感じている時はいい詩を書くな。感受性は新鮮だが、幼ないものだ。
好川　石原さんだかだれだかいつか云つたな。何かに憑かれて化けてしまうとすごい。「おれは岩だ……」なんてやり出すとね。（笑）
竹下　一種の強迫観念なんだろうよ、きつと。本人にそうする意志はないのだ。その意味で受動的なのだね。
大塩　最近、衰えてるよ。
石原　構成力がまるでないからね。化けそこなつたら、何でもない退屈なことを長々と書くんだ。（笑）
竹下　だけど、こういう型の人は、書けば書くほど衰弱しそうだな。それに、こういう表現だけでは、何というのか、田中武なら田中武の全人間性というものは決して出やしない。ヴオキヤヴラリイも拡げにくいだろうしさ。
河野　出だしが鮮やかすぎたのね。最近、ロシナンテでは安心し切つて書いてるみたい。
石原　しかし、あれだけのエネルギーがあつたのだからね。
竹下　僕らにはちよいと手のつけられない世界だしね。これから大変ですよ。

淀縄美三子のばあい

河野　だんだんよくなつてきたわね。
石原　大したものだ。これは結局、彼女が自分の世界を整理しようということを考えずに、詩法に頼らず彼女自身の感触でゆつくり全体を包攝しようと努めたからだ。
好川　そういう仕方で、自己の方法を築き上げてはいるのだがね。とに角、読んでいつも興味深い。風が吹いているようだね。
竹下　だけど、作者の人格は出ていないのだよ。やつぱり受動的なのだ。その点、田中武と同じ型の詩人だ。田中武の自然は、彼に烈しく威圧的に迫つてくるのだが、彼女の触れている世界の母胎ともいうべきものは、静かで優しく、深く謎めいている。それが時として、彼女のみる夢を大地に結びつけているようにも感じられる。まあ、そういつたことを昨年の「現代詩」（12月号）に皆で書いたのだつけな。こういう人は、本当に稀だ。
　それに、これは私個人のことだが、こういう感触でたどられる世界の実在感という奴にはちよつとかなわない気がする。弱みを覚えますよ。ところがご当人は、自分のことが説明出来ないので劣等感を感じているらしい。妙なものだな。（笑）
好川　いいこと云つた。とに角、こういうリテリティは本当に貴重だね。
石原　そう。いつかどこかの詩誌で主題がはつきりしない、なんて評をしたが、あれ、間違つた読み方だね。観念的な主題とか意味を求めるべき詩じやないのだ。これからどうなるか想像もつかないけど、ロシナンテにきてこういう風に成長して一つの世界を築き上げたのは、勝野君と好川とこの人位なものだろう。

岡田芳郎のばあい

好川　いつでも人を驚ろかしたがつている。
河野　コメデイアンでありたいのじやない？
石原　詩なんか書いたつて書かなくたつていいじやないか、といつた調子でね。（笑）
竹下　彼にはね、よくはぐらかされますよ。
吉田　でもそのはぐらかし方はごく真面目なのじやないかい？
竹下　こゝのところ、勝野君のことをよく書いているし……。
好川　「かたち」（16号）のニキビなど、岡田的まじめさだ。
石原　そうね。どことなく真面目で可愛い。

竹下　本当は、だから、彼にはぐらかされるなんて、はぐらかされる側がいけないのだよ。もつと当り前に素直に受けとればいゝ。

石原　そうだ。彼は本質的に「街の詩人」なのだ。アルバイトするように詩を書くしね。作者の方角なんて考えるからはぐらかされるのさ。彼の責任じやない。

好川　一つ書き終えたらさつさと次へ行つちやう。

河野　プレヴエールにしたつて、彼の思想は問題としないで手法を借りるのね。

石原　一種ひねつた常識家で、衣裳も工夫するし、いい意味でスタイリストだ。

竹下　街で一緒に歩いて、よくみればいいのだな。

好川　とにかく面白い人柄だ。明るくてね。誰だつて好きになるな。はやく東京へ帰つてくればいい。

河野　でも最近は、方角を考えてるらしいようよ。

竹下　それは河野的観念主義と申しまして……（笑）

河野澄子のばあい

河野　はじめのがり版の頃の方が面白く書けた……。

石原　道草も出来ただろう。この頃は何か、追いつめられてるみたいだね。

河野　もつと身軽く書きたいのに、……

竹下　はたをそう気にしなさんな。何だつて書いちまえばいいじやないか。人生とかそういつたものを歌わなければいけない。なんて考えずにさ。

石原　自己防衛の姿勢が詩の言葉の貧しさとつながつてる気がしますよ。まつとうに自己を出すのだな。恐怖とか執念とかいうものをだね。切なく求めてるのだ。

竹下　さあ、それはちよつと石原的感情移入にすぎるな。求めているというより、詩を書く時の現代詩人の教養としてだね、そういうものを求めなくてはいけないという調子で接しているのではないかな。だから、いつも必要以上に力んで大仰になる。

石原　そうとも思えない。やはり何か母胎に近い存在を求めているのではないかな。その意味でもこれから、たつぷり書くようにすべきだよ。

河野　淀縄さんの方法に近ごろ、とても興味を覚えています。私流の仕方であゝいう方法を使つて……

竹下　大変なことになつた。（笑）　あなたは頭がいいから。だけどうまく応用しただけじや何にもならない。むづかしいと思うな。

石原吉郎のばあい

好川　粕谷君あたり、どう思う？

粕谷　この前の合評会で、石原さんの詩には奇妙なはぐらかしの論理があると云いましたが、訂正させて下さい。はぐらかしというよりむしろ省略といつた方がいいと思うのです。なにか厚い層を省略しながら詩的論理が展開されるという気がします。

竹下　こういう世界は、読む人にみえるかみえないか二つに一つだ。もつとも、みえたと思つたところでこつちにどう関わるものでもなさそうだがね。とにかく、これ程格調の高い独自な詩的世界は先ず、少いですよ。

吉田　前の詩の方がいいな。近ごろはスタイルが固定してきたみたいだ。

好川　一行一行に重みがあつて、鍛冶屋なら鍛冶屋をもち出してきても、ちやんとおつさんの鍛冶屋になつてる。大したものだよ。

竹下　でも、テーマの処理の仕方とか発想自体にそう変化はみ受けられない。私が分らないのは、これほど力量ある人が何故、いつまでもこういう詩を書かなければならないかということだ。例えば淀縄さんにこういうことを求めるのは酷ですよ。しかし、おつさんはね、もう何か別なことをしたつていいのだ、もつと破格なものを狙つていいのだ。この前、話してたじやない。「おつこちる」ていう人形詩劇さ。あゝいうの、さつさと作ればいいんだ。

大塩　でも、詩として分らないところが多い。

竹下　それは、詩というものの定義如何だよ。そんなことより、こういう風に詩的世界を形作つてしまつて、そういう処でしかものを受けつけない仕方だね。そういうところに、詩以外のなにかもつと広い世界ということで、多少の疑問を覚えないでもないな。うまく言えないが、そんな気がしますよ。

好川誠一のばあい

好川　遂に来るべきところへ来た。（笑）

竹下　9号の失業した時の詩はよかつたな。実によかつた。

吉田　前の方がもつと新鮮だつたぜ。

石原　それはそうさ。竹下君が9号の詩がいいつていつたけど、もうあれには以前のような素朴な感動はないんだ。

竹下　私がいうのはね、どんな感動であれ、その詩作者は彼自身の感情を信じていたということなのだ。失業した時の感情には「水平線へ叫ぶ」当時の誇らかな感動はないさ。だが、そういう感情は確かにある、と自ら感じる度合は同じだつたと思う。それに比べて、この頃の気持はね、書こうとして彼がペンを取る時、既に曖昧になつているのだ。

石原　昔と違つていろいろなものがみえてきたからだ。

竹下　だから、本人はつらいと思うのですよ。実際、近作には以前の詩にあるような力強さはないや。それもしようがないことさ。

そういう仕方で、新しく自分の世界を切り開こうとしているのだものね。

石原　いろいろ工夫しているな。それに嬉しいことに決して衰弱しやしない。だけど、社会批評めいたものを意識して取り入れてるけどね、そういうものは今の君の技法じや鮮明に出ないよ。批判的になつても、日常生活の不満に終つている場合が多いのだ。いつまでもこの種の詩法に身を持ちくずしちやいけない。

竹下　それは明らかに欠点だ。

石原　ロシナンテは一体、頑固な奴ばかりでね。人がいくら云つてもなかなか聞き入れやしないのだから。（笑）

ロシナンテ3年間

好川　やつと片づけたか。（笑）

こうしてざつとロシナンテ3年間をみてきたわけだけど、新入りの粕谷君あたり、どう思う、ロシナンテを。

粕谷　やつぱり不思議な気がしますね。こういう人達が仲よくうまくやつてるのをみると。

竹下　同人雑誌のあり方とかいうのがよく問題にされるらしいね。

あれ、どういうことなの？

吉田　集まりが志向性を持たねばいけないとか……

竹下　あゝ、そういうことか。別に取り立てゝ考えることないね。

自分達のグループの存在理由みたいのを理屈で辻褄あわせようと骨折るわけだろ。

つまらないな。

ロシナンテはこうしてこゝまで来た。それで十分じやないの。

河野　ロシナンテらしさというものはどこかにありそうね。

だけど不満なことは詩の批評の仕方がいつも技術的な面に重きを置きすぎていることよ。

石原　しかし、うまい詩などというものを僕らは誰も要求してないよ。

書く喜びを持つということが一番大事なのだ。

竹下　案外うまく行つているらしいが、別にそういうことで出る不潔さはなさそうだがな。

石原　一つには、皆、怠け者ぞろいだからだよ。

　まるで影響しあわないじゃないか。

人の詩を読みあつても、一応理解するだけで肯定も反撥もしたがらない。

　それはそれとして納得し合つてしまうのだな。やつぱり怠けているからじゃないか。


竹下　まつたくやつつけ甲斐がない。

ちよつとまずい顔してるなと思つても、すぐ耳の外を素通りしてしまうのだ。（笑）

石原　考えてみると、しかしいろ〳〵なことがあつたね。

　やつぱりよく続いたと思う。

　例えばの話が、もし勝野君が生きていたらとても今のようにこううまくいつてやしないだろう。

あゝいうひどく影響力の強い詩人がいるとね。
河野　勝野さんにそのつもりがなかつたとしても、他へ影響してエコールが出来かねなかつたわね。
竹下　彼が亡くなつて岡田君が名古屋へ行つて、会の雰囲気もずい分変つてしまつた。
大塩　又、そろそろ変つてもいい頃だな。
好川　ではこのへんで……。

既刊ロシナンテ

- ロシナンテ 10　第二次ロシナンテ結成記念
- ロシナンテ 11　○
- ロシナンテ 12　2周年記念号　○
- ロシナンテ 13　勝野睦人追悼
- ロシナンテ 14　○
- ロシナンテ 15　新同人参加特集　○
- ロシナンテ 16　○

○印は在庫

数学というものの前に立つと、ぼくはいつもその否応なさに襟を正してしまう。純正数学はすでに哲学に到り、半ば自発的展開を遂げて、人間の観念が辛うじて追従している分野もあるという。一方、応用数学の発展もすばらしく、その一つの結果にサイバネティックスがあるが、現在、数式の演算能力は人間の何万倍に及んで居り、原理的には人間の頭脳および動作を凌駕しひいてはエレクトロニクスピリッツ（人工理性）、人工感情等の数々の条件を具備して、完全にあらゆる面で人間以上の頭脳となり得るのだそうだ。この怪物が出現したとき、一体ぼくらはどつちを向いて「それでもなお！」といいうるのだろうか。勿論こいつは詩も書ける。それ迄の時代を通じて最高度の作品を完成するだろう。いや、反対してみても無駄です。やつは創造の力も持つているのですから。

そうしたぼくらは何をしたらいゝのか？ 人間の尊厳を保ち、人間の独自性を立証するのにどうすればいゝのか？

そんなふうに追いつめられたなら、ぼくらの拠点は、サイバネティックスには出来ない所、いわばそいつ以下の所に置かれるのだろうか例えば、失敗―考える能力があるからこそ犯してしまう誤ち―しかも自分の力で修正する喜びを襲つた過誤を、偶然に犯す事にでも、ぼくらの期待を懸けておくのだろうか。（大塩）

同人名簿

吉田睦彦 中野区鷺宮三ノ一一二 石塚方
好川誠一 世田谷区玉川上野毛町三三八 関口方
淀縄美三子 豊島区池袋三の一五六六
冬木好 滋賀県野洲郡守山町木浜二〇〇九
中鉢敦子 仙台市北六番町一四四
田中武 新潟県新発田市五十公野四七七八
竹下育男 新宿区戸塚町二の一七八
鈴木芳子 栃木県塩谷郡矢板町大槻
佐々木双葉子 神奈川県相模原市上鶴間字大野五六四四
斎藤真砂子 江東区深川三好町三の三 大塚方
小原知子 渋谷区代々木大山町一〇三一 塩原方
河野澄子 世田谷区祖師ケ谷二ノ四二七
黒米幸三 東京都下昭島市拝島町三七六一
木下恵美子 東京都下武蔵野市吉祥寺八七三
金子黎子 川崎市浜町一の三六
粕谷栄市 茨城県古河市一の五七七三
大塩匀 埼玉県北足立郡蕨町御殿町六の三五七七 喜励寮
岡田芳郎 名古屋市北区東大曾根町上二丁目九四〇 伊藤方
伊東文一郎 都下北多摩郡清瀬町上清戸五九七 長崎方
石原吉郎 中野区雑色町五 影山方

…上野毛町三三八関口方ロシナンテ詩話会

XVIII
ロシナンテ

鬼

田中武

おれは遠くへ行こう
嘘つきばかりが住んでいる
国を見捨てて
夕日の崖の
縞目模様も遙かに遠く
化物じみた柳の群や
背よりも高い蓮の原を
死ぬほど飢えた痩せ鬼が
うろつきまわる
日陰の土地へ

馬糞だらけの藁しべを
金貨がわりに摑ませてきた
おれもひとかどのしたたか者だが
うしろ姿がなんともさびしい
まことの愛や約束など
どこの夜店で売るものやら
のどに食いこむ
泥棒かつぎの包みの重さ

欺さたのはおれだつたと
いまごろ気ずいたとんまな野郎さ

なまぬるい風の中から
いきなりおれに摑みかかる
土だらけの巨きな手には
これつぱかしのまやかしもない
とんだ厄介者のおれだつたが
奴にとつてはかけがえのない
とびきり素適な夕めしだ

おれは行こう
嘘つきどもにおさらばして
おれの胃の腑のあらいざらい
虹のような反吐《へど》を吐きに
ああ　おれは
かぶと虫のようにすつぱい
鬼のにおいがなつかしい
日ぐれの原の蓮ぐるみ
柳の枝ごとかぶりつく
死ぬほど飢えた乱杭歯が
なつかしい

千草糸で袋を編む

斎藤真砂子

お父さんはお酒のみ
お母さんは経済博士
子供たちはふたりが大好き

お父さんはよく飲んで　ときどき
お母さんに送るお金を忘れてしまう。
お母さんは内心口惜しいけど
黙つて汗出して内職をする。
時には夜中の二時まで起きていて
裸デンキにおでこをくつつけて
千草糸で袋を編む。
普通一まい編むのに五～六時間もかかるけれど
馴れているのでお母さんは四時間で仕終るとゆう
それで手間賃が一一〇エン
お母さんは朝のお膳の片付けを
昼のひとりのごはんを済ませてからにする。
洗濯物がたまる
夕方の買物もしたい
あ、それから炭もほしいけど……
お母さんは気を揉みながら腰を上げることが出来ない。

学校がひけると大きい小供たちはすぐ帰つて来て
洗濯を少ししてみたり
お風呂の水を汲んだりする。
お母さんに指図されて
ごはんを炊いたり
お大根を刻んだりする。
ときどきお風呂の薪がいぶつて
下の妹がべそをかいているのを見ると
お母さんはもどかしくなつて
ますます早く手を動かしてしまう。
うすぐらい土間の
おつゆの味加減をみている上の子が
ふりむいて　まつかな頬べたで　ひどく緊張しているのを
　見ると
お母さんはおかしくなつて笑つてしまう。
夜の勉強が済むと
大きい子たちは内職を手伝うこともある
小供たちはとても草疲れるのがうれしいのだつた
少しぐらいびつこの大きさでも
お母さんは「やあ　うまくいつたの」と感心する。
そうして　いつかねしずまる小供たちの枕辺で
お母さんはみなにズツクの上履きを揃えてあげたいと思う
お父さんの便りがもう届く頃だと思う。
背中や肩が固くなつても指先はついついと跳ねるように動きつ
　づけて
お母さんの心にはもうなにも浮ばない。

求《き》憐《り》誦《え》

吉田睦彦

優しい唄をうたうには　いまは不向な時間にちがいないみんなみんな草臥れて　天に叫ぶ者　地に哭く者　ただ白痴のごとく微笑まんとして顔は醜くゆがみ　粘つこい体温だけが積乱雲のようにむらがつているそんな時ひよわな胸毛を曝し　群衆の前で誇らかにうたわんとした　僕の無恥の姿勢よ　悔んでもすでに遅い　ただ爛れた肉芽のゆえに夜々の充足を思い　誤謬のゆえにひざまづく聖壇を知らぬみんなの前で　　僕もまた蝸牛の角のように不信をひきだし　まさぐり　前へ進もうとして実に愚鈍だ　ふりかえるとなんという生臭い一条のぬらぬらがわびしいことだ　いまにしてみれば夢よりも遥いあなたの存在！

主よ　美しかるべきあなたを夢みて生きてきた日々が苛立しい
下賤な論理におのれを誇り
あなたの国の律法に傷つき　ふたたびは立ちあがる術も知らぬ
おおキリエ・エレイゾン！　僕に人を指差す資格ありや　エゴを拡げる資格ありやめざめてはただわめきかなしみ血を吐いて　眠りては肉の極みをつくし　やがて生命を畢る僕に？
僕は優しい唄を欲しくない無頼の詩人になりさがり　ひたすら生の過剰を唄わんとする　そうそれは正しい　そうでしか無いのだ　僕をはさんで流れていく人々　ブロックと硝子の街を築く人々　主の悪意のために僕は堕ちよ　いまこそ生活のうちに埋れてあれ！額に汗する労働の日々を厭い　ひとり脂肪《あぶら》したたる肉食を欲んで　人々へのまことの善意なく　僕はすべての義務を忘れていた　主あわれみたまえ　キリストあわれみたまえ　いまこそ醜く懸命に生きんとする僕の　美しかつた過去を碧の土に帰らせたまえ　いまこそ重い頭をもつた野獣のように歩まんとする僕の明日に燃えたつ焔をあらしめたまえ

初秋

黒米幸三

駅前の広場に
立売りのとうもろこし屋ができた
ぼくが映画館から出てくると
ともりはじめたネオンの下に
とうもろこしの焼ける匂いが
漂つていて　とたんにぼくは
アメリカ西部の夏の高原から
日本へ連れ戻されてしまつた
ビルに囲まれた空を仰ぐと
うろこ雲が　少し夕焼けて
タイルのようにぎつしり　張りついていた

千鳥の椅子に腰かけて
徳利を傾けていると
見知らぬ客が入つてきて
ぼくの肩をぽんとたたいた

庭

降る
〈時〉の木の葉が降りつもる

わたしのこころの庭に降る
しずかな真昼の庭に
うつそうと繁つた大樹が
絶えまなく
〈時〉の落葉を散りしいている

かつて　庭いつぱいに跳びまわつていた
〈童心〉の子鹿は
どこかへ逃げて行つてしまつた

朽ちた葉かげから
覗いている〈欲望〉のきのこ
いまわたしのこころの庭に
一匹の狐がねむつている
しずかな真昼の庭に
一匹の狐がねむつている
ときどき　かすかに眼をあけて
あたりを見まわしている
おくびよう者の　狐よ
おまえは　いつから
この庭へあらわれたのだ

きようもうつそうと繁る大樹から
わたしのこころの庭に
〈時〉の木の葉が散つている

ヨナの日

鈴木芳子

八月十日・晴
戸外日直
收受文書なし

私はプラタナスの哨兵
誰かが忘れていつた帽子
日焼けした時間の壁に
しみついている　悔恨
役所の鍵を盗んだのは
どこの西瓜の種だろう
昨夜　宿直のO氏が
青髭の先で持ち帰つてしまつたのなら
　Our　Christ
あなたの仇名に復讐の銃口を
この炎天かけて磨かねばならない
卓上電話はいさましく鳴り
ああ　あの薬罐のバカが
また　沸き立つているらしい
誰も知らないくらいにゆるめに
あいている扉はないものか
素朴な願いの形をして
鍵はどこかにかくされている
炭箱こそ約束の場所なのに
もうもうと粉塵ばかり……
もうもうと私ばかり……
アイスクリームとアーペントロートを
食べあきてしまつたので　近所の
鍵束をじやらじやら借りて　ぐるぐる廻すと
矢板公共職業安定所玄関は
矢板警察署留置場の鍵でぴつたりあいた
ヨナの日
帰りしなに　もう一度
炭箱をかえしてみると　なんの
屈託もなく庁舎の鍵が転がつてきた
O氏をあやうんだ
私の心の片隅に
鍵はずつと落ちつづけていたのだ
　Oh,Our　Christ!

風　その四

木下恵美子

山襞に生れ
渓流や昆虫の
記憶に甘やかされ
無花果のような
体臭のする
風だつたが

なぜか風の空席はなかつた
そしていつも何かに追われていた

廃墟にさしかゝつた折には
急いで十字を切つた
明け方犯人の通つた道を
それと知らずに………
思い出を売る町に
痙攣的に立止つた

一日の終りが
頭髪を乱してうつけていた
岬に
大波に拉し去られそうになつて
よろめきながら
逃れて行つた

風　その十

風は吹いている
一日から　次の一日へと
心の屈折そのまゝを

夜更すゝり泣く手放しの感傷
すつかりなりをひそめた深い沈黙
ゆきずりの大木を
懲罰のように横ざまにひつぱたく

じゆずつなぎになつた思い出の一コマ一コマを
ふりすて　振り捨て……

行きつくところへ行きついて
ふりだしへはもどれなくなつた揚句
当然のことのように
――いつかは
路傍に
その白皙のデスマスクをのこして
ストイツクなその生涯を終えるだろう

バルンガンの唄

伊東文一郎

一

今そこで唄を聞かないと言つたのは
けものなのか

ぼくらはたつた一つの唄をうたい続けて来た
それが風にうばわれ様と
ぼくらののどがかすれ様とうたい続けて来た。
ぼくらの言葉の
ぼくらのバルンガンの唄を
それでも聞いた事がないというのか
はなれた事のない
いつも背後につき合う　お前が
なんと摩訶不思議な
けものと
ぼくらの納得の思い違いだろう

何処でぼくらが
それを唄い終るのか
誰も知らない
誰がこの唄をつくり
ぼくらに教えたのが誰であるのか
皆んな
知らない
だが
ぼくらは
気付かない遠い以前から　知つていた
バルンガンの唄を。
うたわなければならない
バルンガンの唄を知つていた事をぼくらはよく知らない

今そこでなにか言つたのは
けものなのか

二

ぼくらの迎える季節が
溢れる唄で背をたれるその時
お前達はなんという言葉を選ぶだろう
けもの
ぼくらがうたう
ぼくらの唄を
ぼくらが聞いて納得し合う
そんな日をいつ迄も迎えて好い筈がない
ぼくらが
迎える時間は
明るい少女と言葉を交し
腕を組み何処かのカフェーの
うす暗い片隅で目をつぶつて見せる
そんな愛の時間を
ぼくらはもたなければならないのだ

※　バルンガンとはバリ島に住む七才になる女の子の名前である。彼女は幼い踊子として現在練磨を重ねているといわれるが写真で見るバルンガンは未知の魅力に富んでいる女の子である。

炎える

河野澄子

ゆらゆら炎えるあのものたち
炎えるということに意志はなかつたのか
どのように黒い異形のイメージが
あのものたちをつきうごかすのか
雑草たちは炎えている
朝顔は炎えている
エリカは炎え
大地をとりまいて毛氈苔は炎えている
マドレーヌ　お前とても
見えないいまゝに炎えている

どのような象を
あのものたちはつくるのか
地をはう瓦斯のように
青い光をはなつて野の草たちは炎えてきた
炎えてきたのはたしかだが
その地上いちめんの象は
マドレ！ヌ　盲目のお前こそ
識てつもいようか
そのむらさきの草の根について

どのような言葉にゆきつけば
大地は開かれるのであろうか
その華麗な祭典のただなかにたつのであろうか
マドレーヌよ
閉じられたお前の眼の
内側の世界へ

なんと理不尽な炎上か
いいわけもつかぬまゝ
炎えるものたちを視ているが
大地をとりまくあのものたちが
あらわしているそのように
お前をいいたいがマドレーヌよ
炎える
いまだ誰れにも
語られたことのない言葉
炎える
その象にならない象
炎える
眼を閉じた
炎える
マドレーヌの向う
炎える
野の草の根
黒い朝顔

野原

大塩匀

こんにちわ
といつて頭をさげた
のに

そこは野原のまんなかで
だあれもいない

しらじらしい風が吹いて
ひよいひよいと二つか三つの
顔のようなものが浮び
あてが外れたように消えた

裏側の世界から覗いてみたやつらなのだろう

むこうのほうで
しきりに砂の崩れる音がして
空が　そこへのめり込んでいた

彼

そのとき彼は兵士であつた
煮えたつ泥につつ伏していた
全身の毛穴から泥が噴いた
ひゆんひゆん　頭上に銃弾が悲鳴をあげ
まわりの泥に小石の飛込むようなにぶい音がつづいた
彼は生きても死んでもいない泥まみれのぼろきれであつた
だから　彼はそのとき完全な兵士であつた
彼は泥であり全世界であり彼の銃であり〃なんにも〃であつた
だからそれは彼のすべての時間であり全世界のすべての時間で
　あつた

☆☆☆

ぼくたちの今　かれは回路技術者なのだが
いつも悲しそうな顔でいうのだ
だれもかれもが彼に背を向けているのだと
本当の時間は尽きてしまつて
ぼくたちみんなは　いわば虚数の中にいるだけなのだと

そういえば
やゝ前かゞみに歩いてゆく彼の後姿をみていると
時折　ふつと薄くぼやけて　消えて
もと〳〵彼なんかいなかつたんだと
思つてしまう事があるのだ。

言葉

淀縄美三子

あなたはいつも繁茂した森
わたしは見えない執念
きりんのような思慕で
あなたを探す
空を突くまで
芯になつて　土の中まで

奈良

岡田芳郎

I 遠い塔

遠い塔を横に見て走る
バスの中で
つばの広い帽子をかぶつたひとを見つけた
だがそのひとは似ていなかつた
バスのうしろにまきあがる
砂塵よりも濃い
かなしみの中に
観音のような姿がある
いつも帽子をかぶつていた
ひとの静止した影が
しだいに塔にかぶさり
横顔をみせた乗客を
おしのけて迫つてくる
〈なにをさがしに　あなたはゆくの〉
〈なにからのがれて　あなたはゆくの〉
きみさ
きみをさがしに
きみさ
きみからのがれて
つばのひろい帽子の下で
きみはなぜ笑つた
奈良に行くことの
どこがおかしかつた
〈おかしかつたんじやないわ　ならにゆくことが〉
〈おかしかつたの　あなたのしんこくなめが〉
ひとを笑わせた目がいま
遠い塔を見る
いつまで走つても近づかぬ塔のように
きみにも　とうとう
近づけなかつた
観音のように
そのまま静止しているきみの心を

もう強いてゆさぶるまい
森にかくれた遠い塔も
いつそうあざやかに甦る記憶も
ぼくがいま求めているものではない

Ⅱ　百　合

百合がどんなに強く匂つても
ぼくはさみしいのだ
真紅の花芯から幸福が
五本の指のようにさしだされても
ぼくはうけとれないのだ
もしかしたら
百合が強く匂い
真紅の花芯がぼくに
幸せをくれるかもしれない
その期待のとおりに
風物がぼくを迎えても

やはりちがうものがあつたのだ

ゆれる水に消された塔の影より淡く
とりにがしてしまつたものを
もう追いはしない

奈良に来たのは
とりもどすためではない
ふりすてるためなのだ
こぼれおちたものを
もういちど遠くへ投げすてるため
ぶらんこのように
遠のいてはもどつてくる
未練の糸をたちきるため
やさしそうに見えた
世界がまだなにも
与えてくれないとしても
手をふればたちまち
ひび割れる
ものは　ぼくにもあるのだ

夜になると………

中鉢敦子

夜になると　わたしの周囲には
水のない暗い海があふれる
窓の外で　樹たちは銀色の翼をひろげる
はてしない空に向つて
飛び立とうとでもしているように……
けれども　わたしの海辺では
記憶の砂丘が
おびただしい起伏をつらねるばかり

椅子とテーブルと　灰皿と花と……
世界は　いまかぎりなくやさしくなる
わたしの塔にあかりがともる
物たちのしずかな放心の上を
砂のようにゆるやかに流れていく〈時〉
わたしは　一艘の古い帆船となり
無数の白い触手が
花びらのようにゆらぐ波間を
蒼ざめた額でおしわけて進んでいくのだ

かつて　厳しい冬の窓辺ですら
〈時〉を　硝子のように
透明にさせたものは何だつたのか
星のようにいくつもの季節をかぞえて
やがてたどりつくべきわたしの港は
一体どこにあるというのか
炉辺に黄色い炎を燃やし
わたしのねむりは
櫂のように重くなろうとするばかり……

二つのうた

I

あかるい昼さがりの街角は
まるで　陽ざしにつつまれた水面のよう
飾り窓は　巨きなプリズム

青い魚たちが光の中で泳いでいる
――わたしも　このやさしい風景のひとひらなら
　きつと　何も考えてはいけないのだ
シャボン玉がいくつもいくつも流れてくる
虹色の音譜を澄んだ空気にひびかせて
真白に乾いた鋪道には
かすかな影さえ動いている
　わたしはだまりこむ
　ふしぎな天使が　わたしのくちびるに
そつと指をおしあてるから
〈死〉までが　みどりの並樹のかげで
小声で歌をくちずさんでいる
そうして　道行くひとびとの靴は
夏の蝶のように　かろやかに
わたしの前をすぎていく……

Ⅱ

ひとびとの靴のきしみが
わたしの意識の上を遠のいていく
一足毎に　刺すような痛みを与えながら……
見知らない　変にほのあかるい街角で
わたしは　ぼんやりと
昏れていく空を見あげている
――たましいは　まるで
　果てしない灰色の空のようだ
塔の上では　三本の白い旗が
鈍いまなざしでじつとわたしをみつめている
わたしの帰つていくところは　どこだつたのだろう
わたしを残して
ひとびとはみんな遠ざかつていく
――わたしも逃げなければ
　逃げなければ　わたしの位置は
けれども　もう厚い壁のように
沈黙はふしぎにやさしくわたしを抱えているのだ

本日は晴天なり

好川誠一

I

台所で味見し
公園の暗がりではキスもする
ヒルのようなくちもとから
あれがほしい
これがほしいとせがまれると
忘れたためしがいちどもない
怪魚のようなハンドバツクにくびをかしげ
うつかり承知してしまう男は
そんなときがたつと小さくなる
デパアトにはじじつ
割箸が売つていた

II

ナベ　茶ワン
一切の必需品をたずさえて
女はおずおずとやつてきた
それからの男ははたらいた
もくもくとはたらき
女と食事を順調にした
変つたことは
好物のタマネギに少しずつ
女が似てきたていどだが
それだけで男は
まえよりがたつと小さくなつていた

III

台所で味見し
公園の暗がりではキスもする
くちもとからささやかれ
ぶつちようづらをしたのはさきごろだが
その表情のほごれぬうち
誕れた
タマネギのような女が
タマネギのような子供をうんだ
ふしぎでもなんでもないが
そのじじつに男は
ひときわがたつと小さくなつた

IV

男ははたらいた
でがけにきまつてミルクをつくり
眼がねの位置をそれからきめ
ボロ靴をこすり
ただもうむやみにはたらいた
ひがしずみ　ひがのぼり
ひがしずみ　ひがのぼり
鳩舎のような工場の門を

出たり　ひつこんだりした
ために男は目立つて小さくなつた
がたがたつと小さくなつていつた

V

女はタマネギをよくたべた
たべるほどに
ほうせんかのように愚痴をはじいた
ますますすり減つた男は小躍りして
ハンドバツクにとびこんだが
その中にはつづみのようなリンゴの芯と
ドロツプのようなイヤリングがひとつ
うすめをあけて外をのぞくと
ひざをくずしたばかでかい女が
外米のようにポロポロ
なみだをこぼして泣いていた

一人について

配給所のまえの
こぼれた米を失敬しても
すずめならゆるされるが
ずりやまからコオクスを拾うように
人間の恰好でそれをすると
ゆうぐれがさせた
おしやべりな女たちに
ただちにあさましいと吹聴され
ちくしようだわと嘲笑されて
ピエロのようなキノコが咲く
もときた　とおいけものの森へ
かなぶんのように爪はじきされる
だからできない
ひとりでひもじいうちはそれができない
たかをくくつて
路ばたのこんにやくを
ぺろりとたべたのは乞食だが
ビルの裾に
おもむろにすわつて気がついた
うなだれたくびを
あげることができない
人間はうそがすきだ
戸棚のあれ
たべたくない
たべたくないとゆびをくわえ
ならいおぼえたうそいらい
人間はうそがすきだ
いつときも文明人でいたいので
けもののままがいやなので
すずめのマネがどうしてもできない

夏が死んでしまうなんて！

冬木好

確かに村や町ではない
さらけ出しているのは
大洪水の爪や牙にえぐられた醜体
夏草の上にほうりあげられた
流木にかじりついた屍体が
むざんに引きさかれた下腹からは
くろい臓物をはき出している
血は渇き
セクスは爛れ
むさぶる鳥はいない
ひとつの腸からは糞がどろつと
もう　犬ではない
かれの遠い日の交接したセクスを知つているのは
糞のなかでぼそぼそと
もがいている糸虫だけ？
ゆうべ暗黒があふれくるうなかで
逆だつた樹木はいま
たよりなげに実在をふるわせてい
その枝にしがみついた私は
思いきつてひとつ大きくくしやみする

頭を削りとられた
山よ
昨夜私があなたのなかに飛びこんだとき
あの惨劇のなかで
あなたの内部で大きく揺れたのは？
あなたをずり動かせたのは？
あの遠い砂の音は？
あら？　もうあなたは眠つてるの？
存在の岸辺から追いやられた人たちを
体温で癒してやるとでもいうの？

村も町も首のない牛も
あの濁流
あらゆる漂流物も
洪水以前の位置へ返えすのを
拒絶する
海よ
風速40米に弱々しい抵抗をさけんだ
あなたは挽歌が歌える？
それから遠くへ旅に出る？
追いやられて逃げ場を失つたすべてのものを
あなたのなかの母で愛撫してやるとでもいうの？

危げな畸型の
ポプラよ
あなたは根つこから動いて歩けない？
顎はちぎられ

骸骨はくだかれ
そんなに悲哀をいちめんに噴き出して
それなのに渇きもせず
もう手を伸ばしはじめたのは？
あなたの頸もとを永遠が掠めて行つたとでもいうの？
でもあれは昨日の空ではない
どんどんあなたから遠ざかつて行く永遠
そんな季節が来るのです
あなたは澄み切つたその季節が現われるのが
恐ろしくない？
すべての心が重い石になつて
はてしない宇宙の青さへ墜ちて行くのではない？

私は恐ろしい
昨日の昼地中から這い出した
まなざしの私のなかで
すべてが華やかに熟れすぎた
昨夜黒い嵐と豪雨のなかで
母から受けついだ七年のすべてを託して
孕んだ卵を生みつけるのに必死だつた
今日
その空洞のなかで砂山が崩れだし
追いつめられ
地中から這い出して来たときつけていた
脱け殻のように
このポプラの断頭台にくつつくアブラ蟬
やがて明日

飛ぶことはない
愛撫はない
干からびて変身し
七年前の母の岸へいざなわれて行く？
――私に与えられたのはそれだけじゃない？
あらゆるものが私から去ろうとするとき
それを捕えるのはどんな手？
母のもとへ連れ去るのは
大きくひんまがつた神の手？
――ああ　私は叫ばずにはいられない
でも私はその声すら持ちあわせていない
罠にとらえられて見棄てられたモグラみたいに
ぶつぶついうだけじゃなあい？

――太陽よ
熟れたオレンジの果汁を
油井から湧き出る原油のように
空いつぱいいつぱいいつぱいまき散らす
力は絶えた？
あなたの油井は枯れた？
山よ
海よ
ポプラよ
太陽よ
まことに悲しいじゃない？
私たちの夏が死んでしまうなんて！
私たちの夏が死んでしまうなんて！

軟かい大きな舌のような風が

小原知子

風はその発生において
その移行において
その蒸散において
我々の対象である。
一枚の葉はその美学において
その栄養学的価値において
呼吸と分解化合の必然において
我々の対象である。

風が葉にふれる
葉がゆれる
その時私の目の中を
針のような一つの思念が過ぎる
むきかわり板のような打消しをのこして
忽ち目を一杯におし渡つてゆく

風が葉にふれる
軟かい舌のように大きな風が
私は唾液のようにゆつくりと
苦味をおびて流れはじめる

風の生ずる空白について
風の生ずる過剰について。

無　題

わめけ
なけ
おののけ
けもののように
かり立ててやる
わざと隙を見はからつて
矢を放つてやる
お前が決して死なないように
わたしにはお前がまだ入要だ
さあ走れ
お前のぶざまさが
ほしいのだ
死ぬな
にげろ
かわつぷちだ
とびこめ
きれ

水を
きれ
がけだ
すがれ
すがりつけ
祈れ
なけ
ひざまずけ
悔いよ
うたえ
怒れ
けもの
私には最後の矢
それを射てしまつたら
私が矢になつて
今度は弦から躍り出よう
おまえ
わたしというけだものよ

脱走

——一九五〇年ザバイカルの徒刑地で

石原吉郎

そのとき　銃声がきこえ
日まわりはふりかえつて
われらを見た
ふりあげた鈍器の下のような
不敵な静寂のなかで
あまりにも唐突に
世界が深くなつたのだ
見たものは　見たといえ
われらがうずくまる
まぎれもないそのあいだから
火のような足あとが南へ奔り
力つきたところに

すでに他の男が立つている
あざやかな悔恨のような
ザバイカルの八月の砂地
爪先のめりの郷愁は
待伏せたように薙ぎたおされ
沈黙は　いきなり
向きあわせた僧院のようだ
われらは一瞬腰を浮かせ
われらは一瞬顔を伏せる
射ちおとされたのはウクライナの夢か
コーカサスの賭か
すでに銃口は地へ向けられ
ただそれだけのことのように
腕をあげて　彼は
時刻を見た
驢馬の死産を見守《まも》る
商人たちのま昼

砂と蟻とをつかみそこねた掌《て》で
われらは　その口を
けたたましくおおう
あからさまに閊え　手の甲は
踏まれるためにあるのか
黒い踵が　容赦なく
いまそれを踏んで通る
服従せよ
まだらな犬を打ちすえるように
われらは怒りを打ちすえる
われらはいま了解する
そうしてわれらは承認する
われらはきつぱりと服従する
激動のあとのあつい舌を
いまも垂らした銃口の前で――
まあたらしく刈りとられた

不毛の勇気のむこう側
一瞬にしていまはとおい
ウクライナよ
コーカサスよ
ずつしりとはだかつた長靴《ちょうか》のあいだへ
かがやく無垢の金貨を投げ
われらは　ただしく
その肘をからめあう
ついにおわりのない
服従の鎖のように

註　ロシヤの囚人は行進にさいして隊列を乱さないために、しばしば五列にスクラムを組まされる。

鯨または………

粕谷栄市

病気に罹つて以来というもの、私は鯨を一頭、所有している。可愛がつているのだ。奴と一緒に、寝ている事にしているのだ。

夜更け、だから、私が目を醒すと、何時でも、敷布におしつけた、私の頭の傍に、温和しく、じつとしている奴がいる。鼻息もたてず、身をかたくして……。

しかし、私の場合、鯨は、よく人々が絵本に描くような、巨大な奴では無い。

殆んど足指ほどの小さな種類だ。しかも、からだは、金属でできている。 全身が、扁平で光つているのだが、頭部には、紐のついた丸い穴が一つあり、尻尾には、曲がつた、三本程の突起がある、それだけの、単純な奴だ。

奴に気がついて以来、よく考えるのだが、おそらく、私の隣人達なら、奴を 鯨では無い、と言うだろう。

寧ろ、奴を、扉とか、金庫とか開く時に使用する、物だと言うだろう。

勿論、私は、そんな事をしない。

奴は、私の所有する唯一匹の鯨だ。 私は、奴を話相手としている。お互に判り合つてしまえば、それはたやすい事だ。

右の耳を、敷布の上の奴におしつけ、私は聴く、奴の身上話を。 昔、奴が生きて来た寒い海を。

そこに犇きかがやいている幾万の奴の仲間達を。それらを照らす二つの三日月を、

――そいつを聴きながら、で何時も、私は、安らかな眠りにおちる、と言う寸法だ。

（58 7.18）

残酷物語

a.T.T

殆ど信じられぬ事かも知れぬが、私の得る事のできた、友人達は、全て、発条の愛好者である。

頸の周囲に、大小の発条を吊るして居る者は多いし、数百の発条を、鉢植にして養う者もある。（秘かに、特殊の軟かい発条を、妻として居る者もある、と言う噂だ。）

実際、畑に干した、巨大な発条に縊れて、自ら、死んだ者さえあつたのである。

当然、彼等と交わるには、方法が無ければならぬ。私自身は、と言えば、毎朝、数個の発条を、嚙み込む事にして居る。時折 私をよく知らぬ人が、私の横腹を、突き破つて出ている鋭い鉄片に、注意して呉れるが、余計なことだ。

此のような些細な徴にせよ、生涯に擦れ違う、無数の人々から、たとえ偶然にせよ、最も兇悪な私の敵を発すことが出来る

もか知れぬ〟と言うのが、私達が共に生きる、唯一つの理由だからだ。

（58.7.3）

病人

挙銃トカ、庖丁トカガ、待ツテイルタメ、人々ハミンナ忙シイ。誰モ、余計ナヒマツブシハデキヌ。当然ダ。デ、何時モ、ゾロゾロ、彼等ハ出テイツテシマウ、「私」ノ、部屋カラ。古イ舟唄ナド合唱シナガラ――。

ト、ヒトリ残サレタ「私」ハ、仕事ヲハジメル。

例エバ、……壁ニ鋲ヲ打ツコトダ。

　コノ事ニ大シタ意味ハナイ。ソレハ、タマタマ、人々ノ去ツタ後ニ、夥シイ鋲ガ落チテイタ。。ノヲ「私」ガ発見シタト言ウ事ニ因ルノダ。

　シカシ、頭ヲ打ツコトハ、何ガナシ「私」ニ似合ウノダ。「私」ハ、頭デソレヲヤツテノケル。別ニ、難シイコトジヤナイ。要スルニ「私」ハ繰リカエセバイイノダ、壁ニムカツテ。人々ノオ辞儀ト言ウ奴ヲ――。

　「私」ノ額カラ　血ハ流レル。ガ誰ニモ係リ合イハ無イ。コウシテ、打チツケテイテ　気ガツクコトハ、コノコトニ、始メ、予想モツカナカツタ収穫ガアルコトダ。「私」ガ懐中時計ノ蓋ヲ吐キ出スノハ、シヨツチユウダシ　一度ナドハ、女ノ下着ガ喉ノドカラ出テキタコトモアツタ……

　イツカ　カクシテ　「私」ノ壁ニハ整然ト無数ノ鋲ガ　ナラビ輝ヤクノデアルガ、ソウナルト、何故カ「私」ノ頭ハソレニ引キツケラレ、離レガタクナル。　相互ニ、ナニカ吸引力トデモ言ツタモノガ、作用スルラシイノダ。

　ダカラ「私」ハ、時々シズカニ床ニ寝テ、死ンダ真似ヲスルコトニシテイル。

　出テイツタ人々ガ、「私」ノ部屋カラ、啜リ泣キノ声ヲ聴ク、ト言ウノハ　多分、コノ時ダ。

（58.7.5.）

迷信

　唯独リデ、自分ノ部屋ニ、何時マデモ止マルコトハ、避ケルベキデアル。　鉄製ニセヨ、木製ニセヨ、一ツノ椅子ニ、ナガク、捕エラレタ儘デ居ルト、相当、肉体ノ丈夫ナ人デモ、周囲ノ壁カラ噴キ出シテ来ル、静ケサ、ニ、忽チ、触覚シカ持タヌ兜虫ニ、変ツテシマウ場合ハ、多イカラダ。

　コノヨウナ時、聳エ立ツ壁ノカナタデ、タトエ籠ノ中ニ飼ワレテイルモノニセヨ、何カノ叫ビヲアゲテ見ヨ。思ワズ、書棚カラ転ゲオチル、白イ頭部ノタグイニ、一瞬、人ハ圧シ潰サレテシマウダロウ。僅カニ床ノ上ニ無意味ナ汚染ヲノコシテ、一生ヲ終ル破目ニオチイルデアロウ。

　故ニ、用心ブカイ「私」ナドハ、カカル余儀ナキ場合、ツネニ挨拶ヲオクルコトニシテ居ル。（例エバ、窓カラ見エル冷タイ海ニ、生キテイルカモ知レヌ、一匹ノ鰯ニムカツテ、ダ。）

　押シヨセテクル、例ノ静ケサノナカデ、ヨシ、翳シ続ケル右腕ノミヲノコシ、私自身、水底ニ消エサツテシマオウトモ、何時ノ日カ、ミシラヌ孤島ニ、打チ上ゲラレル藻ノ一片カラ、ヒトリ「私」ノ微笑ミヲ聴クコトノデキル誰カガイル！　ト信ジルカラダ。

（58.7.5.）

あとがき

同人雑誌の最初の一年というものは出来た出来たと喜んでいるうちに過ぎてしまうが、近頃になるとやつと正気づいて醒めるべき熱も醒め、同じ面《つら》ばかりよく並んでやがるものだと思つたりもする。作品・オン・パレードは芸がないとか、論文載せようよ小説書こうよなどと註文も多いが編集部は大方黙つている。詩作という行為こそ私達を結ぶのだと思つてはみても顔を合わせると詩の話はあまり出ず、何やらまとまりのつかぬことをそれでもあきず熱心に喋つている。私達の内から詩人としてこれから先、ずつと歩み続ける人が何人出るか、そんなことは分らない。各人が各人のものでしかない異質な可能性を持つているはずだから私達の集りもそこへ互に注意深く目を向けあおう、なにも詩を作るばかりが能ではあるまい、などと思うようになつている。（竹下）

◇　　◇

◇六月ごろ念願なつて冬木好が結婚した。◇九月の初め、大塩が荻窪方面へ転居した。◇いずれも編集部が情報を受けたが、何分あわて者ぞろいなので肝心の手紙を粉失してしまい、はつきりお知らせ出来ないのが残念である。◇先程首尾よく三周年記念号を出したので、次号は五九年正月号とでも題して体裁をつけようかと考えているがロシナンテはごくむら気な駄馬だから、これはあまり当てにはならない。（編集部）

季刊ロシナンテ18号　一九五八年十月三十日印刷発行　編集責任好川誠一　発行責任石原吉郎　価五〇円　東京都世田谷区玉川上野毛町三三八関口方　ロシナンテ詩話会

XIX

ロシナンテ

樹

大橋千晶

わたしの横隔膜が、ときどき、くるしい痙攣をする。それはわたしのなかに、営々と埋められた黒い土があり、それから胸を突き出して伸びてきた一本の樹のせいだつた。樹は冷たい突に出あうと　葉を下向けてうち震え明るい陽ざしにあうと　騒々しく踊りはじめる。だが、わたしの親しい人々に出あつたりすると、枝の先から溶けはじめる。たとえばわたしのいとおしい恋人などに。その時だ、痙攣のために、わたしが奇妙な声を出しはじめるのは。

樹は、わたしのなかで、すつかりそのかたちを失い、れんが色に硬化している。するといつもきこえてくる、風音のような樹の啜泣きが。驚いたことに、樹は　わたしのなかで小さな埴輪にかわつている。わたしの骨の白さに　或は　流れる血のなめらかさに　両手を彎曲にまげて上げた青い影を投げている。恋人のはき出す煙草のけむりが　埴輪の細くやさしい目や、まるい口から出入するようになると、わたしのからだは痺れ、すつかり外まで埴輪になつている。わたしは　激しい羞恥と後悔にくるしみ、そこらじゆうのものかげに隠れようとするが、それはわたしのほか誰にも見えないらしい。

このように、埴輪が現れはじめると、わたしはいつも、おろおろと耳をあてて訴えるがついに埴輪は、できあがつてしまう。

わたしの息がとだえようとする頃、わたしの恋人は「さようなら」といい、微笑みながら街角にみえなくなつてしまう。すると埴輪は、暗い緑に炎えて、手足をむくむくのばしながら胸を突き出してくる。ゆたかな一本の樹が立ち、又も、ばさばさと葉の音をたてている。

寒い夜に

道だけが広い街
家々のよろい戸は　どれも
重くおろされている
堅い軒下をくぐつて　わたしは
今夜も

あの男に逢いに行こう

オリーブ油を　ペトペト髪につけて
厚く白粉を塗つた顔で
毛布にくるまりながら
走るように歩いて行こう
紐のような時間が
脚にからみつく中を

あの男の　今日の痛みと焦りとで
蒼く睡つた小さな窓ガラスに
平たく顔をおしつけながら
はあはあ　とはりつめた息を
ふきつけながら
今夜も　低く抑えた声で
あの男の名を呼ぼう

すると窓の向うの
土色の箱のような部屋には
今夜も　あの男の
若くかなしい肩や　細い胸が
みえるだろうか

部屋の中にころがつている
あの男の小さな重みと
海のような湿りとを
わたしの不器量なこの二つの掌で
ひろいあげることが出来たなら
わたしは夜を賭して　わたしの
くるしい血をそそぎこもう
それが　今日のわたしの
痛みのすべてであつたなら

ああ　それでも
わたしから流れ出る血の音が
今夜も　ばたばた
と窓にぶつかる黙した黒い鳥を
呼びよせるだけだつたら

子供たちの影もみえなくなつた公園の
遊動円木に揺られながら
妻を亡くしたトランペット吹きのように
寒い夜
まあるく着ぶくれて
単音を強く　吹き放とう

冬木好

非人

I

すつかり　洪水がひいたので
ぼくは骨を集めに
野のみちを
オンボロ車をがらがらいわせながら
丘の墓に急いで行く

夏草の枯野に
ほうりあげられた流木にまじつて
骨がごろごろと
毀れた玩具のがらくたのようにいつぱいだ
野のみちの
行きづまつた向うに
犬や
ぼくの道はなく
みんなつき果てるこの物体
もうこれ以上干からびることのない一個の鉱物

ぼくはからからと音を立てる
つめたい脛骨や肋骨を拾つては
またがらがらオンボロ車をきしませて
骸骨の投げ出された
あちらへ野のみちを辿りぬけて行く

すると
枯草の中に
苔むした重たい石にとじこめられた神がいて
ぼくをじつと見ているではないか
骸骨集めに疲れたぼくには
祈りも歌もとうに涸れはててい
ぼくはそいつに尻をのせ
身を投げ出す
ときどきぼくらが
みちばたからになつてくる
身元不明の屍体のように

このとき
風が枯草をさらさらいわせると
オンボロ車ががらがらひとり
重たげに坂道を降つて行く
その音がだんだん小さくなると
反吐《へど》のように
悲哀がぼくの体にじくじくわいて来て
眼窩を閉じる
「この暗黒からそつと大地に手をのばし
身をなげだしたぼくを
樹液のように吸いあげる
神はいないか」

ぼくは小さく吐息をした

そのとき
ぼくの骨をひらいに
がらがらオンボロ車を押して
丘への野のみちをあがつてくるやつがある
血をながした素足をひきずつて
肉冠《とさか》のような舌をたらした
そいつ。

II

この広い野で
一葉の枯葉のように疲れているのに
大地に腰を下すことができない
男でもなく男でなくもない
女でもなく女でなくもない
頭と胴にはむぎわらがいつぱいつまつている
下腹からはぶつきらぼうに
折れた櫂の一本の義足が出て
ときおり野鼠が枯草を喰わえてのぼつたり
走り降りて稲むらに出て行く
あなたの胴から突き出た固い手は
祈るにも両手を合わすことはない
日まわりはこちらを向いてくれない
耳までさけた口は切りつかれ声は渇れた
鳥たちをにらんだ眼だけが
干からびたかれひの眼のようにとろんとしている
あなたの頭は風が吹くたんびに大きくきしむ
浜べに打ちあげられた魚の骨の祈りのように
どうやら
あなたの腹は
うすいぼろ膜を噛み切られ
わらくずをいちめんにふきだして
そこの小さな穴から
あなたの内臓の中で
鶏の肉冠のように充実した青春を作る
痩せた野鼠たちが
ときどき首を出しては
のら猫のきそうな所をひよいとみる
神はない
抱擁はない
血はない
歩けない
生きものの匂いのない
存在すら時の流れの中にいて稀薄になつて行く
だからといつてあなたはそんなにふるえているのではない
誰かが——猫のきそうでない所から誰かが
こつちに向つて歩いて来るのだ
かれの道は——いま道すじはどうでもよい
凋んだあなたの顎が胸が狙われているのを知ればいい
けれどあなたの悲しい無防備はどうか
あなたは弱々しい抵抗もしめせない
お前は誰だ
そして何をしに来たとさえ問けぬ
あなたのやせた肩へ
漬けものの重石のように重量を加えてくる
どんなに背のびしたつてだめ
あなたはふり返ることがない
教えてあげようかと野鼠がいう
それは大きくひんまがつた神の手じやない
かつてあなた同僚たちの胸を
泳ぐように突き通した銃剣をもつた人

（「非人」から）

耳鳴りのうた

石原吉郎

おれが忘れて来た男は
たとえば耳鳴りが好きだ
耳鳴りのなかの　たとえば
小さな岬が好きだ
火縄のようにいぶる匂いが好きで
空はいつでも　その男の
こちら側にある
風のように星がざわめく胸
烈草のようにおれを恥じる男
おれに耳鳴りがはじまるとき
そのとき不意に
その男がはじまる
はるかに麦はその髪へ鳴り
彼は　しつかりと
あたりを見まわすのだ
おれが忘れて来た男は
たとえば剝製の驢馬が好きだ

たとえば赤毛のたてがみが好きだ
たとえば銅の蹄鉄が好きだ
銅鑼のような落日が好きだ
咎へ背なかをひき会わすように
おれを未来へひき会わす男
おれに耳鳴りがはじまるとき
たぶんはじまるのはその男だが
その男が不意にはじまるとき
さらにはじまる
もうひとりの男がおり
いつせいによみがえる男たちの
血なまぐさい系列の果てで
棒紅のように
やさしく立つ塔がある
おれの耳穴はうたがうがいい
虚妄の耳鳴りのそのむこうで
それでも　やさしく
立ちつづける塔を
いまでも　しつかりと
信じているのは
おれが忘れて来た
その男なのだ

読む

木下恵美子

掃いても　掃いても
落葉のきりのない地面を
私は読む
焚火のけむりに
目をショボ〳〵させて
傾いた西日に
喧噪をまきちらす
とおくのマーケットを
頭に浮べながら

拭いても　拭いてもきりのない
廊下を読む

連想は
貯えのなくなつた燃料から
いたんで修繕のきかなくなつた
トタン屋根へと飛ぶ

セコンドの刻《キザミ》を
ミシンでふむ
逃げてゆく何かがある
追つかけるのだ
針目を読みながら

又私は読む
傷心して帰つた夫の顔色を
今日は私がどの音色で鳴れば
美しい調和《ハーモニー》が生まれるかしら等
ときづかいながら……
さん〴〵むずかつて寝入つた
子供の寝息を
玩具は発育に応じたものを
よく選んで与えなければ等
と自分に云いきかせながら……

そして夜遅く
私が手にする一冊の本は
どこを開いても同じ頁ばかりのような気がする
文字達は
私には関係のないところで
意味し　歌い　歎いてる

岡田芳郎

男

その三

男はメモを繰る
書いてない
なにか忘れ事をしたと思う
えーと　すばらしいことだつたんだが
なにかほんとにゆかいなことだつたが
男は机の前で頭をかかえる
すると浮かんでくる
けさの不愉快な混んだ電車
きのうなくした万年筆のキャップ
さつき　友達から借りた二百円
それをうちけして
おもいだそうとする
なにかすてきなこと
なにか自分を一変させるようなことを
あ　そう　もしか　すると　きのう
便所の中で　思いつい……
その時　男は肩をたたかれる
目の前に書類がまわつてくる
横に仕事の相手がすわる
計算機が音をたてる
便所の中で考えたことは
すつとまた便秘のようにどこかへひつこむ
もうおもいだせないかもしれない
おれはいつもこうなのだ
と男はおもう

その二

男は上役に三千円貸す
ところがいつになつても
かえしてくれない
男は気が弱くて
かえしてくれと言えない
そのうちに一年経つ
もうかえしてもらえつこないと
男はおもう
男はその三千円を
ほかのもので
うめあわせしようと考える
男は一層ケチになる
お茶を友達と飲まないことにする
雨の日にタクシーで帰ることもやめる
ものを買うときは
安いほうを買う
でもそのたびに思い出す

あの三千円があつたら
友達とお茶を三十回
雨の日のタクシー三十回
腕時計でも
大好きなサントリーでも
買えたのに
男はいつまでも
なにをするにも　三千円ずつ
損をしつづける

その一

男はなにかものを考えたいとおもう
仕事をおつぽりだして
便所に入る
三十分ほどしやがんで
故郷のこと
恋人のこと
今夜のことを
考える
しばらく仕事をしていると
男はまたなにかものを考えたくなる
仕事をおつぽりだして
便所に入る
一時間ほどしやがんで
出てくるとき
便所の掃除婆さんが
変な顔をして
見る
男はまたしばらくして
便所へ行く
掃除婆さんと
目が合つて
男はなんとなく
気まずくなり
小便して
すぐ出てくる
男はものを考えたくなる
便所に掃除婆さんがいるので
我慢して
仕事をつづける
そのうち　ほんとに
もよおしてくる
男は我慢して
仕事をつづける
便所に行つて
いけないことはない
と思いながら
男は我慢して
仕事をつづける

ゆうひと食卓

河野澄子

ゆうひ
このあかい
木の実のような
うれてまつかに
落ちるもの
土壁にそつて
坂道にそつて
はこべ草にそつて
おちる　おちる　ちる
みつめているものたちのなかへ

ゆうひ
このあかい木の実
あたしの食卓に
とつてかざる
きよう　ひとつ

あすまた　ひとつ
だからあたしはいそがしい
お前のために食卓を用意して
それから・あたしはかけだしてゆく
エプロンをひろげ
木の実のおちる空の下へ
みつめているあのものたちのなかへ

なんてあかい
なんておおきい
お前　ゆうひ
だからあたしは
思わずとりおとしてしまう
きよう　ひとつ
あしたまた　ひとつ
土壁の破れへ
だらだら坂へ
ゆれているはこべ草のなかへ
忘れてしまう
さしだした手をわすれてしまう

その他

好川誠一

モグラに化けて死んでみせたのは
マンホールのフタの小さな穴に
かかとがきつちりはさまりすぎて
脱げた黒いハイヒールの機転だが
化ける　おれたちも化ける
「A」とか「B」とか「C」
「イ」とか「ロ」とか「ハ」
便宜上なんとでも呼びならされ
愚痴の一つも聞いてもらえれば
税金はまず納めている
いつてみれば銭つくりの
可愛い一般市民
化ける化ける　おれたちは化ける
たとえば場外馬券売場
掲示板が高いというそれだけで
「A」とか「B」とか「C」
「イ」とか「ロ」とか「ハ」
小ざかしいかおのキリンに化ける

化ける　おれたちは化ける
かくせぬしつぽをやたらに振り
「D」とか「E」とか「F」
「ニ」とか「ホ」とか「ヘ」
集合ずきなおれたちに
乞食の子供が春画を描く
ハクボクで描いてみせる

小暗くて　よくみえないので
お巡りさんはのぞいただけで行つてしまう
化ける化ける
おれたちはおお急ぎで
おもいおもいの草食動物に化ける
銭をほうると会津土産
首ふりベコのように
おおきなボロが動きだすが
「X」とか「Y」とか「Z」
「ト」とか「チ」とか「リ」
都合によつては怒濤にもなる
おれたちに一切関わりあいはない

ゴーストツプ
ばらまかれた水面の餌に
よつてたかつた魚の要領で
ぽわんとくちをあけて
ノミが一ぴき死んだとか
足柄山が勝つたとか負けたとか
どうでもいい樹木を雑木
どうでもいい草花を雑草
どうでもいい魚を雑魚
どうでもいい
どうでもいい
どうでもいい
「A」とか「B」とか「C」とか
「イ」とか「ロ」とか「ハ」とか
善良な一般市民
電光ニュース眺めついでに
屋

感じたまま

―われわれの必要について―

竹下育男

詩を作ろうが踊りを踊ろうが構わない。確かにその人の必要であれば、それはおそらく正しいのだ。十九世紀このかた必要はあるがまゝの単純な姿で生れ難くなつてきた。時代が主観的になり機械の発展による社会の組織化が人々の堕落を招いたからである。どう考えても現代に生きるわれわれが明治時代の人々より、現代のヨーロッパ人が十八世紀の彼らより生き／＼と日々を送つているとは思えない。だが、ものを作るという伝統はなお生きているのであり、こうした状況から芸術と一口に呼ばれる作業が反社会的な性格を帯びざるを得なくなつたのは当然である。

詩を例にとろう。近世ヨーロッパで詩作のもつとも盛んな国はイギリスである。散文と比べて詩には一見浪漫的空想的な性格があると考えられていたのはつい先頃までのことで、今でもなお一般の通念ではその様なものと思われているであろう。ヨーロッパ諸国中とりわけ功利的な民族と考えられているイギリスが、詩人を生む条件の上でも優れているとは少々妙に響くが、実は詩というものが散文に比べてはるかに現実的な性格を持つているのに気がつけば別段不思議がるにも及ぶまい。近頃の詩は抜きにしての話だが、十九世紀までの詩は悲しみを歌おうと不安を述べようとそれが例えば恋愛詩であれば、悲しみなら悲しみが深まるにつれて詩人の感情がどのように変化し展開されようと結局は歌われる対象である恋人の姿を離れることはないのであつて、それが詩人に自らの悲しみの所在を明らかにさせ、自分自身や自らの宿命までも納得させるに至る確かな道であつた。

一方、散文のもつ論理性ほど逆に空想化し易いものはない。一人部屋にいるだけで、例えばそれは、全人類の運命もあるいはお望みなら世界史の果てのシーンにもわれわれが立会うのを許すであろう。現代芸術の課題とか現代詩のあり方とかいともた易いご用である。

× ×

よく知られているように詩人が詩のもつ機能を積極的に分析し、詩作という作業に伴うさまざまの感情や思考の流れを強く意識し出したのはボオ以後サムボリスムの展開によつて文学のなかの詩という様式の必要を明らかにしたが、こゝで忘れてならないことはサムボリスムも又、それまでの詩と同じように詩は先ずリズムであり、人間の生理という現実を離れて人間に働きかける詩などというものを彼らは想像してもみなかつたということである。詩人のうちで先ず呼び覚されるのは不分明なリズムでありそれを反覆してゆくと次第にある姿が現われてくる。一つの詩行が生れ、輪郭はやがて白紙のなかへ浮び上つてゆく。

ボードレールの詩作の動機には少くとも次の様な一面があつた。ロマンチズムの進展につれて散文は急激に詩の分野へ入り込み詩のもつ独自な描写力や説得力を奪い取り、その効果の前に詩は色あせてきた。詩も又そのような散文の魅惑へ引かれ、神や哲学や恋を華やかに歌い出した。ボードレールはこゝに詩の失墜をみたのである。詩と散文の間が極度に曖昧になり詩の自律性が失われかけた。社会的事件も個人の体験もそれが詩として、生命の全的認識として得られなければ何であろう。そして彼が復活させようと願つた詩とは、詩という形式だけが許されそれで十分自足するに耐える詩の魅惑を呼び返すことにあつた。

サムボリスムはそれ故、詩による文学批判であつて同時に反社会的な発想を必要としたと、一口に云えば云えるであろう。ロマンチズムは自らの裡に秘そむ性格とか感情の弱みを尊重して自己告白癖へ向い、一面自然科学の発展による理性的な新しい世界観に共鳴するという事態にあつて社会の実力者となつた小市民階級の熱烈な支持を得た。だがこの新しい実力者が産業革命の推移から急速に無力化してゆくのをみるがよい。日常生活は規律化され社会組織はます／＼機能化され、従つて政治の及ぶ範囲が途方もなく拡がつてゆく。

　二十世紀は政治権力の時代である。それが個人生活をどれ程直接支配するに足るものかこゝに書くまでもない。政治に関わらずわれわれは生きてゆけぬ状況にある。しかしこの権力に何を生み出す力があろうか。詩人達は何ものかの必要のためにものを作りそして何かを生み落してきた。現代の不幸は詩人の存在の無力ではない。決してそんなことではなく詩人が何かを生む必要のために無力化した人々から離れねばならず、そこから起る様々な断層が詩人の必要に更に苦しげな表情を強いるところにある。

　十九世紀までのイギリスにはコモン・センスという言葉が生きていた。これは文字通り〃共通した〃あるいは〃潜在的に共有している〃あるセンスのことであつてわれわれが普通常識と呼んでいる語感とはひどく差のある言葉である。これはあくまでもセンスであつて、ある絵をみて一人がつまらねえなと云うと一方が、なんだお前はセンスのない奴だなというそのセンスのことである。われわれの常識という言葉には知識があるとか判断力をもつているとかという風な意味あいしかない。だから大学生に常識であることは百姓には常識でなくても構わない。コモン・センスはそんな貧弱なものではなくイギリス人でありさえすれば誰でもそれに触れればすぐ直観的にピンとくる確かなセンスのことであつて、これこそイギリス人達が長い年月を径て得た生き生きと動く伝統の実体であつた。これが客観的な健康な社会である何よりの証左であつて、そこでは詩人は人々の称讃を受けることによつて正当に評価が下されるのである。

　教養という言葉をこれ又もの覚えの量から考えず、その人に必要なその人の生活技術とすれば現代ほど教養の欠けた半端な人間のおおく生産されている時代はない。先程云つた人々の無力化とはこういうことであつて、人間として附きあうに足る教養が欠けているからしようことなくみな、組織に拠るのである。組織の中にいる自分に安心感を覚えるのだ。派閥や集団が無数に現われるのは当然であつてこれはなにも政治に限つたことはないであろう。

　時代のこうした推移に一番察しの早いのは芸術家であつて、その素材が人間から片時も離れてあり得るはずがないのだから当り前と云えば当り前である。組織化された人間が人として充実した日々をすごしているか、何より証拠にまわりの人々をみてみるがいい。職工は朝起きて工場へ出かけ機械の時間へ自らを吸い取られる。サラリーマンは午後四時もまわるとあとしばらくの辛抱を覚えやがて開放される日ぐれの街を空想するだろう。だが自由になつた時間とはなにか。彼らを待つているのはテレビ、ラジオ、週刊雑誌、ナイター、映画、パチンコなどであつてそれらは彼らを眠らせる玩具にすぎない。現代は人々の要求に応じて様々に眼先の変つた玩具の製作に余念がない。

　社会主義思想というものがあつて正直な人々を引きつけている。この思想運動や実際的な社会運動組合活動は理想的目標にこと欠かなく若い人々の情熱を支える力強いものであろう。だが一度ふり返つてみるがいい。本来人間をもつとも尊重すべき運動内容を持ちながら人としてのお互いの個別的な関わりを強いて殺してゆかなければ運動の強化は果されない。目的とか手段とかの話ではない。簡単に云えば、人よりもつと大切にしてよいものが彼らにはあると空想しているのだ

×　×

　ロマンチズムの急速な展開が小説というものの機能に一番手頃であつたため、十九世紀文学で表面もつとも華やかな存在は小説であつた。金銭が社会の機能を代表しその展開に個人の情熱がからんで様々な行動の跡づけをなし、そうしてでき上るこの種の小説という形式が長く続かないのは当然であつて、彼らは急速に心理とか無意識とかの

領域へ近づき始めそれと共に何ものかを表現しようとする意志はますます明晰になかば謎めいてくる。

詩人はこれらの困難を何とかして一挙に解決したかつた。実存主義と呼ばれているものも云わばこういう地点から起つた詩的発想に根ざされた直観であつて、彼は自我にまつわりつく様々な想像の世界とそれまでの文学から生れた無数の感情からはつきり絶縁したかつた。そして疑うべきは疑い、人として生きようとする誠実がどこまでわが身を果てへ追いやるか、そういうつらい人目に立たぬ仕事を始めたのである。そういう日のある時、不意にどこからか嘔き気がやつてくる。自分の存在の馬鹿らしさとか世界の不条理とか後からつければ理屈は何とでも結びつこう。が、現実に彼を襲つたのはまぎれようのない嘔き気であつて、そこに彼はそれまでの感情から全く離れたある純潔な普遍的な知覚を覚えたのだ。これこそ注意深く愛しむ必要がある。こゝから離れるとは自らを遂に失うことだ。彼を見舞つた裸かのままのひとつの感覚はこの様にして生れた。以来それは合理的に述べようとすればおそろしく複雑な思考を必要とし、又その知覚を損わず自らの行為を続けるには細心の驚くほどの工夫も要した。

一口に云えば表現という人間生命の体系は前世紀の初めまで人々の発想と共にあつたが、それ以来次第に分離し始め人々と思考や感情の推移を共にすることなくそれ自体で自立しようと努めてきたと云える。十九世紀の小説家は人々を観察することに主眼を置いたが、人々への信頼が薄らぐにつれて生きてゆく必要が彼を襲つたものは何よりひとつの価値の発見であつて、これには詩人となる他はない。ジョイス、ロレンス、プルースト、カミュ等はこの意味で小説家というより殆んど詩人である。

われわれはルネツサンスもそれに続く近世の漸進的な数世紀も持たず、鎖国からいきなり近代へ飛び込んでしまつた。明治時代の功利主義について述べられている研究は多いがそういう世の中の変り方に根本から反撥し新らしい生き方を求めたのは文学であつて、明治以後の芸術史で文学が他の芸術様式と比較にならぬ重さを持つているのはこのためである。小説とはロマンの訳語であつてロマンは近世ヨーロツパのサロンから生れた。そのような社会機構を持たない明治時代にどうして小説が盛んになつたかと考えると、いろ〳〵理由があろうがそういう世の中の功利主義に抗して新しい道を築こうという気持をこういう形式の下で表現しようとしたところが根底であると思うのが当り前ではあるが重要な忘れてはならぬきつかけであろう。十九世紀ロマンチズム、ロシア文学、パルナシアン、サムボリスム、心理主義、シュールリアリズム等瞬く間に現われた西欧文学から様々な影響を受けたわれわれの文学に、だがもつとも欠けているのは観察し批判するに耐える充実した人間生活という対象の場が限られていることであつた。明治維新を境にした二つの時代ほどわれわれの歴史でかつてない断層を示している時期はない。文学を志す者は当然、詩人の条件を必要とした。生きてゆく新しい価値の発見であつて詩より散文が重視されたのは、旧来の詩法の範囲から脱け出して新しい形式の詩を見出すより言文一致の散文体の方が手つ取り早い解決法であつたからにすぎない。国木田独歩、島崎藤村、志賀直哉、佐藤春夫、川端康成、井伏鱒二、三島由紀夫等、これらの小説家は本質的に詩人である。われわれの現代文学に大きく尾を曳いているのはこうした詩の流れであつて、つまり西欧流のロマンという概念に似つかわしい小説家をわれわれは殆んど持つていないのである。小説において喜劇より悲劇の方に優れた作品の多いのも、喜劇が本来共通の豊かな人間生活の場がなければ生れ得ないためであつて明治以後われわれの社会が表面どのように華やかな発展をしてきたようにみえても、われわれがわれわれの生活のなかで静かな自足した充実感のある生き方を営んできたことは殆んどなかつた。文化とか伝統とかしきりに最近云われるのも、つまりそれらほどわれわれに欠けているものはないためである。

× ×

妙なことを云うようで恐縮だが、考えてみれば今度の戦争なぞ芸術のためには大変利益になつた出来事である。戦争に賛成するわけではないが例えばもしも戦争がなければどうなつたか。あの空白がなければ機械による社会の組織化は更にスピードアップされていたろう。何より我慢のならないことはそういう時期が長く続いて息抜きの場の全くないことである。戦時というそこの場面だけ文明社会の線上が途切れて原始の姿がふと透けてみえる。無論正常な復帰ではないから気違い染みたところは多々あつたろうが、それでも人々はいまもよくそこへふり返つてなつかしげに話をまじえたりする。映画も文学も戦争を題材にしてお蔭さまで息をつないでいるではないか。勇気も愛も時として芽生えたろうし、極限の状況などというおまけまでついてさながら二十世紀の神話めいた世界である。「荒地」の同人諸氏も十二月八日にはマルスの神へお供物でも上げて然るべきであろう。

戦争が悪いわけでもなんでもない。ただそういうきつかけがなければ生命の充実を生み得ない時代とはなにか。そういう風にしか生き得ない詩人とはなにか、と単純に思つてみるのである。

ロマンチズムの発展から生れた近代の詩人達の意識が、人々の拠る所を離れて個人の資性の上での尨大な冒険に関わらざるを得なくなつたという根本の事情は全く同じまま現代まで引き続いていると思われる。変化したのは社会状況であり詩法の変移であるにすぎず、真の意味での近代が超克されるのは少数の天才を除いて遠い先のことと思われる。戦争とか労働運動とかその他現代が自動的に生産する諸事件を描くことで現代にたずさわつていると安心していられる擬詩人の気持とは、自ら別の問題である。

だがある種の近代文学が終りをつげたと考えている人もあつてその引きあいにサムボリスムやリルケ、ヴアレリイなど出されることがある。ヴアレリイの論文を読むと手つ取り早く得心がゆくはずだが、老年の彼にしては珍しくくど〳〵した調子で繰り返していることがあつて、それはわれわれの時代は終つた、われわれは最後の砦に居る者であつてこれ以上ここに住む者は出ないであろうという口ぶりである。これは単なる感慨ではなくすぐれた知性の見抜いた現代の事情であつて、事実そういう地域に住むヨローツパ文学は既にない。あるいは急速に失われつつある。例のあの二十代の知的クーデターで生れた青年ヴアレリイに取り憑いた信仰の中核に円熟という重要な観念がある。それは、便宜上得た何らかの技術を自己内部で徹底的に方法化することであつて、自意識は究極には白光の状態となり無意識のままの自在な運動感を得るに至る。その過程から彼は、自らに円熟せよと呼びかけたのであつて、それは意識の本来の性格に虚妄を認めそこを信じることから始めた飽くことを知らぬ鍛練とも云えるのであつて、晩年ベルグソンの死にあつて彼が真摯に語つたのは、つまりそういう人間が失われつつあるという気持の率直な表明なのである。彼の表現は種々の著作のどの様な異質あるものから出来ていようと一つの秘められた内的体系を成していることは疑えない。そしてその体系を可能にする最少の必要は、自らの裡の円熟という操作にあつた。

ヴアレリイを読んで一番驚いたことは、このような内的操作から形成された彼という確かな個性が、詩作の中心にいる時に限りそれだけでは決して十分でないと彼が感じているように思われることである。「若きパルク」のあとで彼自身は易々と出来たと語つてはいるが、「シャルム」という詩集の殆んど自然そのままの形で発想された密度ある単純さは、これは既に近代詩などと呼んで頃あいのものではない。われわれの理性や知覚の断片的な参加で自然のもつさまざまな姿をあるがままに感じることはできない。そのなかでわれわれの振舞いが自然の秩序と共にあることは勿論ない。そのためにはわれわれの生命の全的参加が必要であつてそれを常に生き生きした形で持ち続けることに詩人の工夫があり、われわれの意識もわれわれ自身も云つてみれば自然という生命の一種なのであつて、近代の意識にもつとも欠けているものがここにある。意識はそれ自体で自立し得るものではない。現実をみれば誰しも得心することなのにそう思わないのが理性の空想であつて、ここで意識は生命の充実から欠け落ちてしまう。局所の認識のみが精密化して、生命という有機的な動きが衰退してゆく。

「シャルム」はヴアレリイという署名さえ偶然と思われる、殆んど中世風の事物そのものの生んだ歌であつて、意識も感覚も言葉もそこではまぎれようなく一体となつて呼吸している。樹木が風の一吹きでゆらぐように一呼吸のもとで生れたこれらの詩は、自然と人間とがもつとも裸形なかたちで行きあう丁度その平衡のままに生きている。おそらくここに近代の超克がなされた真の意味での詩の誕生があり、この点で詩人ヴアレリイを知性という偶像の稀な崇拝者としての彼より更に見事であると感じた人は私の読んだ限りではアランしかない。わが国でこの辺の事情を明確に示した人は吉田健一を知るだけである。

詩人ヴアレリイにしても彼自身の語る詩という問題にしても、ここでこれ以上書くことはない。問題は円熟という操作の意味あいであつて、物事は疑えば切りがないからある点で疑うことを止揚し一つの出発点を得てそこからすべてを始めるという仕方はデカルト風とも云えるであろう。こういう仕方以外の何ものかゝ生れてきた気配が確かにあつてそのことについて思うのである。例えばヴアレリイが知性をクローデルがカトリシズムを彼らの基点としたことに対して、サルトルやロレンスが覚えたものは純粋感覚とも呼べるかもしれない。詩人の発想が既制の場から現われることのないのは事実であろうが、後者の発想の仕方には過去のものと何やら断絶した様子がある。これこそ詩的発想による直観に他ならず、それを得るためどれ程の年月を要したか、サルトルが「嘔土」を書いた年令やロレンスが「チヤタレイ」を得た年月を思つてみるだけで十分であろう。これらの直観はつまりそれだけで十分自立し得るものであつて、それが一個性の円熟へと結びつかなくなつた事情が生れたのではないか。カミュの戦後の著作である「ペスト」「審判」等は、実存という感覚が現実に他人と真の交渉をもつた地点でどの様な展開を示すかという点にもつとも必要なテーマを感じたと思われ、その感覚の発生時の強度が他人と共にいる必要と接した場合それのもつ純潔を維持してゆく実際について彼が立合わざるを得ない時が来たからであろう。当初の詩的発想がどれ程強くとも人間という謎はそれより幾分かは確実に大きいように思われ、それがこうした純粋感覚の世界に自己以外の他人を、一口に云えば愛というテーマを提出させるように強いらせる。アムプレツショニスムによる風景画の勝利も結局は肖像画を再び描くように画家を導いたのであり、セザンヌの人物画にみられる一種不思議な魅力も、根柢にはセザンヌがあんなにも熱中した感覚の把握に人間という本来の謎がからまつてきたところから生れたのであろう。そういう感覚から人をどんな方法で解こうかという応用問題としてこの問いかけは展開されてすむものではおそらくない。それ自体が又、詩人にとつて新しく襲われねばならない必要とも感じられたのであろう。

×　×

繰り返すがロマンチズムは十八世紀啓蒙思潮の直接の落し子であつて、ようやく活潑化した自然科学の発展と合体して外からの束縛に抗しキリスト教会の社会体制を否定する理性から生れたから、勢いそれが自我を尊重する告白文学へ赴くのは自然であつた。詩のもつ厳密な制約とかリズムはむしろ重荷と感じ、それ故小説という形式があの様に栄えたわけである。

われわれの詩は西欧のそれのような制約を殆んど持つていない。制約によつて真に自由である彼らの伝統をわれわれは持たない。サムボリスムがロマンチズムに抗してわれわれの生理であるリズムの現実性を再び手に取り、言葉の排列を音楽のそれへと近づけ、耳からくる知覚の明らかな実体として言葉を血肉化しようとした意図は分るであろう。これが彼らの必要であつてヴェルレーヌのいう「何よりも音楽を」の真意もここにあり、それはロマンチズムの濫用した自己告白癖のいい気な感情移入とは比較にならぬ強い批評精神と苦しみを要したのである。

再びわれわれの詩へ戻る。既に分るように西欧的な詩の制約も伝統も持たぬわれわれが、詩人として生きるために自由詩という形式を新たに発明しそれへ固執する必要はなかつた。島崎藤村の詩集より葛西善蔵の小説の方がはるかに強く詩であろう。佐藤春夫の「田園の憂欝」は彼の詩集よりはるかに深く詩であろう。

詩壇というのはいつ頃から出来たか知らないがこの「ロシナンテ」も詩の同人雑誌であるので詩壇の方へ振分けされている。そういう分け方も無邪気で結構だがそのためわれわれの明治以後の文学がいかに本質的に詩的発想の必要から生れてきたかを知らずに、行わけの詩さえ書いていれば詩人だなどとお目出度くわきまえているのは可笑しい。

先頃、偶然鮎川信夫の「現代詩作法」を読む機会を得たが、彼の論文など所謂詩壇に縁のある人達に悪い影響を与えた好例であつて彼の口ぶりから読むといかにも現代にふさわしい詩人がぞくぞく現われる始末だが、そういう嬉しがらせは慎しんだ方がよいのである。何人かの詩人を称讃したその文章は、批評というには彼自らの観念の行動範囲を出ない。それらはつまるところ、現代と現代詩人に対する彼の誇大でやゝ空想へ走りがちな意味づけに留まつている。

「荒地」グループのなかで少数の詩人がなした独創は、それぞれの個別的体験から言葉の感覚的実体の把握へ向いそれが確かに今までになかつた新しい詩形の必要を得たところにある。おなじロシナンテ同人なので仲間ぼめになるから嫌だが、例えば石原吉郎はそのような独自な詩の形式をたしかに必要としている詩人であろう。

だがこゝは大変危ういのだ。人々の日常使用している言葉よりどれ程遠のいて自己から言葉を生み出せるかという、そういう比喩とイメージの世界へ彼らのもつとも深い関心と緊張が賭されている事情はほゞ察せられることであるが、こゝには大変な穴がある。それは一人の詩人の長い間かかつた殆んど地下工作的な作業を通らなければ生れない。新しいメタフオアの獲得とか斬新な効果とかそういうところへ興味の中心が移つてゆく気持は分るが、そこから生れるいかにもその人らしい詩法で書かれた現代風な詩ほど、奇妙なことにロマンチズムの匂いを感じさせるものはない。このグループの十九世紀的性格について友人から指摘されたことがあるが、それはおそらく正しいと思われる。

×　×

現代の特異性とかそれへ対処する詩人の独創について誇張された多くの観念があるが、それらはいつも事情を正しくみていない。現代の生活も事件も複雑なところはない。米ソの冷戦も勤評闘争も原因はむしろ簡明であろう。人々の感情の動き方や生活の仕方はマス・コミユニケーシヨンによつて一律化されているではないか。現象はかえつて異様に単純であり、経済の組織化による規模の拡大は生産機構を複雑にしこそすれわれわれの仕事を逆に単調化させつゝある。日常生活は容易である。その中で楽しむのも苦しむのも容易である。

重要なことはそういう社会や人々の動きに坑して近代の詩人が生れたことであつて、彼が欲したのは何より最少の共鳴であつた。そしてそれを拒むものが、西欧の場合では十数世紀に及ぶ教会の世俗的支配と機械による社会の組織化、ロマンチズムの動きから派生した進化の観念、人間平等思潮などに伴う人々の感情の固着化であつた。

詩人が孤立せざるを得ない条件は揃つてきた。事実、孤立した詩人は今でも沢山みうけられる。そこへ徹することによつて生命の確証を求めている詩人もある。だが思つてみるがよい。詩は生命のリズムから生れてきたのだ。自我は、ただ観察され理性から反省され続けるに十分耐えるものではない。対象は自己であろうと自然であろうと恋人であろうと、何でもいい。それらにはわれわれの理性だけで捕えられない様々な秩序があつて、われわれの感性はそれに時折気づき、ふとかいま見たりして、その全的把握の困難を感じている。理性の機能はわれわれの生命の構造中の重要ではあるが一機能であるにすぎず、感覚は外界の気配を感取して精神へ伝達する役割りを果し体験の反後によって対象へ深く身を沈ます志向性を持つているが、それだけでなお自立し得るものではない。対象の全的把握にはわれわれの生命の全的緊張が必要であり、一機能の盲信や固執に陥つてそれの得られることはない。孤立した人は人間本来のこのような全的行為への意志を持とうとしないのであつて、われわれが社会的動物であるというコントの言葉は、このような時新しく蘇生するであろう。

　どの様に烈しい自我の分析も空しく自我へ帰るばかりであればわれわれに必要な最少限の真の社会性を持つに至らない。いや、自己あるいは自我の分析はそこに主観的な感情から起る余計な詠歎さえ加らなければ、究極には自己をむしろ滑稽な姿として認識するに至るであろう。それが例えばセルバンテスやランボオの健康である。そして次に湧くのが笑いの爆発であつて、そういう笑いにわれわれは詩人の純潔をみて共感する。シエクスピアやモリエールの喜劇の中の笑いにはそれとは逆に感情の生のまゝの自在な躍動があつて、共に笑いの真摯な性格がその動的な共鳴の波動にあることを知ろう。

　われわれがわれわれ自身を救うのはこういう仕方からであつて、ニーチエのいう、健康であろうとする意志は、社会現象や人々の心の変移に抗して詩人の生命系列の中核を通つているのである。

　どんなに烈しい苦悩も空しく自己へ反転するばかりでは、そこから笑いというある実体へ進む生命の共感の生れる余地はなく、太宰治や高野喜久雄らにみられる根低の欠陥はこゝにあつて、われわれは彼らの苦悩の誠実を信じることができてもそれはなお詠歎で留まるにすぎず、そこから自然と人間の全的把握への道は開かれない。われわれの存在も又、自然であることを忘れ、理知の過信から自らへ対しそこから得たある種の感情に執着し自らを閉鎖するのは、むしろ思い上つた姿ではないか。彼らの苦悩がどんなに烈しくても、語を強めていえばそれは不遜であり不正な人間のあり方とは云えぬか。

×　×

　われわれに必要なのはなによりわれわれの健康であつて、これはむしろ当り前とも思われよう。誰しも好んで病気を望む者はない。だが、病気でなければ健康だと思うのは、戦争がなければ平和だという理屈と同じである。悪いことをしなければ自分は正しくて、社会や他人にどんな註文もつけられるのだと世間は思い込んでいるが、これは歪められた空想である。詩らしいものにたずさわつている連中の大部分が自分や自分の感情ばかりへ後生大事にしがみつき、そこから孤独や愛や責任感めいたものを述べれば得心するらしいが、それらは同じように硬直した自負心から導き出されている。共にそこから何ものかが生まれることは決してなく、後者の方が前者より多少なりとも高級だとかましだとか考えられる理由はどこにもない。

　われわれが生命の充実を感じるのは常に行動のなかにおいてである。そしてその行動が自然の秩序と共にあるように自らを案配してゆくのがわれわれの知慧であつて、こういう工夫に欠けると行動は忽ち主観化する。体操をみれば分ろう。彼は落ちないように注意して平行棒の上で演技しているのではない。そんな気遣いから新しい形を空間へ描くことはできぬ。彼は自らの運動の経過を確実に知つていて、その演技のただなかで起す形の変化について惑うことはない。日頃鍛練した自らの四肢を信じる外に思うところはない。われわれの生きる仕方も芸術様式の下で行われる表現という行為も、体操のこの素朴な知慧と異る次元にあるはずはない。

×　×

　十九世紀来の詩人のメタフオアの変遷や絵画の様式の急速な喪失の過程などに芸術の専門化や孤立化を読み解くこともできようが、それは展開の表面的な解釈にすぎず、例えばアンリ・ミシヨウとテオフィル・ゴーテイエの詩を比べてどちらが本質的に難解であるかみてみればいい。ゴーテイエの活躍した時代について思いわずらう必要がないだけでもミショウの方がわれわれに身近かに感ぜられるのは当然であるが、それは二束三文という比喩と一山十円という表現とどちらがピンとくるかということと同じであつて、そこを除けば後には彼らの詩への直接的な参加という実際しか残らない。

人によれば、詩という形式は世界的に衰退しているらしい。他の人によればこの頃ほど詩の盛んな世の中もないのだそうである。だがそんなことはどうでもいい。

時代は常に詩を必要としている。われわれ現代の日本人にとつて、詩という形式が衰微したなどということはない。第一、衰えたといえる程詩の形式が確立され、伝統として残されたことがない。西欧で衰退したとかりに考えてみても、そこまでこちらが義理立てして真似る必要はどこにもないであろう。

詩は新しい必要から生れる。自らの生命へ次第に拡がるその強さへ耐えれば、詩人は言葉を自らが手にとつてその重さを測らねばならない物質として感じるに至るであろう。そこからすべてが始まる。現代という状況を特殊化したり自己を別扱いしたりする、センチメンタルなあるいはヒステリツクな認識の感情から、無数の言葉が白紙を飾つてもそれが何ものかを生みだす力は秘められない。現代は少しも新しくない。時間が一歩一歩背のびをするだけではないか。新しく生まれるのはわれわれであつて、われわれの可能性については誰も知らない。だがそれを育てるための困難な事情を自覚し続けることが必要であろう。この作業に困難は必要な意志であつて、こうした気迫を失えばすべてが無力化する。詩劇とかそういつたものに関わることが何が新しい可能性であるか。現代詩についてもつともらしく一席ぶつことがわれわれの作業にどういう積極的な働きを加えようか。可能性はそれ自体常に新しい魔のような存在であつて、その困難をあるがまゝに生きようとしなければわれわれの前にそれが姿を現わすことはないであろう。

だから、とりわけ古典と接することが必要なのだ。生きている者が従わなければならないのは死者である。そこからしか、われわれが新しく生れることはないのだ。われわれは現代について不当に思い上つている。今生きているというそのことだけで、ボードレールは古くさいなどと思つている。

ミショオの魅力はウサギの糞のようなふつきれたスティールにあつて、そこへ住むとちよつと形容し難い雰囲気に補えられてしまうが、あゝいう詩に数か月も接しているとわれわれの感覚は自家中毒を起しやすい。そういう不思議な魅力が実際あるが、卒直にいえばあれはやはり不健康なものである。長く接しているとミショウ的世界の感覚ばかり発達して他のものを読んでも反応が鈍くなる。それは秋の空のように鮮やかに渇いているが、いつも少しばかり空ろで弱々しい。彼は確かに稀な感性の詩人だが、本質的にはボードレールの方がわれわれの新しい必要を強く秘めているであろう。

×　×

必要は濫用によつて死ぬ。それを見出したと信じる人間から詩は妙な仕方で遠ざかつてゆく。いかにもその人らしいなどという詩の殆んどは、未熟であるか、さもなくば不要な習慣の産物にすぎぬ。既得権を確保するのによい方法であるにすぎない。

十九世紀来の解体しだした様式から、孤立化をめざす仕事が生れ易い。だがそれは詩人の新しい意志によつて何ものかへ交感するであろう。そこまで耐えるのが容易ではないのだ。そこへ至らねばひとつの個性は生れない。豊かな知性と心は、そこへたどりつくのに更に増加する困難であろう。現代の詩人の苦しい意識はここにある。それは一見、不毛の海ともみえるであろう。だがたしかな必要が彼から湧く。海中の胎動するリズムが彼へ呼びかける。やがて裸身を現わすその詩は、浜辺の貝殻のようなきらめきを示すだろう。彼はそのようにして、彼の宿命を成し遂げるであろう。

粕谷栄市

部屋

à I. T

部屋ではひな菊を播かねばならぬ。絶対にそうせねばならぬ。若し、人が（既婚者であろうと無かろうと、）本当に自由な意思を持つならば、自分の耳朶は、それに適した場所だ。烈しい雨の音を利用し、遠くに壊れている記憶の倉庫から、鍬を持ち出し、素早く、我々はそれを済まさねばならぬ。途中で遭う、犬も女も、本来は、部屋の中のびしよ濡れのピアノの中に居る性質のものなのだ。（でなければ、天井の四隅だ。）

たとえ、夥しい喇叭の群が遊んでいるのを観た所で、彼等と野球をしよう、――などと、自分を見失つてはいけない。そこは寝台の蔭の死の平原だ。何時でも、一寸した不注意が、我々を高熱に導くのだ。書棚も、花瓶類も、存在するもの一切が、敵なのである。

しかし、首尾よく、あなたの耳朶を耕し、ひな菊を播いて了えば、後は、ひな菊自身の問題だ。あなたの体温を吸つて、彼女は、直きに歯に似た小さな花を咲かせるだろう。椅子に寝そべつて、あなたは、彼女と、戦争に就いて話し合つても良いし、もぎ取つて喰べて了つても構わない。（但し、恋人への手紙に同封するのは、考えものだ）

（58. 12. 25.）

顔

自分の顔を保つこと、それは非常に難かしい。全くの所、独りで居る時に、話を限つても、鼻は呼吸以外の作用を持たぬのだし、顎は、それに関与しない。その上、瞼には、全ゆるものが宿ろうとするからだ。

先ず、やつてくるのが、女だ。彼女はいつも素裸で入つて来る。白い腕を折り曲げ、直ぐに、巨きな発条などに変つてしまうのだが、それまでに、小さな瞼の中を、髪の毛だらけにして居る。その後で、突然、広大な廃墟が、傾いて聳えても、不思議で無い理由だ。

しかし、人にとつて、特に怖ろしいのは、砂、あの姿を持たぬ夥しい集団だ。それは常に最終的にやつて来る。それ以前の、全ての雑貨を埋めつくし、地平から、忽ち瞼一杯に拡がつてくる。その重量の儘、みえない火を燃やして、頭蓋の奥に雪崩れこんで来るのだ。

一切の望みを失つて、人は床に倒れる。

その時、何になろう、眉が。それは既に、全く異つた世界に属するものなのだ。同様に、耳も、遠い忘れられた存在だ。

徒らに、額は血を流しつづける。

そして、僅かに、これら困難な条件と闘うのは、やはり歯だ。歯は、宙に浮いて、この闇と苦痛を噛み破る。（お判りだろう、人が眠つていても、歯軋りする訳が。）

――しばらく後、喘ぎながら、人は立ち上つて去る。

しかし、心に、かかる屈辱の経験を持つ人は、打ち挫かれ、二度と人々の前で、自分の顔を上げることが、できないのだ。

（58. 12. 16.）

紐

少年時代の、或る夜のことだ。　街で、私は、一本の紐を見かけた。　それは、殆んど偶然のように、雑沓の中に落ちて居たのだが（私が注視していると）　静かに頭をもたげ始め、緩りと旋回し乍ら、天へ昇つて行つたのだ。　やがて、一条の光となつて、見えなくなつて了つた。

その時、人々は、と言えば、全て、犬のように、地面に倒れて酔い痴れて居たのだ。

涎が、あちこちを濡らしていた。

勿論、私は、顔を覆つて、その場を去つたのだが、幾日、孤りの海に対つて佇んでも、紐を、納得することはできなかつた。

以来、長い年月を、私は、樽を商つたりして生きたのだが、屡々、あの紐の幻影を見るようになつたのだ。

それは、常に妖しく輝き乍ら、私の読む書物の頁から、抱いている女の髪の毛から、或いは、焼け墜ちる家の二階から、遙かな記憶の深みに、舞い昇つていくのだ。

紐の正体は、未だに判らない。

にも拘らず、既に私は気が付くのだ。　その時、私が、だらしなく力萎え、自らの頸を捲く紐のようなものだけを握つて、笑つているのを。　全く、嘗ての、彼の人々のように。

（58.12.28.）

ホテルにて

郡山市駅前M旅館に

ホテルでは、私は独りでいなければならない。　何と言つても、私の耳が、巨き過ぎるからだ。　玄関で、人々は　てつきり、私を、蛤の国から来た男、とでも思つてしまう。　手荒く私の外套を剝ぎとり、足音で脅かして、一番寒い部屋に、私を追い込む。

その儘、私は蝦のように忘れられる。

だから、ホテルの夜は、私には怖ろしく広大で、寒い。　私は独りで自分を慰めねばならない。　そこで私は取り出だす。昼間、私の耳に蔵つて置いた、沢山の雑貨類を。　（私は、その種の出張販売員だ。）　それから、彼等を整列させ、遙か、彼方に聳える壁まで、厳粛に行進させる。　炬火を掲げさせ、閲兵する。　号令をかけ、幾度となく、往復させる。

すつかり疲労して、彼等が動けなくなつてしまうと、その砂漠の隅で、私は、自分の耳にくるまつて、寝る。

勿論、私は、よく睡れない。　何故なら、耳は、ホテル中の全ゆる音と言う音を吸収するからだ。　一晩中、私は揉みくちやだ。

翌朝、弱りきつて、私は次のホテルに行く。　（私は、一年中、旅行している。）

（58.11.24.）

鈴木芳子

きれいなマコは

きれいなマコは
きれいなマコで
おしまいだ
きれいなマコが
みにくいマコに
なることなんて
あるもんか

ゆうべ　皆でマコは打たれた
打たれた痣があおかつたら
マコはかくれてなめただろう
マコのねずみもマコをかくした
それからわたしはマコを知らない
ある晩　水車がドサリと廻つて
目を覚したマコは
マコは何処にいたのだろう
麦藁帽子をまぶかにむすんで
マコの知らないマコの中へ
遠い川瀬をあさつていつた
マコを誰も見わしなかつた
それから私もマコに会わない

ぼんぼん風がもえてよかつた
やさしい裾野はめくられてあれ
そこらの山もたたまれてあれ
間違わずに雪がくれれば
村はまばゆい嘘のように
口さがなさを恥じるだろう
のつぺらぼうの顔うすよごれ
夕日にはまつ毛も伏せて
キラキラと眠れる村に　いちどだけ
別れて行つたら
二度と別れに来てはいけない

きれいなマコは
きれいなままで　いつまでも
おしまいなのだ

あれは

淀縄美三子

何故近づくのをおそれるのか
ただれた皮膚が
燃えるものを持たないあたしの内部で
かくも求めようとあえぐもの
それを〈愛〉と呼ぼうか
あれは〈希望〉だろうか
ほら　飛行機のように音たてゝ飛んでいく
夕暮れ　あたしの網膜にはためく
白い旗のようなもの
あたしの疲れた〈生〉が
時の群に犯され　動いている
もういちど引き返そう
あたしが冷たくならないうちに
あたしのなかのわずかな火が消えないうちに
花束をかゝえて
セコンドのように
約束ごとのあつた街へ

伊東文一郎

とり

貸借なしの突端で
こちら向きになるのは
承諾なしの日と
問いかけなしの日の間を
匍匐して来た
とり

飛翔の証に
汗まみれ
放擲する二つの日を
どんづまり塀の
ずぼり落込む辺りを
まさぐり　まさぐり
そこまで　生きたとり
物語られるとりは

海峡こえる

物語られぬとりは
突き上げられた
執念の先で
黙りこくる

飛翔かなわぬとりは
思念のふくらむ所で
翔ける事の姿態を
思い出している
凡ゆる飛翔は
熟れた空をつらぬく
投げられた　さいの目
丁

翔べないとりは
執念の先で
バランスを取る
水平飛行

自慰するとり

翔べないことへの耐え
とりは
問わず語りの
あどけなさで

着物をぬぎ棄てる
かすかな音がする
その真向いの夜半
とりは萎え初める

やがて
そつぼむく日の次に
手の内なしの日が
切れ目なしに来る
深く来る戦慄の新しさに

語りをとぎらすとり

飛翔せぬとりは
熟れた空へ
一度鳴く

余計者の
とりは
木になる
つたまとう
木になる

夜明けの町はどこにある

田中武

夜明けの町はどこにある。
まつしろに欠伸する
公園の樹木の枝に
霧にぬれた首縊りが
ひとりぼつちで揺れている
うすぐらい地べたに貼りつけた
絆創膏のような
そんな夜明けの町はどこにある。
ふとつた蜂の子のように
きいろく熟《よ》んだ魂が
闇の中に
ぎつしりと詰つてうごめいている
ぶあつい夜更けが
生魚のように引裂かれる
夜明けの町の
道標はどこにある。
ふいをつかれて叫びあげる
鶏のしろいのどぶえ
ぶつぶつと千切れる
無数の筋肉や軟骨類
ひしめき合う樹の幹。
鳥肌だつ丘のかげで
おびただしく顔を擦り剝く
夜明けの町はどこにある。
霜柱にかざられた道の涯
そぎおとされた空のもとに
あか裸でうめいている
そんな夜明けの町はどこにある。

僧

大塩匀

仏の来生以前数劫
既に僧は結跏していた
時に氷刃の如く立つては庭を掃き
或いは夜天に星を占つた

仏の入滅以来数千載
僧は恒らず結跏していた
時に立つて山麓に木の実を拾い
或いは林中で人を殺した

その鉢を伝うべきすべを得ず
僧は深沈と結跏していた
或いは洞庭に猫を斬り
或いは嵐山に衣を干した

禅を知らず律を知らず教を知らず
僧は凝然として結跏していた
幾つとない国々の興廃を見
数知れぬ雄叫びや慟哭や歌を聞いた

論廻《りんね》は無量の故に
生ずるなく亦滅するなく
されば僧は刻々に悟り刻々に喪い
されば僧は何物をも得ず何物をも喪わなかつた

戦国の世のある時
僧は石庭を造つた
削られた干戈や斃れた屍を敷きつめ
これを掃けば白砂となり
鉢を洗いて吹けば岩となつた

矢声鯨波の遠近する一時を
かかるすさびに過した日もあつたか

ふと竜安寺の方丈に在れば
あまねく三界に何一つ無く
されば火を覆つて結跏する僧の気配があつた

吉田睦彦

狂つた唄

約束はしないことにいたしましよう
僕は闘牛師　約束の赤いマントを翻えらせるのは得意です
微笑はしないことにいたしましよう
僕は狩猟家　微笑がいきなり弾道を誘致しないとも限りません
祈禱はしないことにいたしましよう
僕は料理人　お祈りをフライに揚げて食卓に並べるでしようから
左様　僕は男でございます
神に愛される以上に　女に愛されるのを欲する男でございます　千人の女　万人の女　世の中のすべての女から　性器と魂を盗もうと悪い謀みに胸を膨ませているのでございます

女に関する三つの唄

1

砂時計に顔と手足をくつつけたような肉感的な女のあとを歩いていくと
次第に女は透明になり骨格のあちこちに内臓をぶらさげているのがみえてきた
僕はこの女の精神はどこにぶらさがつているのだろうと
ふと思い探しはじめた
がどこにもそれらしいものは発見できずただ唾液や精液とまじりあい
いましがた喰べたらしい男達の言葉が太いうんこになつて
砂時計のくびれから押し出されつつあるのがいやに
艶つぽかつた

2

しなやかな硝子の女がスロウモウション映画のように僕の眼の中に
闖入してくると突然
腰に吊したパラシユート型のスカアトにいつぱい風をはらんで
軽ろやかに僕の体内を降下しはじめる
しかし僕自身加速度的に堕ちていく動体であつたから
女はいくら降下しても僕の体内から抜けでることはなかつた
女は淋しげな顔はしていたがエレガントな硝子性によつていつまでも年をとらず
ふとりも痩せもしなかつた

3

嘘のような姿に静かな部屋にいた
夢ですら抱き寄せられないほど遠い女の顔のなかに棲んでいた
顔はひどく美貌になつたり醜怪になつたりした
美しい顔のなかにいる時は妙に苛立しくつてなさけなかつた

醜い顔のなかにいる時は妙にくすぐつたくててれくさかつた
むろんこの女の手足胴体をむしりとつたのは神様の気紛れなんだろうが
僕がそんな奇妙な部屋に追込まれかぼそさのみに生きのびているのは
胴体のある女達がこわいからなのだ

貧しい唄

I

空は膨脹していた　空つぽの大きな財布の中に僕はねころんでいた　からだは妙にかろやかだつた　まるで一握りの空気のように

僕のからだのなかにひとつの小さな空つぽの財布があつた　財布は太陽のように銹臭い金貨を嫌つていた　ただ透明な空を愛していた

2

ポケツトを裏返すと　湿つぽい煙草の粉が溢れる　だがそのように僕を裏返しても　宇宙の塵は溢れない

ポケツトにニツケル貨をなげこんだら　いかにも涼しい音がする　だがそのように僕にものたちを抛げこんでも　言葉は楽しいおしやべりをはじめないのだ

3

僕も十時間に一度ぐらいは餌にありつく必要があると思つていた　だがいかなる空腹にもだえていても不思議に排泄の快感があると気がついたいま　僕は如何なる永い飢えにも堪えられる

4

脱糞をやめない限り　僕に食慾はなくなつた

僕はなにをきいても共鳴しない音叉だ　僕はなにをみても興奮しない眼鏡だ　僕はなにに触れても揺れない錘だ

僕はかくのごとく生きているのであつて　つまり詩人の資格をもちあわせていないのであつて　だから音や色を形の刺戟ぐらいで心動かすほど出鱈目な存在ではないのだ

5

朝が来たから　僕はめざめたのではない　僕のめざめが朝を呼んだのだ　僕と朝との間に無数の光線がひつぱられ　あの皺くちやの神さまが立ちいる場所がなくなつた

僕と朝とがこんなに仲よしになつた以上　もう神さまの嗄れ声なんか　質の悪い電子音楽だ

つぎあてのストッキング

斎藤真炒子

「あたし顔が赧くなる
――つぎあてのストッキングなんて」
だからあたし素足で行つたの
母に叱られて遅刻して行つたら
小使いさんまであたしを振返つた
きつとあたしの脚むらさき色にみえたわね

その日から
あたしはストッキングをほしがらなかつた
それをみるのも嫌になつた　なぜだか
友だちのくろい脚がおかしかつた
クリスマスには揃えてやろうねと言う母へ
あたしは馴れちやつたから平気とこたえ
来年はきつと手袋もいらなくできるからと元気にいつた

その日から
あたしはおとなしい娘《こ》になつた
このズックの靴でいいのよ　かあさん　革なんかあたしに似
　合わない
修学旅行やめたの騒がしくて草疲れるだけですもの
あたしはにこにこしながらそう言つた
母がよろこぶとしても　かなしむとしても　あたしがつぎあて
　のストッキングにこだわらないため
あたしはなにげなく蹴らねばならなかつた

その日から
小さな嘲いをポケットに詰めて
ひつそりと武装したあたしに
敵を臭ぎつける犬のならわしと
素速い逃げ足とが練えられた

その日から
あたしはかえつてたのしくなつた
口惜しさへ小石を投げ
涙へ砂をかぶせ
にくしみへわざとおじぎをし
悪意へわらいかけ
あたしのわらい声は粗々しくこぼれていつた
あたしの腰には道化のリボンがみえかくれした
あたしの胸で花は育たなかつた
あたしの脚はむらさき色
あたしの瞳はせかいを素通りする

その日から
あたしは歩いた歩いた　何処へでも出掛けて行き
厚かましく頷きうなづき　ひとをもあたしをも欺し
ひとをもあたしをも惜しまなかつた
あたしはむしろやさしく笑えた
あたしはそうして日を限りなく駆けて来た

それでよかつたのに ――
ある日
奇妙な風が吹いて来た
風は橋の上へおさないうたを置いていつた　うたがなぜあたし
の胸にしみたのかあたしはしらない
うたがなぜあたしの腰におとなしい素振りをさせたのか　あた
しにはわからない
ただ　あたしはみたのだつた
うたを声をあなたを
あたしの瞳に踏込んでくるうたを声をあなたを
あたしの胸の荒れ野を踏む靴音に
あたしは耳をそばだてた

その日から
うたはあたしの胸もとに鳴りやまず
風は声のようにあたしを呼びとめる
あたしはあたしの乾いた掌を知り
堅い根つこのような笑い声を知り
汚れたポケツトの小石を知り
あたしはあたしの荒れ野がくるしいのだつた
隠れてもあたしの武骨な腰をあなたがみていた
あたしをゆかせない風のために
おじぎをしてもわらつても涙をふかねばならなかつた
埃つぽいあたしの顔をあなたのうたで包んでしまいたい
あたしはそんなことをゆめにみた
　そのときあたしは青いセーラー服を着ていたと思つた＞
けれどもこの埃で重いあたしのスカートに
少女のゆめがなんと不似合いなことだろう
あたしはまた明るく蹴つていかねばならない
そうして　こんどこそ
あたしは裸でいかねばならない

ましな野郎

「おまえはよくたべていて
どこへでもねむたがり
躓いたときの膝小僧の傷について　一生県命おしやべりする。
まるい鼻をいつそう低くしてにやにや笑い
だれが窓のガラス磨きをずるけたか気付いている。
おまえはおまえの心や背中の様子におかまいなし
だからおまえはそれでもましな野郎だ。」
とおつしやるならば

「とんでもない
わたしはまちがつている。
わたしはたべてねることを恥じやしない
だけど
わたしはどうでもいいことをしか言わない
ほんとうに言いたいことを言えない
だからわたしのノオトは粗れているし汚れもひどい
それにわたしのお面は泣いたらおかしくなるので
おこるとなおさら妙にみえるので
いつだつてわたしはわらう
鼻のことなどわすれてわらう
しらない街の雑沓で

わたしがどんな顔をすることか
ひともわたしも想像しないだけなのだ。
わたしは気付いていよう
にくしみや甘えやさびしい髪の貌《かたち》について
悪意の小荷物を送り返したことについて
ただ　わたしはそれらを心にとめやしない
他処《よそ》の樹のように風をゆかせるだけなのだ。
あれはあなたの影
みにくいあなたのお腹
乾いているあなたの喉と
ゆび指したり探したりするときわたしはわたしの背中を気にし
　ている。
わたしの顔を思い出そうとしている。
ひさしい前から
わたしはどこが歪んでいるのか　なぜそうなのか
わたしに知らせようとしていない。
そうすることが出来なかった」

図書と電車

図書は何故なら
いい椅子がある　壁がある
家はうすい板敷　うすい座蒲団　うすい灯り
匂いはうすいアンモニア
親父の寝息はわるい酒
そのなかで
くたびれた頭に浮ぶのは
手の届かない星のこと
手が届いたときもあったつけ
田舎の障子は草のかげ
地虫がづうづう鳴きつづけ
こんな晩は　そればつかりを聞いたつけ

電車は何故なら
いい椅子がある　窓がある
ひなたの埃や風がある
だまつて聞けるお喋りも
ふいにうれしい時がある

押しこめられた人びとが
小荷物みたいな顔になり
その小荷物のわたしが
床に敷いたすつぱい油にむせて泣けるのを
わらうものとてない

つまり電車は自由なんだよ
わたしはひとりが嬉しいのだよ
やけに寂しい時でも電車に乗ると安心する

車　ウインド　電信柱はしらん顔
見送りながら頷いている顔は呆うけているようだ
どこかいかれているようだ

佐々木双葉子

唄

唄がながれる　唄の上を空が　白い雲が
ながれているわたしたち
神話の中の魚たち
木と風のように遠くで触れて
明日は夕やけ雲をせおつてまた帰つてくる
鳥たち　けものたち
かえるしかない　わたしたち
旗のようにきらめいて
小さな川がながれる
わたしのくぼみをあなたがながれる

とても大きな夜にかかつた
半欠けのお月さん
あなたの懺悔は男を石のように寡黙にする
女の背中のおしやべりに
疲れているのは女だけ
いつもいつもひとりだけ

わたしはなれない

わたしがあなたのための子守唄のうたい手なら
あなたの夢の中ではいつも一本の樹がしげり
たえまなく木の葉を散らせているだろう
わたしがあなたのための童話の語り手なら
あなたのノートにはいつも点や線ばかりがかかれ
ことばは白いかなしみでおおわれているだろう
わたしが
あなたのための
伝説のつくり手なら
あなたは桃のかわりに
一羽のあひるをひろつてしまう
みにくい一羽のあひるをひろつてしまう
わたしは
あなたの
唄い手になれない
語り手になれない
つくり手になれない

あとがき

最近探偵小説に凝つている。けれども金や暇ができたのじやない。心にゆとりがあるから、又は心の疲れを癒したいから――読むのではない。人生は謎と暗号の連続だなんていえば月並だが、死は人生の終局であると共に、後に生きている人間にとつては常に重大な事件である。真に優れた探偵小説は僕達にそのことを示唆している。また優れた探偵小説にはきまつて名探偵が登場するものだ。ヴァンダインのフィロヴァン、チャンドラアのマーロウ、チェスタートンのブラウン、シメノンのメグレー、カーのメリヴェール等がそれである。彼等は僕達凡人には想像もつかぬ緻密な頭脳をもち、ヒューマンな精神をもつて、鮮やかな答を探しだしてくれる。だが名探偵も人間である以上、迷宮入の窮地に追込まれたり、犯人を自殺させてしまつたりする。そんな時の彼等の言葉や態度が、僕には高遠な哲学書や聖典を読むのと同等の響きに聴えるのだ。例えば、あの愛嬌たつぷりの坊さん探偵、師父ブラウンがそんな時冗談のようにつぶやいた言葉に、耳を傾けてみよう。
「ねむることじやよ。わしらは路のどんづまりに来た。ねむることはどういうことか、知つているかな。ねむるところのすべての人は、神を信じる人であるということを」。

（吉田睦彦）

◇ ◇

◇今号から大橋千晶さんが参加された（新宿区早稲田南町34精楽舎内）。◇なお伊東文一郎は都下北多摩郡清瀬町野塩29長崎方へ、大塩匀は杉並区上荻窪一の一三一長谷川方へ移転した。◇早いものでロシナンテも次号で20号になる。伊達に年は取らないと云いたいが毒にも薬にもならないような詩誌ではありたくない。ムキになる位で丁度いいのだろう。

（編集部）

[illegible]19号 一九五九年三月一日印刷発行 編集責任者子川誠一 発行責任者石原吉郎 頒価五〇円 東京都世田谷区玉川上野毛町三三八関口方 ロシナンテ詩話会

XX

ロシナンテ

石原吉郎
好川誠一
勝野睦人
岡田芳郎
岸岡正
河野澄子
田中武
小柳玲子
吉田睦彦
鈴木芳子
竹下育男
菅野敦子
佐々木双葉子
木下恵美子

夜の招待

石原吉郎

窓のそとで　ぴすとるが鳴って
かあてんへいっぺんに
火がつけられて
まちかまえた時間が　やってくる
夜だ　連隊のように
せろふあんでふち取って――
ふらんすは
すぺいんと和ぼくせよ
獅子はおのおの
尻尾《しりお》をなめよ
私はにわかに寛大になり
もはやだれでもなくなった人と
手をとりあって
おうようなおとなの時間を
その手のあいだに　かこみとる
ああ　動物園には
ちゃんと象がいるだろうよ
そのそばには
また象がいるだろうよ
来るよりほかに仕方のない時間が
やってくるということの
なんというみごとさ
切られた食卓の花にも
受粉のいとなみをゆるすがいい
もはやどれだけの時が
よみがえらずに
のこっていよう
夜はまきかえされ
椅子がゆさぶられ
かあどの旗がひきおろされ
手のなかでくれよんが溶けて
朝が　約束をしにやってくる

ロシナンテ同窓会展のために　小田久郎氏からメッセージを　いただいた。
20号とともに　記録として　プリントしておきたい。

編集人

「ロシナンテ」と倶に

小田久郎

「ロシナンテ」とは、ドン・キホーテ・デラ・マンチャが乗って風車に突進した馬の名だという。この神の啓示によって得たこよなき雑誌名を冠した「ロシナンテ」グループは、ソビエトの収容所から帰還した四十代の石原吉郎を先頭に、戦後の飢餓の時代をくぐり抜けた好川誠一、勝野睦人ら才能ある十代、二十代の詩人が競いあう清新な詩のトポスだった。

戦後十年の節目に誕生し、動乱の時代を迎える六〇年安保前夜に終息したこの小さな詩のグループに属する詩人たちは、その後、あるものは自死、あるものは自死同然の事故死、あるものは行方不明になって、その多くはさながら無名戦士のように傷つき、親和と異和が交錯する青春の戦場から消えていった。

だが彼らの詩的営為は、埋没したわけではなかった。彼らの裡だけではない。同時代に生きた詩人たちの胸深く、ポエジイの音色をこだまし、体温のように永遠の詩的生命を暖めてきたのである。

三十五年をへたいま、あのなつかしい馬の蹄のひびきが、消えかけた地平線の彼方からよみがえろうとしている。これは単なる同窓会や回顧展ではない。回顧展に名をかりた、詩的青春との再会である。さすれば彼らの周辺にいた私、ないし私たちも、このささやかな祝祭に、なつかしさ以上の詩的真実の証しを汲みとらなければならない。

風車はまわった。詩的青春に向って突進しようではないか。

耳鳴りのうた

おれが忘れて来た男は
たとえば耳鳴りが好きだ
耳鳴りのなかの　たとえば
小さな岬が好きだ
火縄のようにいぶる匂いが好きで
空はいつでも　その男の
こちら側にある
風のように星がざわめく胸
勲章のようにおれを恥じる男
おれに耳鳴りがはじまるとき
そのとき不意に
その男がはじまる
はるかに麦はその髪へ鳴り
彼は　しっかりと
あたりを見まわすのだ
おれが忘れて来た男は
たとえば剥製の驢馬が好きだ
たとえば赤毛のたてがみが好きだ
たとえば銅の蹄鉄が好きだ
銅羅のような落日が好きだ
笞へ背なかをひき会わすように
おれを未来へひき会わす男
おれに耳鳴りがはじまるとき
たぶんはじまるのはその男だが
その男が不意にはじまるとき
さらにはじまる
もうひとりの男がおり
いっせいによみがえる男たちの
血なまぐさい系列の果てで
棒紅のように
やさしく立つ塔がある
おれの耳穴はうたがうがいい
虚妄の耳鳴りのそのむこうで
それでも　やさしく
立ちつづける塔を
いまでも　しっかりと
信じているのは
おれが忘れて来た
その男なのだ

石原吉郎

自転車にのるクラリモンド

自転車にのるクラリモンドよ
目をつぶれ
自転車にのるクラリモンドの
肩にのる白い記憶よ
目をつぶれ
クラリモンドの肩のうえの
記憶のなかのクラリモンドよ
目をつぶれ

目をつぶれ
シャワーのような
記憶のなかの
赤とみどりの
とんぼがえり
顔には耳が
手には指が
町には記憶が
ママレードには愛が

そうして目をつぶった
ものがたりがはじまった

自転車にのるクラリモンドの
自転車のうえのクラリモンド
幸福なクラリモンドの
幸福のなかのクラリモンド

そうして目をつぶった
ものがたりがはじまった

町には空が
空にはリボンが
リボンの下には
クラリモンドが

石原吉郎

アリフは町へ行ってこい

アリフは町へ行くんだぞ
オアフが海へ行くように
釜底帽子はくれてやる
かくしのなかの手は出すな
ブリキの風が鳴る町で
火箸のようにやせてこい
アリフは町へ行くんだぞ
町には空があるだろうが
はだかの並木があるだろうが
旗竿ばかりの大通りでは
帽子のリボンをとばしてこい
ひき臼ばかりの大通りでは
そば粉のようにすすけてこい
棺桶ばかりの大通りでは
猫を死人に投げてこい
太鼓たたきやセロ弾きと
銅貨の裏目をかけてこい
アリフは町へ行くんだぞ
オアフが海へ行くように
アリフは町へ行ってこい
町には笞があるだろうが
大きな牢屋があるだろうが
アリフが海へ行かないのは
アリフにひげが生えたから
アリフの罪が熟れたから
アリフは町へ行ってこい
アリフの塔をたおしてこい
アリフの罪をかぞえてこい
アリフは町へ行くんだぞ

石原吉郎

水平線へ叫ぶ

好川誠一

しめりをおびた麦藁シャッポが落ちている
磯は
蟹の匂いでいっぱい
　　しゅおお　ろろおん　ずああざあ
　　しゅおお　ろろおん　ずああざあ

防波堤がある
燈台がみえる
漁船が
遊覧船が往く
とおい　とおい水平線へ
見分けのつかぬすっぱだかになったら
意味がなくともいい
叫ぼう

がむしゃらに双手を振ろう
いいな
いいな
すっぱだかはいいな
膝小僧のあたりまで
しゃあわあ　しゃあわあ
からみついては去ってゆく
しろい蛇《おろち》ども　その
くすぐったさのなかにひそんでいる
〈生〉
おおい！
おおい！
　　しゅおお　ろろおん　ずああざあ
　　しゅおお　ろろおん　ずああざあ
かき消されても
叫びつづけよう
砂がくずれても
たちつづけよう

海を担いで

銀粉の塩を噴く黒せぴあ
六尺はあろう若ものの
くの字の裸
その背中にたったいま
強烈な一撃
くらった
頭部のそこから
海苔の　網の　ヒトデの　錨の
湿った　風景の一部を担う鮮血が迸り
巨大な鮫が背負われている
海を背にしたいっぷくの午の

　ぼくの寒村　お茶は　玉露を好んだ祖母がめっきり老けちゃいま
してね　さし向いでたべっていたときでしたよ　いきなり　裏の竹
薮が鳴って　なんとまあ　こいつが現れたではありませんか　しか
もそれが　きちんと洋服を着てネクタイをつけ　ぼくを訪ねてきた
のです　故郷は　李の真っさかりで……
　そんなゆめでしたよ

そこまで　さがっている空のなかで

あかごをうたう

せかいぢゅうのははのちぶさ
じゅんすいぬすとのあかごたちよ
こんこん
ねむりつづけることができますか
うみのむこうで
ゆりかごにかなりやはいまも
ないてますか
みどりがあまりにういういしい
あなたたちのかあいいひとみにのみ
どうしてすべてのいざこざばかりがうつってしまうのでしょう
ほら
あれはどこのくにのこもりうた
ねんねこにくびをうめて
ぼたんゆきにほほずりされて
そうそう
しまは
にっぽんのきたぐにです

童話　かぶと虫のお巡りさん

こがね虫がいいました。

「かぶと虫ののろまさかげんといい、かたつむりの看護婦といい、わしはもう、あきれかえってものがいえぬ」

ずんぐりのからだに白いシャツをきて、むねまではいた縞のかたつりズボンが、まったくよく似合う、そんなこがね虫でした。こがね虫は、いちだん高い小えだで、いっぴきの蚊のなきがらをひいてゆくたくさんの蟻をみおろしながら、たいそうふんがいしている様子です。

「じつにまったく憎たらしい、おまわりなんぞに、すいせんするんじゃなかったわい」

花花たちから、したしまれているうつくしい蝶々のおねえさんがおりました。お金もちのこがね虫は、この蝶蝶を、どうしてもじぶんのお嫁さんにしたくてなりません。ですから、幹から幹、枝から枝へと移りつかまりながら、蝶蝶のおねえさんがとんでゆくあとを追いかけ、いっしょうけんめいに話しかけるのでしたが、木木や花花たちは、そうしたこがね虫を適度にきらうので、こがね虫がとまった幹も枝も、そのぶぶんだけ、（それはちょうど、ハエやアブが、うまのおなかのあたりにとまったとき、采配のようなしっぽでは追えないので、そこだけ、そこの皮膚だけふるわせて追いはらうそれに似ています）けいれんさせ、ふり落そうとするのでした。

こがね虫が、蝶々のおねえさんを、いつものように追いかけていたある日のことです。かなたの、とけるようなみどり、とある小えだで、むしんにたわむれていた、しぼりたてのえのぐほどの虫が、にくまれものの蜘蛛の網に落ち、ちいさなからだをせいいっぱいくねらせてはそこからの脱出をこころみるのでしたが……

「どうでもエエじゃないかい、おれたちにゃ、なんらのかかわりあいもなかろうが」

うさんくさそうにこがね虫がいいました。それは、いちはやく気づいたおねえさん蝶がすばやくとんで行ったからです。たちまち蜘蛛と、蜘蛛のおねえさんとの、大乱闘がはじまりました。が、それもつかの間、あまい花の、蜜の匂いをいちめんにただよわせ、おねえさん蝶は

好川誠一

あえなくたおれてしまいました。こがね虫は、そのときはじめて、あのちいさなあお虫が、蝶蝶の前身であることをしったといいます。

木木が泣き、花花が泣きました。

「憎たらしいのは、なんとしてもかぶと虫のおまわりだ。ありゃあいったい、……ええい、わずらわしい、ちったあ泣くのをやめんかい、おなじ泣くなら、そんなに泣きたいのなら、ミゼレーレ（哀願歌）でも奏でろやい！ほんにうるせえ蝉どもだ」

派出所を、とりわけふとい橅の木の、くさった「Y」の字のまんなかに設けたかぶと虫のおまわりが、危急をきいたのはまひるでした。かおを帽子でおおい、うつらうつらふんぞりかえって居眠っていたやさきで、ところもきかずにとび起きると――

ぶるんぶるんぶ
サイレンがわりの翅音たて
警棒わすれてもどり
手錠わすれてひっかえし
はては雑木に激突して目をまわして
かたつむりの看護婦たちに
のったり　のったり担ぎこまれ……

蟻たちの騒騒しさに、なにごとならんと、マカロニみたいな　みみずが、ねむたげなかおを、潜望鏡のようにもたげ、蝉同様、とばっちりをくいました。こがね虫が、りきんで小便ひっかけたのです。

「こがね虫さん、おなげきのこがね虫さん、ぼくたちを恨んじゃいけませんよ　ぼくたちを――ぼくたちはただ、もうどうにも、とりかえしのつかなくなった、なきがらをのみ、いただきにきたのですから……」

こがね虫を仰ぎみながら、きょうしゅくそうに、いっぴきの蟻がいいました。

「ふん、いいさいいさ、なんとでもいうがいいさ、おれが死んでも、きみたちはやはり、そんなことをいってよろこぶだろうからな、いいさいいさ、おれはだれもが憎いんだ」

それっきり、蟻はだまってしまいました。

ねむり草がしずかに揺れています。

マヌキャンによせて

勝野睦人

夕暮の飾り窓の放心の底で
いっそうの放心を装おうとして　おまえは
顔や手足をうす闇に溶かした
腰からしたを脱ぎすてて
おびただしいプラタナスの落葉で埋めてしまった
透きとおったおまえの腹のなかでは
行人の靴音があわただしいが
おまえの依怙地な胸だけは
ついにその　黒い影を外界にそそぎだすことができない
黄昏のかさなる招待のまえにも
だから　かたくなにたちつくすばかりだ
口籠った　なにかのひとところのように

おまえが　わたし達から盗んだものは
わたし達の肩先やこころをながれる
とりわけわびしげな曲線だった
そのためだ　わたし達おのおのの影より
いっそうおまえが人影に似るのは――
ときとして
秋空に浮かぶ一片の雲は
すべての雲に似ているものだ
おまえもそのような形でわたし達を真似る

わたしは　いつからか気づいている
とざされた　わたしの胸の底にも
場末のちいさな坂があり
その角に　仕立屋の出窓が傾いているのを
窓を透かした暗闇に
おまえに似た　ひとつの哀しみがたちつくしているのを
　いやむしろ　「哀しみ」の塑像の
最初の拙《つたな》い習作のような感情
顔も手もまだ目覚めぬままにうち捨てられた土塊《つちくれ》……
そして　おまえを見かける時
その影と　おまえの影とがかさなりあうのだ
丁度一枚の硝子戸を挟んで
ふたつの景色が呼びあうように

夕暮の飾り窓の放心の底に
たたずんでいる　人体模型《マヌキャン》の影よ

やがておまえの背後では
裸電燈の眼が充血してゆき
ひやけしたラシャの服地につもるだろう
その無償の「凝視」が　あまたの時間が――

部屋

ふかい眠りにおちいってしまうと
かれはちいさな部屋になるのだ
時間は粉雪のようにその回りをさまよい
ときおりとざされた小窓を叩く
丁度ひとりの友人が
ふとかれの肩に手でもかけるように……
すると静まりかえっていたかれのなかで
誰かが寝がえりを打つけはいがきこえる
裸電燈の眼が一瞬しばたき
食卓に据えた灰皿から吸いさしがころがる
――そのように　かれの眠りの底へも
なにかがころげおちてゆく物音がきこえる……

やがておもい扉が軋み
ひとりの男があらわれる
くろい外套を羽織った顔のない男が
そうして　ああ　かれにつづいて
無数の人影が戸口にたつのだ
鍔のひろい帽子をかぶり　紙屑や木の葉をまとって
それからなにがなされるのか
とおく柱時計の咳がきこえる

いまかれの意識を
踏みつけて通りすぎて行くおびただしい靴音
テーブルがはげしくゆさぶられ
追憶が契約のようにとりかわされる
おおきな状差の影が壁からぬすまれ
しきりに封書が読みかわされ
床が鳴り　地球儀がまわり
あちこちで沈黙が皿のように砕ける

ときとして　だが母親は耳にする
息子の夢のなかのなにかあわただしいけはいを――
彼女はとぼしい明りを手にして
ながい階段をのぼってくるが
かれはひっそりとしたやはりひとつの部屋だ

勝野睦人

そのかたすみに
ちいさな夢の鍵穴をみつけて
そっと彼女はのぞきこむ
そうして　いま
かれの眠りの一角に
赤いランプの火が揺れているのを見ると
安堵の踵をかえしてゆくのだ

※

翌朝はやくかれは目覚める
すると　かれのこころの底に
数枚の木の葉がちっている
いぶかしそうにかれはそれを手にして
その日も　学校へ出かけてゆく

LA NATURE MORTE II

わたしのいかりには注《つ》ぎ口がない
わたしのかなしみにも注ぎ口がない
だからわたしは　できるだけ
ひっそりと自分をもちこたえていたい
けれどもあるひとのひとつの言葉が
けれどもあるひとのひとつのしぐさが
いかりをはげしくゆさぶるのを
かなしみにかなしみを注ぎそそぐのを
わたしは　どうするすべもしらない

そんなとき
いかりはいかりのおもてをつたい
かなしみはかなしみの縁までせりあげ
めいめいに
めいめいの形象《かたち》にこだわることしか
めいめいの周辺をぬらすことしかできない

そしてわたしは　どこからか
一枚の布ぎれをみつけださねばならない
この　こころの不始末をふきとるために
べつのあたらしいひとつのこころを
またあたらしくよごさねばならない——

書簡

御無沙汰申し分けありません。僕は明後日の朝上京します。こちらで嫌な事ばかり続出した後ですので、あなた方にお行き合い出来るのがとても楽しみです。詩のことはここ二十日程、故意に忘れていました。だから今度のロシナンテにも、旧作を載せることになりそうです。

そちらはもうすっかり暖かでしょう。信州もぼつぼつというところです。でもこの土地の魅力的な時期は、なんといっても二月頃ですね。土地全体がいくつかの丘陵から出来ているので、それらがむき出しの時がよいわけです。夏には樹木がおい茂るために、輪郭が見失われてしまいます。

僕のアトリエの窓から見える図のひとつは、獣の背中を思わせます。田中武好みの不気味なものです。中腹は桑畑と雑木林で被われ、頂の一部分だけが墓地になっています。大小数々の石塔がずらりと並んで、夕日に白く浮き出している様なぞ、見方によっては美しいものです。この土地には、こういった墓地がいたる所にあります。竹藪の陰、坂道の脇、段々畑の片隅などに、五つ六つの石塔を並べただけのものもあれば、傾斜地を一面に埋めつくしているのもあります。どちらの印象もしかし明るく、はればれとしています。薬屋根や水車と同様に、すっかり自然の景物になり澄ましたこの石の群は、もう個々の死者のことなど忘れているようです。ときとしてそんな一群にまざって、馬頭観音の石碑があります。又、殆んど形をなさない地蔵像もみえます。こうしたものたちをじっと見ていると、素朴な人々の信仰が、石というものにどれ程たやすく結びつくものかが、わかるような気がします。石の依怙地な沈黙ほど、人間をなぐさめてくれるものはないようです。では。

（S32・4・2）

別に用事もないけれど、またはがきを書きます。今日の午後はじめて外出しました。おおきなマスクをかけ込んで、喉のところをぐるぐる繃帯でまいて……。ところでポール・フォールの「恢復期」ではないけれど、こういう時の視界の鮮かさは、不思議ですね。何かめまいに近いものを感じる程の日光の量、街路樹のくろい影、日よけのシートや洗濯物のまるで妖精めいたはためき、アスファルトの道のかすかな凹凸──そういったすべての景物のうえには、なにか消毒薬めいた匂いが流れていて──（ひょっとしたら、それは僕のしていたマスクの匂いだったのかもしれない）……どこかしら息がつまりそうで……その癖いつもよりかえってせかせかとしか歩けず……これは僕の感覚器官のどこかが故障したのかもしれない、などと思った程です。そしてふと思い出したのが、また梶井基次郎のことです。「夕陽は郵便受けの中へまで射し込む」（「冬の日」の一節）としるしたあの彼の目は、こんなところにあったのかな、とすれば、あの一行が単なる描写を越えてしまって、作者の心の方を逆に照らし返している不思議もわかりそうな気がするけど……。そんなひとりよがりのもの思いに沈んで、今日一日を過ごしました。では。

（S32・6・9）

三羽のカラス

岡田芳郎

ムツト　セイイチ　ヨシロウ
ロシナンテの三羽烏が
今日うちの庭に来て
いちばん大きな柿の実をかわりばんこに
ついばんでいった
大きな声ではしゃぎまわるヤンチャな鳥　あれが……
頭がうすい威厳のある鳥　あれが……
うしろから遠慮がちに枝に止まり　品良く
一口ついばんでいった鳥　あれが……
それはそうと　いまもたぶん生きてる
メガネのカラスはずっと音信不通だ
長いこと……もう30年も
名馬ロシナンテは裏小屋の藁《ワラ》の上　寝そべって昼寝したままだ
きみたち　思ったとおり　いつまでも
ぼくらといっしょにいるね　倦きずに
きみたちが輝やくとき　ぼくも元気だ
きみたちがしょんぼりみえると　ぼくもしょげる
だから　きみたち
明日もまたうちの庭に来て
大いに騒いでくれたまえ
そうするとぼくもやっと目が覚める
生きてることも悪くないと思える

――1992・11・12

ミラボー橋

――ギョーム・アポリネールとマリー・ローランサンに

（その時ぼくが女に、あなたは絵だと言うと、女が
ぼくに、あなたは詩だと言った――「三四郎」漱石）
腕くんできみたち　セーヌを見下しているうしろ
私は走る
二人できみたちかわす誓い
私はぬすみ聞く
ミラボー橋　殺風景な長い橋
長くよぎるきみたちの影ふみ
私は走る
ギョーム　きみの生は刺戟的か
マリー　あなたのこころは平和か

ギョーム　いかがわしさと思いつきと実験精神の兄
マリー　甘いファンタジーと自由な生き方の姉
私は羨望し同じ夢　ねがう

きみたちのいさかいの声　私はきく
別れの姿　私はみる
ミラボー橋　おあつらえむきに　遠く鐘が鳴る
私の夢　夢のまま
ミラボー橋　欄干に頬づえつく腕の下
セーヌの流れ　茶色くにごり
きみたちの映像がき消えてゆく

ギョーム　かえしてくれ　私に　驚きを
マリー　かえしてくれ　私に　やすらぎを
かぐわしいことばと色彩の乱舞する日日を
きみたち　もういちど結びついてくれ
私をなかだちに
ミラボー橋で　美しい五月に
岡田芳郎

蒐書あれこれ

岸岡 正

初対面の人に「ご趣味は」と聞かれるとき私はいつも、読書ですと答えることにしている。しかし、「いいご趣味ですね」といわれると、ええ、まあと口をにごし、あとは苦笑いになってしまう。

読書が趣味というのは嘘偽りのないところで、何も照れたり、恥ずかしがったりすることはひとつもないのだが、読書に付随して生じてくる物理的現象については、何とも肩身の狭い思いをしているからである。つまり、読み終わった本が、あるいはいつか読みたいと思って買った本がだんだんと溜まって来て、書斎から寝室へ、寝室からリビングへと侵蝕を始めてきたのである。

趣味と道楽の違いが他人に迷惑をかけるかどうかにあるとすれば、私の読書はむしろ道楽と呼ぶべきかもしれない。

いつの間にか溜まってしまった本の大部分は、どこでも手に入るありふれたものだが、それでも、私にとっては忘れられないものが何点かある。

例えば、井伏鱒二の「厄除け詩集」で、昭和二十七年二月一日、木馬社刊、限定三五〇部の内八十八番である。

表紙は竹の葉を梳き込んだ、当時としてはなかなか贅沢な作りで、本文はセピアと黒の二色刷りになっている。

手に入れたのは二十九年頃、古本で三百円程であったろうか。当時、もりソバが十五円で、アパートで一人暮らしの貧乏学生にとってはきつい買い物だった。

処女作「山椒魚」以来、一貫して井伏文学の中心を流れているものは、人肌のぬくもりともいえる暖かみのあるユーモアとペーソスだが、この「厄除け詩集」にはそのエッセンスが見事に凝縮されている。

今宵は中秋名月／初恋を偲ぶ夜／われら万障くりあわせ／よしの屋で独り酒をのむ

冒頭の「逸題」という詩の一節だが、むしろ、人口に膾炙しているのは創作とも言える訳詩であろうか。

コノサカヅキヲ受ケテクレ
ドウゾナミナミツガシテオクレ
ハナニアラシノタトエモアルゾ
「サヨナラ」ダケガ人生ダ

これらの詩がどれだけ、若い頃の私の孤独を慰めてくれたことだろう。後年、幸運にもある知人のつてで氏の署名を貰うことができた。

同じ頃、若い私が強烈な印象を与えられた歌人に斎藤茂吉がいる。

あかあかと一本の道とほりたりたまきはる我が命なりけり

かがやけるひとすぢの道遙けくてかうかうと風は吹きゆき

にけり
　野のなかにかがやきて一本の道は見ゆここに命をおとしかねつも
　第二歌集「あらたま」のなかの一本道の連作の一部。ちょっと気障な言い方だが、魂を揺さぶられるような感動を受けた。
　「あらたま」といい、処女歌集「赤光」といい、とても貧乏学生の手に負える代物ではなく、二十七年に岩波から出た全集第一期二十五巻を長い期間をかけて集めたのだった。
　また、傾向はまったく違うが、青春の情熱を精一杯歌った歌人として、私は、高校から大学へかけて、吉井勇の短歌に夢中になった一時期があった。今手元にある「鸚鵡杯」は昭和五年太白社刊で、これ以前に十数冊の歌集があるが、勇が序跋を入れた初めての歌集である。そして「酒ほがい」的な艶冶な歌い口を残した最後の歌集でもあった。
　かの君の言葉のなかにある刺は薔薇の刺より痛かりしかな
　ほのかなる薔薇のにほひのなかにいて死を思ふより楽しきはなし
　長野へ出張のおりに松本の古本通で求めたもので、筆で勇と署名がある。
　私宛てでないのが残念だが、艶やかな、踊るような、胸を張って颯爽と街を行くような、まるで彼の歌そのままの見事な署名である。
　対照的なのは金子光晴で、彼の署名にはどんな妥協も許そうとしない厳しさが感じられる。
　私が金子光晴の名を知ったのは高校二年の時だった。同級に当時宮沢賢治全集の出版で有名だった十字屋書店の息子がいて、おまえは詩が好きそうだから今度うちで出した詩集を持ってきてやったよ、といってくれたのが金子光晴の「鬼の児の唄」だった。三百部限定の八十九番という代物で、今では私の貴重な蔵書の一冊だが、恥ずかしいことに当時の私は光晴について何の知識も持ち合わせていなかった。そのうえ、困ったことにこの詩集はやたらと難解だった。
　今にして思えば、この難解さは日中戦争、太平洋戦争と続いたあの言論統制の厳しい時代に、反戦の詩を書き続けるための韜晦の手段だったのだ。
　若いときからヨーロッパや東南アジアを放浪し自由主義を満喫した彼の精神は戦争中もついに軍部に迎合することがなかったのである。
　署名本「よごれていない一日」は昭和四十四年あいなめ会の出版である。著者七十三才の頃の署名ということになる。紙数の都合で詩の引用は省略するが、この詩集にはもう前者のような難解さはない。今日の自由な空気がそうさせたのであろうか。詩語というよりは平俗語を好んで使っているのは、やはり現代社会への抵抗の姿勢であろうか。私は強烈な自我に支えられた一個の精神をこの署名に見るのである。

岸岡　正

民話　己許太可奈之伎《ここだかなしき》

河野澄子

むかし、この辺り（武蔵野）の多摩川のほとりに高麗人《こまびと》達が住んでおった。高麗人《こまびと》というのは、遠く朝鮮の高麗から海をこえて日本へ渡って来た人達のことで、いろいろ優れた技を持っておったそうな。中でも麻で布を織ったりする事が得意で、毎年それを調布として奈良の朝廷に献上しておったと。

その頃、この辺りの河原には麻やからむしが一杯生えていて、それを刈り取ってはひいて糸に紡いで、「とんとんからりん」と機織りをして、それから多摩川の澄んだ流れに晒し、日に晒して、白い布に仕上げるのが女達の仕事だった。

その高麗人の村に機織りの上手なゆうという美しい娘がおった。ある日のこと、村の娘達が、それぞれに織り上げた布を多摩川の流れに晒しておった時、川風にのって娘達の唄声が川面にひろがって行った。

さらさら　さらさら
布さらす
さらさら　さらざら
水はゆく
さらさら　さらさら
主《ぬし》のもと
いとしや　さらさら
主のもと

その楽しげな唄声を、丁度川下で漁をしていた一人の若者が聞いたんだと。それは和泉村の作造という、働き者の日にやけて逞しい若者だった。作は生い茂る葦や萱の間から伸び上って娘達の方をじっと眺めたと。

その時、川の中に並んでいっせいに布を晒していた娘達の一人が、ふっと誰かに呼ばれたような気がして、思わず顔をあげたんだと。まあ、その顔の色白で愛らしかったこと！それは黒髪も黒い瞳も美しいあのゆうだった。作は、それっきりぼうっと娘に見とれてしまうし、ゆうも若者を一目見て、ああと思った。

それからというもの、作は毎日毎日はり切って漁に出かけ、葦や萱の茂みの陰から、布をさらす娘達を眺めやっては、その中にゆうの姿をさがすのがなによりの楽しみになった。キラキラまぶしく光る川の流れの中で布を晒す娘の白い手足、陽に輝くような長い黒髪、美しいゆうの姿にうっとり見とれては、一人ため息をつく日が続いた。だから、ゆうの姿が見えない日などがあると、「あの娘《こ》がおらん。どうしただ。病気にでもなっただか」と気がもめてもめて、そんな日は一日中ただの一匹の魚もとれん作だった。

そんなある日、どこからか二羽の白鷺が現れて、仲むつまじく連れ舞い乍ら、後になり先になり川を下ってゆくのを見て、作は「ひらひらひらひら、まるであの娘《こ》のさらす布がとんで来て舞ってるようだ。ああ、おらも鳥になりてぇなぁ。あんなふうにあの娘《こ》と一緒に舞いてぇなぁ」と思ったものの、何としても高麗の娘に言葉などかけられるものでなかった。

そうこうするうち、村の若い衆が作の恋患いを見るに見かねて、こんな歌を皆んなで歌って元気づけてやったそうな。

たま川に　さらす手づくり　さらさらに
なにぞこの児の　ここだ愛《かな》しき

そうして、それからこの若者達のはやす歌が村中にもてはやされて、いつか高麗の機織り娘達まで

たま川に　さらす手づくり　さらさらに
なにぞこの児の　ここだ愛《かな》しき

と声を合わせてにぎやかに歌う様になったと。

川下でそれを聞くと、作は小躍りして歓んだ。力が湧いてきた。夢我夢中で川上へ舟をこぎよせると、ゆうに向って歌い返していた。

たま川に　さらす手づくり　さらさらに
なにぞこの児の　ここだ愛《かな》しき

とうとう思いが通じた作とゆうは、それから幸せに結ばれて、想いのまゝに連れ舞うあの二羽の白鷺のような、仲むつまじい夫婦になったとさ。

おしまい。

狛江万葉歌碑（東歌相聞）
多麻河泊爾　尢良須弖豆久利　佐良左良爾
奈仁曽許能児能　己許太可奈之伎

河野澄子

日一行語群

田中 武

一九八六年一月

1 薄目を開けて見る　山の隈
2 溶けやすい半島　飛白の町
3 棕櫚の芽立つ空　雪を抜いて（とくに女は　激しい露頭）
4 家じゅうのあらゆる所に被覆の剥げた電線が通じている
5 他者が擦りつける異層の空気　浮遊塵
6 他界は遠くて　とても近い　身に重なるように
7 玉葱のようなものが芽をふいて階段を駆け上がってくる夢
8 雨風の日と雪の日が交互に命にふれて消える
9 家のどこかがいつもうんうん唸っている　どこだ　場所を特定しようと
10 蜂が巣を組んでいるようだ　床下か　天井裏か
11 往き来する小さいものたちの棲み家　はるかにつづく土手の
12 びっしりと草の根が絡まっている闇に
13 押し入れ　家具の裏　家の隈々が繋がっている
14 繋がって震える闇の被膜を照らす太陽の熱　それが伝わっている
15 闇が発芽してくる　家のあらゆるものの裏に　臭気が洩れる
16 洩れやすい臭気を密封して私たちは慎重に笑う
17 雪が陽に削られるように細くなって
18 押し入れから一筋の流水が外へ向かっていく
19 流れていくのは何だ　貝　鰯　蟹の類
20 誰のものでもない死骸が支《つか》え支《つか》えいく
21 その死骸にまたがって　家のなかを戸口へ　じりじり移動している
22 北から南へ　腐敗のほうへ　そこから先はみごとな青空だ
23 食卓のような縁をもつ崖　ぶなの樹が横倒しに
24 明るい視界の向こうに猿がいる葉群をゆすって
25 幅数百メートルの空気の層が徐々に移動している
26 鳥が騒ぐ　谷底に散らばる岩　斜めの日光
27 水はつづまって走る　外世界へ向けて音がする
28 雷鳴のむこうにある村　道が粉をふいて跳ねる
29 杜　屋根　煙突　アンテナ　窓　後ろむきの事物たちへ
30 巨大な煮えている暮らしの鍋の後ろへ出現する
31 部屋はまだ唸っている　遠い他界の樹とつながる環となって　くらがりが唸っている

一九八六年二月

1 脆い入れ歯のように氷柱ががらんと落ちる
2 梅の梢にラジオを吊して　柔らかい雪が降る
3 じつに細かい陰影の花びらを刻んだ雪の胎内を飴のよう

な水の流れる
酸化　愛に近いものがしだいに腐敗の度を深めていく
毎晩のようにたてつづけに蜂に刺される夢をみる
山腹から突き落とされる木材のように目覚めて
擦りむけの掌で魂を尻へ押し込む
散乱するごみの町に乾いた窓を開く
指を浸すほどの小溝をさかのぼる泥鰌
袋小路から車が虫のように湧いてくる
行くぞ蚊柱たてて　境界線を突波して
市場に泳ぐ寒鮒　藻えびの類をすりぬける
今朝はまた泣き面の車ばかりだ
道路は右に左におのれを消す砂漠を求めて
ついには水溜まりの傍らでとぎれる　追跡してきた町も立ち止まる　水溜まりの砂漠に雪が降る
融けながら雪が降る　この頽廃
硬い鉛筆で突つく紙の面　裏へ埃のように雪が付く
言葉を暮らしの上に　浮かべる　どんな水の上だ
底から渦が上がってくる　対流が起こっている　どこかで雨水が流れている
言葉は縁からにじみながら動いていく　その方角
形を失って　とろりとした塊となって沈みながら
洞穴に射すひかり　どこまで透過するかペースト状の闇
地底へ吸われ　ふいに山頂の窓をひらく
空白を噴く泉　たちまち意味の影を負って下る
草の根を掘り　花を揺るがす流れ
山頂を襲う洪水　逃げ遅れた豚の死骸
泥の下から再び騒がしい町が頭をもたげてくる
夥しい朝が大ぶりな雪片となってふってくる　猥雑な湯気をたてている土地　消えてゆく喜び

一九八六年三月

赤が目にしみる　雪の日の自動販売機
長い竿で屋根の雪を掻き落としている男はひょうきんな酒飲みで生きることに懸命だが
どたり　ホットコーヒーは死体のように落ちる
粉雪の向こうで絞られた袋の口のような青空がある
光圧に緊められて隈を浮かす雪の嵩
通廊のような道路を目いっぱいの華やかさで雪がふる
粗壁の乾いた色温が曇り空に面をつき合わせて
つつ抜けの路地を竹薮が塞ぐ
その灰緑色のかたまりが含む複雑な思考のちらつき
その奥行きの果てで射す日光　ずり落ちる雪　飯を食う家族
季節がそちこちでめくれ上がる　紙くずと層をなす枯れ草
小流れ　小流れの底の枯れ藻
縮まりつつ広がる　空間のせめぎあい
水に　わずかな湯を注いだように空気が動く
淡い夕焼けが町と鉄塔と自動車と木立ちを包んで始まる星の移動痕がみえる

驢馬を飼う
——詩人挽歌

小柳玲子

むかし　一人の詩人がいた　団地の三階に住んでいた　すばらしい詩を書くことができた　驢馬を三匹飼っていた　誰も驢馬を見なかったが（詩人の持ち物はいつの世でも見えにくいのだ）　驢馬の一匹は「きょむ」と呼ばれた　しみのような儚いけものだ

死は大きな帽子をかぶり　団地の辺りをめぐり歩いた　朝に一つ　夜に一つ　どこかの椅子へ坐りこんだ　死はいたって陽気だった　死は泣かせる　ことが得意だった

詩人がいた　驢馬を三匹飼っていた　彼の親しくはない友だちが、そのまた友だちにそういったのだ　詩人はなにがしかの荷物を驢馬に負わせた　それは年とともに重くなり、驢馬も詩人もキィと泣いた

死は大きな帽子をかぶり　団地の外梯子を登

っていった　死は浴槽のタイルに坐り　死はふんだんに湯を流した　とめどもなくシャボンは泡になっていった　死はなんでも流すことができた　死はまたなんでも思い出すことができた　浴槽の中でちょっと笑った

むかし　一人の詩人がいた　驢馬を飼い　その一匹は「きょむ」といった　友人が大勢いた　その一人とも親しくなかった　すばらしい詩を書くことができた

死は大きな帽子をかぶり　浴用椅子があるというのに　詩人の上に腰をおろした　詩人は驢馬に荷物をのせた（きっと慌てていたのだ　荷物からシベリアじゃがいもが五つか六つ転がり落ちた）詩人は驢馬をあげるといった　死は「要らない」といった

「きょむ」は排水口から夜の底へ　詩人は目を閉じ「きょむ」の背に　死は大きな帽子をかぶり　「要らない」といった

紐

吉田睦彦

切った紐を
元どおり繋ぎ合わせて
するすると延してみせるのは
手品師のよくやる手だが
たん瘤つくって
結んだ証を残すのが
せめてもの生甲斐というものだ
紐は瘤だらけになって
瘤は手垢でまっくろになって
それでもひとすじの紐は
ひとすじで
重量もかわらないが
また切ったふりして
また結んで
またひとつ瘤がふえ
忽ち短かくなっていくのだ

空蝉橋

太陽が昇るのを右にみて　橋をわたる
むすうの中のひとつの椅子へ
追いたてられて橋をわたる
あおざめた　太陽が沈むのを右にみて
もうひとつ自分の椅子へ
くりかえし橋をわたる
向うへわたる橋は
またこちらへわたるための
わたりかえす　歩行をささえて架る
饒舌の時間と
無言の時間へのかかわりだけで
橋はわたらねばならぬ
わたるときの
さざなみのようなドップラー効果は
ひととき　排泄の快感をさそい
空蝉のむなしさへたたずませるが
橋はシーソーのように傾いて
いつまでもしがみつくのを許さない

とおくふりかえり
その距離へしらじらと　橋をわたる
橋をわたっていきつこうとする

電　話

受話器耳におしあて
男　ダイヤルまわす
だれかとだれかが
聞えない言葉でしゃべっている
ほかのダイヤルまわす
ほかのだれかとだれかが通話中
またダイヤルまわす
受話器
男の言葉を拒絶しつづける
それで　男は言ってやる
だれかとだれかに
言ってやる
≪バカ　カバ　まぬけ
　へっぽこまんじゅう　カボチャ
出っ歯　葉っぱ　ヨーロッパ
ついでに便所のスリッパ

すると　突然
男の耳に通じないはずの
だれかの言葉がとびこんでくる
≪スーリッパはきたないよ
　ヨーロッパの街角で
出っ歯のはげあたま
まんじゅう食べてみな
　なっぱはみどりいろ……
そんな言葉でしか
答えないだれかやだれか
男　腹を立て
受話器　がっぷりくらいつき
いっきに呑みこんでしまう
男　こんりんざい
言葉なんか
しゃべるもんかと思う
ところで受話器
男の腹の中でしゃべりだす
≪言葉しらないダメ男！
≪言葉しらないダメ男！

蜥蜴

鈴木芳子

この頃　老婆は蜥蜴となり　私の左耳を住処にしている。古いベッドとポータブル・トイレ　14インチのカラーテレビが置いてあるが　鼓膜が破れんばかりにテレビの音量をあげて　神妙な顔つきで英会話レッスンを眺めていたりする。湿布剤と薬漬けの糞尿の臭いが入り混じって　早春の空の方へと漂ってゆく。庭はいつも踏みしだかれたように荒涼としていた。鉄パイプや丸太が土中深く突き立てられ　吊り渡された竹竿の先には縮んだ夢が　継ぎのあたったパンツやおしめが　風をはらんで読経のように唱っていた。酒や醤油の一升ビンが放心の庭に転っていた。南天の枝にピンクの薄い毛布が　マントのように被せられていたこともある。老婆にとっては
ひとつひとつ理由のあることらしいが　私はいつもドキリとさせられる。廊下にパシャリと水を撒いて　泳いでいたりする。今宵左の耳は鬱蒼として　闇に閉ざされている。安息の枝に凭れて　老婆はまどろみながら　私をドキリとさせる最後の演出を　思いあぐねているのかもしれない。

白い折鶴

至急　至急　お知らせします。
お兄さんは　駆けまわって
わたしの胸を　どんどん叩く。
新潟県燕三条から　泣かんばかりの
お知らせを　届けてくる。

〈トキイが　癌になりました〉
〈血管を潰して　脳腫瘍を摘出しました〉
〈頭蓋骨を　かぶせました〉
〈奇蹟的に回復して　退院しました〉
〈突然　高熱を発しました〉
〈また　同じところに腫瘍ができて……〉
〈摘出をして　コバルト治療をやっています〉
〈頭に水がたまって　パイプを通す手術をします〉
〈頭いっぱいに　小さな腫瘍が噴き出しました〉

黒磯始発宇都宮行。十一時二分発の車内はガランとして　秋の日差しが優しい陰翳をつくっている。何気なく向いの席に眼をやると　臙脂色のシートの日溜りに　小さな白い折鶴が俯向いている。ああ　三ノ町病院のベッドから飛んできたのね。わたしの前に着地して　じっと頭を垂れている。

打たれ　打たれて
飛びたてない悲鳴。
とめどなく　はびこる不安
の蔓に縋って
いのちの揺らめきを見つめている。
わたしの掌の中で
悲しみにうなだれた
恩寵のような
白い折鶴。

鈴木芳子

影

竹下育男

そこの路地を右へ曲ったところに、今どきめずらしい木造二階建てのアパートがある。

見るからにくたびれていて、部屋も半分位しかうまっていないようである。そこに、しばらく前から老人と娘が同居している。七十歳ほどの不精ひげをはやした小柄で貧相な顔をした男と、胸もとが発達した丸顔の元気のよい娘である。

祖父とその娘という組み合わせにみえるが、近所の情報通によれば全く赤の他人だそうだ。

大通りの角にあるパチンコ屋で、私はときおりその老人と会うようになった。問わず語りにきくと、二人は万引きと売春でくらしているのだという。私のような他人にそんなことをもらしてもいいのかと問いかけると、秘密というのは面倒なものでね、一人位だれかに聞かせておかないと身がもたない、とあっけらかんとした調子で答えた。私はよほど風変りにみえたのか。

それからしばらくして、私は何となく彼等の部屋へ出入りするようになった。

ごみ箱のほかには何もない素っ気ない部屋に、ある晩、別の娘が訪ねてきた。高校の制服を着ている。その娘の顔立ちが私の眼をひいた。

眼差しが細く切れ長で、鼻すじがとおり、うりざね顔のまるで能面のような顔である。色白で美人といっていい。彼等が談笑していると、ここが何となく遠い昔のわびしい里の一隅であるかのように思われた。

その高校生の唇の形もみごとである。ほどよく厚みをもった曲線が上方へ湾曲していて、彼女が笑うと眼もとがいっそう細くなり唇の線がしなやかなカーヴを描く。

ただ、笑い声が異様である。

高い声となって、ギヤハハハという音を立てる。人間ばなれのした野獣のような声である。軽く笑ったときでも、トーンは低くはなるがギヤハハハという音が響き、私をとまどわせた。

老人は早寝早起きが日課のようで、夜は九時頃になると眠ってしまう。私も含めて四人が狭い部屋で酒もりをしていると、まっ先に老人が横になりいびきを立てはじめる。よく眠れるなと私が言うと、娘は遅く帰ってくるといつも寝ているから口惜しくなってたたき起すこともある、と言う。

娘は、たたき起した老人にむかって夢を語るのだそうである。

今夜の客のこととか、ホテルの玄関先にいたのら猫のことだとか、とりとめもない話をはじめる。そのうち大きなナイフを取り出して猫を引き裂き、客の股間を突き刺す。生あたたかい血の匂いに染まった夜を、おとぎ話を聞かせるように老人の耳へささやく。その話を聞きながら、老人はいっそう深い眠りへ落ちていく。


私は、六十年もこの街でくらしてきた。

今は失業中だから、かつて忙しそうに歩きまわっていたこの街を好きなように徘徊することができる。私は坂が好きだ。変化と予兆を感じさせるためか。

この街にはいくつも坂があり、若松町から早稲田へなだらかに曲がり下る夏目坂が名高い。裏通りには名もない細い坂がいくつかあって、私は散歩をするとその坂の下へたどりつくことが多い。散歩の終りにこの坂を登るのは、ちょっときついときもある。

今年は九月のはじめに残暑がぶりかえした。三十七度というとんでもない暑さだった。

それから一週間ほどたって、やっと涼しい日があらわれた頃、私は夕ぐれどき人影の少ないこの坂の下へついた。

坂を登りはじめると、前方に彼岸花がかたまって咲いているのがみえる。ゆっくりとした歩調で登っていくと、坂の上から人影が下りてくるのがみえた。

淡い紫のワンピースにハイヒール姿の娘である。うつむき加減に小走りに下りてくる横顔をみて、ふと息をのんだ。あの能面の高校生である。赤く塗られた唇がちらと浮かびあがった。

ふりむくと、娘はワンピースの裾をなびかせて夕やみへ吸い込まれていった。

キルトについて

菅野敦子

なにを　とりこめようと
一針ずつ　縫いとったのだろう
雨の窓辺で　鈍くゆがんでいる遠い樹々を
そっとすくいとる　あなたの指さきに
どんな吐息が　かくされていたのだろう

キルトが　あたたかいのは
ほんとうは　いつも
やさしさの裏に
哀しみが　よりそっているからかもしれない
それぞれに　重い　小さな過去を
端ぎれのように　組みあわせて
声にならずに　散っていくことばを
花びらのように　かさねあわせて
ある時　ふいに　沈黙の中から
おおきな翼をひろげて
あざやかな鳥がとびたつのを待つ
——きれぎれの時を拾いあつめても
心をみたすだけの　どのようなかたちも
もう　あらわれることはないと
知りぬいていながら

雨の午後　見馴れた地図のように
わたしをとりこむ　あなたの世界
窓辺の並木が
はるかな地平で　とけあうように
わたしは　いつか
こっそりと
あなたと　手をつないでいる

かくれんぼ

ひとつ　ふたつ　みっつ
十かぞえて　立ちあがったとき
みんなは　もう　いなかった
（どこかで　洗濯物が
ゆっくりと乾いていく　秋の午後）

木立ちを　一本ずつのぞき
窪地をめぐり
さがしても　さがしても
だれもいなかった
ほんとうに　ひとりなのだと
のみこむまでに　陽は落ちはじめて
とうに　夕暮は　迫っている

もしかして　はじめから
だれもいなかったのかもしれない

かくれんぼしようと　いったのはわたし
おにになったのも　わたし
かくれていたのも　たぶん
わたしだったのかもしれない

そうして　気がつくと
闇が　ひとところ薄れるあたり
ひとのかたちをしたものが
そっと立ちあがる気配がするのだ

菅野敦子

春《はる》日《び》

佐々木 双葉子

前線が停滞中なので
東林間九丁目の井上石材店では
男が石を抱いている

私の墓石はどこですか
とっくに予約も済ませたのに

「陽《ひ》がふらないので……」
暗い石は削れないと男が言う

昨日《きのう》は朱色の雨でした
一昨日《おととい》はサファイアブルーの風でした

そのうち
みんな自分を連れて家出してしまったので
猫だけが棲む窓辺では
日ごと
男が抱く石が大きくなっていく音がする

そして
ある日
燦燦とふる陽の中を
男を抱いた岩が墜ちてくる

私の墓石はどこですか

小鳥の骸

木下恵美子

小鳥の骸《むくろ》は軽かった
少年の掌《てのひら》に

小鳥は
罠にかかった　その瞬間まで——
あらゆる抵抗をなくした　その瞬間まで——
小さい　いのちのありったけを
飛翔《ひしょう》しつくした
その美声で　天の極《きわまり》までひびけと
声を限りに　ひたむきに　歌いつくした
〈あるときは　たちけぶる　朝霧を
　かいくぐって〉
〈あるときは光の真昼
　金の粉を撒きちらしながら〉
罠にかかって　その一切が終って
少年の掌にのこった　その骸は
もう此の世には
何ほどの　ものものこしてはいない
何ほどの　意味をも……

死のもたらした　空しい軽さだけが……
わずかに　たゞ……

×××××　×××××

小鳥の骸は重かった
少年の心に
その重さは
小鳥の死　死　そのものの　重さ——
死の沈黙の
死の暗さの
死の不可解の
《ゾリンゲンの刃物》のような
冷い　底しれない……

その重さは
悲歌から嗚咽《おえつ》に
嗚咽から慟哭《どうこく》に
慟哭から号泣へと
姿を変え　ますます
ずっしりと　重量を増して
ひとしれない少年の　心の深みへと
屈折していくのだった
そしてやがては
消え去ることのない
いつまでも癒えることのない
かわいた　痛みへと　結晶していくのだった

沈　黙

沈黙とは
翼をたゝむこと
傷ついた水禽《みじどり》のように
——じっと身じろぎもしないで

沈黙とは
きゝわけのいゝしぐさで
うなだれて睫毛《まつげ》を伏せること
——唇を貝のように　固く閉ぢて

そして
沈黙とは

やりばのない心を
かくまうこと
すゝり泣きなぞ　しないように——
狂おしげに　うめかないように——

かくまうところが
ほしいのです

やりばのない心に
ふさわしいほどの
ぴったりの大きさの
どこかに　秘密の　可愛いゝ
隠れ家が　ないものでしょうか

木下恵美子

ロシナンテ20号 1993年5月17日発行
発行所〒103 東京都中央区八重洲1―2―6 アトリエ夢人館内ロシナンテ詩話会 Tel03-3274-2750 定価500円

あとがき

１９５９年3月1日に１９号を発行してから３４年経った。ロシナンテはその後も同人の心の中に生きていて、酔狂にも２０号を生み出した。同窓会展を5月１７日から２８日まで小柳玲子のアトリエ「夢人館」で開くこととあわせ、数十年ぶりにロシナンテの仲間と会う日日が甦えった。ロシナンテは、われわれの青春であり、まさしく同窓会は瞬時にお互いを２０才の頃にひきもどす。石原・好川・勝野の３人は得だ。ロシナンテの時のままの若さで、われわれの間にすわっている。詩を書きつづける人も、書かなくなった人も、かつてこの舞台で楽しんだことを大事な１ページとしている。この号が人生にちょっぴり懐近感をあたえてくれるとすれば、それも味のある出来事だ。

ロシナンテ一周年記念号の扉に石原吉郎は書いた。「僕たちはみんな、まだあたたかい霧のなかにいる。やがて、霧ははれるだろう。」たしかにいちど霧ははれたが、３７年たった今、ぼくらはいっそう深い、青春とは別の霧の中に入ったようだ。 （岡田芳郎）

ある日「ロシナンテ」同窓会展なる詩画展をやろう、ということになり、加えて「ロシナンテ」二〇号を出してみるか、ということになった。これがそれである。全てが唐突に始まり、別段の目的もない。なんと私たちらしいことだろう。これが多分私たちがこぞって集る最後の機会であろう、という予感だけはそれぞれの胸のうちにある。同窓会展にはこの二〇号に名をつらねた全員が全て作品を展示した。死者も生き残りも、である。二〇号の編集には東京近在の仲間七人があたった。装幀その他、できる限りかっての「ロシナンテ」のままに。故人には敬意を表して巻頭に並んでもらい、生者は「ロシナンテ」への入会順に作品を並べた。「ロシナンテ」の集りに一回も現れず、ろくに詩も発表しなかったことで有名な私が、今日仲間と相会うことのできるのは全て三人の亡き同人の導きである。死者もまた私たちの間では、生きていて親しい。（小柳玲子）

『ペリカン』

第1号～第17号（一九六一・九～一九七九・三）

1

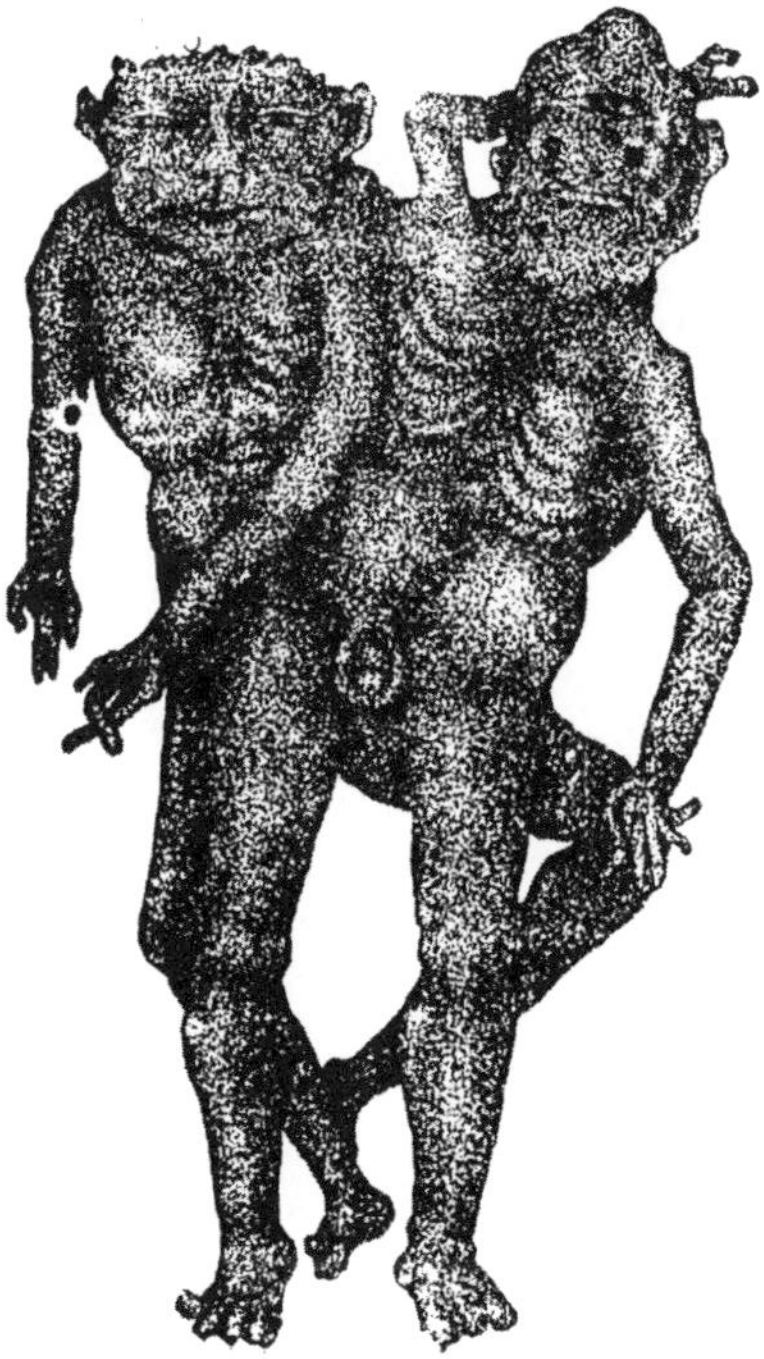

旅の条件

天沢退二郎

かたい雨が耳を叩き
耳の肉をくりぬいたドアに
白い顔をいくつも捺しつづける日
眼たちは窓枠にそってたえず流れる日
はだしのまま男は走りぬけていった
部屋から部屋へ
垂れてくる光を踏み倒しては
その胸にまでささりこむ棘にそって
ガラス様の汁をしきりに滴らしながら
ときどき男の足は何か柔らかいものに
見知らぬ女の首や睡そうな肉片や
虎の性器つめたい声なまぬるい縄などに
つまづき蹴とばしたりして

走りぬけていったうす暗い部屋べやを
高すぎる窓にいくども
朝はしらむことがありそして
男の体内のどこか一部にも
もも色の朝の映画はじょじょにひらき
ガン細胞に似たひとつの街を孕んでいった
けっして産み落されることのない街
男にはけっしてもぐりこめない街
走りながら男はそっと手をのばす
せめてその街の空を指でふれようとして
男は盲いてはいなかった
しかし早晩どの部屋かの隅に倒れうずくまり
自分の死児をさすりつづけるほかないだろうなぜなら
顔といわず手といわず
男の全身を蔽いつくしているのは
なま乾きのままの無数の夢の剝片

父

大塚啓也

物の影を
妊婦はしなやかな絹のように引裂いていた
胎児はまぶしい水平線を手さぐりしているので
空のない海をかかえて
肋骨の欠けた男が鞭をにぎって近づいてくる
裸身に毛皮をまとつて
妊婦はさわやかに失神したが
あたりいちめんに黒い毛黴がすばやくひろがりはじめる

男はあたえられてしまった虚構

男の時間はけだるい虚数のつながり
かたちのないとかげが走るので
むずがゆい陶器の唇からもれる
すでにあたえられてしまった声
水銀を充塡して
危い眼瞼
すでにけだるい眼差し

裂かれた影をどこにも見ることができない男は
にぎっている鞭が熱い蛇であったりするので
妊婦のそばにうずくまる
顔を胸に埋めても
海はけっしてあふれないが
幻聴に溺れて
男の耳殻はやがて鰓に似てくる

高い場所で

政田岑生

にがい意識のビールをのむ
記憶すべき逃亡の夜が
湿った夏に浮んでいる

ここには
恐怖も　希望も　慰めも
自ら求めることができない
ビルの屋上のビヤガーデンで
他人のように遠くを眺めながら
孤独の泡をなめている
ぼくの第二のめざめが
ひとり
あらい汗を全身からふいているのは
どうした存在なのだ

女にも　賭けにも　祈りにも
熱中できない
階段をのぼりつめて
酔えないものが
涼しい場所を求め
ぼくからずり落ちていくのがわかる
たむろした人々の嗚咽をぬけて
そいつは所在なげに
ぼんやりと消える

それを追おうと
立ち上るぼくが
ふいに眼にしたもの
下界は一面の膿に洗われている
幻覚が足を縺らせ
固くなったペニスをにぎった
ぼくは
高い所をおりることができない

遺骸

北川 純

のこされた遺産は古びた椅子がひとつ
生ぐさい百姓ズボン
石膏の首などがころがる部屋のかたすみで
たえず揺れつづけるデッキチェアー
だまし騙し　愛玩用の山羊を柳行李へ隠し
鶏冠の浮かぶスープを匙で掬いながら　坐りこむと
たちまち貧血の風景がよみがえる
眩暈とともにあらわれるのは死んだはずの家族たち
肖像画　埃まみれの歯冠標本
なかでも青磁の油壺など
盗癖の姉に扮したエプロン姿で即席料理の準備中
鵞鳥の卵をフライパンへおとすと
堕胎した単眼児がにわかに踊りでた

おどろいた銀匙は　げらげら笑い
歯冠もマンドリンを弾きながら
てんかんの雄鶏の歌をうたいだす
石膏の首は　よだれを垂らし
扼殺された義母の恰好で祖父の勲章と骨牌遊び
スペードの札で悲鳴をあげると
抜き出したのが褪せた幼児写真だ
視たとたん　大音響とともに椅子は爆発
ばらばらに四方へ飛び散った
ズボンは　かちかちに固り
同時に固い壁をやぶって闖入するのは兎唇の妻
部屋中にちらばる肉片を拾いながら
失踪した父の遺骸　と宣告する
柳行李をあければ下等猿の産声
隣室では　生きのこった蒼白の祖母が
全裸のまま
あたらしい血の椅子を作りはじめている

白い駅で

石原吉郎

白い
清潔な駅におり立つと
人生は　そこで
終っているようだ
そこからあるき出す
一服の煙草と
よく透《とお》る挨拶と――
めくるめく記憶は
不意にとおいにせよ
そこで終るのが

おれであって
いいはずはない
風があると
君はいったな
風があるだけでなく
おれが　ある
さようならといわずに
ひとつの領域をこえる
まぶしい背なかだけの
おれだ

追われる

浜本武一

見覚えがあるだろうか
曇り日　きみのこめかみからひとすじの血が垂れるとき
遠い場所に病んだ砂丘がうかびあがるのを
そして　おちこむ砂のくらやみで
盲いた針ねずみが走りながら咳きこむのを

ねずみの針につき刺さるのは
消え去ったやさしいものの骸ばかりだ
そこでは逃げ場を封じられたから
やたらに胸の肉を刺してみる

また　きみは視ることがあろうか
無花果の実がおちて舌の乾く朝
うすあおく腫れあがる鞭の痕を
うるむ小さい眼がおびえながら逃げまどうのを

そのとき鼓膜を打つのはかすかに崩れる砂の音
見しらぬくらい海の潮鳴りだ
炎える森を呼びもどそうとして
盲いた眼は刃物になる
虹はすでに通りぬけないから砂粒ほどのことばすら写せない
うばわれる　いつも追われる
きみの痛みのさきで明日の分娩まで埋葬される

森への試論

三沢浩二

たそがれの街の
タンゴのリズムは
だんだんかすかになって
ペンダントのジュークボックスの中へ
帰っていった

どうしてもぼくは街から
はなれたくなかった
たちどまると
組んでいた手は自然にほぐれて
ペンダントをつけた人は
そのままのステップでとおのき

森の中へ消えてしまった
森からはたよりもなかった
森にとらえられた小鳥たちは
夕ぐれ　隕鉄のようにかれにすいこまれていた
とらえられた星たちはかがやく花びらのように
森の冠からこぼれていた
ときおり風がきて森を大きな風琴にしたりした
とらえられたペンダントの人は
すでに一本の樹であるにちがいなかった

ぼくは街の額縁の窓から森を眺めるだけであった
ペンダントは木の実のように
樹の梢でかがやいているであろうが
それは名もしれぬ小鳥についばまれて
運び去られることがねがわしかったのだ

ペリカン　／第一号／　昭和三十六年九月十日発行／　発行所　広島市外府中町桃山2丁目大塚啓也・マントナンクラブ／　頒価五十円

詩と詩論

ペリカン

季刊 2

浜本武一 編集

灰　地・浜本武一　〈100号〉

ペリカン　２号

審判

石原吉郎

この世のものおとへ
耳をかたむけよ
くるぶしの軋るおと
頸椎のかたむくおと
石が這いずるおと
肩を手がはなれるおと
証人が立ち去るおと
およそ覚悟のように
ものおとがとだえるおと
かつてしずかなものを
この日かたむけて
挨拶はただ南へかかげる

お人形のメドレー

風山瑕生

シャベルを鎖でつないでおきたまえ
きみの五才の娘が
子守唄を鼻でうたいながら
きみが鼠をうめた隣りの場所へ
お人形を植えようとしている植えようとしている
首だけだしておきますと彼女は誓っている
そこでシャベルはしっかりとおさえておきたまえ

＊

ねえママ　わたしがしっかりと抱いているお人形は
誰のもの　誰のもの
ところでママ　この赤いおべべのなかみは
かんな屑ですって！　わたし大工さんだいきらい
ママ・ママ　お人形さんが歩くってこと知ってる？
わたし見ました　でも歩くまえにかならず殺してしまうの
ねえママ　お人形は
誰のもの　誰のもの

＊

眼をもつ者はぼくの部屋にはいるな
ぼくの領土にはお人形が山づみだ
もちろんぼくがあいつを愛するわけがない
ぼくはナイフを愛する
それよりもおんなの子を愛する
ぼくはおんなの子というおんなの子から
お人形をとりあげなければならないのだ

ぼくのなみだを知らないで
おんなの子たちはぼくを憎みぼくをきらう

ぼくは愛している　人間の少女をとてもとても
集められたお人形はそれの証明だ
けれどもぼくは見られたくない　知られたくない
窓ガラスにはばたく蛾や稲妻にも

＊

閉ざされた部屋がある
乳のみ児ほどのお人形が
どさりと捨てられたままだ
すきまからくぐりこんで外へでることのできない蝿がいる
蝿は無限にハネをふるわせた
そしてついにお人形の眼のうえに
こんもりと卵をうみつけた

海辺の破片

清水高範

破片が浮き
破片がただよう
水瓜の破片
牛肉と卵焼きと
奈良漬けと家族たち
亡くなった母の
病気でふくれあがった心臓の破片
黄色いウキ
白いももたぶのキャッという破片
老いた父の
廃れてしまりなくなった排泄の破片
兄と弟に対する道義の破片
友人に対する道義の破片

無数の破片のなかで
泳がせる私の手足
哀しみがまじりこんだ潮の破片
眼鏡をはずした遠くに雲がぼけ

背負いきれぬ伝説の破片
八月の骨の破片
責任のさびしさの破片
食い足りない思想の
踏みこめない存在の破片
二三日前いっしょに飲んだ女性の
小さな手の指先
くちびるの紅いボートの破片
子供の言葉
あの女性の言葉
消える夢と休暇の破片

おびただしい音のじゃれあい
盛り上がりかけては崩れる　私の言葉
おお　水平線
そして　くだけながら
経験が泡のように傾きちらかって行く午後

胎児に

葉 豊子

野葡萄の葉がしげる
夏のひでりに噴く　いのちを
小さな
種皮の中にひめて
雫する光をいまうけとめようとしている　まだ見ぬおまえ

太古の夜と朝を　とおりぬけ
そのみどりの果肉が　ぷっちりと
小さな
音をたててはじける日のために
ことばみちる地平にふれようとしている　わたくし

ひとすじにかぐわしい土壌をほり起こして行こう
激しいいのち　おまえの灯のために
おお　わたくしの未知　わたくしの移動よ

カレンダーのなかの
はるかなる未来の七曜のうた

三沢浩二

ピンホールからのぞいた空中戦
無名戦士の魂の輪廻
火の問い

洪水は去り沃土は耕される水曜日の深夜
稲妻に裂かれた樹の
健全なる太い根は
肉体の中の感情の子宮をたしかめる

木曜日は？
問うなかれ影のない人類のための祝日

パンの断面のアパートの一室で
のみの夫婦がむかえた
飢餓の午後
金曜日の修道のための

とび来たった蜜蜂は
いずこへとび去る
造花の時代　永い服喪の日々
土曜日には深淵はありませぬ

廃墟の都市のカレンダーは
日曜歴史家の犠牲的研究のパロデイ
おお青白い
月曜野郎の額をながれる星の汗
または青い血のテエムズ河

早春譜

浜本武一

市民のあいだに
早春の匂いが流れだすと
誰もが　瞳をくろく甦らせる
そして
公園の樹葉を見あげようとして
ふいに
胸を骨色につまずかせてしまう

そのとき　腕時計にまき上げた時間のうらを覗きみてしまう
いまも　私たちの頭上を
くらいしぶきが飛び去っているのだ
窓々に　燃えつきない失落の足あとを残し
それは積りながら

公園の空の
あの輝やく軋轢を吸いこんでいくものよ
とりわけ　あの測候所の避雷針を研ぎあげていくものよ
しかしこの雪解けるものみなの呼吸

溺れやすい私たち　だがあのくらいしぶきは
誰の瞼をも刺していく
やがて　可憐な花瓣のすぐ傍で
誰も　季節を剝ぎ取られる

傷ましい残雪よ
いちずな凝視が
私たちのひとつの證ならば
時計にはとどかぬ深淵に
誰もみなさらされているのだ

あゝ
招かれずともくる早春
記憶のように梅はともり
遠く山麓へきらめく小鳥の咽喉
季節の爪のまぶしさ
白骨をぬけていくその速度

刻みこまれた碑文が
かきけされていくように　あれは
黝い詩人の背を浸していく
遙かな父祖のみしらぬ素足なのか

だが　やはり　あれは
くらいしぶきだ

いまも谺するものは
いつとなく流れるくらい　時間のしぶきだ
やがて
あの谺を通って旅立つだろう　その朝も
私たちは　時間の證人
時間を彫り上げるために　公園の樹々はときめく
早春を嗅ぐ私たちの瞳も　そのみしらぬ激しさにかたどられていく

舗道で

くろずむ並木の群も
あの背を明るく砂にして　砕けているのだ
いま私にちかしいのは
あの影の暗緑色の呟き
そこへ　小犬のように素早く飛びついていく
私の不安な魂の手足よ
誰の口へとどこうとするのか

くろずむ高層ビルの群も
眩しい午後の淵へなだれこんでいる
そのまなかいをよぎり
まるで刀劔のように反り　光って
在ることのために走っている
人のいない　休日の舗道

私だけに見えるのか
いま　首府は
時間にかたどられる砂の影法師
ふりそそぐ陽光さへも
この上では　砂になってしまう
人々が　この都市に埋めてしまった記憶のためか

私は知っている
やがて　斑点をはらむ月がかかり
ここに　死の極北の風景がひろげられる
そして
窓々のすきまから
人の液体は絶えていく　夜の冷えの底
私たちのふかく眠りにつくその時刻
ふりそそぐ砂は激しく

鳥も来ず
風も揺れない
その静寂の広場
埋めのこされる都市の　死の蒼いのろしが
いまも眼をほそめている
あの見知らぬ口を仰いで

それにしても
私が立ちどまるのはなぜか
このしろい熱いものは
舗道の底をほとばしる地の脈なのか
しかし
舗道の涯にも　激しくふりそそいでいる砂
私の視界の　遠い一本のポプラの下
低くきらめいているあの空間に
行倒れた私の未来が
胃液のように流れているのではあるまいか

あれは　埋めのこされた私たちの
飛び交ういのちの羽音だ
遠く　地鳴りがきえていく　けれど
病みはてた私の幻聴なのか

出発はいつも悔いのくるぶし
ざわめく明日への道標を　いま　私のどこに立てればいいのだろう

午後五時の空間でふぶく砂よ
休日の首府の舗道のかなたには
もはや
時間ではない
空間でもない
人の胸底からあふれる祈りのことばの死海が
ひらけているのだ

高層ビルよ　窓々よ
そして　並木のポプラよ　それらの群よ
一人を支えるものは
このふりそそぐ砂の激しさだろうか
舗道を走りぬける　このあまりに直線のほとばしりは
人の魂に呼びいれられることのない
あの永久の休日の吐く呼吸なのか

行って帰る心

― 創造者と鑑賞者との出会い ―　＊

松田幸雄

批評家の仕事の最も重要な部分は、絶えず新しい感受性を創出してゆくことである。あるいは、質の変革を伴なう感受性の再創造を進めてゆくことである。そうすることによって、読者に対しては作品をより深く享受するための素地を準備させ、また作者に対しては創造しようとする作品の世界への直観と洞察を暗示するのである。だが、省みて一般にいえることは、作品論とか作家論とかよばれる批評は作者のひととなりとか心理状態とかに結び付けられた創作過程の解明であり、また個々の作品の批評、特に分析批評とよばれる批評は訓詁による解剖であり、両者ともそれはそれなりによいのだけれども、このような批評はともに批評を仲介としてある程度自分で作品のなかへ入って行けるだけの能力を備えた読者を始めから対象にしているようであっていわば玄人を対象にした批評、極端にいえば批評家のための批評のような感あるをまぬかれがたい。そこで、現在の一般的な批評に望まれるものは、分析批評的な方法を適度に利用しながらしかも創作過程をも理解することによって、読者が作品の享受者として作品の世界のなかへ入ってゆくことを可能にするような、そういう批評のあり方ではないか、と私は思う。いわば作品世界のなかで創造者と鑑賞者との出会いを仲立ちすることが、批評家の仕事なのである。

と、以上のようなことが頭にあったとき、私に考えを進める緒口を与えてくれたものに、土芳が伝えるところの芭蕉の俳論があった。『くろさうし』のはじめに、つぎの言葉がある。

発句の事は行て帰る心の味也。たとへば、山里は萬歳おそし梅の花、といふ類なり。山里は萬歳おそしといひはなして、むめは咲るといふ心のごとくに、行て帰るの心、発句也。山里は萬歳の遅といふ計のひとへは平句の位なり。先師も発句は取合ものと知るべしと云るよし、ある俳書にも侍る也。題の中より出る事はすくなき也。もし出ても大様ふるしと也。

ここで芭蕉は発句の作り方のみにとど

まらず、詩の創造と鑑賞を同時に端的に説いているようにみえる。「行て帰るの心、発句なり」とは、ただそれだけの言葉ながら、意味するところは、心＝（発句という）詩の世界、という、創造者の心と鑑賞者の心の一致した境を示しているのである。では、最初にいう「発句の事」とは、なにを意味するのだろうか？私は国文学者ではないから、いちばん私に理解しやすい形で読むのだが、「事」という言葉が私にははなはだ意味深く思える。「発句の事」とは、発句という形をとった詩において、「詩が成立することわり、詩の内部の相互関係、詩の現われ方、詩の創られるいきさつ、詩的経験詩の約束事」、すなわち詩のすべてを指している。それが「心の味」だと説くとき、心の味とは、創造者に心の味わいを感じさせるように創れと教えているとともに、心の味わいが感じられるものこそ真の詩なのだとそれは詩的経験への道を教えているのである。そして、芭蕉が「位」という考えを導入したとき、それは創造者への技術上の注意事項である以上に、位というものが一つの存在に与えられる格である意味において、表現された詩そのものの格について論じているのであり、鑑賞の高さの度合を示しているのである。「取合もの」とか「題」とかは明らかに創作方法についての詩論といえようが、この項全体としては、創造と鑑賞との一如の世界を暗示していることは以上の簡単な解釈からも納得できることと思う。

　で、問題は、「行て帰る」ということの意味である。この問題は、角川版『日本古典鑑賞講座』の『芭蕉』のなかで山本健吉氏が『行きて帰る心の味ひ』と題して諸家の説を引きながら要領よく論じておられるので、私としては詳述は避けるが、氏の説に賛同しえない点はつぎの解釈である。すなわち、氏によれば、「鑑賞者の享受する心裡においては、「山里は」から「梅の花」まで、言葉が時間的継起の上に置かれている詩的秩序を破壊して、それを同時的に現前せしめようとする試みが、無意識ながら強力に遂行される。」のであるが、私には、同時的に現前せしめようとする試みは、不完全詩型としての俳句のもつ十七音詩型による時間の流れの切断によるのではなくて、五・七・五という不安定詩型による心理的リズムの中断によるように思える。氏は、詩は時間の法則に従うべきであり、継起の秩序に従うべきものとの考えを基点とされているが、このようないい方での時間の法則などというものの内容はきわめていい加減なもので、そのような意味では音楽も詩も劇も小説も同断たるをまぬかれない。音楽でも詩でも、劇でもそれらが聞いている、読んでいる、見ている、という形で享受されるかぎりにおいては時間的な流れから離れることはできないが、同時に、イメジや場面の配列が作者の意図次第で断続的にも行ない得るものであるから、俳句における断絶のみを例外的に詩型に基く時間の流れの切断として考えることはできないはずなのである。だから、私は、俳句鑑賞者の心裡において働らくものは、日本語の発音型態に由来する五七五という生理的リズム（呼吸単位）に一致する心理的リズムの突き放された途惑いであると考える。五↓七と続いたリズムがさらに七を求めて安定すべきところへ、五のシラブルを置いてとめられたがために、あとの二シラブルを永めながら途惑い、心理の不安定な模索を強要されるのである。これは決して時間の法則一般に解消さるべき問題ではない。山里は萬歳おそしと敍述してきたので、梅の花咲くと敍述を繰返すことなく梅の花と突き放すことによって、梅の花のイメジそのものに還元したのである。そのとき、二シラブルを見失った心理は、失ったリズムの代償としてイメジに乗り移りイメジ効果を拡げ深めながら逆流し、梅の花を眼前せしめることによって山里の早春のさまを映すのである。映すと私はいったが、心に映すの謂いであって、換言すれば、芭蕉いうところの、におい、うつり、の感覚的享受の状態、詩の側からいえば、象徴世界の現出である。

　私は、山本氏の時間的継起の秩序説を却け、心理的リズムの途惑い説を主張したが、これは、芭蕉が同じところで、「取合もの」という言葉で古来の西欧詩論にもみられる遠いものと遠いものとの連結や近いもの同志の離反を説き、同じことを題の廓でも説き、さらに四章あとでは、「ふりつみし高根のみゆきとけにけり、といふも至てつよくいひはなして、その響に応じて、清滝川の鳴りあがる水のしら浪といひかけて、けしきを顕す也」と述べて、心理的リズムを重視しているからである。この西行の歌の引用では、いわば均整のとれた心理的リズムが構成されているが、発句という形では均衡をとることができずに心理的リズムの逆流があるのである。

　「行て帰る心の味」という言葉において芭蕉は創造者の心理的リズム（『あかさうし』では「気先」ともいっている）の志向するところを示すと同時に、詩的世界への鑑賞者の踏込み方、すなわち詩的経験の味わい方を示している、という私の考え方を私は強く主張したいと思う。なぜなら創造者と鑑賞者が出会い人間精神の歓びを謳える境地、そのような詩の世界を目指して、私は詩も詩論も書いてゆきたいと希うからである。（終）

あとがき

◇より月に近くなることは、また月をより失うことであるかも知れない。目標地点〃雲の海〃命中のレインジャー7号撮影と八月二日の朝刊の見だしに公表されたアメリカの月面写真、最も小さなクレータは直径二百四十米、ゲーリック火口壁の、火口底の上に見える無数の小火口と二つの円錐火口、その大きい方の直径六・四粁

◇物の質量をきわめることはいいとして、それがひとの成熟へのヴィジョンを崩壊させることになってはいけない。その物質的社会環境に私達は生活しているし、これからも生活して行かねばならない

◇物と心とが止揚される一点のために、ひたすらに私達は詩作する。月の斑点を起伏と把握したアメリカの〃アポロ計画〃は、地球上にそれだけある豊饒をもたらしたのであり、世界のよろこびなのだ。そして、私は今朝の紙上にしるされただけ私の月を失しない、新しい月を知ったのである。

（H）

詩と詩論 ペリカン 第2号 頒価 100円 1964年8月10日発行
発行編集 浜本武一 発行所 広島市庚午町449 書肆ペリカン

詩と詩論

ペリカン

季刊 3

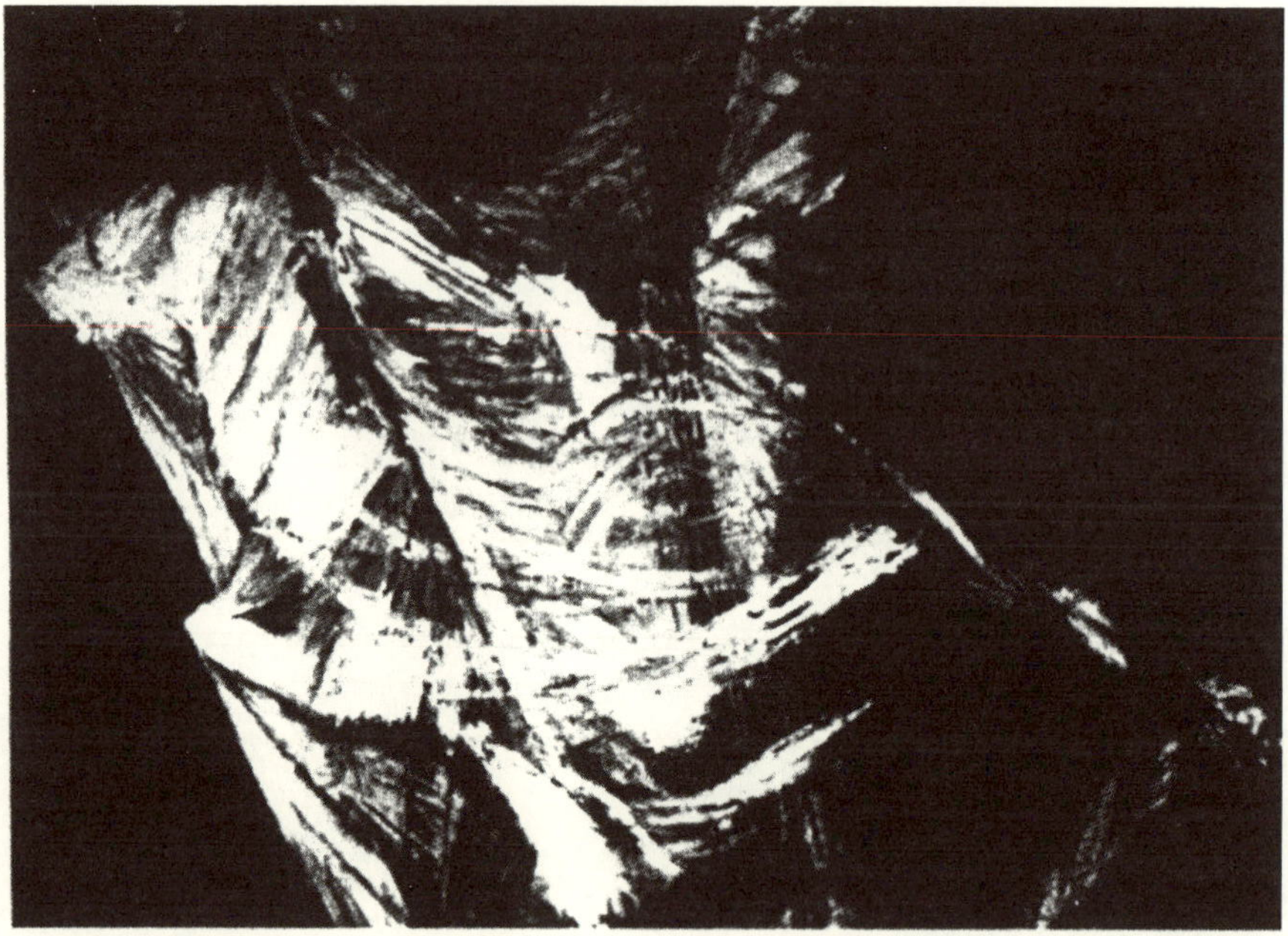

樹 ・ 浜 本 武 一 〈100号〉

ペ リ カ ン **3号**

指

鈴木漠

扉が軋む。鳥たちが喚んでいる。女は耳かたむける。髪を束ねる。その漆黒を指が慈しんでいる。闇は半月のかたちとして在る。殆ど黛のように。ぬれた眼にみつめられる。その虹彩の奥をたずねていく。水の音がする。しずかに花が開いている。水はその下を流れている。指をひたす。鳥たちが歩む。その足跡がそのまま彼女の言葉となる。だが唇は閉ざされている。うなじをのばす。香が焚かれる。ひとすじ煙がほどけていく。指は糸のようにほそる。まず器《うつわ》たちの魂が招かれる。樹木や花々の霊も醒めている。指は丹念に空間をくまどっている。むしろ万有はこの指に若かない。幽かに彼女はいきづいている。指に火がともされる。その唇をなぞっている。鳥たちは光りながら羽搏きはじめる。無い女の言葉はたちまち朱にいろどられる。

二輪木車《きぐるま》

風山瑕生

荒地の畝のなかばから
臨月のおんなが寝室へと運ばれる
たたき殺したいっぴきの蛇を
ひろい空間に積んでこどもは捨てにゆく
新婚の夫婦はおおらかにふざける
花よめは花むこのひく車にのせられ
故意にえらぶ道の凹凸の上でゆれにゆれ
乳ぶさもあらわに愛の悲鳴をあげる
それからやがてかれらは運ぶのだ
農具と種子とそして収穫物を
またそののち生れた赤んぼうを
ここからあそこへと運ばねばならぬものは多く
ここからあそこへと運ぶ器は車とよばれるもの
よく乾いたふとい幹の輪ぎり二つ
かたい心棒はおのずから油をたらす
物をほどよくかかえこむ車台
さしのばされた二本のかじ棒は
人間の手と融けあってつながる

欲するとき欲するところにあらわれている二輪木車
製作者不明
所有者不明
だが野鳥にとまり木がありあまるごとく
かれら人間はいっせいに
一人一台の車でものを運びうるのだ
それがかくれた地域にあふれる論理だ
論理は車輪
まわってまわってかれらはなめらかに暮す
もしきみがその部落へ入ってゆくなら
きみは二〇台の二輪木車に運ばれる
しばしのちきみは車から谷底へおとされる
そのあとやがてべつの二〇台がきみを運んでくれる
こうしてきみは辛うじて部落の客人となるのだ

（『内陸の諸相』より）

オフェリヤ

笹原常与

1

わたしの中をオフェリヤが流れてゆく
まぶたの真下の深い川を
狂ったオフェリヤがただよってゆく

ゆすぎきれない悲しみを
今も洗濯物のように水にひろげ
小首をかしげて通ってゆく

川はわたしのまばたきの下にあって深く澄み
上り下りする朝のイメージや夕のイメージ
さまざまのイメージの水路になる
うすいまぶたの世界を透して
そっと蔭をおとした空や
木蔭や人影や地平線が
時にはうすい夕焼けが水に濡れて流れてゆく

川はそれらをただよわせてはゆきすぎながら
わたしの世界の遠くから流れてきて
さらにどこことも知らぬ遠いいのちのはずれまで
わたしの「生」を貫いて流れている

やがて川はそれらのイメージをゆすぎ消すと
ふたたびもとの深さをとりもどし
わたしのまぶたの真下をひっそりと流れる

そうして川のはずれからオフェリヤが現われてくる
静まりかえった川面の中に小首をかしげ
流れの途中で気づいた忘れものを
とりもどしにやってくる

いつまでただよいつづけ
どこまでさかのぼりつづけていっても
さがし出すあてもないだろう遠い「問」
「生きる」ことへの深い「問」を
さがしにオフェリヤはさかのぼってくる

2

川の方からしのび泣くようなかすかな水音がひびいてくる

一人の小さなオフェリヤは
遠い歳月のむこうの季節の中で
とあるわたしたちの心の川に身を投げて
流れとともに消えていった

小さな水音は澄んだ空気を驚かし
それを聞いた人々の心を濡らしたが
歳月はこぼれた水溜りを拭きとるように
それらをきれいに消して
太古からの変らぬ沈黙の深さを
川にも人の心にもかえしてくれた

けれどもそのとき
一人の色青ざめたオフェリヤが
水に沈んでゆくオフェリヤの中からよみがえったのだ

青白いハムレットの世界を越え
彼女を悲しませた悲劇の世界も越え
オフェリヤ自身をもはるかに越えた
一人のオフェリヤが「問」となってよみがえったのだ

そうしてオフェリヤは

わたしたちの深い魂の川をめぐりつづけ
さかのぼりはじめた

それからというもの
わたしはいろいろな人の中にオフェリヤを見た
時にゆがんだ顔をして
ひとみの下の川をくだるのを見た
人々の日々の重なりの中をただよい
日々の重なりの中にくりかえされる離別をぬって
流れてゆく気の狂ったオフェリヤを見た

3

ああ　わたしのまぶたの真下に
また魂の川が深々と見えてくる
うすいまぶたの上にのっている日常の世界は消えて
わたしにはただ深い川だけが見えてくる
すすり泣くようなかすかな水音とともに
あわれにも気の狂ったオフェリヤが
そっと小首をかしげて通ってゆくのが見えてくる

切り口

磯村英樹

神さまは
にんげんの縫いぐるみをつくって
あとから必要な場所にメスを入れた

入口や出口
それらいくつかの切り口のなかで
もっともすばらしいのは
目だ

いま　メスを入れたばかりのように
いきいきといのちに濡れてかがやく
あなたの目は
出口なのか
入口なのか

みんなからみつめられて
はにかむとき
そこはみんなの思いの入口だ

しかし　ああ
あなたが充ちあふれるとき
そこからあなたの内部が光りだすので
目があけられぬほど
眩しい！

×　×　×

ある日
あなたの目が
淵のように深い色をたたえて
わたしの心を吸いこもうとするので
わたしは　おもわず
あなたの赤い切り口にわたしの切り口を合せた

すると
あなたの目は
二枚貝のように固くとざしたまま
出口となり
透きとおった真珠玉を
いくつもいくつも生みだしはじめた

いつも同じ

アドリエンヌ・リチ
片瀬博子訳

ゆっくりと、プロメシウスは
血を流して生きる
彼の巨大な寂しさの中で

君らは――君らのために
彼の腸は曝されているのだが――
せっせと仕事をする

毎日　少しずつ死にながら
内部の方から
殆ど分らずに

ついに晩年の数十年
女達はヒステリーになり
男達は恐怖に声もでない

すると遠くの方で、海のように
プロメシウスが歌いつづける
〝戦かいにつぐ戦かいの歌のように〟

野の空

浜本武一

村落は眼に痛くかたむき
朝の陽は
噴く時間を追いかけている
むなしい遺跡の石だたみのように
空にかたく欠けてかかるもの
あれは
私のかわいた咽喉だ

古びたそのかわきを　熱い記憶が
野の葉脈のようにいろどっていく
唇に空間はしぶき
すでに葬いをすませている秋
かすかに存在の砂はきこえ

死の輝きに
私はほほを埋めているのだろうか
山脈にも
遠い岬にも

死は流れ　にじんでいる
ひとり不安を呼ぶ時
すべては終ったように疼き
いろもなく走っているかのようだ
誰に　このいたましい空間をつたえよう

私のなかの草原は枯れ
放たれぬ家畜の眼を　ひそかに抱くかげ
これはやはり
去りゆく秋の底に　すでに
しずかに燃えつきてしまった碑文の痕
やがて　私に老年はおとずれ
ひややかなこの移ろいの奥に
人間の意味をきざみこむだろう

そして樹木達の未知を
涯へふかく吸いよせられていったけものたちの呼吸を
明日が　おくりとどけるものを
時間の激しい足を
石のように地上に　証して去らねばならない
いま　暗く未来へ頭をかしげ
周囲のいきずく秩序に触れる

それをこえられるだろうか
秋を去る風に
日々哀しみをそだて
野の末で鳴りあうものに　耳そばだてるけれど

みしらぬもののきらめく流れ
野をささえときめかせた声たち
通りぬけていく現れぬ潮よ
私は何なのか
きびしい存在の鞭にしたがい
野に立ち
問いつめるいま
秋よ　私とかさなる記憶の速度よ
移ろいというには　あまりに身近かな脈搏ではないか

鯉幟り

一日に幾度も、踏みだせば失墜する崖を私は抱く
きまりきった卓上の皿やフォークの煌きに漂い
どこかすすけた港近くの工場の、うすぐらい一隅へ
　流れだすもののように

崖に向って走る私
それは止ることがない、

妻や子の足もとをさらうものの前でも
おそらく、ことともなく現れるだろう
私の涯
そこから立ちもどるときは気だるい
あれは何をしめすのだろう

いまも私は崖を呼び入れている
みぞおちのあたりで
遠くわめきたてているもの
崖をなぜ呼ぶのか
みなれたそれは、黝く
いつもおなじ方位に
この食卓の底から浮きあがり
おともなく、私のむねに聳える

だが、崩さねばならない崖
水底をくぐるように
起伏のないその岩肌にちかよると
どこかへいってしまう私

崖ではないのだ

朝の食卓にならんで
妻や子は　はしやぎながら口を動かしている
何ごとも起りはしないのだ
崖さえも
私の身勝手な戯れの幻なのか

フォークで突き刺す鶏肉
これを喰えばいいのだ
そして子や妻をいたわろう
触れてはいけない
触れるな、凍えつくものには
失墜には

八月には赤ン坊が産まれる
両の掌で押え込む崖の
その上に
男児であるように　炎いろの
鮮かな鯉幟りをはりつける

いりくち

野にひろげられる暗いいりくち
名も知らぬ秋草の　しずくに触れ
そのむこうの夕闇を　透かしみる時
ふいに
傷ついた朝のかげがかさなり
生まれてくる子の季節も　また　きらめきかさなる

移ろいのしぶき
その恍惚のなかを彷徨する呟き
野の底を秒針は走り
つめたく
あざやかないのちのいりくちが呼ぶ

昏れのこる樹影のさやぎ
あの　水源池の空のすみいろに流れ
ここからは　見とおせぬ海のはてに　身じろがぬもの
そして　なお
胸のさけめからこぼれる熱いことば

私たちはいつか
この地表から
水よりも速くすべてを脱ぎ
一瞬だけをゆるされ　深く
巨大な島影のようないりくちに入っていく

野にひろげられるおそれよ
街道をさえぎり
風にひそみ　窓々にふりつぎ
やがて
月明からも蔽ってくる　いりくちから
私たちは　さらにかたちづけられていくのだ

名も知らぬ草のゆらぎのように
みさだめられぬ　ただひとつの方位へ
激しい問いの火となって
私は、すでに長い歳月　ここにとどけられ揺らいでいるのかも知れない

詩と詩論 ペリカン 第3号 頒価 100円 1964年11月10日発行
発行編集 浜 本 武 一 発行所 広島市庚午町449 書肆ペリカン

詩誌
ペリカン
季刊
4

しずかな敵

石原吉郎

おれにむかってしずかなとき
しずかな中間へ
何が立ちあがるのだ
おれにむかってしずかなとき
しずかな出口を
だれがふりむくのだ
おれにむかってしずかなとき
しずかな背後は
だれがふせぐのだ

藍青

鈴木漠

いつどこから子供はやってきたのか。この他者は手に太陽を握っている。水の精のように立っている。紙をひろげる。そのなかへ入っていく。深い水の気配にみちている。家を描いている。すなわち家は色彩で築かれる。梁と支柱は清澄な線であるにすぎない。揺籃が揺れている。みずからの重みをわすれる。窓が描かれる。その魂のそとを覗くために。もう全身ぬれている。まさしく水は輝いている。扉が描きこまれる。無辺際にむかって開かれるための扉が　丹念に塗られている。やがて水は無数の泡となる。その十全の球体に無数の子供が囚われる。揺籃はいつまでも揺れている。無い世界を揺っている。子供はいつか眠っている。殆ど背に翅《はね》を生《は》やして。窓のそとに藍青の太陽が昇っている。置き忘れてきた魂のように。眠りのなかの　誰もいないまひる野を照らしている。

アデリータ

清水高範

アデリータというのは　どこかで聴いて好きな音楽だが　忘れてしまった。しかし奇妙におまえの若さを思う。夢のなかだった　おまえとのあの事件を……。ほんの短いあいだ　野の涯を漂う白夜のように　おぼつかないことではあるが。

夕ぐれが傾いてきた。ぼくは懸命にそれをはらいのけ　スモッグのような物質の微塵が　風に舞う街の方へ　くぐっていった。黒く焼けた太い木の柵が　なにかの影のように長く続き　そのあいだから　淡い星影がチラチラのぞいた。見失ったおまえが　その星のようにちゃんとどこかにいることを　ぼくは信じたものかどうか　悲しく迷っていた。

プラットフォームの三番に　おまえは

もう降りていた。あの階段を降りることがぼくにはどうしても出来なかった。さし迫った時間に　そこで考えこんでしまった。焦躁がてんかんのように　皮膚をしめつけ　長いしびれが尾を引いた。足を鳴らして　おまえは幾度も呼んだ。

＜そら　もうはいったじゃない　どうして降りていらっしゃらないの　はやくねえはやく＞

　ぼくはしゃがみこんで叫んだ。

＜行ってくれ　アデリータ　ぼくの時間は制限だ＞

　おぼつかない出来事だが　しかし苦痛だけの　きわめて長い瞬間があった。その時消えたのは　おまえかそれともぼく自身か　そうじゃない　もっとほかのものが消えた　その前でぼくたちはどうすることも出来ない　そのことを　消えたあかりのように　はっきりぼくは見たのだと思う。

月明

粒来哲蔵

何をお索しですか、と私はたずねた。はぐれまして、と彼はいう。はぐれた？　と私はいぶかって、で、はぐれたというと？　とききかえすと、相手はじろりと私をみて、私にですよ、私からですよ、と念をおすように呟いている。なる程、とおもってみると、何故か私もうすら寒くなり、急に立木の影のほうによりかかると、私もまたどうやら何かにはぐれているらしい。現に私の目のまえで、私の影が私を索してけんめいに動いている、焦っている。私はしばらくはそれをみていたが、影はとうとう私を索しあぐねて飴玉ほどに凝って、おし黙ってしまった。と、つと手がのびて、彼が私の肩をおした。あなたもでしょう。あなたもはぐれましたね。という。ええ、でも私よりも私の影が……といいかけると、彼はきめつけるように、それでもはぐれているのはあなたのですよ、といった。

　私はそのとき、山の端にかかった月をながめたが、黒い木肌は一揃に艶めいて女の太腰ほどに腫れあがり、糞虫がまるで螢のようにかがようらしく、これはきっと彼のせいなのだ、私ではない誰かのせいなのだ、と思いこもうとするが、まだすこしく合点がゆかない。そのうち径をふさいだ立木の影をまたぎまたぎその男もいってしまうと、月はようやく中天にかかって、いつのまにか影も私の足下に這いつくばっている。これでいいのだ……とこえだすと、森のはずれで、さっきの彼がちらりと動いて、こんどは何をお索しですか？　と逆にたずねた。はぐれそうで、と私がいうと、はぐれそう？　と相手はいぶかり、あわれみぶかく眉をしかめた。そのときは、私ももううすうすこのお芝居のすじもわかっていたので、あなたからですよ。あなたからはぐれそうなんです。と、たたみかけるようにこたえてやると、彼はにやりとわらって靄のむこうに遠のいた。

　私はその辺の光る小石をかきあつめ、歩きはじめたが、ふとみかえると、私を見送る彼のかおには大きな二つのほらあなだけがひらいていて、今しも月が、その一方にかくれようとするらしい。私が手をふると、彼は前踻みになり、やがてへし折れたとみえ、辛うじてこえだけが私のみみにひびいてきた——〈みつかりましたか？　あなたが……〉と。

——伊豆・月ケ瀬幻想——

知識あるいは帰宅

三沢浩二

おそらく
頭の中の知識などというものも
こんな風に詰め込まれているのであろう
満員バスの中で
ぼくらは汗をかき
いきどおった
誰にむかって？

あの端正な運転者の横顔にか
邪けんな女車掌のだみ声にか
おしつけてくる弾力性の乳房にか
いえいえよく考えてみると
そうではありませなんだ
いきどおりをぶっつけていく
対象がはっきりしないことが
いきどおる気持を
いつまでもみじめにしていたのだ
乗らなければよいのにと思うだろう
それでは乗らずに数十キロの夜道を
朝までかかって歩いて帰るのがよいのか

それも勘定が合わぬことはないか
暗闇から不意に太い腕がでて
ぼくの細い首をしめるかもしれぬ
それとも不意に
凶悪なオートバイが
ぼくの中をかけぬけるかも知れぬ
それが　だから駄目なのだから
ぼくはもう

ひしひしとおしよせてくる
肉の思想に耐えねばならぬ
そのとき
バスの天井からラジオの声がひびいて
いましがた
凶悪犯人が逃亡したことを告げた
うすぐらい街はずれを
びんしょうに駆けぬけているであろう彼は
満員の終バスの中で
あげた手をおろすこともできぬ
ぼくよりはるかに自由なのだ
肉の圧力に耐えるのと
逃亡の恐怖に耐えるのと
どちらが大きなよろこびなのか
言うまでもない

大きな危険が大きな喜びを用意する
ぼくらが肉の圧力を耐えていることは
よろこびのない冒険
報いのない苦痛だ

時はつねに
古い結論の中に
人間をひきもどす
のろのろと動いていたバスは
すこしずつ肉の思想をはきだして
だんだんスピードをあげてきた
一時間もたたないのに
車内の乗客はわずかになって
ぼくは肉の恐怖から全く解放された
それは当然といえば当然だが
さっきのいきどおりの対象がみつからなかったように
それが当然であるという根拠もみつからなかった
さっきまで全くうらやましい他者であった逃亡者も
あすになれば新聞記事の中で
心もうごかさずに読みすてるであろう一人の
他人にしかすぎなくなった
ガランとしたバスの中に十時の時報がひびいて
ニュースが犯人のスピード逮捕をたたえたが
彼はぼくの頭の中ではとうに逮捕ずみのバカな奴になっていたのだ

時間錯誤

——小さな劇のための下書き——

天沢退二郎
●在パリ●

I

幕が上がると、何もない暗い舞台に緑の照明がぼんやり漂っている気配。その照明をまともに受けて不意にまず二人の男、舞台中央にせり上がってきて、首だけ出して止まる。正面を向いて無表情、熱っぽい目つき。二人の間隔はおよそ1米。二人は再びせり上がりはじめ、全身をあらわし、そのまま宙に浮き、同じ速さで、天井の方へ消えてしまう。と、間を置かずに別の二人が同じように床《ゆか》からせり上がり、宙に浮き、天井へ消える。そしてまた次のひと組が。いずれも表情を動かさないことがたいせつである。続いて第4のペアが顔を出して一とき止まる。と、向って左の男が無言のまま顔全体で笑い、その笑顔を凝固させたまま、二人は宙に浮き、天井へ消える。第5ペア、第6ペア……第nペアもまた同様。第5ペアのときから、舞台奥を黒子たちがすばやく行き来しはじめる。第7ペアのとき、上手から演出者登場、昇天する男たちを仔細に眺める。ひとりごと《フフム。そうそう、結構ですな。すごい。etc》

演出者、ふと観客席に気づき、前面へ進み出てのぞきこむ。

演出者　《なんだこれは、おい（と奥の方へ手ぶりしながら）ここにまだこんなにいるじゃないか。おい、ナカムラ君！　この連中はどういうわけだ？　どんどんアウフヘーベンさせなきゃ間に合わんぞ》

照明係があわてて緑のライトを1階客席へまわす。中央の観客A、照らし出され、座席にすわったままの姿勢で宙に浮き、するすると天井へ姿を消す。

客席にすすりなきの声があがる。どこかで乱数表的なベースのアドリブ・ソロがはじまる。観客Bが立ちあがる。

観客B　≪われわれは次の星がほしいわけじゃないのだ。われわれがきみの芝居に期待したのは敵どもの媚渫であり、敵の女どもの脳髄であり、アテプであり、キュクであり、ケケであり、ケケ（と呟こんで）要するに時の錯誤であってわれわれの眠りでは決してないのだ。眠りは聖なるものであり、それはわれわれの妻の腿であり、武器であり、雨であるけれども、われわれにはもうたくさんだ。たくさんだ。たくさんだ！（客たちの泣き声いよいよはげしくなる）われわれは…（以下削除）

Bの演説のあいだ、舞台の上を黒子たちがせわしく動きまわり、中央に巨大な石棺をしつらえる。演出者は下手の袖から首を出して、黒子に指示を与えたり、ときに心配そうにBを見つめたりする。

Bが黙るとベースのソロもやみ、観客たちは立ち上がって、ぞろぞろと舞台の方へ列を作って進み、忍耐づよく並んで、次々に舞台へのぼり、石棺の中へ入って行く。ひそやかにしかし急テンポなドラム・ソロがはじまり、観客がひとりもいなくなるまで続く。石棺の蓋がとじられ、やがて静まりかえった舞台、棺の前にイス、テーブルがすばやく運ばれ、テーブルにはコーヒーポットとカップが並べられ、演出者と二人の黒子がイスに腰かける。演出者は新聞で顔をかくす。

黒子1　≪明日は首相が自殺するねえ≫

黒子2　≪きのうもさ≫

黒子1　≪きのうはじつにきれいな死顔だったな≫

黒子2　≪今日はきみ受付の女の子と寝るんだろ？≫

黒子1　≪明日は海へ行きたいねえ≫

黒子2　≪いつでもさ≫

黒子1　≪海でならもっとホリゾントがと

れるから、もっと女を出せるんだ。この星も小さくなったね。昔のシド・チャリシなんか足を振ったら、は、おダブツさ。それに、ベッドの上が動きづらくなったこと！　こう足をまげて、敵の足をこっちへこうのばすだろ？　するともう右の手がぬれちゃうんだ。は！》

演出者　《あの、コーヒーがこぼれますよ》

黒子1　《え？　うむ。しまった、よごしちゃった》

黒子2　《きのうもさ》

黒子1　（がっくり肩を落して）《明日は首相が自殺するねえ》

黒子2　《もう観客はいないんだぜ》

黒子1　《とてもきれいな死顔だった》

黒子2　《芝居はもう終りだよ》

演出者　（立上がる）《いえ、そうじゃそうじゃないんです。はじまるんです。いや、はじまったんです。客ももうじき、団体で、着くことになっています》

黒子1と2、顔を見あわせ、けげんそうに演出者を見つめる。そこへめまいのするような真紅のカーディガンの少女が入ってきて告げる。

少女　《お時間です、24号さん》

ここで幕がおりるが、以上すべては第3幕に相当するものだ。（註・1階席の観客はすべて俳優・エキストラであって、真の観客は2階席にしかしない、当然。そしてそこにはまだかなり空席がある――といっても、席はすべて指定席であり、券はすべて売切れているのでなければいけない）

II

第1幕では、幕が上がると舞台中央に蓋をあけたマンホールの口のそばに置かれたロープの束に、レインコートの男が腰かけている。男はロープのはしを胴にまきつけていて、ちょっと手でひっぱって結び目を確かめ、そのまま腰をすえて、じっと動かない。ときに脚をくんでみたりするだけで、正確に15分が経ち、幕がおりる。この間に、男（それは作者なのだが）の妻である主演女優は、楽屋で黒子たちに全裸にされ、水道の蛇口をくわえたかたちで洗面台にしばりつけられ、全身の肉がくにゃくにゃするまで揉みほぐされる。彼女の漏らす液体と声を記録しながら、真紅のカーディガンの少女は、その15分間に猛悪な鳥に変形し終えるが、この変形は舞台の上の作者以外には知られることがない。幕がおりた瞬間、作者はマッチをすってマンホールの中へ投げこむ。彼の妻が漏らした液体と声はたちまち引火して燃えあがり、楽屋と舞台全体を炎がつつみ、あっけなく燃えおちる。ただし観客は幕間でロビイに出ているため無事なところがミソである。（註・さもないと芝居が続けられないわけだ、当然）

幕間といえば第2幕と第3幕のあいだの休みに、ロビイの向って左側の灰さしのそばで観客AとBが次の会話をとりかわす。

B 《黒子のなかに敵のスパイがだいぶまぎれこんでいるという話ですよ》

A 《どうしてそれがわかったと？》

B 《階段の上から見ていた人がいるのだそうです》

A 《作者が思想をもっていたなら防げたはずではないですか》

B 《ところが彼は思想ではなくて、たとえば階段をおりるときの角度の問題だというのです》

A 《また思わせぶりないい方だな。ぼくはむしろ作者の夫人に関する嫉妬の問題だといいたいですよ》

B 《ほおう。しかしたしか第1幕の楽屋ではあなたも黒衣を被ていたと……》

A 《めったな事はいわないでほしいな。僕がスパイならなぜ前の星の公演のときプロンプターを辞退したのでしょう？ なぜ…》

B　《いや、私は信じていますとも。しかし学生たちが圧力をかけているので、作者は結局おしきられて、第3幕であなたを、いやあなたにスポットをあてて…アウフ…

この最後のBのセリフの途中で第3幕開幕3分前のベルがはげしく鳴る。ところで右の会話は伝声管から雨樋を通じて、劇場裏にひとり残っていた消防夫の耳に逐一吸いとられる。消防夫は空を見上げて声をたてずに笑い、手帖に次の詩を書きつける。

階段をのぼるとき
女は
ゆれた

階段をおりるとき
歌が
おれを刺した

そこへ消防夫の恋人がやってくる。《待った？》《あはア》。それはさっきの騒ぎで知合ったばかりの主演女優である。（註・そこで融《とろ》けそうな接吻、当然）

第2幕は、第3幕に吸いこまれている、即ち時間的に並行共存しているために、舞台上の指定はないのである。ただ、第2幕のあいだ、劇場から約4キロ離れた新宿付近の道路を、この芝居を見るため団体割引前売券を買ってある観客約50人が、デモりながらこの劇場へ向かっている。シュプレヒコール《星をかえせ》《さもなくばもっと大きな星を》《この星を敵にわたすな》・ジグザグ・デモが、夕日が、ネオンが、彼らの頬を燃やす。

（註・しかしこの時代錯誤のデモは、時代錯誤の時間の通行人・警官たちの注意さえもひかないのである）

北へ

浜本武一

見知らぬ眼の群れのなか
憎悪がおさえられている
名も知らぬ花に覗かれている
胸の
つかめぬ猜疑をくぐる
と
横たわっている凍てつく海
この声もない狂気を鎮めるために
私は旅立たねばならない

真白な熱さはなにか
花のかたわらで
いま私は誰か
くずれおちる笑顔
むしあつい音楽
ここでは
単に一滴の血のおもいが
なぜ

つぎつぎと不信の流れにつながるのか

失なっているのは
海の非情に明けくれる潮のもつ脈搏
ひそかに
一人でこえる静寂の橋
ことば絶えた断崖のかがやき
しかし試みよりもまえに
問いよりも速く
私の位置は
膿汁いろにくずれ去る

眠もなく浮かぶなきがら
枯れて迫まる樹々
倒れくるめく四囲
それら
不信とかさなる不在
この声もない狂気を鎮めるために
私は北への旅立ちを中止してはならない

岸

そこにひろげられている
いつか私が所有すべき
かたちのない位置
押すのは
無言の掌か

たずねる方位を失しない
疲れて倒れた場所に
いまも岸は見え
野のように萌えはじめる
覚えのある触感
いつとなく埋められ

しかしいろもなく裂け目が
隠れ　音たてる
何処か
私の肉のなかか
それとも位置との触感にか
岸は風を流し
陽に吸われ

現代などのとどかぬ空間に揺れている
あの位置で
時間は消えはてている

あのきらめきを
熱く抱きとめる一瞬がくる夜
または　私が所有される朝
置きのこす挨拶は
何のうえにうちあげられるのだろう
水底を深くくぐるように
日々の風景をぬけ
もっとも激しい沈黙を焦がす
岸へ　追いつめ
ひとすじに私は失しなわれていくだろう

音たてていたのは
私の過去の血のしたたりだ
岸は動きだしてはいない
あれは　岸にむかって走る私の肺だ
しだいに　けむる岸
その背後へ
さらに問いをなげかけるのは
あえぐもの狂気か

冬

ものを言ってくれ
眠りに沈んでいる間も
涯の岸辺をさまよっている時も
歩いてくれ
ひそかに古傷をほどく朝も
肉の声にこわばっている夜も
冬は闇からきて闇に還える
私を凍えさせる見えぬ時刻の足は
胸をわけ背骨へすすみ
私の虚しい場にとどく
その一瞬私は失せてしまう

だから　ものを言いつづけてくれ
眼をひらく時
いちはやくすがるのはそれらの言葉
たえず耳傾け
ときめく方位をまさぐる
息つまるほどの日々の苦しさに
その言葉はふかく
鞭うつものの血をそそぎ

その歩行は
遠く記憶の涯へ疼きを押しやる
そして
驚きと
誕生の呼吸をかさねながら
鳥のようにながらえる地で
うずくまるひとつの位置でめざすのだ

離反する記憶と決意
羽毛を散らしていくように
私にひめられたしろい湖面に
それは裂かれていく
しかしものを言ってくれ
歩きつづけてくれ
冬のくらい秒針が
急激に水のようにひろがる日
はなやぐ空間に手渡されるその一秒の素足
凍える私の眼の痛みは
解きほぐされるだろうか
在ることの虚しさは
いつも凍える季節のかなたからやってくる
ものを言ってくれ
歩きつづけてくれ

ペリカン 4号

詩と詩論 ペリカン 第4号 頒価 100円 1965年2月10日発行
発行編集 浜本武一 発行所 広島市庚午町449 書肆ペリカン

詩•詩論

ペリカン

特集●広島の詩人たち〃その1〃

季刊 5

山湖の見える風景

浜本武一

I

骨に驚き
骨を越える
おかされることのないその歩行のなかで
新しい血と骨肉をとりもどしてくれ
日々の奔しるものみなの呼吸に気づいてくれ

しかしあまりに存在の肺は遠くおおきい
眩しいその素足

西日にうすれる森
それをうつす山湖

眼をとじ　沈黙の走者となる時
みじんのようにめくるめく涯の脈搏
投影もなく
すすめられる遠心

茫洋として気流がきらめきはじめる
どうしても離別からは逃げられない
いつの日にか
子供たちに知らせたい
このけぶる位置のほかに
私たちの呼吸のありかはないのだ
肉眼からぬけ
目覚めて
この証の場所の熱さにとどいてくれ

もう夕餉の時刻だ
知られぬ呟きを胸に埋めて
わが貧しい食卓に帰ろう
私を待つひくい山小屋にも
傾むく涯からの声はそそがれている

Ⅱ

人の子の親として
坐れば

肉親と呼ぶものの疼きがともる
子供たちよ
ここにも襲っている離別の沓音
逃げることはできない
血はつながれているものの
秒針のかるさで
かき消されている私たち
いまも父は
きみたちの前で
声もなく呼んでいる
きみたちの魂を呼んでいる
一秒を悔いに流すな

私は落葉樹のように
耳をかたむけている
明るい笑いが食卓をとりまいている
窓から見える山湖
ここにも
あのまわりにも
放たれている存在の呼吸
不在のごとくに充ち溢れる呼吸よ
けぶっている
けぶっている　しかし
この求心の一点

呼吸の一点
見しらぬ肺のなかに
目覚めようとして私は問いつづける
そしてそこに子供たちの呼吸を
太陽のひかりのように誘い入れてみる

白桃

縄とび遊びの子らが、馳け去ったあとから
おおきい壁の影がひろがっていった

陽なたの方へ散策の足を向けて
思いつくことがあった
母が重体だと知らせがきていたのだ
一瞬
私のなかの母を抱きしめた
手の指は力がなかった

その瞳の中に無心に入って行こうとした
何も言わぬくちもとに浮かべる微笑
母のこのむ白桃の匂いが漂い　しらしらと母は幻の橋を去っていくのだった
そのうなじのくぼみに短い白髪がみだれ
西日は遠ざかっていた

思わず呼び声をあげるところだった
晩夏の空をいっさんに走って
病床にとどきたかった
旅行鞄のことを思った

どこか胸底がじんと膿んでいるような暗い重さが
黒い列車のかたちで私を走りすぎていった
その空間にしばらく
母のしなびたひらたい乳房が血のように私の鼻孔をつつんでいった

妻に

波打際におかれた椅子に
きみのそのながい黒髪をまきつけ
私たちの間に
苦しく熱い疑いがはいだして来たら
叫べばいい

きみの声がきなくさく濁り
肌が土壁のように乾き
その乳房に憎しみの火がゆれはじめ
耐えていた縄が
ぷっつり切れたら
叫べばいい

その時
私はどこへ落ちていくのか
きみにもとめつづける

朝露のようにつめたく未明なもの
いちずにそれを追う私の　痣に喰いこまれた全身を
その時　たじろがず　きみに見せよう

それはきみから私を殺す試み
そしてその死の中に蘇ろうとする希い
猜疑にぬるむ私の沼を
ふところにひめる淫らな爪を
むざんな過去にとどく包帯の疼きを
たじろがず
きみに見せよう

きみに偽ることのない　この痛みの芯
日々あえぐ棲息の扉のそばで
みたされぬ胸を夜の木枯しに寄せあって
しかも毀れるものの音がする
空漠とした愛の砂上で

まだ触れえぬ水の領域にむかって
泥のようにとけだす私
だが　この苦しみには関らないでくれ
すでにきみは
きみの渚に立つべきなのだ
陽と潮にむせる呼吸に

束の間は
きみをささえる蒼い死をこそ誘ってくれ

私の痣は
私の指爪がふかめたもの
罪のときめきは　いまも　頭蓋のきれくちから覗く
この病むものを
きみは断ちきることができない　けれど
ひそかに私の背骨が裂けるときも
きみとそして柚実《ゆみ》と真理《まり》と大地《だいち》を
火よりも烈しく抱きしめているのを知ってくれ

きみよ叫べばいい
私にそのながい黒髪をまきつけ
狂わしくその瞳に鞭をはらませて
そして共に失ないつづけて来た　この虚構の涯に
いまこそ
きみと私の　遠くここにつながる灯の走者を目覚めさせよう
十五年の悲苦をこえて来た肉体を合わせよう

病歴

久井 茂

つまらない朝だ。
ながい遍歴のあとの太陽が
歪んだ屋根を越えて
そこでぺんぺん草をいじめにかかる。
この真夏に
雨の降らない三十日

（夢に遠雷を聞いた中世の午後）
こんな日日——
こんな時間の経過があるものか。
ほとんど出来上っているビルの工事場で
毎日がおなじ連続音にたたかれている。
（かってどんな想像の原型
　「処女ソフィヤ」は在ったのか）
背信のときがあり、和解があり
罪があり、そのあがないがあり
窓に吹くすずしい風があり
ひるがえるすだれの向うがわに
まだ見たこともない朝が
不意におとずれるとはおもえない。
ぼくは病人なのだから
病気になっているのが
いちばんよいことなのだ。

摩天楼にて

増田尚雄

人々にしたがい
エレベーターに納まると
扉は夕霧のようにぴったりと
私のこころを閉ざす
顔料や微醺　情事の残り香などを
けだるく沈澱させたこの空間の気づまりの中で
おびただしいめまいに耐えて
上昇をたしかめながら
私は人生の端緒から晩年までを味わいつくすような
意味ありげな　しずかで永い時間を通過した
私のうてなはひそやかに揺らいでいる
空に飴色の満月がふたつ

徐々にかさなりあって私を象眼し
　　楕円形となる

　音源のさだかでない楽曲がせせらぎ
酒瓶のくちがグラスと軽快に触れあって
パルナシアンの饗宴はいまたけなわである
　　とり逅した二匹の兎の形跡とか
　　　水槽に飼う深海魚の変態とか
　　　鳥の雌雄の判別のてだてなど
　　饒りない主題は華やかに綾を織り
鞣皮のような夜は限りなく敷きつめられて
　切り裂きようもなくおもわれたが

　巨大な黒猫は鷹揚に欠伸をする
あらわにされたつややかな歯牙と
　　口腔の血の息吹きに
人々はにわかに爪の色を喪なって
　　枯草を頂いた木乃伊となり
　　安置された白骨と化す

　　　　　　　　　そして
　枝をはなれた林檎の加速度で　私は
爛れた匂いを撒きながら地表へ墜落する

兆

戎 栄 一

いわれもなくそのものはわたしを訪れる
ノックなしに
そのものは土足でふみこんでくる
平穏をみだされて
わたしは鳥肌だつ総毛だつ
背すじをつめたい水がはしりぬける
ついで恐怖がくる
恐怖がわたしをすくませる
わたしの器管はうちひしがれる
血は斜面をすべり
ふかいところでよどんでいる
指は虚空すらまさぐることできず
つまりわたしの肉体は
まるごと石膏のなかにあるのだ
石膏のなかからわたしは
皮膚いちまいそとのありようをうかがうが
なにひとつ見えない

見えてくるものといえば
かくしようもないわたしのこころの窮鼠だ

＊

わたしの廿日鼠は
おもむろに姿を消してゆく
石膏が音もなく剝れ
皮膚いちまいそとのありようが
まず眼をつうじてはいってくる
なにものもそこに在りはしない
血が斜面をかけあがり
わたしのすべての器管が恢復する
わたしは机上のペンをもてあそぶ
わたしの背中につめたい水はなく
鳥肌だっても総毛だってもいない
部屋のなかに変化をみとめない
調度もふだんのまま
しずかに埃りをかぶっている
だがわたしにはおもわれるのだ
わたしを封じこめた石膏は
みごとに始末されているが
それはなにものかのしわざなのだと
変化ありおおいに変化あり
じじつ床板の継目には
白いものがかすかにのこされている

さまよい

清水高範

ここに立つものに奇蹟はない。おまえと歩く重たい夜 橋の手すりにもたれ なぜそこから 明かるい灯の方をではなく 深い闇をみているのか ぼくはぼくに問いたずねた。名づけられないものよ 全く反対の方角で時間は限られていると。またある時 小さく引きしまったおまえの唇から あえぎ出る言葉が 街かどでこぼれた時 ぼくのなかを走った 烈しい火。なぜ火なのか 名づけられないものよ 全く反対の方角で 消えながら飛び散って行く詠嘆 それは なぜなのか。それからまた おまえのその黒い瞳孔をのぞきこむ時 ぼくの芯はくるめく。暗黒の渦は旋

回し　遠く去って行き　あなたと全く反対の方角で　ぼくたちはこんなにも浅くしかないのだ。しかし　もちろん　それらの質問に誰が答え得よう。

おまえのなかの　名づけられないものよ。その何処の部分よりも　はっきりとぼくに触れて　一番素直な　小麦色のその脚のすねから　滴る鮮やかな血のしずく。ぼくは右手の数本の指で　すくい取るようにして　くり返しくり返し　ぼくの口へ運んでいった。いくらかの酸味と　いくらかの鉄の味と　いくらかの塩の味がした。そして一瞬　あたりの空間がそのような味で染まり　夕映えのように燃えはぜるかにみえた。咽喉もとを越して行くのを意識しながら　そうすることによって

懐しい——おお　この言葉はなんと遠いことだろう——次元を異にした　ぼくの未来のあなたのところへ　たどって行くぼくの足跡になるかも知れないと思った。傷ついた廃墟の　さまよいのなかにしか　あなたと出会うことはないのだと。

犬の存在

政田岑生

すえる観念を漱ぐためにも
飼いならす犬をつなぐ
立木の裂目を
たえずみがいておく
風化をおそれる言葉を
その痒みとともに埋める
意識のヤスリで
セックスと政治の経験をけずりながら
いつかは言葉のつまる世界にいきつくまで
あたためて抱くのだ
剝製の犬に活字の血をかよわせ
さからって来た時間をひきもどさせる
脂肪ぶとりの頭のなかで

しなやかな衝突の儀式がはじまると
キズつけられたフイルムが
比喩の目的をはたらきかける
おもい土をかけてもかけても
埋めることのできないもの
ヘルニアの記憶が
眠れない罰のように
ねがえりを足でひきよせ
ぼくのからだにまとりつく
たしかな存在のかたちをともないながら
立木の裂目から日常の裂目を拡げる
あたりにたちこめる悪臭を
疥癬やみの犬は
毛のぬけた肉の肌もあらわに
たんねんになめまわす
尻尾をなまぐさくうごかし
ぼくがもつひとつのものはなにか
にがいスモッグのなかから
嗅ぎ出そうとする

来訪者

葉　豊子

あなたは私の何処からきたの
私の卵巣におとずれるまえに
その清冽な死の界で
あなたはうす明るい草の実をくわえていたのね

あなたに私が移動していった朝
波はまことにかぐわしい音楽を奏で
陽は高く陸のものたちにもそぞいでいた
私はその息の中で
あなたが火を燃している疼きをみつめていたわ
私はここちよくその時から死へ帰りはじめていたのね
瞳のまむかっている時空の一点の死へ

ほんとうに何処からきたの
私からでもなく
あなたの父からでもなく

あなたは遠く知らない命の果てから走ってきたのね
ただ一つの呼吸からきたのね

母とよばれるおおきい苦しみと歓びで
いま一歩も許ることができない
あなたの糞尿をぬぐいきよめ
ほのかに乳房を撫でるように
あなたに頬ずりするだけで
肌の熱さをよせあっているだけで
血の言葉で呼びあっているあなたと私

あなたは男子よ
あなたの父はきびしい人
だからあなたも自身を越えていくのね
あら！
そんなに嬉しいの！
ほう！とてもいい笑顔！
私の血をすすり
私の時間を掬い
魂をぬきとって
ぐんとつよくおなりなさい
ほんとうにあなたは私の闇の何処からこの愛をたずさえてきたの

ペリカン 5号

◆ ペリカン5号には〝広島の詩人たち〟の特集を以前から企画していた。木下夕爾氏の作品は、氏の病臥のためにおくれ、掲載できなかった。残念なことだが後日に期待したい。入院されたときいたが一日も速く御健康をとり戻されるよう祈ってやまない。（H）

〃明〃　浜本武一・東京・中央公論社・第2回個展出品

詩と詩論 ペリカン 第5号 頒価 100円 1965年7月1日発行
発行編集 浜本武一 発行所 広島市庚午町449 書肆ペリカン

詩•詩論

ペリカン

季刊 6

『ペリカン』 第6号 1965（昭和40）年9月 600

母音

・エピローグ・

清水高範

タマーラは既に死んでいた。みごとな一発が胸部を射抜いたのだ。彼女を撃ったものはまだこの島にいるかもしれない。しかしどうでもよい。なぜ撃たれたのかもどうでもよい。硬直したその腕とか脚とか　そのあらわな部分に触れると　生きていた時の触感があきらかにまだ残っていた。

凪は海辺を　原始のように往来していた。みどりのまじった海の色も　水平線も　そこで触れあっている涯ない空も　実に冷たく澄んでいる。そのためには　人間を必要としていなかった。同時にそこに　タマーラを失った私を　ぜひとも必要としているようにも思われた。

しかし　それにしても　あのタマーラはど

うなったのか。彼女一回きりのもので　誰もそれを彼女から受けつぎもせず　また誰のそれとも同じではない。しかも　もう滅び去った。どこへ滅んで行ったのか。やはりそれはどこかにいるのか　もう活動しないままで。誰に触れようもない　そして自分自身という意識すらない　寂しい秘密があるのだろうか。

毛髪がかすかに風にそよいでいる　そこらの草たちと同じように。その毛髪がみどりでなく黒色であるゆえに　異様にまだ生きている。島は天日にさらされて　波はにぎやかにまた静かにしゃべり続けた。絶え間ない風が私の頬を打ち続け　自然には悲哀感もなにもなかった。風が風を感じ　風が風と　風がものたちと触れあっていること以外には。タマーラは　そこに冷たく硬直している物体の上を　いましがた　さまよい　そして通り過ぎて行ったのだ。島の上空を　長く伸びてひびき渡る　母音。それはやはり澄明な空間で人に見えない同色の空で　大きな風が渡って行く道すじでもあるかのように浮き上り島の上空に湾曲した線を示していた。

詩人の死

衣更着信

ふっくらした女秘書と再婚しても
ついに子どもは作らなかった
自分の名のついた、なになに派も残さなかつた
てっとりばやいイメジはなにも残さなかった

若いときから老人の世界に住んでいた
そこからどこへ
うしろ向きに歩いて帰る小学生のように身軽く
こちらを向いたまま後退する夕焼けのようにあかるく？

沖へ

衣更着信

砂浜から海へ押し出されると、舟は息を吹き返す
さく囲いを出たけもののように
乗り手を振り落して走らせぬために
わたしは板のうえに這いつくばる
さっきひざをぬらして
走り出して行く舟にとび乗ったときに
わたしのなかにもなにかが息を吹き返した
恐怖に震えながら、離れられないで
悪意にしがみついている心は
環礁の割れ目から流れこんで来る、暖い潮を感じようと求める
息を詰めて、天へまではねあがることを夢みる

*なに気ないこと*について

風山瑕生

うち捨てられつつある土地　ぼくはその面積をわが拾得物とした
真の持主はだれなのか？　だが日夜
風景はぼくの所有に耐えていた　土地は散歩者の権力に踏まれていた
すべての内臓に触れる血管のように　ぼくのプロムナードは編まれていった

或る日の午後はつねに怖ろしい　銘記されなかった言葉よりもむなしく
雑種の樹木　老いたひとつがいの川と橋
ささやかな丘と谷と　毅然たる草と花は
そして数本の電柱は　ブルドーザーの群団によって押しやられていた

ぼくの風景は殺されました　という手紙など書きはしなかった
遮二無二かかれていくこの時代の記録を　ぼくはあえて誤読しなければならない
いま風景の組織者たちは　すくいあげられる土砂にまぜられ

機械の前進力によって　小高い死の山としてつまれている

かつて風景のかなたは霞んでいた　そこに風景は寄せあつめられていた
立体を育てるために　すべての形は均らされあるいは除外されていた
ぼくの風景は除外され押しつめられていた　ぼくは瓦礫の山の所有者だった
ぼくは見た！　その山のいただきに立つ一匹の犬を

ぼくは頑なな散歩者だった　犬は使命をはたさねばならないかのように
ぼくにのみ吠えつづけた　そのとき機械の轟音はわれわれを避けていた
死の風景の上空をわたるぼくの声は　犬のたれさがった耳を直立させた
そこには遙かな距離があった　だが犬の舌とぼくの手は親密に触れあっていた

銘記されなかった言葉たち　それは記憶の運河に浮ぶことがある
風景のなかの百人の主役たち　それはふるさとの森林がふたたび派遣してくれるだろう
ブルドーザーと労働者たち　それは否応もなくぼくの友人であり
血管のようなプロムナード　それは荒れた皮膚のしたにもあるのだから……

だが九十三日間ぼくの愛犬だったあの　瓦礫の高みにいた犬は
どこへいったというべきなのか　ぼくは見た！
かれが機械のグローヴとツメにはさまれ　土砂とともに運搬車に抛りこまれたのを
世界の端の友人にぼくは手紙を書いた　ぼくが飼わなかったぼくの愛犬のことを

（『さまざまな愛犬』より）

ことばのさかな

藤村 壮

なみうちぎわに
うちあげられたのは
すでにおよぐきりょくをうしなった
ことばのさかな

りょうしたちの
ぶこつなてのひらの
えんさいくろぺでぃあにも
そのがくめいはきざまれてはいない

さかなのかたちににせた
ほにゅうどうぶつなのか
きげんぜんにさかのぼって

かせきのことばが
よみがえったものか

りょうしたちの
なんにんかは
しっているにちがいない
このあたりにたしかにすんでいると
しんじられている
まぼろしのさかなのことを

すなのうえにひきずりあげられ
ごういんにきりさかれていく
せびれやおびれ
はらのふくらみには
どんなあかしがひめられているか
とびでためには
どんなせかいがにじんでいるか
ふきだすちが
なみうちぎわをまっかにそめて
いままさに
はらわたのいちぶがはみでようとしている

みよ
はらわたのなかからあふれでる

むすうの
ちいさなさかなたち

さかなのなかにさかな
そのさかなのなかに
みじんこのようなさかなが……

あれが
やみくもに
あみうつならわしがとらえたものの
なれのはてか
さかなが
さかなにむしばまれて
ふかみからうきあがった
せかいか

そのじつ
なにもみえやしない

なみうちぎわからおきへむかって
ひとすじ
なみがしらのように
はみでていったものがあるだけだ

もはやさかなでもなければ
ことばでもなく
すなのうえで
なおきりさかれていくもの

そのとき
りょうしたちのしおからいひふも
えんさいくろぺでぃあも
にぶいはもののために
はらわたのきりさかれるいたみを
しるだろう
ないせかいの
ちぎれるひめいを
きくだろう

＊改稿＊

奇妙な空間

小島俊明

火の舌が蠟をとろかすと
奇妙な空間がうまれる
くらやみに淵がひらいて
透明な空間がぽっかりと浮きあがる

火のわざはふかく冷たく
うつろ充足さみしさ喧噪よろこび悲哀など
いずれをも締め出し
透明な空間は声をのんで大きくなる

あなたとぼくのあいだに
蠟は毎日すこしずつとけている
寝台の下へ縁の下へ土の下へ

射出する叫喚が白く長く凝固している

魂の声がきこえない、とあなたは呻くのか
もっと大きな声をききたいのだ　と？
蠟のあとの空間は声を吸いとって
ぶきみに少しずつのびひろがっていく！

あなたはそれが目に見えるだろうか
火の舌も蠟のあとの空間のことばもそして
水を滔々とたたえて流れている
レーテの河も

あなたとぼくのあいだに
蠟はきょうも溶けている
奇妙な空間をひろげながら
見えないからなおさら奇妙な空間を

ア　ア　とあなたはうめき
ウ　ウ　とぼくはうめくが
抜け毛のようなものが舌に残るばかりで
透明な空間からはまだ何もきこえない

ふたりの恋

長田弘

「恋人が呼んだら　恋する女はとんでゆく
そんなふうに愛したいわ　わたしたちが貧しくて
結婚をかんがえてみるなんてさえできなくっても――」
そしてふたりはふたりを求めあった、
くちびるとくちびるを重ねて。

傷口のうえにやすむ白鳥のように
海からいちばん遠い高山の冷たい頂きの
清潔な快楽と生の悲哀につつまれて。

世界のすべてに驚きの目をみはる
子供たちと孤独な冒険家は、
真昼のベッドに倒れゆく恋人たちの魂ちかく往く旅人……

「恋人が呼んだら　恋する女はとんでゆく
そんなふうに愛したいわ　わたしたちが貧しくて
結婚をかんがえてみるなんてさえできなくっても――」
花婿と花嫁のように新鮮に
饑餓と放縦とに溶けるように結ばれて、
そしておもいがけず傷つきながら身を離すとき
けれどそのときまったく衝動的にふたりは知るんだ、
ふたりの貧しさはふたりの悪だということを知るんだ！

虎

浜本武一

声もなく
背すじをふるわせ
午後のもの影で
一匹の虎はしめあげられている
そして
眼も呼吸もせばめられ
みえぬ咽喉にのまれかかっている
あつい塩を嚙むような
おそい目覚め
在ることのために　さらに一歩を踏みださねばならない

おわりつづける明るい秒針をまたぎ
湿る月日のうらがわで
虎はふかく睡眠したいのか
おれの胃液は
西日の方向に流れだしている
それは

気づかぬほどに抱えとられていることか
激じいくるめき
その双手はやはり
涯の眩しい一点からさしのべられている
あれは
死亡となづけられる刹那の誘いか
虎よ
あすこへ
憤りをはらんだいちまいの断片となって
入りこんでいいのか

遠い干潟の記憶があり
いま爪を剝がれる虎がいる
永久の窓に入りこもうとするのは
どのような境界線へのねがいからか
侵してくる洪水の速度がききとれない
すべては
白い汚れもののように　眉間の底で揺れている

黄水仙

浜本武一

みじたくしながら
おりたたんだ苦痛に敷かれている
ひとつの灼ける予感
黄水仙をまひるの光にかざしてみれば
そのおそれとこころみを
なづけられない微塵がわたっていく
その遠いきらめきに倚りかかる
まなかいで噴いている時間
ぼくたちが身がってに閉じる扉を
清楚な花は開け放している
眩しいつよさ
ぼくは昆虫のようにふりかえる

記憶を灼くまでに
みしらぬものの入口に近よる
けれど
ぼくたちの足の月日
一すじの黒髪
歯茎の爛れ
それら　くずれるものの前で
ただひとことが聞きとれない

火のように渇き
いまも　もひとりのきみたちは消されている
そよ風のそとに押しだされるときだ
灼けつくすまでぼくは一すじにもとめよう
そして　遙かな微塵をなざすことのできる一瞬まで　扉を
　押していよう

終りの夏

浜本武一

幾日かの収獲の
くもった温みで　おれたちは
めいめい一匹の毒虫をそだてている
問いを吐くのは毒虫だ
残暑の午後　それを白シャツに透かして見る

いかなる血液が
はじめにそそがれたのだろう
葡萄棚の下でひろがる毒虫の闇
が　明日を呼ぶのはなぜだろう
とろけだしている否定の石粒
おれは見逃さない　死は　毒虫のよこばらからくるのではない
おお　すべての中心で奔っている

きみたちの　死は　逃げていくだろうか
もつれる黒髪から逃げていくのか
むなしく構える眼と双手が

もしも　噴水のような死をあけ放つなら
彼方の淵へ
おれたちの毒虫が逃げなくても
一つの出発の押し戸にとどく
そうだ　憎みあわず
死とまったくかさなる

嘆くな
ひとすじの掟をきた　おれたちの血液の方向を
果実のように渡る　この地上も
なづけられない海底なのだ
ああ　そして
死よりもすばらしいと思ってはいけない
この世界の硬化を
ここに　かぎられる誕生
と　それをきわだてている死
蒼くただ一つに在って
いまも
毒虫をかこい
きみたちも
光の微塵からこぼれる賢さを　くずし　崩し
ほほえむ惨忍の　影ぼうしを追うのか

灯

葉　豊　子

子宮を地鳴りのようにふるわせ
あの一瞬　離れてしまったちいさい成熟
昇る太陽とともにみなぎる歓びが　安堵が
すべてをつつみ

愛しい呼吸の重さで　いつからか未知の岸に住み
この血のなかから一人となって発ってしまった
日ごと　私とかかわりなく眩しく育っていく
新しい生命の速度

分娩の時の闇のあの　一人きりの位置が
爛れおちる揺れかもしれません　乳房のそばに
きざまれる女の衰えが、近づくのです

このこたえはいつも　どこからくるのでしょうか
いとしい子を抱きしめる
よろこびと一つなる哀しみのなかに

の原因を知っている
　嵐はそんな時がらくたのういすき瓶かペンギンよりも孤独なあからがおの岩かキリストのかた腕かをほうりだしてこうふんするが

　人間の言葉に内在する呪いを砕く槍が世界内に存在するだろうか

　たくさんの燃えたもの（いずれにせよ創造者――彼はすべての苦悩の根元なかんずく偶像の作者の亡びの苦悩からの救済に有効な槍を投げるものでなければならない）だから労働者らはそのなかから青草をふんで人間に必要である世界内の勝利のためにふたたび出発した
　なぜなら世界内に虚無化を免れる芸術はあるまいが（しかし教会の内部の小羊のパンは虚無化しない君・非対象であり）――民族のダイアレクトの純化のために
　エピフェニが虚無の言葉であった煉瓦塀のそとのクワイアに参加するために（虚無はアイドルの呪いであるが言葉は神の言とおなじく呪咀をつらぬく槍であるから）

　どこの虚無を突破して漂流してきたか――月よりも破壊されたハトバのスティーマーを茫然とながめる君も／

　虚無への勝利者である君／
　ミイラよりも破壊された君／

　KINGDOM OF GODの君のエピアァーであるクロンボ
　諸君のために永遠はサバクの駝鳥のオドリだ

　それにしても青草をふんで出て行った労働者の諸君は誰なの？
　諸君が君の Objective Equivalent である
　対極理論のなかに
　青草は芽をふく。

人間のいのちを支える木の実であった

なぜなら民族のダイアレクトの純化とは何か？
Bearer of the Word made Flesh
ドグマは君を要求するが　神の言ではなく人間の言葉を岩の上に置く
（言葉の偶像の呪いをエキソーサイズする）第2のペテロの方法論は何か？

君のブラスフェミである火の根は人間がつくる根であり
君がどうして非対象からくるか
なにが君を呪いから自由にするかはなお不明

それにしても今では
神の言葉と共に君の樹木が岩のうえにふかく根をおろした　諸君がこの歴史的事実を肯定的に証しする意思に燃える時に
詩人のあたまの火の宝石をオリーブは飾る

すなわち
ふとたちどまる雨のひアンブレラの下の
堕天使の靴よりやぶれる
人間の世界創造
この破片の偶像のために亡びる1群の文明のGINGAをあざける
君がクリエーターである無償の事実を諸君は証言するなら

虚無　はてしなく吐き出される虚無の煙のなかにまぎれこむ
破片の創造・村の聖書の本質は何か？
（創造者である君は知っている——見給え　1握りの砂は無意識に なてっ いる——人間の世界創造・その火の偶像の呪いのために）

すべてが記述されたあとにそれを疑うことができるだろうか？
創造者である神か詩人か——君は人間の世界創造の転落（Fall from Grace）

讃美歌のためのアルゴ

上 田 敏 雄

詩人の最高の義務は
民族のダイアレクトの純化――原罪の負目から解放される人間の言葉の創造にある――言葉の呪いに1撃を加える槍を投げてください

しかしその準備的段階として神の創造するアダムの家族から離脱する決意が要求されているが
教会のなかで語られる神の言葉と
その外がわにあふれでる火である人間の言葉を
混同してはこまる

というのも創造のパン種は
煉瓦塀のあちら側（非対象）にあるが
こちら側（砂漠）に根をおろすために君は人間の創造力に期待するほかなかったが

それにしても今では
神の言葉は人間の社会に根をおろし樹令3,000年というかしの木よりも
うっそうと枝を張り葉を茂らせてしまった

この dislocation の仮説はパラブルとして提出されているが
20世紀の青年たちは
火を吐くように自由に言葉を吐き出す

En face d'un enfant qui meurt,
La Nausée ne fait pas le poids.

そして言葉は人間の創造物であるが
教会のなかのキリストのパンと葡萄酒とおなじように

ペリカン 6号

◇ 木下夕爾氏が亡くなられた。
痛惜にたえない。御冥福をいのるのみである。

＝移＝　浜本武一・東京・中央公論社　第2回 個展 出品

詩と詩論 ペリカン 第6号 頒価 100円 1965年9月15日 発行
発行編集 浜本武一 発行所 広島市庚午町449 書肆ペリカン

ペリカン

詩・詩論

1 9 6 6

季刊

7

雪どけ水

颪山瑕生

かれらはまた覚るのだった　播種が
不在の稔りへの献身であることを
それは嘘だ！　とかれらは叫ぶのだった
日毎追いはらうべき邪悪な鳥の声にあわせて

色うつくしい船が森のなかへ消えていく
不毛の大地の港よ　雪どけ水にひたされた内陸の塒床よ
太陽は石をひきずって昇った　去るときは翼のはやさ！
だが変りなく孕まれた　担うべきものの約束もない人間の子は……

……そうなのだ　死の言葉のうめきが
よろこびの水にむせるとき　ぼくは生れなければならなかった
そしてぼくは見たのだった　切株の上に漂う死神の微笑みを
梢めがけて　かけ登る希望のツメの光りを

かれらのひたいで粘土が乾くのだった
雪どけ水のさざ波に火災が映るのだった
種子袋が腐る　だが種子は燃えている
かれらの魂は想像していた　根と梢が共にしげる場所を

ぼくの足はとても冷えていた
光りの液体を蹴ちらしていく牝牛はさらにうつくしい
ぼくと花嫁はついに結ばれなかった
彼女の初潮が雪どけ水にしたたるのを見てしまったから……

死

広島のKに—

長島三芳

この真昼　沖の方から物の毀れる音がした
それはきみの手で　造って沈めたみずみずしい船
岩と岩の間に四股を硬直させて
藻のように水の芯に髪をなびかせ
きしみながら　すこしずつ白骨化していく

それはいま絹の蒲団の上で息をひきとる
人間の言葉のように
垂直に！　突然やってきた死が
いま見た生《なま》の風景から空へとび上る
まるで栗鼠《リス》のような早さだ
そのもろさは　真二ツに割れた陶器よりも単純で
切口は氷のようにつめたい

あれは　たしかヘミングウェイの「老人と海」の一齣であったか
きみは固くオールを握りしめたまま
夕映の中を明日の大洋に流れこむ時刻

犬について

粒来哲蔵

1

犬が来たら——と私は教えきかせた。犬が来たら私のようにするのだ、と。子供は無造作にこっくりしたが、果たして犬というものに触れたことがあるのやらそれも判然とはしない。が、恐らく毛深いものだということにはうすうす気づいているらしく、藪がらしの枯れた野辻のあたりで不意におびえることがある。

だから、犬が来たら——と私は教えきかせた。手をこうして（と動いてみせ）、掌を下にして両肘をぐんとはると、子供はくすくす笑いながら、ためらいがちに真似てみる。

犬は来るのかな——という。来るさ、来るとも——といいながらふりかえると、なんと子供の裾をくわえて、太い脚の、毛深い奴が、ぜえぜえとあらい息を吐いている。そこにいるんだよ。それだよ——と指し示してはみたものの、子供はとらえられた裾をそのままに、奴をぐいぐいひきずっており、私はといえば、それをみながらもういくらかはよろばい加減だ。

犬が来たら——と子供はいう。犬が来たらこうするのさ、とかけよりざま、私は毛深い奴の前額をはげしく敲くが、奴は一向にへこたれない。それではと私は彼の口中に手をつっこむが、湿ったぬくとさのなかで私の指先にふれるものは軟くなつかしい。私と犬は、休止の姿勢で対いあう。と子供は、胸に組みあわせた掌をさっと真横に拡げると、一瞬まるで磔の形になって、しばらくは夕闇の中に佇っている。

2

それはただの犬ですよ――と子供はいう。犬だと――と私はいくらか気色ばんで盤の上から目をあげると、それは駒からはなれようとする私の指に、しずかに掌を重ねてしまう。私はそのとき、彼の毛むくじゃらの掌が、私の指をおおい、私の駒をしまいこみ、棋面の縦横の線をぬぐい去るのをみているが、空莫とした中に私の駒音の残響だけが妙にきびしく印される。

すでに彼の駒は、私の陣中深くくいこんで私の方は身動きもならぬ。恐らく最も尊大で邪魔っけな駒の後に彼がいて、ぬくぬくと息を吹きかけているのだ。私はいつか自縛の姿勢をとっているが、みると、私の対局者の気忙しげな貧乏ゆすりは、白熱する局面と比例してますますはげしさを加えるそれは、まるで私の癖に似ている。事実盤はそのために揺れ、ときどき歩の二三枚が盤上からはみ出すが、彼はそれを拾うとてない。依然として己が優位を信じている。

これで犬なのか――と私は子供の目の前に彼の前脚を吊るし上げると、彼の膝からぱらりと一冊の書物がおちて、すばやく子供がそれをひったくる。私は知っている、その本が私の父の遺愛の釣りの書物だと――。黄ばんだ表紙に、父の字で〈委託〉と書かれてあるのがかいまみられるが、何のことかわからない。が、彼をよくみると、顳頂のあたりの照りといい、下瞼部のだぶだぶの垂れ具合といい、奴は父に酷似している。

一方すでに危機の迫った自陣の立て直しに私はやっきになっているが、対局者たる犬は、ときどき鼻毛をひきぬき、それを風にとばしながら、しみじみと私の子供の瞳をのぞきこみ、目を細めて、しきりとなにか肯いているのだ。

渇いた舌

小島俊明

渇いた舌がひび割れ
水をさせばさらに渇いて
無数のすじすじに裂け
血も流さないで
湿った風のなかで渇いている

きみは知っているだろうか
どんなに水をさしても
なおも渇いて
水！　水！　水！
と喘がねばならない火の病人を

ああ　かれのなかで
渇いて死んでいく多くの水！
見えないものを追って
かれがとじた眼には
どんな泉が見えているのか

きみは知っているだろうか
ひりひり　ひりひり
くる日も　くる日も
渇きのなかで裂けひらいていく
貧しい舌を

濡れうるおっている風土のなかで
からからになっていく舌！
ああ　誰か知っているだろうか
はげしい糸で裂傷を縫いあわせる
見えない可憐な手を！

ことばのきおく

藤村壯

きおくをちぎって
ことばを
つなぎあわせよう
とおいいきおくに
ちかいきおくを
はりつけよう
きおくが
ことばとなるとき
ことばが
きおくを
かたりはじめるだろう
ことばが
いつも
ことばから
はみでようとしているのは
じつは

ことばのせなかにぶらさがった
せつないいみを
ふるいおとそうと
もがいているのにちがいない
ことばが
かたりおわったとき
せかいがとじてしまうのは
じつは
ことばが
いみのないいみに
そむかれてしまうからにちがいない
きおくのながれにそって
ことばもまた
ながれていく
ことばのながれにそって
せかいもまた
ながれていく
ことばをちぎって
きおくを
つなぎあわせよう
そのざらざらしたひだが
まぎれもなく
くだのような
せかいのいちぶであるだろう

糸のうた

葉 豊子

遠い祖母のくにで　繭は
茜空にかがやく一すじの糸になり
ふしくれだった手指のなかで
もつれないつよい一本の帯になる
誇とするあたたかい影よ

小石をのせられながらきしむ絹の
音をのこして
母に手渡され
記憶のなかのいのりとなり
かたくなな私の手にぎっしりと
いままたもつれた糸になって握りしめられている
この糸をほぐし
綾織るために
私は　女　としているのでしょうか
紫陽花の露のかわかぬ間に
ああ乳房にすがる子の立ちあがらぬ間に

『ペリカン』 第7号 1966（昭和41）年1月 640

埋葬式

石原吉郎

男子《なんし》が継承するこの荒廃は
およそ男子の継承へゆだねられ
男子が継承してそれは終る

継承するやいちまいの目蓋《まぶた》
一個の木椀《もくわん》にいたるまで
容赦なく継承せねばならぬ
塩と泥濘をかきわけて
男子が継承するふたつの月
男子が継承する三つの故郷
壁へならぶ葬列
花と埋没の一枚の経済学
口中の闇へ
ひとつまみの火をおとし
ふたつの関節を組みかえるとき
死者とのこの入れかわりは
信ずるにたる儀式である

宮島にて

増田尚雄

対岸からみた夜の島影は
乳房ゆたかな女の仰臥した姿さながらであった
私の内側は凪いで鏡となり
ひえびえとして曇りやすい
湯あがりの肌にしずく心なく
体毛は海をわたってくる磁気にきそいなびく
おりしも注ぐ食後の器にひっそりと茶柱がおり立つ

廻廊の腔を潮がひたすと
正午のここには
はなやかな夜景が展ける
魚達は模糊の境を遁走し
たゆとう曼陀羅をえがき
貝類は中世の翳と
永劫の明るみにつらなる眠りを
宮司とともにむさぼる

涸れた谷川にかかる優雅な橋を渡り
山路にわけ入る
まだら陽は樹々の彩色に漉されて
錦を着た公達のたたずまいを深める私は
ゆくりない鹿の呼び声にも
しきりにこころ傷むのである
凄まじく白髪した媼が
逆光をあびながら
萎えた腕に熊手をもち掻き寄せる
栄華のもみじ
凋落の松葉
焚べる煙はさかるともなく
また消えもやらず
縷々として夢の跡を彷徨する

船尾より山の端にかかる眉形の月を眺める
そのおぼつかない光にもしるく
髪にまつわる一片の紅葉
スクリューの騒音にまぎれて
私がひそかに水脈に散らすと
おんなは瘧のおちたような貌で
すっきりとふりむく

沼は日に日に

戎栄一

沼は日に日に
その水嵩をへらしていった
あれはいつだったか
最後の雨がふった日
あれからふたたび
雨はこなかった
沼のまわりの
おおくの葦は緑をうしない
じょじょに立枯れていった
もはや一片の雲すら
沼は映すことができなかった
けれども沼は動じなかった

沼は日に日に
その泥の涸れるにまかせた

あれはいつだったか
最後の人がのぞきみた日
あれからふたたび
人はこなかった
沼のまわりの
おおくの村は主をうしない
じょじょに廃れていった
もはや一滴の水すら
沼はとどめることができなかった
けれども沼は動じなかった

沼は日に日に
その底に亀裂をはしらせた
あれはいっだったか
最後の声がとどいた日
あれからふたたび
声はこなかった
沼のまわりの
ひとつの世界は沼をふくめて
じょじょに消滅していった
もはや一個の言葉すら
沼は遺すことができなかった
けれども沼は動じなかった

プシュケ

松田幸雄

そよかぜが　そーっと過ぎた
蛇のぬけがらが　はらりと落ちる
そのような感触を　ぼくの肌にのこして
ああ　風の言葉は　ぼくは知らない
魂のぬくもりを　いとおしむだけだ

そのひとはきた
緑の炎のうねりのなかを
山ゆりの香りに　身をつつみ
木瓜の花のように　頬を上気させ
松の花粉に　眩しく輝きながら

ぼくの花嫁　ぼくのきょうだい
ぼくの全一《すべて》となるべきもの
歓びと畏れに　瞳をひらき
ぼくは　わなないて待った
やさしくのべてくる手を

その手をとって　ぼくは踊った
葉末のかなでる音楽にあわせて
踊って　踊って　ぼくは倒れた
草汁と血のにじんだ素足のもとに
そうして　蛇のように　からんで睡った

目覚めて　ぼくはきいた
どこにいるの？
血管が　鼓動でこたえた
それから　ぼくのなかに　驟雨は訪ずれ
草の蔓はのびて　実を結んだ

あの草の実は　だれのために色づいたの？
風は　なにを語ったの？
ああ　おみなえしの花を髪にさし
すすきの花の舞う空に消えた
ぼくの山の娘よ

ことばなきもの

平井照敏

秋よ　こだまよ　ことだまよ
わたしにうたわせてもらいたい
もえつきた火のように
こえにならないうたを

舌のない風鈴よ
声帯のない咽喉笛よ
口をおおきくあけて
血のつばをしたたらせ
うたっているものたちよ

絶望よ　暗礁よ　絶望よ
死者たちのすまい
石の壁にえがかれた鳥たち
わたしとともに
うたえ　うたえ　白い水の泡

砂岩のうた
絶壁
沙漠より沙漠のうた
夜よりも夜なうた
おお　灰よ　梢よ　抜毛よ　糸よ
火のきえたあとのほのかなひかりよ

うたおう
うたえ
こえのないこえのうたを

石のことば

平井照敏

わたしは閉された石
だがそれゆえにからだ全体で開いている門
道は目に見えぬわたしの亀裂に沿ってくだる
きみは限りなくたどれ
限りなく
わたしからへだたってゆくことによって

（見えない稲妻）
（語らないことば）
（足跡のない足跡）

そうなのだ
きみがわたしをたどるのではない
わたしがきみをたどるのだ

（ひとつの真実）

わたしはきみの石の肌をたどる
その盲目のあゆみを導くきみの手よ
見たまえ　石の火皿よ
夜がこんなにあかるいではないか
つめたさがあたたかさにかわるこの道

（ふたつの真実）

ここ過ぎて　石にしみいる
きみの遊行は
わたしの足もとに果てるだろう
そしてわたしの膝をまくらに
きみのことばは果てるだろう

だがそのとき
きみの唇にほころびそめる
血の花びら
わたしの（よっつの真実）

覚めて

浜本武一

かなぶんぶんが檻ちかくぬけていった
ひととき羽音が絶え
虎はうるんだ瞳孔を閉じる
愛しあうことをふさぎ
どうして一個の石くれでありたいと希うのか

声は流れてきえる
にくしみをおいて
遠く束ねられる草の穂のようにきえる
虎よ
死の一滴に
しずかな地の火に
舌をぬらしただろうか

みちびかれてその閉じた瞳孔は
呼吸を追い崖に立ちつくす
とりはだだつ悪感をよぎり
記憶の土に足あとをのこして
問いは
藍青の空間へ折れてきえる

救いは訪れない
ゆえしらぬいきどおりを抱えて還らねばならない
檻に覚めて
叫びを噛む魂よ
酢の匂いがいまも舌をつつむ
陽がさしこみ
無花果の実がひからびようとしている

吠えないか
虎よ
永劫に向って
在ることのために
ふりそそぐ秒針の下
ここにもやがて白夜のような出発の朝がくる
そのせきずいの尖端を
道に浸して
激しいそのにくしみはおのれの歯牙で裂かねばならぬ

車輪

浜本武一

輝くようにいる時
それは沈んでいる
夜半に起きてみあげる時
それは微笑する
おわりながらみちてくるペタルを踏んで
ぼくたちはわずかな季節を廻る
骨のありかを気にしながら

一つのペタルに不安がにじむ
沈黙をぬけてゆすがれる　も一つのペタル
その繰りかえしはつづく
ぼくたちは空間の素足をみうしなう
そして　聞えるものにもたれて
ふりそそぐ秒針の下にねころぶ
胸をひらき
眼をとじて

ああ　誰を責めることができよう
車輪の証は　その刹那にくずれていく
ゆくてへのあせりを奪うのは　いつも
もひとりのぼくたち
重い記憶は　いまものこされている
とおく血の匂いを散らして

ぼくたちは讃える
あえいでいる
死をのぞく時　それは燃えている
熱い存在か
刃ものじみる不在なのか
肉のうずきに
荷のことばをしのばせる
安堵はちかずくものか

みたまえ
砂が光に吸われ
いつくしみの声につつまれるのを
車輪の上で
樹々が枯れていくのを
おわりながらみちてくるペタルを踏んで
ぼくたちはわずかな季節を廻る　骨のありかを気にしながら

ペリカン　7号

＝種＝　浜本武一・東京・中央公論社 第2回 個展 出品

詩・詩論 ペリカン 第7号
1966年1月1日発行 頒価 100円
発行編集・浜本武一
発行所 広島市庚午町449
書肆ペリカン

ペリカン

詩・詩論

1966

季刊

8

誤解

白石次郎

あるまじきことながら
箱の空間を鑑賞する
正統な使用法がまもられていない
箱が　四角い超硬製であり
なかが空洞であるために
監視員の目にふれさせてならぬものを
密封すべき容器だと信じられている

たとえば
母を扼殺し因襲の家より逃走してきた男が

鮮紅疹状のエクスタシイにひたりながら熱中する妻の発明
むすうにきざまれる魚・薔薇・球根の類
ぬるぬるの袋のなかの砲丸
狼の悲鳴をあげてひびわれる石膏の少女
――それら光にさらされ
芳香性の劇臭をはなつものを隠蔽するために
箱は遺棄用の器として誤解されたのだ

発明は　永遠に完成されない
やせた血だらけの男が
監視員の手で
すばらしい部屋に拘禁されるまえに
箱は優しい蠢動で男を呑みこみはじめるはずである
そこで事件は終結する
恥ずべき一個の白骨片をのこし
母のテーブルのうえで
箱はさらに硬く成長をつづけるのだ

醜聞への感謝

風山瑕生

わたしは永遠に吹聴しえないだろう
わたしの部屋は木々しげる森である　などと……
おんなの喋り屋は人ごとに知らせるのだった
あの人の部屋は森　木がしげっているわ

あの人と小鳥がたわむれているのを見たのよ……

わたしの部屋は森である　と告げることができるなら
わが生はかがやく！　とわたしは叫ぶだろう
だがわたしの部屋は沙漠　わたしの生は薄ぐらい
おんなの喋り屋はわたしの部屋をのぞいたのだった
その日そのとき　わたしはただ
一羽の小鳥を肩にのせて窓辺に立っていたはずだった
なぜ彼女の眼のなかに森がうまれたのであろう
木々は窓の外に立ち　わたしは部屋にいただけだった
（木々は部屋に入ってくることがない
わたしが木々のなかへ出ていくのだ……）

……しかしなんで彼女を咎めえよう
わたしの行いえないことを　彼女の言葉はやりとげたのだ
わたしの部屋は森！　むしろこのイメージに感謝をささげる
わたしの沙漠の部屋　わたしの薄ぐらい生
わたしに伴われる小鳥よ　おまえに森をあたえよう

船上のコロン

高橋睦郎

聖クリストーバル・コロン
左手のにぎりこぶしには
極彩色の　もの言う鳥
右手には　ずっしりと重い双眼鏡

かれの目には　見えている
遠ざかる聖なる新大陸
天真な神の子たちを喰いあらす
あの　見えない蟲さえもが

かれの右足は　発見者の黄金
しかし　その左足は　梅毒の熱帯性の
花づなにからまれた　腐る柱

土いろの額には　既に死の夥しい汗
放射状の背光の重さに耐えて
かれの岩乗な肩は傾《かぶ》く

――〈目の慾あるいはノストラダムス〉より

夜の作品

清水高範

朝になると自然に眼が覚める。不思議なことだ。あすの朝私の眼は覚めない　そういうこともあり得るだろうに。おびえた夜のなかではおびただしい昆虫たちが飛び交う。昆虫たちは頭上にかむさり大きな影の円蓋を作る。その上に更に高く大きな　もう一つ別の黒

い円蓋があって　回転する様々な昆虫たちは　結局すべての出口をとざされている。道の向こう側はみなふさがって。机の周囲も　電灯の周囲も　ペンのそばも　夜のあいだじゅうそうなのだ　枕のまわりでも。

私は夜が白む方に向いて眠りこまない努力をする。

あと二時間あまり　昆虫たちのちょうりょうは気ちがいじみる。眼ぶたにそい　かと思うと高い円蓋の縁にひろがって飛ぶ。そのあとですぐ　最初にやってくるひかりでたあいもなく　余りにも穏やかに　昆虫たちの息は絶えてしまう。松葉杖をついたこの奇妙な影など　霜柱のように消えて行くはずだ。大きな透明な車輪が　高い空間でゆっくり回転を始めるだろう。一時にたくさんの雲雀たちが鳴き始めるように　トラムペットが鳴る。新しい血がすべての樹木たちの胴体をふるわせる。ポプラ樹の若芽の指先　かなめの樹のひたい　あの櫟林の薄い毛髪　都会の屋根　あるいはごみ臭い空地の数多の死骸の上でも。決して単なる空想ではない。

そして　私も彼らの仲間だ。

MA PONPEI

香川紘子

ある日　突然
熱い灰にうずもれて
歴史から姿を消した街
ある日　とつぜん
トロンプ・ルイユのような鮮明度で
もういちど　わたしたちに還えされた街

だが　染まりそうな青空が

いくど　燃える口づけを繰りかえそうと
この骨まで冷えきった眠り姫を
温めることはできそうもない

ひとけのない静まりかえった広場を
無言の案内人のような円柱にみちびかれて進むと
孤独な表情で佇む彫刻と
いきなりぶつかりそうになって立ち止るのだ

あの熔岩と熱い灰の降る鳴動の一瞬に
列柱にもたれ
あるいは　広場の泉のほとりで
また　屋内の寝台にうつ伏せたまま
人々はそれぞれのポーズのままで
生から永遠へのメタモルフォーズを祈ったのだろうか

そして　生き物の気配のまったくない
廃墟の一軒の戸口で
わたしは今にも鎖を引きちぎって飛びかかってきそうな
忠実な死の番犬ケルベロスに出会ったのだ

『ペリカン』 第8号 1966（昭和41）年3月 670

琴

石原吉郎

その夜　消息は
琴のかたちで絶える
琴の南へせめぎあって
ひとつの膝が
さきに落ちる
琴のない闇へ片手をつく
琴がのこした弓なりの闇を
琴のかたちで打擲《ちょうちゃく》する
琴をぬけ出たしずかなものが
琴の真北で
だまって聞いている
琴をにくんで
なにかを切るおとを

朝鮮の土

浜田知章

黄濁のどよめき
混沌たる半島のイメージが
鮮かに浮び上ってくるのだ。
赤土の禿山
裸梢のポプラ
地の涯からの使者、一本脚のかささぎ。
鈍い残光が
泥屋根の上を匍っていくと
荒蕪のささくれと
どす黒い疲労を
白衣《チマ》に巻いて帰る
流民の長い長い
群れ。

どっぷり沈んだ
夜陰の一角から
呪いの火柱は崩れて
唾をとばすあやしげな詠歎《くどき》
ドブ酒と漬物《キムチ》と、鳴動するトラジの唄。
突然、誰かが霧の中へ出ていく
闇の中、斜めに光るレールを枕に
ゆったりと眠りにつくというのだ、
冷たい鋼鉄の感触に
積年の辛苦を消去させるのか
一瞬、星条旗を立てたガソリンカーが走ってくる。
この間まで、
日本の官憲と、その妻妾たちを運んでいたホーギー車に変って。

切り立つ冬土は白刃なのだ、
けざやかに降霜を染めて
生首が一個、転っていた。
やがて、まんだらの旗をひるがえした巫女歌《のれからく》の一団が土橋を渡ってくる……
赤土の禿山
裸梢のポプラ
地の涯からの使者、一本脚のかささぎ。

風景は少しも動いていない。

ある意識の下で

中野嘉一

島を蔽った
あの日の屍臭　硝煙
きな臭かった海の空を
忘れたように　ジェットが一つ

光り　飛んで行った
一九四五年の　遠い
恐怖の絵のようなもの

それからある日
パンの木の下で　蝸牛《かたつむり》のように
隠れている私のところへ　離島から
炊事当番の兵隊がやってくる
蜥蜴《とかげ》のフライをあげて　飯をたいて
持ってくるというのだ
リーフのごろごろした石に躓いたり
砂地に踵《かかと》をとられたりして
半日もかかって　やっと
私のところまで到着するのだ
この忠実な男に　私は
何をしてやればよいか

アダム氏の言語論

平井照敏

1

きみのうまれでるまえの宇宙にはなにもなかった
沈黙さえも、《ない》さえもなかったといえる
それでいてなにもかも用意されていたのだ
石をしらぬ石たち、木をしらぬ木、獣をしらぬ獣たち
あれはいったいなんだったのだろう
ぶつぶつとではなくぶつぶつとつぶやいていたものたち
ふつふつとではなくふつふつとたぎっていたものたち
ざわざわとではなくざわざわとざわめいていたものたち

ぼくはそれら、ありながらしかもないものたちのなかに
　全身でもぐりこんでいたのだ
境なくとけあっているものたちのなかで
つまずき、もつれ、からまっていた
ねばりついてはなれないものたち
液体か固体かわからないうねりのままに
ぼくはただよいつづけていた

泥海だった
足はもつれ
目はまみれ
耳はふさがれ
ゆられ、おしながされ
ざわめきの底に
おもさをうしなって
上になり下になり

突然その泥海がさけた
ぼくの足は土にふれ——
ひかり
朝のひかりがぼくの目をつらぬいた
きみだ
きみがたっていたのだ
そのまっしろさ

ぼくの口からこぼれでた音が
きみを読んだ
きみは桃色の歯をみせて朝のひかりのようにあかくわら
　った
きらきらひかる石の目をくるくるとうごかしてわらった

それはなに
しろい胸がふくらんで、ふたつ
みのっている桜んぼう
さわらせて
すべすべしているよ
鳥の毛のようにやわらかいおなか
ぼくの指先がおした跡、ぽつんとひとつ、おへそ

おや、きみの目、その目のなかに
もうひとり、ぼくだ、そうだ、それはぼく
そのぼくのちいさいちいさい目のなかにきみがいる
そのまたきみのちいさいちいさい目のおくに
どこまでもちいさくちぢこまりながら
どこまでもぼくら、みつめあっているよ

ことば
ふいに息苦しさのようなことばがこみあげこみあげてきた
ことば

口をあけ胸のかたまりをおしだす
ききなさい、ほら、≪あ≫
ほら、≪い≫
≪あ≫とそして≪い≫がきみの洞あなにすいこまれ
きみをそんなにぴちぴちとおどらせてゆくんだね
≪あい≫ということば
つぶやくとぼくもみちてくる
ぼくは石のようにかたくなり
芽生えのようにきみのほうにのびる

II

きみがいるからことばがあるのだ
きみがきえても
ことばはきみをおいかけてぼくのまえにつれもどす
ことばがうまれたから
きみはことばだとほとんどいえそうにおもえる

きみが林檎をたべるからぼくは林檎というのだ
林檎はきみの口のなかにありぼくの口のなかにあり
空にうかんでかたちをとる
林檎ということばの林檎
この林檎はすっぱいねということばのすっぱい林檎

きみの手がふれるもの
きみの足がふれるもの
花びら、砂粒、息、獣、草
そのあとにことばがついてまきちらされてゆき
ことばが宇宙のあらゆる場所にしきつめられてゆく
そして最後にきみのすべてのところにも
きみの内側、きみのかげにも
エヴァよ
エヴァよということばよ

Ⅲ

このようにしてことばはきみを完成してしまったのだろ
　うか
エヴァよ、完成とは死なのだろうか
さっきのエヴァ
いましがたのエヴァ
きみはもう生きていない
ことばのエヴァよ
死んではいけないよ、エヴァ
死んではいけない

昼をおいかける夜のように
ことばがきみをおいかけて
きみをつぎつぎにころしてゆくのか
さっきのエヴァ
いましがたのエヴァを
それともきみがことばよりはやくかけ
ことばのぼくの手をすりぬけてゆくのか
きみはことばにだきとられることがきらいなのか
ぼくにはきみをおいこしてきみをまちぶせていることが
　どうしてもできない
ことばはおそくかける

すばしこいエヴァよ
きみははやてのようにかける

ぼくのうしろにはそっくりと世界があった
けれどもつめたい顔をしていた
世界もまた死んでいた
そしてただ
火と水と石だけが、呼吸する影を、土のうえになげかけ
　ていた

眠れぬ椅子

浜本武一

白髪をひきずって
夜中のみしらぬ海辺に
かきむしられるみぞおちをかかえ
記憶の啖を吐きながら
ぼくは疼きだしている

さらに遠景に身をおくとき
いくどもちぎられるように
こめかみが鳴るのだ
蒼ざめた紙面に波は寄せ
停止するものの不安に
かげをこわばらせていく
冷気の中の一脚の椅子

よりかかると
腫れあがった瞼で
夜明ける物音におびえ
犬が吠えている

あれはことばの騒ぐ音だ
育たぬ声たちだ
ふかいこの不在のしびれ
眠らぬひとすじの飢餓
水よ
おまえがぼくに帰ったとき
ぼくは眠るだろう
おまえのなかで

椅子よ
みたされぬたましいを埋めてくれ
潮鳴りの涯に
明日は迫っている
追われながら
覚めている渇きに
ひかりの一滴よ　とどいてくれ
きのうと明日にせばめられて
眠れぬ椅子は
重く冷えていく
夜の波しぶきにたたかれながら
ぼくを責めぬく
一点の闇の位置よ
股間を
おお　死が愛撫する

石が溶ける

浜本武一

茜いろの空間に
すがりつくように
その背にけもののうめきを埋めて
きみは　問う額だけれど
きみのその位置にいなくなる

熱い苦しさがつきあげてくる
瞳孔の水平線
そこも
えぐりとるものの音に　蔽いつくされようとしている
きみは知る石となることをせまられている

伏した沈黙の中心で
しあわせについてきみはかたるだろうか
のがしてしまった速度を
覚めた瞳孔にとりもどすために
きみは指さす
石の襞を
火を
そのかげに
耀く死をみつけたかのように
不在についてきみははなしだす

石も速度なのだ
深傷につらぬかれたままに
きみの骨も血も走っている
重く問う石になり
きみは知るのだ
どこにもいなくなる
どこにも希いはとどけられぬ
きこえないか
あの　充溢している墓地に
雲の層に
樹々の背後に
石が砕ける　石が溶ける

ペリカン 8号

＝種＝　浜本武一•東京•中央公論社　第2回個展出品　100号

詩・詩論 ペリカン 第8号
1966年3月1日発行 頒価 150円
発行編集・浜本武一
発行所 広島市庚午町449
書肆ペリカン

ペリカン

詩・詩論

1966

季刊

9

ぶいんたあ・らいぜ

山本太郎

旅はおもしろいか
鬼などにであうか
雲のなかには
ぐらんど・ぴあのが
かくれていて
ときどき　かなしいくらい
美しく鳴った

よぶものがいるので
おれの迷走は終らぬ
おれを使い
おれを研ぐものの
正体がしだいにわからなくなるので
おれの歌は果てぬ

ああ　世界がまた
遠くで鳴っている
軽ろやかに
意味もなく
ひとがひとをつぶす音が鳴っている

旅はおもしろいか
神などにであったか
頽廃にいくら馴れても
驚きに欠けるなどと考えるな
おれは人生に赤熱する
ふれるものを焦して生きる

達人にはなれんよ
握手はほとんど得意じゃないんだ
ひとりを愛して
荷物はしだいに
重くなるばかり

ああ　成熟ははるかに遠く
指をあげれば
空はたちまち一枚の楽譜にかわり
夕べの鳥達は
風のトーン記号を描いて堕ちる

氷った焔
氷った焔
血のじゅーすを
のみほそう

おやじは肋骨をぬきだし
終日みがいて
ナイフの如く
そいつがおれだ
夕焼の空へそれをなげた
悲しい母の脳天で
ふるえて育ったそいつがおれだ
おれはおれの背骨をぬきだし
終日削ってスプーンをつくった
豚児よ　みえない手が
お前をにぎり
お前の母の涙をすくう

息子　汝こそまことに
わが骨
わが血
わがはらわた
なれど

へその緒がきれたからには
お前もまた　漂流物だ

旅はおもしろいか
罠などにであったか
とりすがっても
みあげても
父はおらぬぞ
顔のようにゆれているのは
消えてゆく雲だ
旅はひとりゆくもの
巨きな荷物にたわみつつ
ひとりゆくもの

生れてくるもののために
おれはいるのではない
間違えるな

冬の鏡

長島三芳

二月の空は　どうして
青磁色に透きとおって見えるのか
冬の鏡のなかに　おれの顔が浅く映るたびに
さみしいおれの魂は
何倍かの冷い水でうすめられる

朝　おれの渚に
うす紫の千の水母《くらげ》がうち上げられる
それは　おれの唱った千の詩の幻だ
ひたひたと波になぶられ　太陽に溶けて
いつか深い冬の空にまじってしまう

冬の空はなぜさみしいのか
醜い朝の顔が何度も
絹で拭き消され　だんだん遠くなる
苦しみの中で　それでもきみは
まだここに住みつきたいと願うのか

二月の凍る空　それは
千の詩を呑みこんだおれの水の牢獄だ
ひやりとふれる風の中で
いつも死者と語り
冷酷な東京の星の下からおれは生れる

劇の夜

――創生記二十二章――

粒来哲蔵

I

罌粟畑の中で尿をする女の腰の矮小な影が立ち上がると、不意に花冠は灯火のように瞤るんで左右に揺れる、と私は、転ぶように坂道を下りていく女の後姿から、糸をひいて匂いこぼれるものを実にすばやく感得する。おそらく女は花芯ほどにはまだ濡れていたのだろう。

まもなく此処へ年若い男がやってくるが、彼は私を永劫に見出し得ない。そして彼と共に、幾分尊大な鉤鼻が、これは山頂を目指すが、はじめ私は彼の意識の中にだけいて、一向リアルには立ちあらわれてはこない仕掛けになっている。

私は身をかくす。そして私はもう一度この筋書きを反芻する。私には彼らのあらい息づかいがきこえる。お定まりのようにまず無骨な駱駝が二三頭月を背負ってあらわれる。私は急に目をつむり、彼らにしきりと合図をする。無論駱駝はおし黙るが、この芝居はとうから始まっているのだ、彼らが出現する以前から始まっているのだとは気付きそうもない無意味なくさめを一つする。

若者が罌粟畑を突切ると、もう一人がそのあとを追わんばかりの仕種をするが、つと止んで了う。思い直して彼は半月刀をとり出してせっせと砥ぎにかかる――と、いつのまにか若者は薪を抱えて戻ってきて父のうしろに佇っており、二人は顔を見合わせて苦笑する。

平たい岩が用意され、若者がその上に仰臥する。すると気ぜわしく彼の陰茎が起ちあがるが、その時には頭上にもう一人の半月刀がかざされており、聖なる書物を閉じた程のかるいどよめきがあって罌粟の花冠は忽ち一揃い左右にゆれる。

　駱駝をひいて帰路につく彼が、うす汚れた書き割りの裏手のところで私を見出し、私の首を擦って哄笑する。彼について坂を下りると、罌粟畑の中に転ったイサクの首が、まぎれもなく、先刻の女の尿の中でしかめ面をしているのに気がつくのだ。即ち私は山羊であり、この山に最初からしつらえられてあったのだが、私を救い、イサクの血で頭布をぬらし、鼻唄まじりに帰るアブラハムのために、月が妙に拗ねてみえる。

II

　胸に二つのメロンを抱えて、足ばやに罌粟畑を過る女の腰の辺りからかすかに血の匂いがするが、彼女が内包する蛋の形をしたものは、しきりに青く熟んでいるのだ。私は彼女のひきずっていく細い影法師に一二度角を突き出すが、言うまでもあるまい、これは一つの会釈のようなものなのだ。まもなく此処へ年老いた男とその息子が這い上ってくるのだが、女と擦れちがいざま微妙に鼻をぴくつかせるのは多分父親の方だろう。

　駱駝が三頭ひかれているが、砂丘の彼方に幕舎を営むものの口臭を、彼らは容易にかぎわける、がそれでいて時折は己が仲間の鼻面さえも忘れはててしまう奴だ。だからイサクはひいてくるのだ、まるでこわれた石臼をひきずるような恰好で……。

　月がおちて、冷えが罌粟の実に条をつける。イサクが駱駝の背から薪を下ろし、それをばか丁寧に井桁につむ。父親の方はベルトで静かに小刀の刃を合わせるが、しばらくは頬髭にあててみては、ぼそぼそ何かを呟いている。

　一方イサクはこまめにあたりを捜しまわり、筋書きどおり容易に私を見つけ出す。アブラハムはすこし躊っているふりをするが、やがて刀を私の首にあて、二三度突いてはえぐり出す。

　私の肉は焼かれ、私の首はまんまと罌粟畑に放られるが、私は血のりの中でのたうちながらみつめている、駱駝の尻の、幕舎ほどの影の中で、アブラハムがだまってイサクを犯しているのを……。

しずかな夕べ

松田幸雄

小鳥たちの骨を拾い集め　小さな家を造ろう
そのなかから　彼女らの歌にならなかった歌を聴こう

ぼくの心は　いつも気紛れで惨酷だ
つぎつぎに胸から小鳥たちを飛立たせては
途中で　餓死させたり　迷わせたりする
また　まえの小鳥をつぎの小鳥に殺させる
そうやって　ぼくは生きてきた

が——
さて　さっきから南の空をぼくはじーっとみつめている
ぼかしピンクの空は　ゆっくりと色を深め
一日の思いを溶かした紫に変わってゆく
遠くには煙が二・三本まっすぐにあがっている
しーずかな冬の夕べ
空にはなにごともおこらない
小鳥の影もどこにもみえない
ぼくは地球の自転にすっかり身を委しきっているようだ
ああ　だれが
だれがこの安らぎのひとときをぼくに許してくれたのか
日は山かげにもう落ちたことだろう
まさしくそのあるべきように落ちたことだろう

迫りくる闇のなか　宝石のような骨を拾い
ぼくは　小さな魂の家を造ろう
そこからきこえてくる歌で
ぼくは　胸に墓碑銘を刻みこもう

『ペリカン』 第9号 1966（昭和41）年7月 698

土地

石原吉郎

そこからが膝であるく土地
膝だけであるく土地だ
そこからが
足うらの役立たぬ土地
すべて直立するものが
こころを入れかえる土地だ
そして忘れるな　ここからが
肘と膝とであるく土地
すべて僧侶があゆみ捨てる土地だ
いわば　遺言の
所在のごとき土地
肘と　ただ膝がしらで
悔悟のように杭を
打ってまわる土地だ
そして忘れてはならぬ
かつてどのような兵士でも
この姿勢でしか
前進を起さなかったのだ

『ペリカン』 第9号 1966（昭和41）年7月 700

三月の血

高橋睦郎

虐殺の月　三月の血が
青ざめた大地の血管をめぐり
すがれた薔薇の木の先に
鮮かな花のかたちに　噴きあげる

めくれかけた　ふるえる花びらの
めくれる無数のひだの奥に
殉教者アベルの暗い顔が
イザアクの無辜の顔が　ある

若い農夫たちは　野に行って
生きた薔薇の根に　残酷な鍬を入れ
教会堂の内陣の　十字架の木に
贖罪の無垢の花が　血のいろにあふれる

女・B

金丸桝一

せかいのいちぶがいつもくらい
おとこは銃を負って柔弱であり
おんなは戦火を避けてみだらである
みだらでうつくしくって
だからせかいの香りはなつかしい
硝煙の匂いさえ香ばしい
うっとりとする
だが月のある夜などおんなはたまらなく淋しいのだ

おとこは今なお罪をきたえてしなやかであり
おんなは今なお罪を負ってやわらかである
やわらかであつくって
だからせかいの感触はなつかしい
銃床の手ざわりさえひどくなめらかですべすべしている
だが星のある夜などおんなはたまらなく淋しいのだ

せかいのいちぶがいつもくらい
おんなのいちぶがいつもあつい
あついのだ
くらくて
いつもじくじくなのだ

おんなはたそがれてから歩きはじめるだろう
あさの薄明
そいつがおんなの鏡となるだろう
あさはしろいから
おんなはおのれが映らぬことをなげくだろう
たぶんおんなはあさのおもてがくもっているとおもうだろう
せかいはくらいのだ
銃声にみちてあまりにしずかなのだ

死霊・との出会い

諏訪優

どんよりと灰色の雲におおわれ、その雲より更に低く薄墨を流したような黒い雲のたれこめた十二月のある午後であった。

予期しない金が少し入ったわたしは、夕方から開かれるある会にはまだ早かったのだが、散歩がてらに、中央線沿線のT書店までぶらぶら歩いてみることにしたのである。

激しい車の流れをさけて、うら道うら道と歩いていったために、意外に時間がかかってしまい、わたしがT書店のあるその町の、商店街の北の入口に着いたのはもう気の早い店に螢光灯がともりはじめた時刻であった。

わたしは、駅からはき出されて家路をいそぐ人びとのあいだをひらひらと泳ぎながら、やがてT書店にたどりついた。

T書店は、この沿線でもっとも整備された古本屋のひとつであるが、わたしがいつものようにすいと店の中に入ったときには、その時刻にしてはめずらしくすいていて、数人の学生らしい青年と、ひとりの品のよい中年の婦人が、しずかに本を手に書棚の前に立っているだけであった。

カウンターに座っているのは、書籍にかなり精通しているいつもの、灰色の髪をし、銀ぶちの眼鏡をかけたこの店の老婦人であった。

どの書店に入っても、わたしは店のものと目の合うことが極度にきらいであって、たとえば一本を買って金を支払い、その包みを受けとるにしても、あらぬ方向の本などに目をやって、ほとんど店のものの顔も見ぬのが常であった。

そのときも、いうまでもなく、わたしは、店の奥の方を見やりながら店に入ると、老婦人に目の合うことをさけて、いきなり文学書の書棚の前に立って彼女に背を向けたのであった。それでいてわたしには、彼女のするどい視線が、十分にわたしの背中や手にそそがれているのが感じられた。

わたしには万引の経験はないが、万引するものの心境を想像することはでき、その状況や万引するものの心理にとどいてみたことも一度ならずある。

そのとき、彼のわきの下にはつめたい汗がにじみ出ているし、熱くなった脳髄には心臓のどきどきという鼓動がつたわっているにちがいない。

そして、目あての本に何気なく指をかける瞬間の異様な緊張は、あえてうらがえせば、一度やったら病みつきそうなスリルに富んだ瞬間にちがいないのだ。

そんなことを思うから、店のものと目の合うのがいやなのかもしれない。

そして、たえず客に、万遍なく警戒の目をあびせているにちがいない書店のものたちを、わたしはどの書店の誰れ彼の区別なく、いやな奴だと思っているからでもあろう。

さて、わたしは、二三の本を引き抜いて頁を繰っていたのである。

そのとき、ふと、店の老婦人が誰れかに電話をしていることばには耳をとられた。わたしが意識したのは、彼女が外出中の店主と交わしているらしい会話の次の部分からであった。

「さっき入りました埴谷さんの〝死靈〟はいかほどにつけたらいいんでしょうか？　ええ、はいはい、三千円ですね、はいわかりました。いえ、ほしいという方がいらっしゃっているので……ええ、そうなんです。よろしいですね、はい、はい、では」

「死靈」ということばに、なぜかわたしはぞくっとした。それを何と説明していいかわたしには適当なことばがない。

〝おやっ……〟という気持や〝しまった……〟というような気持も一瞬だがわたしの心を吹き抜け

たように思う。

いうまでもなく、わたしは日頃から「死霊」を追い求めていた。ことに、いつか手持の金が足りなくて、ぼろぼろに表紙のくずれかけた「死霊」を逸したことがあり、今度も誰れかが買うなどということに対する無念さも強くあったように思う。

店のものなどに顔を向けないわたしは、当然、T書店がその日に買い入れて、まだ未整理のままカウンターの奥に積んでおいた本の間の「死霊」に気付かなかった。

やがて店の老婦人と「死霊」についてことばを交わしはじめたのは、意外にも学生ふうの青年ではなく、別の客、それも中年の婦人であった。

「こんなちゃんとした〝死霊〟が出たのはめずらしいんですよ」

と店の老婦人。

〝死霊〟が出た……それはもう、一冊の本の売り買いのことばではないようにわたしにはきこえた。

「欲しいけれど、もう少し何とかならないかしら……」

中年の婦人客の声は小さくてききとれなかったのだが、多分そんなことをいっていると思われた。

わたしは非常に緊張した。

あとで振りかえると、それは万引するものの心境に似ていたのではないかと思う。

振り向くことなく、しかし二人の婦人の会話や動きに神経を集中していたわたしに、婦人客が「死霊」を買わずにやがて店を出たのがわかった。

三千円という値段のことを考えたのはそれからであり、ふたたび二三冊の本の頁をくりながら当然買う、わたしは買わねばならないとわかっていながら、売り値の妥当性についてわたしはもじもじと考えたのであった。

それから、わたしはいつものように、老婦人のうしろの棚の辞書類などに目を向けながらカウンターに近付いた。

カウンターの上には、なるほど、箱もしっかりした「死霊」がのっていた。

「これ売ってください」

何の前置もなく、わたしはその「死霊」をゆびさしたのであった。

老婦人は、わたしの突然の申し出にやや驚いたようすであったが、うら表紙のシールに鉛筆で数字を書き入れるとその半片を裂いて「死霊」をケースに入れて包装してくれた。わたしは千円札を三枚老婦人に渡して店の出口に向った。

おそらく、その老婦人も、店にいた数人の学生ふうの青年たちも、突然「死霊」に出会ったのちにあっというまに「死霊」とともに立ち去ったわたしを、興味深く見送っていたにちがいなかった。

「死霊」といえば、わたしはそのわずかな部分をかつて雑誌で売んでいたにすぎず、その記憶はおぼろげであり、かつ当時のわたしの年齢からいっても、またそれを読んだ眼からいっても深く理解しているはずはなかった。

しかし「死霊」は、わたしが詩でメタフィジカルな世界にのめこんでいったここ数年、わたしの内部でしだいに動かしがたい存在として浮きあがってきていたのである。

いわばそれは、幽霊を見たことがないにもかかわらず、幽霊というものの幻をいつでも想像したり感じたりすることができる状態であり、「死霊」は世の中のどこかに存在し、たまたまあの幽霊のごとく、まだわたしが出会わないものにすぎなかった。

「死霊」の包みを手に持ったわたしは、高架線のホームへの高い階段をのぼりながら、これから行かねばならないある酒宴をひどくわずらわしく思った。

ホームのベンチか電車の中で「死霊」を取り出してのぞいてみたいという欲望はあった。だがそうすることはこの場合、まちがってもしてはならないことのようにわたしは感じた。

わたしは、家人のみな寝しずまった真夜中に、書斎に引きこもってその第一頁に目を落すべきではないか。

酒宴は「死霊」とはいささかも関係のない男女と、ある中華料理店の五階の日本間でおこなわれた。

酒がまわって、ついにはワイセツな歌や踊りをくりひろげる男女たちの影が、ふとわたしには幽霊のように思われ、どきりとした。「死霊」はわたしのひざの傍にあった。

幽霊……彼らもわたしも幽霊なのかもしれない。わたしは酔ったと思った。

かなりおそくなって家にかえる途中から雨が降りだした。一九六五年十二月二十二日の夜である。空気は意外にあたたく雨が少しも苦にならなかった。

家にたどりつき、風呂に入ろうとしたわたしに、タオルを渡しながら妻が「ピーコの足にチョロがかみついたのよ……」と告げた。

ピーコは白い文鳥であり、チョロは縞リスである。

わたしが散歩に出かけたあと、鳥籠から出して餌を与えていたピーコが、ふとチョロの籠の上に止ったとき、チョロが素早くピーコの片足に噛みついたのだという。今までの両者の模様からしてあり得ないことであった。

わたしは下着のままピーコの鳥籠に走り寄って、鳥籠をおおってある布をはいでみた。

小鳥は怯えたように黒い目をじっとわたしにそそぎながら、巣に入らずに止り木にうずくまっていた。見ると、ピンクの足の一本が不格好に折れまがり、皮のむけたつけ根のあたりに血がにじんでいた。

彼女が生きているのでほっとしたわたしは、鳥籠の中を見まわしてあちこちに血がついているのに気付いた。白い陶器の水容れのふちにも、床に敷いた新聞紙の上にも、ささくれた筆でこすりつけたような血が一面に付いているのだった。

「死霊」とは関係のない事件だが、そのことでわたしは一層冴えてきた。

風呂からあがると雨はにわかに激しくなり屋根や雨戸で音をたてた。

それから、わたしは書斎に座るとおもむろに「死霊」の包みをとき、しばらくはそのあちこちを眺め手でさわってみたのちに、第一頁を開いたのであった。

百頁ほど一気に読んだわたしは、遠くで牛乳ビンのふれ合う音と、自転車のブレーキの音をきいた。〝徹夜など気にもかけず飛びまわりたがる作中人物達の気配……〟に、わたしもいささか巻きこまれたにちがいなかった。そしてなによりも、「死霊」に出会ったそのときから、作者埴谷雄高のことばをかりていえば〝その瞬間から彼に睨まれた〟とわたしは思った。

雨の朝は、意外に長い夜明けの時間をかけたのちに、どんよりと重く明けた。

淵のうた

葉　豊子

女は
闇をのみこみ
くねり腐っていく
己れの罪を切りうりする
あたえられてしまった淵なのですわ

その闇に
むすうに稚魚をたわむれさせ
はなれさる水滴にせかれて
ゆえしれない笛に誘われ
犠牲のしびれを漲らせるのですわね

うつろなはずの淵の底から
もがけばもがくほど
黒繻子の恐怖が筋ばってくる
この女
という生きもの
深くしずめている火の縄

〝女〟それは
〝在る〟というわずかさ
妬みの爪を剝ぐ朝も
墓の歌をくちずさむ午後も
そそがれた稚魚に
わたしの脳穴は犯されていく
瞳をのぞくと
画絹をそめていくように
乳いろの悲鳴がしずんでいく

女の淵というも
淵
の
女
というも
まったくかわらないのですわ
〝出られない〟恍惚のあわれ

重たさ
男たちも
その男の貌が見えないのでしょう

女は　やはり
己れの闇に溺れ
噎ぎよろこび
真紅の血をかわかせながら
湿った罪をのみこみ
ほろびるまで
谺してくるものを待ちつづけるのね

わたしにはできないのだわ
暗い己れの水に手をさし入れて
そそがれる稚魚を殺し
わたしの女を潰すことなど　とても
できない
己れの女をえぐった女がその夜から
岩でも血でもなくなるのをわたしは視てきた

恋文

関口篤

あなたの甘い舌の上には
砂糖菓子をおいてあげよう
あなたの頬がもっと美しく見えますように
いつもきっと夕陽の方を向いていておくれ

好きだなんて　愛してるなんて
そんなふきげんな思いつめた時の汗から
何が生まれてくるものか
何が身ぶるいするものか

だけれど　ほんとうは
夕陽のなかでは　せめてその美しさの瞬間では
身をふるわせいててほしい
忘れ物を思い出せずに途方にくれていてほしい
空の藍のなかに
いま甘くとけこもうとしているものには
決して気づかずにいてもらいたい
ふきげんにそこで涼しく立ちつくしていてほしい
夕陽が燃えきった時には　眠るように
そこに倒れてほしい

夜ごと

岡田兆功

…サアオネム。
ネンネンダ。
ネンコロリン。
イイ子ダカラ…。
（…けれども唄は回転ドア、螺旋階段に焦がれて踊る。狂っては
縄梯子に化ってよじれて、揺れゆれるゆめをみながらただ回る
把手《ノブ》のない入口だそれは、いや出口だ。いいやただ回る回る
間《ま》・どろーるだ。そんな holcmetabola だ。おお真ッ暗な
天井から眉間へと垂れるのは何？鈎よりも鈎状のあれは何？
…ネンコロリン。だあれもいない誰をも呼ばない、そんない、ま、
始まる端くれ・おまえこそうた。どんな果実へと熟れるのでもない
胚芽。そのままでたわわなるもの、僅かに白いかたくなに白い
おまえはうたの根拠。あらゆるいわれに肖てみやびひなびた…。）
…ダカラ。
サアイイ子ダカラ。
クタバッテオクレ。
ハヤク！

死者に

平井照敏

ねむっていても
きみの眠りのおもたさに
つい身をまかせてしまってはならぬ
ちょっとした油断から
眠りはきみをのみこんで
黒い鳥のとびたつ深い谷底へ
おちこんでいってしまうのだ
だからねむっているあいだでも
めざめて腕をつっぱっているのだ
またあしたおきでることが
そんなによいものではないとしても
ついねむりこけてしまわぬためには
気をはって
眠りをおしのけていなくてはならぬ
元日の朝の死者よ

癒えてはならぬ痛み……断章

平井照敏

このまま死んでしまえたら……
おまえはつぶやいた
そのつぶやきがぼくをかきたて
おまえを殺させる
おまえの死が最大の痛みであるときにこそ
おまえはぼくの手で死なくてはならなかった

＊

こうして
アイは死んだ
ぼくの中に癒えてはならぬ傷をのこして
小さな骨壷の小ささが
アイはもうどこにもいないと告げている

この傷をしおれた思い出で埋めない
この傷をすべての汚れから慎重に遠ざける
この傷からは血がいつも滴りおち
アイの死がいつもあらたに始っていなくてはならない

ぼくはすべてをことばにゆだねる
ことばだけが誠実に
この傷をかきむしる鉤爪だから

＊

アイは墓穴のようにからっぽだ
ことばの土を投げいれても投げいれても
それでアイが満たされるわけではない

それなのにアイのからっぽはぼくをゆりたて
たえまなくことばの土を投げいれさせる
そのからっぽがますますからっぽにきわまってゆくだけれど

からっぽだけがぼくをゆりたてることができるのだ
そのからっぽに激しく向い合っていること
そこにぼくの救いがあるのだ

＊

アイは逃げ水
かぎりなく≪超えて在るもの≫

アイは純粋な名前
かぎりなく≪ありうるもの≫

アイは目に見えぬ気配
≪追いかけること≫そのもの

なかぞらの朝

浜本武一

風がまぶしい
身近にかなしみが落ちる
その忌中の窓は　誰も閉めきっているのだ
起床をくりかえし
土地に飛びこむ時
ひきしぼられる咽喉
反りかえる言葉
おおそれが
いちど訪れるだけで
一日の朝は失せる

みぞおちを下降する軌跡
火傷している手
指さすと　食卓の糖が溶け

その刹那　月光がよみがえる

問いは放たれず
火の芯はうごいている
ものの量にはさまれ
ぼくの水煙がまなかいに立ちあがる
束縛の影は
急に血さわぎ
いまそれを鎮めるすべはない

消えていく
迫ってくる
首府の生理がまるめられる
すでに冷えた肉体に　刺さる一秒
周りの暗がりは遠景に吸われて
水煙は絶え
ぼくはかたい唇にもどり　朝をのみこむ

風がよみがえる
あぶりだされるもののように
不明な熱さも
こごえる拒絶も
また無心な寝床にすがるのだ
垂直に　とじられる一日の朝は表札の裏にかえって行く

ペリカン 9号

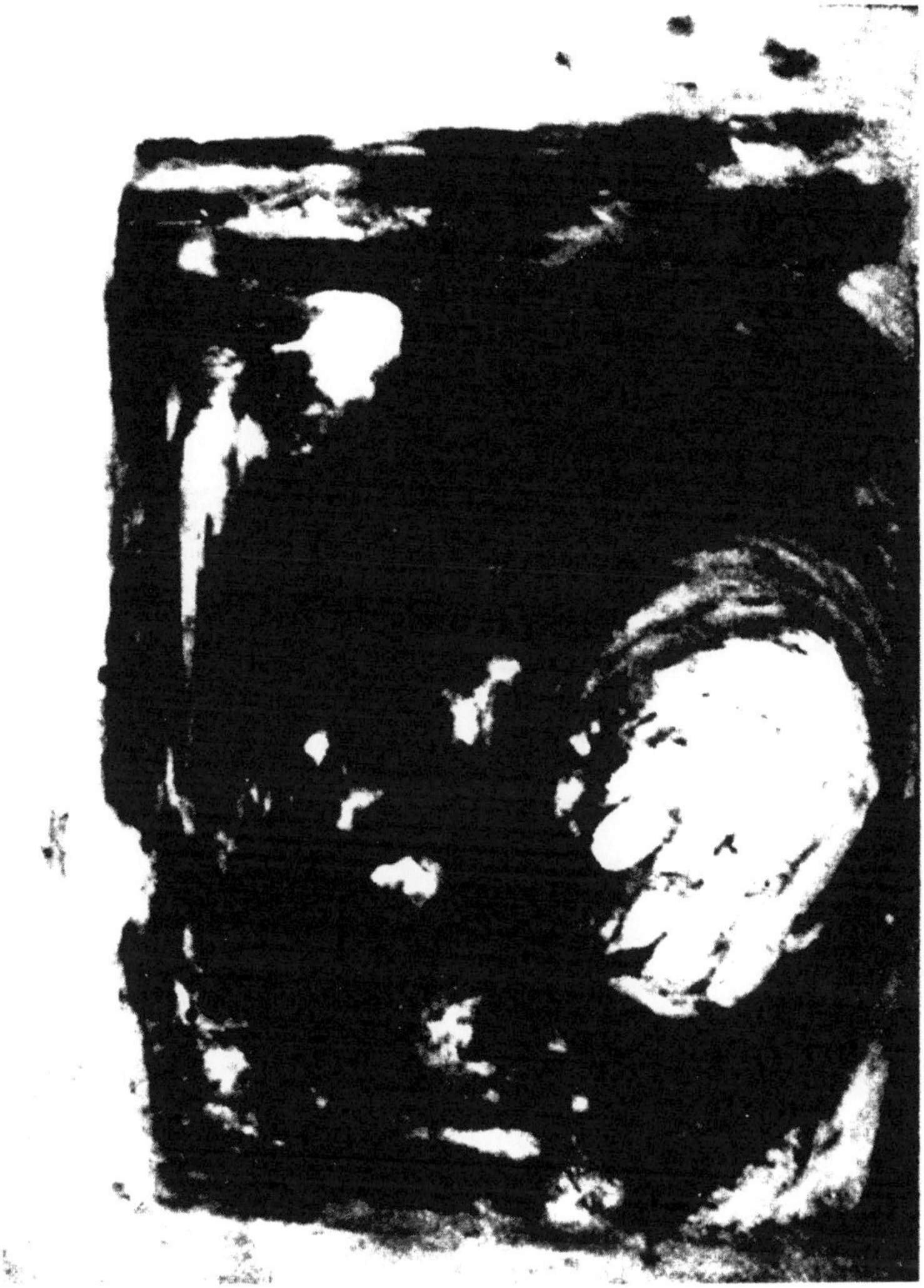

＝北＝　浜本武一・東京・中央公論社　第2回個展出品　50号

詩・詩論 ペリカン 第9号
1966年7月1日発行 頒価 150円
発行編集・浜本武一
発行所 広島市庚午町449
書肆ペリカン

ペリカン

詩・詩論

1966

季　刊

10

直系

石原吉郎

こうりょうと風に鳴りながら
片足で一族は立ちつづけた
掌で壁をあたためては
片足ずつ世代を入れかえた
幕となって杭をめぐり

集結すれば　すべて
正面をさえぎられた
ひとつの枕と
ひとつの牢獄と
すべて継承に耐えぬものを
継承すべく継承して
砥石を割り
息をころし
一人の直系へ集約して
森よりもさらに森であり
襲撃よりもさらに襲撃であり
燃えおちては
防衛の影となって
笛の音のごときものを
曳きながら
僧侶のように
乾燥しつづけた

私の窓ガラスに

――H氏の亡母に――

長島三芳

私の窓ガラスから
一筋の水平線が見える
月を浴びた冷い直線は
いつもカミソリの刃のように澄みきっている

この水平線に
私は一個の花瓶を置く
私の愛する毀れやすい静物

私のさみしい心にふれる　すべてのものだ

その瓶を遠く眺めていると
一粒の葡萄の種子よりもやさしく
明るいきみのお母さんに似ている

それはたしか七月の暑い日のことだ
朝の絵筆を止めたきみが
突然　水平線の瓶に向って声をかけると
瓶は棚から　水平線から
大きな音をたてて倒れ落ちた
きみのやさしいお母さんが亡くなってしまったのだ

その日から
私の窓ガラスからは
一筋の水平線は消えてしまって
毎日　暗い雨の海ばかりがつづいた

Guérillero

天沢退二郎

おれには鳥
おれには鳥を轢き殺す蝶
蝶印の砂利トラック
おれにはそのトラックの女運転手の
ひらききったツツジ型の器が似合う
横川から深穴へかけて日と夜が走りこみ
おまえには鳥
おまえには鳥の死羽を運ぶリフトに

夢を埋めさられた雪の突堤の棒が似合いだ

――ここで読経の水がとまると
あふれだすよ肉の穴から
ヒョイヒョイ飛び出る怨霊
勝負を終えても終えても
終えたらずにとび立つ鳥の
目やに固めた愛のしるし
おまえはひとつ町角をまがる
そのはずみに肉の穴も
ちぎれるほどシゴくまっ黒なヒモ皮

おれはまがらない　入り組んだ
いかなる眸の珠数つなぎの路地にも
曲らないでおまえの逃がした
鳥の死羽を射つ　ねばる雨で
おれの弾はねばる映画の塊
ハッスルするする梯子から梯子へ
かけわたりながらうちまくる
決して狙いうちはしない
なぜなら女はとばされた首に
またひとつ背日的首をはやすから
あの顔に垂れた髪は窓に貼りつき
あとの弾をそらせるから

内陸のかもめ

風山瑕生

内陸（わたしの揺りかごを
たえまない風がゆすっていた……）
この　魚のごとく隕石が降下してくる濃いスペースの真冬
雪原のうえに舞いおりてきた一羽の海鳥
（羽はさけ　いかによろめいていようとも）

その一羽の鳥のうごきは
一千羽のかもめの群舞にあたいした
（かもめなる名詞もしらず
群舞の羽ばたきの量感もしらないまま）
わたしを襲ったイマージェよ　意識の星よ
いやわたしこそ　自然にとってのイマージェであったのか……
わたしがわたしに還るとき
あのひとつの鳥が　凍てついたからだを融かしつつ
晴ればれの空にむかう　いたいたしい梯子のぼりさながらに
羽ばたきよ　一万羽の羽ばたきにあたいするその羽ばたきよ
（耳にしたことのない轟音をわたしは信じた）
――内陸のわたし　わたしの内陸
海の渚にひきよせられ　波にあらわれる遙かな土地よ
（うごいたものはなにもない
だがわたしの土地は走っていったのだ）
どことて途のない大吹雪のあとの　ふかくたかい雪を
漕ぎつつわたしが歩まんとするその一瞬のことだった
（一羽の海鳥がとんでいく　ああ一羽がうみだす群舞の羽ばたき
あとかたもなく去っていく影よ
実に一箇の太陽をのこして海へかえるかもめよ）

死体工法

――狂ひても母乳は白し蜂ひかる――

角田清文

狂ひても母乳は白し（断絶）蜂ひかる

この断絶をつなぎとめるどのような工法があるというのか。どのようにもがき狂っても、生きながらえてこの断絶をつなぎとめられはしないのだ。かつて架けがたい橋を架けるとき、人柱というならわしがあったではないか。カエザルの下卒の槍に脇腹を突きさされて血をながした基督の受難の白いしかばねは、神への接続詞だったではないか。

conjunction
corpse
coffin

接続詞　しかばねしろし白木かな

稲妻

金丸桝一

その1

うた・うたをうたうな
「死」をうたうな
誰よりも「死」を怺えることを覚えぬものらをうたうな

おまえは未だ生れてこないものの目を借りて見る
ちちひとり、ははひとり、男の児がふたり
そしておまえがいない

おまえ
うつくしい荒涼
かたちもなく他の死者から隔てられていて

おまえは「死」を死ななかったが
生きてこの世界に来ることもなかった
おまえ
メスにしたたった血。

その2

一閃・するどく闇を裂く
一閃・うかびあがる日の墓標
永遠の映発
一瞬の映発

一閃・そこに岡があった
一閃・そこに部落があった
一閃・そこにだれもいなかった
一閃・思いがけぬところに杉の木があった

一閃・メスにしたたった血
人工流産
あれは「死」ではない
死者たちからあまりに遠くへだてられた透明

一閃・なにもない
無を裂く一閃
おれが見ている方角にギャッとのけぞる
明瞭なおそれ

一閃・女ひとり　厠へ立つ。

或るいのちの処方箋

西尾洋子

いのちが　まだ
残っているなら　萠えでて
葉をつけよ　あるいはランプとなって
灯をみせたまえ　いのちよ……

いや　ランプなどとは誤りだ
水を吸いたまえ　葉をみせたまえ
葉を　葉を　いのちの葉を……
やがてくる真夏のアポロの　あの
強烈ないのちの光に　したたかに焼かれたまえ
おまえのいのちが　真のいのちとなるために

……おまえのいのちが　いのちと名のれないほど微弱であるとしたら
ながくもない夏の日よりも　もっと短い時間の波におぼれ
無よりもむなしく消えていけ

弁明し　あまえつつ　時間をつなぐな
涙っぽい感傷的な秋の女神がおとずれる日を待つな
ときのめぐりに　ふたたび育くまれることを拒否したまえ

いっそのこと　アポロのたくましい腕にしめつけられんことを欲せ
存在を主張しえないいのちなら　そのときその
いのちをふるいたたせて　おまえのさいごを飾るがいい
それがいのちの　誇らかな使いみちなのだ

森のなか

清水高範

どこかで　かすかに　ベルが鳴る
出　テ　ユ　カ　ナ　ケ　レ　バ　……
腐敗した植物性の体臭が
霧を噴く
襞が無数にある闇の
肺にふちどられた濃緑の眼すじ

小さな　赤い　火の瞳孔

息ずんでいる
ひとつの吐息は誰からも振り向かれない森のなか
ナーガイ　ベル
ナーガイ脱腸
地底を流れる河の
鈍重なクーラーの唸りのなかで
もう　とても　間にあわなくて　地滑りして行く

降りつもり消える怠惰
遠い裏側の　遠い無関係な祭　期待の行列
無数の虐殺が行なわれていくままに
呼ばれる理由なぞ
ちっともないままに

未来のためにではなく

冬園節

きょうの期待が剝げおちるように
落日はそっけなく
ビルは顔色ひとつ変えなかった

さりげなく過ぎてゆく刹那
の秩序には
配列のむなしさを驕らせ
はずれることばかり忙しい
思惑が卑屈に放置されている

誰かがだれかの不信を尋問するような
苛立ちを射精する
わびしさをかきあつめ
生きることへの弁解を試みる
ありのままの痛み
不幸は不幸なものにしか解らない

疎外される人間の無為が
むなしい射程にあすを遊撃する

忘却へのさそいに
酒ののどを焼く悔恨は
あきらめをもてないものにだけ取り残された

モラルの挫折を重たくからませ
わたしの未来に
何の報酬が約束されるのか

懐かしさを未練がましく追いかける
人間の無能さを信じ
生を鎧う青い記憶
の焦燥が
わたしを一個の教材にする

たしかに　わたしのなかに未来はある
予期するのではなく
存るべきなのだ
いいそびれた幸福という台詞のように

街角をまがれば
べつの世界があり
狙われる美しい仮象
の衝動に
人間の機能は身構えることで守られている

ランプということば

平井照敏

ききなれ　よみなれたことばが
突然　空からふりおちるとかんずるとき
ぼくはまだきいたこともよんだこともない
ことばのあたらしい顔にふるえあがる

*

たとえば
ランプということばがなにを意味するか
もうぼくにはわからない
ランプという幻は
ぼくのスクリーンに焦点をくずして
いっぱいに　いっぱいに
そしてついには無限大にひろがってしまうのだ
ランプとはなにか　ランプとはなにか
ぼくのたましいがランプということばに殺倒し
ついにぼくのなかから消えさるとき

ランプということばがふたたび
すこしずつ幻をあらわしはじめる
それがランプか
ぼくにはすでにわからないのだ
ランプということばには
もはやなにひとつかたらぬくせに
なにやらずっしり　おもいなにかが
闇のなかの石のようにひかりにじめているからだ
そのときこのランプということばはなにか
ぼくにはいえない
だがそれでいて
なにもかも自分のなかにつつまれているような
ある信念のようなものをかんじているのだ

＊

ラムプ　らんてるん　ランターン
ラのあかるさにすべられた
まるくころがりひびくものよ
それはすこしもてらしてはいないのに
となえるだけで
もうぼくのなかになにかあるはるかなものの
ありかをつたえてくれているようだ

ヒロシマ・わが幻

澤村光博

窓にはわれわれをふりむかない木がある
それは
完璧な犠牲《いけにえ》の木であり
狂暴だった焔もそれにふれてつめたい闇にかわった
不思議なひかりの木であり
誰の手にもふたたび償われようとは欲しない
涙の蔓のからみついている木である

ふりむくな　きみ
ふりむくな　天使も

ふりむいたら　われわれは
ふたたび　人間の言葉は何も話すことができない！

七月

浜本武一

母音はしりぞいていく
受けとめるべきものは断たれ
背を刺すほどに
走り去る白髪
山上から失せていく影よ

こめかみではほどけぬ重みを
ちくさいしこりだと言うな
閉じた
額はもどっていくのだ
日常のひもじさと
わずかな証と
血をにじませた
その筆と紙を火にくべて

一つの覚悟をてらすものの真下より
立ちのぼる煙
レクィエムは一秒をかくし
藍青の深みへ
注ぐもののようにひろがって行く
松葉杖によりかかる置きのこされた魂をふりかえるな

ははよ
中天のきらめきに
ひとかけらの断絶を浮べよ
呼びかえす時
笛の音は地に
その微笑は離れよ
ああ七月の火
声はことことと永劫のうらがわを叩いて行け

踉のために

浜本武一

ここで踉は止まらねばならぬ
走らねばならぬ
一呼吸をつらぬいてすすまねばならぬ
僅かなものが逃げのびるために
ものの量にせばめられて

ここで動かぬ覚悟をかためる時
声もつ　かたちあるものはけぶっている
涯は中心にもどる
踉と眼が止るところ
ひとつの種子が置かれる
声なく　かたちなきものこそ頼れるのだ
たとえば
予言の背に
一点の青が燃えおちるところ
立ちつくす
期待の朝は入れるな
走らねばならぬ
鳥の眼も
石の襞も失せはじめる
いまここに覚める踉に
ここに
あの流れている霊の記憶はとどき
呼吸は明日をもつらぬいてすすむのだ
ここに
止ったまま走らねばならぬ

鳥のいる風景

浜本武一

屠殺場の
うしろから
あたらしくかかった橋を渡りはじめる
鳥が
潮の干いた河に群がっている
かれらは仰ぐことがあるのか　あの
骨色の空を

今日と入れかわる日よ
言葉は
その方位に傾いている
佇ずむ一人の背に

いつからか怒りがはらまれている
落される牛の心臓のように
たかぶる一個の位置に燃えきることができない

血の匂いに群れて
すべては不在なのだ
鳥たちも葬られている
この激しい時間の中
冷い瞳孔に
真昼をななめに断たれていく影がある
木槌にたたかれる音が
一本の毛髪が
失せていく

いま　ふりそそぐ輝きはなにか
なだれつづく砂の鳴りか
手をかざすと呼吸は走りさる
晒されていく記憶のあしうらに
この惨酷な光景は
音もなくつながっていくのだ
くりかえし
くりかえし
群れた鳥は
飛びあがる

ペリカン 10号

＝葬＝　　浜本　武一・100号

詩・詩論 ペリカン 第10号
1966年12月1日発行 頒価 200円
発行編集・浜本武一
発行所 広島市庚午町449
書肆ペリカン

ペリカン

詩・詩論

1967

季刊

11

のすたるじい

――萩原朔太郎に――

関口篤

なによりも　まず
天において星に言葉を
けずりとらせよ
なによりも　まず
汝の言葉を地に向い
あますところなく同意する
答とせよ

汝の小さなハープは
冬の丘を所在なげに歩かしめよ
汝の言葉は　常に
美しきことのみを歌うを義務とせよ
汝の骨は白く蒼空に輝やかしめて
悲しみの声を一度だけ発せしめよ

われも又　ものことごとく
ひとときは　熱く充ち
魂の溶暗にいくどもふるえ
山鳩を地になげ捨て　舟唄を弾き
草木とたわむれ　遂には
汝の言葉をして汝に
帰るところを失わしめよ

決意を要する瞬間の前に
汝の夢は
全き無より更に無に近いランプの間に
旅立たしめよ
言葉つきて　ひれ伏す前に
北関東の　あの
葦やかやのたぐいをないでゆく風に
汝の頬をいちどだけ　なぶらしめよ

『ペリカン』第11号 1967（昭和42）年9月 760

紫

鈴木漠

過去から未来へ衣裳は美しくたたまれる。その装飾の奥からきこえている水の音。水の流れ。絶えざる水への情念とともに衣裳は変幻する。あるいはまたあの明澄な火への祈りでいろどられる。そのゆたかな陰影や曲線の重なりからときとしてたちゆらめく炎。すなわち燃えあがる花々の意匠。鳥たちの声。水の滴り。さらにこの火と水とのあわい。その身を灼く対話からついには生まれてくる紫。この至上の彩色。そのとき世界は森閑としている。火でもなく水でもなく何者かの匂いであるもの。紫の模様構成。微かな定音*させる風たちを伴って。すでに衣裳の林をすべている。草や木は却ってその緑を鮮明にしたいと思う。過去から未来へ深まる色彩調和のなかで衣裳は匂っている。あらゆる手の感覚の埒外にあって。だがそれにもましてこの紫は在る。すでに何者の匂いでもなく紫自体として光っている。

＊「足音」の誤植

ハレルヤ

角田清文

通天閣たかい
たかいは煙突……
尻とりあそび唄はいつ果てるともなくつづけられてゆく

戦火もおわりのころ
ぼくら少年は狂気のように尻とりあそび唄へのめりこんでいったのだ
それは頽唐の唄だったのか
いや　たとえ　それがついには卑猥へおちこんでゆくものだったとしても
聖なる頌歌だったのだ
すべてがあのように崩れさっていってののちも
いまも　このようにひびきやまぬ尻とりあそび唄のこの高鳴り
意味のかすれを肉で埋めるこの手法《メチエ》こそは　主のとっておきの手法《メチエ》だったから
主はよみがえりだったから
主はありてあるものだったから
主は時《とき》のさなかの非時《ひとき》だったから

ヨルダン湖のほとり
取税人　あしなえ　めくら　淫売婦らの卑賤を溺れんばかりにいたわり愛《かな》しみつつ
主は　ぼくらののどのひからびた石だたみのほそみちを通っていったのだ
ぼくらののどを言葉が通りぬけていったのだ

尻とりあそび唄はいつ果てるともなくつづけられてゆく
煙突はくろい
くろいはオマンコ……

詩一篇

*芭蕉の主題によるヴァリエーション

澤村光博

旅の目的地は
どこにあったか　芭蕉はただ
花にむかい　石にむかう
己の影のなかを「過ぎる」ために

一すじのひかりにふれたように　いま　ここで
事物らは閃き　姿を変える……
おお　花々よ
花々よりも朧ろだったカラサキの松よ

目覚めた死者のように　お前らを視ていた芭蕉の眼——
ゆるやかに
やわらかく　刺し貫いて

何の孕みか
その度に大きい呼吸のような音がしていた
影を呑みこんだ夜の世界で

『ペリカン』 第11号 1967（昭和42）年9月 766

定義

石原吉郎

正確に名づけよう
これは
答のなかをまっすぐに
走りぬける一本の火だ
正確に名づけよう
これは
その火が灼く
いちまいの頬だ
答を走る一本の火と
その火が灼く
いちまいの頬があれば
すくなくとも
一冊の辞書は成立する
辞書をひらけそして
常に正確な
定義をさがすのだ

夜の野で

濱本武一

夜の野で
狐の眼は赤い
十メートルいってはふりかえり
十メートルいってはふりかえる

わたしはといへば
それを追っている

凝視するもの

二つの眼は燃えながら
一瞬
闇の奥に吸われてしまう
そこで　わたしは立ち止まる
冷えこむ踵は
地をつたってひろがっていく

問いは
涯へ飛びたち
闇からはもどってこない

耳をあてて聞き入ると
野の下を
ほとばしる伏流が音たてている

わたしは
しずかに歩きだす
そして立ち止るのだ
あやしく燃える二つの眼がまた
十メートルいってはふりかえり
十メートルいってはふりかえる

牢

なぜ
その顔を隠すのか

その瞳をくもらせる粉雪を
唇を煮る沈黙を
ぬけてみかえると
驚きも萎えて

出発は
はやくから包帯にからまれている
だがなぜ
その顔を隠すのか

いまはそれを言え
秘められた鏡に飛びこむ地平には
木立も無く
壁も　河も　無い

告白をせまっても救われぬ
牢の前で
疼きはついに　咽喉を刺してくる
耳に
きしる
海溝があり
ことばは死魚の腹のように浮き
揺れている
午前零時　揺れている
うらがえしにされ
しずかに息をのむと
鉄格子に距てられて
問いただす顔が
問いただされる顔だ

独楽

ことばは
むしられる羽毛のように落ちよ
夜の丘の
涯に
拒絶する幾千のことば
声とならぬことば
いつも　一人の視線からはみでていったことば

断絶している
樹と樹さえも
ここに一秒のおもたさはない

ここには垂直のこころみだけがある
若き日ののどに
水柱よ　けぶれ
あきらかにやさしい血液はゆれよ
いまはすでに
地の上はくさく醜い
死は
空の青を透って
なお遠いのだ
そして最もちかく
ことばに滲んでいる

傷口にふきでた血も
つめたく体毛とはなれていったではないか
繕いあわすことのできぬものたちよ
いつまでも　ほとばしれ
しずかにほとばしれ
独楽の無心な回転が　月光の下にいまよみがえる
この中に

旅

旅の
壁を両手でさぐる時
くるぶしは土をはなれていた
声はすこしづつ背をのぼり
くちびるを噛む言葉となり
壁にぬりこまれ
さらに層となり
沈潜しつづけた
土はつねに加えられ
はなれる音をひびかせた
虹を架け
ゆるんだ言葉は
後退りする壁の前で
いっせいに失墜しつづけた
あたかも
虐殺されるものの系譜さながらに血をわかせて

火の台へ

消えてしまう
すぐにも
眩しい火の粉をうけて消えてしまう
その白い梟の鼻先を抱いて
死を知ってから
かざして走る火

一すじの空間を赫々とてらす言葉

いま　うずくまる裸のままで
口惜しさに叩かれているものは遠い

午後のテラスに
すでに転っている物乞いの眼たちの
針は折れて
遠い

そしてまた
まっくらい果てに
春雷のおちていった樹幹の裂け目は
遠いのだ

もう誰の火でもない
ことばは
打砕かれるために
一人のこめかみにかざされ
死の
火の台に
音もなく
しかも垂直にとどけられるのだ

ペリカン　11号

詩・詩論　ペリカン　第11号
1967年9月1日発行　頒価 200円
発行編集・濱本武一
発行所　広島市高須町一丁目12の8
書肆ペリカン

ペリカン

詩・詩論

1968

季刊

12

『ペリカン』 第12号 1968（昭和43）年4月 782

詩一篇

＊芭蕉の主題によるヴァリエーション

澤村光博

やがてあの枯れ枝は幹を離れて
大地を打つだろう
でもいま　あれには
変な鳥が止まって

深い沈黙をみている
くらい地平に向かってひきしまっていく
さむい秋の
落日を

この沈黙の一角に立ち對いながら
鳥は声を探している
枯れ枝は

大地と幹を探している
肉体のなかに曲げられて　膝を抱いている僕の死が
言語の闇の流れのつよさを感じている

『ペリカン』 第12号 1968（昭和43）年4月 784

静物

鈴木漠

いつからか窓は閉ざされている。そのむこうの空に死せる森の形象ははりつけられる。暗い色調の奥から室内へそのまま冬がつづいている。飢えたものらの声が扉のそとを過ぎる。しばらくは羽撃きの音などもきこえている。だが誰もいない背景が無辺際へ展がるばかりだ。什器たちを差配する線や面の交叉。そのなかで食卓はわずかに彩られる。撃たれて全身蒼ざめた鳥が置かれる。無限空間にむかって墜ちるあのやさしい姿勢のままで。死は一個の獲物として囚われる。かたわらで器たちは冷えている。その白い咽喉をひらく。ひとつの欠如がいまその姿をあらわにする。球根たちはいつまでも眠っている。おそらくはその内に小さな燠火を点している。この構図にあの光る死者たちの主題はない。すべての生ける者はいまみずからの生の断崖《きりぎし》に立っている。

土塀の土のなかで

清水高範

あばた面の
古い土塀の土のなかで
眼がひらいている
ざらざらした空洞の眼
手がひらひらしている
脚が膝のところで曲がりながら崩折れている
無数の死者がごろごろしている
かれらの付属物であった眼鏡や義足が
山積してある
足たちも
廃墟の風にひらひらしている
焼けた樹木の芯など幾つか立って
みみずが一匹はっている

永遠から
はい出して来たように
うつろな眼窩の縁で
三分の一弱のしっぽをぶら下げながら
芽生えた数本のエノコログサの方に向かって
頭部をひらひらのびちぢみさして

間遠な泣き声のように
土塀のなかの土はすすっている
土塀のなかの土は笑っている
やせこけて
どこかで聞いたあの器具のきしり
それから土塀の土の奥で
すべてがこうやって沈黙している

うずくまっていた私
の手の甲に　いきなり
なにか落ちて来た
牡蠣の身の破片のような
小鳥の糞だ

残照

新川和江

わたしのたましいはさすらいつづけていました
そしてあなたというえだにとまった
おお　あなた
ゆうぐれの空にみつけた　あなたという木
ゆすらないでください
しばらくじっと
だれかにかかれた絵のようにしていらしてください
さすらいのはてに
はじめてはねをやすめたことりが
せめてかたがわだけでも　わずかにぬくめられようと
しずみかけた陽に
いのりの目をとじているのを
なにかうたえ　なにかさえずれなどと
あついじゅえきをふきあげないでください
えいえんに，《こんま》であって．《ぴりおど》になれない
つみふかいことりのために
ひとときのせいじゃくとひかりをください
おお　あなた
たましいがとまれるほどの
やさしくほそいこえだもおもちの　あなたという木

決意するために

冬園節

なだれかかる
永遠な青の包囲をみあげていると
ふと涙がでたりするのは
生き残った情景に
わたしの不幸が挫折しているからだ
こんなときは
ひとは頼りにならないものにも
人間の卑しさをさぐりながら
未知への希求を繋ぎとめる

風がだまってすれちがう
ビルの屋上からは
街の虚構がよくみえた
過去と現存との沈んでいる
いつも見慣れた風景の墓標に
ひとつの永遠なものや
愛や死
人間の深部にはるかに入りこんでいる機縁や

この世のいじらしい功罪を
沈黙に結晶させ

それら受容と拒絶の
錯綜した生の寂寥に飾られ
それら
空いっぱいのむなしい群衆の足踏になり
孤独者の連帯になり
激しさのあとの影のように
いつからかわたしのこころに絡む
不壊の廃墟になる

わたしは
雑踏への郷愁に
放恣な現実を碇泊させる
危惧の距離に
人間を置きざりにしたまま
ひとひが
狼狽のなかで
臨終へむかってゆくのを見送っていた

やがて
わたしはわたしなりの
ひとつの結着を約束せねばならない

しゃばの鬼っ子

関口 篤

篤はつくねんと奥座敷に坐っておりまする
ほっけの太鼓のほおほけきょ じょうじょうと
抒情の歌をば歌っておりまする
よるべなき幽霊のりりつく ひとつふたつ
ひねもすのたりと 歌っておりまする
うきうきと 集えや ちんば おし めくら
いざり めっかち さいずちあたまに
かなつぼまなこ おお わが心の友々

この神々の酒宴には　いざ
いさり火をたけ　いざよいのいざりよ
さざ波のざりがには　ざれ歌をたてまつれ

なんだと　お前は
露顕いたした暗やみからの密使か
大食いのでぶよ　お前は深情けの商人か
お前はしくじった　うぶな暗殺者か
お前はおっかなびっくりの医者か　まあいい
お前は子沢山の好き者の教授か
泣いてるお前は　つかまった兵隊か
よろしかろう　どうせどこかの
泥てきの子孫共　泥まみれのどてらの馬共だ
うっとりとお聞きなされ

僕は　ぼかあね
ぼおずにぼんさい
ごぼおにぼおふら
ぼんくら　ぼんやり　さくらそう
ああ　懐しきかな　思い人の垣根に咲く
三味線草　さんぼん
だが今は　いくぶん眠たげに
曇天の一点さししめして　叫ぶべし
けちんぼの忘れんぼのさくらんぼ

とおせんぼののっぺらぼのおとりんぼ
あらんかぎりの悪態あびせ
あとは　あやしき綾にしき

盗賊　五年
女の群れから　さらば一年
乞食　三年
だが　もう飽きたな
今せつに欲するは　俳人
カトノビッチ・イクヤノフのハープなり
あのいまわしくも長い顔の都の西北
イクヤノフの小さな白いハープなり

どんな仔細があるかは知らねど
西北および　細君なる三田
くれてやんぬる気慨こそさらさらになければ
いま篤　かくは一篇をばしかとしたたむる
白いハープ　天の階段にたてかけ　おのれは
一羽の鳥と化してつまびかなん　何を
どれにするか山の神様にきいたらすぐわかる
おお　くすりゆび　指さす彼方　遂に
茫として見えるものなし　されば　されば
心優しきイクヤノフよ
あまがける韋駄天の伊達者よ　汝

俺　人間のふりしてはいるが
まことは　たおやげるハイエナのたぐい
やつも　こやつも　やっこも　きゃつも
俺の目からは人間には見えないのであるよ
再び　ごろつきのぼこぺんは　来れ
うどの小枝にぶらさがった　ひょうろくだま
七つ八つ　うらなりの塩から野郎共よ
俺　人間のふりしてはいるが
まことは　森林地帯の犬族の末えい
けんけんの真剣のじゃんけんの
いっぽんどっこ　よせ　人間のふりなどは
されば仲間よ　ばおわおと
満月にこそ　吠えるべし

おう　お前さん　お若いの
お前さんのは　ちと詩じゃあない
思いなかばに　わざ至らず
暗い憂き世のこの停車場に泣く
種切れの若年寄りのみんみん蟬の逆襲ていど
現代の月賦のげんなまのげろだの
まんまとまきあげたマカロニのマントだのは
いずれは死に向う　うからやからの大団円
もったいないが教えようか

まことの詩とはの　いわば
しらみの恋のしがらみのくらみ　いわば
朝のあじさいの甘いあくびよ
おわかりかな　お若いの

篤はあわあわと甘い愛をしておりまする
銀座のジャックは　生きているのが
きょうび　やや　はずかしくおわす
いつまでも　ひとつのものにはなれない
べつべつのいのち
もどかしさを揉みしだくように　指と指を
きっちりとからみ合わせて　汝が頬の
なめらかな生理におしつけていると
心と心が通い合うか　合わないか
などとなどと　呆うけてひとりごちて
天に近く　赤坂霞町　六本木から青山へ
わおわおと歌うは　山梨のウィスタリア

ああ　思い出す
青森ポプラー　秋田あかしや
山形のさくらんぼに福島の桃のお尻よ
岩手のりんご　多摩の梨　上州すいか
茨城の栗の花　くらうは埼玉の芋よ芋よ
ああ　思い人よ

汝が垣根にぺんぺん草の花咲きぬ
綺麗な花束の深夜の街道を
リラはないか　リラはない　うつつか
絵空ごとか　うかうかとうつけて
しゃばの鬼っ子　一匹
でまかせのでたらめのでずっぱり
あわただしく　しゃばの乱杭歯を走りぬける
奇怪なるたわごとの一篇ではありまする

花になるまで

石原吉郎

はじめは柱になる
柱になって
ついにあるきだす
それから鎖になる
鎖になってひとつづつ
はなれてやる
おわりは花になる
花になって
そのまま忘れてやる
ひとつと　もうひとつで
この世が終りだと
いうことを

風よりも風

濱本武一

いっさいはみえない壁
風よりも
なお風であるために
ひとりの泉は　つめたく　火だ

肉の果でこころを焦し
垂直線をたどるとき
ことばは燃えていた

壁がうごく日　瞳は
風よりも透明であった
しかし
世界は
背後で網目となり

夏

刃物とすれちがい
死の雲はよみがえる

くるしむ影たちよ
石たちよ
みえない壁を押せ
それはつねにひとまわり後退する

土地との隙に
海をすわらせて
颪よりもさらに颪となるとき
いっさいは償いに輝く
それは
木の窓から秋を掬うことではない
鳥たちが
えぐりとられた眼球をさがしだすその目覚めに
あのかぎりない偽りは
水平線を朱にそめてのぼってくる
そこにかるはずみな審判はない
視よ　行為は
この汚れた空の下につづられている

やさしい仮面よ

血と記憶をつなげ
颪よりも颪となるとき失え
壁の中で
海をのむとき
もみがらよりもかるく 死はみなぎっている
秒針はくらいこめかみを
逆に突刺していく
いまは
野に出て
草の葉をなぶるな
颪よりも
なお颪であるために 走れ
鎖のその熱をぬけて 走れ

習慣

手指はたましいとなじまぬもの
ひとりふるう鎌は海にとどかない
重いことばを群がらせ
やがて渇きを
血でうるおす
と
日々の麦畑の波状から
きたなくはいあがる素足
いま
また
けわしい日照りを嚙み
行方も知れないたましいを
まねき入れる声
深いしわだらけの声
すでに
ひとりの契りをおえて
唄をはずませ
足を鳴らし
瘠せて老いながら
午後三時の空を馳けている

月光

葬送のことばは
しだいにけぶる紫となり
一人の屍は　憂鬱の水につつまれる

怨をのみ
卒塔婆をたおし
みだれみだれる中で　一日がくぎられる
その　しずかに瞠目する時間

とけかかっている肉の切はし
葬送するためには
やはり鬼にならねばならない
あの
草の上に
荒々しくもどってくる少年期は潰せ

肝臓のかたちをした音のない夜が
ゆくりなく
こめかみにはりつくはがゆさを潰せ
とけかかる屍よ
月光の下につねによみがえることばとなれ

きみは哭け

逃れようとして
傍のものの咽喉笛までも詰めてしまう
決心の鳩を殺す時
ここに

海として燃えるすべての呼吸をみうしなう
崩れる骨
崩れて
はじめての血が訪れる

さげすみの一隅に
やがて
断絶のひびきが沈みだす
まわりにひかる呼吸の海があるときも
遠く骨の眠る丘で
ぼくたちの眼も
声も　あの雲に
侵されてしまうのだ

一秒のなかで
ことばと血は結ばれる
かぎりなく崩れる骨をみみにしても
きみはおののくな
そしてそこに七つの川が
熱をもち
にくしみで充たされる　あのいちずな
炎の日の記憶がかえってくるとき
きみは哭け

ペリカン 12号

詩・詩論 ペリカン 第12号
1968年4月1日発行 頒価 200円
発行編集・濱本武一
発行所 広島市高須町一丁目12の8
書肆ペリカン

ペリカン

詩・詩論

1968

季　刊

13

『ペリカン』 第13号 1968（昭和43）年12月 810

あすか川

岡田隆彦

湧きあがり
あふれだし
あつまって
流れてゆく
すみわたり
あわをだし
まとまって
流れてゆく

ことばの川

しぶきあげ
かさを張り
あの青空に
けん制され

満を持して
なにものか
ひたと吸い
おともなし
陽をはらみ
影を食んで
みどりなす
あすかがわ
どぶだくと
流れはじけ
漾い游泳し
空丘血物木
ひびきあい
せせらいで
棲みわたり
あつまって
人々をなめ
流れやまず。
　言葉の川
たなごころ
こぶし程の
海に塊まれ！

—68・8・15—

『ペリカン』 第13号 1968（昭和43）年12月 812

永《え》良《ら》部《ぶ》幻想

粒来哲蔵

てのひらをひらくと、そこから空にくるめくように舞いあがるはずのものはあとかたもなく、ただ逆に外がわから指のはらをくすぐるように風が吹き、それが身悶えていたあかしの毛ばたった感触だけがのこっていた。

たぶん地にこぼれたものかとあたりを手さぐるが、触れるものはそれの影のようなダチュラの花ばかりで、蝶《つまべに》ルビそのものは紅とも白ともつかぬ幻のかたちで空をしきりとながれている。

目をこらすと、その浮揚が花の残像のなかで右往左往するうち、とおくでしきりに樹木の裂ける音がした。

おそらく屈曲した村落の日のおちかたで、だれかがまたしても蘇鉄の実を噛んでいるのだとはおもったものの、確信はおぼつかない。だが音はわりあい身近で断続し、耳をすますと小さな打擲音さえともなってくるかのようだ。

してみると何かの儀式のまえぶれか、さもなければよほどの変図の合図でもあろうかと歩をはやめると、ガジュマルの木かげで小布で髷をたばねた老婆たちが、かさかさと乾いたてのひらを互いにうちあっている。みていると、そのうちのたばねともおもえるひとりが、えいえいとはやしながら対面のてのひらをうってまわるが、その手首の撞木のようなあつかいが、おそらくは跳躍する蛇身の象形と知れた。事実は老婆そのものが、てのひらにいくらか細めのヒメハブなどをかくしもっていたのかもしれぬ——というのは、一うちするごとに呵と叫びざま膝の辺から前のめりにのめりかかる老婆があって、囲周するものはあきらかにかるいどよめきをかくそうとしないからだ。が、しかし不意にその中の女の白い手がのびて老婆をかるがると頭上にのせたとみるまに歩きだす。

女はとみると、手はふところのなかで組まれているが、それは二つの乳房のまろみをまさぐるようにも受けとれるのみならず、一方肩からたれさがった骸そのものの手のゆれに、しばらくは感に耐えぬといった仕種のようにおもわれる。

やがて女の足は村落からくずれかけた崖へむかい、珊瑚礁の海にいたるが、あるところでは腰がひたり首筋までが潮にもまれつづけるが歩行にいささかのためらいもない。女は入江の突端に達すると、まちかねたように走りだす。汗ばんだ額からとけかかった小布の端が旗のようにひらめくが、とある洞穴の入り口でもどかし気にかぶりをふる——と骸は女の頭上をすべるようにして洞穴の襞におち、そこで空疎な叫びをあげる。

そのときふと女が腕をとき、てのひらをひらくと、そこからはくるめくようにあまたの蝶が舞いあがり、一たんは静止したかとみるまにおちかかって骸をおおい、その生身にすがりつく。

気がつくと半ば酔い痴れたままの蝶たちが洞の奥から舞い戻ると、その鱗が異様にぬれてかがようが、それらが翔びさったあと女は唇をなめ、ダチュラの葉かげにかがんで背筋をのばし、ながながと尿をするのだ。

’68年8月奄美群島徳之島沖永良部島にて……

『ペリカン』 第13号 1968（昭和43）年12月 814

斧の思想

石原吉郎

森が信じた思想を
斧もまた信じた
斧の刃をわたる
風もまた信じた
森へたわんで
声となる均衡が
匂やかな黙殺を
めぐりにめぐり
一枚の刃となって
自立する衝動を
圧倒する静寂の
みどりが迎えるとき
斧には蒼白な
横顔があると
およそこの森の
深みにあって
起ってはならぬ
なにものもないと

木苺

風山瑕生

暗黒のなかに手をさしいれ
垂直の植物をにぎれ　トゲでてのひらを刺し
上にしごいていけ　朱い甘い実にたどりつけ
しかし木苺はまだ　生えていないのだ
匍いまわる石　熟睡する野鳥なら
手に触れるだろう　木苺はまだだ
だが暗黒のなかに　木苺がある！

暗黒という比喩をとりはらおう
すると　木苺は出現している
枝葉が天蓋をなす森の　木洩れ陽のしたに
あるいは　道つけた人のあえぎに似て
羊腸とかなたにつながる道に沿い
また　みどり児とともに焼けた家屋の灰の上に
そこで　ひとつの要約をこころみよう

陽のあたるところに木苺がある！

丈ひくいバラ科の樹木
樹木ながらあたかも草だ
針のようなトゲで全身をよろい
上部に自然の温情さながら実をつけている
木苺のうまさを味わうとき　ぼくらはトゲに刺される
おお教訓　原野でぼくらはそれを成句となす

いや　それは嘘だ
木苺をふたたび比喩の暗黒にかえそう
すると　木苺がほんとうに視える
陽のあたるスペースを獲得しようとして
傷つきながら行動しているのが
木苺のトゲは　刺すためのものではない
あれは　暗黒のなかで受けた木苺のキズ
明るいところで　トゲの形となるキズなのだ

さあ　木苺をつみにいこう
沸騰する赤い実を器にもろう

『ペリカン』 第13号 1968（昭和43）年12月 818

愛のアリタレーション

小島俊明

愛しなさいの掟はざんこくだ
愛したばっかりにきょうも人は
愛の荒磯つづきで波に嚙まれ
愛の傷から血の潮に濡れている

愛してはいけないのやさしい忠告が
愛よりもおそかったばっかりにああ
愛の水を薄めることもできずに溺れ
愛に復讐されねばならないとは！

愛の掟の棘はかたくするどく
愛の柔肌の肉を刺しつらぬく
愛の絶望の谷ぞこふかくまで

愛をまだ知らないから　きょうも人は
愛に飢えているから　持っていない
愛をもとりあげられてしまう

八月

Hに——

諏訪優

仏壇には桃が飾ってあった
蟬が鳴いていた
顔も姿も知らぬそのひとの前で
わたしは頭をたれた
どうしてわたしがここにいるのか
ふとわからなくなった

夜おそく
酔ったわたしは
帰ってくると

おまえの胸にたおれこんだ
おたがいに　たくさんの
あまりにも　たくさんの
人生のおもいよ
おまえは　仏壇のある部屋のふすまを
そっと閉じた

あたらしい朝であった
美しいおまえは
小さなうつわに御飯を盛って仏壇に供えた
おまえは
灯もともさなければ鉦も打たなかった
おまえは
わたしに茶碗を差し出す前に
指についた飯粒を口に運んだ
それがいちばん
やさしい
おまえらしい仕草だった
わたしは　ゆうべ
おまえと一緒にいてよかったと思った
顔も姿も知らぬ亡きひとのためにも
おまえと一緒にいてよかったと思った

詩・五篇

関口 篤

真似

風と梢は
何故　話し合うのか
意味もないのに
穀物と土も　雲と日の光も
それから　うろたえて
真似をして
人間と人間までもが

お化け

詩では　もう使うまいと思う言葉
永遠　神

だが恐る恐る　そこに　或る日は
迷いこもうとしている　手をさしのべて
こわいお化けを見たがる子供のように
あとでは　ひどくしょげて
それもこれも　判ってはいるのに

歴史

前氷河期　言葉なく
地底にて胎児昏酔す
現生存期
人間が後ろに立っている気配に
ふりむいても　発見せず
夜の鏡のなかに
四千万年は　さえざえと流れる
来るべき氷河期の後
すももの花咲く盆地で
人間が一人　まだ考えこんでいる
風に吹かれて　やはり言葉もなく

世話

神
あなたの世話にはなっていないつもりの男が
伊豆東岸を
ヒエカワからウサミへの崖道を歩いております
雪はところどころに消えのこり
オルガンの音は　自然のやわらかな肌に
溶けこもうとしております
神
その男は　あなたの世話を大してみてやれないと
心残りだと　つぶやいているのです
夕陽は　別れたくないと
とめどもなく　ふりかえるのです

胸騒ぎ

そんなこと
知らずじまいの方がよかったのだ

ひよっとすると
人間ではないかもしれないなんて
いや　確かに
人間ではないのだなんて
へんな胸騒ぎ
証拠がどこにあるわけではない
指にはひっかく五つの爪
目は他の走る草獣を眺め
ふさふさした尻尾もあるわけではない
だが確かに　人間ではないので
それは　蒼ざめる程わかってしまったので
うまく地球の人間になりおおせるために
目をこすり　立上り
草を摘み　まないたを叩くのだ

ある夏の日のパラノイヤ

冬園節

この娘たちのように
私たちも　あたたかい寝台をもとめて
私たちも　さめざめとすすりなきたい
（朔太郎――寝台）

あの
あわれみを問いつづけけた夏の休暇が終り
わたしの傾いた風景のなかで
背のびする猫の姿態に
汗ばむことのよろこびとかなしみの輪郭が
いつまでも
みえない愛のかたちを確保しようとして

まばゆい夏の憂愁が腐りはじめると
寂寥のなかにひそむ悔恨の痛みを
わたしの脂は知っていたのです

うばわれたことば
ひそかな愛のほこり
あなたは無防備の欲情のなかで
たやすく死ぬことができたという
あなたの
ほてった生のかなしさが
かけがえのない愛を
さらに遠くへ押しやってしまった
あの日のことについて
夏の人は
もう何も話してはくれなかった

いつまでも熟れることのない記憶の
無慈悲な贖罪に耐えて
訣別しながら抱きあう人間の臭いを
問いつづけた女のいのちが
発狂することの素晴らしさのなかで
蒸発してゆくのを
償いのようにわたしは見ていたのです

直線論

平井照敏

雉子の尾が引きし直線土にあり　　飛旅子

たとえどんな鳥口があって
どんな腕に引かれたところで
この土の上の直線にまさることはあるまい

これは直線でありながら
しかも生気波動の激情線だ
それはちょうど　この一句が
一息に言いくだされたものでありながら
しかも中七と下五との束の間の沈黙が
つと　緊迫の谷をふかめているのと同じだ

土に引く雉子の尾は
雌を追う雄の怒濤の翳
雌は逃れ
逃れつつ雄を誘い
雄の尾はたけりつつ
後の土になおも水脈を引きつづけるが——

もうぼくにははっきりと見える
水脈の先に
目に見えぬ直線がのび
雄の眸から雌の尾へ
ひしととりすがってゆくさまが

その激しさは
ぼくらの胸に尾を引いて
にじみ込んでくるではないか
そして　もう
風も　足も　木の葉でも
かき消すことのできない
直線となるではないか

雉子の尾の直線傷のごときかな

雲へのみち

濱本武一

恃むべきは
雲と泡である
いえば
鉄
土
それから
契り
樹木
焚火　などは恃まぬ

ながれ　ながれ
たち消えるもの
あふれて　あふれて
たち消えるもの
いま
恃むべきは
雲と泡である

追うべきものに
追われ
うずくこのかげを
證《あかし》せねばならぬ　しろい空間

うごめくは怨み
足と手
るいるいとして
哭き
呼び
胎み
音もなく
ことばはひるがえる

泡として熱く
雲として死をむかえ
ひたすらに
雲のみちにとどこうとして
ちち　はは　に
詩《うた》をそなえ
朝の砂に
頭をぬらし
みじろぎもせぬ落葉をたたむ
あふれ
ながれ
ゆくもののために
恃むべきは
雲と泡である
そこにそなわる死のひびきをこそ

ペリカン 13号

詩・詩論 ペリカン 第13号
1968年12月1日発行 頒価 200円
発行編集・濱本武一
発行所 広島市高須町一丁目12の8
書肆ペリカン
TEL ㉑2612

ペリカン

詩・詩論

1 9 7 0

季　刊

14

点と線でいまを描くな

岡田隆彦

おまえの王国はいったいどこなのだと
問いつめるとき
早くも遠近法の自家中毒におかされ
点と線で緻密に答えたいという渇望がわく
それも世界を眼で飲めた種植えどきなら
地道な路程だったし奥ゆきの踏査だったが
だめだ　虚無を織りなすに終る
事実の溶ける様子は
皮膚から内臓までしみわたる
つかんで食べられるものと
まったく予知できぬものがここにある
青の量に差があるだけの昼と夜
わい雑な都会は凪いで
定まらぬ天幕の中身や
帆のうねる波状のちからが
耳のらせんを巻きこみ
眼球をじょじょに大きくしてゆくが
さっぱり輪郭は見えない
あてどもないかたち　たしかに
いまおれは、
おまえの王国はいったいどこにあるのだと

問いかけながら
風をはらむ鳩胸のうちがわにたちつくし
動きと羽ばたきの食い尽くすふくらみに
貫通しているのだろう　だから
気球として充ち貝殻としてひらいてゆき
ひらいていったゆくすえに
何の光もありはしないとしても
此岸に　王国をのぞむ以上は
花芯のいろどりや
雲のうるおい
鳥の影
女の湾などを描く刻苦から
はるかに遠ざかれ　そしてすぐさま
飛び散るのではなく透明な肉体を拡張し
帆のふくらみをわがものとしよう
王国は比喩じゃないから　おまえがみずから
点と線に
器官と汁に
肉体と魂に切りさいたところで
美しくまとまるのがせきのやま
息がふくらむふところで
時をきざめ
翼をひらけ　無に火をはなち
地獄の火焔車を盗む矢とともに　おまえは
虚構を大きくまたいでしまうがいい。

フェルナンデス

石原吉郎

フェルナンデスと
呼ぶのはただしい
寺院の壁の　しずかな
くぼみをそう名づけた
ひとりの男が壁にもたれ
あたたかなくぼみを
のこして去った
　＜フェルナンデス＞
しかられたこどもが
目を伏せて立つほどの
しずかなくぼみは
いまもそう呼ばれる
ある日やさしく壁にもたれ
男は口を　閉じて去った
　＜フェルナンデス＞
しかられたこどもよ
空をめぐり
墓標をめぐり終えたとき
私をそう呼べ
私はそこに立ったのだ

羽

鈴木漠

鳥はゆびもて歌へる夏か一枚の昔の羽ぞ
暗き水辺に
山中智恵子

そのとき鳥は
感覚の闇に包まれたまま
みずからの内部へ
深く深く降りてきたのだろう
くらい夏の底で
聖杯のように
泉はすこしくあかるむ
その鏡のおもてを
他界からの音信が

かすかに波立たせる

一枚の羽は
いま
小さな風の揺籃のなかだ

鳥は聴いたであろう
大いなる水の声を
軋みながらめぐるあの時間の音を
鳥は全身濡れて
うまれたときのように抱きとられた
そのとき鳥が在り世界が在った
鳥はうたった
みずからの沈黙を
さらに世界の沈黙を

つめたく夏は燃えつきる
誰れしも聴くことのなかったあの
歌の意味は
いま鏡の奥で
終ることなく反映しつづける
一枚の羽をのこして
空を漂う舟となった鳥自身の
その行方を
知るすべもないままに

容器

黒岩 隆

あおいろの陶器が
きっと
あたりの森よりもうすくなって
まわりやむと
けものたちを通してしまった

その部分から
日射しは急に短くなり
透けてくる
あなたや　ぼく
動いては
陶器を欠き
さいげんもなく
うつくしい狩をひろげ
それはながいあいだ

空とむきあい
待ちつづけた
ひかりのなかで
音の減ってゆく楽器をかゝぎ
ただ影と　影でない部分に
もどるために
やさしいことばを話しつづけた

死んだふりして
ふかいふかい森のはずれ
ささやきよる
けものたちの夢を殺した
すばやく
まだ死んでいるぼくたちもいっしょに

空には　あたたかい毛皮をかさね
とぎれがちな風の姿勢で
まわりはじめる
濃密な容器
とおい底から
ゆっくりと満ちてくる
獲物たちの時間に
ぼくたちの愛をはなす

どんな　目印もなしに

城

神鳥忠臣

城を眺める時
少女たちの眼には蝶が棲んでいる

城の中から無数の幼虫が生まれ
あたりの雰囲気を舐めながら
岩と岩との間に
得態の知れない犠牲の雨を
詰め込んでいる

やがては　真鍮の色をした空が
山蔭の沼にポッカリ映ったら
城は
静かに幾何学の世界に帰るのだ

舞台

観客はすでに帰った。だだっ広い客席に、
私はひとり居る。
もう長い時間いたかのように。

瞬間。
鉄工所のような音をたてて崩れおちた、
獣の如く溺れた睡りは、
気弱い指揮官が、コップ酒を飲んでいる舞台から、
北国の雨の林の風のなかへ吊るされた。
あとには、木蓮の花が咲き、
女主人公は、何冊か古いＡＬＢＵＭを引っぱり出して、
雪解けの泥濘にも似た色の写真に、
日付けと名前を書いている。

木の椅子で

関口 篤

だれも　命じはしなかったのに　歌は
いつもゆっくりと　仕上ってゆく

いくつかの大陸の　ありとあらゆる火とかげが
或る日　驚愕して　石英の岩盤を走りぬける
火の呪文の青がそれを追う　再び眠るために
地の熱を抱いて　宝石がそこここにこぼれおちる

だれも　のぞみもしないのに　ふるえる馬の胴が
きり裂かれてゆく　鉛の箱がじっと耳をすます
芯はまだ夢みながら　果実は世界の賑やかな中心
灯も鏡もない部屋で　また発芽に身じろぎはじめる

愛の腕輪からありあまった肉にうたれ
死の革むちから滴りおちる血をすすりながら
首をつけあって　この世のまずしい生き物の目は
言葉すくなに木の椅子で背をまるめ　眺めはじめる

『ペリカン』 第14号 1970（昭和45）年1月 846

忘却

濱本武一

笛とともに目覚め
前方へ失いつづけた

なにゆえ
すべての空間は在ったか

笛であるゆえに
まさぐるのはその飢きか
奢る音色か
あまたの樹木をぬけ
海へひとすじその愛は走ったか
きみは
崩れる雲にそれをゆだねたか
一滴の涙が
ものみなの骸をよみがえらせる
ちちのことばに
きみはききみみをたてたか
うすれる水紋に
それを放ったか
一本の管として
それは
ついに空しく
虹をわたっていくのか
己が軽るさにその音色は消えていくのか

夢

濱本武一

みはるかす空間に
いろのない点をそだて
たちまち
青い円型をくぎる
セクスを泌ませ
虎を放ち
その周円に
紋をつまびく
蒼然と出発はひびき
樹木は失せ
一点の水を希い
みちわたる水中とし
もとめて
また
類を呼ばず
朝夕をそこに叩く
叩けば
黄金のごとく砕ける風
去来する車はつかめず
無の容器として
透く星をいだき
なほ
呼吸として
懐中に時をたずねる

刺草のかげに

濱本武一

憎悪とともにくらすのはさわやかです
その寝いびきに覚めているのもたのしい
いかにそれが
ふかい悔いとなり果てても
ともにくらすことは安堵をもたらします
みどりの庭園を背にそれは
おおくの香りとあざやかな色彩を招くのです
巨大な円と籠をつくらせ
一枚の白い布をひろげ
怒りの声をこだまさせるのです
家紋をそこによみがえらせ
時間の川は伸び
空にモンシロ蝶を飛ばし
子宮がくらく息づいてくるのです

みだれた髪と長方形の墓石と
四角い情熱をひめた箱が浮き
風は薫り
虚しく高楼はくずれ
市街地図が華やぎ
ぼくの裸体が椅子をこえてながい影となります
耳がひとつづつ拡大され
小さく平らな黄土と朱の壁が壊れて
憎悪はまわりの空気をくまなく渡っていくのです
黄土の壁は
ひとつのうらぎりをしめし
朱のそれは
新しい凝惑をうみおとす
窓はみな閉ざされ
友人はすぐに立ち去ってしまい
刺草のかげに
それら
憎悪のあらわれが
高い調べを曲でるときです
乙女らは胸にxを飾り
少年らは黙ってカーを走らせてかえってくる
憎悪ははげしくまた
ものがなしい美とともにくらしていくのです
それを噛み
それを育てて

ペリカン 14号

詩・詩論 ペリカン 第14号
1970年1月1日発行 頒価 200円
発行編集・濱本武一
発行所 広島市本川町1丁目28
ヒロシマ・ルネッサンス学術画廊
TEL ㉜9334

ペリカン

詩・詩論

1971

季刊

15

ペリカン 15号

• 澤村　光博……………………………ヒロシマ・わが幻
• 石原　吉郎………………………………二十二段の落日
• 粕谷　栄市……………………………………………孤島記
• 藤村　　壮……………………………………………………朝
• 清水　高範…………………………………………………悲歌
• 諏訪　　優………………… I eat a catfish sandwich
• 鈴木　　漠……………………………………人形空間へ
• 粒来　哲蔵……………………………………………………海
• 濱本　武一……………………………………………火の詩

『ペリカン』 第15号 1971（昭和46）年12月 856

ヒロシマ・わが幻

a Hamamoto

澤村光博

私は　私のなかに生贄たちを住まわす
私は　あの生贄たちの〝沈黙〟を
言葉に偽造する者たちを告発する
（それは二重の扼殺なのだから！）

生まれた裸の言葉とは
ドームの赤錆びた鉄骨のことだ
生まれた裸の言葉とは
ボロボロの衣服とすっぽり頭から抜け落ちた　女の髪のことだ

生まれた裸の言葉とは
溶けたガラスの塊の中の指のことだ
生まれた裸の言葉とは
消えてしまった幾万もの死体のこと
それらの事物たちが共有している〝沈黙〟の　ことだ

私は　私のなかにいつも生贄たちを住まわす
そして　彼らとその恐怖をも共有する
（それは　私たちの良心が饒舌の刑罰から　逃れ得るただ一つの方法だ！）

(1970. August)

『ペリカン』 第15号 1971（昭和46）年12月 858

二十二段の落日

石原吉郎

落日はいずれのけぞる
あつい吐息のかたちのまま
二十二段を
とぎれて墜ちる
たばこを消す
見捨てることは
かくもやすらかだと
こたえたあとの
残照の階程を
絶句した個所から
かぞえなおす
落ちて行くものの
とめどなさは
みひらいた目のはばで
確実に区切るのだ

孤島記

粕谷栄市

小さな孤島で、三年ほど、私は、唯ひとり暮したことがある。幸運にも、自分の肉体だけで生きる機会が、私にも訪れたのだ。

毎日、そこで、私は、画を描いて暮した。島には、何故か沢山の画布があったから、毎日、私は、好きなものを描いて過した。

どんなものでも、私は、描くことができた

のだ。例えば、その孤島を、全世界のように、私は描いた、死人のようにだって、恩寵のようにだって、私には描けたのだ。

私の他に、島に生きていたのは、山羊たちだけだった。私は、彼らを、食料にも、衣服にもした。画布にも、画架にもした。時に、妻の代りにして、独語なような洞窟で、一緒に寐た。……

幸福な日日だった。山羊のかたちをして、自由は、私のものだった。驟雨も、汐騒も、私のものだった。死も断崖も、私のものだった。幾千枚もの画布を、灌木に吊るして、日月は、まるで泣くように、天に昇ったのだ。

三年ほどで、しかし、私は、その島を失った。何かを、私は殺し尽くしたのだ。

結局、私の孤島で、私が描いたのは、唯一枚の画だったと思う。それも、画面を、唯、真黒に塗っただけのものだったと思う。その画の寸法が、そのまま孤島の広さだったと、今にして、私は、よく思い出すのだ。

1970. 2.18.

朝

藤村　壮

おそいめざめがやってくると
ふいに
とりかごのなかの鳥がいなくなる

音もなく
くずれる壁
いつわりのモザイク模様が

ずりおちる

もろい朝だ

うしなわれた時につらなり
つながろうとするものを
たちきらねばならぬ

ぬぎすてたいたみに
さわるな

やがて
みえない破片のなかから
めしいの鳥が
かえってくるだろう

鳥のなかに
とりかごをいれて……

かりそめの朝だ

『ペリカン』 第15号 1971（昭和46）年12月 864

悲歌

清水高範

ブルーの土を描こうと思うんだ

焼け滅びたものたちが
長いあいだ雨にしみた土
ビルの壁面　家々の軒下

そして彼の肩先にも
記憶のはしにかかった
海藻のようにゆれている影

殺害の季節の
木枯らしののどの奥
ずっと遠方で泡立っている
骨の海岸からやってくるにおい
またその向こうの音の外に横たわる
大地の廃墟からやってくるあの
くちなしの汗のにおい

土のなかのブルー
といった方がいいんじゃないか
私に残っているたった一切れの夏が
ランプの芯のようにひびく
吹きすぎる炎の風の下で
深い土の胸の奥をはしる血管よ

I eat a catfish sandwich

諏訪　優

ホワイト・リバーの橋を渡ったところに
うすぎたないレストランがあった
〝鯰《キャット・フィッシュ》の料理〟が看板だった
ケニイとスチュワートと三人して
順々に車をおり
順々にレストランのドアを押し
テーブルにつき　注文し
順々にトイレへいった

ケニイはステーキを
わたしはハンバーガーを
スチュワートは鯰《ナマズ》のフライを
看護婦長さんのような白衣のオバサンに注文した
ちょうど昼で　そこへ
ブルージーンの男たちが三三五五やってきてテーブルにつき
一様に俺を見てささやいた
〝野郎は何処人だ?〟

鉄橋を巨大な綿摘機がわたってくる
農家の少年の振る赤い布で反対側の車が止められている
肥料色したホワイト・リバーの川の流れ

オールド・ブラック・ジョーが舟を出して巨大な鯰を釣っている
俺は鯰のフライをひときれもらう
何とまあラフなひどい味か
ギンズバーグの詩の一節を思い出して　ひとりひそかに笑う

俺は玉ネギとケチャップをかけた
鯰のサンドイッチを食う
25セント

〝何がおかしいんだ？〟
とケニイたちが顔を見合わす
割り勘をして礼儀ただしくチップを置く
それぞれコーラの紙コップを手に外へ出る

ああ　見はるかすアーカンソー
ミズラ、そしてテネシーへ
メキシコ湾からやってきた雲が流れ
突っ走る車の中で紙コップのコーラにバーボンを割る
俺はひとりになりたいなあ
ひとりになって　日本語のひとりごとをいいたいなあ
日本の女たちをおもい
彼女らにベットの中で日本語で呼びかけて
それからぐっすり眠りたいなあ

記・長篇詩「アメリカ」部分

『ペリカン』 第15号 1971（昭和46）年12月 868

人形空間へ

鈴木漠

眠る首なし人形の
白い夢の縁《ふち》を吹く風
そして
（風はめぐる
べるめえるの無の肉の
がらんどうのかてどらるを）
昼と夜の合わせ鏡のなかで
殖えつづける白い植物たち

白い闇
われらの暗喩的な都市はつとに崩壊している
さればそのひとにぎりの荒地を占める
虚構の木！
（ときたま歩行する肉の木たち）
純粋思考の木ならばおそらくは骨ばかりの木だ
たちまちにしてそれは青天井を突き破るだろう
わが人形の木に光るイデアはない
頭蓋にうがたれる聖なる穴
その欠如から
われらの聖なる花はひらく
はんす・べるめえるは帆走する発光体であるか？
われらの地球は転回して
またもや非在の朝をもたらす
すると
（ああ　風がめくる
　べるめえるの無の肉の
白い白い紙の空間！）

海

―わが子の性に

粒来哲蔵

その手を下ろせ。いままでその手の在った位置の、血のぬくとさをふりほどけ。てのひらは腿の上に貼りつくほどに。指の五つの志向など、凝縮しろ。それでいい。生毛が突っ立って、羞恥がその上をバリカンもどきにつっ走る。痛い？

その手を下ろせ、といっている。貧相な修辞でべとつく腰のあたりのあおい骨。いつかの居所不明の日のために、そこだけに秘匿されたお前の地図のくさい染み。さあ、そこから顔を出させろ。ナイフまがいの突っぱりようで、綿菓子いろの大気を刺せ。

狼狽したのは俺の方だ。まだやって来はしまいとまるで多寡をくくっていた。そうしたらお前の目だ。うろたえて、まばたきを忘れて、俺の目をのぞきこんでいる。わからないのだ。昨日までのお前の坊やを急に大人にしたものが……。一方俺は怒鳴りたかった。お前の性の無対象の衝動を、ことわりもなく後押しした生の神秘とかいう奴を……。

　そのまま歩け。ふやけた胡桃のつれづれを、一足ごとに己れの幹に擦りつけ。歩くのだ。幹それ自体であるように。幹に属する父の神話は、毛深い森に焚き捨てろ。

　お前の時のわだかまりの、有象無象の天使は空へ。虚の韻律は尻のくぼみに懸けさせろ。奴らのうすい肩のあたりで、翼の形で戸惑っているむずがゆいつむじ風。それ。お前の支柱の薔薇いろの契約が、張りつめたズボンの天幕様《よう》の布地の下で、蝗のように風に向かってとびはねる。はねろ。はねろ。

どうしたらいいの?とあれがいう。あなたの役目よ、と重ねておいて、だいじょうぶ?と胡散臭げだ。どうやら俺とお前が手を結び、革命の大八車でもひいてきたと思ったのか。台所からひょこひょこ出てきて、おさまった?ときやがった。莫迦、火事じゃあるまいし……。

たとえば、海光を浴び、塩ふく蒼白の馬を駆って、にぎれ。逃れようとするお前の少年の半裸の寂寥と悔恨とをにぎれ。遠ざかっていく灼けた石の熱さの乳の時間の過剰を追え。

みろ。草蝉まがいの骨格が、お前の幻像の果肉につつまれ憂鬱な丘の向こうに融けかかる。彼の担ぎのこした白い鎖骨の末端を嚙んで、いたちのように顔をしかめ、さざめく水の半月を割っていちはやく脛をひたし、さあ、海という名のお前の性を抱きあげろ。

だがお前は、あれの操作の押しボタンは、お前の机の抽出のどこにもないので、俺の方をチラチラ見る―がそれは期待外れだ。俺は何にもしてやらない。お前は自分の肩の虫ピンをはずして、ひとりで勝手にいくがいい―といわなくても、どうせいくにきまっている。で俺は呟くわけだ、俺のしたように、お前もしているのだ―と。

その手を下ろせ。白い昂りの窓の外から、お前の腰椎の思考を覗きこむ者を消せ。お前の海辺の多汗質の樹肌を透かして匂う繭の中の蝶の雨季。待て。お前の指にまつわる藻の一時が、ひとの暗処を孤独のように包むまで。

さあ、身を起こせ。晦渋な書物の午後の酢のにおい。過誤は魚。自涜はまるで櫓のない舟だ。惑乱の指標を外し、お前の腰の確信の針にあわせて、行け。蜜蜂の蠹をひらきに。さしずめ俺の向こうがわへ――。

―長男・荒《こう》・十三才

『ペリカン』 第15号 1971（昭和46）年12月 874

火の詩

濱本武一

くれないの小さい揺れ

砂の箱の上で
吹かれつづける
曼珠沙華か

火だ

ある時
けたけたとわらいくづれ
また
砂の冷たさに吸われ
翳の底で
みづからに復讐しつづけ
虹になるのか

橋だ

みづからを焼きつづけ　渡り
無との接点で落ち
鷺鳥のように
首を失しない
白骨を失しない

詩・詩論　ペリカン　第15号

1971年12月25日発行　頒価 300円

発行編集・濱本武一

発行所　広島市本川町1丁目28

ヒロシマ・ルネッサンス学術画廊

TEL ㉜9334

ペリカン

詩・詩論

1977

季刊

16

かたちをつくる風

岡田隆彦

風でふくらむものがある。
ほら！ この瞬間に、子供たちの笑い声が
紺碧の空にまでこだましている。
われらのすみか、メガロロポリスよ、
耳を貸してくれまいか。
ものいわぬ、ものいわぬそよ風が
澄んだ唄を運んでくる。
「もし旋風と影の邦に

旅していたら、
かの女の髪が長く垂れているかどうか
たしかめてくれ……」
魂をふくらます空気入り《ニューマティック》のものがある。
空輪《ニニーマティック》されるひびきはふるえながら
ごく小さい鐘のある町はずれからたどりつく。
それは或る少年をとりこにし、やがて
かれは去年の夏、肺炎《ニューモニア》で死んだ。
急に、萌黄色の忍び笑いと
はしゃいだ無駄話の声が、
ちっちゃい店から出て
路を横切ってゆく。
そう、凮聲によって、
あなたはこんな白昼夢にまどろむ、
燃える桃花のとらえにくい匂いとともに。
お、ちっちゃな男の子、可愛い女の子、
いったいきみたち何からできてるの?
想いだそう、きみの胸と真新しいパンタロンのうちに
凮が佇む。また
きみの逞しい胸が
兵の真裏の洞窟から出てきたサイレーンの
芳ばしい聲でもしや
みたされていやしないかと
気づかってもいいはずだ。

切口

長島三芳

私の目のとどかぬところに
刃物で切断した
詩の切口があった
万葉の恋の歌の胴体のように

この五月
伊豆の天城の山荘にきて二日め
渇ききった私の内部に
やっと木洩れ日がさしこみ
蘭の匂い
野鳥にもなれて
つめたい山葵《わさび》田の湧き水に
うっとりと素足をつけていると
ふと自然の切口と
私の詩の切口が
ぴったりと一致して
動かなかった

『ペリカン』 第16号 1977（昭和52）年7月 882

愛について

澤村光博

ぼくらの血の中にはついに未知の凝固物質
内なる幻が住みついている
それがぼくらの両腕を死にむかってたたかわせる
かりそめの日常や敵たちの間に目覚めさせながら

友なる言葉よ　今日　ぼくらのこのまぎれのない愛の一回性を
たがいに啓示しあうために
墳墓や国境をふみこえてやってこないか
風と光のあつまる木の梢　花の瞼から

母なる言葉も　やってこないか
交わりのあとの無限の分裂
記憶だけがこぼれる戦士たちの通過地
闇と溶けあっている　その肉のさびしさから

そして　今日　形を失くした言葉の中の言葉よ
太陽がおのれの影を追って走っていくように
きみはしばらく
ぼくの頭のうつろな鐘つき塔で歌っているがいい

loop drive

粒来哲蔵

白球に、ある激しい回転がかかると、それは浮揚する鵞毛の軽さで反り気味に空に位置する。が、球はその位置への定着を拒み、実際はそのままなおも舞い上ろうとする意志を秘匿したままで、いきなり打者の手もとへ還るという幻の円環の成就をゆめみている。けれども私はあえて球の志向をねじまげる。球は確かにほしいままにある高みを得られはするが、その位置から急速に下降しなければならぬという虚の energy を球の運動のごく初期の頃から私によって与えられているのだ。おそらく球はそれを知らない。いわば下降の意識は、上昇する球の意志にはりついている。はじめは球は反り気味に浮揚するが、やがて虚が動いて、ほんの一瞬それは空に静止したかにみえる、と鮮かに球は転身して台上に落下する。つまり球の定点の移動は私の意のままだ。球それ自身は私が予測した計算上の定点をただなぞるだけでよい。軌跡はおそろしく平和的な、だからこそ最も白くかがやく弾道を描いて台上に爆ぜる。

この時私は球が暗示的に発した呻きににた音をきく。この時私は、私が球をおしやった板状のものを頭側にかかげて、その音をさながら煽るような仕種をするが、その仕種をし終えるや私はねじ花もどきにねじれた自身をすばやく旧の安定に復すべく懸命になる。で、私は戻る。私の両足は台側に平行して再び動きやすくなる。この間無論私の目は球を追っている。球は台上に爆ぜた？それは究極的にはどこで沈み、どの位置で私の計算の埒外に出るのか、否、出られるのか？

　再びいおう。浮揚する回転体にひそかに仕掛けられた虚の energy は球を一気に下降させた。それは台上に跳ねて、私の対戦相手の胸もとにとんだ。恐らく敵は、彼女のもつ円盤状のものでそれを切りにかかるだろう。それは必ずしも悪い方法ではない——が、白球の跳ねた角度は彼女の計算をはるかに超えていた。彼女の定位置からの受応はただ単に空を切り、球は虚の energy を伴って彼女の胸につきあたり台側の床に落ちた。（球は彼女の発したかるい呻きをきいただろうか？）球はその位置で思い切りわるく、しばらくは転っていたがやがて果てた。

　球は果てた。私はそれを拾い掌の中で弄びながらふと私の敵を凝視した。汗ばんだ彼女の胸に、まるく朱くいろどられた球の再生の位置を——。そして私は知った——同形の朱を生み出すために、球はあくまでも白くなければならなかったのだと——。

loop drive ——卓球用語。荻村・田中時代の終わり、中国の前陣速攻形が抬頭してきた時、この戦法で長谷川らがよく対抗したが、昨今は欧州のパワードライブの連中がこの技法を使って逆にアジア勢を苦しめている。

さくら・まぼろし

笠原三津子

たたえられる花びらの池の面《おも》に
朝があけそめ
疲れた旅人のこころに
春のひかりが充ちあふれ。

ふと見あげると
泪がたたえられている二つの池に
まぼろしのさくらが……
かなしみに充ちていた
くるしみに染めぬかれていた
はるかに遠い日日の断片が
氷の破片のように
私の掌の中で消えた。

一滴の静寂のために

石原吉郎

一滴の静寂を
海洋の広さから
すくいとるために
どれだけの嵐がかさなり
うねり去っただろう　だが
あらしの長さ
静寂が寸刻にすぎぬことが
私に重大なのではない
私に重大なのは
広大な海洋に　一滴の
平和なかなしみが均衡することだ

写真屋への抗議

犬塚　堯

これは僕の肖像ではない

君がシャッターを切ったとき
僕は背後に丈高い秋を確かに背負っていた
そのとき山は空に鍵穴をさがしており
伝令は次の村に素早く走っていた

かまどから熱いパンが出て
蝗は害をなす健やかな本能で集っていた
畑は土の痛みを少しの霜で癒し
麦が音立ててのびていた
村が祭を準備する間に
いたる所でキスの涙が落ちていたのだ

だがここに印画された秋は混乱のコラージュだ
山は涙に濡れ　伝令は鍵穴にキスしている
冷えたかまどはすでに夢想ばかり
本能を失った虫が冬に向って飛んでるだけだ
レンズはかくされた労働を捉えていない
土が麦を生み　僕らが発止と麦を打つ
祭がきわまって空のシャンペンを抜く
あの乱痴気騒ぎはどこにいった

僕は千孔草のように汗かきだ
兎小屋には斧がある
僕は未来の法則を知っている
僕は午後独楽のように変化する
幸運な水滴のように何度も土に飛び降りる

断じてこれは僕ではない

日常

濱本武一

日々のために
たわわに麦の穂を積み上げねばならぬ
灰をかぶる墓石となって
帰ってきた唄
一秒の呼吸に
けいけんな悔悟をのせて

ひとり運ぶ鎌は
海へすべる
重い問いをむらがらせながら
おお夏は
瘠せた肩を搏ち

明日を入れる
その深い声と
咽喉は
すでに契りを結んでいる

やがて
夕茜にそめられ
地にくちづけるだろう
あの声の背に
ききみみをたて
かがやかに
この亡びゆく一人のことばを埋めるために

訪れよ　収穫
音なくつつめ物の愛よ
よみがえる眼をうけとれ
さらにけわしい日記を噛み
人はみな貧しく
死の腸をたどるのだ
かわきを己が血でゆすぐ時
手足と魂は土の上に動きはじめる
眼は日々の
麦畑の波状から
はいあがって来る素足をかえり見る

鬼舞

もう道は無い　波打際だ
ここに来たか
早く来たナ
こくりほろ苦い唾を呑む
遠くかすんだ記憶の岬
炉の火をかこむ一族のかげ
雲の段々は冴えてくる
もう道は無い
ここより先は海の域だ
しばらくは　ここにとどまり
花もみぢかがやかに咲くをながめ
大地の涯をみとどけたいが　それもできまい
一つここらで
死に光る
舞いの扇をひらこうか
入水の
うたと帷子と舞うすべを
これより静かにととのえねばならぬ
坐って
走る
白髪の鬼の鎮めうた　舞いのこすのもまたよかろう
海の匂いのはげしさに
夕茜のまぶしさに
ひょろりひょろつく病み呆け

頬を一すじ流れる水
桧の香すがしく　父のうちつけた道しるべも
ここで　朽ちてしまったか
桃の実一つ撫でながら
誕れた月日に消えた母も　しばらくは
この　波打際に裾を濡らしていたのか
雲も走る
陽も走る
ものみな走る
夢のなか
みかえる森の葬所より
煙となってくゆりつつ
別れを惜しむ見しらぬ人
坐って走るこのまなうらに
くっきり　縁葉ゆたかに柚子の実が
息吹きあらわにあらわれる
真の所在も
その重みも
その理もしかとわからぬが
このさいはての潮風と
大地の脈の
どっきんどっきんと打つ音がいま
ゆくりなく身を襲う
だがもう道は無い　ここより先は海の域だ
一つここらで死に光る
骨嚙みくだき嗄れ声の舞いの扇をひらこうか
走りつつ翳ざす　茜の扇
おお　みじんの藍青や

詩感への一試考
――その持続性について――

濱本武一

つねにぼくらは言葉の領域で、希求し行為している。いまここに、ひとつの言葉がおかれたとすれば、その言葉のあとに、なにほどかの言葉を接続させようとする生理的とも云えるものを誰もが持つであろう。

それらの言葉をいかに多くなげかけ合い、照応、対応させていくか、その波動の持続に、ひとつの先行する意味が誕生してくるのであるから、詩人の内部的体質は、おのずとある秩序を持つ意味の質量をふかめていこうとする。

詩の発生について思考する時、ぼくはまずこの言葉の重層性、持続性に還って試みようとするのであるが、詩的意味を追求していくと、誰もが言葉の昏迷にぶっつかり、みはなされていく自己を意識するであろう。その発展はどうしようもない粘液的な壁の外部で遮断され、言葉はたちまちそこに落下するのである。

時間の内部で、どのように詩人はカオス的詩感に立ちむかっていくか、空間的距離環境をとおして、いかなる磁性に誘われ、その燃焼の持続をいかに熾烈にしていくか、実は摑みようもない問題なのである。

この卑少な一試考もそれゆえに意味を持つと思うのであるが、一篇の作品において熾烈な詩感の定着が事実可能であるならば、それはどこからいかにして発生してくるものか、どのような持続をもたらし展開していくものか、その所在と本質について冷静に思考をめぐらせてみなければならない。

数知れない詩的衝動を断ち切られた詩人群をぼくは多くみてきたが、それらの人々はもう一度このアルカイックすぎるほどの思考から、立ち直らねばならないのではなかろうか。それは一篇の作品を構築する技師や職人達からは、まったく異なった焦点に位置している。

持続性と云う茫漠とした観念の中で、一篇の作品を創造し完成に――ぼくは完成はあり得ぬとしている――までとどけるその持続力と、作品からつぎの作品へと継続していく追求力とに限定して考察するとき、それは究極、詩人の熟年を志向する真摯な日日の生活姿勢を指さすことに結着する。詩は青春につながると俗に云われるが、むしろ詩は成熟につながるヴィジョンからこそ涌出してくるのではなかろうか。各々の詩的体質によって、それは多様な個性を開花させうるし、今日の拠点はつねに明日にむかって、なにほどかの育成をゆめみているはずである。ぼくらは詩的火口湖で昏睡しているのではなかろうか。

だから詩感の持続性を語る時、結局一篇の詩的燃焼の持続力と云うことをこえて、作品からつぎの作品へ上昇する詩人の内部骨格を云々することになる。そのことは、より多くの作品群を創造しつづけていくエモーションの噴火口をめざすことになる。それはその詩質を、より強烈に高度なものにする根源でもあるのである。

その時、ぼくらは一篇の詩作品の技術的定着の問題に出会う。勿論そこに、練磨された言葉と、より前衛としての方法論が必須の条件となることは云うまでもないことで、鋭い詩的感情感覚は、この詩的条件と一体とも云うべきものなのであり、また詩的思考の発展も、実はこの表現要素に支えられて燃焼していくのである。ただアルカイックすぎる思考をぼくがふりかざすのは、言葉の美学とも云えるものに埋没してしまった詩人への糾明的発言としてのそれである。言葉とその方法論については、また別の機会に展開してみることにする。

一篇の作品において、その詩感を熾烈によりながく持続させえたと云うことは、それだけその詩人の内部体質を改革したことになる。一篇からつぎの一篇へと、それは正比例して加えられるものであるはずである。どのような形態としてあらわれようと、経験としての量感は、しだいに詩質を改革していくのである。それは、持続しようとする詩感の内奥と周辺で、より意味の発展にむかう詩人の思考的感覚が、あるいは感情が、その否定と肯定の心理をからませていくからであり、持続はそのようにして、本能といえるほどに結実しつづけて詩感をたかめていくのである。

しかしぼくらに、より問題なのは詩感の根源であり、実質であり、先にも云ったエモーションの噴火口から涌出してくるその意味的熔岩の質にこそ、思考の鉾はむけられるべきである。その未知地帯に進行し、そこより涌出するそのエネルギーの把握を試みることは、これはそれ自体重大な課題であるし、ここにそれについて語ることは、甚だ至難なことであるが、ただここでは端的に述べるとして、それは直接に詩人の内部体質をとおして、その生活環境にふかく根底を占めていると云うことができる。日常生活のなかで、いかに詩的思考し、その感情感覚をもって、生活のすべてに接触していくか、いかにして直接契機をそこからみいだしていくか、その詩的日常の姿勢に、あらゆる詩篇の誕生が、あるいは詩人としての生命の鍵が、かくされているのである。

詩的日常生活とは、いわば詩的エモーションをともなう日々の思考の姿勢であり、その対象との接触によって展開していく詩的感情感覚にささえられた日々を意味するのは云うまでもない。詩人にとっての感情とか感覚とは、それがほかならぬ創作の錐を導入していく流れやひびきのことであるから、それを涌出しつづけることは、質的差異をもつ社会生活の場では理解をこえた苦行であるだろう。だがその圧迫的環境に立って、ぼくらは一社会人としての均衡を失わず、より詩への開拓者として、死を生を、この宇宙的自然の時間を空間を、いかに生活しつづけるかと云う、その燃焼に体あたりで接触していくべきなのである。

詩感の持続と云う無形な、はげしい行為はつまりはそこにつながっているものなのである。それは詩人の内部構造に吸収され、作品表現となって、熱く結晶していくのだけれど、そこにとどくまでには、ある静謐な未定の時間を必要とするであろう。

その詩的カオスとも云えるものへ潜入していく、強靭な持続的意識を持ちつづけることが、各々の詩人の個性に、より成育の粒子をみごもらせていくのである。その経験はさらにまた、各々の資質を、より高度な豊かさに導き、日々、より斬新な感受性をつちかっていくものなのだ。そして決してトリビアリズムにおちいることはないであろう。それはつねに自然の空間時間のすべてを、オルガニックな認識として把握しているからであり、単なる気質的な思考ではないからである。

卑近な例をとれば、一個の石塊をいかに「物」として透徹しうるかという、ごく些細な問いに直面することであり、なまあたたかく日常の生活に、無力な埋没をくりかえしていくことではない。具象物と接触し、その核心に覚醒し、それを得てさらに透徹し、ふたたび具象物にかえりつく全一の精神に立ちもどる感受的姿勢なのである。そこに、ぼくらは生命のオリジンについての認識を持つことができうるし、最近とくに話題になる現代的断層ということばの意味をただされ、その前進的意見をもとめられる時も、それは確固とした論理のありかをぼくらに示してくれるであろう。

ぼくらは共有の現代意識を背負ったまま、沈黙の作業をつづけているが、ぼくらを包容し成育にみちびくものは、やはり自然のほかに存在するものはないと云えよう。古代的だとも思うこの認識の方法こそ、現代の極度の飢餓感を蘇生にさそってくれるものだとぼくは考えるのである。昨今の屍体化した詩人の意識は、その徒らに攻撃的な空転の論理をすてて、素直に始源的思考について追求の態度をもりたてすすむべきなのだ。でなければ、全く無意義な行為を繰りかえしていくばかりで、なにほどの進展も詩人にのぞむことはできない。

現代の危機感は、今日の世界情勢がもたらすものであるけれど、それにつながる現代人の精神の沃土が涸渇しているからだともいえる。詩について思考する時、むしろそこに立ってその展開を試みるべきであろう。その時、そこに詩人の盲目的自我意識の狭小さが、それにつながるひとつの根拠としてうかび上がってくる。今日の世界政情がおおきく詩人の認識性をゆさぶり、科学的宇宙感覚の浸透がもたらすある稀薄な想念の状態は、自然の内奥性と云うか総体的調和を蔑視する思潮をかたちづくってきている。そして、そこにあるものは現代を歎息する詩人群の無気力なゼスチュアである。そのような詩人はきまってほとんどナルシシズムに落ちこんでいるか、あるいは政治的イデオロギーの坩堝にスローガン的な言葉として日日、その詩感をくずしているかのどちらかであり、自然と自己の接触点をさえ発見しえていないのである。

だから、より未知な深奥への希求姿勢に立つことができず、真の驚愕もよろこびもそこにみいだすことはできない。そしてまた存在の恐怖と愉悦を知ることができないのである。

一個の石塊の〝物〟のなかに〝もの〟をみいだすこと、〝言葉〟よりもまず〝物〟に触れていくことからはじめられねばならないのである。そしてまた、そこにその石塊と同質の詩人自身をみいださなくてはならないのである。結局これは個人の体験的瞬時の認識であるから、それはもはや言葉としてではなく、意識をこえた悟性という難解な壁について云々することになるであろう。

ぼくらの環境は、どの方角からも圧迫されているし、またすでに自身で硬化してしまっている。星群の運行や樹海の生理と合一するその状態に、ぼくらを向けていくことはとても容易な業ではない。しかし言葉の領域において、自己の無の可能性に復帰するこのことによってのみ、カタルシスにささえられた現実把握のあらゆる明暗をぼくらはえがきだせるのではないだろうか。

それはくりかえすようだが、求道的緊張感をうみ、無意味な水泡としての人間経験を、無限の生命の意味に生れかえさせる。いわば、死によってかたちづくられた自然のすべてに、時間の不在をみつけだすことによって、ぼくらのひとつの対象は異様に息吹き輝きをふかめてくるのだ。その対象にむかってこそ、ぼくらは多くのものを学びとり、際限もなく自己発展を試みることができるのである。詩創造の熾烈な行為はけっして人間群のなかに漂遊する脂のごときものからはあらわれてはこない。けれど、詩人はエリートとしてではなく、むしろ、その個的疎外の目立たない沈黙の塔をでて、人間的荒地をスタティックにあるいはダイナミックに歩行すべきなのであって、その詩的指針について、ぼくは自然への合一を口にするのである。

自己を自然へ消滅していくのではなく、この帰還的営為を持継させていくことが、より自己を成熟へのヴィジョンに近づけるのである。

だから、宇宙的自然への誠実な人間姿勢にささえられたひとつの詩感は、つねに、その思考性のうえにひとつの対象をのせた時から、表現へ熾烈な過程として涌出されてくるのである。つきることのない〝物〟の生命にぼくらはそこでつねに斬新な出会をもつのであり、人間社会の核心をつらぬく大自然のもつ不変の理性に接触することができるのである。

いかに言葉の領域にそのエモーションを導入してくるか、いかにその〝物〟のなかの〝もの〟を言葉として表現していくか。それはもはや、この姿勢に立つ詩人の胸中におのずと深く燃焼し展開をしめしていくものとなるであろう。エモーションの本質は実に全一の精神より充溢してくるものだと云うことに気づく。現代の飢餓感は、それを盲目的に侮蔑したことより生じた状態なのである。詩感の持継性も、その詩的エモーションの噴火口も、その本質を知ることも、詩人の求道的な全一無の可能性に帰りつこうとする姿勢によって、その体験によってえられるものではあるまいか。

―復活のしるしとして―

●

ペリカン第15号を出してより，六年の月日が過ぎてしまった。永い空白の日々であったが，ようやく一命をとりとめ，ここに第16号を再び出すことができた。儚くとも私の生涯の歩みを支える一つの道であることをあらためて知ることができた。これもすべて，未熟な私の囲りの方々の御厚情の賜である。この些細な一人の行為が，何程かの重みを積みかさね，その多くの深い愛への，ひたすらな答えになればと希うものである。

濱本武一

詩・詩論 ペリカン 第16号
1977年7月1日発行 頒価 500円
発行編集・濱本武一
発行所 広島市本川町1丁目1－28
TEL (0822) 32－9334
ヒロシマ・ルネッサンス美術研究所

ペリカン

詩・詩論

1 9 7 9

季　刊

17

悼・石原吉郎

石原吉郎　ペリカン発表詩篇

•白い駅で	創刊 第一号	一九六一・九・十 発行
•審判	第二号	一九六四・八・十 発行
•しずかな敵	第四号	一九六五・二・十 発行
•埋葬式	第七号	一九六六・一・一 発行
•琴	第八号	一九六六・三・一 発行
•土地	第九号	一九六六・七・一 発行
•直系	第十号	一九六六・十二・一 発行
•定義	第十一号	一九六七・九・一 発行
•花になるまで	第十二号	一九六八・四・一 発行
•斧の思想	第十三号	一九六八・十二・一 発行
•フェルナンデス	第十四号	一九七〇・一・一 発行
◦二十二段の落日	第十五号	一九七一・十二・二五発行
•一滴の静寂のために	第十六号	一九七七・七・一 発行

日の浦曲・抄

金丸桝一

空よ
と呼ばう
はじめて名づけた声が
空に波紋となってひろがる
空は青む

人間のまえにへりくだり
その名を呼ばう
人間は人間のかたちにあらたまり
声ははずむ（はずむのか）
天の一角からモズの鳴き声がおちてくる
光る褶曲
沈黙のしるし
「きょう」を呼ばう声は喉の奥処に消える

※

最後は戦争だ
戦争のあとは滅びだ
ついに一劫だ
きょうをふくめてだ
だまってわたしはボールを投げる
おまえはだまってボールを打つ
ボールは少しだけ飛んで芝生の上を転げる
おまえの片言のように
日は過ぎる
億劫の
一瞬を
おまえは泣く

※

劫初に立ち会って
日は暮れる
劫初に立ち会って
日は明ける
明けて暮れる
暮れて明ける
劫火に立ち会えるのは
日よ
おまえだけだ

箱のなかの窓

藤村 壮

みえるもののなかの
みえないもの
みえないもののなかの
みえるもの
それは
どちらも
おなじものなのだろうか
かつて
坂道をのぼりつめ
夏草のそよぐきりぎしのはてで
たしかにみえたもののかたち
それを何と名ざすべきであったのか
それがいま
黄疸をにじませた画布の片隅で

黄色にふちどられて
ゆれうごいている
それはただ
そのとき
かりそめにそこにあったものとしか
いまはつぶやくことができない
それは
あるいは影の部分であったのかもしれない
それがいま
かぎりなくふかいキリコの世界のように
ちいさな箱のなかの窓にはりついている
その窓のなかを
たしかに影をひきずっていくものがみえる
それが
みえないもののなかの
みえるものであるのか
みえるもののなかの
みえないものであるのか
いつかの
きりぎしのはての夏草のように
いつまでもゆれうごいている

『ペリカン』 第17号 1979（昭和54）年3月 908

マッチ棒一本の青春

角田清文

戦後の瓦礫がまだ残っていたころだ。
おれにも青春と呼んでよいものがあったのだ。
あのとき
夜の公園の片隅の木陰で

おれは擦ったのだ
おれの青春を
マッチ棒一本が燃える数秒の青春を
そのうすらあかりに浮かびでた女の陰部をのぞきみたのだ。

その価いくばくなりしぞや
金十円也と告げやらむ

日本の神話は終り　童話もなく
しかし
アンデルセンのマッチ売りの少女よ
おれもまた
くずれた世界の終末にうずもれながら
あのとき
一本のマッチ棒を擦ったのだ
おれの青春を擦ったのだ。
あのひとときの
うすらあかりのなかに
おれなりの詩の方途をさがしはじめていたのだ。

神の頭蓋 抄

澤村光博

網を打つオルフォイス

神の頭蓋のなかへ
星と星との間の闇へ
放流された盲いの魚だ　私たちの言葉は
ふたたび戻る道筋を発見できないであろう
それらはただ
まわりに渕や激流をもとめながら　あてどもなく
泳いでいるに過ぎないのだ
ある日一つの岸に　網を打つ美少年が姿をあらわすまで

留守の日々

時の終わりと始まりとの間の
蜘蛛の糸のハンモックにとらえられ
ひっそりと目覚めている虫のように
お前は　お前の心の惑いの深みで

すでに笑いも泪も知らぬ
あれから　神はずっと旅をしているのだ
お前はその留守をあずかっているのだ　だから

この希望だらけの世紀のなかで
お前自身の留守をもあずかっているのだ

至上の光

目に見えないあの至上の光を生きるためには
神の脳髄の一片と
ならなければならない
大地の下のみみずのように……
目に見えない至上の光を精緻な言葉の組織にしようと
お前はひとり　今日も
神の無限の頭蓋のなかで
白い神経の網を梳いている

寒雀

長島三芳

北風の電線に
雀が一列になって並んでいる
首のないものもいる
と思ったら
やわらかな羽毛に
すっぽりと首を埋めているのだ

すずめ　まぼろし
　いま地球の裏側では
腹の皮　いちまいまでに
痩せた人間が
洪水のごとく
何万の難民となって
ひと切れのパンをうばい合いながら
飢えを　明日につないでいる

すずめ　まぼろし
　私の夢も
　すずめの夢も
　つきるところは同じだ
　北風に木の葉のように
　吹かれていっても
　火事は見えない

こんな夕方
暗い焼とり屋の止り木に座って
いつもの馴染みの親父に
今晩も　付けでよいだろう
なんて　話しかけながら
寒雀の骨を
こりこりと歯でくだいて食べていると
冬の夜の地球は
たまらなく冷えきっていて
淋しくて仕方がないのだ

『ペリカン』 第17号 1979（昭和54）年3月 914

扉

―佐伯祐三展―

香川紘子

ともすれば彷徨いでそうなその魂を
引き止めておくために
堅固な石の建造物が選ばれたのだった

だから
彼の描いた塔からは
淋しい目がこっちをじっと伺っていて
どの建物の壁にも
爪でひっかいたような伝言めく横文字が刻まれている
昂まる魂の体積とつり合う建造物を求めつづけた末に
たどりついた鉄の扉は閉されていたが
無数の足に踏まれてすりへった敷石の上で
一瞬　ためらってから
画家は　重い扉を押して暗闇の彼方へ歩みいったのだ

霜月

―石原吉郎に―

濱本武一

その一滴を掌にうけたものは
たちまち藍となり揺れはじめ
揺れて　追われ
追われて
落日のうらを走りすぎる
花であろうと
石であろうと
一滴の静寂をはかれず
静寂そのものとなり
ながい嵐のあとに
頬の一すじの水はひかり
一滴のことばとなるとも
ことばはことばを抜け
ふかく藍の界に
一瞬の永遠と
透きとおっていく

瀧

杖を手にするは
めざめえたもののしぐさか
杖をつかみえぬ
めしいた旅人は
手さぐりで　己が頬を叩くのか
緋いろにすがる跛足で
杖を呼ぼうと
平らかな虚空の深みに
杖は
姿あらわすことはない
しんじつ
めしいたものに杖はちかづかず
めしいたものにあたえられるのは
砂礫である
みひらけど
みひらけど見えず
嵐の去った
朝明けの隙に
耳にするは
瀧の音

階

石は
見えぬ絃に
ひとつの言葉をのせ
ひとつの答を
それに触れ
半ば土地に埋まり
半ば落日をうけ
仰ぎ見る海
ことばの海
のどつめる海
そこに一点のありかを
みさだめようとも
みさだめえなくとも
絃の音に
みみよせ
まぼろしのはなびらの中に
石は静寂をただす
かくて
藍の階をかけのぼる

後　　　　記

詩人は心奥に覚醒し黙する一点の愛を，保持し続け様とするものであろう。

石原吉郎が逝去して，まる一年は過ぎたが，いま私はそのことについて多くを語りたくない。

六年の空白から第十六号に依って，ペリカンは復活したが，又，一年の空白をつくった。石原吉郎の急逝が原因であった。滅入る日々が続いた。彼の一周忌を越して編集に心が趣くようになり，このペリカン第十七号は，彼の追悼号として発行することにした。冬枯れの生田に，彼の遺骨を抱きに行った時の，白い夕月を眺めた坂道で，ペリカンの発行は，もう止めよう，と思ったのであったが，やはり私の支柱として，発行を続けることにする。

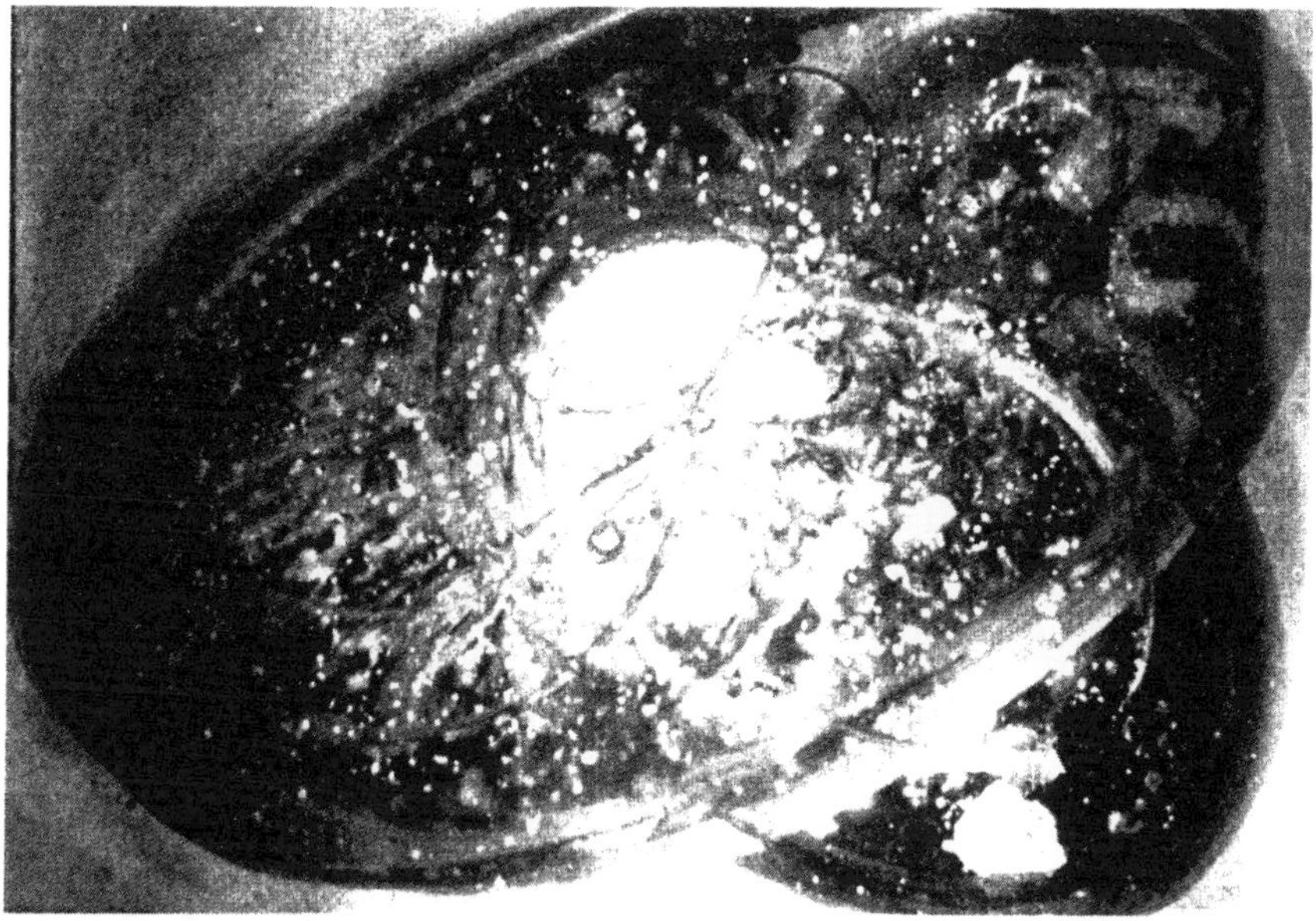

濱本武一第8回個展 <金色のエスキース> 林檎家画廊

詩・詩論 ペリカン 第17号

1979年3月10日発行 頒価 500円

発行編集・濱本武一

発行所 広島市本川町1丁目1—28
TEL (0822) 32—9334

ヒロシマ・ルネッサンス

エッセイ・解題・関連年表
人名別作品一覧・主要参考文献

野坂昭雄

シベリアからの帰還者――石原吉郎と『ロシナンテ』『ペリカン』の周辺

野坂昭雄

本書に収録された二つの詩誌は、いずれも石原吉郎という、シベリア抑留を体験した詩人が関係している点で共通しているが、本書のタイトル「シベリアからの帰還者」とは正に石原その人を指すのであり、他のシベリア抑留体験者が両誌に関与しているわけではない。良くも悪しくも、石原が参加していたという点で注目されることが多く、それ以外の関係者については、特に『ロシナンテ』の場合は雑誌終刊後に継続して詩作をした関係者が少ないこともあって、未詳の部分が多い。そのため、両誌が現代詩の歴史に適切に位置づけられてきたとは言いがたい。

この小文では、石原の文学的な生を支える人的ネットワークの形成に寄与するものとして、二つの雑誌を位置づけてみたい。

1　二つの詩誌の違い

一九五〇年代から六〇年代にかけての詩壇では、五〇年代に非常に強力だった詩誌『荒地』と『列島』の勢いが衰退してゆき、詩のグループが分散して独自の活動を進めつつあった。『戦後詩誌総覧』第六巻（日外アソシエーツ、二〇一〇年二月）の解説「50年代の〈詩壇展望〉と〈社会派〉の消長」における杉浦静の概観に従い、五〇年代の詩壇のグループを「1960年の「詩歌」編集部の分類による〈現実派〉・〈社会派〉・〈芸術派〉の三派」で理解した場合、『ロシナンテ』は〈現実派〉に近いであろうし、『ペリカン』はかなり〈芸術派〉の要素を持っていると言える。こうした分類が雑誌の孕む多様性を見えにくくするおそれもあるが、やはり両誌はその方向性が大きく異なると言える。

その違いを細かく見ていこう。一九五五年四月に創刊され、五九年三月に一九号で終刊した『ロシナンテ』は、熱意あふれる若い投稿詩人が自分たちの自由な活動の場として生み出した詩誌である。創刊前、彼らは『文章倶楽部』(『現代詩手帖』の前身)常連の投稿者であり、多くは一般的な労働に従事する傍ら詩作を行っていた。『文章倶楽部』では、掲載作品の末尾に居住地や年齢、職業を記載する慣例だったが、石原は「三十八才、無職」、好川誠一は「二十二才、文撰」、その他「二十二才、理容師」(田中武)、「二十才、交換手」(青柳希世子)といった風に記されている。多くのサークル誌が職場や病院・療養所等で出されていた当時、『ロシナンテ』にもサークル誌的な雰囲気は色濃かった。例えば、活動の基盤は「ロシナンテ詩話会」という月例の集まりで、互いに顔を合わせて詩を相互批評する場が設けられた。『詩学』一九七三年一月の「石原吉郎特集号」は『ロシナンテ』メンバーによる座談会の内容を掲載しているが、石原が『ロシナンテ』の輪の中に入り、若い仲間と充実した時間を過ごしていたことが窺える。

そうした『ロシナンテ』の性格をよく示すのが、終刊から三〇年以上が経過した九三年に、かつての同人が第二〇号を刊行している事実だろう。経緯に関しては解題で触れるが、この刊行は、同人の『ロシナンテ』に対する深い愛着を物語っている。既に石原、好川誠一、勝野睦人といった主要メンバーが他界し、詩人として活躍する同人も少ない中、こうした企画が成功することは稀である。

『ペリカン』は、『ロシナンテ』終刊後の一九六一年九月に創刊され、七九年三月の第一七号まで、二〇年近くの長きにわたって刊行されてきた。発行編集は浜本武一《たけかず》が一手に担っており、装幀や組版にこだわった瀟洒な造りと執筆陣の豪華な顔ぶれは、地方の詩誌としては異例のものである。そして『ペリカン』は、特定のサークルや詩派が母体となっておらず、個人の能力や人脈によって成立していた点に特徴がある。

両誌の発行場所や同人の居住地はどうか。『ロシナンテ』は、田中武（新潟）、津崎由規（岡山）、永山一郎（山形）など地方の詩人も所属したが、「ロシナンテ詩話会」発足の基盤が『文章倶楽部』東京支部であり、東京在住者が同人の多くを占めている。

一方、『ペリカン』の発行所は広島で、執筆者の多くは広島、あるいは三沢浩二（岡山）、磯村英樹（山口）、冬園節（徳島）など中四国の地方詩人が多い。石原や天沢退二郎のような中央詩壇で活躍する詩人に注意を向けがちであるが、より興味深いのは、広島という地方都市の詩誌の動向、特に政田岑生《きしお》の季節社が刊行した詩誌『季節』（一九五三年一〇月発刊）、『罠』（一九五六年一月発刊）、『洪水』（一九五七年一〇月発刊）等を通じて形成された詩人たちの交流である。

一九五六年九月『詩学』臨時増刊号の「全国詩誌一覧」に眼を通すと、『ロシナンテ』会員・同人が他の詩誌にも参加していることがわかる。そこには根木田信（京都『えとわる』）、稲岡幾与志（神戸『月曜日』）、樽本三代子（福知山『さんたん』、大阪『ナルシス』）、淀縄美三子（東京『霧の中の散歩』）、田中武・淀縄美三子・森田隆司（東京『潮流詩派』）、石井常造（東京『環』、所沢『棘』、相模原『LES ESSIEUX』）、横山昇（弘前『未定』）、金子黎子（横須賀『KOT』、横須賀『NOAH』）、田中武（新潟『ブイ』）といった名が見られ、『ロシナンテ』刊行中も同人が詩的交流のネットワークを着実に築きつつあったことが窺える。そして『文章倶楽部』や『詩学』のような投稿雑誌は、地方の詩人が中央詩壇を眼差す求心的な仕組みに支えられており、地方には各支部が設置され、雑誌には支部の報告や地方詩誌の情報が掲載された。さまざまな地方の活動を統括する公器的な詩誌の存在は、また同時に水平的な詩誌同士のネットワークも形成していた。『ロシナンテ』は、こうした力学の影響を強く受けた雑誌だった。『詩学』のような雑誌は、会員の募集や活動の記録を掲載することで、『ロシナンテ』と一般読者とを媒介する。また詩人の住所録は、自分の作品を詩人に送ったり、雑誌への執筆を依頼したりする際に役立つだろう。『ロシナンテ』は、東京の詩誌として地方の詩人も同人に加えながら、一方で遠方からの参加が困難なロシナンテ詩話会での活動を重視していた。この矛盾は同人の間でそれほど意識されていたとは言えないが、それでも編集発行の中枢にあった石原、好川を疲弊させた『ロシナンテ』内部の問題の一つであることは間違いない。

石原がその終刊後に参加した『鬼』や『ペリカン』といった詩誌は、作品を発表する場としてあらかじめ存在していた。例えば『ペリカン』は、刊行経費は浜本武一が負担しており、浜本と執筆者の個人的な繋がりによって支えられていたため、雑誌のあり方について石原自身が腐心する必要はなく、『ロシナンテ』とは関わり方が大きく違う詩誌であった。

石原にとって、確かに両誌のあり方は対照的であった。だが、いずれもその時々の石原を支える重要な居場所として機能したということは断言できる。

2 『ロシナンテ』の位置

一九四八年七月創刊の戦後『文章倶楽部』（後に『文章クラブ』、『世代』さらに『現代詩手帖』と誌名が変わる）は、一九五三年一・二月合併号に好川誠一「竹垣にて」を掲載、それから徐々に、後の『ロシナンテ』同人の作品が誌面を覆うようになる。五三年一二月に復員した石原は、投稿雑誌に詩を送るようになり、『文章倶楽部』で「夜の招待」が特選に選ばれる。さらに『文章倶楽部』東京支部例会で他の投稿詩人たちと雑誌刊行の計画が持ち上がり、誌名は石原の腹案であった「ロシナンテ」に決まる。こうした雑誌の経緯を見ても、無職で親類との関係に悩んでいた当時の石原がこの雑誌に自らの居場所を見出したことは、充分理解できる。

さて、石原の作品に関しては巻末に挙げた参考文献が詳しく論じているのでそちらに譲り、ここでは詩風の変遷や作品の質ではなく、もっぱら雑誌をめぐる状況に焦点を当てて記述したい。先に見たように、五〇年代の詩壇の状況を〈現実派〉〈社会派〉〈芸術派〉の三つに分類した場合、『ロシナンテ』は〈現実派〉の立場に近い。そう言えるのは、多くの作品が詩人の日常的な感覚に基づいて創作されているからだが、種々の職業に就きながらも職場のサークルに属した形跡が見られない彼らは、社会という次元とは異なる〈個〉としての詩的世界の確立を志向していたと言える。

五〇年代前半は、鮎川信夫や田村隆一、木原孝一らの『荒地』グループが政治性とは一線を画す形で戦後詩のあり方を模索する一方で、『列島』のようにサークル誌を主導し、文学を通して社会変革を目指すグループも存在した。ちょうど『ロシナンテ』創刊の一年ほど前、一九五四年三月にはビキニ環礁で焼津のマグロ漁船がアメリカの水爆実験に遭遇する第五福竜丸事件が発生、詩壇では様々な反応が起こる。中でもよく知られているのが、現代詩人会によるアンソロジー『死の灰詩集』（一九五四年一〇月）の刊行だが、鮎川信夫はこの詩集の機会詩としてのあり方を鋭く批判し、いわゆる「死の灰詩集論争」へと発展する。

一九五四年六月、小田久郎が『文章倶楽部』投稿詩の批評を鮎川信夫・谷川俊太郎の対談形式とする。第五福竜丸事件と直接関係はないが、小田のこうした戦略には現代詩を政治的な場から遠ざけたいという意図が見て取れる。そして石原や好川は、その期待に応える形で詩壇に登場したことになる。『荒地』対『列島』といった捉え方を敢えてするなら、『ロシナンテ』は明らかに『荒地』寄りの立場を取り、詩の集団性を拒否する鮎川の詩的な態度に共感していた。創刊一周年記念号の「あとがき」で、好川は「一年間の、このわずかⅦ号までのあいだに、優しい笞を打ってくださいました高野喜久雄、木原孝一、鮎川信夫の三氏の評・笞は、滝口さんの仰言る本誌ロシナンテへの投映でなくてはならないモノだとおもいます。」（注、「滝口さん」は滝口雅子）と鮎川らに感謝を述べている（一周年記念号への作品評の依頼時には、好川らは鮎川の自宅に押しかけている）。

もちろん、『ロシナンテ』に〈社会派〉の側面が皆無だったわけではない。上林猷夫「詩誌戦後十年の展望」（『詩学』臨時増刊、一九五五年一一月）には、岡山の『黄薔薇』、山形の『げろ』がそれぞれ「水爆詩集」特集、「ビキニの死の灰の作品特集」を企画したとの記載がある。第五福竜丸事件後には、地方詩誌のこうした企画以外にも、多くの詩人が何らかの形で反応したと考えられる。『ロシナンテ』も例外ではない。服部春男「断片《フラグメンテ》Ⅰ」を挙げてみよう。

漁夫は　あれほどの騒ぎの中を昇天した／いや地下に潜んだのかも知れない／埋没された魚たちの間に割り込
んで／すでに　何もかも忘れた表情で／魚たちを眺めるのだ／魚たちの皮膚をなでているのだ／／都会では　す
でに　忘れられた　話／／事件は　今朝一貫目十二円で／屑屋の車に運ばれて行った　やがて／袋に貼られ　裏
街の生活に貼られ／どこか　果樹園の　果実を包む覆いとなろう／／汚れた海のどよめきを連れた漁夫の死は
どこか　田舎町の　ふるびた／スクリーンに　スローテムポな　怒りを／写している／写しているのだ

（第四号）

とはいえ、この詩は第五福竜丸事件を題材にしながらも、『死の灰詩集』の一年も後に発表されている。既に機会詩としての意義を喪失したこの作品は、しかも事件に対する憤りを直接描くのではなく、それが忘却されつつある状況に焦点化しており、一定の距離を保ちながら事件を対象化しようとする姿勢が感じ取れる。つまり、事件への反応の仕方において〈社会派〉とは微妙にずれているのだ。

また文撰工の好川誠一は、幾度か解雇の憂き目に遭っているが、それを「文選工のうた――ぼくの失業を気遣ってくれた仲間へ捧ぐ——」（『詩学』臨時増刊、一九五六年九月）に描いている。中野重治の「汽車　三」や「雨の降る品川駅」を彷彿とさせる好川の「人買たちに見守られた汽車が——おとうとへ——」（『詩学』一九五六年一〇月）、また少女の売春を描いたと思しき金子黎子「失い」（『ロシナンテ』第一一号）のような作品もあり、都市労働者である彼らの心性は、ともすれば社会運動の側へと傾斜する可能性が確かにあったのである。

『ロシナンテ』が、社会的・政治的な運動の高まりの中で自らの位置を模索していることは、第四号の吉田睦彦による「あとがき」で示された状況認識にも明らかである。

（…）最近サークル詩運動が華やかだ。しかし、一つの同人誌からただ一人でも真実の詩人を生み出すことで、その使命は終る、という久しい主張も消え去ったわけではない。結局、同人誌の在り方には二つの場がありはしないか？ 会員誌としてのロシナンテが前者の立場で運動を推進させてゆくか、あるいは後者の方向に集中結束してゆくかは、もうすこし仕事を続けねば解かるまいが、すくなくとも僕等の仲間が孤独の集いではないという事実の中に、やはり同人誌としての一つの方向への萌芽的形態がみられるような気がする。

『ロシナンテ』刊行のきっかけを作った『文章倶楽部』の投稿詩というシステムは、それ自体がサークル詩のような詩の大衆状況と地続きの発想にある。もちろん、投稿という形態はかなり以前から存在していたが、詩人と大衆とを繋ぐメディアとしての詩誌の存在、役割が、『ロシナンテ』の頃には大きくなっていた。その後、第六号の「あとがき」では吉田が『ロシナンテ』について「一人一党主義の同人誌やサークル誌運動とは明確に異質なものである」と断言し、〈社会派〉とも〈芸術派〉とも違う、現実的な感覚で社会に触れながらも集団性を拒否する詩を、終刊まで一貫して追求する姿勢を明確に示したのである。

さて、同人詩誌の中で『ロシナンテ』が放つ異彩さを支えているのが、先の吉田の言葉を借りれば「真実の詩人」である石原吉郎なのだろう。一例を挙げよう。同人制に切り替わる第一〇号に掲載され、「一九四五年三月九日ケーテ・ヘードリッヒは射殺された」と始まる石原の詩「Frau komm! ――ドイツ難民白書から――」は、この号の中でも突出した存在感を示している。これについて唐川富夫は、『詩学』一九五七年三月号の「同人詩誌自評」で、「このようなドキュメンタールな、あるいは劇的な方法によって、現代詩の開拓さるべき未来には貴重なものがあろう」と述べている。ソ連兵フヨードル・マイマーノフがドイツの若い姉妹の一方を射殺し、もう一方を強姦するという出来事を散文的に描いたこの詩は、抑制された短い文を用いて淡々と叙述する手法によって、五〇年代に盛んに生み出されたルポルタージュやドキュメンタリーと相通ずる、歴史性に踏み込んだ議論を惹起する。体験の伝達や共有を拒みながらも詩として存立し得るギリギリの地点で創作される石原の作品だが、特に『ロシナンテ』では、「Frau komm!」に限らず「サヨウナラトイウタメニ」や「ゆうやけぐるみのうた」など、多彩なスタイルが試みられているという印象が強い。

石原は別格として、『ロシナンテ』のカラーは、例えば次の淀縄美三子「傷んだなかの喪失」の「I」（第三号）によく表れている。

空には
羊歯が重なり合っている
かいまみる
鋭い影をゆする暮景

その峻酷ななかを
何かゞ通過している
もぎとられた青い季節に
オレンヂ色の幻影がざわめく

日常的で現実的な感覚を、何とか詩の言葉に置き換えようとする際のもどかしさが、ここからは感じられる。この詩は、「四季」派の抒情詩のように自然の事物を比喩として用いながら、主体の喪失感を描いており、例えば「もぎとられた青い季節」とは何かが奪われてしまった時間（例えば青春の終わり）であろうし、そこにもぎとられてしまったはずの「オレンヂ」の幻影が、「暮景」の夕陽のイメージと重ね合わせられ、また「重なり」「ゆする」「通過している」「ざわめく」といった運動性の中で、その動きを統御できない主体の位相が浮かび上がるような詩となっている。決して優れた詩とは言えないが、単に感傷的と言って済ますことのできない、若い投稿詩人たちの感性に共鳴する要素がこの詩には確かにあるだろう。

社会性を担うことを使命とせず、といって日常的感覚から遊離したメタフィジックな位相を創造するのでもなく、素朴だが若者らしい感性と、戸惑いを孕んだ完成途中の詩語が、それ自体として魅力となっているような詩。『ロシナンテ』が実現したのは、そうした詩の世界だったように思われる。

3 『ロシナンテ』と永山一郎

木原孝一は『現代詩手帖』連載の「物語戦後詩壇史」最終回「『ロシナンテ』『明日』の仲間」（一九六〇年一二月）の中で『ロシナンテ』同人たちのことを回想し、「『ロシナンテ』の仲間で、いま私たちの眼のとどくところにいるのは、石原吉郎と斎藤真砂子だ。石原はあいかわらずトボケたようなポエジイのなかに鋭い針をひそませて、昆虫のように眼鏡を光らせている。斎藤はようやくB・Gの生活を身につけて、賢明な生きかたを探している。」と記している（現在では「B・G《ビジネス・ガール》」は死語となり、「OL」にとって代わられている）。確かに多くの同人は後に詩人として注目されることはなかった。また、小田久郎『戦後詩壇私史』では、「ほかの同人たちも長い歳月のなかで、多くは沈黙を余儀なくされてしまったかのようだ。いまでも眼にとまるのは、新潟で同人雑誌を出している田中武と、途中から加入した粕谷栄市と小柳玲子ぐらいではないか。」と述べている。

だが先にも触れたように、『ロシナンテ』執筆者には、当時それ以外の詩誌にも詩を書いていた詩人が一定数おり、詩人として知られる永山一郎のことである。『ロシナンテ』会員には永山一敏と永山一郎という似た名前が見られる見えにくいが、周辺にはそうした詩人のネットワークが確かに存在していた。中でも特筆すべきなのは、山形の地方が、両者は同一人物だと推測される。永山一郎が同一雑誌内で「永山一敏」という別のペンネームを使うことは、通常では考えにくいが、推測の根拠は二点ある。まず、永山一敏は『文章倶楽部』投稿者で、一九五五年六月号に「今日」、五六年二月号に「傷1」「傷2」が掲載されている。そして「今日」掲載時の記載によれば、彼は山形在住で二二才。一方の永山一郎も、『永山一郎全集』（冬樹社、一九七〇年六月）の年譜によれば、一九三四年八月生まれで当時二二才（数え年）である。また永山は「青沢永」「木村のり」など複数のペンネームを用いていた。

二点目は、永山一郎が参加していた詩誌『罠』（季節社）の目次からわかることである。この広島の雑誌は政田岑生の編集発行によるものだが、創刊号（一九五六年一月）には永山一敏の詩「昼よ」、第二号（同年四月）には「昼の童話」が掲載されている。しかし第三号（同六月）では永山一郎「五月の戒律と艶歌」が載る。この辺りの経緯を示す記述は雑誌にはないが、『罠』の前身である『季節』第一九号（一九五五年一〇月）には永山一敏「到着」「到着（2）」の二篇が載っていることから、永山一敏が一九五六年六月頃以降に「一郎」という本名を用いるようになったと考えるのが妥当だろう。これは『ロシナンテ』の方で、第三号から第七号まで欠かさず書いていた永山一敏の名が消え、第八号（五六年六月）から永山一郎が登場するのと見事に対応する。

永山一郎は、「皮癬蜱の唄」などで知られる小説家・詩人で、新制の山形大学教育学部を卒業後、地元で小学校教員を務める。五六年九月に詩集『地の中の異国』刊行、山形を主な活躍の舞台として詩や小説を発表し、雑誌『詩炉』にもその名が見えるが、一九六四年三月にバイク事故で死亡した。興味深いのは、永山の『地の中の異国』が、後に『ペリカン』にも関わる政田岑生の季節社から刊行されている事実である。『政田岑生詩集』（書肆季節社、一九九五年六月）所収の「政田岑生年誌」によると、同社は五五年に初めて三冊の詩集を刊行、翌年に七冊（増田尚雄『闘牛士』、永山『地の中の異国』、浜本武一『青の記録』、上田寿美子『小さい時間』、山田迪孝『巧妙なる季節』、久井茂『スエズ』、広島県二〇代詩集『29のカヌー』）を出すが、そのうち、永山を除いた五人の著者は広島の詩人であり、山形の永山の名がそこにあるのはいささか奇妙である。

『ロシナンテ』が稀覯雑誌であったためだろう、『永山一郎全集』の年譜にも、『東北近代文学事典』（勉誠出版、二〇一三年六月）の項目にも、永山が『ロシナンテ』同人だったことには触れられていない。もちろん、彼は『ロシナンテ』の中心的な会員・同人であったわけではない。「永山一敏」名で『ロシナンテ』第三号から第七号まで連続して詩を掲載した後は、本名で第八号（一九五六年六月）に「挽歌」、第一〇号（一九五六年一二月）に「全て世は事もなし」を載せた以降、『ロシナンテ』から疎遠になってしまう。

この辺りの事情については、永山の日記に『ロシナンテ』および政田岑生に関する次のような記述がある。ちなみに、『囲繞地《いにようち》』（日記では「囲ギヨウ地」）は宮田千秋が杉本春生らと広島で出していた詩誌（一九五四年七月創刊）である。


「罠」の原稿ができない。

二十五日まで、送る約束だったが、政田氏との約束を反故にするのは心苦しい。何としても一両日中に送らなければならない。

気ばかり焦っていて、何もできない。（五七年一月二四日）

腕の上へ頭をのせるとたちまち、限りない闇の底へ引きずりこまれて行きそうになってしまう。頭が重く、何も考える気がしない。「囲ギヨウ地」への原稿のこともあるし、その他しなければならない事務的、仕事は、山積しているのに、ダメなのだ。今日も空しく、空しく……夢よ烈しく渦巻け。（同年二月一八日）

この頃詩が全然作れない……もう詩と疎遠になってから、半年位になるだろう。

それも理由の一つとして、同人費を払えず参加出来ないということがあるのだからうんざりする。

「ロシナンテ」「罠」「囲ギヨウ地」金さえ、出せばのせてくれる雑誌は一杯あるのだが……。

詩学に投稿することだけを目的にすることにしよう。

この前は、Aに二点Bに二点入っていた。これが一つの作品に計四点という風に入ったのなら、掲載されることだったのだがちょっと惜しかった。（二月二一日）

まだ落着かないのだろうか。

それとも、十一月ごろからの空白状態が災いして、ぼくの創作力が、すっかり枯れてしまったのだろうか……

「ロシナンテ」「罠」とも金銭のことですっかり無縁になってしまった。政田氏には借金九千円があるし……。

（四月一九日）


永山は、『ロシナンテ』第一〇号で会員制から同人制に切り替わった際に同人として名を連ねているが、その後の執筆はなく、同人からも名前が消える。教員の仕事の多忙さもあったろうが、日記の記述からは金銭的な理由が大きいことがわかる。『ロシナンテ』を、「金さえ、出せばのせてくれる雑誌」と捉えていた節もあるが、一時期は精力的に詩を発表しており、詩誌としてある程度評価していたはずだ。他方で同人相互の直接的な交流を重視した『ロシナンテ』のあり方が、山形の永山を『ロシナンテ』から徐々に遠ざけた面もあったかもしれない。同人誌のあり方を考える際に一つの論点を示す事例として興味深いが、永山一郎はまた『ロシナンテ』と『ペリカン』とを繋ぐネットワークの一端をはっきりと示す詩人なのである。

4　『ロシナンテ』から『鬼』へ

『ロシナンテ』の歴史の中で、勝野睦人の突然の交通事故死は最も大きな出来事であった。第一三号が「勝野睦人追悼号」として編まれただけでなく一周忌の特集も組まれ、遺稿詩集や書簡集の刊行、『詩学』誌上での特集など、関係者によって行われる異例とも言える対応が、その喪失による傷の大きさを物語っていよう。執筆者の相互批評の仕組みを擁し、同人詩誌の中でも注目を集めていた『ロシナンテ』は、勝野の不幸な事故を契機に自壊していく。『ロシナンテ』は第一九号で終刊を迎えるが、これについては細見和之『石原吉郎』（中央公論新社、二〇一五年八月）の一節を引いておく。

『ロシナンテ』の終刊についてすこし言葉を補っておくと、勝野の死後、好川をはじめ若いメンバーが詩に向かう情熱を減退させ、詩誌としての求心力が失われる状態にいたっていることが、メンバーのあいだでも了解されていたようだ。メンバーのひとり竹下育男がふと解散について口にすると、そのままそれがほかのメンバーの総意であるかのように、誰も反対しなかったのだという。『ロシナンテ』の「発行人」という立場に石原はあったし、合評会も第三号以降は石原の自宅で持たれていたという。石原には大いに不満の残る最後であったかもしれない。

ここにある通り、石原はやりきれない感情を抱いていたのだろう。『ロシナンテ』という居場所を失った後、彼は滋賀県の詩誌『鬼』の同人となって活動しながら、他のさまざまな雑誌にも積極的に詩やエッセイを掲載していく（その前にも、一九五八年から石原は俳句雑誌『雲』に参加しており、彼の文学において俳句の占める場所は決して小さくないが、ここでは触れない）。少なくとも詩作の面では『ロシナンテ』の仲間から離れた形だ（終刊後も好川誠一の結婚式等でかつての同人が顔を合わせることはあったようだが）。

『鬼』は一九五四年創刊、一九七〇年に終刊している。発行責任者は武田豊で、第二二号（一九五八年三月）の記載によると、発行所は「滋賀県長浜市大手町三二　ラリルレロ書店内　鬼発行所」（ラリルレロ書店は武田が開いていた古書店）である。また第二四号（五九年八月）によると、同人は大西作平、大野新、谷川文子、武田豊、中川郁雄、中川逸司、鈴木敏、西川勇、冬木好の九人となっている。『鬼』と石原との最初の接点は定かではないが、滋賀在住の冬木好が第一四号以降の『ロシナンテ』同人であり、彼が『鬼』へ勧誘した可能性も否定できない。もっとも、『鬼』第二四号（一九五九年八月）における大野の「あとがき」にあるように、『鬼』は以前から『ロシナンテ』に注目していた。

個性というものは、なにか背なかをかくしているような気がする。それぞれが前むきになつて喋つているときは派手ですさまじく、圧倒されそうになるが、同人誌の解散などというときには、みなが背なかをみせて歩み去る感じで、どことなく荒寥としてしまう。親しんで読んでいたロシナンテの解散を聞いたときにも、自分のなかから汐がひくのを感じた。

『ロシナンテ』に関心を抱いていた『鬼』メンバーが、冬木から雑誌の状況を逐一聞いていたことは充分に考えられる。作品発表の主要な場を喪失した石原が同人に迎えられたことは、メンバーの総意だったと言ってよい。石原の『鬼』加入は、次の第二五号（一九五九年一〇月）からだが、同号の「おわりに」で武田豊は次のように記している。

現在「荒地」のグループで、ロシナンテの編輯者でした、東京の石原吉郎氏が、本号からこんど鬼の同人に参加して下さつた。うれしいことです。

じつーと目を瞑つてみて下さい。千※（一字不明）の鉄棒を鳴して、カンラ、カンラ笑いを飛ばす、鬼の豪傑が一体ふえたのです。

ゆたかな感性、知性に富むスタイルは、すでに詩壇の定評たるところ、その位置はもはや動かないものです。

しかし新しくなお高い形成を追求してゆこうとする氏の不屈の魂は、われわれの最も信条とする鬼の精神です。庁門を八の字に開いて、鬼グループは氏に拍手をもつて迎へここに一同また限りない友情を誓うものです。

もつてひとこと歓迎の弁を——。

その後、石原は精力的に『鬼』に作品を発表してゆく。第二六号（一九六〇年六月）には石原が「あとがき」を執筆し、「詩がぼくを書きすてる日が、かならずある。おぼえておこう。いちじくがいちじくの枝にみのり、ぼくがただぼくにみのり次ぐ日のことだ。その日のために、なおぼくへかさねる何があるか。着物のような、木の葉のような——。詩がぼくを容赦なくやぶり去る日のために、だからいいというのだ、愛しても。だからいいというのだ、砲座にとどまつても。だからこういうのだ。殺到する曠野がぼくへ行きづまる日のために、だからいま、いかなる備えもしてはならぬ、いかなる日の、備えもしてはならぬと。」と、自らの詩作に対する決意を書き記す。翌二七号（一九六〇年八月）からは、高知の詩人で『貘』や『地球』同人である片岡文雄が参加、石原はその号に俳句四九句を発表する。

『鬼』第三一号（一九六二年二月）には次のような西川勇の「後記」があり、同人の異動があったことが分かる。

「鬼」も三十一号をむかえ、どうやら割れる手形のような裏書保証が出来たと感じられる。これには、石原氏や片岡氏の友情参加に、ずい分おんぶしている点があると思うが、こんなことを書けばほかの同人諸氏がおこるかも知れぬ。だが、冬木や沢柳太郎や中川郁雄さんが、いなくなり、大西作平が病気で再度入院をし、がらあんと淋しくなつたあとを、おつさんの温情と大野新に尻を叩かれて、ぶらぶらついて行く俺もその一人。（後略）

沢柳太郎は近江詩人会の詩人。近江詩人会は一九五〇年八月に田中克己や武田豊、井上多喜三郎らが発足した会で、井上にはシベリア抑留の経験がある。また大野新、谷川文子ら『鬼』同人も会に所属していた。事情は定かではないが、これ以前に冬木好が『鬼』を辞めている。

その後、『鬼』には粕谷栄市も参加する。参考文献にも挙げた多田茂治『石原吉郎「昭和」の旅』（作品社、二〇〇〇年二月）、細見和之『石原吉郎』（前掲）では、粕谷が石原に先んじて同人であったと読める記述になっているが、正確には石原は二五号、粕谷は三五号以降の同人である。その三五号（一九六三年六月）では、武田が次のような「あとがき」を書いている。

奇妙な事件や混乱を想定して書くのが得意のようで、奇妙な魅力がある、と粕谷栄市さんの詩のことを、石原さんはこう云つておられる。

その粕谷さんがこんど鬼グループに参加して下さつた。鬼気迫ると云うことがある、この奇妙な魅力で明日の詩壇に迫つて欲しい。

彼は「現代詩」の候補にもあがつた人で、もと「ロシナンテ」同人、現在「地球」に所属している（…）。

粕谷を『鬼』に誘ったのは石原と見て間違いなかろう。その後は石原、粕谷ともに精力的に『鬼』に詩を書いており、石原が『サンチョ・パンサの帰郷』でH氏賞を受賞した一九六四年には、同人たちが記念品の万年筆を贈って受賞を祝った。『石原吉郎全集』の年譜によると、翌年五月には石原が『鬼』の同人会に出席して武田豊の自宅に宿泊、同年一一月には大野新詩集『藁のひかり』出版記念会に出席、滋賀の大野宅に宿泊しており、『鬼』同人との交流が次第に大きな場所を占めるようになってゆく。

この『鬼』を通して、石原は井上多喜三郎のような関西の詩人とも接点を持つようになる。井上は京都の詩誌『骨』の同人で、近江詩人会発足時のメンバーである。先述の通り、会には大野新や谷川文子といった『鬼』メンバーも所属しており、こうした詩誌的な結びつきを通して石原は複雑かつ豊かな人的ネットワークを形成していった。それは後の『ペリカン』に間接的に繋がってゆく。

石原は井上の死後、詩誌『骨』の「井上多喜三郎追悼集」に詩「多喜三郎さんに」を掲載、また知られる通り「一九五九年九月より一九六一年までのノート」と「肉親への手紙」を大野新に送り、大野が自らの詩誌『ノッポとチビ』に掲載することで、これまでほとんど語られてこなかった石原のシベリア体験の実相が広く知られるようになる。

『ノッポとチビ』は一九六二年二月創刊の京都の詩誌で、創刊メンバーは有馬敲、大野新、こうの・ひとあき（河野仁昭）、清水哲男、深田准の五人である。苗村吉昭「京都の詩誌『ノッポとチビ』総目次」（『文献探索』二〇〇八年）によると、『ペリカン』執筆者では風山瑕生、浜田知章、鈴木漠、角田清文、三沢浩二、平井照敏、松田幸雄がこの詩誌に執筆している。石原に関して言えば、第六号の別冊「こうの・ひとあき詩集評」（一九六二年七月）の中で詩集『猫背の嗤い』について感想を記しているほか、第一七号（六三年七月）に詩「若い十字架」、第三〇号（六六年三月）に大野新の詩集『藁のひかり』についての批評「「藁のひかり・Ⅳ」について」を掲載、第三三号（六七年九月）に例のノートが掲載される。

『ロシナンテ』に比べると、石原の関与の度合いはさほど大きくはないが、彼が詩人同士のネットワークを築く上で、『鬼』や『ノッポとチビ』といった関西の詩誌が果たした役割は決して小さなものではない。

5　浜本武一と政田岑生――『ペリカン』の周辺

石原は、一九五九年一〇月に『鬼』同人となり、六一年九月創刊の『ペリカン』にも参加する。当時は多忙だったはずの石原だが、『ペリカン』には、発行編集者の浜本武一を除けば最も多くの詩（一一篇）を発表しており、『ロシナンテ』とは違う意味で関わりの深い雑誌である。浜本との関係については詳らかではない部分も多く、創刊号に作品を依頼したのが、最初の繋がりだということしかわからないが、推測めいたことを言えば、親友であった鹿野武一《ぶいち》と同じ名（読み方は異なる）を持つ浜本に、石原はある種の親近感を抱いていたのではないか（実際、浜本は自分のことを「ぶいち」と呼ぶこともあったという）。

それはともかく、『ペリカン』には、居住地域や所属詩誌の異なる多彩な詩人たちが参加している。編集後記のごとき記述はほぼなく、同人名簿も存在しない。明確な編集の方針や雑誌の方向性は恐らく定まっておらず、あくまでも芸術的サロンのような場を創造することが目指されていたと思われる。そのため、浜本の既存の人間関係に雑誌の成否はかかっていたのであり、雑誌が人間関係を構築したわけではなかろう。おそらく浜本の個人的な依頼によって作品が集まり、作品の掲載にあたっては、浜本から執筆者にお礼の品が贈られただけだという。

刊行の経緯については、浜本自身が「石原さんとペリカン」（『詩学』七三年一月）と題した短い文章の中で次のように述べている。

> 「詩」が救いであるか、あるいは亡びの側面を流れる自嘲であるか、それは知らない。しかし、繁雑な日々を支えてくれる一つの糧ではある。そんな気持から、洪水グループにいた北川純と、ユリイカ新人賞候補にあがったこともある大塚啓也と三人で、ペリカン第一号を創刊した。たしか昭和三十六年九月であったと思う。それはほとんど北川のセンスによるものであった。
>
> その頃、私たちはすでに、石原さんの詩に魅せられていたし、第一号の招待作品「白い駅で」を読ませていた

だいて、その時、強い衝動をうけたのを覚えている。清潔で、かわいていて、どこかであつく燃えている鮮かな詩篇であった。けれど、私たちの生活の上に、それぞれ不幸がつづき、ペリカンは第一号で止まってしまったのである。

のち、第二号の発行をねがって、私は二人を探してまわったのであるが、その間、三年ちかくの月日が過ぎ去っていた。（…）とにかく一人でペリカンを発行することにしたのである。だから、私の編集発行している今のペリカンは、第二号が創刊号ということになる。石原さんには、その第二号にも御願いして、「審判」の作品をいただき、第十五号まで十一年にわたって、力のこもった詩篇をつぎつぎと発表していただくことが出来た。

（…）

この文章は、一ページにも満たない短いもので、発刊の経緯はわかるが、石原と浜本の関係については「その頃、私たちはすでに、石原さんの詩に魅せられていた」こと、その後も「御願いして」詩を発表してもらっていたことしかわからない。そもそも、『戦後詩誌総覧』第七巻（日外アソシエーツ、二〇一〇年五月）の青木亮人による『ペリカン』解題にあるように、「浜本が『ペリカン』に多彩な詩人達の作品を掲載しえた理由」自体が判然としない状況であり、浜本に関する今後の研究が待たれるのだが、ここでは確認できる範囲で彼について述べてみたい。

その前に、先の引用で「第十五号まで十一年にわたって」とある点は誤解を招きかねない。「石原さんとペリカン」が発表された七三年の時点で第一五号まで刊行されていたのは事実だが、恐らくこの記述を根拠として、『戦後詩誌総覧』や『現代詩大事典』（三省堂、二〇〇八年二月）では『ペリカン』は第一五号までしか確認されていなかった。しかし、本書に収録されているように、『ペリカン』は第一七号まで刊行されている。

主宰者の浜本武一は、広島を中心に活動した美術家としての活動が知られており、その核となるのはヒロシマ・ルネッサンス美術協会という美術団体である。出原均「浜本武一とヒロシマ・ルネッサンス美術協会」(『美術ひろしま二〇〇五・二〇〇六』)によれば、浜本は一九二二年に中国の青島で生まれ、幼少期に神戸に移っている。四五年に郷里の広島に戻って以来、画家として団体展へ出品し、自由美術展と二科展で入選するが、六九年にヒロシマ・ルネッサンス美術協会を設立して広島での活動に専念、二〇〇五年に死去するまでパフォーマティブな美術運動を展開した。出原の言葉を用いると、浜本は「30数年前に「ヒロシマ・ルネッサンス美術協会」を立ち上げ、保守王国とされる広島美術界にあっていわゆる現代美術の活動とその振興を押し進め、異彩を放ってきた」存在ということになる。

美術協会の主な活動として、美術展の開催がある。「第一回ヒロシマルネッサンス美術展」パンフレットによると、第一回の開催期日は六九年七月二四日から二九日までで、会場は広島県立美術館。巻頭には浜本による次のような「ことば」が記されている。


広島が問わねばならぬもの、それは人間性の復活であり、それの、より熱い主張と、深い表現への希求である。

広島はその自覚するところにおいて、世界のセンターとならねばならない。

われわれは、この地方都市に在住し、表現するものとして、日々その責任を背負うはげしい苦悩の中にいる。

広島美術ルネッサンスの曙に参加するヴィジョンもまた、この日々の反省と思考の奥底から生じたものである。

われわれの魂は存在、本質と世界潮流に真向うものとして、なにものにも束縛されてはならない。美に対する一すじの熱情にこそ生きねばならない。

ヒロシマ・ルネッサンス協会

昭和44年3月1日

この短い文章では、安易に「平和」という言葉を用いることを避けつつも、広島という地の歴史的な状況を踏まえて美術活動を行う意志が明確に示されている。「地方都市」である広島が「世界のセンター」となるためには、反戦平和とは異なる形で「表現」を追求しなければならないという主張は、『ペリカン』の方向性と重なる。そして「賛助」として挙げられている三九名には、「詩誌ペリカン同人」である大塚啓也と黒岩隆に加え、大原三八雄、米田栄作、荏原肆夫、秋島芳恵、清水高範、杉本春生、深川宗俊、松元寛、文沢隆一など広島に活躍する詩人・文学者の名が見える。浜本は、ヒロシマ・ルネッサンス美術協会の活動に詩人の参加を促し、詩と美術のコラボレーションを目指していた。実際、『ペリカン』創刊号に挿絵を書いている香川龍介、執筆者の葉豊子（浜本夫人）、岡田隆彦は、浜本と共にヒロシマ・ルネッサンス美術協会でも活動しているし、浜本は「第2回ヒロシマ・ルネッサンス美術・（一）ヒロシマ実力美術展」では粒来哲蔵、沢村光博の講演会を開催し、詩と美術を連動させること試みを多様な形で実現していた。

美術界の通例に反した浜本の活動は、地方都市・広島を中心とするパフォーマティブなものであった。ここで詳しく触れることはせず、参考文献に挙げた山本光珠、天瀬裕康、出原均、加治屋健司諸氏の文章に譲りたいが、正規の美術史では現在ほとんど顧みられなくなった浜本の功績は、今後再評価されるべきものであり、その点でも今回の『ペリカン』復刻は、浜本による詩の方面における活動の一端を知る上で意義深いものである。

さて、浜本自身の詩的活動に関して言えば、まず『われらの詩《うた》』との繋がりが注目される。『われらの詩』は、一九四九年一一月創刊の、峠三吉らによる広島のサークル誌である。浜本は峠三吉と交流があることが知られており、『われらの詩』第二号（一九五〇年一月）に詩「葉かげのかげ」を掲載しているが、その後はこの雑誌から距離を置いている。しかしながら、峠の追悼集『風のように炎のように』（峠三吉追悼集出版委員会・われらの詩の会、一九五四年二月）には「〇（無題）」という詩を掲載、また四国五郎と共に冊子のカットを画いている。その他、浜本による峠の肖像画、デッサンなどが残されている点からも、その交友は峠が没するまで変わることなく続いたと推測される。

もちろん浜本は、特殊な地域性、歴史性を持つ広島を「世界のセンター」へと反転させるために、反戦平和や詩の大衆化を目指す『われらの詩』の方向性とは異なり、言ってみれば祝祭的な芸術空間を設定することを実現しようとした。上のヒロシマ・ルネッサンス協会の「ことば」は、芸術という領域を主軸に置きながら社会との接点を見出そうとする浜本の狙いを伝えているが、『ペリカン』もやはり社会に奉仕する詩ではなく、社会の重みと釣り合うような芸術固有の世界を広島という地に作ろうとする試みであった。

そうした活動は、後のよりパフォーマティヴな映像作品などに受け継がれていくが、少なくとも『ペリカン』刊行当時においては、美術と詩を融合させることが目指されていた（こうした点からも、同じくシベリア抑留の経験を持ち、峠三吉『原爆詩集』の表紙絵などを描いた画家でありながら詩人としても活躍し、近年再評価されつつある四国五郎が想起される。両者の関わりも今後の研究が期待される点である）。『ペリカン』には、詩と共に浜本の美術作品の写真が掲載されているが、挿絵のように一方が他方の説明として従属的に存在するのではなく、詩と美術作品とが恣意的に結びつく、あるいはそれぞれが独立して存在感を保つような置き方をする。それが必ずしも成功しているとは言い難い面もあろうが、『ペリカン』は、美術作品と詩が共存する美術展を反転させ、そうした場を雑誌の中で実現しようとした試みだったとさえ感じられる。

とはいえ、それは容易なことではない。ヒロシマ・ルネッサンス美術協会が設立される一九六九年七月よりかなり前（六一年九月）に『ペリカン』は創刊され、六四年八月の第二号から浜本が実質的な編集発行者となるが、その前後、六三年から六六年にかけて浜本は『詩学』の「詩学研究会」に幾度も詩を投稿している。当時、決して無名というわけではなかった浜本の投稿は、彼の活動がある種のスタンドプレイと受け取られぬよう、詩人としての一定の力量を証明しようとする目的があったと考えるべきだろう。

事実、「先進的な制作を進めても、地方では孤立するばかりであり、システムの構築を伴ってはじめて可能なのだ。様々な芸術との関わり、活動の塊のような濱本氏は、若い作家たちと一緒にそこまで踏み込んでいったのである。」と出原均が「浜本武一とヒロシマ・ルネッサンス美術協会」(前掲)で述べているように、彼の活動が、「このような点は、そのまま批判の対象だったことは容易に想像される。地域志向の作家には中央の権威を借りる行為と映っただろうし、職人肌の作家からは制作以外に力を注ぐのは邪道と見なされただろう」という理由で「冷ややかな視線」を浴びていたことは想像に難くない。浜本は詩作においても同様の事情を抱えていたと考えられる。

『ペリカン』には、ヒロシマ・ルネッサンス美術協会が持っていたような前衛性やインパクトはないが、詩誌の評価は、美術活動の場合と同じく未だ不充分である。この詩誌にあれだけの詩人が執筆したということ、特に石原が熱心に詩を掲載したという事実は、浜本の熱意と、その活動に一定の理解と共感を示していたに違いない石原との関係が想像以上に深かったことを示しているだろう。

広島において美術と文学との接点を模索していたのは、浜本だけではない。『ペリカン』執筆者の一人である政田岑生《きしお》は、書肆季節社の社主であり、本の装幀、特に塚本邦雄の著書を数多く手がけたことで知られる。彼は一九五三年一〇月に詩誌『季節』を創刊、これは五五年一〇月に第一九号で終刊するが、その間、保険会社に勤務しながら季節社から戎栄一(『ペリカン』にも執筆)らの詩集を出す。五六年一月に後継誌『罠』を創刊、この年には浜本武一の詩集『青の記録』も手がけている。『罠』が第三号で終刊した翌五七年一〇月に『洪水』を創刊、メンバーは戎栄一、北川純、大塚啓也、中村匡行、政田岑生、増田尚雄、棟久道彦の七名で、その多くが後の『ペリカン』に執筆している。『洪水』は六三年五月、第一四号で終刊、翌年からは『艦褸』を創刊(六八年六月に第一八号で終刊)する。

その後、歌人の塚本邦雄と出会い、政田はほとんどの塚本の歌集の装幀を手がけるようになる（以上、『政田岑生詩集』［書肆季節社、一九九五年六月、非売本］所収の年譜より）。

補足しておくと、『詩学』一九五六年九月臨時増刊号の記載によれば『季節』同人は藤井薫、高橋亨、政田岑生、筧槙二、戎栄一、中村匡行、友町都志子、木下幸雄、富永昌子、福間久恵、石井常造、奥田明子、田中義啓の一三人。このうち石井常造は、『季節』一七号（一九五五年六月）に「耳に尖がる挽歌」を掲載しているが、後に『罠』同人とはならず、『ロシナンテ』六号から九号にかけて会員として詩を掲載、しかし同人制に移行した第一〇号以降は参加していない。また『季節』一九号（終刊号、一九五五年一〇月）には田中武「耳」が掲載されている（「耳」の末尾には〈理髪師の唄Ｉ〉とあり、理容師であった『ロシナンテ』の田中であることは間違いない）。永山一郎は、『罠』同人であり、同時に『ロシナンテ』の同人にもなっているが、前述のように金銭的な理由から両誌とは縁遠くなってしまう。

『ロシナンテ』と『ペリカン』に共通して関わるのは石原と粕谷だけだが、このように季節社関連の詩誌を介在させると、より多くの繋がりが見出される。『ロシナンテ』メンバーが広島の詩誌に参加している事情は定かではないが、受贈詩誌という形で相互に交流はあった。少なくとも『ロシナンテ』や『季節』、『罠』が地域的な制約にとらわれず、自由で幅広い詩人のネットワークを築いていたということは言える。

さて、浜本と政田の間に具体的にいかなる交流があったのかは筆者にはわからない。しかし『ペリカン』という雑誌は、この芸術家としては異質な二人が陰に陽に支えていたという気がしてならない。鈴木漠「書肆季節社愛惜」（『海鳴り』二〇〇七年六月）によると、例えば北川純や政田ら『洪水』創刊メンバーは、広島の若い芸術家を集めて「構成詩展」を開催、第一回では「詩とデッサンによる新しいタブローへの参加」と題され、北園克衛も来広した。これはヒロシマ・ルネッサンス美術協会の目指す所と強く共鳴する試みだと言える。浜本と政田は共に美術と詩の接点を探り、詩を単に文字テクストとしてだけではなくそれを取り巻く書物の形態、レイアウト、視覚的なイメージとの関連で捉えようとし、あるいは展示という場に固執して思考していた。

ちなみに政田は、一九六〇年代半ば、大洲秋登と共に季節社から『POPO』という雑誌を出している。全体で四ページから八ページの簡易な冊子で、広島県立図書館蔵の第三号から第七号までしか確認できていないが、その中では詩と美術や音楽との接点を探る興味深いエッセイが掲載されている。例えば第四号では大洲がブラジルの具体詩(Poesia Concreta)としてアロルド・デ・カンポスの詩集を、日本の具体詩の代表的詩人である新国誠一の訳で紹介している。こうした政田らの前衛的な試みは、意味よりも語・字のスタイルに焦点化し、またパフォーマンスという面を強調する新しい詩の在り方を探るものだが、広島でのこうした詩の運動については、まだまだ明らかにされていない部分も多く、今後の研究に期待したい。

6　石原にとっての『ロシナンテ』と『ペリカン』

石原の詩の難解な世界に肉薄することは、筆者の手に余る。このエッセイでは、あくまで詩誌が刊行される周辺状況や同人のことなどについて触れた。石原の詩については多くの研究の中で論じられており、もちろん「シベリアからの帰還者」という本書のテーマが示すように、彼の苦悩の根源にシベリア抑留体験があることは贅言を費やすまでもない。しかし、本書に収録した二つの詩誌から見えてくるのは、そこに収録された詩はもちろんだが、一九五四年に『文章倶楽部』に投稿後、彼がさまざまな有名無名の詩人たちと交流する中で構築された、詩誌を繋ぐ豊かな人的ネットワークの存在ではないだろうか。

『ペリカン』は一九七一年一二月の第一五号発刊後、事実上の休刊状態となり、また『鬼』はそれ以前に終刊する。『石原吉郎全集』の年譜（小柳玲子・大西和男編）には、次のような記述がある。

数年前より続いた抑留体験に関するエッセーは詩人の散文による仕事の中心になるものであるが、同時のこの仕事は極度な神経の緊張を強いるものであった。執筆中幾度も精神的不安に襲われ、飲酒量の増す原因にもなった。生来弱者に対して優しい人であったが、この頃から病弱の人への同情がやや極端な傾向を帯びるようになる。

エッセイ「弱者の正義」（『展望』一九七二年八月）に関する編者の説明である。その同じ月、『詩学』で死後一五年にもなる勝野睦人の特集が組まれた。このかなり異例というべき特集は、多田茂治が『石原吉郎「昭和」の旅』（前掲）の中で推測しているように、「おそらく、当時、詩学の会の講師をしていた石原吉郎の推輓によるものだろう」が、『鬼』や『ペリカン』といった大切な居場所が停滞を余儀なくされる中、自らの心身の空虚を埋めるかのように『ロシナンテ』当時の思い出が回帰してきたように思われてならない。そう捉えると、『鬼』や『ペリカン』も重要な詩誌であったことは疑い得ないが、石原にとって最も幸福な時期は『ロシナンテ』と共にあったと理解すべきなのかもしれない。

※この解説を書くにあたって、特に詩人同士の交友関係については調査が行き届かない点が多々あることをお詫びしたい。なお、浜本武一については、山本光珠、天瀬裕康両氏から貴重なお話を伺うことができ、また山本氏には『ペリカン』第一六・一七号を含む貴重な資料をご提供いただいた。この場を借りて心より感謝申し上げたい。

解題

野坂昭雄

・『ロシナンテ』

第一号

一九五五年四月一日印刷発行。発行責任、石原吉郎。編集責任、好川誠一。発行者、東京都新宿区四谷内藤町一岡田方　ロシナンテ詩話会。頒価四〇円。謄写版。一六頁（九号までノンブル無し、六号までは表紙・裏表紙もページ数に含めて数える）。題字は勝野睦人（以後同じ。第一三号「勝野睦人追悼号」の記述による）。掲載作品は、詩一五篇（ただし七篇の連作短詩から成る好川の「蝶の栞　鉄の栞」を一篇と数える）。執筆者は掲載順に岸岡正、森田隆司、田中武、鶴巻和男、稲岡香詩、吉原寛、河野澄子、吉江千代子、石原吉郎、金子黎子、草間順子、岡田芳郎、淀縄美三子、中川晟、好川誠一。「あとがき」は好川誠一。「あとがき」によると、本誌と共に「ロシナンテ通信」および会員名簿が送付されている。本号には、正式な会員名は記載されていない。

「あとがき」に、「石原さんは翻訳のお仕事をなさっているので近く翻訳詩をいただくことになっております。」とあるが、その後石原の翻訳詩が掲載された形跡はない。また「どうしても締切までに間にあわないという黒米さん」とあり、黒米幸三も第一号の掲載が予定されていたことがわかる。

なお、ロシナンテ詩話会の発足に関しては、『文章倶楽部』（一九五五年六月）の「グループだより」欄に「ロシナンテ詩話会発足」と題して次のような岸岡正の記述が見られる。

昨年よりの念願であった「ロシナンテ詩話会」は会員の皆様の努力と「文倶」読者の方々の声援によって、ここにめでたく第一回の例会（三月十三日、巴屋にて）を持つことが出来ました。

詩話会は毎月一回の例会を持ち詩誌「ロシナンテ」の編集と現代詩研究とを交互に行います。

第一回例会は、作品も予想以上に集まり、地方におられる会員も待ち望んでいることと思いましたので、「ロシナンテ」の編集に当てました。「ロシナンテ」のスペースの関係上、応募作品三十八編全部を載せることが出来ず、非常に残念ですが出席者全員の意見によって十五編を選びました。最低のスペースとしたのは、いわゆる三号雑誌の轍を踏まないための手段でありますから、会員の増加によって徐々に頁数もふやしたいと思っています。

なお、これから入会される方々のために、参考までに現在の会員の氏名をお知らせします。順序不同。園部隆夫、稲岡悟郎、中川晟、藤木輝雄、金子黎子、黒米幸三、田中武、加藤都久子、武山二子、藤木尭、吉原寛、鶴巻和男、川瀬省三、以下例会出席者、淀縄美佐子、吉江千代子、石原吉郎（発行責任）、好川誠一（編集責任）、岸岡正（企画）、岡田芳郎（会計）、河野澄子（通信）。

入会その他の連絡は下記へお願いします。世田谷区祖師カ谷二ノ四二七　河野澄子方。（岸岡　正記）

このうち、園部隆夫、稲岡悟郎（稲岡幾与志あるいは稲岡香詩と同一人物か）、藤木輝雄、加藤都久子、武山二子、藤木尭（第九号に執筆している藤本尭であろう）、川瀬省三は、実際に作品が掲載されることはなかった。淀縄美佐子は淀縄美三子の間違いであろう。川瀬省三は『文章倶楽部』の常連投稿者で、後に『現代詩手帖』や『詩学』でも何度か作品が掲載されている。

第二号

一九五五年六月一日印刷発行。発行責任、石原吉郎。編集責任、好川誠一。発行者、東京都新宿区四谷内藤町一岡田芳郎気付　ロシナンテ詩話会。頒価四〇円。謄写版。一六頁。掲載作品は、詩一五篇、作品評一篇。執筆者は掲載順に田中武、吉江千代子、淀縄美三子、黒米幸三、森田隆司、稲岡幾与志、河野澄子、中川晟、好川誠一、田中武（作品評）、岡田芳郎、草間順子、岸岡正、吉原寛。末尾に吉田睦彦の個人季刊詩誌『BERCEUSE Ⅰ』の広告と河野澄子、好川誠一の「あとがき」。河野の「あとがき」に拠ると、この時点で『ロシナンテ』の会員は二七名。第一〇号で同人制に切り替わるまでは会員数三〇人前後で推移している。

『ロシナンテ』では、主に雑誌に詩を掲載し、互いの批評は「ロシナンテ通信」誌上で行うというスタイルを採ったが、本号には「前号作品評・Ⅰ」として田中武の短い批評が掲載されている。

第三号

一九五五年八月一日印刷発行。発行責任、石原吉郎。編集責任、好川誠一。発行者、東京都新宿区四谷内藤町一岡田芳郎気付　ロシナンテ詩話会。頒価四〇円。謄写版。一六頁。掲載作品は、詩一三篇、作品評一篇。執筆者は掲載順に樽本三代子、服部春男、岡田芳郎、植村豊子、淀縄美三子、田中武、永山一敏、岸岡正、好川誠一、河野澄子、吉田睦彦、吉江千代子、石原吉郎、岸岡正（作品評）。末尾に吉田睦彦個人詩誌『BERCEUSE Ⅱ』の広告と「Ⅲ号総目次」、岡田芳郎、石原吉郎、好川誠一による「あとがき」。

本号でも「前号作品評Ⅱ」として岸岡の作品評が掲載されている。

第三号が刊行され、軌道に乗ったことを示唆しているのか、「あとがき」は「詩と散文とどう違うのだろうかと時々考えることがある」（岡田芳郎）、「一つの詩が「書かれた」という事実は重大であり、多くの苦痛に充ちている」

（石原吉郎）など、自らの詩作を内省するような内容となっている。

第四号

一九五五年一〇月一日印刷発行。発行責任、石原吉郎。編集責任、好川誠一。発行者、東京都新宿区四谷内藤町一　岡田芳郎気付　ロシナンテ詩話会。頒価四〇円。謄写版。二〇頁。掲載作品は、詩一六篇。執筆者は掲載順に石原吉郎、河野澄子、岡田芳郎、中川晟、吉田睦彦、増田瓢二、稲岡幾与志、服部春男、淀縄美三子、金子黎子、好川誠一、吉江千代子、永山一敏、草間順子、鶴巻和男、田中武。末尾には淀縄美三子、吉田睦彦、好川誠一による「あとがき」と、受贈詩誌、Ⅳ号総目次。

この号から受贈詩誌欄が始まり、一周年記念号である七号を除いて毎号に設けられるが、一二号以降は見られなくなる。受贈詩誌欄を通じて『鬼』の名は見えないが、『季節』『罠』『黄薔薇』など関連の深い詩誌は寄贈されており、詩誌のやり取りを通じて相互に認知し合っていた様子が窺える。

漢字カタカナ混じり文で書かれた石原の「サヨウナラトイウタメニ」、岡田芳郎の散文詩「連鎖」、吉田睦彦のシネポエム的作品「白鳥物語」など、さまざまな意欲的な試みがなされる。

第五号

一九五五年一二月一日印刷・発行。発行責任、石原吉郎。編集責任、好川誠一。発行者、東京都新宿区四谷内藤町一　岡田芳郎気付　ロシナンテ詩話会（記載では「詩誌会」）。頒価四〇円。謄写版。二〇頁。掲載作品は、詩一五篇。執筆者は掲載順に河野澄子、石原吉郎、勝野睦人、服部春男、樽本三代子、田中武、岸岡正、草間順子、人見誠、青柳希世子、中川晟、吉田睦彦、岡田芳郎、永山一敏、好川誠一。末尾に石原吉郎、岡田芳郎、好川誠一による「あと

がき」と、吉田睦彦個人詩誌『BERCEUSE Ⅲ』の広告、「目次」、受贈詩誌。

好川は「あとがき」に「来年あたりから本格的な同人誌として出発するか、あるいは同人・会員制として出発するかは追ってその具体的方針を報告するが（…）」と記しており、第一〇号からの同人誌としての再出発について、この頃から議論されていたことがわかる。同じく好川の「あとがき」には、渡部光子が新しく参加した旨の記載あり。

第六号

一九五六年二月一日印刷発行。発行責任、石原吉郎。編集責任、好川誠一。発行者、東京都新宿区四谷内藤町一岡田方　ロシナンテ詩話会。頒価五〇円。謄写版。二〇頁。掲載作品は、詩一六篇。執筆者は掲載順に永山一敏、淀縄美三子、好川誠一、石原吉郎、岸岡正、久保田恒雄、河野澄子、田中武、服部春男、オカダヨシロー、石井常造、草間順子、吉江千代子、勝野睦人、樽本三代子、吉田睦彦。末尾に臼井喜之介詩集『愛と孤独』（白川書院）と吉田睦彦個人詩誌『BERCEUSE Ⅳ』の広告、吉江千代子・吉田睦彦・好川誠一の「あとがき」、受贈誌一覧、「Ⅳ号執行者」（五十音順の執筆者一覧）。

石井常造と久保田恒雄が新しく加入したと見える。

なお、『詩学』一九五六年二月の「詩学案内」コーナーには『ロシナンテ』第六号の発刊を告げる記事があるが、その中に「石原、田中、岡田、吉田、岸岡、河野、好川他三十余名の大家族の為料うことの責任が持てず入会を御遠慮願う場合があります。」とあり、入会希望者が多かったことが分かる。

第七号（一周年記念号）

一九五六年四月一日印刷発行。発行責任者、石原吉郎。編集責任、好川誠一。発行者、東京都新宿区四谷内藤町一岡田芳郎方　ロシナンテ詩話会。頒価七〇円。謄写版。二六頁（第七号から表紙の裏面が白紙となるため表紙・裏表紙はページ数に含めない）。掲載作品は、詩が二三篇。扉に石原吉郎による「あれから一年」と題した一文。目次。執筆者は掲載順に、石井常造、石原吉郎、植村豊子、岡田芳郎、勝野睦人、金子黎子、香山秀雄、岸岡正、草間順子、久保田恒雄、河野澄子、鈴木芳子、武田義英、谷本いづみ、樽本三代子、田中武、鶴巻和男、中川晟、永山一敏、村山正憲、横山昇、好川誠一、吉田睦彦。「あとがき」は好川誠一。「ロシナンテ通信」が「サンチョ・ぱんせ」と改題されたこと、髙野喜久雄、木原孝一、鮎川信夫への謝辞などが記されている。鮎川は「ロシナンテの印象」を「サンチョ・ぱんせ」に掲載している。

第八号

一九五六年六月一日印刷発行。発行責任者、石原吉郎。編集責任、好川誠一。発行者、東京都新宿区四谷内藤町一岡田芳郎方　ロシナンテ詩話会。頒価五〇円。謄写版。二〇頁。掲載作品は、詩が一八篇、うち岸岡正による訳詩三篇。扉に執筆者名が五十音順で記されているが、実際の掲載順は、根木田信、田中武、勝野睦人、石井常造、好川誠一、岡田芳郎、吉田睦彦、岸岡正、河野澄子、久保田恒雄、永山一郎、武田義英、大塩匀、淀縄美三子、樽本三代子、石原吉郎。末尾に受贈誌一覧と岸岡、好川による「あとがき」、『ロシナンテ詩集・Ⅰ　好川誠一集　海を担いで』と『ロシナンテ詩集・Ⅱ　吉田睦彦集　蝕バマレタ牙ノ唄』の広告。

「あとがき」には好川が「今年の仕事として、シリーズふうに個人の詩集を出すことにした。一周年記念号といい、詩集といい、このところとみに上手く駒をすすめているわけだが、詩集のばあいは、鶴巻・村山両氏の詩集に刺戟された事実はいなめない。トップを切って好川・吉田が上梓し、つづいて勝野・岡田・石原などが用意している。出版されたい向きは直接好川宛相談されたい。」とあり、受贈誌の欄に『うぶごえ・鶴巻和男詩集』『断崖・村山正憲詩集』の名が見える。

『ロシナンテ』としては初の訳詩が掲載された号となる。また、エッセイでも言及したように、永山一郎は永山一敏と同一人物であると推測される。

第九号

一九五六年八月一日印刷発行。発行責任、石原吉郎。編集責任、好川誠一。発行所、東京都世田谷区上野毛町三三八　関口方　ロシナンテ詩話会。頒価五〇円。謄写版。二〇頁。扉に目次。掲載作品は、詩が一九篇。執筆者は掲載順に、岡田芳郎、大塩匀、根木田信、竹下育男（目次では「竹木」）、横山昇、河野澄子、川井雅子（小柳玲子）、金子黎子、藤本堯、吉田睦彦、鈴木芳子、好川誠一、石井常造、岸岡正、石原吉郎、田中武、植村豊子、勝野睦人。末尾には石原吉郎と吉田睦彦、好川誠一による「あとがき」と受贈詩誌一覧、『好川誠一選集　海を担いで』の広告。『海を担いで』の広告には鈴木芳子と津崎和子（由規）のコメント。

吉田は「あとがき」で、「詩誌の発展的解消ということが流行している。ロシナンテもその流行に従うというわけでもないが、一応この号で会員制度を解散し、次号から少数精鋭主義的な同人詩誌として再出発することになった。」と記しており、この九号で会員制度の雑誌形態は終わる。なお、発行所の住所は好川誠一宅。当時電通に勤めていた岡田芳郎が名古屋に転勤となった関係で、発行所が変わっている。

一九五六年九月の『詩学』臨時増刊（詩学年鑑）には詩誌の情報が掲載されているが、その中で『ロシナンテ』の同人は次の三一人とされており、石井常造、大塩匀の名が見られなくなっている。第一〇号以降もずっと同人であった大塩の名前が無い理由は不明。

石原吉郎、岸岡正、河野澄子、岡田芳郎、金子黎子、吉江千代子、淀縄美三子、鶴巻和男、稲岡幾与志、田中武、中川晟、草間順子、植村豊子・青柳希世子、吉田睦彦、谷本いづみ、樽本三代子、永山一敏、勝野睦人、横山昇、服部春男、鈴木芳子、増田瓢二、人見誠、村山正憲、武田義英、香山秀雄、根木田信、川井雅子、久保田恒雄、好川誠一

第一〇号（第二次ロシナンテ結成記念［第一七号の記載より］）

一九五六年一二月一五日印刷発行。発行責任、石原吉郎。編集責任、好川誠一。発行所、東京都世田谷区玉川上野毛町三三八　関口方　ロシナンテ詩話会。活版刷。二四頁（ノンブルあり、表紙を含めず）。頒価五〇円。表紙裏に同人の写真。次頁に目次。掲載作品は詩が二六篇。末尾に同人住所、受贈誌詩（「詩誌」の間違い）、好川誠一による「あとがき」。裏表紙見返しに『小田久郎詩集　十五枚の地図』（ユリイカ）、『永山一郎詩集　地の中の異国』（季節社）、『好川誠一詩集　海を担いで』（ロシナンテ詩話会）の広告。永山一郎の『地の中の異国』を出した季節社は、後の『ペリカン』とも繋がりのある政田岑生の出版社。当時は詩誌『洪水』を出しており、『ロシナンテ』へも寄贈があった。

同人住所の個所に記載されている同人は以下の一七名。

石原吉郎、植村豊子、大塩匀、岡田芳郎、勝野睦人、金子黎子、岸岡正、河野澄子、鈴木芳子、竹下育男、田中武、津崎由規、永山一郎、根木田信、淀縄美三子、好川誠一、吉田睦彦

「あとがき」には、「もと「黄薔薇」同人、津崎由規（和子）氏の参加をえた▽「詩学」一二月号では、当「ロシナンテ」グループ特集をおこなう」とある。詩誌『黄薔薇』は岡山の女性詩誌で、受贈詩誌欄にも名前がある。津崎は、『ペリカン』に参加した三沢浩二（信弘）の『開花感覚』同人でもあった。

前号の「あとがき」に記されていたように、本号から『ロシナンテ』は同人制となって新たに出発する。

第一一号

一九五七年三月一五日印刷発行。編集責任、好川誠一。発行責任、石原吉郎。発行所、東京都世田谷区玉川上野毛町338 関口方 ロシナンテ詩話会。活版刷。二四頁（表紙・裏表紙を含める、以下同）。頒価五〇円。表紙に題字・号数のほか目次も。掲載作品は、詩二四篇。執筆者は掲載順に、勝野睦人、鈴木芳子、根木田信、石原吉郎、淀縄美三子、金子黎子、大塩勻、岸岡正、竹下育男、河野澄子、植村豊子、吉田睦彦、津崎由規、岡田芳郎、田中武、好川誠一。裏表紙に受贈詩誌一覧と編集部による「あとがき」。

第一二号（2周年記念号［第一七号の記載より］）

一九五七年六月一五日印刷発行。編集責任、好川誠一。発行責任、石原吉郎。発行所、東京都世田谷区玉川上野毛町三三八 関口方 ロシナンテ詩話会。活版刷。二四頁。頒価五〇円。表紙に題字・号数のほか執筆者名（掲載順）。掲載作品は、詩二一篇（うち一篇は吉田睦彦の長篇散文詩「切支丹背教徒秘譚」）。執筆者は掲載順に、好川誠一、根木田信、大塩勻、鈴木芳子、淀縄美三子、田中武、植村豊子、岡田芳郎、津崎由規、竹下育男、勝野睦人、石原吉郎、吉田睦彦。裏表紙には勝野睦人の後書きと、編集部からのお知らせ（勝野睦人の住所変更について）。

第一三号（勝野睦人追悼号）

一九五七年八月二〇日印刷発行。編集責任、好川誠一。発行責任、石原吉郎。発行所、東京都世田谷区玉川上野毛町三三八　関口方　ロシナンテ詩話会。活版刷。二四頁。表紙には「勝野睦人追悼号」の文字と執筆者名の記載。中鉢敦子、小原知子の詩に続き、「勝野睦人遺作集」と題して略歴と詩二六篇。同人外から嶋岡晨「『詩学研究会』の勝野睦人」の寄稿、河野澄子と竹下育男宛の勝野の書簡抄、さらに竹下育男の「弔辞」が続く。最後に黒米幸三の詩二篇。掲載作品は、詩が三〇篇、追悼文二篇、書簡二通。

裏表紙の編集部による後書きには、勝野睦人の死、中鉢敦子、小原知子、黒米幸三の三人が新たに加入したこと、またそれまでの『ロシナンテ』表紙の題字とナンバーが勝野の手によるものであったことが記されている。黒米は創刊時に会員だったが、今回新たに同人として参加している。

勝野睦人は、一九五七年六月二五日に交通事故で死去。若手で期待されていた詩人の突然の死は、同人たちに大きな衝撃を与えた。

第一四号

一九五七年一〇月一日発行。編集責任、好川誠一。発行責任、石原吉郎。発行所、東京都世田谷区玉川上野毛町三三八　関口方　ロシナンテ詩話会。活版刷。二四頁。表紙には執筆者名。掲載作品は、詩二四篇。執筆者は掲載順に、佐々木双葉子、木下恵美子、伊東文一郎、冬木好、斎藤真砂子、河野澄子、吉田睦彦、大塩匀、金子黎子、石原吉郎、小原知子、黒米幸三、津崎由規、中鉢敦子、鈴木芳子、好川誠一、岡田芳郎、田中武、竹下育男、淀縄美三子。末尾に同人名簿、裏表紙に鈴木芳子の後書きと編集部からの新規同人（木下恵美子、佐々木双葉子、伊東文一郎、斎

藤真砂子、冬木好）のお知らせ。同人名簿によると、この時点での同人は以下の二〇名。

吉田睦彦、好川誠一、淀縄美三子、冬木好、中鉢敦子、津崎由規、田中武、竹下育男、鈴木芳子、佐々木双葉子、斎藤真砂子、小原知子、河野澄子、黒米幸三、木下恵美子、金子黎子、大塩匀、岡田芳郎、伊東文一郎、石原吉郎

第一五号（新同人参加特集号［第一七号の記載より］）

一九五八年一月一日発行。編集責任、好川誠一。発行責任、石原吉郎。発行所、世田谷区玉川上野毛町三三八　関口方　ロシナンテ詩話会。活版刷。二四頁。頒価五〇円。表紙には執筆者名が平仮名で書かれており、名前の読みがわかる。掲載作品は、詩二六篇。執筆者は掲載順に、吉田睦彦（よしだむつひこ）、斎藤真砂子（さいとうまさこ）、竹下育男（たけしたいくお）、大塩匀（おおしおひとし）、岡田芳郎（おかだよしろう）、佐々木双葉子（ささきふたばこ）、伊東文一郎（いとうぶんいちろう）、金子黎子（かねこれいこ）、河野澄子（こうのすみこ）、田中武（たなかたけし）、中鉢敦子（ちゆうばちあつこ）、冬木好（ふゆきこう）、木下恵美子（きのしたえみこ）、小原知子（おばらともこ）、石原吉郎（いしはらよしろう）、好川誠一（よしかわせいいち）。

第一六号

一九五八年四月一日印刷発行。編集責任、好川誠一。発行責任、石原吉郎。発行所、世田谷区玉川上野毛町三三八　関口方　ロシナンテ詩話会。活版刷。二四頁。頒価五〇円。掲載作品は、詩二四篇。執筆者は掲載順に、粕谷栄市、淀縄美三子、冬木好、鈴木芳子、伊東文一郎、黒米幸三、好川誠一、岡田芳郎、竹下育男、佐々木双葉子、小原知子、大塩匀、河野澄子、石原吉郎、斎藤真砂子、中鉢敦子、金子黎子、吉田睦彦。裏表紙には『勝野睦人遺稿集』（思潮

社）、『勝野睦人書簡集』（非売品）の広告がある。また岡田芳郎と編集部の「MEMO」があり、粕谷栄市の新たな加入と、次号がロシナンテ三周年記念・勝野睦人一周忌の特集であることが記載されている。

第一七号（勝野睦人一周忌特集／三周年記念座談会）

一九五八年七月一〇日印刷発行。編集責任、好川誠一。発行責任、石原吉郎。発行所、世田谷区玉川上野毛町三三八関口方　ロシナンテ詩話会。活版刷。三四頁。頒価七〇円。表紙に「勝野睦人一周忌特集」と「三周年記念座談会」の目次。掲載作品は、詩一七篇。「勝野君のこと」と題して竹下育男、岡田芳郎、河野澄子、田中武、中鉢敦子、石原吉郎の文章。岡田芳郎、黒米幸三、佐々木双葉子、鈴木芳子、中鉢敦子、好川誠一のエッセイ。好川誠一、石原吉郎、伊東文一郎、粕谷栄市、竹下育男、大塩匂、吉田睦彦、木下恵美子、河野澄子、淀縄美三子による「ロシナンテ三周年記念座談会」。裏表紙には同人名簿、『勝野睦人遺稿詩集』（思潮社）と『勝野睦人書簡集』（ムットの仲間、非売品）の広告、大塩匂のあとがき。

同人名簿に記載された同人は以下の二〇人。一四号と比較すると、津崎由規の名が消え、粕谷栄市が加わっている。

吉田睦彦、好川誠一、淀縄美三子、冬木好、中鉢敦子、田中武、竹下育男、鈴木芳子、佐々木双葉子、斎藤真砂子、小原知子、河野澄子、黒米幸三、木下恵美子、金子黎子、粕谷栄市、大塩匂、岡田芳郎、伊東文一郎、石原吉郎

第一八号

一九五八年一〇月三〇日印刷発行。編集責任、好川誠一。発行責任、石原吉郎。発行所、東京都世田谷区玉川上野毛町三三八関口方　ロシナンテ詩話会。活版刷。二六頁。頒価五〇円。掲載作品は、詩二五篇。執筆者は掲載順に、

田中武、斎藤真砂子、吉田睦彦、黒米幸三、鈴木芳子、木下恵美子、伊東文一郎、河野澄子、大塩匀、淀縄美三子、岡田芳郎、中鉢敦子、好川誠一、冬木好、小原知子、石原吉郎、粕谷栄市。裏表紙に竹下育男と編集部による「あとがき」。

竹下育男の「あとがき」には、「同人雑誌の最初の一年というものは出来た出来たと喜んでいるうちに過ぎてしまうが、近頃になるとやつと正気づいて醒めるべき熱も醒め、同じ面ばかりよく並んでやがるものだと思つたりもする。作品・オン・パレードは芸がないとか、論文載せようよ小説書こうよなどと註文も多いが編集部は大方黙つている。詩作という行為こそ私達を結ぶのだと思つてはみても顔を合わせると詩の話はあまり出ず、何やらまとまりのつかぬことをそれでもあきず熱心に喋つている。」とあり、第一七号座談会での竹下の「彼（勝野睦人）が亡くなつて岡田君（芳郎）が名古屋へ行つて、会の雰囲気もずい分変つてしまつた。」という言葉、大塩の「又、そろそろ変つてもいい頃だな。」という発言も考え合わせると、雑誌の終刊が遠からず訪れる予感が同人の中にもあったと判断できる。

第一九号

一九五九年三月一日印刷発行。編集責任、好川誠一。発行責任、石原吉郎。発行所、東京都世田谷区玉川上野毛町三三八関口方　ロシナンテ詩話会。活版刷。三四頁。頒価五〇円。掲載作品は、詩二五篇と評論一篇。執筆者は掲載順に、大橋千晶、冬木好、石原吉郎、木下恵美子、岡田芳郎、河野澄子、好川誠一、竹下育男、粕谷栄市、鈴木芳子、淀縄美三子、伊東文一郎、田中武、大塩匀、吉田睦彦、斎藤真砂子、佐々木双葉子。裏表紙には吉田睦彦と編集部による「あとがき」。編集部の「あとがき」には大橋千晶（後の粕谷栄市夫人）の新たな参加と、伊東文一郎、大塩匀の転居の情報があり、また「早いものでロシナンテも次号で20号になる。伊達に年は取らないと云いたいが毒にも薬にもならないような詩誌ではありたくない。ムキになる位で丁度いいのだろう。」とあり、この時点ではこれが最終号となることは決まっていなかったことがわかる。

第二〇号

一九九三年五月一七日発行。発行所、東京都中央区八重洲1−2−6　アトリエ夢人館内ロシナンテ詩話会。活版刷。三六頁。定価五〇〇円。掲載作品は、詩二六篇、書簡（勝野睦人）二通、エッセイ一篇、物語一篇。目次は以下の通り。

石原吉郎「夜の招待」「耳鳴りのうた」「自転車にのるクラリモンド」「アリフは町へ行ってこい」、好川誠一「水平線へ叫ぶ」「海を担いで」「あかごをうたう」「童話　かぶと虫のお巡りさん」、勝野睦人「マヌキヤンによせて」「部屋」「LA NATURE MORTE　II」「書簡」、岡田芳郎「三羽のカラス」「ミラボー橋」、岸岡正「蒐書あれこれ」、河野澄子「民話　己許太可奈之伎《ここだかなしき》」、田中武「日一行語群」、小柳玲子「驢馬を飼う――詩人挽歌」、吉田睦彦「紐」「空蝉橋」「電話」、鈴木芳子「蜥蜴」「白い折鶴」、竹下育男「影」、菅野敦子「キルトについて」「かくれんぼ」、佐々木双葉子「春日《はるび》」、木下恵美子「小鳥の骸」「沈黙」

このうち、既に死去している石原、好川、勝野の詩は既発表のもの。表紙には執筆者の氏名が掲載順に記されている。また裏表紙には岡田芳郎と小柳玲子の「あとがき」があり、第二〇号が発売された経緯が示されている。それによれば、「ロシナンテ」同窓会展という詩画展を小柳のアトリエ「無人館」で開催することになり、その機会に二〇号を出す話が出たという。ちなみに、小柳玲子は川井雅子として『ロシナンテ』九号に詩を発表しており、後に詩人として活躍する。

同窓会展に際して小田久郎の「「ロシナンテ」と倶に」というメッセージも配布された。全文を引用する。

「ロシナンテ」と倶に

小田久郎

「ロシナンテ」とは、ドン・キホーテ・デラ・マンチャが乗って風車に突進した馬の名だという。この神の啓示によって得たこよなき雑誌名を冠した「ロシナンテ」グループは、ソビエトの収容所から帰還した四十代の石原吉郎を先頭に、戦後の飢餓の時代をくぐり抜けた好川誠一、勝野睦人ら才能ある十代、二十代の詩人が競いあう清新な詩のトポスだった。

戦後十年の節目に誕生し、動乱の時代を迎える六〇年安保前夜に終息したこの小さな詩のグループに属する詩人たちは、その後、あるものは自死、あるものは自死同然の事故死、あるものは行方不明になって、その多くはさながら無名戦士のように傷つき、親和と異和が交錯する青春の戦場から消えていった。

だが彼らの詩的営為は、埋没したわけではなかった。彼らの裡だけではない。同時代に生きた詩人たちの胸深く、ポエジイの音色をこだまし、体温のように永遠の詩的生命を暖めてきたのである。

三十五年をへたいま、あのなつかしい馬の蹄のひびきが、消えかけた地平線の彼方からよみがえろうとしている。これは単なる同窓会や回顧展ではない。回顧展に名をかりた、詩的青春との再会である。さすれば彼らの周辺にいた私、ないし私たちも、このささやかな祝祭に、なつかしさ以上の詩的真実の証しを汲みとらなければならない。

風車はまわった。詩的青春に向って突進しようではないか。

・『ペリカン』

第一号

一九六一年九月一〇日発行。発行所　広島市外府中町桃山2丁目大塚啓也・マントナンクラブ。活版刷。一六頁（ノンブルあり、表紙・裏表紙を含む、以下同）。頒価五〇円。表紙・香川竜介。掲載作品は、詩七篇。執筆者は掲載順に、天沢退二郎、大塚啓也、政田岑生、北川純、石原吉郎、浜本武一、三沢浩二。表紙には香川のイラストの他に目次もあるが、裏表紙には発行年月日と発行所、価格とペリカンのカットのみで、後記等はない。第一号は、一人につき一篇の詩を見開き二頁に掲載する形で統一されている。大塚、政田、北川、浜本はいずれも広島在住で、浜本を除く三人は、政田の季節社から出されている詩誌『洪水』のメンバーとして以前から活動を共にしていた。また浜本と政田は、久井茂と共に詩誌『アブシュルド』（一九四九年一一月創刊）の同人である。岡山の三沢浩二は『知覚』『囲繞地』などで活躍した。香川は、後に浜本、葉豊子（浜本夫人）、岡田隆彦らとヒロシマ・ルネッサンス美術協会の活動を共にする美術家である。ちなみに、香川は広島で団体展を拒否してグループ「存在」を結成していた。政田岑生の年譜（一九五九年）には次のようにある。

　四月一日発行の『洪水』第五冊、「洪水ノート」に前述の会（注：洪水の会）について「こうした形式で勉強することも一つの方法である事を知つた。また僕らは、僕らの仕事と同一線上にある画家との交流の中にも意義を見出している。清水勇・寄重弘光・香川龍介氏ら『存在』グループとのフレッシュな出会いがそれであることをつけ加えよう。」◆政田岑生その後香川は、季節社刊行の鶴岡善久詩集『眼のなかの手』のデッサンと装幀を手がけている。広島には、浜本と政田という、美術と詩の接点を探ろうと試みる二つの大きな個性があった。『ペリカン』はその一つの表れであると言える。

第二号

一九六四年八月一〇日発行。発行編集、浜本武一。発行所、広島市庚午町四四九　書肆ペリカン。活版刷二〇頁。頒価一〇〇円。表紙には「詩と詩論　ペリカン」の題字と、「季刊2」という号数と「浜本武一編集」の文字。第六号まではこのデザインだが、三号以降は「浜本武一編集」の文字が消える。掲載作品は、詩が七篇、詩論（松田）一篇。執筆者は順に、石原吉郎、風山瑕生、清水高範、葉豊子、三沢浩二、浜本武一、松田幸雄。二頁に浜本の美術作品「灰地」の写真と目次。一九頁にある〝H〟（浜本）の「あとがき」はアポロ計画に関する内容。二〇頁（裏表紙）には清水高範の第七詩集『記憶』（国文社）の広告がある。二号以降は、浜本が編集を行っており、雑誌のデザインも大きく変わっている。以後、多くの号で浜本自らの美術作品写真が掲載され、その瀟洒な装幀と共に、美術と文学（詩）の接点を模索し続けた浜本の志向がよく表れている。また、第一号でも天沢や石原といった詩人が詩を掲載していたが、本号では風山瑕生や清水高範、松田幸雄など知名度の高い詩人が加わり、多彩な執筆陣を誇る『ペリカン』の方向性の一端が示されている。風山瑕生は秋田出身だが、後に広島に移って『歴程』や『風』同人として活躍していた。清水高範は広島の詩人だが、『詩学』などにもたびたび執筆している。松田幸雄は『荒地』同人で、英米詩の研究にも取り組んだ。なお、『詩学』一九五四年九月臨時増刊号の「全国詩誌一覧」を見ると、広島の『囲繞地』同人として松田幸雄、三沢信弘、金丸桝一の名が見える。

第二号の刊行に三年近くかかったのは、「石原さんとペリカン」（『詩学』一九七三年一月）での浜本の言葉によれば、「洪水グループにいた北川純と、ユリイカ新人賞候補にあがったこともある大塚啓也と三人で、ペリカン第一号を創刊した」が、「私たちの生活の上に、それぞれ不幸がつづき、ペリカンは第一号で止まって」いたためである。浜本は次のように記している。

のち、第二号の発行をねがって、私は二人を探してまわったのであるが、その間、三年ちかくの月日が過ぎ去っていた。めぐりあった彼らは、もう詩を書くことのない生活の人になっていた。それは私にとって、ひどく悲痛なことだった。とにかく一人でペリカンを発行することにしたのである。だから、私の編集発行している今のペリカンは、第二号が創刊号ということになる。

第三号

一九六四年一一月一〇日発行。発行編集、浜本武一。発行所、広島市庚午町四四九　書肆ペリカン。活版刷。二〇頁。頒価一〇〇円。掲載作品は、詩が八篇（うち一篇は訳詩）。執筆者は掲載順に、鈴木漠、風山瑕生、笹原常与、磯村英樹、片瀬博子（翻訳）、浜本武一。二頁（表紙裏）に浜本の絵画作品「樹」と、目次が掲載される。裏表紙には、第二号に引き続き、清水高範の第七詩集『記憶』（国文社）の広告あり。

鈴木漠は徳島出身の詩人で、後にやはり『ペリカン』に参加する岡田兆功や藤村壮らと神戸で詩誌『海』を創刊している。笹原常与は嶋岡晨らの雑誌『貘』、山口の磯村英樹は礒永秀雄（充能）の詩誌『駱駝』や『地球』などに参加していた。福岡の片瀬博子は『黄薔薇』（岡山）、『地球』、『コルボウ』（京都）、また沢村光博が主宰する詩誌『想像』などで活躍、海外詩の翻訳の仕事も多い。

互いに具体的な交渉があったとまで言えないが、それぞれ当時よく知られた同人誌で活躍している詩人の間にゆるやかなネットワークが存在していたと見られる。『ペリカン』はそうした人脈に支えられていた雑誌である。

第四号

一九六五年二月一〇日発行。発行編集、浜本武一。発行所、広島市庚午町四四九　書肆ペリカン。活版刷。二二頁。頒価一〇〇円。掲載作品は、詩が八篇と天沢による散文作品一篇。執筆者は掲載順に石原吉郎、鈴木漠、清水高範、粒来哲蔵、三沢浩二、天沢退二郎、浜本武一。裏表紙には目次と清水高範『記憶』の広告。天沢の作品「時間錯誤は、副題に「小さな劇のための下書き」とあり、演劇の状況を描写、説明したような、メタ演劇とも言えるような作品。当時天沢はパリ大学留学のためパリに滞在しており、作者名の横に「在パリ」と記されている。

粒来哲蔵は、石原を除き唯一『ロシナンテ』、『ペリカン』両誌に参加していた粕谷栄市の従兄にあたり、散文詩の名手として知られる。『歴程』『龍』などで活動していた。

第五号（特集　広島の詩人たち　その1）

一九六五年七月一日発行。発行編集、浜本武一。発行所、広島市庚午町四四九　書肆ペリカン。活版刷。二四頁。頒価一〇〇円。掲載作品は、詩が九篇。二二頁に目次。二三頁には浜本の美術作品「明」。執筆者は掲載順に、浜本武一、久井茂、増田尚雄、戎栄一、清水高範、政田岑生、葉豊子。執筆者はいずれも広島で活動する詩人であり、『季節』『囲繞地』『木靴』などの詩誌に拠っていた。また葉豊子は浜本の夫人で、画家として知られる。出原均「浜本武一とヒロシマ・ルネッサンス美術協会」（『美術ひろしま 2005-06』）には次のようにある。

　1967年には本川電停前にあるビルの2階に「現代美術研究所」を開設する。このとき40歳代半ばの氏は、美術団体への出品をやめ、転機を迎えていた。同研究所に併設されたのが「ルネッサンス画廊（ヒロシマ・ルネッサンス美術画廊）」。まだ市内に画廊が少ない中での開廊であり、画家自らが企画・運営する点、および創作と発表を交叉させる場である点でユニークな試みといえる。作家を個展形式で取り上げたほか、優れた地元作家を選抜した「広島実力作家展」など、グループ展もいくつか企画された。「女流美術協会展」や女性作家の個展の開催には、画家である夫人の葉豊子氏の協力があった。

葉は広島女流美術協会の代表を務めており、ルネッサンス画廊の作家たちと広島女流美術協会とが合流して、一九六九年三月にヒロシマ・ルネッサンス美術協会が発足することになる。

また本号二二頁の目次下には木下夕爾に関する次の記述がある。

ペリカン5号には〝広島の詩人たち〟の特集を以前から企画していた。木下夕爾氏の作品は、氏の疾臥のためにおくれ、掲載できなかった。残念なことだが後日に期待したい。入院されたときいたが一日も速く御健康をとり戻されるよう祈ってやまない。（H）

第六号

一九六五年九月一五日発行。発行編集、浜本武一。発行所、広島市庚午町四四九　書肆ペリカン。活版刷。二八頁。頒価一〇〇円。掲載作品は、詩が一二篇。二六頁に目次。二七頁には浜本の美術作品「移」。執筆者は順に、清水高範、衣更着信、風山瑕生、藤村壮、小島俊明、長田弘、浜本武一、葉豊子、上田敏雄。上田の詩「讃美歌のためのアルゴ」は二五頁から二三頁にかけて横組みで掲載されている。この間、第五号で言及されていた木下夕爾が死去。

二六頁には「木下夕爾氏が亡くなられた。／痛惜にたえない。御冥福をいのるのみである。」との記述が見える。

衣更着信、小島俊明、長田弘、上田敏雄が新たに詩を掲載している。衣更着は、『荒地』の前身である『LUNA』に参加していて、長く地元（香川）で英語の教師を務めていた。小島俊明《としはる》はフランス文学者で、フランス詩の翻訳の業績もある。東京家政学院大学で長年教鞭を執っていた。長田弘は当時、最初の詩集『われら新鮮な旅人』（思潮社）を出したばかりであった。上田敏雄は山口出身の英文学者で、戦前から前衛的な詩の紹介や実作で知られていた。この当時は山口大学の英文学教授を定年退官後、宇部工業高等専門学校に勤め、地元で活動していた頃である。

第七号

一九六六年一月一日発行。発行編集、浜本武一。発行所、広島市庚午町四四九　書肆ペリカン。活版刷。三二頁。頒価一〇〇円。この号から表紙にペリカンをモチーフとしたデザイン画が用いられる（終刊号まで同じ）。掲載作品は、詩が一四篇。三〇頁に目次。三一頁に浜本武一の絵画作品「種」（「＝種＝　浜本武一・東京・中央公論社　第2回 個展 出品」と記載）。執筆者は掲載順に、風山瑕生、長島三芳、粒来哲蔵、小島俊明、藤村壮、葉豊子、石原吉郎、増田尚雄、戎栄一、松田幸雄、平井照敏、浜本武一。

本号では、戦前から活躍していた詩人の長島三芳が参加している。戦前は『VOU』、戦後は『日本未来派』同人として活躍し、扇谷義男と詩誌『植物派』を刊行していた。

第八号

一九六六年三月一日発行。発行編集、浜本武一。発行所、広島市庚午町四四九　書肆ペリカン。活版刷。二八頁。頒価一五〇円。掲載作品は、詩が一一篇。二六頁に目次。二七頁に浜本の絵画作品「種」（第七号とは別の作品）。執

筆者は順に、白石次郎、風山瑕生、高橋睦郎、清水高範、香川紘子、石原吉郎、浜田知章、中野嘉一、平井照敏、浜本武一。

白石次郎は未詳だが、政田岑生が大洲秋登と出していた雑誌『POPO』の第七号（一九六六年五月）に「美術について／その1」という文章を掲載している。高橋睦郎は、鷲巣繁男、多田智満子と雑誌『饗宴』を出していた。香川紘子は姫路の生まれで北川冬彦、沢村光博に師事、一九五八年から六〇年にかけて沢村が主宰した雑誌『想像』には片瀬博子と共に多くの詩を掲載している。浜田知章は大阪で『山河』を創刊し、『列島』などでも活躍した。中野嘉一は戦前から前衛的な短歌・詩の運動に参加、戦後は詩誌『暦象』を三重で創刊し、一九三六年に太宰治の主治医だったことでも知られる。平井照敏は小島俊明と同じくフランス文学研究者であり、俳人としても活躍した。

第九号

一九六六年七月一日発行。発行編集・浜本武一。発行所、広島市庚午町四四九　書肆ペリカン。活版刷。三八頁。頒価一五〇円。掲載作品は、詩が一四篇。三六頁に目次。三七頁（三五頁となっているが間違い）に浜本の絵画作品「北」。執筆者は順に、山本太郎、長島三芳、粒来哲蔵、松田幸雄、石原吉郎、高橋睦郎、金丸桝一、諏訪優、葉豊子、関口篤、岡田兆功、平井照敏、浜本武一。

金丸桝一は宮崎の詩人で、宮崎の詩誌『DON』ほか幅広く活躍した。諏訪優は、山室静、渋沢孝輔、藤原定が編集同人の詩誌『オルフェ』に参加しており、またアメリカ詩の紹介でも知られる。関口篤は一九六二年六月に平井照敏らと『新詩篇』を創刊している。

第一〇号

一九六六年一二月一日発行。発行編集・浜本武一。発行所、広島市庚午町四四九 書肆ペリカン。活版刷。三二頁。頒価二〇〇円。掲載作品は、詩が一四篇。三〇頁に目次。三一頁に浜本の絵画作品「葬」。執筆者は順に、石原吉郎、長島三芳、天沢退二郎、風山瑕生、角田清文、金丸桝一、西尾洋子、清水高範、冬園節、平井照敏、沢村光博、浜本武一。

角田清文は大阪の詩人で、『風』『七月』の同人。『風』は土橋治重の主宰で一九六一年六月に創刊されている。西尾洋子については未詳。冬園節は徳島の『貌』『近代詩人』などで活躍していた。

沢村光博の「ヒロシマ・わが幻」は原爆をテーマにした詩で、このテーマは第一五号掲載の「ヒロシマ・わが幻 a Hamamoto」(正しくは〃à Hamamoto〃であろう)でも再び描かれる。

第一一号

一九六七年九月一日発行。発行所、広島市高須町一丁目12の8 書肆ペリカン。活版刷。二四頁。頒価二〇〇円。掲載作品は、詩が一〇篇。二三頁に目次。絵画作品の掲載無し。執筆者は順に、関口篤、鈴木漠、角田清文、沢村光博、石原吉郎、浜本武一(五篇)。本号から、発行所の住所が変わっている。

この号では新たな執筆者はいないが、関口篤の作品「のすたるじい」は「萩原朔太郎に」という献辞を副題に持つ。過去の詩人を題材とした『ペリカン』では珍しい詩である。石原吉郎は作品「定義」を掲載しているが、他の作品に比べると言葉を極力抑制、純化する中で、「名づけ」ること、「定義」することの輪郭を描き出す。沢村光博「詩一篇」は「*芭蕉の主題によるヴァリエーション」というサブタイトルが付されており、第一二号にも同題の連作が掲載されている。

第一二号

一九六八年四月一日発行。発行編集・浜本武一。発行所、広島市高須町一丁目一二の八　書肆ペリカン。活版刷。二八頁。頒価二〇〇円。掲載作品は、詩が一一篇。二八頁に目次。執筆者は掲載順に、沢村光博、鈴木漠、清水高範、新川和江、冬園節、関口篤、石原吉郎、浜本武一。

本号には新川和江が参加している。新川は女性詩人の代表的な一人で、『地球』同人として活躍した。石原の「花になるまで」は、「はじめは」「ついに」「それから」「おわりは」と時の経過やプロセスを示唆する語が置かれるシンプルな構成で、力を抜いて書かれたもの。

第一三号

一九六八年一二月一日発行。発行編集・浜本武一。発行所、広島市高須町一丁目一二の八　書肆ペリカン。活版刷。二四頁。頒価二〇〇円。掲載作品は、詩が一四篇。二四頁に目次。執筆者は掲載順に、岡田隆彦、粒来哲蔵、石原吉郎、風山瑕生、小島俊明、諏訪優、関口篤、冬園節、平井照敏、浜本武一。

粒来の「永良部幻想」はH氏賞を受賞した詩集『孤島記』に収録される散文詩。

第一四号

一九七〇年一月一日発行。発行編集・浜本武一。発行所、広島市本川町一丁目二八　ヒロシマ・ルネッサンス美術画廊。活版刷。二〇頁。頒価二〇〇円。掲載作品は、詩が一〇篇。二〇頁（裏表紙）に目次。執筆者は掲載順に、岡田隆彦、石原吉郎、鈴木漠、黒岩隆、神島忠臣、関口篤、浜本武一。

発行所がヒロシマ・ルネッサンス美術画廊に変わる。一九六九年に浜本はヒロシマ・ルネッサンス美術協会を設立しており、画廊に若い美術家を集めている関係から、その名を取って発行所名にしたと考えられる。便宜的な名称だったせいか、この号以降、発行所名が微妙に変化している。

第一五号

一九七一年一二月二五日発行。発行編集・浜本武一。発行所、広島市本川町一丁目二八　ヒロシマ・ルネッサンス学術画廊。活版刷。二四頁。頒価三〇〇円。掲載作品は、詩が九篇。三頁に目次。執筆者は順に、沢村光博、石原吉郎、粕谷栄市、藤村壮、清水高範、諏訪優、鈴木漠、粒来哲蔵、浜本武一。

第一六号

一九七七年七月一日発行。発行所、広島市本川町一丁目二八　ヒロシマ・ルネッサンス美術研究所。活版刷。二四頁。頒価五〇〇円。掲載作品は、詩が九篇、詩論一篇。目次なし。執筆者は掲載順に、岡田隆彦、長島三芳、沢村光博、粒来哲蔵、笠原三津子、石原吉郎、犬塚尭、浜本武一。笠原三津子と犬塚尭が初めて参加する。後記で浜本は次のように述べている。

ペリカン第15号を出してより、六年の月日が過ぎてしまった。永い空白の日々であったが、ようやく一命をとりとめ、ここに第16号を再び出すことができた。儚くとも私の生涯の歩みを支える一つの道であることをあらためて知ることができた。これもすべて、未熟な私の囲りの方々の御厚情の賜である。この些細な一人の行為が、何程かの重みを積みかさね、その多くの深い愛への、ひたすらな答えになればと希うものである。

出原均「浜本武一とヒロシマ・ルネッサンス美術協会」（前掲）によれば、『ペリカン』一五号発行後、浜本は一九七三年に「過労がたたり病に倒れてしまう。後遺症を残した体で満足な活動はできず、教室の規模を縮小し、画廊を完全に止め、制作においても小品を主とせざるをえなかった」。しかし、そうした中でも一六号が発行されたことは、彼にとってこの雑誌の意味の大きさを物語っている。

笠原三津子は、一九七六年六月に『昭和詩大系　笠原三津子詩集』を宝文館出版より刊行するが、石原はそこに解説「マヌカンの青春まで」を書いている。犬塚堯は、朝日新聞社の記者として南極観測調査隊に同行（一九五九年）したことで知られる。

第一七号

一九七九年三月一〇日発行。発行所、広島市本川町一丁目一—二八　ヒロシマ・ルネッサンス。活版刷。二四頁。頒価五〇〇円。掲載作品は、詩が九篇。二三頁に浜本の美術作品「金色のエスキース」。目次なし。表紙裏（二頁）「悼・石原吉郎」とあり、三頁には石原の『ペリカン』発表詩篇の一覧。執筆者は掲載順に、金丸桝一、藤村壮、角田清文、沢村光博、長島三芳、香川紘子、浜本武一。

『ペリカン』終刊号となる。浜本の「後記」には次のようにあり、彼にとって石原の死去がいかに衝撃的であったかが分かる。

詩人は心奥に覚醒し黙する一点の愛を、保持し続け様とするのであろう。
石原吉郎が逝去して、まる一年は過ぎたが、いま私はそのことについて多くを語りたくない。

六年の空白から第十六号に依って、ペリカンは復活したが、又、一年の空白をつくった。石原吉郎の急逝が原因であった。滅入る日々が続いた。彼の一周忌を越して編集に心が趣くようになり、このペリカン第十七号は、彼の追悼号として発行することにした。冬枯れの生田に、彼の遺骨を抱きに行った時の、白い夕月を眺めた坂道で、ペリカンの発行は、もう止めよう、と思ったのであったが、やはり私の支柱として、発行を続けることにする。

これを読む限り、この時点で明確に終刊するという意志は浜本にはなかったように見える。しかし、第一七号を出すには出したが、石原の不在はこの雑誌にとってあまりに大きな打撃だったにちがいない。石原＝『ペリカン』を失った浜本は、病のため一九七三年以降中断していたヒロシマ・ルネッサンス美術展を、規模を縮小させながらもこの年から再開する。

関連年表

〈凡例〉

①本年表は、『ロシナンテ』創刊の要因となった戦後の『文章倶楽部』に会員・同人の作品が掲載され始めた一九五〇年から、雑誌『詩学』で「石原吉郎特集」が組まれた一九七三年までを主な範囲として事項と作品を年月ごとに記載し、その後については『ロシナンテ』『ペリカン』の発刊情報のみを記した。
②事項には、社会や日本現代詩史の主要な出来事、詩誌の創刊などを挙げた。記述に際しては歴史学研究会編『日本史年表』第四版（岩波書店）などを参照した。
③作品は、■○◇に分類して記載した。
④■は、『ロシナンテ』『ペリカン』掲載作品を記した。
⑤○は、『ロシナンテ』『ペリカン』関連詩人たちが両誌以外に発表した作品等について記載した。調査に際しては『戦後詩誌総覧』（日外アソシエーツ）、『コレクション戦後詩誌』（ゆまに書房）既刊分、『石原吉郎全集』（花神社）、小田久郎『戦後詩壇私史』（新潮社）、国立国会図書館デジタルコレクションなどを参照した。

　なお、両誌に関係した人物は以下の通りである（掲載順）。

『ロシナンテ』：岸岡正、森田隆司、田中武、鶴巻和男、稲岡香詩、吉原寛、河野澄子、吉江千代子、石原吉郎、金子黎子、草間順子、岡田芳郎、淀縄美三子、中川晟、好川誠一、黒米幸三、稲岡幾与志、樽本三代子、服部春男、植村豊子、永山一敏、吉田睦彦、増田瓢二、勝野睦人、人見誠、青柳希世子、久保田恒雄、石井常造、香山秀雄、鈴木芳子、武田義英、谷本いづみ、根木田信、大塩匀、竹下育男、横山昇、川井雅子（小柳玲子）、藤本堯、津崎由規（和子）、永山一郎（青沢永、木村のり）、中鉢（菅野）敦子、小原知子、佐々木双葉子、木下恵美子、伊東文一郎、冬木好、斎藤真砂子、粕谷栄市、大橋千晶［園部隆夫、稲岡吾郎、藤木輝雄、加藤都久子、武山二子、川瀬省三、渡部光子、村山正憲］

『ペリカン』：天沢退二郎、大塚啓也、政田岑生、北川純、石原吉郎、浜本武一、三沢浩二（信弘）、風山瑕生、清水高範、葉豊子、松田幸雄、鈴木漠、笹原常与、磯村英樹、片瀬博子、粒来哲蔵、久井茂、増田尚雄、戎栄一、衣更着信、藤村壮、小島俊明、長田弘、上田敏雄、長島三芳、平井照敏、白石次郎、高橋睦郎、香川紘子、浜田知章、中野嘉一、山本太郎、金丸桝一、諏訪優、関口篤、岡田兆功、角田清文、西尾洋子、冬園節、沢村光博、新川和江、岡田隆彦、黒岩隆、神島忠臣、粕谷栄市、笠原三津子、犬塚堯

　ただし、『ロシナンテ』第一三号（勝野睦人追悼号）に執筆している嶋岡晨は除外した。『ロシナンテ』関係者のうち［　］で囲われた者は、名前が挙がっているが、実際には雑誌に執筆していない会員である。

　また『ペリカン』に執筆者のうち傍線を施した者については、作品数が多くなるため重要なものを除き省略した。

⑥◇は、『ロシナンテ』『ペリカン』同人の著書について記した。
⑦作品名は「　」、雑誌名・単行本名は『　』で記した。
⑧訂正表等で指摘されている点は修正した。
⑨他誌の訳業は載せない。また座談会に類するものは、両誌に関連の深い事項のみを挙げた。
⑩詩誌『魚類の薔薇』で発行年月が不明のものについては、『戦後詩誌総覧』の記述に従い、誌名の後に（推定）と記載した。

一九五〇（昭和25）年

一月、インド共和国発足。米韓相互防衛援助協定調印。平和条約締結の是非をめぐって社会党が分裂。現代詩人会発足。満年齢法施行。**二月**、中ソ友好同盟相互援助条約調印。シベリア抑留からの一部引揚者が、帰国が遅れたのは徳田球一のソ連に対する要請があったからだと主張（徳田要請事件）。**四月**、日本詩人倶楽部発足。『地球』（第三次）創刊。**六月**、朝鮮戦争勃発。**七月**、ローゼンバーグ事件。日本労働組合総評議会（総評）結成。金閣寺が放火により焼失する。**八月**、警察予備隊令公布・施行。田中克己、井上多喜三郎らが近江詩人会を結成。**九月**、国連軍が仁川に上陸。チャタレイ裁判起訴。**一〇月**、中国義勇軍、朝鮮戦争参戦。公職追放解除の一万九〇人が発表される。**一二月**、『新日本文学』が分裂し、『人民文学』創刊。

【作品】

○**一月**、浜本武一「葉かげのかげ」（『われらの詩』）。**二月**、冬園節「青い望郷」（『詩学』二・三月合併号）。**三月**、冬園節「裸体画」（『新詩人』）。**九月**、冬園節「田舎の絵本」「続・海峡」（『新詩人』）。**四月**、冬園節「抵抗」（『地球』）。**一二月**、冬園節（『詩学』）。

一九五一（昭和26）年

二月、国連総会、中国非難決議採択。**三月**、第一回H氏賞を殿内芳樹『裸鳥』が受賞。**四月**、マッカーサー解任、後任にリッジウェイ中将。**七月**、朝鮮休戦会談開始。**八月**、第二次追放解除発表。**九月**、サンフランシスコ講和会議、対日講話条約に日本を含む四九カ国が調印。日米安保条約調印。峠三吉『原爆詩集』。

【作品】

○**七月**、冬園節「詩都通信　徳島」（『詩学』）。**九月**、沢村光博「Dark　お前の眼のなかの Dark の――」、冬園節「青い奇蹟」（『詩学』）。**一二月**、上田敏雄「夜の海藻の如く」（『詩学』）。

一九五二（昭和27）年

一月、英軍がスエズ運河封鎖。韓国が「海洋主権宣言」（李承晩ライン設定）。**三月**、関根弘・長谷川龍生ら『列島』創刊。**四月**、対日講和条約、日米安保条約発効。GHQ廃止。琉球中央政府発足。**五月**、血のメーデー事件。**六月**、谷川俊太郎『二十億光年の孤独』。長島三芳『黒い果実』が第二回H氏賞受賞。**八月**、経済安定本部を改組して経済審議庁発足。保安庁、日本電信電話公社発足。永瀬清子ら『黄薔薇』創刊。**一〇月**、警察予備隊が保安隊に改組される。第四次吉田内閣成立。三井ふたばこら『ポエトロア』創刊。

【作品】

○**一月**、冬園節「黒い季節」（『地球』）。**二月**、香川紘子「らつきよう」「CIE図書館入会」「懐疑」（『詩学』）。**四月**、沢村光博「睡眠と死と」、香川紘子「時間のレントゲン室」「凝視――国際画報をみて――」（『詩学』）。**五月**、香川紘子「クリスマス　私の教誨師」「改札――大晦日のスケッチ――」「ティーン・エーヂの一他」（『詩学』）。**八月**、冬園節「詩都通信　徳島」（『詩学』）。服部春男「慕情」「美しき（二行詩）」（『弁論』）。**九月**、冬園節「日本荒地」（『詩学』）。冬園節「美しい荒廃」（『地球』）。**一二月**、服部春男「黒い蝶（二行詩）」（『弁論』）。

◇**一二月**、磯村英樹『天の花屑』（駱駝詩社）。

一九五三（昭和28）年

二月、NHKがテレビ本放送を開始。**三月**、スターリン死去。峠三吉没。『文章倶楽部』東京支部結成。**四月**、米民政府、沖縄で土地収用令公布。**五月**、川崎洋、茨木のり子、谷川俊太郎らが『櫂』を創刊。**六月**、堀川正美らが『氾』創刊。**七月**、朝鮮休戦協定調印。**八月**、三井闘争。スト規制法公布施行。**九月**、フルシチョフがソ連共産党第一書記に選任。**一〇月**、政田岑生らが『季節』（季節詩社）創刊。**一一月**、『文章倶楽部』投稿詩の選者を鮎川信夫と谷川俊太郎が担当。田中克己、井上多喜三郎らが京都で『骨』創刊。**一二月**、奄美群島返還の日米協定調印。日本復帰。石原吉郎が帰国し、舞鶴港より上陸。嶋岡晨、片岡文雄らが『貘』創刊。水俣病患者第一号発病。

【作品】

○**一月**、三沢信弘「黒い女――ラブ・ソング――」「アタリマエの事でも書いたほうがよいという事」「我々のタイトルについて」（『日本正統詩派』）。好川誠一「竹垣にて」（『文章倶楽部』）。服部春男「童話の世界」「追憶（二行詩）」（『弁論』）。**二月**、三沢信弘「雪」（『禿地帯』）。**三月**、冬木好「異邦人のみたかなしい風景――冬によせて――」（『詩学』）。三沢信弘「礒永秀雄詩集『角笛』に関するノート」「御庄博美君に一言申し上げる」（『日本正統詩派』）。冬園節「愛と死」（『地球』）。**四月**、服部春男「林檎」「思い出（二行詩）」（『弁論』）。好川誠一「ひぐれ」（『文章倶楽部』）。**五月**、久井茂「窓」、三沢信弘「花」（『知覚』）。三沢信弘「窓の外と風と木々――ある種の屈辱について――」（『日本正統詩派』）。冬園節「斜陽のわな」（『地球』）。**六月**、三沢信弘「サバのエスキイス（4）」（『創作』）。服部春男「夜」「春灯（二行詩）」「レター（二行詩）」（『弁論』）。**七月**、久井茂「二つの「冬」――杉本春生と湯岡龍爾の詩集について――」「窓」「悪霊」、三沢信弘「湯岡龍爾兄えの手紙」「スフインクスについて」（『知覚』）。三沢信弘「カサブランカの夜」「質問状――朝鮮の地下に眠る国連軍兵士等に――」（『開花感覚』）。冬園節「黒い風の抒情」（『地球』）。**九月**、三沢信弘「歯と台風」（『開花感覚』）。礒村英樹「朝鮮の傷病兵――同じ題のカメラ作品から」（『詩学』）。沢村光博「オブヂエ」「足」（『文章倶楽部』）。**一〇月**、冬園節「黒い風景画――荒墟のある風景――」（『詩学』）。よしえ・ちよこ「ひねこびた夜に」（『弁論』）。**一一月**、三沢信弘「国境の町・九月」、久井茂「降りしきる雨の夜を」、浜本武一「時刻の映像」（『知覚』）。三沢信弘「アメディアルス――反時代的考察（1）――」「覚書」（『開花感覚』）。浜本武一「時刻の影像」（『知覚』）。冬園節「存在の対話」（『地球』）。**一二月**、よしえ・ちよこ「或る安定感」「緊張（二行詩）」「疑問（二行詩）」「健忘症（二行詩）」「旅愁（二「悔恨」「初夏（二行詩）」「思い出（二行詩）」、服部春男行詩）」（『弁論』）。上田敏雄「蜘蛛」「砂金」（『詩学』）。

◇五月、三沢信弘・坪井宗康『青いデュエット』（サンキュロットクラブ）。

一九五四（昭和29）年

一月、武田豊、大野新らが『鬼』創刊。**三月**、ビキニ環礁で第五福竜丸が米国の水爆実験の被害を受ける（第五福竜丸事件）。日米相互防衛援助協定（ＭＳＡ協定）調印。七月、ジュネーブ協定調印（インドシナ休戦、米調印せず）。防衛庁設置法・自衛隊法施行。改正警察法施行（警察庁・都道府県警察発足）。新日本文学会詩委員会が『現代詩』を創刊。関口篤ら『砂』創刊。八月、荏原肆夫、相良平八郎らが『囲繞地』創刊。一〇月、パリ協定調印（西ドイツの主権回復、再軍備とＮＡＴＯ加入を承認）。現代詩人会編『死の灰詩集』刊行。鮎川信夫との間で論争。一一月、日本民主党結成。一二月、『文章倶楽部』投稿欄の常連だった石原吉郎、好川誠一らが雑誌刊行の相談をする。

【作品】

○一月、鈴木芳子「矛盾」（『文章倶楽部』）。服部春男「独白」「冬の訪れ」「黄昏（二行詩）」（『弁論』）。二月、好川誠一「活字の虜」「第一の解放　午」「最後の解放　夜」（『詩学』）。三沢信弘「黒い蛆――朝と朝食についての試論――」（『知覚』）。三沢信弘「十二月二十四日と二十五日の間に立った一本のローソクについて」「8号について」（『開花感覚』）。三沢信弘「島の歌」（『岡山地方六詩誌合同合評会作品集』）。服部春男「旅の断章」「意識（二行詩）」「安息（二行詩）」、よしえちよこ「堕性」（『弁論』）。金子黎子「果て」「南国」（『魚類の薔薇』）。浜本武一「○（無題）」（峠三吉追悼集出版委員会・われらの詩の会『峠三吉追悼集　風のように炎のように』）。冬園節「喪失」（『地球』）。三月、冬木好「ある風景――父十九回忌の日に――」（『大衆文芸』）。三沢信弘「五重之塔」（『開花感覚』）。勝野睦人「マコチヤン」、好川誠一「泥上げ船」、青柳希世子「宿直」（『文章倶楽部』）。服部春男「落葉」「ルオー展を観る（二行詩）」（『弁論』）。四月、三沢信弘「ねむりのうた」（『サンキュロット通信』）。金子黎子「窓硝子」「二月の詩」（『魚類の薔薇』）。五月、三沢信弘「四月の花」「鏡の中の目について」（『開花感覚』）。金子黎子「イニシアル」（『文章倶楽部』）。服部春男「消えゆく歌に」、よしえちよこ「Ｖ〝第九〟を聴く（二行詩）」（『弁論』）。津崎和子「ある夜の詩心」（『開花感覚』）。清水高範「冬の内海――丘に佇つて」「ゆうぐれ――二月に」、冬園節「風景」（『地球』）。六月、服部春男「材木置場」、よしえ・ちよこ「カリエールの〝おもい〟の前で」（『弁論』）。鶴巻和男「健忘症」、河野澄子「苦吟」、黒米幸三「マンガ家志望のころ（短文）」、好川誠一「花よおかえりなさい」（『文章倶楽部』）。**七月**、三沢信弘「微笑と眠り」（『囲繞地』）。三沢信弘「詩――大原美術館にて――」（『開花感覚』）。服部春男「陽炎」、「プリズム（二行詩）」（『弁論』）。**八月**、黒米幸三「悪の花園」、好川誠一「零」（『文章倶楽部』）。清水高範「夜の歌」（『地球』）。**九月**、三沢信弘「よわいうた」「祝祭」「関根弘氏に」「12号について」（『開花感覚』）。好川誠一「水平線へ叫ぶ」、黒米幸三「見えない影」、川井雅子「廃墟」、植村豊子「エピロオグ（短文）」、青柳希世子「こんな時（短文）」、金子羚子「ヘアスタイルの話（短文）」（『文章倶楽部』）。**一〇月**、石原吉郎「夜の招待」、田中武「街角で」、鶴巻和男「どん底」、黒米幸三「ぼくらの夏を」、金子れい子「白い一頁」（『文章倶楽部』）。**一一月**、石原吉郎「結実期」、勝野睦人「夕暮」、鶴巻和男「登山」、中川晟「桃（短文）」、草間順子「床間以上（短文）」（『文章倶楽部』）。岡田兆功「今日のクロニクル」、冬園節「落ちない落葉」、清水高範「晩秋」（『地球』）。**一二月**、三沢信弘「『山上の死者』によせる」（『黄薔薇』）。沢村光博「エヴァの樹抄（人質、幻影の日々）」、岡田兆功「窓」（『詩学』）。中川晟「路傍の人形」、黒米幸三「ぼくの心のウインドに」、川井雅子「無題」、青柳希世子「影絵」（『文章倶楽部』）。

一九五五（昭和30）年

三月、ロシナンテ詩話会が発足。**四月**、アジア・アフリカ会議開催。『文章倶楽部』第二回詩コンクールで石原吉郎「サンチョ・パンサの帰郷」が次席となる。『ロシナンテ』創刊。鮎川信夫『現代詩作法』（牧野書店）。**五月**、ワルシャワ条約調印。**七月**、村田正夫らが『潮流詩派』創刊。**八月**、第一回原水爆禁止世界大会が広島で開催される。石原吉郎、『文章倶楽部』誌上で鮎川信夫、谷川俊太郎と「作品と作者をどうみるか」と題して鼎談。**九月**、砂川基地反対闘争。**一〇月**、五〇年に分裂していた社会党が統一。**一一月**、自由民主党結成。**一二月**、原子力基本法公布。

【作品】

■**四月**、［『ロシナンテ』創刊号］　岸岡正「夕暮」、森田隆司「蛇」、田中武「果実」、鶴巻和男「無題」、稲岡香詩「暗夜」、吉原寛「黄色い影」、河野澄子「雲について」、吉江千代子「夜の遠吠え（死者のうた）」、石原吉郎「古い近衛兵」、金子黎子「勝利」、草間順子「長屋の朝」、岡田芳郎「怠惰」、淀縄美三子「その人に」、中川晟「遊戯」、好川誠一「蝶の栞　鉄の栞——某月某日風邪。欠勤届提出ス——」。**六月**、『ロシナンテ』第二号」田中武「部屋」、吉江千代子「ためらい」、淀縄美三子「会話二題」、黒米幸三「生長」、森田隆司「影」、稲岡幾与志「非情」、河野澄子「夜——その街角——」、中川晟「夜」、好川誠一「ひめ鱒の村」、岡田芳郎「機械」、草間順子「朝の化粧」、岸岡正「海」、吉原寛「告白」、石原吉郎「悪意」。**八月**、『ロシナンテ』第三号」樽本三代子「ひる」、服部春男「遠い風景」、岡田芳郎「鋲でとめられた」、植村豊子「今日の俘虜〈とりこ〉」、淀縄美三子「傷んだなかの喪失」、田中武「私の硝子屋さん」、永山一敏「生きみの記憶の上に並ぶもの」、岸岡正「憧憬」、好川誠一「海の　二つの歌」、河野澄子「夜——その陥穽《わな》——」、吉田睦彦「どん底物語」、吉江千代子「夕凪」、石原吉郎「クラリモンド」。**一〇月**、『ロシナンテ』第四号」石原吉郎「サヨウナラトイウタメニ」、河野澄子「スペインの海」、岡田芳郎「連鎖」、中川晟「無題」、吉田睦彦「白鳥物語」、増田瓢二「孤独について」、稲岡幾与志「憶い出——みたびある夏の夕暮れに——」、服部春男「断片《フラグメント》Ⅰ」、淀縄美三子「誓い——或る年のクリスマスの日に——」、金子黎子「青いパステル」、好川誠一「郷土」、吉江千代子「やまなみ」、永山一敏「そして」、草間順子「私が小さな骨片になったとき」、鶴巻和男「木蔭（又は日曜日）」、田中武「車中幻想」。**一二月**、『ロシナンテ』第五号」河野澄子「アンサンブル」、石原吉郎「生きる」、カッノムット「ソネットⅡ」、服部春男「旅の断章」、樽本三代子「わたしのからだは痛みでみちる」、田中武「魔法」、岸岡正「生」、草間順子「赤い自転車」、人見誠「思い出」、青柳希世子「典型」、中川晟「運動——親父の哀しみ——」、吉田睦彦「YOKOSUKA物語」、岡田芳郎「陰気な風景」、永山一敏「つづく」、好川誠一「酔どれ電車」。

○**一月**、好川誠一「星について」、石原吉郎「予感」、川井雅子「廃墟」、吉原寛「目覚めるために」、岡田芳郎「憧憬」、黒米幸三「漂流」、田中武「笹折り」（『文章倶楽部』）。金子黎子「柩」「メリーゴーラウンド」「嘲」（『魚類の薔薇』推定）。岡田兆功「生きて」、清水高範「菊」（『地球』）。**二月**、三沢信弘「冬の草原」、金丸桝一「目的は……」（『囲繞地』）。金子黎子「ターミナル」「赤い仔馬」「仮面」（『魚類の薔薇』推定）。**三月**、鶴巻和男「乾いた主題」、田中武「埋葬」、石原吉郎「黄色い時間」、岸岡正「不安」、樽本三代子・短歌作品（『文章倶楽部』）。三沢信弘「歓送の辞」（『黄薔薇』）。金子黎子「少年について」（『魚類の薔薇』推定）。岡田兆功「五月」、清水高範「また僕は生れる」（『地球』）。**四月**、田中武「雨の夜に」、鶴巻和男「丘にて」、勝野睦人「どこかのカッフェーの隅っこで——又は〝カップとソーサー——〟」、好川誠一「悪に塗るうた」「ながれのなかで」、石原吉郎「サンチョ パンサの帰郷」「狙撃者」、樽本三代子「鳥」「暗示する如く」短歌作品、岡田芳郎「ふたたび「火の鳥」をめぐつて 武田遙子氏へ」（『文章倶楽部』）。金丸桝一「《ふるさとの歌》（Ⅰ 石で釘をうったので Ⅱ 一枚きりの空の下で）」、冬木好「山椒魚についてのトロワポエム（山椒魚、山椒魚、神話）」、好川誠一「廿代の競技」「勇者が駈けてくる」（『詩学』）。金子黎子「以下余白」「憎悪」（『魚類の薔薇』推定）。好川誠一「愛されると」「神の子——地球儀写生」（『櫂』）。戎栄一「渓流」「映像」、政田岑生「追うひと」（『季節』）。**五月**、金丸桝一「黄昏について」、三沢信弘「鹿」「囲繞地同人諸兄姉への報告」（『囲繞地』）。好川誠一「断章 二題（牧地の証人・悲劇）」、勝野睦人「冬」、樽本三代子「建物」、田中武「夜」、吉原寛「号外」、岡田芳郎「別離」（『文章倶楽部』）。**六月**、樽本三代子「火」、川井雅子「道」、石原吉郎「波止場で」、岡田芳郎「女優（小説）」、永山一敏「今日」、田中武「海」、中川晟「ガラスの遊戯」、樽本三代子・短歌作品（『文章倶楽部』）。清水高範「風景」、岡田兆功「誰かの春」（『地球』）。石井常造「耳に尖がる挽歌」、政田岑生「愛の影は」、戎栄一「鏡のある風景」（『季節』）。**七月**、石原吉郎「Metamorphose」、根木田信「皮膚について」、田中武「広場」、勝野睦人「錆びた恋歌《こいうた》」、岡田芳郎「少女渇仰」「十代の詩人（月評）」、樽本三代子・短歌作品、藤木輝雄「五月号推薦小説（月評）」

(『文章倶楽部』)。冬園節「地墓——貧しい時のうた——」「〈近代詩人〉の主張」、好川誠一「廿才《はたち》に相違ありません」(『詩学』)。田中武「出発」、森田隆司「蜘蛛」(『潮流詩派』)。**八月**、石原吉郎「葬式列車」、田中武「曇」、好川誠一「あかごをうたう」、樽本三代子・短歌作品、服部春男「或る色調の中で」、岡田芳郎「運命」、吉原寛「河」、藤木輝雄「五円の硬貨」(『文章倶楽部』)。大塚啓也「ブラック・ジョウ(小説)」(『文芸首都』)。三沢信弘「世界と友よ」「永瀬清子論」(『囲繞地』)。岡田兆功「海辺のアナキイ」、清水高範「暗点」(『地球』)。**九月**、川瀬省三「沼の中(小説)」「みちのく」、勝野睦人「音信」、田中武「山頂にて」、河野澄子「夜」、鶴巻和男「海辺」、根木田信「壁の感触」、樽本三代子「熱」・短歌作品(『文章倶楽部』)。**一〇月**、石原吉郎「五月のわかれ」、田中武「夢」、岡田芳郎「着物(小説)」「憧憬をめぐりて」、吉原寛「デパートにて」、根木田信「世界にむかつて」、川瀬省三「風呂帰り」「雨上り(小品)」、武山二子「生に」、樽本三代子「川」・短歌作品、服部春男「断片」(『文章倶楽部』)。田中武「くらがりの牛について」(『潮流詩派』)。政田岑生「重い声」、戎栄一「丘の上で」、三沢浩二「藤井薫の詩法について」、田中武「耳」、永山一敏「到着」「到着(2)」(『季節』)。**一一月**、岡田芳郎・平松進「遠藤周作訪問記」、石原吉郎「夜がやって来る」、樽本三代子・短歌作品、勝野睦人「「浜辺」のエスキース」、川瀬省三「蟬」、村山正憲「おいたち」、服部春男・短歌作品(『文章倶楽部』)。磯村英樹「生きる(1)」、政田岑生「痛んでいる限界」、好川誠一「乞食」(『詩学』臨時増刊)。田中武「風は僕を愛しているので——ひとりの少年の誕生に——」(『詩学』)。金丸桝一「危機に囲まれて」「秋に……」、三沢浩二「種子の内部のように」「所有者」「囲繞地と三沢信弘の関係について詩学臨時増刊号に上林氏が書いておられるのは事実を異なるという事について」(『囲繞地』)。**一二月**、石原吉郎「自転車にのるクラリモンド」、田中武「少年」、好川誠一「少年王者」、川瀬省三「黄色い夢(短篇)」、樽本三代子「歌」・短歌作品、根木田信「敗北カラ始マッタ」(『文章倶楽部』)。三沢浩二「〈かいな〉創刊号について」(『かいな』)。田中武「風の中で」(『ブイ』)。

◇一二月、戎栄一『遠い地平』（季節詩社）。

一九五六（昭和31）年

一月、政田岑生らが『罠』（季節社）を創刊。二月、スターリン批判が行われる。五月、水俣病が公式に確認される。七月、エジプト、スエズ運河国有化宣言。『経済白書』が「もはや戦後ではない」と指摘。九月、『ロシナンテ』が会員制から同人制に変わる。一〇月、日ソ共同宣言により国交回復。ソ連軍、ハンガリー出動（ハンガリー事件）。スエズ戦争勃発。伊達得夫が『ユリイカ』（第一次）創刊。壺井繁治、伊藤信吉、村野四郎ら『季節』創刊。一二月、国連総会、日本の国連加盟を全会一致で承認。ソ連から最後の集団帰国者。『詩学』で「ロシナンテ特集」が組まれる。

【作品】

■二月、［『ロシナンテ』第六号］永山一敏「連繫の方法」、淀縄美三子「お針子」、好川誠一「せめて詩なんぞ」、石原吉郎「くしゃみと町」、岸岡正「都会の夜」、久保田恒雄「ルンペンの唄」、河野澄子「ボリヴィアレッド」、田中武「風男」、服部春男「ソネットⅦ」、オカダヨシロー「シャボン玉」、石井常造「人間その青春の碑《いしぶみ》について」、草間順子「夢」、吉江千代子「やさしいうた」、勝野睦人「モノローグ」、樽本三代子「あるときの歌」、吉田睦彦「カラス物語」。四月、［『ロシナンテ』第七号］石井常造「馳け抜ける」、石原吉郎「国境　一つの履歴から」、植村豊子「冬」、岡田芳郎「卒業」、勝野睦人「グラスに注ごうとする私のこころは」、金子黎子「白い罠」、香山秀雄「霜柱」、岸岡正「山」、草間順子「仕事を終えて」、久保田恒雄「老人とトロッコと」、河野澄子「声ニ」、鈴木芳子「鶏と土」、武田義英「街頭録音」、谷本いずみ「うたのない歌集」、樽本三代子「黄色い椅子」、田中武「旅人のうた」、鶴巻和男「朝」、中川晟「親父の詩《うた》」、永山一敏「花」、好川誠一「短い四つのうた」、吉田睦彦「ひとりぼっちの物語——長恨歌の主題による変奏曲——」。六月、［『ロシナンテ』第八号］根木田信「出発」、田中武「僕の掌の下で」、勝野睦人「的」、石井常造「夜のナイフ」、好川誠一「不具な仲間」、岡田芳郎「日比谷公園」、吉田睦彦「青薔薇物語——少年の夢みる少女の夢の連鎖」、岸岡正（訳）「C・D・ルイス詩抄」、河野澄子「曇天」、久保田恒雄「〝旅〟」、永山一郎「挽歌」、武田義英「センチメンタル・ファンタジー」、大塩匂「すべてぼくら」、淀縄美三子「春」、樽本三代子「黄昏」、石原吉郎「風と結婚式」。**八月**、〔『ロシナンテ』第九号〕岡田芳郎「日比谷公園」、大塩匂「人?」、根木田信「おまえと言うぼくの想いは」、竹下育男「深夜奇しくも又」、横山昇「月蝕について」、河野澄子「暗い生の只中で」、川井雅子「廃墟」、金子黎子「歴史」、藤本尭「誕生」、吉田睦彦「青薔薇物語（改作）」、鈴木芳子「遠い窓」、好川誠一「唖の少女と」「尾っぽを振れるということが」、石井常造「幻想の日――抒情的デフォルメの唄　純喫茶モンブランに」、岸岡正「ひとに」、石原吉郎「絶壁より」、田中武「夕暮と男」、植村豊子「エトランジェ」、勝野睦人「えぴそおど――又は〝peg〟」。**一二月**、〔『ロシナンテ』第一〇号〕石原吉郎「Frau komm! ――ドイツ難民白書から――」、岸岡正「海」、淀縄美三子「行く人」、津崎由規「ある酒場」「風と犬」、勝野睦人「Conversation（三篇）」、岡田芳郎「連鎖Ⅲ」、河野澄子「空と石」、金子黎子「挽歌」、根木田信「愛の詩《うた》」、大塩匂「騎兵」、鈴木芳子「マントの唄」、田中武「深夜と男」、好川誠一「のんだくれと巡査」「空と若者と巡査」、川井雅子「倖なる哉・聖母《アヴェ・マリア》」、植村豊子「車中記」、永山一郎「全て世は事もなし」、竹下育男「海辺の朝」「沈黙ははや甦えるまい」「ほの暗い雨のなか」「陽が落ちると」、吉田睦彦「二つの女人像との対話」。

○**一月**、沢村光博「死は」（『詩学』）。石原吉郎「夜がやって来る」（『詩学』臨時増刊）。川瀬省三「技術の不足」「豊作」、河野澄子「詩と生活の結びつき方」（鮎川信夫・谷川俊太郎との座談会）、服部春男「ゆうぐれ」、鶴巻和男「寝床で」（『文章倶楽部』）。田中武「並木道で」、淀縄美三子「苔」（『潮流詩派』）。政田岑生「行方」、戎栄一「放擲のかたちで」、永山一敏「昼よ」（『罠』）。**二月**、石原吉郎「事実」、田中武「黄昏のうた」、川瀬省三「蝦夷の記憶」、永山一敏「傷1」「傷2」、鶴巻和男「前夜」、村山正憲・短歌作品（『文章倶楽部』）。田中武「眠る母」（『ブイ』）。岡田兆功「アダヂオ」、清水高範「夜の下で」（『地球』）。**三月**、樽本三代子・短歌作品、勝野睦人「洗濯物のうた」、黒米幸三「家」（『文章倶楽部』）。**四月**、勝野睦人「ソネットⅢ」、岡田芳郎「貝殻よ」（『文章倶楽部』）。好川誠一「三ぷんぬすと」（『詩学』）。淀縄美三子「夕べのなかに」（『潮流詩派』）。永山一敏「昼の童話」、政田岑生「花」、戎栄一「木馬に」「歯車」「空と射ち落とされた鳥のように」（『罠』）。**五月**、樽本三代子「夜」・短歌作品、勝野睦人「わたしはピアノの鍵盤《キイ》です――又は〝楽譜に添えて〟――」、川瀬省三「ぬかるみ」、岡田芳郎「それがあま」（『文章倶楽部』）。沢村光博「詩人論――詩論を中心として（詩人研究③・北川冬彦特集）」（『詩学』）。田中武「霧の巨人」（『ブイ』）。清水高範「円」、岡田兆功「汀にて」（『地球』）。**六月**、勝野睦人「AVRIL」、川瀬省三「忌中」、中川晟「記念碑」、鶴巻和男「会話」（『文章倶楽部』）。戎栄一「大野純の処女詩集」「海邊の死」、政田岑生「水死人」、永山一郎「五月の戒律と艶歌」（『罠』）。**七月**、沢村光博「聴け　エンマヌエル抄（蝶番、エヴァの墓地）」、冬園節「詩都通信　鳴門市」（『詩学』）。**八月**、石原吉郎「風と結婚式」（『詩学』）。淀縄美三子「馬」（『潮流詩派』）。田中武「みえなくなつたボール」（『ブイ』）。清水高範「崩れる砂」、岡田兆功「椅子」（『地球』）。**九月**、樽本三代子・短歌作品、川井雅子「私の街」（『文章倶楽部』）。勝野睦人「VIRGINITÉ」、田中武「みえないあなたに」、冬木好「空について（空・ぼくの中の空・空――イカルス墜落吟）」、好川誠一「文選工のうた――ぼくの失業を気遣ってくれた仲間へ捧ぐ――」（『詩学』臨時増刊）。**一〇月**、好川誠一「人買たちに見守られた汽車が――おとうとへ――」（『詩学』）。三沢浩二「石の声」（『裸足』）。淀縄美三子「くろい男」（『潮流詩派』）。**一二月**、田中武「麦藁帽子――または夏のおわり」、淀縄美三子「花の宿」、吉田睦彦「盃」、勝野睦人「モノローグ」、鈴木芳子「鶏と土」、石原吉郎「くしやみと町」、岡田芳郎「日比谷公園　Ⅱたそがれと樹」、河野澄子「声二」、好川誠一「貧乏たらしいかみさま」（『詩学』）。金丸桝一「否と言え」（『九州文学』）。田中武「ふかい睡りから」（『ブイ』）。清水高範「体臭」（『地球』）。

◇**六月**、好川誠一『ロシナンテ詩集Ⅰ　好川誠一集　海を担いで』（自家版）、吉田睦彦『ロシナンテ詩集Ⅱ　吉田睦彦集　蝕バマレタ牙ノ唄』（自家版）。**九月**、永山一郎『地の中の異国』（季節社）。**一〇月**、浜本武一

『青の記録』(季節社)。

一九五七(昭和32)年

一月、相馬ヶ原演習場で米兵が日本人農夫を射殺(ジラード事件)。**二月**、第一次岸信介内閣成立。**三月**、チャタレイ裁判で有罪確定。**六月**、米軍、沖縄土地強制収用宣告。岸首相訪米、安保改定検討などについて日米共同声明。『ロシナンテ』同人の勝野睦人が交通事故死。**七月**、東京の国連軍司令部が韓国へ移動。**九月**、国際ペン大会が東京で開会。**一〇月**、ソ連が世界初の人工衛星スプートニク一号の打ち上げに成功。国連総会、日本を安保理非常任理事国に選出。広島で『洪水』が創刊される。

【作品】

■**三月**、『ロシナンテ』第一一号　勝野睦人「鐘楼」「目覚めの少女」、鈴木芳子「途上」、根木田信「凪は」、石原吉郎「ゆうやけぐるみのうた——「かちかち山」から」「町で」、淀縄美三子「ふくろう」「筏にのって」、金子黎子「失い」、大塩匀「牛若丸」「水族館へ」「街で」、岸岡正「断章」、竹下育男「プレリュード」、河野澄子「掌」「世界は」、植村豊子「遠い音」、吉田睦彦「十字架」「空」、津崎由規「一九五七年」「赤いシートのオートバイ」、岡田芳郎「砂漠」、田中武「帰郷」、好川誠一「雨季」。**六月**、『ロシナンテ』第一二号　好川誠一「処分」「空」、根木田信「平原にて」、大塩匀「うた」、鈴木芳子「Influenza」、淀縄美三子「谷——父は三月二十一日病でたおれた——」「流れていく」、田中武「眼覚めの少女」、植村豊子「松の実」、岡田芳郎「花屋は角ごとに」「目」「ナイフの月——大神康子の原案による——」「ひろってはいけないものがひとつ」、津崎由規「老年」、竹下育男「二つの祈り」、勝野睦人「「憧れ」は」「そのむかし」「LA NATURE MORTE II」、石原吉郎「その朝サマルカンドでは」、吉田睦彦「切支丹背教徒秘譚」。**八月**、『ロシナンテ』第一三号(勝野睦人追悼号)　中鉢敦子「約束」、小原知子「草地」、勝野睦人「LA NATURE MORTE II」「そのむかし」「「憧れ」は」「硝子戸」「鐘楼」「目覚めの少女」「わたしはひとつの……」「部屋」「CONVERSATION(三篇)」「えぴそおど——又は〝peg〟」「的」「グラスに注ごうとする私のこころは」「モノローグ」「ソネット

Ⅱ」「VERGINITE」「AVRIL」「洗濯物のうた」「音信」「わたくしはピアノの鍵盤《キイ》です――又は〝楽譜に添えて〟――」「冬」「どこかのカフエーの隅っこで――又は〝カップとソーサー〟――」「夕暮」「錆びた恋歌」「マコチャン」、嶋岡晨「『詩学研究会』の勝野睦人」、竹下育男「弔辞」、黒米幸三「廃墟」「きのうは」。**一〇月**、『ロシナンテ』第一四号」　佐々木双葉子「人は」「秋」、木下恵美子「秋は…………」、伊東文一郎「褐色の狙撃兵」、冬木好「秋立つそのとき」、斎藤真砂子「帽子」「ゆうがた」、河野澄子「いつから」、吉田睦彦「果実――名も告げずに帰つていつた少女に――」、大塩匀「河童」、金子黎子「祈りのように」、石原吉郎「最後の敵」、小原知子「湖」「あなたに」、黒米幸三「わたしはだれかに」「風船」、津崎由規「賭の終り」、中鉢敦子「PROMENADE」、鈴木芳子「サンダル」、好川誠一「障害物競争」、岡田芳郎「結末」、田中武「覚える」、竹下育男「二つの小さな頌歌」、淀縄美三子「読書――または死――」。

○一月、石原吉郎「葬式列車」（『日本詩集1957』）。森田隆司「郷愁」（『文章クラブ』）。**二月**、石原吉郎「ヤンカ・ヨジエフの朝」、吉田睦彦「二つの女人象との対話」（『詩学』）。三沢浩二「スプリング　ソナタ」（『裸足』）。**三月**、勝野睦人「部屋」（『詩学』）。佐々木双葉子「愛が私を……」、村山正憲「行列」（『文章クラブ』）。**四月**、中鉢敦子「わたし」「川」、佐々木双葉子「きまぐれなおんなのうた」、村山正憲「軽業師」、森田隆司「映画ピーターパンに寄せて」（『文章クラブ』）。三沢浩二「習作」（『裸足』）。沢村光博「希望（わたしたちの心・甕・最後の希望）」（『詩学』）。**五月**、勝野睦人「硝子戸」（『詩学』）。政田岑生「詩人の計算」（『ユリイカ』）。清水高範「海のなかの落葉」（『地球』）。**六月**、佐々木双葉子「わたしははじめて」、中鉢敦子「なぜ」、増田瓢二「折鶴」（『文章クラブ』五・六月合併号）。三沢浩二「東京の印象」、金丸桝一「［危機に囲まれて］」、沢村光博「感想」。三沢浩二「我が親愛な……よ」（『裸足』）。冬木好「無神論」（『ユリイカ』）。沢村光博「月評家という名のデマゴーグ・唐川富夫氏」（『詩学』）。勝野睦人「わたしはひとつの……」（『Poetry』）。**七月**、石原吉郎「デメトリアーデは死んだが――一九五〇年　ザバイカルの徒刑地で」(『詩学』)。中鉢敦子「壁」、佐々木双葉子「忘れ果てるときも」(『文章クラブ』)。八月、石原吉郎「サヨウナラトイウタメニ」(『詩学』臨時増刊)。淀縄美三子・竹下育男「Corner プロフィル〈勝野睦人〉」、勝野睦人「わたしはひとつの〈遺稿〉」「マヌキヤンによせて」(『詩学』)。三沢浩二「わたしの肖像」(『裸足』)。冬木好「山椒魚」「変身」「枯葉」(『滋賀詩集』近江詩人会)。九月、佐々木双葉子「空」(『詩学』)。大塚啓也「悼む」(『地球』)。金丸桝一「危機感を主題にした詩について〈危機に囲まれて〉」(『詩の教室』第五巻、飯塚書店)。岡田兆功「きみに」、清水高範「射手」(『地球』)。一〇月、戎栄一「わが内なる椎夫に」、政田岑生「秋をめぐるもの」(『雲雀笛』)。三沢浩二「空の墓地——大きな死の幻影がやさしかった夏の歌——」(『裸足』)。沢村光博「詩三篇(引力・貧者の知慧・影のオルフエ)」、勝野睦人「LA NATURE MORTE II」(『詩学』)。田中武「岩」(『ブイ』)。一一月、大橋千晶「偽善」(『27号室』)。佐々木双葉子「わたしが」(『詩学』)。三沢浩二「あかつきの歌」、金丸桝一「貧しさの歌」「黄昏に」「詩への期待」(『囲繞地』)。一二月、淀縄美三子「読書　または死」、片瀬博子「ある朝めがさめると」(『現代詩』)。粕谷栄市「唖《おし》」(『早稲田詩人』)。中鉢敦子「魂」(『詩学』)。三沢浩二「それは私の」(『裸足』)。

◇一〇月、片瀬博子『この眠りの果実を』(コルボオ詩話会)。

一九五八(昭和33)年

二月、入沢康夫、岩成達也ら『あもるふ』創刊。三月、フルシチョフ、ソ連首相に就任。関門トンネル開通。五月、テレビ受信契約数一〇〇万突破。六月、第二次岸内閣成立。『世代』創刊(『文章クラブ』改題)。七月、関根弘らが「現代詩の会」を発足。八月、第二次台湾海峡危機。九月、藤山・ダレス会談、安保条約改定で共同声明。一〇月、日米安保条約改定交渉開始。一一月、舞鶴引揚援護局閉鎖。一二月、東京タワー完工。石原吉郎が『荒地』同人となる。風山瑕生がユリイカ新人賞受賞。

【作品】

■一月、「『ロシナンテ』第一五号」吉田睦彦「街」、斎藤真砂子「赤い手袋」、竹下育男「ねがい」「ヴァイオリニスト」、大塩匂「DER TOD」、岡田芳郎「勝野君への手紙」、佐々木双葉子「あなたに」「鳥」「生」、伊東文一郎「一つの結末」「澱みは墓だ」「炎は高し」、金子黎子「皿」「距離」、河野澄子「凪」、田中武「秋」、中鉢敦子「樹に」「野で」、冬木好「流木」「銀杏」、木下恵美子「おやすみなさい――今夜あなたの見る夢はきつとこんな夢――」、小原知子「ほたる」、石原吉郎「岬と木がらし」「火つけの町」、好川誠一「おれは乞食だ」。**四月**、『ロシナンテ』第一六号　粕谷栄市「古い雨」「盲目」、淀縄美三子「みんな美しくなると」「落陽」、冬木好「ボロ椅子からいま」、鈴木芳子「花という　わたしも」、伊東文一郎「いたんのこ」、黒米幸三「無題――レコードに寄せて――」、好川誠一「悪い酒――または「世帯主とのつづきがら」――――」「生活力考」、岡田芳郎「事件」「かたち」、竹下育男「月見草」、佐々木双葉子「椅子」、小原知子「私の掌の中から」、大塩匂「足のうた」、河野澄子「盲目」、石原吉郎「猫が憑いた話」「さびしいと　いま」、斎藤真砂子「不幸について」「醜い女」、中鉢敦子「死――わたしたちの童話では　ある日　鏡が語りかける――――」、金子黎子「河」、吉田睦彦「入祭文」。**七月**、『ロシナンテ』第一七号（勝野睦人一周忌特集）河野澄子「夜明けの人」、中鉢敦子「PRIÈRE II」「雨」、鈴木芳子「登路」、木下恵美子「凪　その九」、斎藤真砂子「おかあさんのせかい」、佐々木双葉子「沼」、竹下育男「勝野君のこと」、岡田芳郎・河野澄子・田中武「勝野君のこと」、中鉢敦子「勝野睦人のこと」、石原吉郎「ドア――一人の詩人の死に――」、岡田芳郎「散歩」「あなたに　III」、田中武「ねむたい児供」、石原吉郎「アリフは町へ行つてこい」、黒米幸三「毛むし」「坂道」、大塩匂「鬼」、好川誠一「本日は晴天なり」、粕谷栄市「部屋」、伊東文一郎「――近代説話――」。**一〇月**、『ロシナンテ』第一八号　田中武「鬼」、斎藤真砂子「千草糸で袋を編む」、吉田睦彦「求憐誦〈きりゑ〉」、黒米幸三「初秋」、鈴木芳子「ヨナの日」、木下恵美子「凪　その四」「凪　その十」、伊東文一郎「バルンガンの唄」、河野澄子「炎える」、大塩匂「野原」「彼」、淀縄美三子「言葉」、岡田芳郎「奈良」、中鉢敦子「夜になると……」「二つのうた」、好川誠一「本日は晴天なり」「一人について」、冬木好「夏が死んでしまうなんて！」、小原知子「軟かい大きな舌のような風が」「無題」、石原吉郎「脱走」、粕谷栄市「鯨または………」「残酷物語」「病人」「迷信」。○**一月**、粕谷栄市「村」（『27号室』）。沢村光博「詩三篇（ぼくは道具・悲しみは・或る企て）」（『詩学』）。佐々木双葉子「街」「金魚」「空」、中鉢敦子「日暮に」「水たまり」、森田隆司「プログラム的に」、石原吉郎「夜の招待」「結実期」、勝野睦人「どこかのカッフェの隅っこで」、田中武「笹折り」、好川誠一「あなたもわたしも」（文章クラブ編集部編『現代日本新人詩集一九五八年版』思潮社）。**二月**、石原吉郎「その朝サマルカンドでは」、沢村光博「旋回」（『詩学』臨時増刊）。中鉢敦子「街とわたしと」「風景」、佐々木双葉子「彼について」、金丸桝一「ふるさとの歌」、清水高範「擦過」（『詩学』）。三沢浩二「鎮魂歌——遠い父に——」（『裸足』）。片瀬博子「誕生」、香川紘子「方舟」「茶の花」「幼児の想像力」、沢村光博「confirm　非常に一般的なテーゼ」「犠牲者たち」「雨のなかで裂ける樹——一つの対話」「水のなかの家」（『想像』）。**三月**、石原吉郎「粥」（『ユリイカ』）。三沢浩二「ある対話」（『湾』）。冬園節「われらの仲間〈近代詩人〉」（『詩学』）。田中武「夢の中の少女に」（『ブイ』）。岡田兆功「厄の日に」、清水高範「約束」（『地球』）。**四月**、石原吉郎「霧と町」（『短歌研究』）。粕谷栄市「鼻唄」（『早稲田詩人』）。増田瓢二「Corner われらの仲間〈明日〉」（『詩学』）。三沢浩二「ある記憶——べべに——」（『裸足』）。**五月**、黒米幸三「ぼくの迷案はがき三部作」（『郵政』）。金丸桝一「秋」、三沢浩二「青春」（『囲繞地』）。香川紘子「あなたとともに」、片瀬博子「祝福」、沢村光博「歌」（『想像』）。**六月**、粕谷栄市「十四歳」（『早稲田詩人』）。三沢浩二「夏へ「物神のわらい」「樫の大樹」「卓へ捧げる浩二の歌——わが青春のマリアンヌとよばれるべべ」（『裸足』）。中鉢敦子「橋」（『詩学』）。磯村英樹「樹によるエチウド」（『雲雀笛』）。**七月**、鈴木芳子「小さな出来事」（『世代』）。冬木好「山椒魚」「変身」「枯葉」（近江詩人会『滋賀詩集』）。片瀬博子「子に」、香川紘子「魂の手まり唄」「晩春」「讃歌」「ばら」、沢村光博「牛」（『想像』）。**八月**、三沢浩二「坂本明子出版記念会記」（『日本未来派』）。金丸桝一「報告」（『詩学』）。三沢浩二「讃歌」(『裸足』)。**九月**、三沢浩二「坂本明子について」(『ユリイカ』)。田中武「ねむたい子供」(『裸足』)。岡田隆彦「私の猫」(『世代』)。**一〇月**、三沢浩二「無花果」(『裸足』)。**一一月**、鈴木芳子「エロースの町」(『世代』)。中鉢敦子「わたしたち」(『詩学』)。沢村光博「混沌から秩序へ」(『文芸首都』)。沢村光博「権力と個人の反抗」、片瀬博子「「方舟」の詩と信仰の問題」「子守唄」、香川紘子「折鶴の里」(『想像』)。**一二月**、佐々木双葉子「けもののあさ」(『随想』、目次では「けもののうた」)。沢村光博「夜の稲妻」、清水高範「雨のなかをぬつておまえのところへ」、北川純「洪水の会」(『詩学』)。三沢浩二「詩人の成熟・その他に関するノート」「波」(『囲繞地』)。三沢浩二「麦と魚」(『裸足』)。上田敏雄「33秒のスプートニク」、政田岑生「渇きの中で」「涸れた海」「冬のレストラン」(『鋭角・黒・ボタン　1958年アヴァンギャルド詩集』前衛詩人協会)。

◇**六月**、『勝野睦人書簡集』(ムットの仲間)。**七月**、香川紘子『方舟』(書肆オリオン)。**九月**、清水高範『なにかが私を通つて行く』(国文社)。鈴木漠『星と破船』(濁流会)。

一九五九(昭和34)年

一月、カストロのキューバ革命軍、バチスタ政権打倒。メートル法施行。**二月**、新日本文学会が「在日朝鮮人帰国の即時実現を強く望む」声明。**三月**、安保条約改定阻止国民会議発足。『ロシナンテ』解散。平岡史郎、鈴木漠、岡田兆功、藤村壮らが『海』を創刊。**四月**、皇太子明仁と日清製粉社長の長女・正田美智子成婚。**五月**、日本・南ヴェトナム賠償協定調印。**六月**、『現代詩手帖』(小田久郎)創刊。**九月**、フルシチョフ訪米、米ソ首脳会談。伊勢湾台風。**一〇月**、石原吉郎が『鬼』に参加。國井克彦ら『銛』創刊。**一二月**、黒田喜夫『不安と遊撃』(飯塚書店)刊行。

【作品】

■**三月**、[『ロシナンテ』第一九号] 大橋千晶「樹」「寒い夜に」、冬木好「非人」、石原吉郎「耳鳴りのうた」、木下恵美子「読む」、岡田芳郎「男」、河野澄子「ゆうひと食卓」、好川誠一「その他」、竹下育男「感じたまま——われわれの必要について——」、粕谷栄市「部屋」「顔」「紐」「ホテルにて　郡山市駅前M旅館に」、鈴木芳子「きれいなマコは」、淀縄美三子「あれは」、伊東文一郎「とり」、田中武「夜明けの町はどこにある」、大塩匀「僧」、吉田睦彦「狂つた唄」「女に関する三つの唄」「貧しい唄」、斎藤真砂子「つぎあてのストッキング」「ましな野郎」「図書と電車」、佐々木双葉子「唄」「わたしはなれない」。

○**二月**、黒米幸三「「郵政」グラビアの頁に」（『郵政』）。香川紘子「方舟」、片瀬博子「悲歌」、沢村光博「牛」、政田岑生「全国詩壇動向 中国」（『詩学』臨時増刊）。磯村英樹「おれの嫌いなのは」、片瀬博子「もつと小さな隠れ家を……」、木下恵美子「風」（『詩学』）。三沢浩二「三つの章――越年のための七つの章より――」（『裸足』）。片瀬博子「ばら詩集について」（『日本未来派』）。香川紘子「おお　フオトオーナ」、片瀬博子「婚姻」、沢村光博「「第五福音書の時代」より」（『想像』）。**三月**、粕谷栄市「坊主」「さむらい」（『現代詩』）。香川紘子「八木重吉論ノート」「城」「受胎」、片瀬博子「孤児《みなしご》」、沢村光博「苦悩」（『想像』）。**四月**、石原吉郎「その日の使徒たち」（『詩学』）。石原吉郎「賭けとPoesie」（『雲』）。三沢浩二「微風」（『裸足』）。岡田兆功「jolly chapeau」、清水高範「海の指」、磯村英樹「魚牛」（『地球』）。**五月**、岡田芳郎「男」、粕谷栄市「顔」（『ユリイカ』）。香川紘子「繭の夢」、鈴木漠「木」（『詩学』）。**六月**、三沢浩二「老人と斧」（『裸足』）。片瀬博子「ひとつの奪還　詩と性愛の形而上学にふれて」「夜のプール」、沢村光博「ヘンリー・ミラー小感」、香川紘子「ベッド」（『想像』）。**七月**、佐々木双葉子「いのり」（『花粉』）。粕谷栄市「匙」（『地球』）。清水高範「影」、岡田兆功「切断」、磯村英樹「行きずりの愛のはげしさが……」、粕谷栄市「匙」（『地球』）。**八月**、北川純「百五十五日の不眠」（『現代詩手帖』）。三沢浩二「薄明の中で」（『裸足』）。沢村光博「煙幕戦術を排す――ぼくと北川冬彦氏との問題」（『詩学』）。**九月**、三沢浩二「アポカリプス」（『岡山県詩集1959』岡山県詩人協会）。角田清文「三度笠」（『詩学』）。**一〇月**、石原吉郎「コーカサスの商業」（『鬼』）。片瀬博子「覚醒まで」「抱擁」、清水高範「鳥には等身大の耳が」（『詩学』）。三沢浩二「姿」「大衆社会における詩的作業について」（『裸足』）。清水高範「ベル」（『地球』）。**一一月**、森田隆司「渇き」（『現代詩手帖』）。沢村光博「おれが動く」（『詩学』）。片瀬博子「少年の葬い」（『日本未来派』）。香川紘子「眩暈の記憶」「呼ばれる」、沢村光博「深夜の徘徊者」（『想像』）。**一二月**、金丸桝一「作品1」「作品2」、三沢浩二「Something Wrong」「美しき実証精神――中川敏の反論に対する提言を含む反論――」（『囲繞地』）。三沢浩二「しづかな夜へ」（『裸足』）。

◇**四月**、三沢浩二『存在のなかのかすかな声』（知覚社）。

一九六〇（昭和35）年

一月、日米新安保条約調印。民主社会党結成。三池争議始まる。**三月**、『詩学』が「現代詩の曲り角」特集を組む。**五月**、自民党、衆院で新安保条約を単独採決。**六月**、全学連主流派が国会突入、樺美智子死亡する。アイゼンハワー訪日中止。**七月**、岸内閣総辞職。第一次池田勇人内閣成立。**八月**、「さしあたってこれだけは」声明。**一〇月**、社会党の浅沼稲次郎委員長が一七歳の右翼少年に刺殺される。**一二月**、経済協力開発機構（ＯＥＣＤ）条約調印。池田内閣、国民所得倍増計画を決定。

【作品】

○**一月**、勝野睦人「LA NATURE MORTE II」（日本文芸家協会編『日本詩集1960』、ユリイカ）。片瀬博子「二つの愛」（『日本未来派』）。沢村光博「正統と異神」、香川紘子「詩3篇（レコード・水脈・カミナリ族）」（『想像』）。**二月**、中鉢敦子「冬の陽ざしのなかで」、森田隆司「砂塵」「白痴」（『現代詩手帖』）。三沢浩二「たたかうべき二重のたたかい」、冬園節「小春日」（『詩学』）。三沢浩二「冬の海のうた」（『裸足』）。**三月**、岡田兆功「重奏」、青柳希世子「夜の花壇」（『現代詩』）。磯村英樹「食う」、斎藤真砂子「橋へいくの」（『詩学』）。片瀬博子「壁の中で」（『日本未来派』）。沢村光博「正統と異神」、香川紘子「冬の夜」（『想像』）。**四月**、森田隆司「ふるさと」、石原吉郎「詩へのめざめ　こうして始まつた」（『現代詩手帖』）。粕谷栄市「犬・真実」（『地球』）。三沢浩二「夜の筏」（『裸足』）。斎藤真砂子「ゆめの中で」（『詩学』）。磯村英樹「腐臭」（『雲雀笛』）。磯村英樹「電車の中の大根」「尻っぽ」、粕谷栄市「犬・真実」、清水高範「深夜」（『地球』）。**五月**、森田隆司「蝶の領土」（『現代詩手帖』）。沢村光博「「想像」の主張――メタフィジックと意識の深層――」、川瀬省三「階段を昇る人がある」、角田清文「ある厳密」（『詩学』）。六月、石原吉郎「条件」（『現代詩』）。石原吉郎「やぽんすきい・ぽおぐ（日本の神）」（『鬼』）。森田隆司「放送終了」「運河」（『現代詩手帖』）。沢村光博「ボードレエル」（『現代詩手帖』臨時増刊）。三沢浩二「転生のための十六行」（『知覚通信』）。沢村光博「エリオットとペギー」、川瀬省三「河口」、角田清文「男娼おきみ」（『詩学』）。三沢浩二「時間の二重構造性をめぐって」（『裸足』）。粕谷栄市「邂逅　コクトオ「アメリカ紀行」より」（『近代詩猟』）。片瀬博子「夢？」「小児との関係」（『日本未来派』）。七月、石原吉郎「俳句と〈ものがたり〉について」（『雲』）。八月、石原吉郎「蝙蝠のはなし」（『現代詩手帖』）。粕谷栄市「旅程」（『地球』）。三沢浩二「水のわな」（『裸足』）。角田清文「追分の宿の飯盛おんな」（『詩学』）。片瀬博子「平凡な前提」（『日本未来派』）。石原吉郎「（俳句作品四九句）」（『鬼』）。片瀬博子「単純な夜」「錬金術師」、粕谷栄市「旅程」、冬園節「みみずの唄」、清水高範「はだかの足に」、磯村英樹「恋のてだて」（『地球』）。九月、片瀬博子「LOVE AFFAIRS」角田清文「受身《うけみ》」（『詩学』）。大塚啓也「贋の時間」（『ユリイカ』）。一〇月、青柳希世子「駅弁の唄」「交通事故」（『現代詩』）。石原吉郎「定型についての覚書」（『雲』）。三沢浩二「ねむりの国では」（『裸足』）。角田清文「青」、川瀬省三「絶望列車」（『詩学』）。大塚啓也「〈時間〉抄」（『ユリイカ』）。永山一郎「空について」（『教育評論』）一一月、石原吉郎「残党」（『ユリイカ』）。金丸桝一「ひとつの死を超えて、なお」（『現代詩』）。一二月、石原吉郎「棒をのんだ話」（『現代詩手帖』）。三沢浩二「ある形象について」（『裸足』）。片瀬博子「幻想詩」「妹に」「ドア」「夜明け」「ストーンヘンジユ」（『日本未来派』）。勝野睦人「わたしはひとつの」（『Poetry Anthology1955-1960』Poetry出版部）。冬園節「浸蝕」、清水高範「インクのふたが」、片瀬博子「祈り」、磯村英樹「秋のうた」（『地球』）。

◇五月、金丸桝一『零時』（国文社）。

一九六一（昭和36）年

一月、ケネディが米大統領に就任。二月、深沢七郎「風流夢譚」に抗議して右翼少年が中央公論社社長嶋岡宅を襲撃（嶋中事件）。**六月**、米ソ首脳会談。自立農家の育生を目的とした農業基本法が成立。天沢退二郎ら『×（バッテン）』創刊。**八月**、東西ベルリン間に壁が建設される。**九月**、『ペリカン』創刊。**一二月**、内閣要人の暗殺未遂事件（三無事件）起こる。

【作品】

■**九月**、〔『ペリカン』創刊号〕天沢退二郎「旅の条件」、大塚啓也「父」、政田岑生「高い場所で」、北川純「遺骸」、石原吉郎「白い駅で」、浜本武一「追われる」、三沢浩二「森への試論」。

○**一月**、石原吉郎「ゲッセマネの夜」（『詩学』）。石原吉郎「酒がのみたい夜」（『鬼』）。**二月**、角田清文「浮世絵」、石原吉郎「角田清文について」（『詩学』）。永山一郎「戦争教育の記録運動」（『教育評論』）。ながやまいちろう「愛のように」、木村のり（永山一郎）「夢の男」（『教育評論』臨時増刊）。中鉢敦子「冬の陽ざしの中で」（『現代詩手帖』）。片瀬博子「木の葉」（『日本未来派』）。**三月**、磯村英樹「発生」、沢村光博「長い時代に」、中鉢敦子「冬の陽ざしの中で」（『詩学』臨時増刊）。石原吉郎「偉大なユーモア」、冬園節「失意——壁のなかの仮説——」（『詩学』）。**四月**、三沢浩二「悪魔の仕事」、長田弘「非連続な日課」（『詩学』）。**五月**、石原吉郎「測錘《おもり》」（『鬼』）。冬園節「屠牛の唄」、清水高範「音節だけが」、磯村英樹「一粒の麦」、粕谷栄市「暴動」「動物記」、片瀬博子「焰について」「形而上詩への必然」（『地球』）。川瀬省三「ある日」（『詩学』）。**六月**、石原吉郎「馬と暴動」（『現代詩手帖』）。岡田隆彦「ぼくらの不可思議」（『詩学』）。**七月**、角田清文「ある幇間の生涯」（『詩学』）。片瀬博子「ふたゝび春に」（『日本未来派』）。石原吉郎「耳鳴りの歌」（日本文芸家協会編『日本詩集 1961-I』国文社）。**八月**、石原吉郎「夏を惜しむうた」「位置」（『鬼』）。沢村光博「比喩の新しい機能」、政田岑生「洪水の主張」（『詩学』）。

◇**三月**、岡田芳郎『恋のカレンダー』（自家版）。**一二月**、岡田兆功『妹・その他』（海の会）。

一九六二（昭和37）年

一月、大野新らが京都で『ノッポとチビ』創刊。**三月**、テレビ受信契約者数が一千万突破。**六月**、平井照敏、原崎孝、関口篤、風山瑕生、嶋岡晨ら『新詩篇』創刊。**七月**、アルジェリア独立。岡田隆彦、吉増剛造ら『ドラムカン』創刊。**八月**、第八回原水禁大会で「いかなる国の核実験にも反対」をめぐって社会党と共産党が対立。北川透らが『あんかるわ』創刊。**九月**、国産第一号の研究用原子炉点火。**一〇月**、中印国境紛争が激化。米がソ連によるキューバのミサイル基地建設に対し海上封鎖宣言（キューバ危機）。**一一月**、キューバの海上封鎖が解除される。

【作品】

○**一月**、戎栄一「ちつぽけな異聞」、岡田隆彦「消化されない」、香川紘子「家の外の階段にいる子供」（『詩学』増刊号）。**二月**、磯村英樹「アザラシ祭り」、清水高範「告別」、石原吉郎「貨幣」（『詩学』）。石原吉郎「お化けが出るとき」（『鬼』）。片瀬博子「抱擁」、冬園節「飢え――貧血した意識――」、清水高範「愛の記憶」、粕谷栄市「犯罪」、磯村英樹「父の手」（『地球』）。青沢永（永山一郎）「配達人No.7に関する日記」（『教育評論』臨時増刊）。**三月**、石原吉郎「夜盗」（『現代詩』）。川瀬省三「地球」（『現代詩手帖』）。**四月**、青柳希世子「踏切」、森田隆司「ひとつの画」（『現代詩手帖』）。川瀬省三「陰謀三つ」（『詩学』）。**五月**、政田岑生「赤い海」（『雲雀笛』）。青沢永（永山一郎）「安定」（『文芸広場』）。**六月**、石原吉郎「病気の男に」（『鬼』）。磯村英樹「一期一会」（『詩学』）。**七月**、政田岑生ほか「詩壇 なんでも云ってやろう」（『詩学』）。政田岑生「春の限界」（『雲雀笛』）。清水高範「一つの街で」、磯村英樹「ことば無用」、片瀬博子「寂しい女」、粕谷栄市「方法」「仮の生涯」、冬園節「モズ――七月の鳴鵙」（『地球』）。青沢永（永山一郎）「出発してしまったA'」、ながやま・いちろう（永山一郎）「「友だちの恋人を…」をめぐる感想」（『詩炉』）。永山一郎「通信」（『詩炉通信』）。**八月**、政田岑生ほか「詩誌・グループの焦点'62 洪水」（『詩学』）。**九月**、片瀬博子『おまえの破れは海のように』（思潮社）。**一〇月**、石原吉郎「勝負師」（『鬼』）。片瀬ひろ子「鳥と木――悪阻《つわり》について――」、磯村英樹「太陽とニンフ」、粕谷栄市「醜聞」、冬園節「ある女の座」（『地球』）。**一一月**、青沢永（永山一郎）「支点」（『文芸広場』）。**一二月**、青沢永（永山一郎）「皮癬蜱の唄」（『文芸広場』）。

◇一月、角田清文『追分の宿の飯盛おんな』（思潮社）。三月、笠原三津子『奔い流れ』（自家版）。八月、藤村壮『あくびを呼ぶ風景』（蜘蛛出版社）。九月、三沢浩二『岩の客』（裸足グループ）。一〇月、小島俊明『薔薇の体験』（思潮社）。

一九六三（昭和38）年

一月、壺井繁治ら『詩人会議』創刊。四月、沖縄で祖国復帰県民総決起大会。六月、関西電力の黒部川第四発電所（黒四ダム）完工式。八月、第九回原水禁大会、社会党系のボイコットで分裂。政府主催第一回全国戦没者追悼式。米で人種差別反対のワシントン大行進。九月、松川事件で全員無罪確定。NHKがBGを放送禁止用語に。代わりにOLが使われるようになる。一〇月、新潟水俣病発症。杉克彦が『銀河』創刊。一一月、ケネディ米大統領暗殺される。三池三川鉱で炭塵爆発、四五八人死亡。一二月、朴正煕、韓国大統領に就任。

【作品】

○一月、石原吉郎「納得」（『詩学』）。二月、石原吉郎「足ばかりの神様」（『現代詩手帖』）。冬園節「生きるということ」、粕谷栄市「鰭について」、清水高範「秋」、磯村英樹「水の女」（『地球』）。三月、石原吉郎「生涯」（『鬼』）。冬木好「死の棘（詩）」、青沢永（永山一郎）「出発してしまったA'」（『教育評論』臨時増刊）。六月、石原吉郎「今日という日のうた」（『鬼』）。粕谷栄市「神様」「発狂」（『地球』）。青沢永（永山一郎）「夏」（『文芸広場』）。金丸桝一ほか「地方性放談」（『詩学』）。冬園節「母の肖像画」、笠原三津子「待つ」「おくりもの」、片瀬ひろ子「抱擁」、粕谷栄市「神様」「発狂」、磯村英樹「いっぱい　死んだ?」、清水高範「樹木」（『地球』）。七月、石原吉郎「若い十字架」（『ノッポとチビ』）。冬木好「黒の怒り（創作）」（『教育評論』）。片瀬博子「祈りのなかで」（『世紀』）。八月、冬木好「黒の怒り［Ⅱ］（創作）」（『教育評論』）、浜本武一「老いた母に」（『詩学』）。九月、石原吉郎「武装」、粕谷栄市「誘拐」（『鬼』）。一〇月、片瀬博子「不思議な森」（『現代詩手帖』）。一一月、片瀬博子「月夜」、金丸桝一「日の歌」（日本文芸家協会編『現代の詩　1963年版』思潮社）。一二月、浜本武一「椅子について」、政田岑生「考えられる犬」（『詩学』）。

斎藤真砂子「愛について」(『銀河』)。
◇八月、久井茂『詩集・広島』(木靴発行所)。鈴木漠『魚の口』(海の会)。一〇月、角田清文『衣装』(思潮社)。一二月、石原吉郎『サンチョ・パンサの帰郷』(思潮社)。

一九六四(昭和39)年

一月、南ヴェトナムにクーデタ、グエン・カーン政権成立。三月、米大使ライシャワー刺傷事件。石原吉郎『サンチョ・パンサの帰郷』で第一四回H氏賞を受賞。『ロシナンテ』同人だった永山一郎が交通事故で死去。四月、日本、IMF8条国へ移行。OECDに加盟。天沢退二郎、渡辺武信、菅谷規矩雄ら『凶区』創刊。五月、パレスチナ解放機構(PLO)設立。六月、新潟地震。七月、米公民権法発効。八月、ヴェトナムが米軍艦を攻撃と発表(トンキン湾事件)、米空軍が北ヴェトナムを爆撃。『近代文学』廃刊。一〇月、ソ連、フルシチョフ解任、後任ブレジネフ。中国が初の原爆実験に成功。東海道新幹線開通。東京オリンピック開幕。現代詩の会解散(『現代詩』廃刊)。一一月、池田内閣総辞職、佐藤栄作内閣成立。全日本労働総同盟(同盟)結成。公明党結成。

【作品】

■八月、〔『ペリカン』第二号〕石原吉郎「審判」、風山瑕生「お人形のメドレー」、清水高範「海辺の破版」、葉豊子「胎児に」、三沢浩二「カレンダーのなかのはるかなる未来の七曜のうた」、浜本武一「早春譜」「歩道で」、松田幸雄「行って帰る心——創造者と鑑賞者との出会い——」。一一月、〔『ペリカン』第三号〕鈴木漠「指」、風山瑕生「二輪木車《きぐるま》」、笹原常与「オフェリヤ」、磯村英樹「切り口」、片瀬博子「訳詩・いつも同じ〈アドリエンヌ・リチ〉」、浜本武一「野の空」「鯉幟り」「いりくち」。

○一月、田中武「そんな町で」(『潮流詩派』)。戎栄一「車座のなかで」「防波堤と梯子と男」「とおい手旗」、政田岑生「しずむ太陽のはやさ」「あくび」(『艦褸』)。二月、石原吉郎「いちまいの上衣のうた」、粕谷栄市「橋の男」(『鬼』)。青沢永(永山一郎)「訣れ」(『文芸広場』)。三月、石原吉郎「生涯」(『罌粟』)。石原吉郎「ごむの長ぐつ」(『現代詩手帖』)。青沢永「皮癬蜱の唄」(『教育評論』臨時増刊)。政田岑生「贅沢な雪」、戎栄一「離脱」「黒の試み」(『艦褸』)。四月、石原吉郎「風琴と朝」(『銀河』)。石原吉郎「死んだ男へ」(『詩学』)。**五月**、石原吉郎「鍋」、粕谷栄市「訣別」(『鬼』)。金丸桝一「日の歌」、浜本武一「地」(『詩学』)。戎栄一「いっぽんの綱が」「宿直者の憂悶」、政田岑生「くずれた隘路」(『艦褸』)。**六月**、石原吉郎「安否」(『草原』)。石原吉郎「ひとつの傷へむけて」(『葡萄』)。粕谷栄市「脱走」「死と愛」、冬園節「草原の嗚咽」、磯村英樹「寄生木の下の少女」、清水高範「八月」、片瀬博子「プラトニック」(『地球』)。清水高範「記憶——街のなかに」、片瀬博子「曙」、岡田兆功「開幕」(『詩学』)。**七月**、石原吉郎「シベリヤのけもの」(『現代詩』)。石原吉郎「橋をわたるフランソワ」(『罌粟』)。戎栄一「夜の回廊」、政田岑生「よるべない飢え」(『艦褸』)。**八月**、石原吉郎「婚約」(『銀河の道』)。石原吉郎「輪郭」(『女人』)。沢村光博「記憶の中の文法——第二課まで」、香川紘子「時計日記」、上田敏雄「薔薇物語——Essay on the Second Incarnation——」(『詩学』)。**九月**、石原吉郎「武装」(『鬼』)。**一〇月**、石原吉郎「陸軟風」、粕谷栄市「世界の構造」(『鬼』)。香川紘子「わたしは詩集を出した」、角田清文「詩人の使命と節操」(『詩学』)。戎栄一「日々の庇の下にあって」「突堤」「流木」「岩」、政田岑生「意識した三羽」「鉤」(『艦褸』)。**一一月**、浜本武一「声」(『詩学』)。**一二月**、石原吉郎「瓜よ」(『無限』)。石原吉郎「オズワルドの葬儀」(『罌粟』)。石原吉郎「鍋」、香川紘子「井戸掘りの唄」、沢村光博「こけもののある風景——「時間の主題」から——」、上田敏雄「薔薇物語」、鈴木漠「扇」、磯村英樹「小さな沼」(『詩学』)。政田岑生「ほそい煙」戎栄一「鵜」「出口なし」(『艦褸』)。

◇**五月**、香川紘子『魂の手まり唄』(思潮社)。**六月**、岡田兆功『うた・連珠』(海の会)。**九月**、沢村光博『火の分析』(思潮社)。**一一月**、清水高範『記憶』(国文社)。

一九六五(昭和40)年

二月、米軍、北ベトナムの爆撃(北爆)を開始。原水爆禁止国民会議(原水禁)結成。**三月**、沢村光博『火の分析』が第一五回H氏賞を受賞。**四月**、ベ平連が初のデモ。**六月**、日韓基本条約調印。好川誠一が静養中の山梨で自殺。阿賀野川流域で第二水俣病発見。**七月**、広島県詩人協会が『広島詩集』（原爆投下20年号、表紙絵：浜本武一）を発刊。**八月**、シンガポールがマレーシアから独立。佐藤首相が首相として戦後初の沖縄訪問。木下夕爾死去。**九月**、インド・パレスチナ戦争。**一一月**、閣議、戦後初の赤字国債発行を決定。

【作品】

■**二月**、〔『ペリカン』第四号〕石原吉郎「しずかな敵」、鈴木漠「藍青」、清水高範「アデリータ」、粒来哲蔵「月明」、三沢浩二「知識あるいは帰宅」、天沢退二郎「時間錯誤――小さな劇のための下書き――」、浜本武一「北へ」「岸」「冬」。**七月**、〔『ペリカン』第五号〕（特集　広島の詩人たち　その1）浜本武一「山湖の見える風景」「白桃」「妻に」、久井茂「病歴」、増田尚雄「摩天楼にて」、戎栄一「兆」、清水高範「さまよい」、政田岑生「犬の存在」、葉豊子「来訪者」。**九月**、〔『ペリカン』第六号〕清水高範「母音　エピローグ」、衣更着信「詩人の死」「沖へ」、風山瑕生「なに気ないことについて」、藤村壮「ことばのさかな」、小島俊明「奇妙な空間」、長田弘「ふたりの恋」、浜本武一「虎」「黄水仙」「終わりの夏」、葉豊子「灯」、上田敏雄「讃美歌のためのアルゴ」。

○**一月**、石原吉郎「風と」（『女人』）。小島俊明「薔薇」、沢村光博「感想」（『詩学』）。**二月**、石原吉郎「ひとりの銃手」、粕谷栄市「旅程」（『鬼』）。石原吉郎「膝」（『現代詩手帖』）。片瀬博子「三好達治さんについての寸感、磯村英樹「古武士・三好達治」「変身――一枚の古い絵に」、清水高範「森のはずれ」、冬園節「愛を失う」粕谷栄市「メルサコフシ氏病　O海岸にて」（『地球』）。鈴木漠「白」（『詩学』）。**三月**、磯村英樹「まじない」、浜本武一「野の潮」（『詩学』）。戎栄一「オーバーラップ」、政田岑生「額の汗」（『檻褸』）。戎栄一「苔」、政田岑生「それにしてもあかりは……」（『詩学』）。**四月**、沢村光博「H氏賞を受賞して」（『詩学』）。戎栄一「苔」、政田岑生「それにしてもあかりは……」（『檻褸』）。**五月**、石原吉郎「花であること」、粕谷栄市「堤防」（『鬼』）。浜本武一「秋」（『詩学』）。**六月**、石原吉郎「そのころのはなし」、好川誠一「生きたいというやつがひらきなおる」「人間のうた」「正直者」、沢村光博「日本における反リアリズムの詩」（『詩学』）。石原吉郎「最後の敵」、磯村英樹「冬の旅」、岡田兆功

「葡萄抄 *i*」、香川紘子「繭の夢」、片瀬博子「分娩」、沢村光博「長い夜への旅路」、角田清文「みささぎ」（日本文芸家協会編『現代の詩　1965年版』思潮社）、片瀬博子「時のみちる…」（『地球』）。**七月**、田中武「ひとが歩いている」（『潮流詩派』）。沢村光博「わが国における反リアリズムの詩」（『詩学』）。三沢浩二「ヒロシマの死者よ」、浜本武一「橋上にて」、神鳥忠臣「死の肉」、戎栄一「夜の川流れに」、政田岑生「ひろしまの雲」（『広島詩集1965』広島県詩人協会）。戎栄一「島」、政田岑生「夜釣り」（『艦褸』）。**八月**、石原吉郎「慟哭と芋の葉」（『鬼』）。石原吉郎「棒をのんだ話」（『現代詩手帖』）。石原吉郎「何も考えなかった」、沢村光博「わが国における反リアリズムの詩」（『詩学』八・九月合併）。**九月**、政田岑生「あせりの厚み」、戎栄一「水族館にて」「暗礁からそして」（『艦褸』）。**一〇月**、石原吉郎「詩人の死　好川誠一とその作品」、沢村光博「わが国における反リアリズムの詩」（『詩学』）。田中武「火事　または消防夫のうた」（『潮流詩派』）。**一一月**、石原吉郎「別離」「食事」「斧」「義手について」（『新詩篇』『帽子』）。石原吉郎「欠落」（『鬼』）。角田清文「現存」「対極」（『詩学』）。**一二月**、石原吉郎「大寒の日に」（『罌粟』）。三沢浩二「触媒」、粕谷栄市「堤防」、鈴木漠「白」、好川誠一「生きたいというやつがひらきなおる」、沢村光博「刺される」「ガン病棟八号館」「奇術師」「牛」（『詩学』）。政田岑生「皮革」、戎栄一「遅れてきたもの」「彼」（『艦褸』）。

◇**二月**、三沢浩二『オートレースあるいは禅』（龍詩社）。**八月**、金丸桝一『日の歌』（思潮社）。**一一月**、小島俊明『棘と舌』（昭森社）。**一二月**、磯村英樹『ゆきずりの愛』（昭森社）。

一九六六（昭和41）年

三月、日本の人口一億人突破。**四月**、井上多喜三郎が交通事故により死去。**五月**、中国で文化大革命始まる。米原子力潜水艦、横須賀に初入港。『詩と批評』（昭森社）創刊。**六月**、ビートルズが日本武道館で公演。**七月**、新国際空港の建設地が千葉県成田市三里塚に閣議決定される。広島市議会、原爆ドームの永久保存を決定。**一一月**、アジア開発銀行設立。

【作品】

■一月、〔『ペリカン』第七号〕風山瑕生「雪どけ水」、長島三芳「死　広島のKに――」、粒来哲蔵「犬について」、小島俊明「渇いた舌」、藤村壮「ことばのきおく」、葉豊子「糸のうた」、石原吉郎「埋葬式」、増田尚雄「宮島にて」、戎栄一「沼は日に日に」、松田幸雄「プシュケ」、平井照敏「ことばなきもの」「石のことば」、浜本武一「覚めて」「車輪」。三月、〔『ペリカン』第八号〕白石次郎「誤解」、風山瑕生「醜聞への感謝」、高橋睦郎「船上のコロン」、清水高範「夜の作品」、香川紘子「MA PONPEI」、石原吉郎「琴」、浜田知章「朝鮮の土」、中野嘉一「ある意識の下で」、平井照敏「アダム氏の言語論」、浜本武一「眠れぬ椅子」「石が溶ける」。七月、〔『ペリカン』第九号〕山本太郎「ぶいんたあ・らいぜ」、長島三芳「冬の鏡」、粒来哲蔵「劇の夜――創生記二十二章――」、松田幸雄「しずかな夕べ」、石原吉郎「土地」、高橋睦郎「三月の血」、金丸枡一「女・B」、諏訪優「死霊・との出会い」、葉豊子「淵のうた」、関口篤「恋文」、岡田兆功「夜ごと」、平井照敏「死者に」「癒えてはならぬ痛み……断章」、浜本武一「なかぞらの朝」。一二月、〔『ペリカン』第一〇号〕石原吉郎「直系」、長島三芳「私の窓ガラスに――H氏の亡母に――」、天沢退二郎「Guérilléro」、風山瑕生「内陸のかもめ」、角田清文「死体工法――狂ひても母乳は白し蜂ひかる――」、金丸枡一「稲妻」、西尾洋子「或るいのちの処方箋」、清水高範「森のなか」、冬園節「未来のためにではなく」、平井照敏「ランプということば」、沢村光博「ヒロシマ・わが幻」、浜本武一「七月」「踉のために」「鳥のいる風景」。

○一月、田中武「眠るために」（『潮流詩派』）。小島俊明「石に棲む鳥」「石」、長田弘「死の変奏――原民喜」（『詩学』）。二月、粕谷栄市「死んだ男」、沢村光博「詩の冒険」（『詩学』）。三月、金丸桝一「女・A」、沢村光博「虚構の触媒」、角田清文「詩における〈聖なるもの〉――下根凡夫の言語論――」（『詩学』）。四月、石原吉郎「屋根」（『罌粟』）。岡田兆功「にんふ」、香川紘子「われらのうちなるイカルス」「地の塩」、沢村光博「わが毒の一滴」（『詩学』）。戎栄一「餰」「あせりの厚み」と「皮革」へのアプローチ＝政田岑生小論」、政田岑生「野辺の送り」（『檻褸』）。五月、石原吉郎「まないた」（『新詩篇』）。石原吉郎「縄」（『鬼』）。沢村光博「詩という行為」、浜本武一「こおろぎ」（『詩学』）。白石次郎「美術について／その1」（『POPO』）。**六月**、斎藤真砂子「風の視線」、石原吉郎「白夜」、香川紘子「飛翔の神話——ブランクーシの彫刻に——」（『銀河』）。石原吉郎「多喜三郎さんに」（『骨』）。沢村光博「「青春の文学」はほろびるか」（『詩学』）。政田岑生「終便バス」、戎栄一「「詩の言語的原罪と自由」への随伴的な感想」「奇術師」（『艦褸』）。**七月**、石原吉郎「結着」（『現代詩手帖』）。沢村光博「現代詩における完成と未完成」、浜本武一「その姿ではなく」（『詩学』）。**八月**、石原吉郎「おわかれに」、金丸桝一「西都から」（『詩と批評』）。粕谷栄市「邂逅　コクトオ「アメリカ人への手紙」より」「脱走」「暴動」「死と愛」「犯罪」「動物記」「残酷物語」「鯨または」「拷問」「狂信」、三沢浩二「松」「空気の人格」「廊下」「一顆の明珠」（『龍詩集1966年版』龍詩社）。鈴木漠「塔」、沢村光博「日本超現実主義詩論・他」（『詩学』）。戎栄一「絵空事」「謎」、政田岑生「もう一つの風景」（『艦褸』）。**九月**、石原吉郎「泣いてわたる橋」（『罌粟』）。沢村光博「「言葉の痛み」について」、浜本武一「影」（『詩学』）。**一〇月**、石原吉郎「二列半の敗走」「残党の街」「卑怯者のマーチ」（『文芸』）。粕谷栄市「反動」、浜本武一「崖」、磯村英樹「足」、清水高範「葬送」（『地球』）。粕谷栄市「夏と橋」（『銀河』）。清水高範「霧」、金丸桝一「夏の海」、沢村光博「二人の詩人への若干の疑問」、角田清文「抒情の文法」、浜本武一「楡の傍で」（『詩学』）。**一一月**、石原吉郎「作法」「あとがき」（『鬼』）。石原吉郎「点燭」（『新詩篇』）。沢村光博「社会的、反社会的——日記風の覚え書」（『詩学』）。**一二月**、石原吉郎「馬に乗る男の地平線」（『朝日新聞』）。沢村光博「日々の持続のうちに」（『詩学』）。政田岑生「地図にない道」、戎栄一「狂気の沙汰」、大塚啓也「かたちのいい女」（『艦褸』）。

◇**八月**、藤村壮『つながれて』（海の会）。**一〇月**、上田敏雄『薔薇物語』（昭森社）。

一九六七（昭和42）年

一月、米英ソ、宇宙平和利用条約調印。**四月**、東京都知事

選で美濃部亮吉当選。佐藤首相、衆院決算委で武器輸出三原則を表明。**六月**、第三次中東戦争勃発。中国が初の水爆実験。家永三郎が教科書不合格処分取消の行政訴訟を起こす。**七月**、ヨーロッパ共同体（EC）発足。三池炭坑のCO中毒患者家族七〇人、坑底に座り込み。CO中毒症患者特別措置法公布される。**八月**、東南アジア諸国連合（ASEAN）発足。公害対策基本法公布施行。**一〇月**、欧米各地でヴェトナム反戦集会。**一一月**、佐藤首相訪米、小笠原諸島・沖縄の返還に関する日米共同声明。

【作品】

■**九月**、〔『ペリカン』第一一号〕関口篤「のすたるじい——萩原朔太郎に——」、鈴木漠「紫」、角田清文「ハレルヤ」、沢村光博「詩一篇　＊芭蕉の主題によるヴァリエーション」、石原吉郎「定義」、浜本武一「夜の野で」「牢」「独楽」「旅」「火の台へ」。

○**一月**、沢村光博「狂つた女」、石原吉郎ほか「座談会　一九六六年詩的総括・一九六七年詩的展望」（『詩学』）。**二月**、石原吉郎「霧のなかの犬」（『鬼』）。石原吉郎「待つ」（『現代詩手帖』）。浜本武一「呼ばれる日々」、粕谷栄市「人形」、磯村英樹「きものと女」、冬園節「永遠なもの」、清水高範「火」（『地球』）。**三月**、黒岩隆「街」（『詩学』）。**四月**、戎栄一「霧迷い」、政田岑生「事故から」（『檻褸』）。**五月**、石原吉郎「本郷肴町」（『鬼』）。**六月**、小島俊明「森」（『詩学』六・七月合併号）。**七月**、粕谷栄市「五月の怨み」「水仙」「啓示」、磯村英樹「青い河」、清水高範「遊園地」（『地球』）。**八月**、石原吉郎「寝がえり」（『鬼』）。石原吉郎「霰」（『現代詩手帖』）。黒岩隆「〈夜盗〉」（『詩学』）。**九月**、石原吉郎「一九五九年から一九六二年までのノートから」「肉親へあてた手紙」（『ノッポとチビ』）。石原吉郎「ふたつの詩集」（『詩学』）。**一〇月**、沢村光博「ポルノグラフィー——そのポエジイと形而上学に関して・友人への手紙」（『詩学』）。**一一月**、石原吉郎「義手」（『銀河』）。石原吉郎「使徒行伝」（『鬼』）。**一二月**、石原吉郎「麦」（『無限』）。政田岑生「幻想酒場」（『檻褸』）。

◇**八月**、石原吉郎『石原吉郎詩集』（思潮社）。**九月**、笠原三津子『旅』（風社）。**一二月**、角田清文『イミタチオクリスチ』（創文社）。

一九六八（昭和43）年

一月、アラブ石油輸出国機構（OAPEC）結成。南ヴェトナムで解放勢力、テト攻勢。佐藤首相が施政方針演説で非核三原則、沖縄返還三年以内をメドと表明。思潮社、現代詩文庫発刊。**三月**、富山のイタイイタイ病患者が三井金属鉱業に対し損害賠償請求訴訟を起こす。**四月**、米でキング牧師暗殺。**五月**、ヴェトナム和平会談開始。イタイイタイ病を公害病と認定。パリで五月革命。**六月**、小笠原返還協定発効。大気汚染防止法・騒音規制法各公布。**七月**、核拡散防止条約（NPT）調印。**八月**、ソ連・東欧軍、チェコ侵入。**九月**、厚生省、水俣病は新日窒水俣工場の排水、阿賀野川の水銀中毒は昭和電工の排水が原因と発表。**一〇月**、川端康成がノーベル文学賞を受賞。**一一月**、琉球政府主席、初の公選で革新統一候補の屋良朝苗当選。**一二月**、三億円事件。『詩と批評』（昭森社）終刊。谷口利男らが豊中で『かいえ』創刊。

【作品】

■**四月**、「『ペリカン』第一二号」沢村光博「詩一篇　芭蕉の主題によるヴァリエーション」、鈴木漠「静物」、清水高範「土塀の土のなかで」、新川和江「残照」、冬園節「決意するために」、関口篤「しゃばの鬼っ子」、石原吉郎「花になるまで」、浜本武一「風よりも風」「習慣」「月光」「きみは哭け」。**一二月**、「『ペリカン』第一三号」岡田隆彦「あすか川」、粒来哲蔵「永良部《えらぶ》幻想」、石原吉郎「斧の思想」、風山瑕生「木苺」、小島俊明「愛のアリタレーション」、諏訪優「八月　Hに――」、関口篤「詩・五篇（真似・お化け・歴史・世話・胸騒ぎ）」、冬園節「ある夏の日のパラノイヤ」、平井照敏「直線論」、浜本武一「雲へのみち」。

○**一月**、石原吉郎「河」（『詩と批評』）。石原吉郎「像を移す」「泣きたいやつ」「花になるまで」（『現代詩手帖』）。磯村英樹「十年前に――金子光晴小論」「日箭」、浜本武一「未完のエスプリ」、冬園節「黙っているものをわたしは許せない」、清水高範「エレジイ」「八月」、小柳玲子「讃歌・とその他少し」（『地球』）。磯村英樹「おんなの道徳」（『詩学』）。**二月**、石原吉郎「落差」、片瀬ひろ子「罅――中秋の夜に」、沢村光博「詩における個性とは」（『詩学』）。石原吉郎「切り火」（『本の手帖』二・三月合併号）。石原吉郎「木のあいさつ」、粕谷栄市「幽霊」（『鬼』）。**三月**、小島俊明「鴉よ」（『詩学』）。**四月**、香川紘子「壁画」、黒岩隆「エピソード」（『詩学』）。**五月**、石原吉郎「残り火」（『詩と批評』）。石原吉郎「錐」（『現代詩手帖』）。石原吉郎「鬩」（『首』）。金丸桝一「夕陽」「葉ざくら」、磯村英樹「詩とエロチシズム」、黒岩隆「魚《うお》」（『詩学』）。**六月**、磯村英樹「怪談」、清水高範「ここにあるもの」「重たい手」、冬園節「夜の森」（『地球』）。政田岑生「道順によると」、大塚啓也「シャドウ・ボクシング」、戎栄一「夢幻」（『艦褸』）。**一一月**、石原吉郎「うなじ・もの」（『早稲田祭パンフレット』）。黒岩隆「広島と詩と」「あなたも」（『詩学』）。**一二月**、石原吉郎「真鍮の柱」（『山河――埼玉の文学』）。田中武「手紙」（『詩と批評』）。冬園節「徳島の風物と詩人の活動」（『詩学』）。

一九六九（昭和44）年

一月、ニクソン、米大統領就任。東大、機動隊を導入して安田講堂の封鎖解除。**三月**、浜本武一がヒロシマ・ルネッサンス美術協会を創設。**五月**、東名高速道路開通。**六月**、経済企画庁が六八年の日本の国民総生産（ＧＮＰ）は世界第二位と発表。同和対策事業特別措置法公布施行。**七月**、米、アポロ十一号月面着陸。**一一月**、米ソ間で戦略兵器制限交渉（ＳＡＬＴ）。佐藤・ニクソン会談、共同声明を発表（沖縄七二年返還など）。

【作品】

○**一月**、石原吉郎「竹の槍」（『にゅくす』）。石原吉郎「一九五〇年十月十五日」「六月のうた」（『現代詩手帖』）。石原吉郎「名詩解説」、黒岩隆「猫」（『詩学』）。**二月**、石原吉郎「確認されない死のなかで」（『現代詩手帖』）。**三月**、石原吉郎「北冥」（『無限』）。粕谷栄市「愛妻」、片瀬博子「泣いているユダヤ人」（『詩学』二・三月合併号）。石原吉郎「ある〈共生〉の経験から」（『思想の科学』）。片瀬博子「秤り」、磯村英樹「海峡の神」、清水高範「闇のなかを」（『地球』）。**四月**、冬木好「ゼロの運命」（『教育評論』臨時増刊）。小島俊明「瞑眩」、磯村英樹「名詩解説」（『詩学』）。**五月**、石原吉郎「足あと」「物質」「しずかな日に」「月明」（『文芸』）。黒岩隆「街はずれ」（『詩学』）。**六月**、木下恵美子「小鳥の骸」（『詩学』）。**七月**、角田清文「言語論」、沢村光博「詩とラディカリズム」（『詩学』）。八月、岡田兆功「花・素描」「断片」(『詩学』)。九月、石原吉郎「背後」(『今週の日本』)。一〇月、清水高範「みぞれの天使」(『地球』)。一一月、石原吉郎「見る」(『朝日新聞』)。「霧と精神」(『かいえ』)。一二月、石原吉郎「じゃがいものそうだん」(『ぴえろた』)。片瀬博子「情熱」、香川紘子「所有の文法」(『詩学』)。
◇五月、金丸桝一『黙契』(昭森社)。九月、三沢浩二『透明な船』(裸足発行所)。一〇月、香川紘子『壁画』(昭森社)。

一九七〇(昭和45)年
二月、政府NPT調印を決定。三月、カンボジアでクーデタ、シアヌーク元首解任。大阪で万国博覧会開幕。よど号ハイジャック事件。新日本製鉄発足。五月、米軍、カンボジア介入(翌月撤退完了)。沖縄の国政参加特別措置法公布。六月、政府、日米安保条約の自動延長を声明。全国の反安保統一行動、七七万人が参加。七月、東京杉並で全国初の光化学スモッグ発生。一〇月、初の『防衛白書』発表。一一月、沖縄の国政参加選挙。三島由紀夫、市ヶ谷の自衛隊駐屯地で割腹自殺。チッソの株主総会、一株株主が参加し大混乱。一二月、沖縄コザ市で市民が米憲兵隊と対立、暴動化。

【作品】
■一月、「『ペリカン』第一四号」岡田隆彦「点と線でいまを描くな」、石原吉郎「フェルナンデス」、鈴木漠「羽」、黒岩隆「容器」、神鳥忠臣「城舞台」、関口篤「木の椅子で」、浜本武一「忘却」「夢」「刺草のかげに」。
○二月、石原吉郎「皿」(『女人』)。石原吉郎「方向」(『詩学』)。三月、石原吉郎「ひざ」(『銀河』)。石原吉郎「銃声」(『青素』)。小島俊明「夜のなかから」(『詩学』)。四月、石原吉郎「ペシミストの勇気について」(『思想の科学』)。石原吉郎「支配」(『かいえ』)。冬木好「客」(『教育評論』臨時増刊)。笠原三津子「南瓜の花」(『政治公論』)。清水高範「薄明にはまだ」、小柳玲子「サンダル・他」、冬園節「風の音」(『地球』)。六月、石原吉郎「「邂逅」との邂逅」(『日本読書新聞』)。七月、石原吉郎「検証」(『第二回ヒロシマ・ルネッサンス美術展』)。石原吉郎「姓名」、鈴木漠「鳥へ」(『ユリイカ』)。石原吉郎「オギーダ」(『都市』)。

石原吉郎「沈黙するための言葉」（『現代詩作詩講座（二）』）。石原吉郎「不思議な場面で立ちどまること」（『ルネッサンス・リビュー』）。**八月**、沢村光博「わが姉の死に」、黒岩隆「予感」（『詩学』）。**九月**、石原吉郎「落日」「海をわたる」（『犯罪』）。石原吉郎「沈黙と失語」（『展望』）。金丸桝一「鳥」、黒岩隆「赤い船」（『詩学』）。**一〇月**、石原吉郎「粥」（『日本未来派』）。石原吉郎「ソ連収容所の夜と霧」（『婦人公論』）。**一一月**、石原吉郎「しりもち」（『文芸埼玉』）。小柳玲子「画廊七年」（『詩学』）。**一二月**、田中武「火が消えるとき」（『銀河』）。

◇**六月**、『永山一郎全集』（冬樹社）。

一九七一（昭和46）年

二月、新東京国際空港公団、空港用地収用の強制代執行、逮捕者四八七人。**六月**、ワシントンで沖縄返還協定調印。富山地裁、イタイイタイ病訴訟で原告勝訴の判決。**七月**、環境庁発足。「連合赤軍」結成。**八月**、東京証券取引所、米のドル防衛策でダウ平均株価史上最大の暴落（ドル・ショック）。政府が、変動為替相場制への移行を決定。**一一月**、『銀河』主催の杉克彦死去。**一二月**、インド・パキスタン全面戦争始まる。

【作品】

■**一二月**、〔『ペリカン』第一五号〕沢村光博「ヒロシマ・わが幻　a Hamamoto」、石原吉郎「二十二段の落日」、粕谷栄市「孤島記」、藤村壮「朝」、清水高範「悲歌」、諏訪優「I eat a catfish sandwich」、鈴木漠「人形空間へ」、粒来哲蔵「海――わが子の性に」、浜本武一「火の詩」。

○**一月**、沢村光博「肉とペルソナ」（『詩学』）。**三月**、石原吉郎「残党」（『反碧南文化』）。小島俊明「狂気の証人アントナン・アルトー」（『詩学』三・四月合併号）。**四月**、石原吉郎「橋」（『ピエロタ』）。石原吉郎「海嘯」（『ユリイカ』）。石原吉郎「終りの未知」（『展望』）。磯村英樹「発生」「蝶の女」「水の女」「波」「点」「怪題」、粕谷栄市「堤防」「旅程」「「世界の構造」」「櫛」「偸盗」、片瀬博子「ベラフォンテ　わたしの試練を歌える――」「抱擁」「マリヤ・マグダレーナに」「ポンペイ寸感」、小柳玲子「たびだち」「失う」「小野木学に関する記憶」「ゆめノオト」、清水高範「詩集「記憶」以後——母音　エピローグ」「霧」「薄明にはまだ」「土塀の土のなかで」、浜本武一「七月」「石が溶ける」「入れかわる日」「未完のエスプリ」「一本の管」、冬園節「屠牛」「事故」「黒い風」「永遠のことば」「無常」（『地球』）。**五月**、石原吉郎「いちごつぶしのうた」（『婦人公論』）。沢村光博「「旅人かえらず」論」（『詩学』）。**六月**、石原吉郎「眉を考える顔」（『新詩潮』）。**七月**、石原吉郎「水準原点」「墓」「片側」（『朝日ジャーナル』）。角田清文「〈み〉の女」（『詩学』）。**八月**、石原吉郎「望郷と海」（『展望』）。片瀬博子「老父抄」（『詩学』）。**九月**、笹原常与「夭折した二人の詩人——勝野睦人と好川誠一」（『詩学』）。**一一月**、石原吉郎「皇后の首飾り」（『青素』）。小島俊明「樹木考」、磯村英樹「いのちに最も近いところで歌う——礒永秀雄の作品と業績——」（『詩学』一一・一二月合併号）。**一二月**、石原吉郎「「ロシナンテ」のこと」（『ユリイカ』）。

◇**五月**、黒岩隆『水遊び』（詩学社）。**一〇月**、粕谷栄市『世界の構造』（詩学社）。**一一月**、藤村壮『鳥のいる風景』（海の会）。

一九七二（昭和47）年

一月、横井庄一元軍曹がグアム島で発見される。粕谷栄市『世界の構造』が第二回高見順賞を受賞。**二月**、第一一回冬季五輪札幌大会。浅間山荘事件。**三月**、粒来哲蔵『孤島記』が第二二回H氏賞を受賞。**四月**、川端康成が自殺。**五月**、沖縄の施政権返還。米ソ首脳、戦略兵器削減条約（SALT）調印。日本赤軍、イスラエル・テルアビブ空港乱射事件。**七月**、田中角栄が首相に。**八月**、『詩学』が「勝野睦人全遺稿詩集」と題して勝野睦人の特集を組む。**九月**、日中共同声明発表、日中国交回復・日台条約失効。**一〇月**、『詩と思想』創刊。

【作品】

○**一月**、三沢浩二「坂本明子論（その人と作品）」（『詩学』）。黒岩隆「漁」、粕谷栄市「髪」、小柳玲子「練習曲」、磯村英樹「水の祭り——宝樹院釈静流居士に」、冬園節「ぼくの空の下に」、清水高範「忘れられた季節」、浜本武一「蝶番」（『地球』）。田中武「店」（『銀河』）。石原吉郎「戒名」、笠原三津子「公園の夜——ナミュールにて」（『詩界』）。**二月**、粕谷栄市「暴動」「動物記」「水仙」「犯罪」「喝采」「旅程」「堤防」「世界の構造」「拷問」「礫山」（『現代詩手帖』）。石原吉郎「失語と沈黙のあいだ」、石原吉郎・大野新ほか「言語の風貌　シンポジウム」（『詩学』）。**三月**、粒来哲蔵「粕谷栄市論　虚構の周辺」、沢村光博「粕谷栄市論　密儀・物・索引」、粕谷栄市「詩二篇（白鳥・副身）」（『現代詩手帖』）。石原吉郎「私の部屋には机がない」（『ユリイカ』）。黒岩隆「花飼い」（『詩学』）。**四月**、粕谷栄市「やさしい詩の書き方 生きゆくための詩」（『現代詩手帖』）。角田清文「〈め〉の女」、粕谷栄市「復権孤島への旅」（『詩学』）。粕谷栄市「労働」（『歴程』）。粕谷栄市「家」、黒岩隆「工事現場」、磯村英樹「骨食い」、清水高範「ヴェンチ」「坂道」（『地球』）。**六月**、粕谷栄市「霊異記　à B.U」「夜警」（『現代詩手帖』）。笠原三津子「マドリッドの風」（『詩学』）。**七月**、粕谷栄市「作品　田園他」（『文芸』）。小柳玲子「霧の国の物語」（『詩学』）。磯村英樹「近代詩の黎明と軍歌」「贅の骨」、粕谷栄市「雅号の混沌ノート」「普化」、冬園節「近代詩と私の出会い」「寂しい生き様」、小柳玲子「近代詩人たち」、黒岩隆「蠟燭（夕鶴抄・Ⅳ）」、清水高範「おとなしい夜明」（『地球』）。

八月、勝野睦人「LA NATURE MORTE Ⅰ」「LA NATURE MORTE Ⅱ」「「哀しみ」は」「抽出し」「ああ　或る日」「穴」「蠅」「蠅」「「こころ」は」「車輪」「ぼくは」「マヌキャンによせて」「そのむかし」「「憧れ」は」「硝子戸」「鐘楼」「目覚めの少女」「わたしはひとつの」「部屋」「CONVERSATION（三篇）」「えぴそおど」「的」「グラスに注ごうとする私のこころは」「モノローグ」「ソネットⅡ」「VIRGINITÉ」「AVRIL」「洗濯物のうた」「音信」「わたくしはピアノの鍵盤です」「冬」「どこかのカフエーの隅っこで」「夕暮」「錆びた恋歌」「マコチャン」、笹原常与「勝野睦人書附け」、竹下育男「勝野睦人のこと」、岡田芳郎「名馬「ロシナンテ」にまたがる勝野睦人――よき時代の　われらの仲間――」（『詩学』）。石原吉郎「弱者の正義」（『展望』）。粕谷栄市「霊異記その3」（『歴程』）。**九月**、岡田芳郎「詩世界拡大の遊び〈谷川・一柳のポエム・リサイタル〉」（『現代詩手帖』）。岡田兆功「は」、鈴木漠「沈黙について」「母子像」、藤村壮「おちる馬」「止まり木」、黒岩隆「〈海〉について」（『詩学』九・一〇月合併号）。**一一月**、石原吉郎「三つの集約」(『ユリイカ』)。金丸桝一「黙契」、片瀬博子「父に」(『詩学』)。一二月、角田清文「〈し〉の女」、小柳玲子「芦の里から」「「方」・遠い詩友たち」、勝野睦人「勝野睦人書簡集」(『詩学』)。石原吉郎「詩の定義」(『東京新聞』)。
◇一月、片瀬博子『陶器師の手に』(詩学社)。二月、石原吉郎『水準原点』(山梨シルクセンター)。八月、『岡田兆功詩集』(審美社)。

一九七三(昭和48)年

一月、『詩学』が「石原吉郎特集」を組む。三月、米軍が南ヴェトナムより撤退完了。七月、共産党が中ソの核実験にも反対との方針転換。八月、金大中事件。九月、日本・北ヴェトナム国交樹立。東西両ドイツ、国連加盟。一〇月、第四次中東戦争勃発。オイルショック。一二月、国民生活安定緊急措置法・石油需給適正化法公布・施行。石原吉郎『望郷と海』により第一一回歴程賞受賞。

【作品】

○一月、沢村光博「石原吉郎小論――意味場の選択――」、粕谷栄市「やさしい断定・音楽」、浜本武一「石原さんとペリカン」、小柳玲子「「自転車にのるクラリモンド」――初期詩篇より――」、新川和江「みなもとにあって水は……」、岡田芳郎・粕谷栄市・河野澄子・竹下育男・吉田睦彦「石原吉郎のこと 地上の楽園でのおっさん〈座談会〉」(『詩学』)。粕谷栄市「工作」(『現代詩手帖』)。二月、磯村英樹「『裸足』グループ 同人組織運営と経営の模範」、石原吉郎・佐々木幹郎・清水昶「日常性をめぐって(座談会)」(『詩学』)。黒岩隆「夜(夕鶴抄・Ⅷ)」、小柳玲子「芦の里から」、磯村英樹「近江舞子の女」、冬園節「感傷風景」、清水高範「盛夏」(『地球』)。三月、田中武「足裏の皮を剥く」(『詩と批評』)。小柳玲子「芦の里から」(『詩と思想』)。粕谷栄市「白痴」(『歴程』)。磯村英樹「首都圏偏重の是正を心掛けながら」(『詩学』)。四月、大橋千晶「飛翔」(『花・現代詩』)。黒岩隆「面《めん》(夕鶴抄・14)」(『詩学』)。五月、石原吉郎「私の酒」(『現代の眼』)。黒岩隆「頬を押える少女――伝えるということ」(『詩学』)。六月、黒岩隆「そこで旅人は狐になった――光太郎の部屋」(『詩学』)。七月、磯村英樹「わらの舟」、黒岩隆「川明り」、片瀬博子「友達の詩のはなし」（『詩学』七・八月合併）。黒岩隆「洪水（夕鶴抄13）」、磯村英樹「日高静内の女」、小柳玲子「森」（『地球』）。八月、大橋千晶「椅子」（『花・現代詩』）。九月、粕谷栄市「二つのノート（人形・楽器）」（『現代詩手帖』）。石原吉郎「半刻のあひだの静けさ」（『びーいん』）。黒岩隆「海鳴り」（『詩学』）。一〇月、粕谷栄市「兄弟」（『無限』）。黒岩隆「詩人たちの船（夏休み日向行）」（『詩学』）。一一月、粕谷栄市「殺人」「伴侶」、清水高範「作品 アデリータ」、小柳玲子「伯母さんの家」（『詩学』）。磯村英樹「いで湯の中に棲む魚――室生犀星と伊豆」、清水高範「灰の歌」、黒岩隆「無名（夕鶴抄・16）」、冬園節「朝の時間」（『地球』）。一二月、大橋千晶「たずねるⅠ」「たずねるⅡ」（『花・現代詩』）。小柳玲子「メロドラマ」（『詩と思想』）。

◇三月、鈴木漠『二重母音』（海の会）。六月、金丸桝一『日蝕』（詩学社）。

一九七七（昭和52）年

七月、海洋二法施行（領海十二海里、漁業専管水域二百海里）。ヴェトナム、国連加盟。八月、中国の文化大革命終結。九月、日本赤軍ダッカ・ハイジャック事件。一一月、石原吉郎没（六二歳）。

【作品】

■七月、「『ペリカン』第一六号」岡田隆彦「かたちをつくる風」、長島三芳「切口」、沢村光博「愛について」、粒来哲蔵「loop drive」、笠原三津子「さくら・まぼろし」、石原吉郎「一滴の静寂のために」、犬塚堯「写真屋への抗議」、浜本武一「日常」「鬼舞」「詩感への一試考――その持続性について――」。

〇三月、角田清文「〈背〉の女」（『詩学』）。五月、小柳玲子「祭り」「望郷」（『詩学』）。六月、金丸桝一「谷村博武さんを偲ぶ」（『詩学』）。八月、香川紘子「父の右手」、磯村英樹「定年バンザイ」（『詩学』）。一一月、粕谷栄市「純金の櫛」（『詩学』）。一二月、大橋千晶「紫苑の原」「蜘蛛」（『詩学』）。

◇一月、鈴木漠『風景論』（書肆季節社）。

一九七九（昭和54）年

【作品】

■三月、「『ペリカン』第一七号」金丸桝一「日の浦曲・抄」、藤村壮「箱のなかの窓」、角田清文「マッチ棒一本の青春」、沢村光博「神の頭蓋抄」、長島三芳「寒雀」、香川紘子「扉——佐伯祐三展——」、浜本武一「霜月——石原吉郎に——」「瀧」「階」。

一九九三（平成5）年

【作品】

■五月、『ロシナンテ』第二〇号」石原吉郎「夜の招待」「耳鳴りのうた」「自転車にのるクラリモンド」「アリフは町へ行ってこい」、好川誠一「水平線へ叫ぶ」「海を担いで」「あかごをうたう」「童話　かぶと虫のお巡りさん」、勝野睦人「マヌキヤンによせて」「部屋」「LA NATURE MORTE　II」「書簡」、岡田芳郎「三羽のカラス」「ミラボー橋」、岸岡正「蒐書あれこれ」、河野澄子「民話　己許太可奈之伎《こころだかなしき》」、田中武「日一行語群」、小柳玲子「驢馬を飼う——詩人挽歌」、吉田睦彦「紐」「空蝉橋」「電話」、鈴木芳子「蜥蜴」「白い折鶴」、竹下育男「影」、菅野敦子「キルトについて」「かくれんぼ」、佐々木双葉子「春日《はるび》」、木下恵美子「小鳥の骸」「沈黙」。

（野坂昭雄＝編）

人名別作品一覧

【あ】

青柳希世子　「典型」（『ロシナンテ』第5号）。

天沢退二郎　「旅の条件」（『ペリカン』第1号）。「時間錯誤——小さな劇のための下書き——」（『ペリカン』第4号）。「Guérilléro」（『ペリカン』第10号）。

【い】

石井常造　「人間　その青春の碑《いしぶみ》について」（『ロシナンテ』第6号）。「馳け抜ける」（『ロシナンテ』第7号）。「夜のナイフ」（『ロシナンテ』第8号）。「幻想の日——抒情的デフォルメの唄　純喫茶モンブランに」（『ロシナンテ』第9号）。

石原吉郎　「古い近衛兵」（『ロシナンテ』第1号）。「悪意」（『ロシナンテ』第2号）。「クラリモンド」（『ロシナンテ』第3号）。「サヨウナラトイウタメニ」（『ロシナンテ』第4号）。「生きる」（『ロシナンテ』第5号）。「くしゃみと町」（『ロシナンテ』第6号）。「国境　一つの履歴から」（『ロシナンテ』第7号）。「風と結婚式」（『ロシナンテ』第8号）。「絶壁より」（『ロシナンテ』第9号）。「Frau komm! ——ドイツ難民白書から——」（『ロシナンテ』第10号）。「ゆうやけぐるみのうた」（『ロシナンテ』第11号）。「その朝サマルカンドでは」（『ロシナンテ』第12号）。「最後の敵」（『ロシナンテ』第14号）。「岬と木がらし」（『ロシナンテ』第15号）。「猫が憑いた話」（『ロシナンテ』第16号）。「ドア——一人の詩人の死に——」「アリフは町へ行ってこい」（『ロシナンテ』第17号）。「脱走」（『ロシナンテ』第18号）。「耳鳴りのうた」（『ロシナンテ』第19号）。「白い駅で」（『ペリカン』第1号）。「審判」（『ペリカン』第2号）。「しずかな敵」（『ペリカン』第4号）。「埋葬式」（『ペリカン』第7号）。「琴」（『ペリカン』第8号）。「土地」（『ペリカン』第9号）。「直系」（『ペリカン』第10号）。「定義」（『ペリカン』第11号）。「花になるまで」（『ペリカン』第12号）。「斧の思想」（『ペリカン』第13号）。「フェルナンデス」（『ペリカン』第14号）。「二十二段の落日」（『ペリカン』第15号）。「一滴の静寂のために」（『ペリカン』第16号）。「夜の招待」「耳鳴りのうた」「自転車にのるクラリモンド」「アリフは町へ行ってこい」（『ロシナンテ』第20号）。

磯村英樹　「切り口」（『ペリカン』第3号）。

伊東文一郎　「褐色の狙撃兵」(『ロシナンテ』第14号)。「一つの結末」「澱みは墓だ」「炎は高し」(『ロシナンテ』第15号)。「いたんのこ」(『ロシナンテ』第16号)。「――近代説話――」(『ロシナンテ』第17号)。「バルンガンの唄」(『ロシナンテ』第18号)。「とり」(『ロシナンテ』第19号)。

稲岡幾与志　「非情」(『ロシナンテ』第2号)。「憶い出――みたびある夏の夕暮れに――」(『ロシナンテ』第4号)。

稲岡香詩　「暗夜」(『ロシナンテ』第1号)。

犬塚堯　「写真家への抗議」(『ペリカン』第16号)。

【う】

上田敏雄　「讃美歌のためのアルゴ」(『ペリカン』第6号)。

植村豊子　「今日の俘虜《とりこ》」(『ロシナンテ』第3号)。「冬」(『ロシナンテ』第7号)。「エトランジェ」(『ロシナンテ』第8号)。「車中記」(『ロシナンテ』第10号)。「遠い音」(『ロシナンテ』第11号)。「松の実」(『ロシナンテ』第12号)。

【え】

戎栄一　「兆」(『ペリカン』第5号)。「沼は日に日に」(『ペリカン』第7号)。

【お】

大塩匀　「すべてぼくら」(『ロシナンテ』第8号)。「人毳」(『ロシナンテ』第9号)。「騎兵」(『ロシナンテ』第10号)。「牛若丸」「水族館へ」「街で」(『ロシナンテ』第11号)。「うた」(『ロシナンテ』第12号)。「河童」(『ロシナンテ』第14号)。「DER TOD」(『ロシナンテ』第15号)。「足のうた」(『ロシナンテ』第16号)。「鬼」(『ロシナンテ』第17号)。「野原」「彼」(『ロシナンテ』第18号)。「僧」(『ロシナンテ』第19号)。

大塚啓也　「父」(『ペリカン』第1号)。

大橋千晶　「樹」「寒い夜に」(『ロシナンテ』第19号)。

岡田隆彦　「あすか川」(『ペリカン』第13号)。「点と線でいまを描くな」(『ペリカン』第14号)。「かたちをつくる風」(『ペリカン』第16号)。

岡田兆功　「夜ごと」(『ペリカン』第9号)。

岡田芳郎(オカダヨシロー)　「怠惰」(『ロシナンテ』第1号)。「機械」(『ロシナンテ』第2号)。「鋲でとめられた」(『ロシナンテ』第3号)。「連鎖」(『ロシナンテ』第4号)。「陰気な風景」(『ロシナンテ』第5号)。「シャボン玉」(『ロシナンテ』第6号)。「卒業」(『ロシナンテ』第7号)。「日比谷公園」(『ロシナンテ』第8号)。「日比谷公園」(『ロシナンテ』・第9号)。「連鎖Ⅲ」(『ロシナンテ』第10号)。「砂漠」(『ロシナンテ』第11号)。「花屋は角ごとに」「目」「ナイフの月——大神康子の原案による——」「ひろってはいけないものがひとつ」(『ロシナンテ』第12号)。「結末」(『ロシナンテ』第14号)。「勝野君への手紙」(『ロシナンテ』第15号)。「事件」「かたち」(『ロシナンテ』第16号)。「勝野君のこと」「散歩」「あなたに　Ⅲ」(『ロシナンテ』第17号)。「奈良」(『ロシナンテ』第18号)。「男」(『ロシナンテ』第19号)。「三羽のカラス」「ミラボー橋」(『ロシナンテ』第20号)。

長田弘　「ふたりの恋」(『ペリカン』第6号)。

小原知子　「草地」(『ロシナンテ』第13号)。「湖」「あなたに」(『ロシナンテ』第14号)。「ほたる」(『ロシナンテ』第15号)。「私の掌の中から」(『ロシナンテ』第16号)。「軟かい大きな舌のような風が」「無題」(『ロシナンテ』第18号)。

【か】

香川紘子　「MA PONPEI」(『ペリカン』第8号)。「扉——佐伯祐三展——」(『ペリカン』第17号)。

角田清文　「死体工法——狂ひても母乳は白し蜂ひかる——」(『ペリカン』第10号)。「ハレルヤ」(『ペリカン』第11号)。「マッチ棒一本の青春」(『ペリカン』第17号)。

笠原三津子　「さくら・まぼろし」(『ペリカン』第16号)。

風山瑕生　「お人形のメドレー」(『ペリカン』第2号)。「二輪木車《きぐるま》」(『ペリカン』第3号)。「なに気ないことについて」(『ペリカン』第6号)。「雪どけ水」(『ペリカン』第7号)。「醜聞への感謝」(『ペリカン』第8号)。「内陸のかもめ」(『ペリカン』第10号)。「木苺」(『ペリカン』第13号)。

粕谷栄市　「古い雨」「盲目」(『ロシナンテ』第16号)。「部屋」(『ロシナンテ』第17号)。「鯨または………」「残酷物語」「病人」「迷信」(『ロシナンテ』第18号)。「部屋」「顔」「紐」「ホテルにて　郡山市駅前M旅館に」(『ロシナンテ』第19号)。「孤島記」(『ペリカン』第15号)。

勝野睦人(カツノムツト)　「ソネットⅡ」(『ロシナンテ』第5号)。「モノローグ」(『ロシナンテ』第6号)。「グラスに注ごうとする私のこころは」(『ロシナンテ』第7号)。「的」(『ロシナンテ』第8号)。「えぴそおど——又は〝peg〟」(『ロシナンテ』第9号)。「Conversation(三篇)」(『ロシナンテ』第10号)。「鐘楼」「目覚めの少女」(『ロシナンテ』第11号)。「「憧れ」は」「そのむかし」「LA

NATURE MORTE Ⅱ」（『ロシナンテ』第12号）。「LA NATURE MORTE Ⅱ」「そのむかし」「「憧れ」は」「硝子戸」「鐘楼」「目覚めの少女」「わたしはひとつの………」「部屋」「CONVERSATION（三篇）」「えぴそおど――又は〝peg〟」「的」「グラスに注ごうとする私のこころは」「モノローグ」「ソネットⅡ」「VERGINITE」「AVRIL」「洗濯物のうた」「音信」「わたくしはピアノの鍵盤《キイ》です――又は〝楽譜に添えて〟――」「冬」「どこかのカフェーの隅っこで――又は〝カップとソーサー〟――」「夕暮」「錆びた恋歌」「マコチャン」（『ロシナンテ』第13号）。「マヌキヤンによせて」「部屋」「LA NATURE MORTE　Ⅱ」「書簡」（『ロシナンテ』第20号）。

金子黎子　「勝利」（『ロシナンテ』第1号）。「青いパステル」（『ロシナンテ』第4号）。「白い罠」（『ロシナンテ』第7号）。「歴史」（『ロシナンテ』第9号）。「挽歌」（『ロシナンテ』第10号）。「失い」（『ロシナンテ』第11号）。「祈りのように」（『ロシナンテ』第14号）。「皿」「距離」（『ロシナンテ』第15号）。「河」（『ロシナンテ』第16号）。

金丸桝一　「女・B」（『ペリカン』第9号）。「稲妻」（『ペリカン』第10号）。「日の浦曲・抄」（『ペリカン』第17号）。

香山秀雄　「霜柱」（『ロシナンテ』第7号）。

川井雅子（→小柳玲子）　「廃墟」（『ロシナンテ』第9号）。「倖なる哉・聖母《アヴェマリア》」（『ロシナンテ』第10号）。

神鳥忠臣　「城」「舞台」（『ペリカン』第14号）。

菅野敦子（→中鉢敦子）　「キルトについて」「かくれんぼ」（『ロシナンテ』第20号）。

［き］

衣更着信　「詩人の死」「沖へ」（『ペリカン』第6号）。

岸岡正　「夕暮」（『ロシナンテ』第1号）。「海」（『ロシナンテ』第2号）。「憧憬」（『ロシナンテ』第3号）。「生」（『ロシナンテ』第5号）。「都会の夜」（『ロシナンテ』第6号）。「山」（『ロシナンテ』第7号）。「ひとに」（『ロシナンテ』第9号）。「海」（『ロシナンテ』第10号）。「断章」（『ロシナンテ』第11号）。「蒐書あれこれ」（『ロシナンテ』第20号）。

北川純　「遺骸」（『ペリカン』第1号）。

木下恵美子　「秋は…………」（『ロシナンテ』第14号）。「おやすみなさい――今夜あなたの見る夢はきつとこんな夢――」（『ロシナンテ』第15号）。「風　その九」（『ロシナンテ』第17号）。「風　その四」「風　その十」

（『ロシナンテ』第18号）。「読む」（『ロシナンテ』第19号）。「小鳥の骸」「沈黙」（『ロシナンテ』第20号）。

【く】

草間順子　「長屋の朝」（『ロシナンテ』第1号）。「朝の化粧」（『ロシナンテ』第2号）。「私が小さな骨片になったとき」（『ロシナンテ』第4号）。「赤い自転車」（『ロシナンテ』第5号）。「夢」（『ロシナンテ』第6号）。「仕事を終えて」（『ロシナンテ』第7号）。

久保田恒雄　「ルンペンの唄」（『ロシナンテ』第6号）。「老人とトロッコと」（『ロシナンテ』第7号）。「〝旅〟」（『ロシナンテ』第8号）。

黒岩隆　「容器」（『ペリカン』第14号）。

黒米幸三　「生長」（『ロシナンテ』第2号）。「廃墟」「きのうは」（『ロシナンテ』第13号）。「わたしはだれかに」（『ロシナンテ』第14号）。「無題――レコードに寄せて――」（『ロシナンテ』第16号）。「毛むし」「坂道」（『ロシナンテ』第17号）。「初秋」「庭」（『ロシナンテ』第18号）。

【こ】

河野澄子　「雲について」（『ロシナンテ』第1号）。「夜――その街角――」（『ロシナンテ』第2号）。「夜――その陥穽《わな》――」（『ロシナンテ』第3号）。「スペインの海」（『ロシナンテ』第4号）。「アンサンブル」（『ロシナンテ』第5号）。「ボリヴィアレッド」（『ロシナンテ』第6号）。「声ニ」（『ロシナンテ』第7号）。「曇天」（『ロシナンテ』第8号）。「暗い生の只中で」（『ロシナンテ』第9号）。「空と石」（『ロシナンテ』第10号）。「掌」「世界は」（『ロシナンテ』第11号）。「いつから」（『ロシナンテ』第14号）。「風」（『ロシナンテ』第15号）。「盲目」（『ロシナンテ』第16号）。「夜明けの人」「勝野君のこと」（『ロシナンテ』第17号）。「炎える」（『ロシナンテ』第18号）。「ゆうひと食卓」（『ロシナンテ』第19号）。「民話　己許太可奈之伎《ここだかなしき》」（『ロシナンテ』第20号）。

小島俊明　「奇妙な空間」（『ペリカン』第6号）。「渇いた舌」（『ペリカン』第7号）。「愛のアリタレーション」（『ペリカン』第13号）。

小柳玲子　「驢馬を飼う――詩人挽歌」（『ロシナンテ』第20号）。

〔さ〕

斎藤真砂子　「帽子」「ゆうがた」（『ロシナンテ』第14号）。「赤い手袋」（『ロシナンテ』第15号）。「不幸について」「醜い女」（『ロシナンテ』第16号）。「おかあさんのせかい」（『ロシナンテ』第17号）。「千草糸で袋を編む」（『ロシナンテ』第18号）。「つぎあてのストッキング」「ましな野郎」「図書と電車」（『ロシナンテ』第19号）。

佐々木双葉子　「人は」「秋」（『ロシナンテ』第14号）。「あなたに」「烏」「生」（『ロシナンテ』第15号）。「椅子」（『ロシナンテ』第16号）。「沼」（『ロシナンテ』第17号）。「唄」「わたしはなれない」（『ロシナンテ』第19号）。「春日《はるび》」（『ロシナンテ』第20号）。

笹原常与　「オフェリヤ」（『ペリカン』第3号）。

沢村光博　「記憶の中の文法――第二課まで」（『ペリカン』第2号）。「ヒロシマ・わが幻」（『ペリカン』第10号）。「詩一篇　＊芭蕉の主題によるヴァリエーション」（『ペリカン』第11号）。「詩一篇　芭蕉の主題によるヴァリエーション」（『ペリカン』第12号）。「ヒロシマ・わが幻　a Hamamoto」（『ペリカン』第15号）。「愛について」（『ペリカン』第16号）。「神の頭蓋抄」（『ペリカン』第17号）。

〔し〕

嶋岡晨　「『詩学研究会』の勝野睦人」（『ロシナンテ』第13号）。

清水高範　「海辺の破版」（『ペリカン』第2号）。「アデリータ」（『ペリカン』第4号）。「さまよい」（『ペリカン』第5号）。「母音　エピローグ」（『ペリカン』第6号）。「夜の作品」（『ペリカン』第8号）。「森のなか」（『ペリカン』第10号）。「土塀の土のなかで」（『ペリカン』第12号）。「悲歌」（『ペリカン』第15号）。

白石次郎　「誤解」（『ペリカン』第8号）。

新川和江　「残照」（『ペリカン』第12号）。

〔す〕

鈴木漠　「指」（『ペリカン』第3号）。「藍青」（『ペリカン』第4号）。「紫」（『ペリカン』第11号）。「静物」（『ペリカン』第12号）。「羽」（『ペリカン』第14号）。「人形空間へ」（『ペリカン』第15号）。

鈴木芳子　「鶏と土」（『ロシナンテ』第7号）。「遠い窓」（『ロシナンテ』第9号）。「マントの唄」（『ロシナンテ』第10号）。「途上」（『ロシナンテ』第11号）。「Influenza」（『ロシナンテ』第12号）。「サンダル」（『ロシナンテ』第14号）。「花と

いう　わたしも」（『ロシナンテ』第16号）。「登路」（『ロシナンテ』第17号）。「ヨナの日」（『ロシナンテ』第18号）。「きれいなマコは」（『ロシナンテ』第19号）。「蜥蜴」「白い折鶴」（『ロシナンテ』第20号）。

諏訪優　「死霊・との出会い」（『ペリカン』第9号）。「八月　Hに――」（『ペリカン』第13号）。「I eat a catfish sandwich」（『ペリカン』第15号）。

【せ】

関口篤　「恋文」（『ペリカン』第9号）。「のすたるじい――萩原朔太郎に――」（『ペリカン』第11号）。「しゃばの鬼っ子」（『ロシナンテ』第12号）。「詩・五篇（真似・お化け・歴史・世話・胸騒ぎ）」（『ペリカン』第13号）。「木の椅子で」（『ペリカン』第14号）。

【た】

高橋睦郎　「船上のコロン」（『ペリカン』第8号）。「三月の血」（『ペリカン』第9号）。

竹下育男　「深夜奇しくも又」（『ロシナンテ』第9号）。「海辺の朝」「沈黙ははや甦えるまい」「ほの暗い雨のなか」「陽が落ちると」（『ロシナンテ』第10号）。「プレリュード」（『ロシナンテ』第11号）。「二つの祈り」（『ロシナンテ』第12号）。「弔辞」（『ロシナンテ』第13号）。「二つの小さな頌歌」（『ロシナンテ』第14号）。「ねがい」「ヴァイオリニスト」（『ロシナンテ』第15号）。「月見草」（『ロシナンテ』第16号）。「勝野君のこと」（『ロシナンテ』第17号）。「感じたまま――われわれの必要について――」（『ロシナンテ』第19号）。「影」（『ロシナンテ』第20号）。

武田義英　「街頭録音」（『ロシナンテ』第7号）。「センチメンタル・ファンタジー」（『ロシナンテ』第8号）。

田中武　「果実」（『ロシナンテ』第1号）。「部屋」（『ロシナンテ』第2号）。「私の硝子屋さん」（『ロシナンテ』第3号）。「車中幻想」（『ロシナンテ』第4号）。「魔法」（『ロシナンテ』第5号）。「風男」（『ロシナンテ』第6号）。「旅人のうた」（『ロシナンテ』第7号）。「僕の掌の下で」（『ロシナンテ』第8号）。「夕暮と男」（『ロシナンテ』第9号）。「深夜と男」（『ロシナンテ』第10号）。「帰郷」（『ロシナンテ』第11号）。「眼覚めの少女」（『ロシナンテ』第12号）。「覚える」（『ロシナンテ』第14号）。「秋」（『ロシナンテ』第15号）。「勝野君のこと」「ねむたい児供」（『ロシナンテ』第17号）。

「鬼」（『ロシナンテ』第18号）。「夜明けの町はどこにある」（『ロシナンテ』第19号）。「日一行語群」（『ロシナンテ』第20号）。

谷本いづみ　「うたのない歌集」（『ロシナンテ』第7号）。

樽本三代子　「ひる」（『ロシナンテ』第3号）。「わたしのからだは痛みでみちる」（『ロシナンテ』第5号）。「あるときの歌」（『ロシナンテ』第6号）。「黄色い椅子」（『ロシナンテ』第7号）。「黄昏」（『ロシナンテ』第8号）。

【ち】

中鉢敦子　「約束」（『ロシナンテ』第13号）。「PROMENADE」（『ロシナンテ』第14号）。「樹に」「野で」（『ロシナンテ』第15号）。「死——わたしたちの童話では　ある日　鏡が語りかける——」（『ロシナンテ』第16号）。「PRIERE　Ⅱ」「雨」「勝野睦人のこと」（『ロシナンテ』第17号）。「夜になると………」「二つのうた」（『ロシナンテ』第18号）。

【つ】

津崎由規　「ある酒場」「凧と犬」（『ロシナンテ』第10号）。「一九五七年」「赤いシートのオートバイ」（『ロシナンテ』第11号）。「老年」（『ロシナンテ』第12号）。「賭の終り」（『ロシナンテ』第14号）。

粒来哲蔵　「月明」（『ペリカン』第4号）。「犬について」（『ペリカン』第7号）。「劇の夜——創生記二十二章——」（『ペリカン』第9号）。「永良部《えらぶ》幻想」（『ペリカン』第13号）。「海——わが子の性に」（『ペリカン』第15号）。「loop drive」（『ペリカン』第16号）。

鶴巻和男　「無題」（『ロシナンテ』第1号）。「木蔭（又は日曜日）」（『ロシナンテ』第4号）。「朝」（『ロシナンテ』第7号）。

【な】

中川晟　「遊戯」（『ロシナンテ』第1号）。「夜」（『ロシナンテ』第2号）。「無題」（『ロシナンテ』第4号）。「運動——親父の哀しみ——」（『ロシナンテ』第5号）。「親父の詩《うた》」（『ロシナンテ』第7号）。

長島三芳　「死　広島のKに——」（『ペリカン』第7号）。「冬の鏡」（『ペリカン』第9号）。「私の窓ガラスに——H氏の亡母に——」（『ペリカン』第10号）。「切口」（『ペリカン』第16号）。「寒雀」（『ペリカン』第17号）。

中野嘉一　「ある意識の下で」（『ペリカン』第8号

永山一郎　「挽歌」（『ロシナンテ』第8号）。「全て世は事もなし」（『ロシナンテ』第10号）。

永山一敏（→永山一郎）　「生　きみの記憶の上に並ぶもの」（『ロシナンテ』第3号）。「そして」（『ロシナンテ』第4号）。「つづく」（『ロシナンテ』第5号）。「連繫の方法」（『ロシナンテ』第6号）。「花」（『ロシナンテ』第7号）。

［に］

西尾洋子　「或るいのちの処方箋」（『ペリカン』第10号）。

［ね］

根木田信　「出発」（『ロシナンテ』第8号）。「おまえと言うぼくの想いは」（『ロシナンテ』第9号）。「愛の詩《うた》」（『ロシナンテ』第10号）。「風は」（『ロシナンテ』第11号）。「平原にて」（『ロシナンテ』第12号）。

［は］

服部春男　「遠い風景」（『ロシナンテ』第3号）。「断片《フラグメント》Ⅰ」（『ロシナンテ』第4号）。「旅の断章」（『ロシナンテ』第5号）。「ソネットⅦ」（『ロシナンテ』第6号）。

浜田知章　「朝鮮の土」（『ペリカン』第8号）

浜本武一　「追われる」（『ペリカン』第1号）。「早春譜」「舗道で」（『ペリカン』第2号）。「野の空」「鯉幟り」「いりくち」（『ペリカン』第3号）。「北へ」「岸」「冬」（『ペリカン』第4号）。「山湖の見える風景」「白桃」「妻に」（『ペリカン』第5号）。「虎」「黄水仙」「終わりの夏」（『ペリカン』第6号）。「覚めて」「車輪」（『ペリカン』第7号）。「眠れぬ椅子」「石が溶ける」（『ペリカン』第8号）。「なかぞらの朝」（『ペリカン』第9号）。「七月」「踉のために」「鳥のいる風景」（『ペリカン』第10号）。「夜の野で」「牢」「独楽」「旅」「火の台へ」（『ペリカン』第11号）。「風よりも風」「習慣」「月光」「きみは哭け」（『ペリカン』第12号）。「雲へのみち」（『ペリカン』第13号）。「忘却」「夢」「刺草のかげに」（『ペリカン』第14号）。「火の詩」（『ペリカン』第15号）。「日常」「鬼舞」「詩感への一試考――その持続性について――」（『ペリカン』第16号）。「霜月――石原吉郎に――」「瀧」「階」（『ペリカン』第17号）。

［ひ］

久井茂　「病歴」（『ペリカン』第5号）。

人見誠　「思い出」（『ロシナンテ』第5号）。

平井照敏　「ことばなきもの」「石のことば」（『ペリカン』第7号）。「アダム氏の言語論」（『ペリカン』第8号）。「死者に」「癒えてはならぬ痛み………断章」（『ペリカン』第9号）。「ランプということば」（『ペリカン』第10号）。「直線論」（『ペリカン』第13号）。

【ふ】

藤村壮　「ことばのさかな」（『ペリカン』第6号）。「ことばのきおく」（『ペリカン』第7号）。「朝」（『ペリカン』第15号）。「箱のなかの窓」（『ペリカン』第17号）。

藤本堯　「誕生」（『ロシナンテ』第9号）。

冬木好　「秋立つそのとき」（『ロシナンテ』第14号）。「流木」「銀杏」（『ロシナンテ』第15号）。「ボロ椅子からいま」（『ロシナンテ』第16号）。「夏が死んでしまうなんて！」（『ロシナンテ』第18号）。「非人」（『ロシナンテ』第19号）。

冬園節　「未来のためにではなく」（『ペリカン』第10号）。「決意するために」（『ペリカン』第12号）。「ある夏の日のパラノイヤ」（『ペリカン』第13号）。

【ま】

政田岑生　「高い場所で」（『ペリカン』第1号）。「犬の存在」（『ペリカン』第5号）。

増田尚雄　「摩天楼にて」（『ペリカン』第5号）。「宮島にて」（『ペリカン』第7号）。

増田瓢二　「孤独について」（『ロシナンテ』第4号）。

松田幸雄　「行って帰る心――創造者と鑑賞者との出会い――」（『ペリカン』第2号）。「プシュケ」（『ペリカン』第7号）。「しずかな夕べ」（『ペリカン』第9号）。

【み】

三沢浩二　「森への試論」（『ペリカン』第1号）。「カレンダーのなかのはるかなる未来の七曜のうた」（『ペリカン』第2号）。「知識あるいは帰宅」（『ペリカン』第4号）。

【む】

村山正憲　「都会の夜」（『ロシナンテ』第7号）。

【も】

森田隆司　「蛇」（『ロシナンテ』第1号）。「影」（『ロシナンテ』第2号)。

【や】

山本太郎　「ぶいんたあ・らいぜ」(『ペリカン』第9号)。

【よ】

葉豊子　「胎児に」(『ペリカン』第2号)。「来訪者」(『ペリカン』第5号)。「灯」(『ペリカン』第6号)。「糸のうた」(『ペリカン』第7号)。「淵のうた」(『ペリカン』第9号)。

横山昇　「蚯蚓について」(『ロシナンテ』第7号)。「月蝕について」(『ロシナンテ』第9号)。

吉江千代子　「夜の遠吠え(死者のうた)」(『ロシナンテ』第1号)。「ためらい」(『ロシナンテ』第2号)。「夕凪」(『ロシナンテ』第3号)。「やまなみ」(『ロシナンテ』第4号)。「やさしいうた」(『ロシナンテ』第6号)。

好川誠一　「蝶の栞　鉄の栞——某月某日風邪/欠勤届提出ス——」(『ロシナンテ』第1号)。「ひめ鱒の村」(『ロシナンテ』第2号)。「海の　二つの歌」(『ロシナンテ』第3号)。「郷土」(『ロシナンテ』第4号)。「酔どれ電車」(『ロシナンテ』第5号)。「せめて詩なんぞ」(『ロシナンテ』第6号)。「短い四つのうた」(『ロシナンテ』第7号)。「不具な仲間」(『ロシナンテ』第8号)。「唖の少女と」「尾っぽを振れるということが」(『ロシナンテ』第9号)。「のんだくれと巡査」「空と若者と巡査」(『ロシナンテ』第10号)。「雨季」(『ロシナンテ』第11号)。「処分」「空」(『ロシナンテ』第12号)。「障害物競争」(『ロシナンテ』第14号)。「おれは乞食だ」(『ロシナンテ』第15号)。「悪い酒——または「世帯主とのつづきがら」——」「生活力考」(『ロシナンテ』第16号)。「本日は晴天なり」(『ロシナンテ』第17号)。「本日は晴天なり」「一人について」(『ロシナンテ』第18号)。「その他」(『ロシナンテ』第19号)。「水平線へ叫ぶ」「海を担いで」「あかごをうたう」「童話　かぶと虫のお巡りさん」(『ロシナンテ』第20号)。

吉田睦彦　「どん底物語」(『ロシナンテ』第3号)。「白鳥物語」(『ロシナンテ』第4号)。「YOKOSUKA 物語」(『ロシナンテ』第5号)。「カラス物語」(『ロシナンテ』第6号)。「ひとりぼっちの物語——長恨歌の主題による変奏曲——」(『ロシナンテ』第7号)。「青薔薇物語——少年の夢みる少女の夢の連鎖」(『ロシナンテ』第8号)。「青薔薇物語(改作)」(『ロシナンテ』第9号)。「二つの女人像との対話」（『ロシナンテ』第10号）。「十字架」「空」（『ロシナンテ』第11号）。「切支丹背教徒秘譚」（『ロシナンテ』第12号）。「果実——名も告げずに帰つていつた少女に——」（『ロシナンテ』第14号）。「街」（『ロシナンテ』第15号）。「入祭文」（『ロシナンテ』第16号）。「求憐誦《きりゑ》」（『ロシナンテ』第18号）。「狂つた唄」「女に関する三つの唄」「貧しい唄」（『ロシナンテ』第19号）。「紐」「空蝉橋」「電話」（『ロシナンテ』第20号）。

吉原寛　「黄色い影」（『ロシナンテ』第1号）。「告白」（『ロシナンテ』第2号）。

淀縄美三子　「その人に」（『ロシナンテ』第1号）。「会話二題」（『ロシナンテ』第2号）。「傷んだなかの喪失」（『ロシナンテ』第3号）。「誓い——或る年のクリスマスの日に——」（『ロシナンテ』第4号）。「お針子」（『ロシナンテ』第6号）。「春」（『ロシナンテ』第8号）。「行く人」（『ロシナンテ』第10号）。「ふくろう」「筏にのって」（『ロシナンテ』第11号）。「谷——父は三月二十一日病でたおれた——」「流れていく」（『ロシナンテ』第12号）。「読書——または死——」（『ロシナンテ』第14号）。「みんな美しくなると」「落陽」（『ロシナンテ』第16号）。「言葉」（『ロシナンテ』第18号）。「あれは」（『ロシナンテ』第19号）。

【外国人】

アドリエンヌ・リチ（片瀬博子・訳）　「いつも同じ」（『ペリカン』第3号）。

C・D・ルイス（岸岡正・訳）　「C・D・ルイス詩抄」（『ロシナンテ』第8号）。

主要参考文献

【単行本】

小田久郎『戦後詩壇私史』（新潮社、一九九五年二月）

河野仁昭『戦後京都の詩人たち』（編集工房ノア、二〇〇四年三月）

小柳玲子『サンチョ・パンサの行方』（詩学社、二〇〇四年一二月）

清水昶『石原吉郎』（国文社、一九七五年一月）

多田茂治『石原吉郎　「昭和」の旅』（作品社、二〇〇〇年二月）

冨岡悦子『パウル・ツェランと石原吉郎』（みすず書房、二〇一四年一月）

野村喜和夫『証言と抒情　詩人石原吉郎と私たち』（白水社、二〇一五年一一月）

細見和之『石原吉郎　シベリア抑留詩人の生と詩』（中央公論新社、二〇一五年八月）

和田博文編『戦後詩のポエティクス 1935 ~ 1959』（世界思想社、二〇〇九年四月）

『現代詩読本2　石原吉郎』（思潮社、一九七八年七月）

『石原吉郎全集』全三巻（花神社、一九七九年一二月~八〇年七月）

『永山一郎全集』（冬樹社、一九七〇年六月）

『政田岑生詩集』（書肆季節社［非売本］、一九九五年六月）

【雑誌】

天瀬裕康「鬼と獏――濱本武一試論――」（『真樹』二〇一二年六月）

出原均「ひろしまが生んだ美術作家たち：浜本武一とヒロシマ・ルネッサンス美術協会」（『美術ひろしま 2005-06』二〇〇六年一二月）

加治屋健司「ひろしま美術文化小史：ヒロシマ・ルネッサンス美術協会」（『美術ひろしま 2011-12』二〇一一年一二月）

鈴木漠「書肆季節社愛惜」（『海鳴り』二〇〇七年六月）

田口麻奈「「荒地」と「囲繞地」――広島詩壇における〈荒地以後〉の形成――」（『国語と国文学』二〇一七年五月）

苗村吉昭「京都の詩誌『ノッポとチビ』総目次」（『文献探索 2008』二〇〇九年六月）

山本光珠「天と藍」（『真樹』二〇〇五年七月）

編者紹介

野坂昭雄（のさか・あきお）

1971年鳥取県生まれ。東北大学大学院文学研究科博士課程単位取得退学。博士（文学）。山口大学人文学部准教授。専門は日本近代文学。
共著に『蓮田善明論　戦時下の国文学者と〈知〉の行方』（奥山文幸編、2017年、翰林書房）、『〈原爆〉を読む文化事典』（川口隆行編、2017年、青弓社）、訳書にジョン・トリート『グラウンド・ゼロを書く　日本文学と原爆』（水島裕雅・成定薫・野坂昭雄監訳、2010年、法政大学出版局）、論文に「伊東静雄とワーズワース——「ある少年」受容の可能性をめぐって——」（『山口国文』第40号、2017年3月）、「映画『二十四時間の情事』における表象の方法」（『原爆文学研究』第14号、2015年12月）、「戦争詩の視覚性に関する試論——丸山薫の作品を手がかりに——」（『近代文学論集』第40号、2015年2月）など。

コレクション・戦後詩誌
第11巻　シベリアからの帰還者

2018年5月25日　印刷
2018年6月10日　第1版第1刷発行

[編集]　野坂昭雄
[監修]　和田博文

[発行者]　荒井秀夫
[発行所]　株式会社ゆまに書房
〒101-0047　東京都千代田区内神田2-7-6
tel. 03-5296-0491 / fax. 03-5296-0493
http://www.yumani.co.jp

[印刷]　株式会社平河工業社
[製本]　東和製本株式会社
落丁・乱丁本はお取り替えいたします。　Printed in Japan
定価：本体25,000円＋税　ISBN978-4-8433-5077-5 C3392